MENSCHEN
DIE DIE WELT BEWEGTEN

DEUTSCHLAND · SCHWEIZ · ÖSTERREICH

218

Printed in Germany

3 87070 739 9

INHALT

Abraham Lincoln

Eine Kurzfassung des Buches von

David Herbert Donald

MIT ZAHLREICHEN
HISTORISCHEN ABBILDUNGEN

Für die meisten US-Amerikaner ist Abraham Lincoln ein Nationalheld. Das Porträt des Präsidenten, der die Nordstaaten im Bürgerkrieg gegen die abtrünnigen Südstaaten zum Sieg führte, schmückt zahllose Briefmarken. Überall im Land zeugen Büsten und Denkmäler des Mannes, der wie kein anderer für die Sklavenbefreiung in den Vereinigten Staaten steht, von der hohen Wertschätzung, die ihm die Bürger Nordamerikas auch heute noch entgegenbringen.

Diesen Selfmademan und Vollblutpolitiker hat der Historiker David Herbert Donald, Träger des hochangesehenen Pulitzerpreises, zum Thema einer bemerkenswerten Biographie gemacht. Sein lebensprühendes und sehr menschliches Porträt vermittelt dem Leser ein wirklichkeitsnahes Bild dieser außergewöhnlichen historischen Persönlichkeit.

I. Protokoll der Armut

Abraham Lincoln interessierte sich nicht für seine Vorfahren. Nach seinem Selbstverständnis war er ein Selfmademan, der sich nicht um seinen Familienstammbaum kümmern mußte. 1860, als ein Chicagoer Journalist vorschlug, seine Wahlkampfbiographie zu schreiben, erklärte Lincoln ihm: „Es ist ein absoluter Unsinn, irgend etwas Bedeutsames aus meinem früheren Leben herauszulesen. Es kann alles in einem einzigen Satz zusammengefaßt werden: ‚Das kurze und triste Leben der Armen.'"

Lincoln wußte fast gar nichts über die Familie seiner Mutter, die Hanks, die um 1780 von Virginia nach Kentucky umgezogen waren. Ihr Familienstammbaum ist nicht einfach zu rekonstruieren, da sie die Männer am liebsten James oder John und die Frauen Polly, Lucy oder Nancy nannten. Abraham Lincolns Mutter war eine von mindestens acht Nancy Hanks, die zwischen 1780 und 1790 geboren worden waren. Lincoln war überzeugt, daß sie ein uneheliches Kind war. Er sprach darüber nur selten, aber um 1850, während er mit seiner einspännigen Pferdekutsche von Springfield nach Petersburg, Illinois, fuhr, äußerte er sich dazu. Er und sein Sozius William H. Herndon waren in einer Erbschaftsangelegenheit unterwegs, und Lincoln meinte, daß uneheliche Kinder „oft widerstandsfähiger und intelligenter sind als die, die aus einer legitimen Ehe stammen". Als Beweis für seine Behauptung offenbarte er, daß seine Mutter „die uneheliche Tochter von Lucy Hanks und einem wohlhabenden Farmer oder Pflanzer aus Virginia" sei. Von „diesem weltoffenen unbekannten Virginier" glaubte Lincoln die Eigenschaften geerbt zu haben, die ihn von den anderen Familienmitgliedern unterschieden: Ehrgeiz, geistige Wachheit und die Fähigkeit, Sachverhalte schnell und treffend zu analysieren.

Von seinen väterlichen Vorfahren wußte Lincoln nur wenig mehr als über die Hanks. Sein Großvater Abraham war um 1780 von Virginia nach Kentucky gekommen. Die Lincolns hatten von

Rechts: Lincoln vor seinem Wohnhaus in Springfield

Unten: In dieser Hütte wurde Abraham Lincoln im Jahr 1809 geboren.

ihrem entfernten Verwandten Daniel Boone Berichte über das fruchtbare Land in Kentucky gehört, und sie fanden in den weitgehend unbesiedelten Gebieten all die Möglichkeiten vor, die Boone ihnen verheißen hatte. Nach wenigen Jahren besaßen sie mindestens 2244 Hektar Land in der fruchtbarsten Region von Kentucky.

Aber die Wildnis barg erhebliche Gefahren. Im Jahr 1786, während Abraham Lincoln und seine drei Söhne – Mordecai, Josiah und Thomas – Mais pflanzten, wurden sie von Indianern angegriffen. Abraham wurde sofort getötet. Mordecai, mit fünfzehn Jahren der älteste Sohn, schickte Josiah zur Siedlung, die einen knappen Kilometer entfernt war, um Hilfe zu holen, während er selbst zu einer nahe gelegenen Hütte rannte. Als er durch einen Spalt zwischen Holzbalken hinausschaute, sah er, wie ein Indianer aus dem Wald auftauchte und sich an seinen achtjährigen Bruder Thomas anschlich, der auf dem Feld neben der Leiche seines Vaters saß. Mordecai griff nach einem Gewehr, zielte und tötete den Indianer. Thomas Lincoln erzählte diese Geschichte immer wieder, so daß sie, wie sein Sohn Abraham später meinte, „die Legende wurde, die sich mehr als alles andere meinem Geist und meiner Erinnerung einprägte."

Sowohl Thomas Lincoln wie auch sein Sohn scheinen die wirtschaftlichen Konsequenzen der Tragödie zunächst übersehen zu haben. Laut dem geltenden Gesetz erbte Mordecai Lincoln, der älteste Sohn, das gesamte Vermögen seines Vaters. Mordecai, der einzige Verwandte aus der Familie der Lincolns, den Abraham je kennenlernte, war ein Mann von beachtlicher Intelligenz und großen natürlichen Talenten, und sein Neffe meinte einmal, daß „Onkel Mordecai sich mit allen Talenten der Familie aus dem Staub gemacht hatte". Er hatte außerdem, wie sich herausstellte, das ganze Geld mitgenommen. Ohne väterliches Erbe zurückgelassen, mußten die beiden Lincoln-Jungen sich aus eigener Kraft durchschlagen.

Abraham Lincoln hat nie ganz begriffen, wie hart sein Vater während der ersten Jahre nach Mordecais Verschwinden hatte arbeiten müssen. Es erforderte ungeheure Anstrengungen für Thomas, genug Geld zu sparen, um seine erste Farm, einen 96 Hektar großen Streifen Land in Hardin County*, Kentucky, kaufen zu können. Er wurde schon bald zu einer vertrauten Erscheinung in Elizabethtown und Hodgenville. Er war ein stämmiger, kräftig gebauter Mann von mittlerer Größe, mit glattem schwarzem Haar und einer ungewöhnlich großen Nase. „Ehrlich" war das Adjektiv, das am häufigsten benutzt wurde, um ihn zu beschreiben.

Im Jahr 1806 heiratete Thomas Lincoln Nancy Hanks, und das Paar baute ein kleines Haus in Elizabethtown, wo acht Monate später Sarah, ihr erstes Kind, geboren wurde. 1809 kaufte Thomas eine weitere Farm, diesmal mit 121 Hektar Land. Auf einem kleinen Hügel in der Nähe einer Quelle errichtete er ein Blockhaus, das aus einem einzigen Raum von fünf mal fünfeinhalb Metern bestand. Dort kam Abraham Lincoln am 12. Februar 1809 zur Welt. Später hatte er keinerlei Erinnerung an seinen Geburtsort, denn seine Eltern zogen von dort weg, ehe er zwei Jahre alt war.

Das neuerworbene Farmland erwies sich als ausgesprochen unfruchtbar, daher kaufte Thomas eine kleinere, aber fruchtbarere Farm ungefähr sechzehn Kilometer weiter östlich. Auch dort lebte die Familie in einem Blockhaus mit einem einzigen Raum.

---

* County: Verwaltungs- bzw. Gerichtsbezirk in amerikanischen Bundesstaaten

Aber die Lage war wunderschön, und es war diese Farm am Knob Creek, an die Lincoln seine frühesten Erinnerungen hatte. Nur wenige betrafen jedoch seine Mutter, über die nie viel bekannt wurde. Jahre später beschrieben sie diejenigen, die sie damals gekannt hatten, unterschiedlich als hochgewachsen oder mittelgroß, schlank oder stämmig, schön oder unscheinbar. Die meisten waren sich darin einig, daß sie „brillant" oder „intellektuell" war. Sie konnte lesen, aber wie viele Pionierfrauen nicht schreiben; amtliche Dokumente mußte sie mit einem „X" unterzeichnen. Über ihr Leben am Knob Creek berichtete Lincoln lediglich, daß sie ein drittes Kind, Thomas, zur Welt brachte, das schon sehr früh starb. Wenn Abraham sie in späteren Jahren erwähnte, nannte er sie seine „engelhafte Mutter" im Hinblick auf ihre liebevolle Zuneigung, doch auch um sie von seiner Stiefmutter zu unterscheiden, die sehr lebhaft war.

Lincolns Erinnerungen an die Zeit am Knob Creek waren geprägt von der Arbeit auf dem großen Acker, wie er es nannte, wo sein Vater Mais pflanzte und der Sohn Kürbissamen in jede zweite Furche streute. Er entsann sich auch, für zwei kürzere Perioden eine „ABC-Schule" besucht zu haben, die gut drei Kilometer von der Hütte der Lincolns entfernt war.

Im großen und ganzen scheint der junge Lincoln ein absolut durchschnittliches Kind gewesen zu sein, das am liebsten spielte, jagte und fischte. Ein Verwandter äußerte dazu: „Abe zeigte in Kentucky keine herausragenden Eigenschaften außer seiner freundlichen, manchmal auch ziemlich wilden Art."

Im Jahr 1816, als Abraham sieben war, zogen die Lincolns über den Ohio River nach Indiana um. Viele Jahre später berichtete er durchaus wahrheitsgemäß, daß sein Vater Kentucky „teils wegen der Sklaverei, aber hauptsächlich auf Grund gewisser Landbesitzstreitigkeiten" verlassen habe. Nach Thomas Lincolns Auffassung standen diese beiden Angelegenheiten in einer engen Beziehung zueinander. Als Angehöriger der Glaubensgemeinschaft der Separate Baptists unterwarf er sich sehr strengen moralischen Gesetzen und Regeln und hatte somit religiöse Gründe, sich gegen die Sklaverei zu wenden. Aber seine Ablehnung der Sklaverei hatte auch wirtschaftliche Gründe. Er wollte nicht mit Sklavenarbeit konkurrieren. Kentucky, ein Staat, in dem die Sklaverei erlaubt war, war im Jahr 1792 als Sklavenstaat in die Union aufgenommen worden, und im Jahr 1811 gab es in der Hardin County 1007 Sklaven und 1627 weiße Männer über sechzehn Jahre.

Kleine Farmer wie Thomas Lincoln machten sich auch Sorgen wegen der Besitzurkunden für ihr Land. In Kentucky gab es keine staatliche Landvermessung. Siedler legten die Grenzen ihrer Grundstücke nach eigenem Gutdünken fest und benutzten dazu natürliche Merkmale: hier einen Baum, dort einen großen Stein und so weiter. Schon bald wußte niemand mehr so ganz genau, wem was gehörte. Thomas Lincoln hatte Schwierigkeiten, eindeutige Besitzurkunden zu jeder seiner drei Farmen zu erhalten. Da er weder Geld noch Lust hatte, die Besitzansprüche für sein Land vor Gericht durchzufechten, hörte er mit großem Interesse von der Öffnung Indianas, einer Gegend, aus der die Sklaverei verbannt worden war. Dort hatte die Regierung der Vereinigten Staaten das Land vermessen und bot gültige Besitzurkunden an.

Im Herbst 1816 unternahm Thomas einen Ausflug über den Ohio, um sich in der Gegend umzuschauen. Nachdem er ein Gelände in der dicht bewaldeten Wildnis am Pigeon Creek in der Perry (später Spencer) County in Süd-Indiana ausgewählt hatte, baute er ein sogenanntes halboffenes Lager. Es bestand aus einer sehr einfachen Hütte, die auf drei Seiten geschlossen und auf der vierten offen war. Er markierte Bäume, um die Grenzen seines Landes festzulegen, dann kehrte er nach Kentucky zurück, packte und brach mit seiner kleinen Familie auf in seine neue Heimat. Die Lincolns kamen in Indiana an, als das Territorium als neuer Staat in die Union aufgenommen wurde.

Sie wohnten nur wenige Tage in der provisorischen Unterkunft, bis Thomas, wahrscheinlich mit der Hilfe von sieben anderen Familien aus der Nachbarschaft, ein festes Blockhaus gebaut hatte. Es bot in dieser wilden Region erheblich mehr Schutz, und die Familie überstand den Winter und ernährte sich von Hirsch- und Bärenfleisch.

Die dringendste Aufgabe für die Lincolns bestand darin, Bäume zu roden, damit sie Mais anbauen konnten. Obgleich erst acht Jahre alt, war Abraham, erinnerte er sich, „für mein Alter sehr groß, und mir wurde sofort eine Axt in die Hand gedrückt".

Das erste Jahr in Indiana war für die Familie eine Zeit mörderischer Arbeit und schrecklicher Einsamkeit, aber schon im Herbst hatten sie es sich einigermaßen gemütlich in ihrem neuen Zuhause eingerichtet. Thomas gefiel das Land so gut, daß er schon bald zwei angrenzende Streifen von je 32 Hektar anzahlte. Nancy fühlte sich auch mehr zu Hause, weil Elizabeth (Hanks) und Thomas Sparrow, ihre Tante und ihr Onkel, in die Gegend um den Pigeon Creek kamen. Sarah und Abraham freuten sich ganz besonders, denn mit den Sparrows kam auch Elizabeths Neffe, der achtzehnjährige Dennis Hanks, ein junger Mann mit unerschütterlicher guter Laune.

Aber kurz danach lief alles schief. Die Gemeinschaft am Pigeon Creek wurde von der Milchseuche (genauer Brucellose), einer geheimnisvollen Krankheit, heimgesucht, die, wie die Siedler erkannten, mit der Milch ihrer Kühe zusammenhing. Erst viele Jahre später entdeckten Wissenschaftler, daß die Kühe, die wild durch den Wald streiften, Blätter einer giftigen Pflanze gefressen hatten. Benommenheit und Übelkeit waren die Anfangssymptome, dann folgten unregelmäßige Atmung, ein Zusammenbruch des Erkrankten und sein Koma. Der Tod trat gewöhnlich nach sieben Tagen ein. Thomas und Elizabeth Sparrow erkrankten als erste, und Thomas Lincoln sägte ausreichend Holz zurecht, um Särge zu bauen, in denen sie beerdigt werden konnten. Dann erkrankte Nancy. Sie starb am 5. Oktober, und Thomas Lincoln begrub einen weiteren Sarg auf dem bewaldeten Hügel, nicht weit von ihrer Blockhütte entfernt.

Abe – wie die anderen Kinder den Jungen nannten, obgleich er diesen Spitznamen stets verabscheute – hinterließ keinerlei Zeugnis, das seine tiefe Trauer beschrieben hätte. Aber viele Jahre später schrieb er einen Beileidsbrief an ein verwaistes Kind:

> In dieser unserer traurigen Welt werden wir alle von tiefer Sorge eingeholt. Und zu den jungen Menschen kommt sie voller bitterster Qual, denn sie ereilt sie völlig unerwartet… Ich habe dies oft genug am eigenen Leib erfahren, um zu wissen, wovon ich rede.

Über schlimmere Folgen des Todes seiner Mutter, den er erleben mußte, ehe er elf Jahre alt war, kann nur spekuliert werden. Es liegt nahe, seine spätere Schwermütigkeit und seine gelegentlichen Depressionsanfälle auf diesen Anlaß zurückzuführen, aber die Verbindung dazu ist nicht ganz eindeutig. Sicher ist zumindest, daß der Tod seiner Mutter, der so kurz nach dem Tod anderer Freunde und Nachbarn erfolgte, seinen Erinnerungen an sein Zuhause in Indiana einen bitteren Beigeschmack verlieh.

THOMAS LINCOLN erkannte, daß er und seine Kinder allein nicht zurechtkamen, und schon ein Jahr nach Nancys Tod kehrte er nach Kentucky zurück, um sich eine neue Frau zu suchen. In Elizabethtown lernte er Sarah Bush Johnston kennen, eine verwitwete Mutter von drei Kindern. Es blieb kaum Zeit für eine romantische Verlobung, er brauchte eine Frau, und sie brauchte einen Ehemann. Sie trafen eine geschäftsmäßige Vereinbarung, welche vorsah, daß er ihre Schulden bezahlte und sie mit ihm nach Indiana zog.

Die Ankunft von Sarah Bush Lincoln stellte einen Wendepunkt in Abraham Lincolns Leben dar. Sie brachte zuerst einmal eine Kollektion häuslicher Besitztümer mit: komfortables Bettzeug, eine Nußbaumkommode, ein Spinnrad, Messer, Gabeln und Löffel – all das war unglaublicher Luxus für die Lincoln-Kinder. Sarahs Kinder – Elizabeth, John D. und Matilda, zwischen neun und elf Jahre alt – brachten Leben in die bedrückte Lincoln-Familie. Aber vor allem brachte Sarah das Geschenk der Liebe mit. Sie entwickelte eine tiefe Sympathie für Abraham; und Abraham, der nach Zuneigung hungerte, erwiderte diese Liebe. Er nannte sie Mama und sprach von ihr stets nur in liebenswürdigster Weise.

DIE FOLGENDEN Jahre waren für den jungen Abraham sehr glücklich. Seine Eltern meldeten ihn zusammen mit den anderen vier Kindern in der Schule an, die Andrew Crawford, ein Friedensrichter, etwa eineinhalb Kilometer vom Haus der Lincolns entfernt eröffnet hatte. Es war eine beitragspflichtige Schule; die Eltern mußten für die Unterweisung ihrer Kinder in bar oder in Naturalien zahlen. Der Unterricht sah so aus, daß die Schüler ihre Lektionen laut vortrugen und der Schulmeister ihre Fehler verbesserte.

Nach etwa drei Monaten beendete Crawford seine Lehrtätigkeit, und die Lincoln-Kinder hatten für ein Jahr keine Schule mehr, bis eine neue, etwa sechs Kilometer von ihrem Zuhause entfernt, ihre Pforten öffnete. Der Weg dorthin war so weit, daß Abraham, der auch auf dem elterlichen Hof mithelfen mußte, sie nur gelegentlich besuchen konnte. Im nächsten Jahr ging er für sechs Monate in eine Schule, die sich in der gleichen Hütte etabliert hatte, die auch schon Crawford benutzt hatte. Nach dieser Lernperiode, im Alter von fünfzehn Jahren, endete seine schulische Erziehung. Insgesamt, so rechnete er einmal aus, „dauerte meine gesamte Schulzeit nicht einmal ein ganzes Jahr".

In späteren Jahren äußerte Lincoln sich äußerst kritisch über diese „sogenannten Schulen", die er besucht hatte: „Von den Lehrern wurde keinerlei Qualifikation verlangt, außer daß sie lesen, schreiben und buchstabieren konnten."

Obgleich sein Urteil im großen und ganzen zutreffend war, kann ein Schulsystem, das einen Abraham Lincoln hervorbrachte, nicht ganz ohne Verdienste gewesen sein. Tatsächlich lehrten ihn seine Lehrer, so wenig fachgerecht sie ausgebildet sein mochten, immerhin ein Grundwissen, auf dessen Basis er sich selbst weiterbilden konnte. Er lernte auch, klar und leserlich zu schreiben.

In dieser Kunst entwickelte er so gute Fähigkeiten, daß ungebildete Nachbarn am Pigeon Creek ihn häufig baten, für sie Briefe zu schreiben.

Noch wichtiger war seine Fähigkeit zu lesen. Sobald er dies beherrschte, konnte er davon nicht genug bekommen. Wo er ging und stand, hatte er stets ein Buch bei sich, in dem er las, wenn er bei der Arbeit eine Pause machte. John Hanks, ein anderer Vetter, der eine Zeitlang bei den Lincolns lebte, erinnerte sich, daß Abraham, wenn er von der Arbeit nach Hause kam, „zum Küchenschrank ging, sich ein Stück Maisbrot und ein Buch nahm, sich in einen Sessel setzte, seine Beine hochlegte und las".

Außer seinen Schulbüchern waren die Bücher, die Sarah Bush Lincoln aus Kentucky mitgebracht hatte, seine erste Lektüre. Eines war die Bibel, ein anderes war „Des Pilgers Reise von dieser zur zukünftigen Welt", und die biblischen Phrasen in den späteren Reden Lincolns sind im wesentlichen auf dessen Autor John Bunyan zurückzuführen. Ein anderes Buch Sarah Bush Lincolns waren die „Fabeln Aesops", die, wie man sich erzählte, Abraham auswendig aufsagen und niederschreiben konnte.

Er interessierte sich außerdem für Geschichte. Wahrscheinlich hat er William Grimshaws „Geschichte der Vereinigten Staaten" gelesen. Indem er die Sklaverei aufs schärfste verurteilte, betonte Grimshaw die Bedeutung der amerikanischen Revolution und ermahnte Schüler und Studenten, daß „wir nicht nur mit Worten verkünden, sondern auch durch Taten demonstrieren sollen, daß alle Menschen gleich sind".

Die Pionierschulen von Indiana vermittelten Lincoln außerdem solide mathematische Grundkenntnisse. Ihm gefielen Logik und Präzision der Mathematik, und Jahre später, nachdem er für eine Amtszeit dem Kongreß angehört hatte, wandte er sich wieder diesem Fach zu und arbeitete sich allein fast durch ein ganzes Lehrbuch der Geometrie hindurch.

In der Schule eignete sich Lincoln aber nicht nur Bücherwissen an. Dort hatte er zum erstenmal Gelegenheit, seinen Geist mit Kindern aus anderen Familien zu messen. Von größerem Wuchs als alle anderen, trug er eine Waschbärmütze und Hirschlederhosen, die stets zu kurz waren. Sich seiner seltsamen äußeren Erscheinung überhaupt nicht bewußt, versammelte er andere Schüler um sich, machte Witze, erzählte Geschichten und schmiedete Pläne. Fast von Anfang an übernahm er die Rolle des Anführers. In den Augen seiner Klassenkameraden war er ganz klar etwas Außergewöhnliches, und er nahm aus seiner kurzen Schulzeit das Selbstbewußtsein eines Mannes mit, der niemals jemanden kennengelernt hat, der ihm geistig ebenbürtig ist.

DIESE glücklichen Kindheits- und Jugendjahre Lincolns dauerten nur kurz, denn die Beziehung zu seinem Vater verschlechterte sich. Thomas stand unter erheblichem finanziellem Druck, denn er mußte einen Haushalt mit acht Mitgliedern ernähren. Als Abraham älter wurde, ließ sein Vater ihn mehr und mehr von der Arbeit auf dem Feld übernehmen, die nötig war, um die Familie über Wasser zu halten. Er vermietete den Jungen außerdem als Hilfsarbeiter an andere Farmer, und dem Gesetz nach hatte er Anspruch auf alles, was sein Sohn verdiente, bis er die Volljährigkeit erreicht hatte.

Thomas Lincoln war im Grunde ein großzügiger Mensch und kein strenger Vater. Er ermutigte Abraham, die Schule zu besuchen, war aber gleichzeitig der Meinung, daß sein Sohn viel zuviel Zeit mit seinen Büchern verbrachte. Dennis Hanks erzählte,

daß Thomas Lincoln Abraham „ab und zu eine Tracht Prügel ver-
abreichen mußte, weil er wegen seiner Leserei seine Arbeit ver-
nachlässigte."

Als Teenager begann Abraham sich nach und nach von seinem
Vater zu distanzieren. Sein Gefühl der Entfremdung könnte aus
der Zeit hergerührt haben, als seine Mutter starb und er mehr
Zuneigung und Zuspruch gebraucht hätte, als sein stets reserviert
erscheinender Vater ihm hatte geben können. Das Gefühl vertiefte sich, je älter der Junge wurde. Vielleicht hatte er den Eindruck, daß der Platz, den er bisher im Haus eingenommen hatte,
nun von der zweiten Familie usurpiert wurde, die Thomas Lincoln durch seine Wiederheirat erworben hatte. Zeitgenossen
äußerten, daß Thomas seinen Stiefsohn John D. Johnston offenbar vorzog. Hinzu kam, daß Abraham sich mit seinem Vater
wegen religiöser Fragen zerstritt. Im Jahr 1823 traten Thomas
Lincoln und seine Frau der Religionsgemeinschaft der Baptisten
bei, aber Abraham Lincoln gehörte, wie seine Stiefmutter berichtete, „keiner Religionsgemeinschaft an – er dachte damals über
diese Frage nicht nach, falls er es überhaupt getan hat".

Diese Differenzen scheinen zum schärfsten Tadel geführt zu
haben, den er je von seinem Vater zu hören bekam. Obgleich
Abraham nicht der Kirche angehörte, besuchte er die Gottesdienste. Danach stellte er sich oft auf einen Baumstumpf, versammelte die anderen Kinder um sich und wiederholte – oder
parodierte – die Worte des Priesters. Beleidigt erschien Thomas
dann, wie ein Kind sich erinnerte, „und zwang ihn, damit aufzuhören, und schickte ihn zur Arbeit".

Die schwere Arbeit, die der Junge leisten mußte, trug zu seiner
Unzufriedenheit bei. Er verfügte nur über begrenzte Energie-
reserven, denn im Alter von zwölf Jahren begann er sehr zügig zu
wachsen. Als er sechzehn wurde, maß er bereits einen Meter fünf-
undachtzig. Er wuchs so schnell, daß er ständig müde war und
wenig Begeisterung für körperliche Arbeit entwickelte. „Lincoln
war faul – ein sehr fauler Mann", schloß Dennis Hanks daraus.
„Ständig las – kritzelte – buchstabierte er und schrieb Gedichte."

Aber Abrahams wachsende Distanz zu seinem Vater war mehr
als nur eine Folge jugendlicher Rebellion. Abraham hatte im stillen das Leben, das Thomas führte, kritisch betrachtet und bewertet. Er behielt sein Urteil für sich, aber Jahre später fand es Ein-

gang in seine spöttischen Kommentare, daß sein Vater „praktisch ohne irgendwelche Erziehung und Bildung aufgewachsen war" und daß er sich in einer Gegend niedergelassen hatte, in der es „absolut nichts gab, was ein Bedürfnis nach Erziehung und Ausbildung" hätte wecken können. In all seinen Veröffentlichungen und in Hunderten von Geschichten und Anekdoten findet sich kein positives Wort über seinen Vater.

GEGEN Ende seiner Jugendzeit hatte Abraham Lincoln nur noch den Wunsch, Pigeon Creek hinter sich zu lassen. Nacheinander wurden die Bindungen zu seinem Zuhause und der Gemeinschaft gekappt. Als er siebzehn war, heiratete seine Schwester Sarah einen Nachbarn, Aaron Grigsby, und das Paar gründete einen Haushalt mehrere Kilometer von der Hütte der Lincolns entfernt. Dann heiratete seine Stiefschwester Matilda einen Mann namens Squire Hall und zog ebenfalls von zu Hause weg. Anderthalb Jahre später starb Sarah Lincoln Grigsby am Kindbettfieber. Abraham machte für ihren Tod die Nachlässigkeit der Grigsbys verantwortlich, die nicht rechtzeitig einen Arzt geholt hatten, und der sich entwickelnde Streit vertiefte die Kluft zwischen ihm und seinen Nachbarn am Pigeon Creek erheblich.

Er begann zunehmend in die Ferne zu schweifen. Mit sechzehn Jahren hatte er zusammen mit Dennis Hanks und Squire Hall die Idee, seinen Lebensunterhalt mit dem Verkauf von Feuerholz an die Ohio-Dampfer zu bestreiten. Die drei begannen damit, Baumstämme zurechtzusägen, mußten jedoch feststellen, daß die Nachfrage eher schleppend war. Schließlich tauschten sie neun Klafter Feuerholz gegen neun Meter weißes Leinen, aus dem sich, wie Hanks berichtete, „Abe ein Hemd schneidern ließ". Als nächstes arbeitete Lincoln bei James Taylor, der eine Fähre über den Ohio River betrieb. Wenn er auf dem Fluß gerade mal nicht aushalf, pflügte er, schlachtete Schweine und zog Zäune, kurz, er erledigte „die härtesten Arbeiten, die man von einem jungen Mann verlangen konnte". Er verdiente sechs Dollar im Monat sowie 31 Cents zusätzlich für jedes geschlachtete Schwein. In der wenigen Freizeit, die ihm blieb, baute er ein kleines Flachboot. Als zwei Männer ihn baten, sie auf den Fluß hinauszurudern, damit sie auf einen Dampfer umsteigen konnten, der flußabwärts unterwegs war, tat er ihnen den Gefallen und half ihnen auch noch, das Gepäck umzuladen. Als sie sich trennten, warfen die Männer ihm je einen halben Silberdollar ins Boot. „Ich konnte kaum glauben, daß ich, ein armer Teufel, in weniger als einem Tag einen ganzen Dollar verdient hatte", erinnerte sich Lincoln fast vierzig Jahre später.

Der Reiz des Flusses war unwiderstehlich. Im nächsten Frühjahr, als James Gentry, dem ein Gemischtwarenladen gehörte, beschloß, eine Ladung Fleisch, Mais und Mehl flußabwärts nach New Orleans zu schicken, um sie dort zu verkaufen, erklärte Lincoln sich bereit, Gentrys Sohn Allen gegen einen Lohn von acht Dollar im Monat auf dem Flachboot zu begleiten. Nach seiner Rückkehr nach Indiana gab er seinem Vater gehorsam seinen Verdienst ab, aber er verbrachte mehr und mehr Zeit fern von zu Hause. In dem etwa zweieinhalb Kilometer entfernten Dorf Gentryville half er in James Gentrys Laden aus oder arbeitete beim dortigen Hufschmied. Wie immer sprudelte Abraham über von allen möglichen Geschichten, Witzen und Tricks, und er sammelte alle jungen Männer um sich, die unternehmungslustig durch die dünnbesiedelten Regionen von Südindiana zogen.

Anfang 1830 half Abraham seinem Vater und seiner Stiefmutter beim Umzug nach Macon County in Illinois. John Hanks hatte sich bereits dort niedergelassen und schickte begeisterte Berichte über die Fruchtbarkeit des Ackerlandes von Illinois zurück. Gerüchte über ein neuerliches Auftreten der Milchseuche in Südindiana beschleunigten Thomas Lincolns Entscheidung, von dort wegzugehen. Er verkaufte sein Land, seine Schweine und seine Maisvorräte. Dann packte er den gesamten Haushalt zusammen und zog mit einem von zwei Ochsen gezogenen Wagen zu einem Stück Land am Nordufer des Sangamon River, das John Hanks für sie abgesteckt hatte. In diesem Sommer rodeten die Männer sechs Hektar, und Abraham und John sägten Latten zurecht, um das Gelände einzuzäunen. Abraham fühlte sich in Illinois bereits derart heimisch, daß er eine Petition unterschrieb, in der er darum bat, bei Wahlen an einem anderen Ort seine Stimme abgeben zu dürfen.

In diesem Sommer hielt er in Decatur auch seine erste politische Rede. Zwei Kandidaten für die gesetzgebende Versammlung des Staates hielten ihre Reden. Als sie es jedoch versäumten, dem alten Brauch zu folgen und den Zuhörern etwas zu trinken zu spendieren, drängten die jungen Leute Lincoln, etwas zu erwidern, und erwarteten, daß er sich über den Geiz der Kandidaten lustig machte. Aber Abraham Lincoln überraschte seine Zuhörer mit der Forderung, den Sangamon River für den Frachttransport auszubauen.

Abraham Lincoln war nun erwachsen, sowohl körperlich wie auch formalrechtlich, und hatte das Recht, den Schoß der Familie zu verlassen. Wie er seinen Lebensunterhalt bestreiten sollte, war ihm noch nicht ganz klar. Er war bereit, alles zu versuchen, solange es nichts mit den Tätigkeiten seines Vaters, dem Ackerbau und der Schreinerei, zu tun hatte. Als Denton Offutt, ein umtriebiger und nicht allzu zuverlässiger Geschäftsmann, ihn und John Hanks bat, ein Flachboot voller Vorräte nach New Orleans zu bringen, erklärte Lincoln sich sofort dazu bereit. Als er nach Sangamon Town ging, um beim Bau des Bootes für Offutt mitzuhelfen, verließ er das Haus seines Vaters für immer. Er wußte noch nicht, was aus ihm werden sollte und wohin er wollte, aber er war sich ganz sicher, daß er kein zweiter Thomas Lincoln werden wollte.

II. Wie ein Stück Treibholz

Nach New Salem, das während der nächsten sechs Jahre seine neue Heimat sein sollte, kam Abraham Lincoln eher durch Zufall. Er sei, wie er seinen Mitbewohnern gerne erzählte, „ein Stück Treibholz", das zufälligerweise von den Fluten des Sangamon River mitgenommen werde. Er sah das Dorf zum erstenmal im April 1831, als das Flachboot, das er, John Hanks und John D. Johnston für Offutt gebaut hatten, an einem Mühlenwehr hängenblieb. Beladen mit Fässern voll Speck, Weizen und Mais war das Flachboot zu schwer, um das Wehr zu überwinden, und es begann mit Wasser vollzulaufen. Das ganze Dorf schaute zu, als die Mannschaft verzweifelt darum kämpfte, das Boot und die Ladung zu retten. Der junge Riese Lincoln zog besondere Aufmerksamkeit auf sich, als er, unfähig, das Flachboot zu bewegen, ein Loch in den Bug bohrte und genügend Fässer auslud, so daß es hochstieg. Als dann das Wasser durch das Loch ausströmte, hob sich das gesamte Boot und rutschte über das Wehr. Die Dorfbewohner staunten über Lincolns Einfallsreichtum, und Offutt, der von der Episode tief beeindruckt war, versprach, in New Salem einen Laden einzurichten und Lincoln zum Geschäftsführer zu machen.

Ende Juli und aus New Orleans wieder zurück, begab sich Lincoln nach New Salem und mußte feststellen, daß Offutt sein Versprechen nicht gehalten hatte. Es gab noch immer keinen Laden, obgleich die Waren dafür bereits bestellt worden waren. Lincoln übernahm daraufhin Gelegenheitsarbeiten, um den Sommer zu überstehen.

New Salem war ein Ort, für den der junge Lincoln wie geschaffen war. Erst zwei Jahre zuvor auf einer Anhöhe über dem Sangamon River gegründet, war es ein Handelsdorf, das sämtliche Bedürfnisse der Bewohner der umliegenden ländlichen Region befriedigte. Mit etwa 100 Einwohnern war es die größte Gemeinde, in der Lincoln jemals gewohnt hatte.

Schnell freundete er sich mit den Männern des Orts an, die sich täglich in dem von Samuel Hill und John McNeil betriebenen Laden trafen, um Neuigkeiten und Klatsch auszutauschen. Sie nahmen Lincoln wegen seines unerschöpflichen Vorrats an Anekdoten bereitwillig in ihrer Mitte auf. Es gab kaum jemanden, der sich nicht darüber amüsierte, wenn dieser schlaksige Junge mit dem traurigen Gesicht eine seiner Geschichten zum besten gab und sie mit entsprechenden schauspielerischen Einlagen würzte. Wenn er erzählte, erinnerte sich ein Zeitgenosse, „straffte sich seine ganze Erscheinung, sein Gesicht begann zu strahlen, seine Augen funkelten, und er schloß seine Vorstellung mit einem ausgelassenen Gelächter ab, in das jeder der Anwesenden gewollt oder ungewollt mit einstimmte".

Im September, als Offutts Laden endlich seine Pforten öffnete, mußte Lincoln sich bei einer ganz anderen Gruppierung Respekt verschaffen. Als Handelszentrum zog New Salem Farmer und Arbeiter aus den umliegenden Gemeinden an. Sie kamen, um ihren Mais mahlen zu lassen, um Vorräte zu kaufen oder auch nur um ein paar Drinks zu kippen. Die wildesten dieser Besucher waren die Jungs aus Clary's Grove, das ein paar Kilometer weiter westlich lag. Ungebildet und ziemlich zügellos, waren diese rauhen Burschen zu jedem Schabernack bereit. Zu ihren Vergnügungen gehörten Hahnenkämpfe und Gänsereißen. Letzteres war ein Wettkampf, in dem es darum ging, unter einem lebendigen

Gänserich, der von einem Baum herabhing, durchzureiten und ihm dabei den Kopf abzureißen. Vor allem hatten sie großen Respekt vor körperlicher Kraft.

Als Offutt damit prahlte, daß Lincoln nicht nur der klügste Mann in New Salem wäre, sondern auch der stärkste, forderten die Burschen von Clary's Grove ihn auf, seine Kräfte in einem Ringkampf mit ihrem Anführer Jack Armstrong zu messen. Lincoln reagierte zurückhaltend, doch die Hänseleien seiner Gegner trieben ihn zum Kampf. Es gibt verschiedene Versionen über dieses Duell: daß Armstrong Lincoln mit Hilfe eines Tricks besiegte; daß Lincoln Armstrong auf den Rücken zwang; daß Armstrongs Anhänger drohten, den Mann zu verprügeln, der ihren Champion besiegt hatte, bis Lincoln sich bereit erklärte, es mit ihnen allen aufzunehmen, aber jeweils nacheinander. Die Details waren unwichtig. Wichtig war nur, daß Lincoln seine immense Kraft und seinen Mut unter Beweis stellte. Danach waren die Mitglieder der Clary's-Grove-Bande seine glühendsten Verehrer.

Gleichzeitig begannen die gebildeteren, seriöseren Bewohner von New Salem zunehmend große Stücke auf ihren neuen Mitbürger zu halten. Obwohl das Dorf ziemlich nahe an der Grenze zur Wildnis lag, hatte eine erstaunlich hohe Anzahl seiner Bewohner eine solide Erziehung genossen. Dr. John Allen zum Beispiel hatte eine Universität besucht. Diejenigen, die keinen formellen Unterricht genossen hatten, verfolgten häufig durchaus geistige Interessen. Der fette, faule Jack Kelso war ein bemerkenswerter Kenner der Werke von Burns und Shakespeare. Obgleich reiner Autodidakt, leitete Mentor Graham die einzige Schule des Ortes. Alle waren verblüfft über Lincolns allgemeinen Lerneifer. Sie waren außerdem beeindruckt von seinen Beiträgen im Debattierclub von New Salem.

Die Würdenträger des Dorfes gewannen die Überzeugung, daß dieser Mann eine große Zukunft vor sich hatte. Sie nahmen durchaus zur Kenntnis, mit welcher Sorgfalt er seine Pflichten in Offutts Laden wahrnahm, und sie freuten sich über sein Interesse an den Angelegenheiten der Gemeinde. Zum Beispiel wohnte er regelmäßig den Sitzungen des örtlichen Gerichts bei, dem der korpulente Bowling Green, der Friedensrichter, vorsaß. Für jede Form von Belustigung zu erwärmen, gestattete Green dem jungen Mann, seine Kommentare zu den jeweiligen Streitfällen abzugeben, denn er erzählte Geschichten, die, wie ein Zeitgenosse sich erinnerte, dafür sorgten, daß die „fetteren Seiten des alten Gesetzeshüters kräftig in Wallung gerieten". Aber sehr schnell mußte er erkennen, daß Lincoln auch über eine wache, logische Intelligenz verfügte. Zunehmend wandten Nachbarn sich an ihn, wenn sie irgendeinen juristischen Rat brauchten, und indem er sich nach einem Buch mit entsprechenden Beispielen richtete, konnte er sogar einfache juristische Schriftstücke erstellen.

Im Frühjahr 1832 schlugen Green, James Rutledge, Präsident des Debattierklubs, und mehrere andere Einwohner vor, daß Lincoln sich um einen Sitz in der gesetzgebenden Versammlung des Staates bewerben sollte. Ihre Wahl war gar nicht so ungewöhnlich, wie es auf den ersten Blick erscheinen mag. Die Zukunft New Salems war eng mit dem Sangamon River verbunden. Flußabwärts wanderten die überschüssigen Mengen an Speck, Mais und Weizen, und flußaufwärts könnten Dampfboote Salz, Eisen und andere Produkte liefern, wenn der träge Strom ausgebaut würde. New Salem brauchte jeden in der Gesetzgebung, der seine Interessen vertrat, und niemand hätte dies besser gekonnt als Lincoln mit seinen Erfahrungen als Flußschiffer.

Auf Drängen seiner Freunde meldete Lincoln im März 1832 seine Kandidatur an. Dieser Schritt war ein weiterer Beweis für die Überzeugung des jungen Mannes, daß er jedem Mann, den er je kennengelernt hatte, zumindest ebenbürtig war. Natürlich bewarb er sich nicht um einen gehobenen Posten. Mitglieder der staatlichen Gesetzgebung beschäftigten sich meistens mit solchen Fragen wie, ob das Vieh auf eingezäunten Weiden gehalten werden mußte oder ob es frei laufen konnte. Auch brauchten die Kandidaten nicht unbedingt die Unterstützung einer starken politischen Partei. Nichtsdestoweniger ist Lincolns Entscheidung, für einen Sitz in der gesetzgebenden Versammlung zu kandidieren, sehr aufschlußreich. Weniger als ein Jahr zuvor war er, nach seinen eigenen Worten, ein „ungebildeter, bettelarmer Junge ohne Freunde, der auf einem Flachboot arbeitete", gewesen. Nun wohnte er in New Salem, war aber mit 23 Jahren lediglich Angestellter in einem kleinen ländlichen Gemischtwarenladen, hatte kaum ein Jahr formeller Ausbildung genossen und hatte keinerlei Erfahrung in Verwaltungsdingen. Außerhalb seiner kleinen Gemeinde war er so gut wie unbekannt. Dennoch war er bereit, in der gesamten County um Wählerstimmen zu kämpfen und sich gegen Männer zu behaupten, die viel älter waren als er und weitaus mehr Erfahrung vorweisen konnten.

Andere Kandidaten hatten einflußreiche Freunde, die ihre Namen dem Wählervolk präsentierten, aber Lincoln, dem derartige Unterstützung fehlte, wandte sich über das *Sangamon Journal* in Springfield direkt an die Öffentlichkeit. „Ich habe stets in äußerst bescheidenen Verhältnissen gelebt", erklärte er seinen Wählern, wie er es in Zukunft immer wieder tun sollte. Wenn er gewählt würde, wolle er hart für die Menschen arbeiten. Aber eine Niederlage wäre für ihn nicht unerträglich, denn er sei „zu sehr an Enttäuschungen gewöhnt, als daß ich mich davon einschüchtern ließe".

LINCOLNS politische Karriere wurde durch den Zusammenbruch von Offutts geschäftlichen Unternehmungen unterbrochen. Wegen zu geringen Grundkapitals und zu hoher Investitionen scheiterten Offutts Projekte im Frühjahr 1832.

Jetzt ohne Arbeit und Einkommen, wurde Lincoln durch den Ausbruch des Black-Hawk-Kriegs gerettet. Die Sauk- und die Fox-Indianer, die mittels eines Tricks dazu gebracht worden waren, in ein Gebiet westlich des Mississippi umzuziehen und damit ihr ausgedehntes Stammesgebiet in Nordwestillinois aufzugeben, erklärten ihren Vertrag mit der Bundesregierung für null und nichtig. Im Mai kehrte einer ihrer Anführer, Black Hawk, mit etwa 450 Kriegern und 1500 Frauen und Kindern nach Illinois zurück, um ihr Stammesland zurückzufordern. Als Gouverneur John Reynolds Freiwillige suchte, um die Invasion abzuwehren, beeilten sich zahlreiche Männer, ihre Dienste anzubieten – einige aus reinem Patriotismus, andere aus tiefer Abneigung gegen die Indianer und wieder andere, weil sie wußten, daß der Dienst in der Armee ihrer politischen Karriere förderlich sein würde. In Lincolns Fall trafen all diese Motive mehr oder weniger ausgeprägt zu. Hinzu kam für ihn, daß die Bezahlung eines Angehörigen des Militärs einem Mann, der keine anderen Einkunftsmöglichkeiten hatte, wie gerufen kam.

Am 21. April legten er und andere Freiwillige aus der Umgebung von New Salem den Fahneneid ab. Wie üblich wählten die Soldaten der Kompanie sich ihre Offiziere selbst. William

Kirkpatrick, der Eigentümer einer Sägemühle, meldete seine Kandidatur an, doch einige der Clary's-Grove-Burschen schlugen Lincoln vor. Beide Bewerber traten vor, und die Männer stellten sich hinter ihrem jeweiligen Favoriten auf. Zu Lincolns großer Freude kamen zwei Drittel der Gruppe zu ihm. Viele Jahre später, nachdem er vier Sitzungsperioden lang in der gesetzgebenden Versammlung des Staates gesessen hatte, in den Kongreß der Vereinigten Staaten gewählt und zweimal für den Senat der Vereinigten Staaten nominiert worden war, erklärte Lincoln, daß diese Wahl zum Captain* der Miliz „ein Erfolg war, der mich mehr gefreut hat als alles andere nachher".

Lincoln versuchte, in seiner Kompanie ein Mindestmaß an Disziplin einzuführen. Er lernte ein wenig über Formalausbildung, aber für komplizierte Kommandos reichte das nicht aus. Lincolns Dienst im Black-Hawk-Krieg war weder besonders gefährlich noch besonders heldenhaft. Später machte er sich aus politischen Gründen über seine militärischen Erfahrungen lustig. Im Jahr 1848, als die Demokraten Lewis Cass aus Michigan für die Präsidentschaftswahl nominierten und dabei seine angeblichen militärischen Erfahrungen im Krieg von 1812 hervorhoben, erinnerte Lincoln seine Zuhörer daran, daß auch er ein soldatischer Held war. „Jawohl", verkündete er, „in den Tagen des Black-Hawk-Kriegs hatte ich einige blutige Schlachten auszufechten – gegen die Moskitos."

Während der Zeit seines Militärdienstes war Lincoln jedoch stolz auf seine Tätigkeit, und er genoß die herzliche Kameradschaft, die zwischen den Soldaten herrschte. Als die einmonatige Dienstverpflichtung zu Ende ging, unterschrieb er gleich für eine neue. „Ich hatte keine Arbeit …, und es war nicht damit zu rechnen, daß es zu weiteren Kämpfen kommen würde. Daher gab es für mich nichts Besseres, als meinen Dienst zu verlängern", erklärte er später. Er diente bis zum 10. Juli und wurde in Ehren entlassen.

Während seiner Zeit in der Armee lernte Lincoln zahlreiche aufstrebende junge politische Führer des Staates kennen, wie Orville Hickman Browning, einen konservativen Anwalt aus Quincy, und John Todd Stuart, einen Anwalt aus Springfield. Attraktiv, elegant und gebildet, war Stuart offensichtlich das genaue Gegenteil von

---

* Entspricht etwa dem Hauptmann in der deutschen Militärrangordnung

Lincoln, aber er erkannte, daß sein Freund aus New Salem eine vielversprechende Zukunft vor sich hatte.

Lincoln kehrte rechtzeitig für einen kurzen Wahlkampf vor der Wahl für die gesetzgebende Versammlung am 6. August 1832 nach New Salem zurück. Ebenso wie die anderen Kandidaten reiste er durch die Sangamon County, um Stimmen für sich zu gewinnen. Mit seiner dunklen, sonnenverbrannten Haut war er eine recht seltsame Erscheinung. Während des Wahlkampfs trug er, wie ein Beobachter berichtete, „einen seltsamen Frack aus grobem Baumwollstoff mit zu kurzen Ärmeln ... und einen Strohhut". In seinen Reden behandelte er vorwiegend lokale Fragen und vermied Themen von allgemeinerer Bedeutung, denn er erklärte: „Meine Politik ist kurz und bequem wie der Tanz einer alten Frau."

Als die Stimmen gezählt waren, fand sich Lincoln in einem Feld von dreizehn Kandidaten, von denen die ersten vier gewählt waren, auf dem achten Platz wieder. In seinem eigenen Bezirk in New Salem erhielt er hingegen 277 von insgesamt 300 Stimmen.

So tröstlich diese Demonstration nachbarschaftlicher Unterstützung auch sein mochte, so trug sie doch nur wenig zur Lösung von Lincolns finanziellen Problemen bei. Die Gelegenheit dazu ergab sich, als James und J. Rowan Herndon beschlossen, ihre Gemischtwarenhandlung zu verkaufen. William F. Berry, während des Black-Hawk-Kriegs Unteroffizier in Lincolns Kompanie, erwarb James Herndons Anteile, und J. Rowan Herndon bot Lincoln die andere Hälfte an. Es wurde kein Geld bezahlt. „Ich glaube, er war grundehrlich", erklärte Rowan Herndon, „und ich akzeptierte seine schriftliche Zahlungszusage."

Lincoln und Berry besaßen nun einen von drei Läden in New Salem und konkurrierten mit dem bestens geführten Unternehmen von Samuel Hill und John McNeil sowie einem neuen Geschäft, das Reuben Radford gehörte. Im Januar 1833 brach Radford mit den Clary's-Grove-Burschen einen Streit vom Zaun, woraufhin sie seinen Laden demolierten. In seiner Verzweiflung beschloß Radford zu verkaufen. William Greene jr. witterte sofort ein Geschäft, erwarb den Laden mitsamt den beschädigten Waren für 400 Dollar und verkaufte beides sofort an Lincoln und Berry weiter, wobei er einen Profit von 250 Dollar machte. Erneut unterschrieben die Partner einen Schuldschein.

Nachdem sie ihr ziemlich armseliges Warenlager in Radfords Gebäude gebracht hatten, waren Lincoln und Berry bereit zur Geschäftseröffnung. Wie die meisten Läden auf dem Land versorgten sie ihre Kunden mit Tee, Kaffee, Salz und einigen anderen Produkten, die nicht im Dorf hergestellt werden konnten. Außerdem gab es blauen Kaliko, braunen Musselin, Hüte und eine kleine Auswahl an Schuhen.

Es gab kaum genügend Betrieb, um die Partner ständig in Trab zu halten, daher verbrachte Lincoln die meiste Zeit mit Lesen. Prosa interessierte ihn nicht so sehr. Einige Gedichte rührten ihn zutiefst, und er lernte lange Passagen aus Shakespeare-Dramen auswendig. Jack Kelso machte ihn wahrscheinlich mit Robert Burns bekannt, dessen lange Gedichte er schon bald auswendig vortragen konnte.

Obwohl es in New Salem keine Kirche gab, war es doch eine tief religiöse Gemeinde. Es gab keine katholischen oder jüdischen Einwohner, dafür aber Baptisten, Methodisten und Presbyterianer, die ständig in haarspalterische Streitigkeiten über die richtige Lehre verwickelt waren. Wenngleich diese religiösen Auseinandersetzungen schon bald Lincolns Aufmerksamkeit auf sich zogen, so hatte er doch gewisse Hemmungen, sich für eine Lehre zu entscheiden. Für seinen analytischen Geist waren die Gedanken der Evangelisten weniger überzeugend als die der wenigen Freidenker, die sich regelmäßig in seinem Laden trafen und über den Wahrheitsgehalt der Bibel, die unbefleckte Empfängnis, die Göttlichkeit Christi und die Möglichkeit von Wundern diskutierten. Gespräche über derartige Themen galten in dieser orthodoxen Pioniergemeinde als gotteslästerlich, und es wurde bekannt, daß auch Lincoln sich daran beteiligte. Der Vorwurf, daß er „das Christentum offen angriff", war so schwerwiegend, daß er bei seinem Wahlkampf für den Kongreß im Jahr 1846 gezwungen war, öffentlich zu erklären, daß er sich niemals abfällig über religiöse Angelegenheiten geäußert habe.

Im Lincoln-&-Berry-Laden gab es genug Zeit für endlose Diskussionen, denn es war schon bald klar, daß dem Unternehmen kein Erfolg beschieden war. Es wäre einfach gewesen, die Partner dafür verantwortlich zu machen. Berry mag zwar ein notorischer Trinker gewesen sein, wie es in verschiedenen Berichten heißt, und zweifellos interessierte Lincoln sich mehr für seine Bücher oder erzählte lieber seine Geschichten, als daß er sich um den Verkauf seiner Waren kümmerte. Doch der eigentliche Grund für den Mißerfolg war die Tatsache, daß New Salem um 1833 nicht weiter wuchs, weil der Sangamon River keine ausreichenden Möglichkeiten bot, die Produkte des Dorfs zu vermarkten.

Als der Laden „sich verabschiedete", wie Lincoln es später ausdrückte, war er wieder ohne einen Job. Erneut nahm er Aushilfstätigkeiten an, indem er zum Beispiel beim Schienenbau einsprang. Außerdem verdiente er sich ein paar Dollar, indem er bei Gericht als Geschworener fungierte, bei Wahlen mithalf und Wahllisten nach Springfield brachte. Aber es wurde offensichtlich, daß er ohne regelmäßige Beschäftigung gezwungen wäre, New Salem zu verlassen. Glücklicherweise hatte er Freunde, die wollten, daß er dort blieb. Mehrere von ihnen setzten sich dafür ein, daß ihm das Amt des Postmeisters übertragen wurde. Lincoln war außer sich vor Freude.

Die Pflichten seines neuen Jobs waren nicht allzu mühsam. Zu Pferde transportiert, kam zweimal in der Woche die Post. Gewöhnlich zahlte der Empfänger eines Briefs die Postgebühren, und es war Aufgabe des Postmeisters, sie einzusammeln. Zum Beispiel kostete ein einseitiger Brief, der fünfzig Kilometer unterwegs gewesen war, 6 Cent, und ein zweiseitiger Brief kostete die doppelte Gebühr. Der Postmeister erhielt einen bestimmten Prozentsatz aller Einnahmen, aber in New Salem war dieser Betrag nur sehr gering. 1834/35 – jene Zeit in Lincolns dreijähriger Amtsdauer, über die schriftliche Aufzeichnungen erhalten geblieben sind – verdiente er insgesamt 55,70 Dollar.

Obwohl dieser Posten ihm eine gewisse Stellung innerhalb der Gemeinschaft verlieh, reichte der Verdienst daraus für seinen Lebensunterhalt nicht aus. Als einer seiner Freunde erfuhr, daß John Calhoun, der Landvermesser der County, einen Assistenten suchte, empfahl er ihm Lincoln aufs Wärmste. Lincoln, der keine Ahnung vom Vermessungswesen hatte, besorgte sich zwei Bücher über dieses Gebiet, kratzte genug Geld zusammen, um sich einen Kompaß und eine Meßkette anzuschaffen, und „packte es an", wie er es ausdrückte.

Die Landvermessung war eine schwierige Arbeit. Lincoln mußte durch Sümpfe waten und sich durch dichtes Unterholz wühlen, um Markierungen aufzustellen und Winkel zu vermessen. Am

Ende eines Arbeitstages kam er oft mit zerrissenen Kleidern und mit von Dornen zerkratzten Beinen nach Hause.

Mit wachsender Erfahrung nahm Lincoln zunehmend kompliziertere Messungen vor. Er war zum Beispiel führender Geometer bei der Festlegung des Verlaufs einer Straße, die vom Sangamon River durch New Salem und weiter nach Jacksonville führte. Unter den Städten, die er vermaß, befanden sich Bath, Petersburg und Huron.

Wenn er seinen Lohn als Landvermesser zu seinen Einnahmen aus dem Postbüro hinzufügte, hatte er genug Geld zur Verfügung, um davon leben zu können. Dann wurden die Schuldscheine fällig, die er so freizügig unterschrieben hatte, um den Lincoln-&-Berry-Laden zu finanzieren.

Dieser finanzielle Druck beflügelte Lincolns zweite Bewerbung um einen Platz in der gesetzgebenden Versammlung des Staates im Jahr 1834. Die Parteifronten waren zu dieser Zeit erheblich klarer definiert als während der Wahlen von 1832. Die Demokraten unterstützten ihren Spitzenmann Präsident Andrew Jackson in seiner Entscheidung, die Bank der Vereinigten Staaten abzuschaffen. Ihre Widersacher, allgemein Whigs genannt, standen loyal zu Jacksons Erzfeind Henry Clay. Lincoln hingegen äußerte sich nicht über seine Befürwortung des Clayschen Amerikanischen Systems, das innere Verbesserungen vorsah. Statt dessen führte er einen sehr persönlichen Wahlkampf, reiste herum und sprach überall dort mit potentiellen Wählern, wo seine Arbeit als Landvermesser ihn hinführte.

Hinter Lincolns Schweigen zu den Themen der großen Politik lag Berechnung. New Salem favorisierte die Politik der Whigs ebenso wie Lincoln. Der Ort brauchte dringend den wirtschaftlichen Aufschwung, den die Whig-Partei verhieß. Aber die Farmer auf dem Land waren Demokraten und stramme Anhänger von Präsident Jackson. Viele von ihnen, wie die Leute von Clary's Grove, unterstützten jedoch Lincoln, und zwar aus ganz persönlichen Gründen. Laut Stephen T. Logan, seinem späteren Anwaltspartner, „forderten sie von ihren demokratischen Parteibrüdern in den anderen Teilen der County, sie müßten mithelfen, daß Lincoln gewählt würde, sonst würden sie die anderen demokratischen Kandidaten nicht unterstützen". Infolgedessen erhielt Lincoln 1376 Stimmen – die zweithöchste Stimmenzahl aller Kandidaten – und war einer der vier Kandidaten der Sangamon County, die schließlich gewählt wurden. Ein anderer war sein Freund John Todd Stuart.

Stolz auf seinen Erfolg, bereitete sich Lincoln auf seine neue Aufgabe vor, indem er Jura studierte. Schon früher hatte er über diese Möglichkeit nachgedacht, den Gedanken jedoch als undurchführbar verworfen. Seitdem hatte er die Vorgänge am Kreisgericht der Sangamon County in Springfield beobachtet. Als er erfuhr, daß die meisten der führenden Anwälte sich ihr Wissen selbst beigebracht hatten, gelangte er wahrscheinlich zu der Überzeugung, daß dies ein Bereich war, in dem er sich durchaus der Konkurrenz stellen konnte. Nach der Wahl fuhr oder wanderte er häufig nach Springfield, um sich juristische Fachbücher auszuleihen.

Auch in anderer Hinsicht bereitete sich Lincoln auf seinen ersten Auftritt in Vandalia, der Hauptstadt des Staates, vor. Kurz nach der Wahl lieh er sich Geld, um sich erstmals in seinem Leben einen Anzug zu kaufen. Er war entschlossen, wie er sich damals ausdrückte, „in der gesetzgebenden Versammlung eine gute Figur zu machen".

Lincolns erste Teilnahme an einer Sitzungsperiode des Parlaments von Illinois (vom 1. Dezember 1834 bis zum 13. Februar 1835) als Abgeordneter war nicht besonders erinnerungswürdig. Die meiste Zeit folgte er dem Beispiel erfahrenerer Kollegen wie Stuart, mit dem er sich in einer der nahe gelegenen Pensionen ein Zimmer teilte. Er fand sich in Vandalia gut zurecht. Obgleich der Ort immerhin die Staatshauptstadt war, war er nicht mehr als ein Dorf mit 800 bis 900 Einwohnern. Lincolns Geschick, Gesetzesvorschläge einzubringen, was er anfangs nur zögernd tat, nahm im Laufe der Sitzungsperiode stetig zu. Er beteiligte sich aktiv an Debatten und belustigte die Versammlung mit kurzen Bemerkungen zur Ernennung eines Landvermessers für die Schuyler County. Im Glauben, daß der amtierende Vermesser gestorben war, hatte man einen neuen Landvermesser ernannt, welcher jedoch sehr bald feststellte, daß sein Vorgänger höchst lebendig war. (Er „bestand darauf, nicht zu sterben", meinte Lincoln dazu.) Die Mitglieder der gesetzgebenden Versammlung befanden sich in einem Dilemma, und Lincoln riet, nichts zu unternehmen. Falls „der alte Landvermesser sich irgendwann doch zum

Sterben entschließen sollte, steht schon ein neuer bereit, ohne daß die Versammlung noch einmal behelligt werden muß".

Am Ende der Sitzungsperiode holte Lincoln sich seinen Gehaltsscheck über 158 Dollar ab – bereits im Dezember hatte er 100 Dollar erhalten – und kehrte mit mehr Geld in der Tasche nach New Salem zurück, als er je zuvor besessen hatte. Er brauchte es dringend. Kurz bevor er nach Vandalia abgereist war, hatte das Kreisgericht der Sangamon County ein Vollstreckungsurteil gegen ihn und Berry wegen überfälliger Rechnungen erlassen. Als sie nicht zahlen konnten, beschlagnahmte der Sheriff ihr Eigentum, unter anderem auch Lincolns Pferd und seinen Vermessungskompaß. Diese Aktion brachte ihn um die Hilfsmittel, mit denen er seinen Lebensunterhalt verdiente. Dann, im Januar 1835, während Lincoln noch in Vandalia weilte, starb Berry und hinterließ praktisch nichts. Dem Gesetz nach mußte Lincoln nur für die Hälfte ihrer Schulden geradestehen, aber er bestand darauf, alles zu bezahlen, sobald er dazu in der Lage wäre. Es sollte mehrere Jahre dauern, ehe er es schaffte.

Da er während des Frühlings und des Sommers 1835 nicht viel zu tun hatte, außer zweimal pro Woche die Post auszutragen, konnte er seine juristischen Lehrbücher studieren. Dazu setzte er sich meistens an einen Baum gelehnt barfuß ins Gras.

Nach gut einem Monat wurde das Leben für ihn ein wenig einfacher. Im März, als der Sheriff Lincolns Habseligkeiten zur Versteigerung freigab, gehörte sein Pferd nicht dazu. Dann bot einer von Lincolns Bewunderern 120 Dollar für sein Vermessungswerkzeug und gab es ihm nach erfolgtem Zuschlag sofort zurück. Und schon bald führte er wieder Vermessungen durch.

Hinter Lincolns Anstrengungen, sich als Rechtsanwalt zu etablieren, stand nun ein weiteres Motiv: Liebe. Fast vom ersten Tag seiner Ankunft in New Salem an schmiedeten die Frauen des Dorfs Heiratspläne für ihn. Sie fanden seine Tolpatschigkeit überaus reizvoll. Gegenüber den Frauen alter Freunde wie zum Beispiel Hannah Armstrong, die mit Lincolns Freund in New Salem, Jack Armstrong, verheiratet war, konnte er zuvorkommend, ja sogar ausgesprochen herzlich auftreten, aber in der Gegenwart von heiratsfähigen jungen Frauen erstarrte er geradezu zur Salzsäule.

Nichtsdestoweniger interessierte ihn eine der jungen Frauen.

Es war Ann Rutledge, die Tochter eines der Gründer des Dorfs, der Eigentümer des Gasthauses war, in dem er manchmal ein Zimmer bewohnte. Sie war sehr hübsch, hatte helle Haut, blaue Augen und kastanienbraunes Haar. Mit nur einem Meter sechzig Körpergröße war sie „stämmig", wie viele meinten. Aber in Lincolns Augen war dies kein Nachteil.

Wie sich ihre Freundschaft zu einer Liebesbeziehung entwickelte, kann nicht mehr rekonstruiert werden. Es existiert kein Brief von Ann Rutledge, und in den Tausenden von Seiten der Korrespondenz Abraham Lincolns wird ihr Name kein einziges Mal erwähnt. Aber irgendwann im Lauf des Jahres 1835 gelangten Lincoln und Ann zu einer Einigung. Lincoln bezweifelte, daß er eine Ehefrau ernähren könnte, und sie vereinbarten laut Anns Vetter James McCrady Rutledge, „nach ihrer Verlobung mit der Hochzeit noch ein Jahr zu warten, bis Abraham Lincoln zur Anwaltskammer zugelassen würde".

Der Sommer von 1835 war einer der heißesten in der Geschichte von Illinois, und zudem regnete es täglich. Wenn Lincoln einmal nicht durch Bäche und Tümpel watete, um seine Messungen durchzuführen, arbeitete er derart unermüdlich seine juristischen Fachbücher durch, daß seine Freunde Angst um seine Gesundheit hatten. Sie hatten noch mehr Grund, sich wegen Ann Sorgen zu machen, denn im August erkrankte sie an „Gehirnfieber" – wahrscheinlich Typhus, der durch verunreinigtes Brunnenwasser ausgelöst worden war. Obgleich ihr Arzt ihr absolute Ruhe verordnete, bestand sie darauf, Lincoln zu sehen. Ein paar Tage später fiel sie in eine tiefe Bewußtlosigkeit. Sie starb am 25. August.

Lincoln war am Boden zerstört. Dieser furchtbare Schlag muß bei ihm die Erinnerung an frühere Verluste geweckt haben: an seinen jüngeren Bruder Thomas, seine Schwester Sarah und vor allem seine Mutter. Seine Nerven, die durch seine Überarbeitung ohnehin schon angegriffen waren, versagten endgültig. Er war derart niedergeschlagen, daß Freunde ihn drängten, seinen alten Freund Bowling Green zu besuchen, der etwa eineinhalb Kilometer südlich von New Salem lebte. Dort fand er Ruhe und Trost.

Am 24. September nahm er seine Vermessungstätigkeit wieder auf, doch die Erinnerung an Ann Rutledge wollte nicht so schnell verblassen. Viele Jahre später, nach seiner ersten Wahl zum Präsidenten, unterhielt er sich mit einem alten Freund, Isaac Cogdal, über die Zeit in New Salem. Als der Name Rutledge fiel, erkundigte Cogdal sich, ob es zutreffe, daß Lincoln sich in Ann verliebt habe. „Es stimmt – ich war wirklich in sie verliebt", erwiderte Lincoln. „Ich liebte dieses Mädchen tief und aufrichtig – und ich denke sogar jetzt noch sehr oft an sie."

DIE AUSSERORDENTLICHEN Sitzungen der beiden Kammern der Legislative, des Repräsentantenhauses und des Senats, die für den Winter 1835/36 anberaumt wurden, sollten seine zukünftige Laufbahn entscheidend beeinflussen. Zum erstenmal fand die Politik des Gesamtstaats Eingang in die des Parlaments. Eine Präsidentschaftswahl stand bevor, und Demokraten, die der verbreiteten Ablehnung des vom amtierenden Präsidenten Andrew Jackson als Präsidentschaftskandidat vorgesehenen Martin Van Buren entgegenwirken wollten, versuchten die Partei zu einen, indem sie einen Konvent in Vandalia abhielten. Außer Van Burens Kandidatur zu bestätigen, verurteilte die Versammlung auch all jene, die „mittels Vorspiegelung falscher Tatsachen für Uneinigkeit und Streit in der demokratischen Partei sorgen". Diese Maßnahme versetzte die Whigs in Zorn, da sie eine Minderheitspartei waren und bisher bei Bundeswahlen nur deshalb recht gut abgeschnitten hatten, weil sie die Bildung von Splittergruppen bei den Demokraten förderten. Wütend verurteilten Abgeordnete aus dem Lager der Whigs, unter ihnen auch Lincoln, das Parteitagssystem als ein Werkzeug politischer Manipulation, mit dessen Hilfe unerwünschte Kandidaten mundtot gemacht würden. Die Whigs brauchten einige Jahre, bis ihnen klar wurde, daß auch sie aus ebendiesem System ihren Nutzen ziehen konnten.

Von größerer Bedeutung waren die in dieser Sitzungsperiode verhandelten Gesetzesvorschläge zur Neuverteilung der Abgeordnetenmandate im Staat. Die Bevölkerung von Illinois war ziemlich schnell gewachsen, und zwar in den nördlichen und den zentralen Regionen des Staates, und die südlichen Bezirke, die zuerst besiedelt worden waren, waren deutlich überrepräsentiert. Lincoln sprach sich für eine moderate Umverteilung der Sitze aus und wehrte sich infolgedessen gegen die drastischere Methode, die von der Versammlung beschlossen wurde. Auf diese Weise gelangte die Sangamon County zur größten Delegation im Repräsentantenhaus – nämlich zu sieben gegenüber den bisherigen vier Mitgliedern.

Einer der Hauptgründe, weshalb Gouverneur Joseph Duncan diese außerordentlichen Sitzungen anberaumt hatte, bestand darin, die gesetzlichen Grundlagen für den Bau eines Kanals zu schaffen, der, indem er den Illinois und den Chicago River miteinander verband, den Michigansee an den Mississippi anbinden würde. Die Versammlung tat ihm den Gefallen, indem sie die Aufnahme eines Kredits von 500 000 Dollar genehmigte, um die Schuldverschreibungen für den Illinois-Michigan-Kanal zu finanzieren. In der entscheidenden Abstimmung, die mit dem Ergebnis von 28 zu 27 Stimmen endete, sprach Lincoln sich für diese Maßnahme aus.

Die Auswirkungen dieses Gesetzes auf Lincolns weitere Laufbahn wurden erst zur Sitzungsperiode des Jahres 1836 deutlich. Doch vorher mußte er sich noch zur Wiederwahl stellen. Der Wahlkampf war strapaziös. Lincoln sowie sechzehn weitere Kandidaten zogen zu Pferd von einem Dorf zum anderen. Die Reden begannen schon am frühen Morgen und dauerten nicht selten bis weit in den Nachmittag. Gelegentlich kam es zu heftigen Streitigkeiten. Sogar Lincoln, der gewöhnlich ruhig und gelassen blieb, reagierte einmal sehr heftig auf einen Kritiker und beschimpfte ihn als „einen Lügner und Halunken". Aber Lincoln konnte sich auch diesmal der Unterstützung seiner Nachbarn sicher sein und erhielt bei der Wahl am 1. August mehr Stimmen als jeder andere Kandidat.

Die Delegation der Sangamon County, die an der Sitzungsperiode der Legislative von 1836/37 teilnahm, wurde als „die Langen Neun" bekannt, da die zwei Senats- und sieben Repräsentantenhausmitglieder ungewöhnlich groß waren. Noch bekannter wurde sie jedoch durch ihr leidenschaftliches Eintreten für zwei Anliegen: die Werbung für die Stadt Springfield in der Sangamon County, die Vandalia als Hauptstadt des Staates ablösen sollte, und die Unterstützung des Staates bei der Durchführung von Verbesserungen der Infrastruktur. Die Delegation betrachtete Lincoln, der nun ein erfahrener Abgeordneter war, als ihren Führer und Sprecher.

Im Repräsentantenhaus wurde die Initiative zur Befürwortung von Verbesserungen der Infrastruktur sofort von Stephen A. Douglas ergriffen, dem neu gewählten Vertreter der Morgan County, der auch die Führung der Demokraten übernahm. Nur einen Meter sechzig groß, aber mit einem imposanten Schädel und einer tiefen Baritonstimme ausgestattet, beherrschte Douglas im Alter von 23 Jahren bereits die Kunst der Politik und trieb die wirtschaftliche Entwicklung des Staates unermüdlich an. Umgehend legte er einen Plan zum Bau einer Eisenbahnstrecke vor, für deren Kosten der Staat eine Bürgschaft übernehmen sollte.

Die Whigs, darunter auch Lincoln, begrüßten Douglas' Initiative, und die beiden Kammern der Legislative stellten die entsprechenden Staatsanleihen bereit, um eine Eisenbahnlinie zu bauen, Straßen zu befestigen und Flüsse auszubauen.

Eine schwere Wirtschafts- und Finanzkrise, die 1837 einsetzte, machte diesen hochgesteckten Hoffnungen ein Ende und sorgte dafür, daß die Pläne für die Infrastrukturverbesserungen ad acta gelegt wurden. Nur wenige Bauvorhaben wurden abgeschlossen, und der Staat war übersät mit unvollendeten Straßen und nur teilweise ausgehobenen Kanälen.

Weitaus mehr Erfolg hatten die Langen Neun mit ihrem Vorhaben, die Hauptstadt des Staates nach Springfield zu verlegen. Vandalia war nach Auffassung der meisten Menschen viel zu klein und lag viel zu weit im Süden. Aber Springfield hatte Rivalen. Die Gegner Springfields versuchten, den Einfluß der Sangamon-Delegation zu beschneiden. Am Ende zahlten sich die Bemühungen der Langen Neun jedoch aus. Bei der entscheidenden Abstimmung am 28. Februar 1837 errang Springfield die Stimmenmehrheit.

An diesem Abend feierte die Sangamon-Delegation ihren Sieg in Capp's Tavern, wohin alle Mitglieder der Legislative eingeladen waren. Zigarren und Austern verschwanden ebenso schnell wie 81 Flaschen Champagner, für die der reiche Ninian Edwards 223,50 Dollar bezahlte. Anschließend fanden Feiern in Springfield und anderen Teilen der Sangamon County statt, an denen die Langen Neun teilnahmen. Während eines dieser Feste wurde der Trinkspruch ausgebracht: „Auf Abraham Lincoln, einen Mann von natürlichem Adel."

Als die Versammlung sich vertagte, kehrte Lincoln nach New Salem zurück, um sich von seinen Freunden zu verabschieden. Im September hatten zwei Richter des Obersten Gerichtshofs von Illinois ihm die Lizenz zur Ausübung des Anwaltsberufs erteilt, und am 1. März wurde sein Name in die Liste der zugelassenen Rechtsanwälte im Büro des Protokollführers des Obersten Gerichtshofs eingetragen. Im April kehrte er nach Springfield zurück, wo John Todd Stuart ihn als Partner in seine Anwaltskanzlei aufnahm.

III. Kühle, berechnende, leidenschaftslose Vernunft

Am 15. April 1837 ritt Lincoln auf einem geliehenen Pferd in Springfield ein. Sein gesamter Besitz befand sich in den beiden Satteltaschen. Im Gemischtwarenladen von A. Y. Ellis & Company erkundigte er sich, wieviel eine Matratze für ein Einzelbett sowie Laken und ein Kopfkissen kosten würden. Joshua F. Speed, einer der Inhaber, rechnete die einzelnen Posten zusammen und kam auf einen Gesamtbetrag von 17 Dollar. Lincoln erwiderte, dies sei sicherlich ein absolut fairer Preis, aber soviel Geld habe er nicht. Nachdem er Speed erklärt hatte, er sei nach Springfield gekommen, um „sich als Rechtsanwalt zu versuchen", bat er um Kredit bis Weihnachten und fügte mit trauriger Stimme hinzu: „Wenn ich mit meinem Vorhaben scheitere, weiß ich nicht, ob ich meine Schulden bei Ihnen jemals bezahlen kann."

Speed, der den Ruf des jungen Mannes kannte und schon eine seiner politischen Reden gehört hatte, schlug einen Weg vor, wie er die Schulden vermeiden könnte. „Ich habe oben ein großes Zimmer mit einem Doppelbett, das Sie gerne mit mir teilen können, wenn Sie wollen", bot er an.

„Wo ist Ihr Zimmer?" fragte Lincoln. Als Speed zur Wendeltreppe deutete, die in den ersten Stock hinaufführte, ergriff Lincoln seine Satteltaschen und stieg hinauf. Kurz darauf kehrte er über das ganze Gesicht strahlend zurück und verkündete: „Nun, Speed, ich bin soeben eingezogen!"

Ein solch schneller Wechsel von tiefer Verzweiflung zu unbekümmerter Zuversicht war charakteristisch für Lincolns erste Jahre in der Hauptstadt des Staates. Er versuchte, die gegensätzlichen Elemente seiner Persönlichkeit miteinander in Einklang zu bringen. Manchmal hatte er das Gefühl, ein Gefangener seiner Leidenschaften zu sein, doch bei anderen Gelegenheiten glaubte er, seine Welt mit reiner Vernunft in den Griff zu bekommen.

Das Springfield der 30er Jahre des 19. Jahrhunderts war eine Pionierstadt. Es gab dort zwar einige wenige Ziegelbauten, aber die Blockhäuser überwogen. Die Straßen waren breit, aber ungepflastert. Im Winter wühlten die Pferdewagen sich durch achsentiefen Schlamm, und im Sommer wurde alles von dichten Staubwolken eingehüllt. Die Stadt hatte keine Bürgersteige, Schweine liefen auf den Straßen herum, und der Mist, der in hohen Haufen vor den Ställen lag, verbreitete einen durchdringenden Gestank. Dennoch war diese Gemeinde mit ihren 1500 Einwohnern der kultivierteste Ort, an dem Lincoln je gelebt hatte.

Er wurde in Springfield wohlwollend aufgenommen, weil er nicht als Fremder ankam, sondern als Partner Stuarts, einem der erfolgreichsten Anwälte der Stadt. Stuart, der einen Sitz im Repräsentantenhaus der Vereinigten Staaten anstrebte, übertrug den größten Teil der Arbeit seinem Juniorpartner. Ihr Büro war ein einzelner Raum im zweiten Stock eines Komplexes von Ziegelbauten in der Fifth Street.

Aber ein voller Terminplan war nicht gleichbedeutend mit vollen Taschen. In Springfield wimmelte es von Anwälten, und alle waren verpflichtet, bescheidene Honorare zu verlangen. Für die meisten Fälle, die Stuart & Lincoln bearbeiteten, betrug das Honorar fünf Dollar. Es gehörte zu Lincolns Aufgaben, die Honorare zu verbuchen, die er und Stuart sich dann teilten.

Von Anfang an war Joshua Speed Lincolns engster Vertrauter, und er wurde im Lauf der Zeit wahrscheinlich der einzige echte Freund, den Lincoln je hatte. Speed war vier Jahre jünger als Lincoln und stammte ebenfalls aus Kentucky. Im Gegensatz zu Lincoln kam Speed jedoch aus einer prominenten Familie, die eine florierende Farm namens Farmington in der Nähe von Louisville besaß. Mit seinen leuchtend blauen Augen und seiner vollen dunklen Lockenpracht sowie seiner eleganten Ausstrahlung war er vor allem ein Liebling der Frauen.

Fast vier Jahre lang teilten Lincoln und Speed ein Doppelbett und ihre persönlichsten Gedanken in dem Zimmer über Speeds Laden. Niemand sah in diesem Arrangement etwas Ungewöhnliches. Es kam selten vor, daß ein lediger Mann ein eigenes Zimmer bewohnte, und es war durchaus üblich, daß man zu zweit oder gar zu mehreren in einem Bett schlief. Die meiste Zeit schlief William H. Herndon, der in Speeds Laden angestellt war, im selben Zimmer, desgleichen Charles R. Hurst, der in einem anderen Laden arbeitete.

Um Lincoln und Speed scharten sich andere junge unverheiratete Männer aus Springfield wie James H. Matheny, der bei Lincolns Hochzeit als Trauzeuge fungierte, und James C. Conkling, der sich 1838 in Springfield als Anwalt niederließ. Jeden Abend versammelten sie sich vor dem offenen Kamin im Hinterzimmer von Speeds Laden und diskutierten, wie Herndon sich erinnerte, über Politik, Religion und alle möglichen anderen Themen.

Wie viele seiner Zeitgenossen verfolgte Lincoln voller Sorge, wie schnell sich das Leben in Amerika veränderte. Kanäle und Eisenbahnstrecken sorgten für eine Revolution im Transportwesen. Die Bevölkerung breitete sich über den gesamten Kontinent aus. Die große Zahl von Einwanderern bedrohte den sozialen Zusammenhalt Amerikas. Der Partikularismus stiftete zunehmend Uneinigkeit, als die Kontroversen hinsichtlich der Sklaverei zunahmen.

Im Januar 1838 sprach Lincoln über einige dieser Themen. In einer Rede mit dem Titel „Die Fortdauer unserer politischen Institutionen" griff er die übertriebene Gefühlsseligkeit in der Politik an. Er warnte, daß das „stolze Gut der Freiheit" der Nation durch die Leidenschaften der Menschen – „die Eifersucht, den Neid und die Mißgunst, die in unserer Natur liegen" – gefährdet seien. Als Mittel gegen die Gesetzlosigkeit empfahl er eine nach seinem Dafürhalten einfache Lösung: „Jeder Amerikaner, jeder freiheitsliebende Bürger, jeder, der für die nachfolgenden Generationen das Beste will, soll beim während der Revolution vergossenen Blut schwören, niemals auch nur andeutungsweise gegen die Gesetze des Landes zu verstoßen und niemals einen Verstoß durch andere zu dulden."

Dies war eine der üblichen Forderungen der Whigs. Doch an diesem Punkt der Rede, als die meisten Zuhörer annahmen, daß er seinen Vortrag beendet hätte, setzte Lincoln neu an und fragte, weshalb die Gefahr für die politischen Institutionen nun soviel größer sei als während der vergangenen fünfzig Jahre. In den vorangegangenen Generationen, erklärte er, als der Erfolg des amerikanischen Versuchs, sich selbst zu regieren, noch sehr zweifelhaft war, „erwarteten alle, die nach Ruhm und Ansehen strebten, beides durch den Erfolg dieses Experiments zu finden". Auch jetzt gebe es noch „viele gute Männer", die nach nichts anderem strebten als „einem Sitz im Kongreß, einem Gouverneursposten oder dem Präsidentensessel". Aber, fügte er hinzu, solche Ämter würden „einem Alexander, einem Cäsar oder einem Napoleon" nicht ausreichen, von denen erwartungsgemäß die größte Gefahr für eine Volksherrschaft ausginge. „Überragende Intelligenz meidet stets ausgetretene Pfade", rief Lincoln seinen Zuhörern in Erinnerung. „Sie dürstet und strebt nach Einzigartigkeit."

Nur wenige von Lincolns Zuhörern dürften erkannt haben, daß er unbewußt sich selbst beschrieben hatte. Sein Ehrgeiz war kein Geheimnis. Wie Herndon meinte, war er „eine kleine Maschine, die keine Pause kannte". Aber nur Speed begriff, wie brennend sein Durst nach Einzigartigkeit war. Diesem einen engen Freund gestand Lincoln seinen Ehrgeiz, „seinen Namen mit etwas zu verbinden, was seinen Mitmenschen zum Vorteil gereicht", und in einem seiner düsteren Momente klagte er, „daß er nichts getan habe, was ein menschliches Wesen daran erinnern könnte, daß er gelebt hatte".

Zum Schutz vor „Männern mit Ehrgeiz und Begabung" – wie er selbst einer war – forderte Lincoln einen zweiten und grundlegend anderen Weg, um die politischen Institutionen Amerikas zu erhalten. Er schlug vor, einen „Tempel der Freiheit" zu errichten, der aus „den soliden Steinen nüchterner Vernunft" erbaut wäre.

Diese Betonung der Vernunft wies auf Lincolns Bedenken gegenüber der Abolition* und anderen humanitären Reformen hin. Zum Beispiel schloß er sich niemals der Prohibitionsbewegung an, obgleich er selbst keinen Alkohol trank. Ihm mißfiel der Fanatismus der Prohibitionisten, zog er doch selbst „freundliche, unaufdringliche Überzeugungsarbeit" vor. „Die Leidenschaft", so bemerkte er gegen Ende seiner Rede, „wird in Zukunft unser erklärter Feind sein." Statt dessen müsse die Nation sich „der Vernunft, der kühlen, berechnenden, leidenschaftslosen Vernunft" bedienen.

Die Ernsthaftigkeit, mit der Lincoln den Rationalismus für das öffentliche Leben forderte, spiegelte seinen inneren Kampf wider, seine eigene, immer noch ungeformte Persönlichkeit zu festigen.

---

* Abschaffung der Sklaverei in den USA. Diesem Ziel widmete sich die Bewegung der Abolitionisten, die in den 30er Jahren des 19. Jahrhunderts zu einer bedeutenden gesellschaftlichen Kraft wurde.

Er war sich noch nicht ganz sicher, wer er war oder wie er am liebsten gesehen werden wollte. Er bewegte sich sehr gern in den herrschaftlichen Kreisen von Springfield, in die er von Stuart eingeführt wurde. Aber er wollte gleichzeitig auch „einer von den Jungs" sein.

Ähnlich zwiespältig war seine Haltung gegenüber Frauen. Lincoln mochte sie sehr, wußte aber nicht, wie man sich in ihrer Gegenwart benehmen sollte.

Junge Frauen traf er vorwiegend bei den sonntäglichen Soireen, die Ninian und Elizabeth Edwards in ihrer luxuriösen Villa abhielten. Sie versammelten die glänzendsten und besten Vertreter der Gesellschaft von Springfield um sich. Der attraktive John J. Hardin, ein Verwandter von Mrs. Edwards und aussichtsreicher Kandidat für den Kongreß, nahm an den meisten Soireen teil. Desgleichen Edward D. Baker, ein populärer junger Redner aus dem Lager der Whigs. O. H. Browning vertrat die konservativen Kreise der Whig-Partei. Die Edwards hießen ebenso Stephen A. Douglas willkommen, nun führender Demokrat im Staate und bereits als „Little Giant" bekannt, weil seine Energie in umgekehrtem Verhältnis zu seiner Körpergröße stand. Ein weiterer häufiger Gast war auch der gutaussehende Demokrat James Shields.

Zum Gefolge der Edwards gehörten auch die hübschesten Frauen von Springfield, von denen die jüngere Schwester von Mrs. Edwards, Mary Todd, das meiste Interesse der Männerwelt auf sich zog. Sie war die Tochter von Robert S. Todd, einem erfolgreichen Kaufmann und Bankier aus Lexington, Kentucky. Mary war in Luxus aufgewachsen, bedient von Sklaven und ausgebildet in den besten Privatschulen. Da sie sich mit ihrer Stiefmutter nicht sonderlich gut verstand, hatte sie sich im Jahr 1839 zu einem ausgedehnten Besuch ihrer Schwester entschlossen. Sehr schnell betörte diese hübsche junge Frau von 22 Jahren mit ihrer wundervollen hellen Haut, dem hellbraunen Haar und den bemerkenswert blauen Augen die anderen Angehörigen der Gruppe, unter ihnen auch Abraham Lincoln, der schon bald einer ihrer regelmäßigen Besucher wurde.

Mit ihrer Lebhaftigkeit und Intelligenz unterschied Mary sich grundlegend von jeder Frau, die Lincoln je gekannt hatte. Er reagierte noch nicht einmal linkisch und schüchtern, wenn er sich mit ihr unterhielt, denn sie machte seine Defizite als Partyplauderer allemal wett. Mrs. Edwards erinnerte sich, daß, wenn sie zusammen waren, „Mary die Unterhaltung führte – während Lincoln zuhörte und sie anstarrte, als stünde er unter dem Einfluß irgendeiner höheren Macht".

Aufgrund der Aufmerksamkeit, die Lincoln ihr schenkte, mußte Mary ihn als potentiellen Ehemann betrachten. Und sie dachte sehr intensiv ans Heiraten. In ihrem Alter mußte sie langsam die Perspektive ins Auge fassen, als alte Jungfer zu enden, und bis auf die Laufbahn einer Lehrerin gab es kein anderes Betätigungsfeld für Frauen ihrer Gesellschaftsschicht. Es gab nicht viele geeignete Junggesellen. Sie mochte Douglas, mit dem sie heftig flirtete, aber beide erkannten schnell, daß er eigentlich nur an seine Karriere dachte und nicht ernsthaft an einer Ehe interessiert war. Der Witwer Edwin B. Webb, ein weiterer Anwalt aus Springfield, war ein ernsthafter Bewerber, doch er hatte den kleinen Makel, beträchtlich älter zu sein als Mary, und der außerdem, wie sie es nannte, „zwei süße kleine Hindernisse" besaß – die Kinder aus seiner ersten Ehe.

Im Vergleich dazu erschien Lincoln zunehmend reizvoll. Ihm fehlten zwar die gesellschaftlichen Tugenden, aber seine Ehrlichkeit und seine Besonnenheit glichen diesen Mangel aus. Sie hatten viele gemeinsame Interessen. Beide stammten aus Kentucky. Beide liebten die Lyrik und kannten die gleichen Gedichte auswendig. Zu einer Zeit, in der man von Frauen nicht erwartete, daß sie sich für Politik interessierten, war sie, ebenso wie er, eine leidenschaftliche Whig. Sie war erfreut über Lincolns Ehrgeiz. In Kentucky hatte sie oft scherzhaft erklärt, daß sie vorhabe, einen Mann zu heiraten, der eines Tages Präsident würde. Im Herbst des Jahres 1840 strebten sie und Lincoln eine engere Beziehung an, und irgendwann um Weihnachten herum feierten sie ihre Verlobung.

Damit war Lincoln eine Verpflichtung eingegangen, und prompt kamen ihm Zweifel. Es war beinahe so, als hätte er Hemmungen, jemanden zu heiraten, der bereit war, ihn zu akzeptieren. Reichlich verspätet machte er sich Gedanken über seine Fähigkeit, eine Ehefrau zu versorgen. Seine Anwaltspartnerschaft stand kurz vor ihrer Auflösung. Während der vergangenen zwei Jahre hatte Stuart wenig zu ihrer Praxis beigesteuert, da er sich die meiste

Zeit in Washington aufgehalten hatte. Nun, da er für eine zweite Amtszeit ins Repräsentantenhaus gewählt worden war, war es wenig sinnvoll, die einseitige Partnerschaft mit Lincoln fortzusetzen. Lincoln konnte sich noch nicht einmal seines Einkommens aus seiner Zugehörigkeit zum Repräsentantenhaus des Staates Illinois sicher sein. Seitdem die Umsetzung der Infrastrukturpläne gescheitert war, sahen er und seine Anhänger sich heftigen und manchmal sehr persönlichen Attacken ausgesetzt, und er beschloß, sich nach Ablauf seiner Amtszeit nicht zur Wiederwahl zu stellen. Daher war er im Jahr 1840 ohne sicheres Einkommen. Er wußte, daß er Mary das luxuriöse Leben, an das sie gewohnt war, keinesfalls bieten konnte.

Diese Befürchtungen überdeckten nur seine tiefer verwurzelten Zweifel hinsichtlich der Ehe. Ebenso wie Speed war er wahrscheinlich sexuell immer noch völlig unerfahren. Die beiden jungen Männer waren in einer rauhen Pioniergesellschaft aufgewachsen, wo Männer und Frauen sich meistens voneinander streng getrennt hielten und wo bei allen Versammlungen von Männern viel über Sex geredet wurde – die praktischen Erfahrungen sich aber sehr in Grenzen hielten. Beide hatten gewisse „böse Vorahnungen" in bezug auf eine Ehe. Wahrscheinlich machten sie sich Sorgen, sexuell mit ihren Auserwählten nicht zusammenzupassen. Sowohl Lincoln wie Speed erklärten ihre Ängste als Beweis dafür, daß sie ihre Verlobten nicht in dem Maße liebten, wie sie es eigentlich tun sollten. Der Mann, der in einem von kalter Vernunft regierten Universum leben wollte, war seinen eigenen aufgewühlten Emotionen hilflos ausgeliefert.

Sein Mut sank, und er beschloß, die Verlobung aufzulösen. Als er Mary aufsuchte und ihr erklärte, er liebe sie nicht mehr, brach sie in Tränen aus.

Nachdem Lincoln gegangen war, dachte Mary über „den Grund für seinen Sinneswandel in Herz und Seele" nach und gelangte ohne jeden vernünftigen Grund zu der Schlußfolgerung, daß er ihre Cousine Matilda Edwards liebte. Sie schrieb Lincoln einen Brief, in dem sie ihn von seinem Eheversprechen befreite, ihm aber andeutete, daß sie die Entscheidung noch nicht als endgültig betrachte – das heißt, daß sie es sich nicht anders überlegt habe, sondern für ihn genausoviel empfinde wie bisher.

Anstatt erleichtert zu sein, war Lincoln verzweifelt. Marys Brief machte ihm klar, was er verloren hatte. Er stürzte in tiefe Depressionen. Während der ersten Januarwoche konnte er seinen Geschäften noch mehr schlecht als recht nachgehen, aber dann wurde die Last der Schuld und des Unglücks zu groß, und er legte sich für eine Woche ins Bett und war nicht bereit, jemand anderen außer Speed und seinen guten Freund Dr. Anson G. Henry zu empfangen. Sein Geist befand sich in einem heftigen Aufruhr, als er sich klarmachte, wie er sich verhalten hatte. Bitter bezichtigte er sich selbst der Unbeständigkeit. Seine Fähigkeit, eigene Entschlüsse umzusetzen, so erzählte er Speed, sei einmal die Quelle seines Stolzes gewesen, weil sie der wesentliche Vorzug seines Charakters sei. Das galt nun nicht mehr. Er wurde von der „ständig sich in Erinnerung bringenden Erkenntnis" gequält, daß er Mary unglücklich gemacht hatte. „Das ist der Tod meiner Seele", schrieb er seinem besten Freund.

Lincolns Zusammenbruch wurde zum Objekt des öffentlichen Klatsches. Die meisten Bewohner Springfields waren sich einig, daß Lincoln trauere, weil Mary Todd die Verlobung aufgelöst habe.

WÄHREND der folgenden Monate versuchte Lincoln, sein Leben wieder unter Kontrolle zu bringen. Er verließ die gesellschaftlichen Kreise der Edwards und sah seine Freunde nur noch selten. Im April gelang ihm ein wichtiger Schritt zur Lösung seiner finanziellen Probleme, indem er sich zu einer Partnerschaft mit Stephen T. Logan zusammentat. Von Anfang an hatten Logan & Lincoln viele Klienten, aber Lincoln, der wahrscheinlich nur ein Drittel und nicht die Hälfte der Einnahmen erhielt, verdiente nicht gerade viel Geld.

Er war immer noch unglücklich, und es ging ihm alles andere als gut. Im August beschloß er, Joshua Speed zu besuchen, der nach Kentucky zurückgekehrt war, und für fast einen Monat blieb er im Haus der Speeds in der Nähe von Louisville, wo er ein Leben in Luxus führte, wie er ihn noch nie zuvor kennengelernt hatte. Einer der Haussklaven wurde ihm sogar als sein persönlicher Diener zugeteilt. Mit Joshua unternahm Lincoln lange Spaziergänge, freundete sich mit Mary, Joshuas Halbschwester, an und lernte bei Ausflügen nach Louisville auch Joshuas Bruder James kennen, der ihm Bücher aus seiner juristischen Bibliothek auslieh. Die fromme Mrs. Speed führte lange mütterliche Gespräche mit ihm und schenkte ihm eine Bibel mit der Aufforderung, „in ihr zu lesen – und ihre Gebote zu beachten".

In Kentucky stellte Lincoln fest, daß auch Joshua in einer tiefen seelischen Krise steckte, die zudem seiner eigenen glich. Er war mit Fanny Henning, einem lebhaften Mädchen, verlobt. Aber als der Zeitpunkt der Hochzeit heranrückte, kamen Speed ernste Bedenken. Wieder zurück in Springfield, schickte Lincoln eine Flut von Briefen, die seinen Freund beruhigen und zur Heirat ermutigen sollten.

Tatsächlich machte Lincoln auch sich selbst Mut, denn erneut stand er im Begriff, mit Mary Todd den Ehebund zu schließen. Nach ihrer Trennung waren die beiden einander aus dem Weg gegangen, aber dann schaltete sich Mrs. Francis, die Frau des Herausgebers der Whig-Zeitung *Sangamo Journal,* ein. Indem sie Lincoln und Mary zu einem gesellschaftlichen Anlaß einlud, brachte sie sie erneut zusammen und sorgte dafür, daß sie „wieder Freunde wurden".

Kurz darauf traf das Paar sich wieder im Haus der Francis, hielt diese Tatsache jedoch geheim. Eine Ausnahme bildeten Dr. Henry, der Lincolns Gesundheitszustand überwachte, und Julia Jayne, Marys engste Freundin. Sie achteten besonders darauf, daß die Edwards nichts erfuhren, denn nach Auflösung der Verlobung hatten sie Mary ganz unverblümt erklärt, daß sie und Lincoln lieber niemals heiraten sollten – daß sie in Natur, Geist, Erziehung und Herkunft derart unterschiedlich seien, daß sie niemals als Mann und Frau glücklich würden zusammenleben können.

Die wachsende Vertrautheit des Paares erfuhr durch eine politische Panne noch eine entscheidende Steigerung. Im Februar 1842 war die Staatsbank von Illinois, die Lincoln häufig im Repräsentantenhaus verteidigt hatte, zur Schließung gezwungen worden, und ihre Noten wurden wertlos. Während der Handel in ganz Illinois praktisch völlig zum Erliegen kam, verfügte der staatliche Revisor James Shields, daß die Banknoten zur Bezahlung von Steuerschulden nicht mehr akzeptiert würden. Sofort versuchten die Whigs diese Krise für sich zu nutzen und griffen die Demokraten und vor allem Shields heftig an, der neben Douglas der prominenteste junge Demokrat in Illinois war.

Kaum jemand beteiligte sich aktiver an diesen Angriffen als

Lincoln. Unter einem Pseudonym meldete er sich beim *Sangamo Journal*. Als „Rebecca", eine ungebildete, aber schlaue Landfrau, griff er die Politik der Demokraten an und machte sich über Shields lustig. Indem er seinem Humor freien Lauf ließ, wiederholte Lincoln als „Tante Becca" die Schilderung einer Nachbarin von einem Fest, an dem Shields und alle heiratsfähigen jungen Frauen von Springfield teilgenommen hatten: „Er verteilte sein Geld hierhin und dorthin. Er schien sich in einer schrecklichen Klemme zu befinden – seine Miene spiegelte deutlich seine innere Qual wider –, und er meinte: ‚Liebste Mädchen, es ist wirklich zum Verzweifeln, aber ich kann euch nicht alle heiraten. Ich weiß nur zu gut, wie sehr ihr leidet, aber denkt immer daran, es ist wirklich nicht meine Schuld, daß ich so attraktiv und interessant bin!'"

Offensichtlich machte es Lincoln großen Spaß, diesen Brief zu schreiben, und als er ihn voller Stolz Mary Todd und Julia Jayne zeigte, halfen sie ihm, die Attacken noch schärfer zu formulieren, ehe er schließlich am 2. September im *Sangamo Journal* abgedruckt wurde. Von ihrer Begeisterung beflügelt, schrieben die beiden Frauen einen eigenen Brief. Es war ein eher unbeholfener Versuch, der sich auf Gerüchte stützte, daß Shields für die gegen ihn gerichteten Beleidigungen Satisfaktion fordern wolle.

Indem sie Shields zur Zielscheibe ihres Spotts machten, spielten die drei ein gefährliches Spiel. Sie hatten den staatlichen Revisor an seiner empfindlichsten Stelle getroffen, denn obwohl er einen einwandfreien Charakter hatte, wirkte er in seinem Auftreten sehr affektiert und hielt sich für unwiderstehlich. Außerdem hatte er überhaupt keinen Humor. Rasend vor Wut verlangte Shields von Simeon Francis, dem Herausgeber des Journals, daß er ihm den Namen des anonymen Spötters nenne. Um die Frauen zu schützen, gestattete Lincoln Francis zu erklären, daß er allein für alle Briefe verantwortlich wäre. Shields schrieb sofort an Lincoln und verlangte einen öffentlichen Widerruf. Die Folgen einer Weigerung brauchten nicht näher erklärt zu werden. Shields war ein Mann mit soldatischen Tugenden und mit den Gepflogenheiten eines Duells durchaus vertraut.

Lincoln war gegen die Praxis des Duells. Aber er machte den Fehler, daß er einen heißblütigen jungen Arzt in Springfield, Dr. Elias H. Merryman, aufsuchte, der ganz eindeutig wollte, daß ein Duell stattfand. Von Merryman beraten, verweigerte er eine Entschuldigung.

Danach überbrachte Shields' Freund John D. Whiteside die Herausforderung zum Duell, und Lincoln benannte Merryman als seinen Sekundanten. Als herausgeforderte Partei hatte Lincoln das Recht, die Waffen zu wählen, und er entschied sich für den Säbel. Er erkannte, daß er mit seiner Größe und seinen langen Armen mit dem Säbel erhebliche Vorteile gegenüber Shields hätte, der nur knapp einen Meter sechzig groß war.

Da Duelle in Illinois gesetzlich verboten waren, einigten die Parteien sich auf einen Platz in Missouri, auf der anderen Seite des Mississippi. Als das Duell gerade beginnen sollte, erschienen John J. Hardin, Lincolns politischer Kampfgefährte und ein Verwandter von Mary Todd, und Dr. R. W. English, um den Zweikampf zu verhindern. Da sie mit beiden Parteien befreundet waren, überredeten sie Shields, seine Duellforderung zurückzunehmen, so daß Lincoln nun erklären konnte, daß er niemals die Absicht gehabt habe „Person und Charakter des Revisors sowie seine Stellung als Mann und Gentleman" zu verunglimpfen und daß er die Briefe einzig und allein aus „politischen Gründen" geschrieben habe.

Danach reichten die Parteien sich die Hände und kehrten nach Illinois zurück. Lincoln schämte sich wegen dieser Episode. Er fühlte sich gedemütigt, weil er sich so dumm verhalten hatte, und es war ihm zutiefst peinlich, daß er, als Anwalt und Angehöriger des Gerichts, gegen das Gesetz verstoßen hatte. Aber was ihn erst recht schmerzte, war die Erkenntnis, daß er sich von seinen Emotionen hatte hinreißen lassen. Voller Scham erinnerte er sich daran, wie er seine Mitbürger dazu aufgerufen hatte, sich von „Vernunft; kühler, berechnender, leidenschaftsloser Vernunft" leiten zu lassen.

Die Shields-Affäre hatte den unerwarteten Nutzen, daß er seine Verlobung mit Mary Todd erneuerte, die von seiner Ritterlichkeit beeindruckt war, als er ihre Mitwirkung an den Briefen verschwieg. Ermutigt durch Speeds Versicherung, daß er mit seiner jungen Frau Fanny sehr glücklich sei, wiederholte Lincoln seinen Heiratsantrag. Mary nahm sofort an. Sie informierten die Edwards im letzten möglichen Augenblick, so daß Elizabeth, der es ein ganz besonderes Vergnügen bereitete, große Feiern zu

organisieren, nur wenige Stunden Zeit hatte, um die Hochzeits-
feier am 4. November 1842 zu arrangieren.

Während Lincoln sich auf die Zeremonie vorbereitete, bekam
er – wie so mancher andere Bräutigam vor und nach ihm – kalte
Füße. Während er seine Stiefel putzte, fragte ihn Speed Butler,
der Sohn seines Hauswirts, wohin er gehe, und Lincoln antwortete: „In die Hölle, glaube ich."

Trotz der Hast und der düsteren Vorahnungen verlief die Trau-
ungszeremonie ohne Zwischenfälle, und Lincoln steckte seiner
Frau einen Ring an den Finger, der die Inschrift trug: LIEBE IST
EWIG.

IV. Immer ein Whig

„Hier gibt es nichts Neues", schrieb Lincoln am 11. November 1842 einem Freund, „außer daß ich geheiratet habe,
was mir wie ein absolutes Wunder erscheint."

Die Frischvermählten ließen sich in der Globe Tavern nieder,
einem zweistöckigen Holzbau auf der Nordseite der Adams
Street. Dort bewohnten sie für vier Dollar pro Woche einen kleinen Raum im zweiten Stock und nahmen ihre Mahlzeiten im allgemeinen Speisesaal ein.

Für Mary war das Hotel ein erheblicher Abstieg nach dem
geräumigen Haus ihres Vaters in Lexington. Zum erstenmal hatte
sie kein persönliches Dienstpersonal, keinen Platz, wo sie ihre
Habe unterbringen, kein privates Zimmer, in dem sie Besucher
empfangen konnte. Aber sie äußerte sich nicht unzufrieden.
Ebensowenig beklagte sie sich, als ihre Schwestern, die sie vor
einer unangemessenen Heirat gewarnt hatten, sie aus ihren
Gesellschaftskreisen ausschlossen. Sie liebte ihren Mann so sehr,
daß sie bereit war, ein sehr ruhiges Leben zu führen.

Die erste Schwangerschaft führte zu weiteren bemerkenswerten
Veränderungen. Am 1. August 1843 wurde Lincolns erstes Kind,
ein Junge, geboren. Er erhielt die Vornamen Robert Todd, nach
Marys Vater. In dieser schwierigen Periode tat Lincoln sein Bestes,
um zu helfen, und nach Roberts Geburt erwachte Mary und sah
ihren „lieben Mann…, wie er sich voller Liebe und Zärtlichkeit
über mich beugte". Aber solche Zeichen von Zuneigung waren

eher selten. Wie Mary Jahre später äußerte, war Lincoln „kein zu Demonstrationen neigender Mensch; wenn seine Empfindungen am intensivsten waren, drückte er sie am wenigsten aus". Ihre Beziehung war niemals eine gleichwertige. Sie redete ihn stets auf formelle viktorianische Art und Weise mit „Mr. Lincoln" an. In Briefen nannte er sie „Mary", und nach Roberts Geburt war sie für ihn stets „Mutter".

Als ihnen klar wurde, daß sie wohl kaum als Familie in einem Hotelzimmer leben konnten, begannen sie sich nach einem Haus umzusehen, doch das Geld war knapp. Lincoln bezog aus seiner Tätigkeit im Repräsentantenhaus des Staates kein Gehalt mehr. Die Verbindung mit Logan bot Aussichten auf eine bessere Zukunft, sie bedeutete aber keine unmittelbare Steigerung von Lincolns Einkommen. Das Beste, was Mary und er tun konnten, war, ein kleines Haus mit drei Zimmern zu mieten. Dort traf Robert S. Todd, Marys Vater, sie kurz vor Weihnachten 1843 an, als er seine vier Töchter besuchte, die in Springfield wohnten, und er sich seinen jüngsten Enkelsohn und Namensvetter ansehen wollte.

Todd mochte seinen Schwiegersohn sehr. Betroffen von Marys armseliger Umgebung, drückte er ihr ein Goldstück in die Hand. Anschließend verfügte er, daß sie, solange er lebte, jährlich 120 Dollar erhielt, was mehr als ausreichend war, um ein Hausmädchen zu engagieren. Außerdem überschrieb Todd – wie er es auch mit jeder seiner Töchter in Springfield und ihren Ehemännern tat – den Lincolns 32 Hektar Land in Illinois.

1844 sah Lincoln sich in der Lage, ein eigenes Haus zu kaufen, das aber sehr klein war. Im Parterre befanden sich drei Zimmer – ein Salon, ein Wohnzimmer und eine Küche. Im Dachgeschoß, unter einer niedrigen, schrägen Decke, waren noch zwei weitere Zimmer. Die unteren Räume wurden durch offene Kamine beheizt, und oben standen Holzöfen. Das Wasser kam aus einer Zisterne und aus einem Brunnen im Garten. Eine Latrine in der Nähe des Gartenzauns war die einzige sanitäre Einrichtung. Trotz des mageren Komforts war das Haus nach Ansicht der Lincolns jeden Cent seines Preises wert – 1200 Dollar. Dazu kam noch ein Stadtgrundstück in der Adams Street, das Lincoln gehörte und einen Wert von 300 Dollar hatte.

Mit großer Energie stürzte Lincoln sich jetzt aufs Geldverdienen. Eine Einnahmequelle war das Aufsetzen von Testamenten und Petitionen. Den größten Teil seines Einkommens bezog er jedoch aus Bagatellverfahren vor dem Friedensrichter und vor allem aus Prozessen vor dem Kreisgericht der Sangamon County. An einem einzigen Tag an diesem Gericht im November 1842 hatten Logan & Lincoln siebzehn Fälle. Die Geschäfte gingen so gut, daß die Partner es sich leisten konnten, in die erste Geschäftsadresse in Springfield, nämlich ins neu erbaute Tinsley Building, umzuziehen. Ihr Büro befand sich im dritten Stock in einem der vorderen Räume, von wo aus man das staatliche Regierungsgebäude und das Gerichtsgebäude sehen konnte.

Lincoln lernte eine Menge von Stephen Logan, der neun Jahre älter und fraglos die führende Persönlichkeit in der Anwaltskammer von Sangamon County war. Das meiste lernte Lincoln jedoch durch intensive Lektüre. Nächtelang saß er in der Bibliothek des Obersten Gerichtshofs von Illinois und suchte Präzedenzfälle, die auf die Fälle, mit denen er betraut war, angewendet werden konnten. Dies war eine Arbeit, die ihm großen Spaß machte. „Wenn ich einen ganz speziellen Fall zu bearbeiten habe", erklärte er, „dann packe ich die strittigen Fragen bei der Wurzel, halte sie hoch und trockne sie vor dem Feuer des Geistes." Seine Sorgfalt und seine Gründlichkeit machten ihn zu einem der erfolgreichsten Rechtsvertreter bei Gericht.

IM HERBST 1844 beschlossen Logan und Lincoln, ihre höchst erfolgreiche Partnerschaft zu beenden. Der Seniorpartner erklärte Lincoln, er wolle die Kanzlei mit seinem Sohn weiterführen, und Lincoln widersprach nicht. Statt dessen suchte er sich einen neuen Partner, nämlich William H. Herndon, der mit ihm das Zimmer über Joshua Speeds Laden geteilt und mit Logan und Lincoln Jura studiert hatte. Vielen kam diese Partnerschaft ein wenig seltsam vor. Mittlerweile ein prominenter Anwalt, hätte Lincoln die freie Auswahl unter den angesehensten Anwälten von Illinois gehabt. Er hinterließ keinen Hinweis, der seine Gründe näher beleuchtet hätte, aber es ist klar, daß er nicht mehr weiter der Juniorpartner sein, sondern endlich eine eigene Kanzlei leiten wollte. Er hatte Herndon zwei oder drei Jahre lang bei seinen Studien beobachtet und kannte ihn als „einen fleißigen, wißbegierigen jungen Mann ..., der in fast allen Bereichen beschlagener ist, als ich es jemals gewesen bin".

Hinter seiner Wahl steckten aber auch politische Gründe. Lincoln hatte die Absicht, einen Sitz im Kongreß der Union anzustreben, aber die Whig-Partei war im mittleren Illinois in zwei Lager gespalten. In der Vergangenheit wurden die Führungspersönlichkeiten stets von den angesehenen Stuarts und den Edwards gestellt. Nun jedoch bestand die Mehrheit der Whig-Wähler aus Selfmademen, die mit Verachtung auf die alten Führer herabschauten und endlich aktiv an politischen Entwicklungen beteiligt sein wollten. Lincoln brauchte die Unterstützung beider Gruppierungen. Die Ehe mit der eleganten Mary Todd verschaffte ihm eine Verbindung zur alteingesessenen Führungsgarde, der Seidenstrumpf-Fraktion. Aus der Erkenntnis, daß Herndon ein Führer der populistischen Bewegung war, entschied Lincoln sich teils deshalb für ihn, um den jungen Whigs zu signalisieren, daß er sich nicht von ihnen distanziert hatte.

Wichtiger als all diese Überlegungen war jedoch die Tatsache, daß Lincoln Herndon, der von Ideen und Begeisterung nur so übersprudelte, wirklich gern mochte. Herndon schenkte Lincoln dafür seine bedingungslose Loyalität.

Die beiden Männer waren völlig gegensätzlich. Lincoln war hochgewachsen, bedächtig und eher nachlässig gekleidet. Herndon, der neun Jahre jünger war als er, war klein, schnell und beinahe dandyhaft. Lincoln war melancholisch, wobei seine düsteren Stimmungen häufig von heftigen Ausbrüchen eines skurrilen Humors unterbrochen wurden. Herndon strahlte Optimismus aus, hatte aber überhaupt keinen Humor. Der Geist des Seniorpartners bewegte sich in logischen Schritten von einer Tatsache zur nächsten, während sein jüngerer Kollege sprunghaft vorwärts eilte und sich auf seine Intuition verließ, um zu seinen Schlußfolgerungen zu gelangen.

Zu Beginn war es keine gleichwertige Partnerschaft. Lincoln sprach mit den meisten Klienten, setzte die wichtigen juristischen Schriftsätze auf und plädierte vor Gericht. Herndon, immer noch Student, erledigte Routinejobs. Er beantwortete Fragen nach Lincolns Verbleib oder „stöberte nach Büchern oder forschte nach Experten", die sein Seniorpartner brauchte. Außerdem gehörte es zu seinen Aufgaben, für Ordnung im Büro zu sorgen und die Akten auf dem laufenden zu halten. Wie Lincoln später seinem Anwaltskollegen Henry C. Whitney erzählte, hatte er angenommen, Herndon arbeite mit System und würde alles in Ordnung halten.

Seine Hoffnung erwies sich als trügerisch, denn Herndon war kein ordentlicher Mensch. Es ist allerdings auch sehr zweifelhaft, ob überhaupt jemand Lincolns Unterlagen hätte in Ordnung halten können. Die Firma besaß keine Aktenschränke und keine Aktenordner. In einer Büroecke lag ein dicker Stoß Papier, der mit einer Notiz in Lincolns Handschrift versehen war, die lautete: „Wenn Sie das, was Sie suchen, nirgendwo finden können, dann schauen Sie doch einmal hier nach." Herndon nahm manchmal irgendwelche Papiere mit nach Hause, wo sie verlorengingen. Lincoln verstaute oft Dokumente in seinem Zylinder, der, wie Herndon es beschrieb, „sein Schreibtisch und sein Notizbuch" war. Es gab Zeiten, da mußten die Partner offen eingestehen, daß Papiere, die ihnen geschickt worden waren, nicht mehr aufgefunden werden konnten.

KEIN noch so großer Fleiß verschaffte einem Rechtsanwalt ein ausreichendes Einkommen, wenn er nur in der Sangamon County praktizierte. Die meisten Anwälte von Springfield, die nicht über genügend Wohlstand verfügten, begleiteten den Richter, wenn er zweimal im Jahr – jeweils im Frühling und im Herbst – seine Rundreise von einem Bezirksgericht zum nächsten in seinem Distrikt unternahm. Der weitläufige achte Distrikt erstreckte sich über zwei Drittel der Breite des Staates und ein Drittel der Länge. Der Richter und die wohlhabenderen Anwälte waren in Pferdewagen unterwegs, Lincoln jedoch ritt in seinen frühen Tagen auf seinem ziemlich klapprigen Pferd, Old Tom, in den Satteltaschen nicht viel mehr als frische Unterwäsche, seine juristischen Dokumente und vielleicht auch noch ein oder zwei Bücher. Die Karawane legte gewöhnlich etwa sechs Kilometer in der Stunde zurück, weil die Wege entsetzlich waren. Viele Flüsse hatten keine Brücken, und der Richter bat Lincoln, der die längsten Beine hatte, häufig, nach einer Furt zu suchen. Wenn Lincoln es bis auf die andere Seite schaffte, folgten die anderen. Die Nächte verbrachten sie, wo sich eine Unterkunft fand. Manchmal, erinnerte Herndon sich, schliefen sie „zu 20 Mann im selben Raum".

Die ganze Rundreise dauerte mindestens zehn Wochen – und mußte im Herbst wiederholt werden. Infolgedessen war Lincoln jedes Jahr drei Monate lang auf Reisen. Viele Anwälte kehrten an den Wochenenden nach Hause zurück, aber Lincoln blieb gewöhnlich beim Gerichtspersonal. In den ersten Jahren seiner Ehe hatte er, wie Freunde zu berichten wußten, „furchtbares Heimweh", aber es hatte für ihn keinen Sinn, nach Hause zu eilen. Er nahm an der Rundreise teil, um Geld zu verdienen, und je länger er sich in den kleinen Countystädten aufhielt, desto besser lernte er die örtlichen Anwälte kennen, die ihm neue Fälle zuschanzen konnten. Der Aufenthalt in diesen kleinen Städten verschaffte ihm auch politische Vorteile, indem er Anhänger für seine zukünftigen politischen Auseinandersetzungen gewann. Er „kannte oder schien jeden zu kennen, den wir trafen", schrieb ein Reporter, der 1847 mit Lincoln per Pferdekutsche den mittleren Teil von Illinois bereiste.

Hinzu kam, daß Lincoln das Leben während der Rundreisen durchaus gefiel. Was andere als Beschwernis empfanden, machte ihm überhaupt nichts aus. Ihm war es gleich, wo er schlief und was ihm an Verpflegung aufgetischt wurde. Die herzliche maskuline Atmosphäre während dieser Rundreisen bot ihm außerdem eine willkommene Abwechslung zum häuslichen Leben, das er manchmal als erdrückend empfand.

Das häusliche Leben der Lincolns war oft schwierig. Die Eheleute waren sowohl in ihrem Temperament wie auch in ihrer äußeren Erscheinung grundverschieden. Er war schwerfällig, launisch, neigte zu Melancholie und Schweigsamkeit. Sie hingegen war lebhaft, kontaktfreudig und brauchte ständig Aufmerksamkeit und Bewunderung.

Ständiger Geldmangel verstärkte ihre Probleme. War das kleine Haus bei ihrem Einzug schon fast zu klein für sie, so verschlimmerte sich dieser Zustand nach 1846 mit der Geburt ihres zweiten Sohnes Edward, so genannt nach Lincolns Freund und politischem Gegner Edward D. Baker. Ein geringfügiger Umbau, um im Parterre ein zusätzliches Zimmer zu gewinnen, trug wenig dazu bei, ihre Lage zu erleichtern.

Lincoln, der in Arbeit versank, hatte wahrscheinlich keine Ahnung, wie schwer auch seine Frau arbeiten mußte. Sie mußte kochen und putzen, das Wasser im Garten aus einem Brunnen heraufpumpen und ins Haus schleppen, die Feuer in Gang halten.

Während Lincoln seine Anzüge von einem örtlichen Schneider anfertigen ließ, mußte sie ihre wie auch die Kleider der Kinder selbst schneidern. Darüber hinaus hatte sie sich um ihre Babys zu kümmern, vor allem um den kleinen Eddie, der von Anfang an kränkelte. Trotz des Geldes, das ihr Vater ihr zukommen ließ, hatte sie nur gelegentlich Haushaltshilfen, vorwiegend irischstämmige Hausmädchen – „wilde Iren" nannte sie sie. Aber sie meinte, sie seien faul, und stritt sich oft mit ihnen.

Mary Lincolns ständige Gereiztheit war in Springfield berüchtigt. Jeder kannte irgendwelche Geschichten über die Beschimpfungen, mit denen sie ihre Haushaltshilfen, Arbeiter im Haus und Straßenhändler attackierte – und auch ihren Mann. Zum Teil waren sie eine Folge ihrer ständigen Überlastung. Sie rührten aber auch von ihrer angegriffenen Gesundheit her. Jedes Frühjahr litt sie unter furchtbaren Kopfschmerzen – wahrscheinlich auf Grund einer Allergie. Sie war extrem empfindsam und fürchtete sich vor Gewittern, Hunden und Räubern, und wenn sie erst einmal in Panik geriet, verlor sie die Kontrolle über sich.

In beträchtlichem Maße waren Mary Lincolns Gefühlsausbrüche Reaktionen auf das Verhalten ihres Ehemanns. Es war schwierig, mit ihm zusammenzuleben. Für drei Monate war er jedes Jahr auf Reisen. Selbst wenn er zu Hause war, bot er ihr nicht den Trost oder die Zuneigung, nach der sie sich sehnte. Nach einem anstrengenden Arbeitstag saß er am liebsten vor dem Kamin und las. Manchmal löste seine Gleichgültigkeit bei ihr heftige Wutausbrüche aus. Einmal, als er in ein Buch vertieft in seinem Schaukelstuhl saß, machte sie ihn darauf aufmerksam, daß das Feuer zu erlöschen drohte. Von seiner Lektüre gefesselt, reagierte er nicht, und sie wies ihn ein zweites und ein drittes Mal darauf hin. Wütend darüber, von ihm nicht beachtet zu werden, schlug sie ihm schließlich mit einem Scheit Feuerholz auf die Nase.

Aber trotz ihrer Streitigkeiten waren die Lincolns einander treu ergeben. In den langen Jahren ihrer Ehe kam niemals der Verdacht auf, daß Abraham Lincoln seiner Frau jemals untreu geworden wäre. Sie wiederum war ungemein stolz auf ihn. Als jemand ihren Mann einmal mit dem demokratischen Politiker Douglas verglich und dieser Vergleich für Lincoln nicht gerade vorteilhaft ausfiel, entgegnete sie tapfer: „Mr. Lincoln ist vielleicht keine besonders attraktive Erscheinung ..., aber die Leute wissen wahrscheinlich nicht, daß sein Herz genauso groß ist, wie seine Arme lang sind."

Ihre Kinder festigten die Ehe noch weiter. Die beiden Lincolns mußten erfahren, daß Elternschaft eine schwierige Kunst ist, und sie machten natürlich ihre Fehler, vor allem bei ihrem ersten Sohn. Ängstlich und überbesorgt wachte Mary über Bob, und wenn sie den kleinen Jungen auch nur für kurze Zeit aus den Augen verlor, alarmierte sie die gesamte Nachbarschaft, daß er sich offenbar verlaufen hätte. Lincoln wiederum schenkte seinem älteren Sohn zuwenig Aufmerksamkeit. Gelegentlich ging er mit ihm spazieren, und wenn er im Garten Feuerholz hackte, ließ er seinen Sohn beim Zerkleinern der Holzscheite mithelfen. Aber Roberts wesentliche Erinnerung an seinen Vater während dieser Jahre war die, daß er seine Satteltaschen packte, um auf die nächste Gerichtsreise zu gehen.

DIE POLITIK war ein weiteres Band, das die Ehe zusammenhielt. Beide Lincolns bewunderten Henry Clay, den Gründer der Whig-Partei – Mary, weil er mit den Todds in Lexington befreundet war, ihr Ehemann, weil Clay für ihn das „hehre Ideal eines Staatsmannes" darstellte.

Seit Beginn seiner politischen Karriere unterstützte Lincoln die Whig-Partei, vehement vertrat er ihre Wirtschaftspolitik. Aber die Mitgliedschaft in der Whig Partei bedeutete für Lincoln mehr, als nur für ihre Anliegen einzutreten. Er war überzeugt, daß die Partei die Zukunft der amerikanischen Lebensart verkörperte. Sie stand für Wachstum und Fortschritt. Clays Politik wollte die Industrie des Nordens mit der Getreideproduktion des Westens und den Baumwoll- und Tabakernten des Südens verbinden. Wenn wirtschaftliche Interessen zusammenwirkten, würde das auch für die politischen Interessen gelten, und regionale Rivalitäten wären zugunsten eines mächtigen amerikanischen Nationalismus vergessen. Diese Vision weckte bei den reichsten und gebildetsten Mitgliedern der Gesellschaft große Sympathien für die Whig-Partei, aber sie zog außerdem junge Männer an, die alles daransetzten vorwärtszukommen. Clay, der den Begriff des Selfmademan schuf, könnte durchaus auch Lincoln damit gemeint haben.

Als Dank für seine Loyalität zur Whig-Partei erwartete Lincoln, daß man sich erkenntlich zeigte, aber die Möglichkeiten dazu waren begrenzt. Nach Beendigung seiner vierten Amtszeit im Repräsentantenhaus des Staates Illinois im Jahr 1841 bewarb er sich nicht um eine Wiederwahl. Diese Versammlung bot ihm keine neuen Welten, die er hätte für sich erobern können. Ein Unionsmandat war außer Reichweite, da die Demokraten in Illinois über eine solide Mehrheit verfügten. Der Staat entschied sich niemals für einen Kandidaten der Whigs als Präsident, und niemals wurde ein Whig zum Gouverneur oder zum Senator gewählt. Lediglich im neu geschaffenen siebten Distrikt, zu dem auch die Sangamon County gehörte, hatten die Whigs eine Mehrheit.

Als John Todd Stuart bekanntgab, daß er sich nach zwei Amtszeiten im Kongreß in seine Anwaltskanzlei zurückziehen wolle, brach um seine Nachfolge eine heftige Rivalität unter den Whigs im mittleren Illinois aus. Im westlichen Teil des siebten Distrikts war der attraktive John J. Hardin aus Jacksonville der Hauptbewerber. In der Sangamon County waren die Meinungen geteilt. Die eine Fraktion der Whigs stand auf der Seite Lincolns, des Arbeitspferdes der Partei, die andere unterstützte Edward D. Baker, den glänzenden Redner.

Im Lauf des Jahres 1843 umwarb Lincoln in aller Stille die Delegierten der Distriktsversammlung, die den Kandidaten für den Kongreß bestimmen sollten, aber seine Bemühungen wurden durch eine Flüsterkampagne vereitelt. Nachdem Baker auf Lincolns eheliche Verbindung mit der reichen Edwards-Stuart-Elite aufmerksam machte, beschrieben dessen Anhänger ihn als „einen Kandidaten von Stolz, Wohlstand und etabliertem familiärem Adel". Lincoln war entrüstet. Ganz gewiß erinnerte sich jeder daran, daß er von bescheidener Herkunft war. Gleichzeitig hieß es, daß Lincoln „keiner Kirche angehöre, wahrscheinlich Deist* sei und erzählt habe, sich einmal duelliert zu haben".

Großmütig machte Lincoln seinen Freund Baker nicht für diese Vorwürfe verantwortlich. Aber die Auswirkungen dieser Anschuldigungen schwächten Lincolns Position in der Versammlung der Sangamon County, die Baker als Kandidaten vorschlug. Dann

---

* Deismus: Gottesauffassung, nach der Gott die Welt zwar erschaffen hat, jedoch keinerlei Einfluß mehr auf sie ausübt

wurde Lincoln als einer der Delegierten der Distriktsversammlung gewählt.

Am Ende verlor Baker auf der Distriktsversammlung, die im Mai 1843 in Pekin zusammentrat, die Nominierung an Hardin. Obgleich enttäuscht, konnte Lincoln zwei Punkte für sich verbuchen. Auf sein Drängen hin faßte die Versammlung den Beschluß, Baker „als geeignete Persönlichkeit" für die Kongreßwahlen von 1844 vorzuschlagen. Auf diese Art und Weise legten die Delegierten fest, daß Hardin nur für eine Amtszeit gewählt würde, und unterwarfen sich automatisch dem Rotationsprinzip. Falls dies beibehalten würde, war diese Regelung geradezu eine Garantie dafür, daß Lincoln Bakers Nachfolger würde.

Genauso bedeutsam war, daß die Delegierten des Distrikts die Praxis ins Leben riefen, Parteitage abzuhalten, um Kandidaten zu bestimmen. Viele Whigs waren der Meinung, daß eine feste politische Organisation nicht *gentlemanlike* sei. Sie zogen es vor, daß aufstrebende Kandidaten sich der Öffentlichkeit direkt vorstellten. Wenn Kandidaten in einer Vorwahl verloren, konnten sie immer noch als Unabhängige auftreten, wären aber gleichzeitig auch noch Angehörige der Whig-Partei. Lincoln setzte sich für eine straffere Organisation innerhalb der Partei ein. „Einigkeit macht stark" war seine Maxime. Eine Erhöhung der Kandidatenzahl hätte lediglich Niederlagen der Whigs zur Folge gehabt. Widerstrebend beugten die Whigs des siebten Distrikts sich seinem Argument.

Im nächsten Jahr nominierten die Whigs von Mittel-Illinois Baker als Hardins Nachfolger im Kongreß, so wie es Lincoln in die Wege geleitet hatte. Lincoln warb unermüdlich für seinen Freund und für Henry Clay, den Präsidentschaftskandidaten der Whigs. Die Chance, daß Clay in ganz Illinois Unterstützung finden würde, war gering, aber Baker gewann im siebten Distrikt – und Lincoln stand als sein Nachfolger bereit. Im Herbst 1845, ein ganzes Jahr vor den nächsten Kongreßwahlen, begann Lincoln für seine Nominierung zu arbeiten. Nachdem Baker ihm versichert hatte, sich nicht für eine zweite Amtszeit zur Wahl zu stellen, begab er sich nach Jacksonville, um mit Hardin zu reden. Diesem, so stellte er fest, hatten seine zwei Jahre im Repräsentantenhaus des Bundesstaates sehr gefallen, und er deutete an, daß er gerne noch eine zweite Amtszeit absolvieren würde. Während der nächsten sechs Monate versuchten Lincoln und Hardin sich gegenseitig auszumanövrieren.

Lincolns Taktik war dabei erstaunlich wirkungsvoll. Während der Gerichtsreisen sicherte er sich die Unterstützung führender Persönlichkeiten im gesamten Distrikt, ehe jemand auch nur ahnte, daß Hardin in den Kongreß zurückkehren wollte. Im Januar berichteten Freunde Hardin, daß Lincoln die Nominierung so gut wie in der Tasche habe. Da er mit einer Niederlage rechnete, zog Hardin sich aus dem Rennen zurück und wahrte sein Gesicht, indem er für den Kampf gegen Mexiko in die Armee eintrat. Die Distriktsversammlung der Whigs, die am 1. Mai in Petersburg zusammentrat, bescherte Lincoln die Nominierung.

Lincolns demokratischer Gegner war Peter Cartwright, ein Methodistenprediger, der für sein Eintreten für Christlichkeit berühmt war. Obgleich Cartwright als Person sehr beliebt war, weckte sein Wahlkampf gegen Lincoln nur wenig Begeisterung. Gegen Ende des Wahlkampfs behauptete Cartwright in seiner Verzweiflung, daß Lincoln ein Heide wäre. Aus Sorge, daß diese Anschuldigung auf fruchtbaren Boden fallen könnte, veröffentlichte Lincoln ein Flugblatt, mit dem er Cartwrights Anklagen zurückwies. Während er einerseits einräumte, „keiner christlichen Kirche anzugehören", beteuerte er, sich niemals „verächtlich über religiöse Angelegenheiten" geäußert zu haben, und erklärte, daß er niemals „jemanden für ein öffentliches Amt vorschlagen könnte, von dem er wüßte, daß er die Religion verspotte oder ablehne".

Cartwrights Angriffe zeigten kaum Wirkung. Am 3. August entschieden die Wähler sich mit einer bisher nie dagewesenen Mehrheit für Lincoln.

NACH seinem Wahlsieg konnte Lincoln sich ausruhen. Da der Dreißigste Kongreß nicht vor Dezember 1847 zusammentreten würde, hatte er über ein Jahr Zeit, sich auf seinen Umzug nach Washington vorzubereiten. Die meiste Zeit verbrachte er im Kreis seiner Familie und damit, seine juristischen Kenntnisse zu vertiefen. Eine Daguerreotypie aus dieser Zeit – sein erstes Foto – zeigt einen jungen Mann, der mit sich überaus zufrieden ist. Er war offensichtlich stolz auf seine maßgeschneiderte Kleidung, seinen akkurat zugeknöpften Satinfrack und seine perfekt geknotete Krawatte. Zu dieser Zeit wog Lincoln ungefähr 80 Kilo und war so schlank, daß er noch viel größer wirkte als seine ein Meter neunzig. Sein Gesicht auf der Daguerreotypie ist außerdem ernst und ohne ein Lächeln – wahrscheinlich weil er aus fototechnischen Gründen in seiner Pose mehrere Sekunden lang absolut regungslos verharren mußte –, aber sie vermittelt zudem den Eindruck von einem Mann, der seine Ziele erreicht hat und mit sich selbst im reinen ist.

DIE LINCOLNS trafen am 2. Dezember 1847 in Washington ein und gingen zuerst ins Brown's Hotel, ehe sie in die Pension von Mrs. Anna C. Sprigg umzogen, wo bereits acht andere Kongreßabgeordnete, alle Whigs, wohnten. Der bekannteste von ihnen war Joshua R. Giddings aus Ohio, ein tapferer und kompromißloser Gegner der Sklaverei.

Anfangs fanden die Lincolns das Leben in der Hauptstadt aufregend. Washington mit seinen 40 000 Einwohnern – darunter 2000 Sklaven und 8000 freie Schwarze – war der größte und kosmopolitischste Ort, den sie bisher kennengelernt hatten. Das Kapitol, Sitz von Repräsentantenhaus und Senat, das sie aus Mrs. Spriggs Fenstern sehen konnten, war ein imposantes, wenngleich immer noch nicht fertiggestelltes Bauwerk, dessen vorerst noch hölzerne Kuppel die Zerbrechlichkeit der Nation andeutete.

Als Durchreisende waren die Lincolns von dem exklusiven Gesellschaftsleben der Stadtbewohner ausgeschlossen, aber sie fanden immer ausreichend Zerstreuung. Es gab Empfänge im Weißen Haus, und manchmal fanden abends Dichterlesungen oder Konzerte statt.

Aber Mary war schon bald unzufrieden. Ihr Mann hatte nur wenig Zeit für sie. Und tatsächlich schrieb er später, er denke, daß „sie mich daran hinderte, meinen Geschäften nachzugehen". Ihr fehlte weibliche Gesellschaft, denn nur wenige Kongreßabgeordnete wurden von ihren Frauen begleitet. Im Frühjahr beschloß Mary, mit den Kindern nach Lexington zurückzukehren, wo sie bei ihrem Vater blieb.

Lincoln stürzte sich begeistert in die Arbeit des Hauses und stellte einen bemerkenswerten Rekord in zuverlässigem Erscheinen auf. Wie andere junge Kongreßabgeordnete hatte er ein wenig Lampenfieber, als er zum erstenmal ans Rednerpult trat, um ein paar Worte zu sprechen, aber diesen Zustand überwand er schnell. „Ich hatte etwa genausoviel Angst – aber auch nicht mehr –, wie ich sie habe, wenn ich vor Gericht das Wort ergreife", berichtete er Herndon.

Schnell begann er auch seine Kongreßkollegen richtig einzuschätzen. Anders als im Senat, wo sein alter Rivale Stephen A. Douglas nun mit so erhabenen Häuptern wie Daniel Webster und John C. Calhoun zusammensaß, bestand das Repräsentantenhaus zum größten Teil aus Männern von mittelmäßigen Fähigkeiten und nur lokalem Bekanntheitsgrad. Abgesehen von Giddings, den Lincoln eher als moralische denn als politische Kraft sah, war er am meisten von Alexander H. Stephens, einem Whig aus Georgia, angetan, der ebenso wie Lincoln nach Wegen suchte, um die Whig-Partei aufzufrischen.

Obwohl die Whigs in den Wahlen von 1846 recht gut abgeschnitten hatten, empfanden die Parteiführer tiefe Sorge über die Aussichten für die Präsidentschaftswahlen von 1848. Die demokratische Regierung von James K. Polk war außerordentlich erfolgreich gewesen. Unter anderem hatte der Präsident einen sehr erfolgreichen Krieg geführt, durch den Kalifornien und New-Mexico in die Union gelangten. Die Whigs erkannten, daß es sehr schwierig würde, den von den Demokraten oft als Polks Nachfolger genannten Senator Lewis Cass aus Michigan zu besiegen.

Der einzige Punkt, in dem die Demokraten verwundbar erschienen, war die Rolle des Präsidenten bei der Heraufbeschwörung des Mexikanischen Krieges. Dies war kein Thema, dem Lincoln bisher besondere Beachtung geschenkt hatte. Wie alle anderen Amerikaner wußte er über die Trennung Texas' von Mexiko im Jahr 1836 Bescheid. Aber im Jahr 1844, als Präsident John Taylor den Anschluß von Texas an die Vereinigten Staaten forderte, brandmarkte Lincoln diesen Schritt als „rundum nicht ratsam", weil, wie er später erklärte, er „nichts davon hielt, unsere Fläche zu vergrößern, sondern es für sinnvoller erachtete, unsere damaligen Besitzungen zu pflegen und daraus einen idyllischen Garten zu schaffen und die Moral und die Erziehung der Menschen zu verbessern".

Er gab keinerlei Kommentar ab, als Texas annektiert wurde oder als Präsident Polk sich bemühte, schon lange bestehende

Das Kapitol in Washington um 1845

Forderungen an Mexiko einzutreiben. Im April 1846 kam es in einem Gebiet zwischen dem Nueces River und dem Rio Grande, einer Region, auf die sowohl die Vereinigten Staaten wie auch Mexiko Anspruch erhoben, zu ersten Kämpfen zwischen der mexikanischen Armee und amerikanischen Truppen, die von General Zachary Taylor befehligt wurden. Die Vereinigten Staaten erklärten den Krieg, und in Illinois setzte ein Sturm auf die Rekrutierungsbüros ein.

Als Lincoln in Washington eintraf, waren die Kämpfe im wesentlichen beendet. In schweren Schlachten schlug General Taylor wiederholt die im Norden stationierten mexikanischen Streitkräfte in die Flucht, während General Winfield Scott Vera Cruz und schließlich die Stadt Mexiko selbst eroberte.

Im Dezember 1847 bat Präsident Polk in seiner Neujahrsrede den Kongreß um weitere Gelder, um den Krieg endlich zu beenden. Gleichzeitig meldete er den Anspruch auf New Mexico und Kalifornien als Teil einer Wiedergutmachungszahlung an. Mit einem Ausdruck des Triumphs verkündete er, daß er im Begriff stehe, einen Krieg zu beenden, den Mexiko angefangen habe, indem „seine Soldaten auf das Gebiet des Staates Texas vorgedrungen waren, den ersten Schlag geführt und das Blut unserer Bürger auf unserem eigenen Boden vergossen hatten".

Diese Botschaft war der Vorwand für einen ausgedehnten Angriff der Whigs auf den Präsidenten. Lincoln, der im Komitee für Ausgaben des Kriegsministeriums saß, führte die Attacke an. Am

22. Dezember stellte er eine Reihe von Resolutionen zur Diskussion, die vom Präsidenten verlangten, dem Repräsentantenhaus alle „Fakten zugänglich zu machen, um festzustellen, ob der spezielle Flecken Erde, auf dem das Blut unserer Bürger vergossen wurde, tatsächlich unsere eigene Erde war oder nicht". Seine eindeutige Absicht war es, aufzuzeigen, daß die amerikanische Armee den Krieg ausgelöst hatte, indem sie völlig unmotiviert eine mexikanische Siedlung angegriffen hatte.

Lincoln war sich darüber im klaren, daß dieser Kurs ein beträchtliches Risiko darstellte. Dem Präsidenten vorzuwerfen, den Krieg begonnen zu haben, konnte leicht als Ablehnung des Krieges selbst verstanden werden. Demokratische Zeitungen in Illinois waren einheitlich kritisch und nannten Lincolns Rede „politisch motiviert" und sogar „verräterisch". Aber Lincoln glaubte, mit diesen Schwierigkeiten fertig zu werden. Die Whigs konnten die Demokraten angreifen, weil diese zu Unrecht den Krieg begonnen hatten – und dann demonstrieren, wie loyal sie das Anliegen ihrer Nation unterstützten, indem sie jenen General für das Präsidentenamt nominierten, der diesen Krieg gewonnen hatte.

Dieser General konnte nur Zachary Taylor sein. Der hatte zwar keine Ahnung von öffentlichen Angelegenheiten, und niemand konnte sagen, für welche Position er stand. Aber Lincoln, der eine neue Führung in der Whig-Partei etablieren wollte, schlug sich auf Taylors Seite. „Ich bin froh, daß wir ihn wählen können, daß wir mit ihm eine Whig-Regierung erreichen und daß wir keinen anderen Whig wählen können", verkündete das junge Kongreßmitglied.

Anfang Juni 1848 nahm Lincoln am nationalen Parteitag der Whigs in Philadelphia teil, wo er als einziger Whig-Vertreter aus Illinois Aufsehen erregte. Nachdem der Parteitag Taylor nominiert hatte, sprach Lincoln zusammen mit drei Angehörigen des Repräsentantenhauses vor einer Versammlung in Wilmington, Delaware. Er erntete drei herzliche Hochrufe, als er für den Herbst einen Sieg der Whigs voraussagte.

NACHDEM der Kongreß sich am 14. August vertagt hatte, blieb Lincoln in Washington, um für Taylors Kandidatur zu arbeiten. Einerseits während des heißen Washingtoner Sommers sehr beschäftigt, fühlte er sich andererseits sehr einsam. Gespannt las er

Marys Briefe mit Neuigkeiten von den Kindern, und er schrieb kurze Briefe zurück. „Sorg dafür, daß die kleinen Kerle ihren Vater nicht vergessen", ermahnte er seine Frau. Aber am meisten vermißte er Mary. Seine Briefe verbanden väterliche Ratschläge mit harmlosen Neckereien. Als sie daran dachte, nach Washington zurückzukehren, schrieb er: „Wirst Du auch in jeder Hinsicht ein braves Mädchen sein, wenn ich einverstanden bin? Dann komm her, und zwar so schnell wie möglich. Ich kann es kaum erwarten, Dich wiederzusehen."

Als sie reisefertig war, brach Lincoln zu einer Wahlkampfreise durch die Neuenglandstaaten auf. Mary und die Kinder begleiteten ihn. Obwohl sie gern Besichtigungsfahrten unternahm, bereitete die Reise ihr doch nur wenig Vergnügen, weil Eddie krank wurde. Ihr Ehemann war zudem zu beschäftigt, um sich für historische Sehenswürdigkeiten zu interessieren.

Die Whigs von Neuengland waren derart gegen die Sklaverei, daß sie durchaus bereit waren, den ehemaligen Präsidenten Martin Van Buren und seine neue Free-Soil-Partei* zu unterstützen. Beide waren gegen eine Ausdehnung der Sklaverei in den neuen Gebieten. Die Frage war, welche Partei die Ausbreitung der Sklaverei am wirkungsvollsten unterbinden könnte.

Die Lincolns kehrten aus Neuengland über Albany nach Hause zurück. Dort machte Thurlow Weed, ein New Yorker Journalist und Politiker, Lincoln mit Millard Fillmore bekannt, dem Vizepräsidentschaftskandidaten der Whigs. Danach machte die Familie einen kurzen Abstecher zu den Niagarafällen.

Nach seiner Rückkehr nach Illinois im Oktober stellte Lincoln zu seinem Unmut fest, daß die Whigs im Staate seine Begeisterung für den von der Partei nominierten Kandidaten nicht teilten. Viele von ihnen sahen mit Sorge, daß die Partei sich einerseits gegen den Mexikanischen Krieg aussprach, andererseits aber einen Kandidaten unterstützte, der dazu beigetragen hatte, den Krieg zu gewinnen. In den nördlichen Bezirken, die erst kürzlich von Immigranten aus Neuengland besiedelt worden waren, wehrten sklavereifeindliche Whigs sich gegen die Nominierung eines

* Free-Soil-Partei: In den 1840er Jahren gegründete Partei, die gegen die Ausbreitung der Sklaverei in den neuen Staatsgebieten kämpfte. Ihr Präsidentschaftskandidat Martin Van Buren zog bei der Wahl 1848 auf Kosten des demokratischen Kandidaten Lewis Cass so viele Stimmen auf sich, daß der Whig-Kandidat Zachary Taylor sich durchsetzen konnte.

Links oben: Von der Barbarei befreit – Freudenkundgebung über die Sklavenbefreiung
Oben: Ankündigung einer Versteigerung. Die Waren sind ein Pferd und – ein Mensch.
Links: Sklavenmarkt in Richmond, Virginia

Sklaven und ihre Aufseher bei der Feldarbeit. Holzstich aus dem Jahr 1840

Sklavenhalters aus dem Süden, wie Taylor einer war. Aber schließlich konnte Lincoln zufrieden zur Kenntnis nehmen, daß Taylors Stimmenanteil im siebten Distrikt fast genauso hoch war wie Lincolns eigenes Rekordergebnis im Jahr 1846. Er hatte seinen Teil dazu beigetragen, einen Whig auf den Präsidentensessel zu heben.

Als nächstes hoffte er, die Partei dazu bringen zu können, sich neue Prinzipien zu verordnen. Sobald er im Dezember nach Washington zurückgekehrt war – diesmal alleine, weil Mary und die Kinder in Springfield zurückblieben –, sah er, daß die zentralen Themen, mit denen diese neue Sitzungsperiode des Kongresses ausgefüllt wäre, allesamt mit der Sklaverei in Verbindung standen. Er sei, so sagte er häufig, „von Natur aus gegen die Sklaverei", aber er unterstütze keine aktiven Maßnahmen, um sie auch zu beenden, denn „der Kongreß der Vereinigten Staaten hat weder die Macht noch das Recht, sich in die Sklavengesetze der verschiedenen Bundesstaaten einzumischen".

Die Ausbreitung der Sklaverei war jedoch eine andere Sache. Wie viele seiner Zeitgenossen betrachtete Lincoln die Sklaverei als eine Sitte, die von selbst aussterben würde, wenn sie auf die Regionen beschränkt würde, wo sie bereits existierte. Es war deshalb wichtig, nicht zuzulassen, daß die Sklaverei auch in bisher sklavenfreie Territorien vordrang. Aber selbst in diesem Punkt bemühte Lincoln sich, nicht doktrinär zu agieren. Er beteiligte sich nicht an den hitzigen Debatten über die Wilmot-Klausel, die die Sklaverei in den Gebieten verbot, die infolge des Mexikanischen Krieges an Amerika gefallen waren. Aber es war ihm einfach unmöglich, dieses Thema gänzlich zu vermeiden, und bei mindestens fünf Gelegenheiten, als die Klausel direkt oder indirekt ein Abstimmungspunkt war, sprach er sich durch seine Stimme dafür aus. Die Debatten begannen jedoch seine Partei zu zerreißen.

V. An der Spitze seiner Zunft

Nach der Vertagung in Washington kehrten die Lincolns wieder in ihr kleines Haus in Springfield zurück. Lincoln nahm seine Partnerschaft mit William H. Herndon wieder auf, und zusammen betrieben sie eine ansehnliche Praxis. Lincoln stritt in

Fällen vor dem Obersten Gerichtshof von Illinois und vor den Kreis- und Bezirksgerichten der Vereinigten Staaten. Er fand Rechtsstreitigkeiten vor den Bundesgerichten faszinierend, da es dort meistens um bedeutendere Fragen ging und die Honorare üppiger ausfielen als bei den regionalen Prozessen.

Als das Geschäft aufblühte, erwies sich das kleine Hinterzimmer im Tinsley Building, das Herndon während Lincolns Abwesenheit bezogen hatte, als unangemessen, und die Partner mieteten ein größeres Büro im zweiten Stock. Es war ein kahler, schmuckloser Raum mit zwei schmutzigen Fenstern, die auf eine Ansammlung von Schuppen und auf eine Gasse hinausblickten. Ein langer Tisch nahm die Mitte des Raums ein. Mit einem kürzeren Tisch, der an einem Ende quer darangeschoben war, bildete er ein großes T, und beide Tische waren grün gebeizt. Ein Bücherschrank mit etwa 200 juristischen Fachbüchern sowie eine Couch und ein paar Stühle vervollständigten die Einrichtung. Das Büro wurde fast nie gereinigt.

Wenn sie nicht gerade im Gerichtsbezirk unterwegs waren, kamen die Partner jeden Morgen ins Büro und nahmen einander gegenüber am kleineren Tisch Platz. Von Zeit zu Zeit ließ Lincoln sich auf die Couch fallen, legte die Beine auf zwei oder drei Stühle und breitete sich, wie Herndon mit gereizter Übertreibung meinte, „leicht über ein Viertel des ganzen Raums aus". Sehr oft las Lincoln auch zur Verzweiflung seines Partners laut aus der Zeitung oder aus dem Buch vor, mit dem er sich gerade beschäftigte. Dazu lieferte er Herndon die Erklärung: „Wenn ich laut lese, dann erfassen zwei meiner Sinne den Gedanken – erstens sehe ich, was ich lese, und zweitens höre ich es. Auf diese Art und Weise kann ich mir den Gedanken viel besser einprägen."

Jeden Frühling, nach Vertagung des Sangamon-County-Bezirksgerichts, begann Lincoln seine Rundreise zu anderen Bezirksgerichten des achten Gerichtsbezirks. Während seiner zweijährigen Abwesenheit hatten einige Veränderungen stattgefunden. Zum einen war er nun einer der dienstälteren Anwälte. Obgleich er erst vierzig Jahre alt war, wurde er immer häufiger – allerdings nicht offen – Old Abe genannt, und zwar sowohl wegen seiner wettergegerbten Erscheinung als auch seiner vielen Jahre, die er im öffentlichen Leben stand und der Anwaltskammer angehörte.

Eine andere Veränderung ergab sich aus der 1848 erfolgten

Wahl von David Davis zum Richter des achten Gerichtsbezirks. Davis, der in Maryland geboren wurde, kannte Lincoln schon seit einigen Jahren, aber jetzt erst lernten die Männer einander näher kennen. Davis, der so massig war, daß es hieß, er müsse zum Anpassen einer Hose regelrecht vermessen werden, achtete besonders auf makellose Kleidung. Lincoln, der so mager war wie das Opfer einer Hungersnot, schien stets ziemlich unordentlich gekleidet zu sein. Aber Lincoln und Davis waren sich in vieler Hinsicht sehr ähnlich. Beide waren begeisterte Whigs. Als Bewohner eines Staates, der an Sklavereigebiete grenzte, verabscheuten sie die Sklaverei, lehnten jedoch die Bemühungen der Abolitionisten, die Sklaverei zu beenden, entschieden ab. In rechtlichen Angelegenheiten wendete Davis die Gesetze, ebenso wie Lincoln, nach den Regeln des gesunden Menschenverstands an. Das Vertrauen des Richters in Lincoln war so groß, daß er immer dann, wenn er auf Grund von Krankheiten in seiner Familie oder anderer Notfälle seinen Richterposten verlassen mußte, Lincoln zu seinem Stellvertreter bestimmte. Die Praxis, einen prominenten Anwalt zu bitten, einen Richter zu vertreten, war im Grenzland durchaus üblich; aber nur wenn der Stellvertreter ein Anwalt wie Lincoln war, der sich des Respekts anderer Mitglieder der Anwaltskammer erfreuen konnte, wurden seine Urteile widerspruchslos angenommen.

Lincolns Dienste waren überall im Gerichtsbezirk gefragt, und zwar vorwiegend von jüngeren Anwälten, die seine Hilfe bei der Vorbereitung ihrer Fälle vor dem Gericht benötigten. Mit einigen arbeitete er so häufig zusammen, daß sie sich schon bald wie seine Partner fühlten. Mit nur einem, Ward Hill Lamon aus der Vermillion County, gab es so etwas wie eine formelle Abmachung. Lincoln mochte den trinkfesten jungen Riesen mit seinem unerschöpflichen Repertoire an zweideutigen Geschichten, und er und Lamon traten häufig gemeinsam vor Gericht auf.

INDEM er Hunderte von Fällen in den Bezirksgerichten bearbeitete, erneuerte Lincoln seinen Ruf, absolut ehrlich zu sein. Er war allgemein nur als „Ehrlicher Abe" bekannt und setzte für sich die höchsten Standards der Wahrheitsliebe. In Notizen für einen Vortrag, um 1850 niedergeschrieben, kritisierte er „die allgemeine Auffassung, daß Anwälte notwendigerweise unehrlich sind", und warnte: „Kein junger Mann, der die Juristerei zu seinem Beruf erwählt, sollte sich dieser allgemeinen Auffassung anschließen. Achten Sie darauf, in jeder Hinsicht ehrlich zu sein. Und wenn Sie nach eigener Einschätzung kein ehrlicher Anwalt sein können, dann nehmen Sie sich vor, ehrlich zu sein, ohne Anwalt zu werden. Suchen Sie sich einen anderen Beruf."

Bekannt war Lincoln auch für seine Fairneß gegenüber seinen Gegnern. Laut Leonard Swett, einem jungen Anwalt aus Bloomington, der zusammen mit Lincoln umherreiste, sagte er oft, es sei durchaus fair, dies oder jenes zuzugestehen. Aber das, meinte Swett, bedeutete nicht, daß er wesentliche Punkte preisgab. So mancher gegnerische Anwalt wurde in Sicherheit gewiegt – wenn Lincoln zum Beispiel bei sechs von sieben Punkten nachgab – und mußte schließlich feststellen, daß der ganze Fall am siebten Punkt entschieden wurde. „Jeder, der Lincoln für einen einfachen Geist hielt", schloß Swett, „bemerkte schon bald, daß er völlig danebenlag."

Lincolns legendäres Geschick bei der Durchführung von Kreuzverhören erwies sich deutlich in seinem berühmtesten Strafrechtsfall, dem Verfahren von 1858 gegen William „Duff" Armstrong, der sich wegen Mordes an James Metzker verantworten mußte. Als sie im August 1857 an einer religiösen Versammlung teilnahmen, gerieten Armstrong, Metzker und James Norris in einen handgreiflichen Streit, und Metzker wurde getötet. Norris wurde beschuldigt, Metzker mit einem Stück Holz auf den Hinterkopf geschlagen zu haben, und Armstrong wurde angeklagt, ihm aufs Auge geboxt zu haben. Die beiden Fälle wurden voneinander getrennt, und Norris wurde wegen Totschlags verurteilt. Armstrongs Mutter Hannah bat Lincoln, ihren Sohn zu verteidigen. Eingedenk seiner langen Freundschaft mit dem Vater des jungen Mannes, Jack Armstrong, und Hannahs zahlreicher Gefälligkeiten während seiner Jahre in New Salem willigte Lincoln ein. Er verlangte kein Honorar.

Der Zeuge der Anklage war Charles Allen, der aussagte, daß Armstrong Metzker geschlagen hätte. Obgleich es elf Uhr abends war und Allen vom Schauplatz des Geschehens fünfzig Meter entfernt war, behauptete er, den Kampf beim Licht des fast vollen Mondes deutlich gesehen zu haben. Während des Kreuzverhörs veranlaßte Lincoln Allen, seine Geschichte ein dutzendmal zu

Lincoln bei Gericht, hier als Verteidiger des Angeklagten Armstrong

erzählen, und bat ihn, genau zu beschreiben, was er gesehen habe und wie er dazu hatte fähig sein können. Dann, als der Zeuge unerschütterlich an seiner Darstellung festhielt, holte Lincoln einen Almanach von 1857 hervor und schlug darin nach, daß zu dem Zeitpunkt, als Allen den Kampf gesehen haben wollte, der Mond längst untergegangen war. Allens Glaubwürdigkeit war erschüttert, und Armstrong wurde freigesprochen. Lincolns brillanter Schlußvortrag veranlaßte einen Journalisten, ihn „in diesem Staat an die Spitze seiner Zunft" zu stellen.

IM MAI 1849, kurz nachdem er von Illinois nach Washington zurückgekehrt war, erfuhr Lincoln, daß sein Vater an einer tödlichen Herzkrankheit litt und bald sterben würde. Seit 1840 hatten die alten Lincolns in einer Doppelblockhütte auf einer 48 Hektar großen Farm in Goosenest Prairie in der Coles County gelebt. Von Zeit zu Zeit, wenn seine Arbeit ihn in die Nähe der Coles County führte, besuchte er seine Eltern, und obgleich seine Einstellung gegenüber seinem Vater eher ambivalent war, versuchte Lincoln ihm zu helfen, als er in finanzielle Schwierigkeiten geriet.

Nun schrieb sein Stiefbruder John D. Johnston, daß Thomas Lincoln bei schlechter Gesundheit sei. „Er wünscht sich die ganze Zeit, Dich zu sehen", schrieb Johnston, „und er wünscht sich, daß Du herkommst, wenn es irgendwie möglich ist, denn Du bist sein einziges Kind und damit von seinem eigenen Fleisch und Blut." Lincoln machte sich sofort auf den Weg zu seinem Vater, da ihn wahrscheinlich ein Brief von einem Verwandten der Hanks nicht erreicht hatte, in dem versichert wurde, daß Thomas Lincoln trotz allem keine Herzkrankheit habe und „zweifellos schon in kurzer Zeit wiederhergestellt sein dürfte".

Im nächsten Winter, als Johnston ihm in zwei weiteren Briefen von Thomas Lincolns angegriffener Gesundheit berichtete, reagierte Abraham Lincoln nicht. Er glaubte, daß sein Stiefbruder erneut blinden Alarm schlug. Erst als er das gleiche von einem anderen Verwandten erfuhr, schrieb er zurück, um zu erklären, weshalb er nicht ans Krankenbett seines Vaters eilen könne. „Meine Geschäfte nehmen mich derart in Anspruch, daß ich kaum von zu Hause weg kann", meinte er. Außerdem leide seine Frau an Kindbettfieber.

Beide Entschuldigungen waren verständlich. Eine Reise zur Coles County würde in jeder Richtung drei Tage dauern, und das zu einer Zeit, da Lincoln fast jeden Tag vor irgendeinem Gericht einen Fall zu vertreten hatte. Aber wenn er die Fahrt wirklich hätte machen wollen, dann hätte er seine Fälle seinem Partner anvertrauen können. Es traf außerdem zu, daß Mary am 21. Dezember 1850 ihren dritten Sohn zur Welt gebracht hatte. Sie wäre zweifellos sehr unruhig gewesen, wenn Lincoln ihr Zuhause verlassen hätte, während sie sich um das Neugeborene kümmern mußte. Aber es gab immerhin Nachbarn, die ihr hätten helfen können.

Unfähig, Trauer zu mimen, die er nicht empfand, oder eine Zuneigung, die er nicht hegte, nahm Lincoln nicht an der Beerdigung seines Vaters teil. Er war nicht herzlos, aber Thomas Lincoln repräsentierte eine Welt, die sein Sohn schon vor langer Zeit hinter sich gelassen hatte.

Während der Jahre, in denen sein Vater krank war, mußte Lincoln sich auch mit familiären Krisen in seiner Nähe auseinandersetzen. Im Dezember 1849 erkrankte sein zweiter Sohn, Edward Baker, der schon immer sehr schwächlich gewesen war, an Lungentuberkulose. Nach 52 Tagen starb der kleine Junge, der nicht einmal vier Jahre alt war, am 1. Februar 1850. Beide Eltern waren zutiefst verzweifelt. Lincoln kaschierte wie immer seine Empfindungen und sagte nur: „Wir vermissen ihn sehr." Für seine Frau war Eddies Tod noch schwerer zu verwinden. Ruhelos haderte sie mit dem Schicksal, und mehr als zwei Jahre nach Eddies Tod schrieb sie einer Freundin in Kentucky: „Ich muß zu meinem Kummer feststellen, daß ich mich sogar nach so langer Zeit mit unserem Verlust noch nicht abgefunden habe."

Ein paar Wochen nach Eddies Tod war sie wieder schwanger. Die Lincolns hatten offenbar die Absicht, das verstorbene Kind zu ersetzen. Das Baby wurde nach Marys Schwager, der Arzt war und sich während Eddies letzten Tagen als sehr hilfsbereit erwiesen hatte, William Wallace Lincoln genannt. Willie war das intelligenteste und bestaussehende aller Kinder der Lincolns, und vom ersten Tag an war sein Vater in den Jungen vernarrt.

Dann, weil Willie einen Spielkameraden brauchte, gebar Mary 1853 ein viertes Kind, auch diesmal ein Junge, den sie nach dem kürzlich verstorbenen Großvater Thomas nannten. Die Wahl des Namens verriet, daß Abraham Lincolns Erinnerungen an seinen Vater nicht nur unangenehm waren – und vielleicht war sie auch ein Hinweis auf Schuldgefühle, weil er an seiner Beerdigung nicht teilgenommen hatte. Lincoln nannte das Kind seine kleine Kaulquappe (Little Tadpole), und der Spitzname Tad blieb für den Rest seines Lebens an ihm hängen.

Nach der Geburt Tads konnte Mary wahrscheinlich keine weiteren Kinder mehr haben. Die Geburt war sehr schwierig gewesen, und sie litt für den Rest ihres Lebens an dem, was sie mit viktorianischer Schicklichkeit Probleme „weiblicher Natur" nannte.

MITTE der fünfziger Jahre des 19. Jahrhunderts veränderte sich das Betätigungsfeld von Lincolns Anwaltskanzlei allmählich, da er mehr Zeit für Prozesse aufwendete, die mit den Eisenbahnen zu tun hatten. Wo immer Eisenbahnstrecken verliefen, gab es rechtliche Probleme. Lincoln erkannte wie viele andere Anwälte in den zunehmenden Rechtsstreitigkeiten eine wesentliche Einnahmequelle.

Als Befürworter verbesserter Transportmöglichkeiten ausgewiesen, übernahm Lincoln 1851 seinen ersten bedeutenden Fall für die Alton & Sangamon Railroad. Im darauffolgenden Jahr vertrat er zum erstenmal die mächtige Illinois Central Railroad, für die er auch in zahlreichen späteren Fällen stritt.

Abgesehen davon, daß er für eine Steigerung von Lincolns Einkommen sorgte, veränderte der Ausbau der Eisenbahnen auch sein familiäres Leben. Bis 1853 hielten seine halbjährlichen Rundreisen durch den achten Gerichtsbezirk ihn wochenlang von zu Hause fern. Aber die Erweiterung des Schienennetzes ermöglichte es ihm, an den Wochenenden nach Hause zurückzukehren und mehr Zeit den Bedürfnissen seiner Familie zu widmen, während er weiterhin sein volles Pensum schaffte.

Nach dem Tod eines Kindes und der Geburt von zwei weiteren war Mary in keiner besonders guten gesundheitlichen und emotionalen Verfassung, und ihr Verhalten war extrem sprunghaft. Es gab Wochen ruhigen Familienlebens mit angenehmen Mahlzeiten und langen Abenden, die lesend am Kaminfeuer verbracht wurden. Von Natur aus freundlich und lebhaft, unterhielt Mary ihren Mann mit Beschreibungen des neuesten Romans, den sie gerade las, mit Nachbarschaftsklatsch und mit Äußerungen zu politischen Fragen, an denen sie ein völlig undamenhaftes Interesse entwickelte. Sie war stets freundlich zu ihren Nachbarn, und wenn sie sich wohl fühlte, veranstaltete sie Partys und Spielnachmittage für die Kinder. Dann löste irgend etwas ihre schlechte Laune aus. Vielleicht fand sie es nur langweilig, in einem so kleinen Haus eingesperrt zu sein. Vielleicht litt sie auch unter der psychischen Labilität, die bei mehreren anderen Familienmitgliedern zu beobachten war. Auf jeden Fall beschimpfte sie dann völlig grundlos ihren Mann. Bei einer Gelegenheit, so wollte es Jahre später der Klatsch in Springfield wissen, soll sie ihn aus dem Haus gescheucht und mit einem Metzgermesser – oder mit einem Besenstiel – durch die Straßen gejagt haben. Ihre Ausbrüche waren gewöhnlich nur von kurzer Dauer, und nachher schämte sie sich und war richtig krank. Lincoln verurteilte sie deswegen nicht, sondern er versuchte, ihr die Hilfe und Unterstützung angedeihen zu lassen, die sie brauchte.

Da er nun die meisten Wochenenden in Springfield verbrachte, konnte Lincoln auch seinen Kindern mehr Zeit widmen. Er war so viel unterwegs gewesen, während Robert heranwuchs, daß er zu seinem ältesten Sohn nie eine besonders enge Beziehung

Robert Todd Lincoln, der erstge-
borene Sohn des Präsidenten

Abraham Lincolns Stiefmutter
Sarah Bush Lincoln

William „Willie" Wallace
Lincoln. Der zweite Sohn
wurde nur zwölf Jahre alt.

Die Präsidentengattin
Mary Lincoln, hier anläßlich
eines Balls in
Abendgarderobe

Der Präsident mit seinem Sohn Thomas „Tad"

entwickelte, aber er war vernarrt in Willie und Tad. Als sie noch klein waren, zog er sie in einem kleinen Wagen hinter sich her. Als die Jungen ein wenig älter waren, begleiteten sie ihn immer in die Stadt, wobei sie sich an seinen großen Händen oder an seinen Rockschößen festhielten.

An Sonntagen, wenn Mary in der Kirche war, nahm Lincoln die Jungen oft in die Kanzlei mit, wo Herndon sie als eine Plage empfand. „Diese Kinder", erinnerte er sich, „holten die Bücher aus den Schränken, leerten Ascheimer, Tintenfässer, sammelten Papiere, goldene Füllfederhalter, Briefe und so weiter, kippten alles auf einen Haufen und tanzten dann darauf herum. Lincoln beklagte sich nie, so abgelenkt und blind war er gegenüber den Unarten seiner Kinder." Jahre später erinnerte Herndon sich, daß er oft „am liebsten ihre kleinen Hälse umgedreht hätte, aber aus Respekt vor Lincoln den Mund hielt".

Herndons Animosität gegenüber den Lincoln-Kindern spiegelte nur seine an Haß grenzende Abneigung gegen ihre Mutter wider. Mit Mary Todd Lincoln verstand er sich nie. Als er sie 1837 kennenlernte, war sie eine Schöne auf Besuch aus Kentucky, und er forderte sie zum Tanz auf. Mit der Absicht, ihr ein Kompliment zu machen, meinte er, daß sie „über das Parkett zu gleiten schien wie eine Schlange". Miss Todd, die niemals so etwas wie Humor kannte, erwiderte pikiert: „Mr. Herndon, der Vergleich mit einer Schlange ist gemeinste Ironie, vor allem gegenüber einer Fremden" und ließ ihn einfach auf der Tanzfläche stehen. Keiner der beiden vergaß jemals diesen Vorfall.

Herndon war entschieden gegen Lincolns Werben um Mary, die er für „herrisch, stolz, aristokratisch, überheblich und verbittert" hielt. Zweifellos verurteilte Mary die Entscheidung ihres Mannes für Herndon als Partner. Nach ihrem Dafürhalten gehörte Herndon zum ungehobelten Volk, und sie wußte, daß er von Zeit zu Zeit zuviel trank. Aber sie respektierte, daß die Kanzlei der Arbeitsbereich ihres Mannes war, und schaffte es, ein formelles, wenngleich distanziertes Verhältnis zu seinem Partner zu entwickeln.

Die Animositäten zwischen seiner Frau und seinem Kanzleipartner, die jeden anderen Mann sicherlich gestört hätten, beunruhigten Lincoln in keiner Weise. Im Gegenteil, ihm gefiel diese kreative Spannung zwischen Billy und Mary, die beide seine

Interessen teilten, aber gleichzeitig seine uneingeschränkte Aufmerksamkeit forderten. Das Bewußtsein, daß Mary ihn eifersüchtig beobachtete, spornte Herndon zu höheren Leistungen in seinem Beruf an, und die Tatsache, daß Herndon ein kritischer Beobachter war, sorgte zweifellos dafür, daß Mary sich bemühte, ihre Wutausbrüche unter Kontrolle zu halten.

Die Jahre nach Lincolns Rückkehr aus dem Kongreß waren demnach relativ friedlich. Laut einem Wahlkampfporträt von 1860 war Lincoln, nachdem er von der Politik wieder zur Juristerei gewechselt war, „in seinem Beruf erfolgreich, zu Hause glücklich, eingebettet in die Zuneigung seiner Nachbarn und zufrieden mit seinem Leben zwischen Büchern und Zerstreuung – Ehrgeiz war für ihn ein Fremdwort".

VI. Es gibt keine Whigs

Diese Beschreibung Lincolns war durchaus zutreffend, aber sie erfaßte nicht alle Aspekte. Auch in den Jahren nach seiner Kongreßzugehörigkeit hatte Lincoln das Interesse an der Politik nie verloren. Er dachte weiterhin über die Probleme der Nation nach, und wie immer sehnte er sich geradezu nach Einzigartigkeit. Aber diese zu erlangen, gab es nur wenige Gelegenheiten, und er dachte oft ziemlich mutlos an seine Zukunft. „Wie schlimm", meinte er zu Herndon, „ist es doch, zu sterben und sein Land nicht anders zu verlassen, als hätte man niemals dafür gekämpft."

Obgleich Lincoln es 1850 ablehnte, sich für eine weitere Amtszeit im Kongreß zu bewerben, blieb er in der Partei aktiv. Er beriet Richard Yates, den jungen Whig, der sich für Lincolns Kongreßmandat zur Wahl stellen wollte. Während des Präsidentschaftswahlkampfs von 1852, als die Partei Winfield Scott nominierte, griff Lincoln, wo er konnte, den Kandidaten der Demokraten Franklin Pierce an. Aber seine Reden während des Wahlkampfs waren im allgemeinen eher farblos und verrieten, daß er in seiner Rolle als Elder Statesman nicht unbedingt glücklich war.

Lincolns Kollegen im Gerichtsbezirk sahen seine Niedergeschlagenheit. Henry Clay Whitney, der 1854 den Bezirk von Richter Davis zu bereisen begann, berichtete, daß Lincoln von Alpträumen heimgesucht wurde. Eines Nachts, als sie sich ein Zimmer teilten, wachte Whitney auf und sah seinen Gefährten „im Bett sitzen, seine Gestalt im geisterhaften Feuerschein nur vage erkennbar, und dabei den wildesten und verrücktesten Unsinn vor sich hin murmeln".

Herndon schrieb Lincolns Melancholie häuslicher Unzufriedenheit zu. Andere nannten als Ursache seine ständigen Verdauungsstörungen oder die blauen Pillen, die er dagegen einnahm. Vielleicht treffen diese Theorien zu, aber sie übersahen den wesentlichen Punkt, nämlich daß Lincoln mit einer politischen Karriere unzufrieden war, die ins Nichts zu führen schien.

Auch wenn er kein Amt mehr bekleidete, zog Lincoln sich trotzdem nicht aus der Öffentlichkeit zurück. In Springfield hielt er eine Lobrede über Henry Clay Whitney und dessen Ansichten über die Sklaverei. „Whitney", so sagte er, „begriff nicht, weshalb die Neger in bezug auf die Menschenrechte von der menschlichen Rasse ausgeschlossen werden sollen. Daher", fuhr Lincoln fort, „war er aus Prinzip und gefühlsmäßig immer gegen die Sklaverei." Weil Whitney erkannte, daß sie nicht „abrupt abgeschafft werden konnte, ohne noch schlimmeres Unrecht zu stiften", unterstützte er Bemühungen, afrikanische Amerikaner nach Afrika zurückzutransportieren.

Indem er Whitneys Ansichten über die Kolonisierung übernahm, offenbarte Lincoln einen Wandel in seiner eigenen Haltung. Er war schon immer gegen die Sklaverei gewesen, aber sie war für ihn bisher niemals ein besonders wichtiges Thema. In Washington sorgte die Sklaverei jedoch ständig für neue Ärgernisse und Störungen. Nur sieben Straßen vom Kapitol entfernt stand das Kaufhaus von Franklin & Armfield, den größten Sklavenhändlern des Landes. Dieser berüchtigte Sklavenhandel war die Ursache für heftige Kritik von seiten ausländischer Besucher, die mit beißendem Spott auf den Widerspruch hinwiesen, daß in Sichtweite des Machtzentrums einer Nation, die sich selbst der Freiheit verschrieben hatte, Männer und Frauen als ganz normale Handelsware verkauft wurden.

Als Lincoln nach einem vernünftigen Weg suchte, um das Problem zu meistern, gelangte er zu der Überzeugung, daß der Transport der Afroamerikaner nach Liberia die Lösung wäre. Der Plan war völlig unpraktikabel. Amerikanische Schwarze, die fast ausnahmslos in den Vereinigten Staaten geboren und aufgewachsen waren, verspürten nicht den leisesten Wunsch, nach Afrika zu gehen. Trotzdem hielt Lincoln bis weit in seine Präsidentschaft an dieser Kolonisierungsidee fest. Weiße Südstaatler würden ihre Sklaven, so glaubte er, weitaus bereitwilliger freilassen, wenn sie nach Afrika geschickt würden. Gleichzeitig würden Nordstaatler die Gleichberechtigung viel eher befürworten, wenn befreite Sklaven nicht in die freien Staaten kämen und mit den weißen Arbeitern konkurrierten.

Daß jemand, der sich wie Lincoln seiner Vernunft rühmte, ein derart undurchführbares Projekt befürwortete, war verwirrend, wenn nicht völlig unerklärlich. Lincoln gestand, daß er nicht wisse, wie die Sklaverei abgeschafft werden könnte: „Auch wenn man mir alle Macht der Erde geben würde, wüßte ich nicht, was ich am derzeitigen Zustand ändern könnte." So waren Whigs und Demokraten übereingekommen, daß, in Lincolns Worten, Fragen der Sklaverei „für immer geregelt" wären. Für jemanden, der die Dringlichkeit der Abschaffung oder wenigstens der Einschränkung der Sklaverei einsah, der aber keine Lösung dieses Problems anbieten konnte, bot die Kolonisierung einen nützlichen Ausweg.

ANFANG 1854 holte die Realität die Phantasie ein. Der Demokrat Stephen A. Douglas brachte einen Gesetzesvorschlag ein, um eine Regierung für das Nebraska Territorium einzusetzen. Die Sklaverei war in dieser Region durch den sogenannten *Missouri Compromise* von 1820 verboten, aber Südstaatler, die sich vor der wachsenden Bevölkerung und dem zunehmenden Reichtum des Nordens fürchteten, hatten alle bisherigen Bemühungen unterbunden, Nebraska zu einem sklavenfreien Gebiet zu erklären. Douglas wollte seinem eigenen Vorschlag das gleiche Schicksal ersparen, indem er vorschlug, daß das Gebiet „in die Union mit oder ohne Sklaverei aufgenommen werden soll, je nachdem, was seine Verfassung vorsieht". Als Senatoren, die die Sklaverei befürworteten, ihn bedrängten, eine ausdrückliche Ablehnung des Missouri Compromise in den Gesetzesvorschlag aufzunehmen, gab Douglas widerstrebend nach. Gleichzeitig befürwortete er die Teilung der Region in zwei Territorien – Kansas und Nebraska. Nach heftigen Auseinandersetzungen wurde die Vorlage als Kansas-Nebraska-Act am 30. Mai rechtskräftig.

In Illinois wie im gesamten Norden brach ein Sturm der Entrüstung los. Aus Neuengland stammende Abolitionisten nahmen das Gesetz zum Anlaß, eine neue sklavereifeindliche Partei zu gründen, die sie „Republikaner" nannten. In Südillinois befürchteten Demokraten, daß eine Öffnung Kansas' für Sklavenhalter die Ansiedlung von Kleinfarmern, wie sie selbst es waren, verhindern würde. Extrem schwarzenfeindliche Wähler in dieser Region wollten mit den Abolitionisten nichts zu tun haben. Sie versammelten sich unter dem Banner der nebraskafeindlichen Demokraten.

Es gab weitere politische Spaltungen, als eine wachsende Flut von Einwanderern ins Land strömte. In Illinois weckte die große Zahl Ausländer, die erschienen, um die Eisenbahn zu bauen, Angst vor fremden Sprachen und fremdartigen Sitten und vor der katholischen Kirche, der viele Einwanderer angehörten. Die Angst schlug um in Groll, als die Rezession von 1854/55 den Eisenbahnbau zum Erliegen brachte und die eingewanderten mit eingeborenen Arbeitern in Konkurrenz treten ließ.

Lincoln nahm zunächst eine vorsichtige Position ein. Da die politische Lage so verwirrend war, hielt er sich auch zur Kansas-Nebraska-Frage bis Ende August zurück, als er auf der Parteiversammlung der Whigs von der Scott County sprach. Dort griff er „das große Unrecht der Ablehnung des Missouri Compromise und die Ausbreitung der Sklaverei in freies Territorium" an.

Sobald er beschlossen hatte, sich am Herbstwahlkampf für den Kongreß aktiv zu beteiligen, widmete Lincoln seine ganze Zeit dem Anti-Nebraska-Anliegen. Er wurde Richard Yates' Wahlkampfleiter und verbrachte Stunden damit, den Whig-Kandidaten zu präparieren. In einer Rede vor einer größeren Zuhörerschar in Springfield, der auch Douglas beiwohnte, versuchte Lincoln den wichtigen Unterschied zwischen der Sklaverei in den existierenden Staaten, die durch die Verfassung garantiert wurde, und der Ausbreitung der Sklaverei, die durch keine Verfügung geduldet wurde, klarzumachen.

Douglas und andere, die sich für den Kansas-Nebraska-Act aussprachen, hielten dem entgegen, daß es „das heilige Recht der Selbstverwaltung" fordere, daß Beschränkungen der Sklaverei aufgehoben werden sollten, damit die Bewohner der in Frage kommenden Gebiete selbst entscheiden könnten, ob sie sie gestatten oder verbieten sollten. Lincoln räumte ein, daß die Bewohner natürlich ihre eigenen Gesetze machen könnten und daß sich niemand einmischen dürfe. Aber ob sie die Sklaverei zuließen oder verböten, hänge davon ab, „ob ein Neger ein Mensch ist oder nicht".

Hier lag der Kern seines Streits mit Douglas. „Douglas", sagte Lincoln, „ist nicht unbedingt der Auffassung, daß der Neger ein Mensch ist, und kann sich daher nicht vorstellen, daß es eine Frage der Moral sein kann, wenn man wegen ihm Gesetze erläßt." Aber für Lincoln war der Afroamerikaner sehr wohl ein Mensch. Die Unabhängigkeitserklärung hatte ihn gelehrt, daß alle Menschen, auch Menschen mit begrenzten Fähigkeiten und Aussichten, gleich geboren sind. Weil der Schwarze ein Mensch war, gab es für ihn kein moralisches Recht auf Sklaverei. „Kein Mensch", verkündete Lincoln, „ist gut genug, um über einen anderen Menschen zu herrschen, wenn dieser dies nicht ausdrücklich gestattet. Das ist das Grundprinzip des amerikanischen Republikanismus."

Obwohl Lincolns Einwand prägnant und überzeugend war, steckte darin für sein Publikum nur wenig Neues. Immerhin beschäftigte die Kansas-Nebraska-Frage das amerikanische Volk schon seit neun Monaten, und der Beschluß war aus jeder erdenklichen Richtung angegriffen worden. Neu war für die Zuhörer jedoch Lincolns Unterton moralischer Entrüstung, als er über das „monströse Unrecht der Sklaverei" sprach. „Es gibt kein moralisches Recht, das zuläßt, daß ein Mensch einen anderen zum Sklaven macht", donnerte er. Daraus folge, daß das Vordringen der Sklaverei in die Territorien und „in jeden anderen Teil der weiten Welt, wo Menschen bereit sind, sie zuzulassen", genauso verwerflich sei.

Es war eine bemerkenswerte Rede, erhabener in Gefühl und Rhetorik als alle Reden, die Lincoln bisher gehalten hatte, und als er endete, winkten die Frauen im Publikum mit ihren weißen Taschentüchern, und die Männer applaudierten frenetisch.

Douglas trat sofort ans Rednerpult und bot eine Erwiderung, die fast zwei Stunden dauerte. Aber in den Zeitungen war nachzulesen, daß Lincoln einen tiefen Eindruck hinterlassen hatte.

BEI DEN Herbstwahlen lehnten die Wähler überall im Norden Douglas und seinen Kansas-Nebraska-Act ab. In Illinois würden nun Anti-Nebraska-Kräfte die Wahl des nächsten Senators bestimmen. Noch bevor die neue Zusammensetzung der legislativen Körperschaften des Staates klar war, begann Lincoln mit dem Wahlkampf für dieses Amt. Er hatte schon länger über diese Möglichkeit nachgedacht, und als die Herbstwahl derart erfolgreich für die Anti-Nebraska-Koalition ausging, wurde er aktiv. Indem er sich vorwiegend an die Mitglieder der Whig-Partei wandte, bat er verschiedene Briefpartner, sich bei Angehörigen der neuen Legislative „für mich einzusetzen". „Es hat sich ergeben, daß möglicherweise ein Whig in den US-Senat gewählt werden könnte", schrieb er einem Parteifreund, „und ich möchte die Chance wahrnehmen, dieser Mann zu sein."

Zahlreiche Reaktionen auf Lincolns Brief-Wahlkampf nährten seine Hoffnungen. Elihu B. Washburne, der soeben im Galena-Distrikt als Republikaner in den Kongreß gewählt worden war, empfahl Lincoln den Republikanern von Nordillinois als „einen Mann von hoher Begabung und rechtschaffenem Charakter", der in Springfield „die grandioseste Rede gegen Douglas gehalten hat, die man je im Staat gehört hatte".

Als die Legislative am 1. Januar 1855 zusammentrat, glaubte Lincoln, daß 26 ihrer Mitglieder schon jetzt seine Wahl unterstützen würden. Er brauchte noch 25 weitere Stimmen. Nach seiner Einschätzung waren 43 von 100 Volksvertretern douglastreue Demokraten, von denen keiner für Lincoln stimmen würde. Um zu siegen, brauchte Lincoln daher die Hilfe von fast jedem Anti-Nebraska-Volksvertreter.

Den ganzen Januar hindurch arbeitete Lincoln für seine Wahl. Stephen Logan, Lincolns ehemaliger Kanzleipartner und nun Mitglied des Repräsentantenhauses, wurde sein Geschäftsführer und mußte die notwendigen Verhandlungen führen, um sich der Unterstützung der sklavereifeindlichen Mitglieder aus dem Norden zu versichern. Herndon tat alles in seinen Möglichkeiten Stehende, um die Abolitionisten zu beeinflussen, während Leonard Swett und Ward Hill Lamon auf neutrale Volksvertreter einredeten.

Dank dieser Bemühungen wurde Lincolns Gefolgschaft während der ersten Wochen der Sitzungsperiode immer stärker, aber als der 31. Januar, der Tag der Wahl, heranrückte, fehlten ihm noch immer drei Stimmen zur Mehrheit.

Eine kleine Gruppe unabhängiger Demokraten erhielt das

Gleichgewicht der Kräfte in der Legislative – Männer wie Norman B. Judd aus Chicago, der ein Leben lang ein treuer Demokrat gewesen war, der jedoch wegen des Kansas-Nebraska-Acts mit Douglas gebrochen hatte. Diese Anti-Nebraska-Demokraten hatten nichts gegen Lincoln einzuwenden, aber sie erklärten, daß sie, „da sie als Demokraten gewählt worden waren, ihre Stimme keinem anderen als einem demokratischen US-Senator geben könnten". Ihr Kandidat war der Kongreßabgeordnete Lyman Trumbull aus Alton, Illinois.

Die Stimmabgabe verzögerte sich durch einen heftigen Schneesturm, der Springfield für zwölf Tage von der übrigen Welt abschnitt und die Versammlung eines beschlußfähigen Gremiums verhinderte. Aber das Ergebnis der ersten Wahl am 8. Februar fiel genauso aus, wie Lincoln es erwartet hatte. Er führte mit 45 Stimmen vor Shields mit 41. Trumbull hatte fünf Stimmen.

In den folgenden Wahlgängen schrumpfte Lincolns Stimmenanteil, während Trumbulls wuchs. Beim neunten Wahlgang hatte Lincoln noch 15 treue Wähler auf seiner Seite, während für Trumbull 35 Stimmen abgegeben wurden, und Gouverneur Joel A. Matteson, um den sich die Demokraten nun scharten, fehlten mit 47 Stimmen nur noch drei Stimmen, um gewählt zu sein. Lincoln bestimmte sofort, daß seine übriggebliebenen 15 Befürworter sich im zehnten Wahlgang für Trumbull entscheiden sollten. Obgleich bitter enttäuscht, gaben seine Anhänger ihre Stimmen genauso ab, wie er es gewünscht hatte. Mit dem zehnten Wahlgang wurde Lyman Trumbull in den Senat der Vereinigten Staaten gewählt.

Nach seiner Niederlage war Lincoln derart am Boden zerstört, daß er einem Freund gestand, daß „er nie mehr nach einem öffentlichen Amt streben werde", denn „er könne eine Niederlage, die ihm seine Gegner beigebracht hätten, durchaus verschmerzen – aber es tue richtig weh, von Freunden hingestreckt zu werden".

FÜR VOLLE zwölf Monate widmete Lincoln sich nun seiner Kanzlei. Trotzdem bewahrte er sich ein aktives Interesse an der Politik. Er mußte erkennen, daß die Whig-Partei zum Sterben verurteilt war. Seit einigen Jahren erschien die Wirtschaftspolitik der Whigs, die eine staatliche Förderung wirtschaftlichen Wachstums forderten, zunehmend unrealistisch, und der Aufschwung, der auf die Goldfunde im Jahr 1848 in Kalifornien folgte, ließ das Parteiprogramm hoffnungslos überholt erscheinen. Als praktischer Mensch wußte Lincoln, daß „derjenige, der zu keiner Partei gehört, keinen Einfluß hat – ja, haben kann". Aber es war ihm nicht ganz klar, für welche Partei er sich entscheiden sollte. Als sein alter Freund Joshua F. Speed sich erkundigte, wo er stand, erwiderte er: „Das ist der strittige Punkt. Ich denke, ich bin ein Whig; aber andere meinen, es gebe keine Whigs und daß ich ein Abolitionist sei." Aber, so erklärte er weiter, er habe etwas gegen die Versuche, „ihn von den Whigs zu trennen", da er nicht mehr tue, als sich gegen „die Verbreitung der Sklaverei" auszusprechen, was schon lange die Position der meisten Whigs aus dem Norden war.

Ende 1855 fiel es ihm leichter, seinen politischen Standort zu bestimmen. Was in Illinois gebraucht wurde, war bereits in vielen anderen Staaten des Nordens geschehen – eine Fusion aller Gegner der Verbreitung der Sklaverei zu einer neuen Partei.

Lincoln war bereit, die Führung zu übernehmen. Im Januar 1856, als eine Versammlung nebraskafeindlicher Zeitungsleute aus Illinois einen Plan für die nächste Präsidentschaftswahl entwickelte, war Lincoln der einzige Nichtjournalist in der Runde. Unter seiner Anleitung entwarf die Gruppe eine vorsichtige Erklärung, die die Wiedereinsetzung des Missouri Compromise forderte und in den Staaten, in denen die Sklaverei bereits existierte, die Nichteinmischung in Sachen Sklaverei propagierte. Um die radikaleren sklavereifeindlichen Elemente zu besänftigen, bestätigte die Resolution die Grundlage der Free-Soil-Doktrin, die besagte, daß die Vereinigten Staaten auf dem Prinzip gründeten, daß die Freiheit ein nationales Gut sei und die Sklaverei eine Ausnahme. Um Einwanderer für sich zu gewinnen, riet die Versammlung zu religiöser Toleranz. Immer noch die Bezeichnung Republikaner vermeidend, berief die Konferenz eine staatliche Fusionsversammlung für den 29. Mai nach Bloomington ein.

An dem Tag, als die Versammlung der Zeitungsleute sich vertagte, nahmen diese an einem Bankett teil, bei dem Lincoln eine bemerkenswerte Rolle spielte. Als ein Redner vorschlug, daß er der Kandidat der neuen Partei für den Gouverneursposten sein sollte, weigerte er sich. Aber als er in einem Toast als „lieber und treuer Freund von Illinois und unser nächster Kandidat für den US-Senat" gepriesen wurde, erhob er sich nach ausgiebigem Applaus und sagte, „der letzte Teil dieser Erklärung gefällt mir am besten". Er bekundete weiter „seine tiefempfundene Übereinstimmung mit den von der Versammlung erarbeiteten Resolutionen" und „seine Entschlossenheit, die Rüstung anzulegen", wenn man gegen die Demokraten in den Kampf zöge.

Am 29. Mai versammelten sich 270 Delegierte, um die Republikanische Partei Illinois zu gründen. Alle möglichen Meinungen waren vertreten: konservative Whigs wie Lincoln, Anti-Nebraska-Demokraten und Abolitionisten. Auf der Plattform der neuen Partei fanden alle ihren Platz.

Die Delegierten würdigten Lincolns Rolle bei der Gründung der neuen Partei, indem sie ihn einluden, die Abschlußrede zu halten. Offensichtlich erfreut, daß alles so glatt über die Bühne gegangen war, schwang sich Lincoln zu einer Rede auf, die allgemein als die beste Rede seines Lebens betrachtet wird. Weil er aus dem Stegreif sprach, gibt es keinerlei zuverlässige Aufzeichnungen von dem, was er sagte. Nur der *Alton Weekly Courier* veröffentlichte in einem kurzen Bericht die Höhepunkte. Nachdem er „die dringenden Gründe der gegenwärtigen Bewegung" aufgezählt hatte, entlarvte Lincoln die Sklaverei als Ursache für die Probleme der Nation und forderte eine Vereinigung aller, die gegen ihre Verbreitung seien. Wenn die vereinte Opposition des Nordens die Südstaatler dazu bringe, „das Gespenst der Trennung" heraufzubeschwören, dann sollten diese das ganz offen aussprechen. „Die Union muß in der Reinheit ihrer Prinzipien sowie in der Integrität ihrer territorialen Bestandteile" erhalten werden.

„Seine Rede war voller Feuer und Energie und Wucht", erinnerte Herndon sich. „Sie war logisch, sie hatte Pathos, sie vermittelte Begeisterung, sie stand für Gerechtigkeit." Seinem Partner erschien Lincoln an diesem Tag übergroß.

LINCOLN erkannte, daß die Republikanische Partei sich im Präsidentschaftswahlkampf von 1856 mit erheblichen Problemen würde auseinandersetzen müssen. Sie war nicht nur eine neue und unvollkommen gegliederte Organisation, sondern sie hatte auch mächtige Gegner. Schlauerweise übergingen die Demokraten den umstrittenen Douglas und nominierten James Buchanan, einen ehemaligen Staatssekretär, der den unschätzbaren Vorteil hatte, daß er sich während der Kontroverse über den Kansas-Nebraska-Act in Großbritannien aufgehalten hatte. Für die Know-Nothing Party* kandidierte außerdem der Expräsident Millard Fillmore, dessen hoch respektables Vorleben als Whig ihn für Konservative jeder Schattierung attraktiv machte.

Lincoln stürzte sich entschlossen in den Wahlkampf, hielt mehr als fünfzig Reden in seinem Bemühen, die Anhänger Fillmores für die Sache der Republikaner zu gewinnen. Aber da die Anti-Sklaverei-Frage die Partei spaltete, zog Buchanan Illinois auf seine Seite und gewann die Wahl.

VII. Ein geteiltes Haus

Nach den Wahlen von 1856 nahm Lincoln mit großem Eifer seine Anwaltstätigkeit wieder auf, und das Jahr 1857 wurde zum profitabelsten seines bisherigen Berufslebens. Er vertrat häufig Mandanten vor Bundesgerichten, und zwar in Springfield und Chicago. Da es dabei meistens um komplexere Angelegenheiten ging, erbrachten sie höhere Honorare als Vertretungen vor den Gerichten in der Provinz.

Dies war vermutlich die glücklichste Zeit im Leben Mary Lincolns. Ihre Ehe mit einer der führenden prominenten Persönlichkeiten in Illinois befriedigte ihr Bedürfnis nach gesellschaftlicher Anerkennung, und das mehr als ansehnliche Einkommen ihres Mannes milderte ihre chronische Angst vor finanzieller Unsicherheit. Sie konnte sich jetzt der Aufgabe zuwenden, das bescheidene kleine Häuschen ihrer Familie zu vergrößern, und im April 1856 wurde in Springfield lebhaft über die Veränderungen diskutiert, die bei den Lincolns im Gange waren.

Der Umbau wurde abgeschlossen, während Lincoln sich auf einer Rundreise befand, und als er zurückkehrte, fand er anstelle des Häuschens ein hübsches zweistöckiges, in griechischem Stil gehaltenes Haus vor, das geschmackvoll schokoladenbraun gestrichen war und grüne Fensterläden hatte. Den Verwirrten spie-

---

* Auch American Party genannt. Die Partei bildete sich in den 1850er Jahren und zeichnete sich durch fanatischen Patriotismus und eine erklärte Opposition zur katholischen Kirche aus.

lend, lief er zu einem Nachbarn. „Fremder, wissen Sie, wo Lincoln jetzt lebt?" fragte er. Wie schon so oft wurde sein Humor mißverstanden, und es hieß, daß Mary Lincoln das Haus ohne Wissen ihres Mannes umgebaut hätte. Natürlich hatte er davon gewußt, aber er machte seiner Frau wegen der Kosten Vorwürfe. Danach gewöhnte sie sich an, ihre Ausgaben vor ihm geheimzuhalten.

Der Bau eines ganzen zweiten Stockwerks verdoppelte den Wohnraum der Lincolns. Mr. und Mrs. Lincoln hatten nun getrennte, aber miteinander verbundene Schlafzimmer. Das war kein Zeichen dafür, daß ihre sexuelle Beziehung eingeschlafen war. Es handelte sich um ein Arrangement, das wohlhabenden Ehepaaren von angesehenen Innenarchitekten empfohlen wurde. Getrennte Schlafzimmer bedeuteten gleichzeitig, daß Mary weniger oft durch die Schlaflosigkeit und die Alpträume ihres Mannes gestört wurde. Robert hatte sein eigenes Zimmer in diesem Stockwerk, und Willie und Tad teilten sich einen angrenzenden Raum. Es gab außerdem ein hübsches Gästezimmer und, im hinteren Teil, einen Raum für die Hausangestellte.

Das umgebaute Haus der Lincolns war keine Villa wie die der Edwards, aber es war eines der besten in Springfield. Es bildete den Mittelpunkt von Marys Welt. Endlich fühlte sie sich rundum wohl. Ihre Kinder waren alt genug, so daß sie nicht mehr ständig ihrer Aufsicht bedurften, und zum erstenmal seit ihrer Hochzeit hatte sie Zeit, um zu lesen und lange, klatschsüchtige Briefe an ihre Freunde und Freundinnen zu schreiben.

Endlich konnte sie auch in angemessener Form Gäste empfangen. Mit besonderer Vorliebe veranstaltete sie ausgedehnte Abendessen wie zum Beispiel im Februar 1857 anläßlich des 48. Geburtstags ihres Mannes. Fünfhundert Gäste wurden eingeladen, und es war nicht ganz klar, wie sie all diese Personen ins Haus zu quetschen gedachte. Glücklicherweise hielten ein schweres Gewitter und andere Verpflichtungen viele von ihnen fern. Trotzdem hatten immer noch an die dreihundert Besucher Gelegenheit, sich ihr neues, vergrößertes Heim anzusehen.

Zum Teil diente die Gastfreundschaft der Lincolns dazu, sein Netzwerk politischer Freunde zu erhalten, denn er liebäugelte nach wie vor mit einem bedeutenden öffentlichen Amt. Er war durch den Ausgang der Wahl von 1856 keinesfalls entmutigt.

Buchanan war nur deshalb zum Präsidenten gewählt worden, weil die Stimmen der Opposition sich zwischen dem Republikaner Frémont und dem Know-Nothing-Mann Fillmore aufteilten, die zusammen eine Mehrheit von 400 000 Stimmen auf sich vereinigen konnten.

Eine Entscheidung, die der Oberste Gerichtshof der Vereinigten Staaten am 6. März 1857, zwei Tage nach Buchanans Amtsübernahme, fällte, ließ einen zukünftigen Sieg der Republikaner noch wahrscheinlicher werden. Sie betraf das Schicksal von Dred Scott, einem Sklaven aus Missouri, den sein Eigentümer zuerst nach Illinois mitgenommen hatte, also in einen Staat, in dem die Sklaverei verboten war, und der dann mit seinem Eigentümer nach Fort Stelling im Minnesota Territorium gezogen war, von wo die Sklaverei durch den Missouri Compromise verbannt worden war. Nachdem er mit Scott nach Missouri zurückgekehrt war, starb sein Herr. Scott klagte auf seine Freilassung mit der Begründung, daß er zuerst in einem freien Staat und anschließend in einem freien Territorium gelebt habe. Der Fall kam am Ende vor den Obersten Gerichtshof.

Das Gericht unter Vorsitz von Richter Roger B. Taney entschied mit Mehrheitsbeschluß, daß Scott gar nicht hätte klagen dürfen, da er als Schwarzer nicht Bürger der Vereinigten Staaten sei. Zu der Zeit, als die Nation geschaffen wurde, verkündete Taney, seien Schwarze als so „minderwertig betrachtet worden, daß sie keinerlei Rechte hätten, auf die ein Weißer Rücksicht nehmen müßte", und die Gründerväter hätten sie weder in die Unabhängigkeitserklärung noch in die Verfassung aufgenommen. Außerdem würde der Aufenthalt in einem freien Territorium Scott nicht automatisch zur Freiheit verhelfen, da alle Erlasse des Kongresses, die die Sklaverei von den nationalen Territorien verbannten, „nicht von der Verfassung garantiert" und damit „ungültig" seien.

Überall im Norden äußerten sich Sprecher der Anti-Sklaverei-Bewegung empört über diese Entscheidung. Vor allem Geistliche übten heftige Kritik.

Aber Lincoln reagierte sehr langsam. Dies war zum Teil auf die Kompliziertheit der gerichtlichen Entscheidung zurückzuführen. Die Richter äußerten neun unterschiedliche Meinungen. Eine erste Analyse dieser Meinungen veranlaßte Lincoln nicht, Alarm zu schlagen. Aber er machte sich große Sorgen wegen des Hinweises des Gerichtsvorsitzenden, daß weder die Unabhängigkeitserklärung noch die Verfassung jemals die Möglichkeit beinhaltet hätten, auch für Schwarze Gültigkeit zu haben. Lincoln meinte, daß Taney der „schlichten, unmißverständlichen Sprache der Unabhängigkeitserklärung ganz offen Gewalt antue". Lincolns Vertrauen in eine unparteiische, rationale Rechtsprechung war damit zutiefst erschüttert. Niemals mehr bezog er sich von nun an auf Urteile des Obersten Gerichtshofs.

Lincoln behielt diese Ansichten bis zum Juni für sich, als Douglas nach Illinois zurückkehrte und eine Rede in Springfield hielt, in der er die „ehrlichen und gewissenhaften" Richter verteidigte, die das Dred-Scott-Urteil gefällt hatten. Zwei Wochen später lieferte Lincoln dem Senator die Antwort der Republikaner. „Wir halten das Dred-Scott-Urteil für falsch", verkündete er unmißverständlich. Die Autoren der Unabhängigkeitserklärung hätten niemals beabsichtigt „zu erklären, daß alle Menschen in Hautfarbe, Größe, Intellekt, moralischer Entwicklung oder sozialen Fähigkeiten gleich sind", aber sie „meinten, daß alle Menschen gleich geboren sind – gleich in bezug auf gewisse unveräußerliche Rechte wie das Recht auf Leben, auf Freiheit und auf das Streben nach Glück".

Lincoln klagte an, daß der Vorsitzende des Obersten Gerichtshofes und der Senator von Illinois mit anderen Demokraten zusammenarbeiteten, um die Sklaverei zu verbreiten und auszuüben. Das sollte Lincolns grundlegende Strategie bei den bevorstehenden Wahlen von 1858 sein, bei der die Volksvertreter bestimmt wurden, die später den nächsten Senator wählen würden. Lincoln glaubte, daß Douglas geschwächt werden könnte, und hatte diesmal nicht die Absicht, den Ausgang der Wahlen abzuwarten, ehe er seine eigene Bewerbung für einen Sitz im Senat anmeldete.

Im Zuge seiner Planung für den Wahlkampf sammelte Lincoln eine Gruppe von engagierten Beratern um sich. Darunter waren vertraute Gesichter aus früheren Wahlkämpfen. Herndon war, wie immer, dank seiner Kontakte zu den Abolitionisten besonders wertvoll. Andere enge politische Freunde wie Ward Hill Lamon, Leonard Swett, Richter Davis und Norman B. Judd behielten die Entwicklung in verschiedenen Regionen des Staates im Auge.

Im Herbst zwangen Ereignisse in Kansas und Washington Lincoln und seine Berater, besonders wachsam zu sein. Das Kansas-Territorium war in Aufruhr. Die Region war genaugenommen immer noch ein Indianerreservat. Ansprüche auf Land konnten nur mit dem Colt und dem Bowiemesser durchgesetzt werden. Natürlich gab es Spannungen unter den Siedlern. Da gemäß des Kansas-Nebraska-Acts in diesem Territorium erst später von der Bevölkerung über die Sklaverei entschieden werden sollte, begannen die sklavereifeindlichen Kräfte damit, mit Gewehren und Munition ausgerüstete Einwanderer aus freien Staaten in die Region zu schleusen. Sklavereifreundliche Kräfte in Missouri reagierten darauf, indem sie über die Grenze drangen, immer bereit, dafür zu kämpfen, daß Kansas ein Sklavenstaat blieb.

Die überregionalen Zeitungen beobachteten aufmerksam die sklavereifreundlichen „Aufstände" in Kansas. In der Hoffnung, das Blutvergießen zwischen den Parteien zu beenden, befürworteten Präsident Buchanan sowie zahlreiche Demokraten eine schnelle Aufnahme von Kansas als eigener Staat, und im Februar setzte die territoriale Verwaltung eine Wahl für die konstituierende Versammlung an.

Es war, wie Lincoln bemerkte, „die köstlichste Farce, die jemals in Szene gesetzt wurde". Free-Soilers, die überzeugt waren, daß die Wahl ein abgekartetes Spiel war und das sklavereifreundliche Lager favorisieren würde, blieben zu Hause, und nur etwa 2200 von insgesamt 9000 registrierten Wählern gaben ihre Stimmen ab. Nichtsdestoweniger versammelten sich die Delegierten im September und Oktober in Lecompton, Kansas, setzten eine Verfassung auf und leiteten sie zur Bewilligung an den Präsidenten und den Kongreß weiter. Das Dokument befürwortete massiv die Sklaverei und garantierte, daß nicht nur die ungefähr 200 Sklaven in Kansas in Unfreiheit blieben, sondern auch ihre Nachkommen automatisch zu Sklaven würden. Bestrebt, die Kansas-Krise beizulegen, genehmigte Buchanan die Lecompton-Verfassung und empfahl sie dem Kongreß.

Douglas beschloß, sie abzulehnen. Er wußte, daß ihn ein strapaziöser Kampf um die Wiederwahl in Illinois erwartete, wo Lincoln mit großer Sicherheit als sein Gegner auftreten würde. Er hatte viel Einfluß durch seine Verteidigung des Kansas-Nebraska-Act eingebüßt, und seine Billigung des Dred-Scott-Urteils hatte ihn zusätzlich geschwächt. Eine Unterstützung der offen sklavereifreundlichen Lecompton-Verfassung würde ihm noch mehr schaden.

Douglas' Opposition gegen Lecompton und den Präsidenten erfreute die Republikaner. Horace Greeley, der einflußreiche Herausgeber der *New York Tribune*, erklärte, daß Douglas' Kurs nicht nur richtig sei, sondern auch „umsichtig, mutig, und das in jeder Hinsicht". Greeley und andere Republikaner begannen sich mit dem Senator über Möglichkeiten zu beraten, wie die Anerkennung der Lecompton-Verfassung verhindert werden könnte.

Lincolns erste Reaktion auf den, wie er es nannte, „Krach" unter den Demokraten wegen Lecompton bestand darin, daß er die Republikaner beschwor, sich aus diesem Streit herauszuhalten. Er war überzeugt, daß Greeley und andere in eine Falle tappten. Lincolns Mißtrauen wuchs, als Herndon nach einer Urlaubsreise in den Nordosten berichtete, daß prominente Republikaner des Ostens sich für Douglas' Wiederwahl aussprachen.

Unter den Republikanern von Illinois kursierte der Vorschlag, Lincoln fallenzulassen und dafür die Wiederwahl Douglas' zu unterstützen. Ein derartiges Umschwenken sei ausgeschlossen, schrieb Herndon wütend an Greeley.

Um einen Solidaritätsverfall unter den Republikanern zu verhindern, begannen Lincolns Freunde mit einer sorgfältigen Planung für die Herbstwahlen. Obwohl Lincoln selbst sich seltsam passiv verhielt, arrangierten seine Helfer, zum zweitenmal in der amerikanischen Geschichte, eine staatsweite Parteiversammlung, um einen Kandidaten für die Senatswahl zu nominieren. Die Nominierung sollte Republikanern im Osten wie Greeley ein deutliches Zeichen geben, daß die Illinois-Republikaner sich niemals hinter Douglas stellen würden.

Als der Parteikonvent der Republikaner am 16. Juni im Parlamentsgebäude in Springfield zusammentrat, entschieden die Delegierten einstimmig, daß Abraham Lincoln „die erste und einzige Wahl der Republikaner von Illinois für den Senat der Vereinigten Staaten" sei.

An diesem Abend hielt Lincoln seine Dankesrede. Er hatte schon länger darüber nachgedacht, Sätze auf Notizzetteln und den Rückseiten von Briefumschlägen niedergeschrieben und sie in seinem Zylinder deponiert. Am Abend des Konvents stand jedes Wort wie eingemeißelt in seinem Gedächtnis:

Wenn wir erst einmal erkennen könnten, wo wir sind und wohin wir treiben, könnten wir viel besser entscheiden, was zu tun ist und wie es getan werden muß.

Wir befinden uns jetzt im fünften Jahr, seit eine Politik mit dem erklärten Ziel und dem festen Versprechen begonnen wurde, dem Unwesen der Sklaverei ein Ende zu setzen.

Unter Verfolgung dieser Politik hat das Unwesen nicht nur nicht aufgehört, sondern es wurde ständig ausgeweitet.

Meiner Meinung nach wird es nicht aufhören, bevor eine Krise erreicht und überwunden wird.

Ein Haus, das in sich geteilt ist, kann nicht Bestand haben.

Ich glaube, daß diese Regierung nicht überdauern kann, wenn sie zur Hälfte für die Sklaverei und zur anderen Hälfte für die Freiheit ist.

Ich erwarte nicht, daß die Union sich auflöst – ich erwarte nicht, daß das Haus einstürzt – aber ich erwarte, daß es aufhört, geteilt zu sein.

Sie wird entweder ganz auf der einen Seite stehen oder ganz auf der anderen.

Lincolns „Rede vom geteilten Haus" klang sehr radikal und erregte nationales Aufsehen. Nachdem fünf Monate vorher William H. Seward einen „nicht zu unterdrückenden Konflikt" zwischen Sklaverei und Freiheit prophezeit hatte, war es die extremste Erklärung, die je von einem verantwortlichen Führer der Republikanischen Partei abgegeben wurde. Sogar Herndon, dem Lincoln die Rede vorher vorgelesen hatte, meinte zu seinem Partner: „Es ist wahr, aber ist es auch klug oder politisch ratsam, es auszusprechen?"

ALS DOUGLAS erfuhr, daß die Republikaner Lincoln nominiert hatten, wurde ihm klar, daß er sich gegen einen ernst zu nehmenden Gegner würde wehren müssen. „Ich werde alle Hände voll zu tun haben", sagte er zu einem Journalisten. „Er ist im gleichen Maße ehrlich, wie ich schlau bin, und wenn ich ihn schlage, wird mein Sieg schwer erkämpft sein." Douglas fühlte sich dazu verpflichtet, in Washington zu bleiben, bis er die Lecompton-Verfassung abgewehrt hatte, aber im Juli kehrte er nach Chicago heim und zählte vor einem großen Auditorium Themen auf, die er im folgenden Wahlkampf herausstellen wollte. Er beanspruchte Lob für die Ablehnung der Lecompton-Verfassung. Lin-

Illinois im Jahr 1858: Lincoln bei einer Wahlkampfrede

coln, der auf dem Balkon hinter ihm saß, bezeichnete er als „einen gütigen, freundlichen und intelligenten Gentleman, einen guten Bürger und ehrbaren Gegner", doch, so führte Douglas aus, habe er „die großen Prinzipien, auf denen unsere Regierung gründet, völlig mißverstanden" und befürworte „kühn und eindeutig einen Krieg der Lager, einen Krieg des Nordens gegen den Süden". Republikaner, die die Dred-Scott-Entscheidung angriffen, meinte Douglas, ignorierten die Tatsache, daß „diese unsere Regierung auf weißer Basis gegründet wurde. Sie wurde von weißen Menschen geschaffen zum Nutzen weißer Menschen und um von weißen Menschen ausgeübt zu werden". Indem sie gleiche Rechte für die Schwarzen forderten, zeigten die Republikaner, daß sie einfach nicht begriffen, daß „jede Vermischung oder Verschmelzung mit minderwertigen Rassen" nur zu „Degeneration, Demoralisierung und Entartung" führen könne.

Am nächsten Abend, auf demselben Balkon desselben Chicagoer Hotels, gab Lincoln Douglas seine Antwort und verurteilte seinen Gegner, weil er „den Unsinn von sich gebe, daß die eine oder die andere Rasse minderwertig sei", und verlangte, daß man sich wieder auf den Geist der Unabhängigkeitserklärung besinnen solle.

Der Schlagabtausch setzte einen Maßstab für die nächsten sechs Wochen des Wahlkampfs. Als Douglas zu einer ausgedehnten Rundreise durch den Staat aufbrach, folgte Lincoln ihm.

Douglas und seine Helfer waren wütend auf Lincoln, weil er sich an das gleiche Publikum wandte, das sich versammelt hatte, um ihren Kandidaten zu hören. Der *Illinois State Register* behauptete, daß Lincoln so verfahre, weil er selbst keine großen Zuhörerscharen anlocken könne. Lincoln änderte seinen Schlachtplan und schlug eine Reihe von Debatten mit Douglas vor. Der Senator stimmte nur zögernd zu. Es nutzte ihm wenig, wenn er seinem weniger bekannten Rivalen zu mehr öffentlicher Aufmerksamkeit verhalf. Gleichzeitig konnte er aber nicht ablehnen, wenn es nicht so aussehen sollte, als fürchtete er sich vor Lincoln. Widerstrebend erklärte er sich bereit, an sieben öffentlichen Debatten teilzunehmen.

DIE SIEBEN Debatten zwischen Lincoln und Douglas fanden großes Interesse. Wie die republikanische *New York Times* schrieb, war Illinois im Jahr 1858 „das interessanteste politische Schlachtfeld in der Union". Zum erstenmal wurden Reporter losgeschickt, um über Kandidaten zu schreiben. Die einflußreichsten republikanischen und demokratischen Zeitungen des Staates schickten Kurzschriftexperten, um jedes Wort festzuhalten und weiterzuverbreiten.

Die Reporter berichteten über die deutlichen Unterschiede in der Art und Weise, wie die Kandidaten sich der Öffentlichkeit präsentierten. Douglas, ein rotbäckiger, stämmiger Mann, der Lincoln nur bis zu den Schultern reichte, wollte wie ein Staatsmann von nationaler Bedeutung erscheinen. In Begleitung seiner prächtigen zweiten Ehefrau, Adèle Cutts, war er gewöhnlich in einem Sonderzug unterwegs, der mit allem erdenklichen Luxus ausgestattet war. Wenn er in seinem eleganten blauen Anzug mit silbernen Knöpfen auf der Bühne stand, paßte er fraglos in die Rolle eines bedeutenden Senators der Vereinigten Staaten, der seine treuen Anhänger besucht. Lincoln – außergewöhnlich groß, bemitleidenswert dünn und mit einer stets traurigen Miene – pflegte ein ganz anderes Image. Wenn er mit der Eisenbahn fuhr, dann immer nur in gewöhnlichen Personenwagen – eine Praxis, die ihm zahllose Gelegenheiten verschaffte, mit Wählern zusammenzutreffen und sich mit ihnen über ihre Sorgen und Nöte zu unterhalten. Außer zur letzten Debatte begleitete seine elegant gekleidete aristokratische Ehefrau ihn nicht.

Lincoln achtete darauf, daß er zu den Debatten seine Alltagskleidung trug. Gewöhnlich erschien er dort, wie ein Beobachter es beschrieb, in „einem abgetragenen schwarzen Frack mit Ärmeln, die ruhig ein wenig länger hätten sein können", und schwarzen Hosen, die „einen ungehinderten Blick auf seine großen Füße gestatteten". Er präsentierte sich den Wählern nicht als einer der prominentesten Rechtsanwälte des Staates, sondern als ein Landsmann, pfiffig und unbestechlich.

Alle sieben Debatten fanden nach dem gleichen Muster statt. Der erste Sprecher hatte eine Stunde Zeit für den Vortrag seiner Argumente, sein Gegner hatte anderthalb Stunden, um ihm zu antworten, und dem ersten Sprecher blieb die letzte halbe Stunde für eine Erwiderung und ein Schlußwort.

Douglas sprach sich für das Recht auf Selbstverwaltung aus und wiederholte seine Ansicht, daß die Autoren der Unabhängigkeitserklärung niemals daran gedacht hätten, sie auch für Schwarze gelten zu lassen. Er meinte, daß Lincoln „die einen Prinzipien in den abolitionistischen Countys vertritt und völlig entgegengesetzte in den anderen Countys". Mit ernster Stimme beschwor er seine Zuhörer, zum Grundprinzip der Selbstverwaltung zurückzukehren. Wenn sie erkennen würden, wie die Väter der Nation es stets getan hatten, daß „diese Republik, geteilt in freie und Sklavenstaaten, für immer Bestand haben kann", könnten die Amerikaner ihre „große Mission" weiterverfolgen, „unsere Prärien zu füllen, die Wildnis zu roden und Großstädte, Dörfer, Eisenbahnen und andere Verbesserungen zu schaffen".

Lincoln warf Douglas vor, daß er an einem Plan beteiligt sei, die Sklaverei in der ganzen Nation einzuführen. Und er sprach immer wieder das an, was er als das grundlegende Thema des Wahlkampfs betrachtete, nämlich „den Unterschied zwischen den Menschen, die die Sklaverei für ein Übel halten, und jenen, für die sie kein Übel ist". Schließlich definierte er, was er für die eigentliche Grundlage dieser Kontroverse hielt, nämlich den Konflikt, daß „eine Klasse die Einrichtung der Sklaverei als Übel betrachtet und eine andere Klasse dies nicht tut". In Alton, wo die letzte Begegnung des Wahlkampfs stattfand, sagte er:

> „Das ist das Thema, das dieses Land noch beschäftigen wird, wenn die armseligen Zungen von Richter Douglas und mir schon längst schweigen. Es ist der ewige Streit zwischen diesen

93

beiden Prinzipien – richtig oder falsch. Sie sind die Prinzipien, die sich seit Anbeginn der Zeit gegenüberstehen; und sie werden bis in alle Ewigkeit miteinander im Streit liegen. Das eine ist das allgemeine Recht der Menschheit, das andere das göttliche Recht der Könige."

Nach einer kurzen Schlußbemerkung von Douglas waren die Debatten beendet. Die Entscheidung lag jetzt bei den Wählern.

Es WAR schwierig vorauszusagen, wie die Entscheidung ausfallen würde. Gutinformierte Wähler aus Illinois begriffen, daß es nicht um die Entscheidung zwischen zwei Kandidaten oder zwei politischen Parteien ging. Es war eine Entscheidung zwischen zwei grundsätzlich verschiedenen Ansichten über die weitere amerikanische Entwicklung. Dieser Unterschied ließ sich dahingehend definieren, daß Douglas die uneingeschränkte Herrschaft einer Mehrheit forderte, während Lincoln als Verteidiger der Minderheitsrechte betrachtet werden konnte. Nach Douglas' Auffassung gab es praktisch keine Einschränkungen hinsichtlich dessen, was die Mehrheit der Bevölkerung eines Staates oder eines Territoriums tun konnte – darunter auch, wenn sie es denn wollte, das Halten von schwarzhäutigen Bewohnern als Sklaven. Während Lincoln ebenfalls für die Selbstverwaltung eintrat, glaubte er leidenschaftlich daran, daß keine Mehrheit die Macht haben dürfe, die Grundrechte einer Minderheit auf Leben, Freiheit und das Streben nach Glück einzuschränken.

Obgleich der 2. November kalt, naß und unwirtlich war, strömten die Wähler in großer Zahl herbei – es waren sogar mehr als bei der Präsidentschaftswahl von 1856. Doch den Republikanern gelang es nicht, die Kontrolle über die Kammern der Legislative des Staates zu erringen, die den nächsten Senator wählen würden. In der Wahl am 5. Januar 1859 erhielt Douglas 54 Stimmen gegenüber Lincolns 46 und war damit für weitere sechs Jahre für den Senat wiedergewählt.

Lincoln war zutiefst enttäuscht. Mit dieser Niederlage hatte er erneut erfahren müssen, wie wenig sein Schicksal sich durch seine persönlichen Anstrengungen beeinflussen ließ. Er war überzeugt, daß seine politische Karriere damit beendet war. In dem Bewußtsein, sich lediglich der unzweifelhaften Loyalität seines Partners sicher sein zu können, bemerkte er voller Bitterkeit: „Ich erwarte, daß jeder außer Billy mich jetzt im Stich läßt."

Aber als Führer empfand er es als seine Pflicht, seine Helfer aufzumuntern, die ebenfalls unter der Niederlage litten. „Der Kampf muß weitergehen", versicherte er einem Freund. „Das Ringen um die Freiheit darf niemals aufgegeben werden, ganz gleich, ob man eine oder hundert Niederlagen erlebt."

VIII. Auf den Geschmack gekommen

„Dieses Jahr muß ich meinen privaten Geschäften widmen", schwor Lincoln 1859, aber es war die Politik, die ihn jetzt brennend interessierte. Als führender Republikaner in Illinois empfand er es als seine Pflicht, sich an den Planungen für den Sieg seiner Partei bei den bevorstehenden Präsidentschaftswahlen von 1860 aktiv zu beteiligen.

Der Gedanke, daß er selbst für das Amt nominiert werden sollte, kam kurz nach der Wahl des Jahres 1858 auf, als einige seiner Anhänger aus Enttäuschung über seine Niederlage zu fragen begannen: „Können wir ihn nicht zum Präsidenten oder zu seinem Vize machen?"

Lincoln selbst meinte nicht, daß er für dieses Amt geeignet wäre. Das war nicht bescheiden, sondern realistisch. Allem äußeren Anschein nach war er weitaus weniger prädestiniert, Präsident der Vereinigten Staaten zu werden, als jeder andere, der sich je um dieses Amt beworben hatte. Ohne Familientradition oder Wohlstand, hatte er nur eine sehr kurze schulische Ausbildung genossen. Mittlerweile fünfzig Jahre alt, verfügte er über keinerlei Regierungserfahrung. Er war niemals Gouverneur seines Staates oder auch nur Bürgermeister von Springfield gewesen. Er hatte nur für eine Amtszeit dem Repräsentantenhaus der Union angehört und während der letzten zehn Jahre kein öffentliches Amt bekleidet. Obgleich er einer der Gründer der Republikanischen Partei war, hatte er keine engen Freunde in den bevölkerungsreichen Staaten im Osten, deren Stimmen bei der Wahl entscheidend wären. Seine Debatten mit Douglas hatten ihm unionsweite Aufmerksamkeit eingebracht, aber er hatte die Wahl zum Senator zweimal verloren.

Trotz dieser Handicaps dachte er an die Präsidentschaft, und seine Chancen, von den Republikanern nominiert zu werden, standen nicht schlecht. Die Partei hatte mehrere starke Kandidaten, aber alle hatten irgendwelche Mängel. Der führende unter ihnen, William H. Seward, der Senator und ehemalige Gouverneur von New York, stand unverdienterweise in dem Ruf, ein Extremist zu sein. Die Republikaner aus Pennsylvania favorisierten Senator Simon Cameron, aber er hatte außerhalb des Staates nur wenige Anhänger. Salmon P. Chase, der republikanische Gouverneur von Ohio, bewarb sich energisch um die Nominierung, aber es mangelte ihm an Anziehungskraft. Edward Bates aus Missouri, ein konservativer Free-Soil-Whig, mittlerweile sechsundsechzig Jahre alt, war noch nicht einmal Mitglied der Republikanischen Partei.

Ein deutlicher Hinweis auf Lincolns wachsendes Interesse an einem Rennen um das Präsidentenamt war die Bereitwilligkeit, mit der er eine Einladung aus New York annahm, im Februar 1860 vor einem gediegenen Publikum aus dem Osten aufzutreten. Auf diese Rede bereitete er sich viel sorgfältiger vor als auf jede andere in seinem bisherigen Leben. Er bestellte sich sogar einen neuen schwarzen Anzug.

Als er im Osten eintraf, war die Schirmherrschaft über die Veranstaltung von der Young Men's Central Republican Union übernommen worden, einer Vereinigung, zu der der 65jährige William Cullen Bryant, der 49jährige Horace Greeley und andere „Jungmänner" gehörten, die eine Anti-Seward-Bewegung ins Leben riefen. Seinen ersten Tag in New York verbrachte Lincoln damit, seine Rede noch einmal zu überarbeiten.

Am Montag, dem 27. Februar, sah Lincoln sich, begleitet von mehreren jungen Republikanern, den Broadway an und ließ sich von Mathew B. Brady fotografieren. Am gleichen Abend trat er nach einer liebenswürdigen Einführung durch Bryant vor einem zahlreich erschienenen Publikum in der Cooper Union auf. Viele erwarteten „etwas Ulkiges, Rohes und Unkultiviertes", erinnerte sich ein Zuhörer, aber Lincolns Rede verscheuchte schnell den Eindruck von einem ungehobelten Pionier. Es war eine meisterhafte Betrachtung der politischen Wege, die der Nation offenstanden. Lincoln nutzte die Gelegenheit, um die Republikaner als eine Partei der Gemäßigten zu porträtieren, die versuchten, das Erbe der Gründerväter vor den Angriffen der die Sklaverei befürwortenden Radikalen zu bewahren. Republikaner, so sagte er, sollten furchtlos dafür eintreten, die Sklaverei aus den nationalen Territorien zu verbannen und sie auf die Staaten zu beschränken, wo sie bereits üblich war. Mit ergreifender Dramatik schloß er: „Vertrauen wir darauf, daß das Recht uns mächtig macht, und strengen wir uns in diesem Geist an, unsere Pflicht zu tun, wie wir sie verstehen."

Es war ein glänzender Auftritt, und als Lincoln schloß, erhob sich das Publikum von den Sitzen, applaudierte und schwenkte Taschentücher und Hüte. Noah Brooks, der zu der Zeit für die *New York Tribune* schrieb, rief aus: „Er ist der größte Mann seit dem heiligen Paulus!" Am Tag danach veröffentlichten vier New Yorker Zeitungen die Rede in voller Länge, und sie wurde später als Republikanisches Traktat herausgebracht. Es war ein hervorragender politischer Schachzug für einen nichtnominierten Bewerber für das Präsidentenamt.

Am nächsten Tag begab sich Lincoln nach Neuengland, offenbar um Robert zu besuchen, der sich im vorausgegangenen September an der Philips Exeter Academy eingeschrieben hatte. Natürlich freute Lincoln sich, seinen Sohn wiederzusehen, aber während der vier Tage bei Robert hielt er außerdem Wahlkampfreden in Concord, Manchester, Dover und Exeter.

Der Erfolg von Lincolns Reise in den Osten brachte ihn der Nominierung durch die Republikaner einen Schritt näher. Trotzdem zögerte er noch. Nach seiner Rückkehr nach Springfield beriet er sich mit prominenten Republikanern aus Illinois, die ihn drängten, sich aufstellen zu lassen. Erst nachdem er einen Tag lang nachgedacht und sich zweifellos auch mit Mary beraten hatte, die sogar noch ehrgeiziger war als er, gestattete er seinen Anhängern, sich in aller Stille für seine Nominierung einzusetzen. „Ich will ganz offen sein", schrieb er im April an Trumbull. „Allmählich komme ich auf den Geschmack."

LINCOLN konnte nicht offen Wahlkampf für seine Nominierung machen, weil die Tradition verlangte, daß das Amt den Kandidaten suchte. Er verließ sich auf seine Helfer. Während sie fleißig arbeiteten, mußte Lincoln über den Dingen stehen.

Am 9. und 10. Mai, eine Woche vor dem nationalen Konvent, trafen sich die Republikaner von Illinois in Decatur. Zu diesem

Zweck errichteten die Bürger der Stadt einen scheunenartigen Holzbau, den sie Wigwam nannten und der Hunderten von Delegierten und Zuschauern Platz bot. Für viele Teilnehmer hatte dieser Konvent hauptsächlich die Aufgabe, einen Kandidaten für den Gouverneursposten zu bestimmen. Nominiert wurde Richard Yates. Während man davon ausging, daß der Konvent von Illinois Lincoln als Präsidentschaftskandidaten nominieren würde, rechneten die meisten damit, daß der nationale Konvent sich später entweder für Edward Bates oder William Seward entscheiden würde.

Aber nur wenige Anhänger Lincolns wollten die Versammlung in Decatur zu einem Sprungbrett für einen ernsthaften Präsidentschaftswahlkampf machen. Sie meinten, bisher fehle noch ein griffiger Slogan. Lincoln war bereits weithin als Old Abe bekannt, aber Richard J. Oglesby, ein junger Politiker aus Decatur, meinte, Lincoln brauche ein dynamischeres Image. Dank dem älteren John Hanks, einem Vetter ersten Grades von Lincolns Mutter, fand er einen Holzzaun („rail fence"), den Hanks und Lincoln im Jahr 1830 gezogen hatten. Am ersten Tag des Konvents stellte Oglesby Hanks vor, der mit einem Helfer durch die Halle marschierte und dabei zwei Zaunlatten mit der Aufschrift trug:

ABRAHAM LINCOLN
Der Rail-Kandidat
PRÄSIDENT VON 1860.
Zwei von 3000 Zaunlatten,
hergestellt 1830 von Thos. Hanks und Abe Lincoln –
dessen Vater der erste Pionier in der Macon County war.

Zwar war Lincolns Vater nicht der erste Pionier der County gewesen, und es war mehr John als Thomas Hanks, der beim Zuschneiden der Latten geholfen hatte. Aber niemand störte sich daran. Als die Latten, geschmückt mit Fähnchen und Luftschlangen, zum Podium des Wigwams getragen wurden, brach die Menge in Beifall aus. Lincoln errötete und erzählte den Delegierten, daß er tatsächlich 30 Jahre zuvor in der Nähe von Decatur Zaunlatten zugeschnitten habe.

Der Applaus, der Lincoln gespendet wurde, deutet darauf hin, daß sogar seine Wahlkampfberater seine Popularität unterschätzt hatten. Mit dem Etikett Rail Splitter („Lattenmacher") versehen, konnte er den Wählern nicht nur als volksnaher Geschichtenerzähler, sondern auch als Verkörperung des Selfmademan und als Sprecher des weiten Westens nahegebracht werden.

Nachdem die Versammlung sich abends vertagt hatte, traf Lincoln sich mit Norman Judd aus Chicago, Richter David Davis und ein paar anderen Freunden in einem Wäldchen in der Nähe des Wigwams, wo sie im Gras liegend die Liste der Kandidaten durchgingen, die als Delegierte zum nationalen Parteikonvent der Republikaner nach Chicago geschickt werden sollten. Lincoln selbst wählte die vier Delegierten aus. Judd als Vertreter Chicagoer Interessen war einer davon. Mit Rücksicht auf die Bedeutung deutscher Stimmen nannte Lincoln Gustave Koerner, einen Anwalt aus Bellville, an zweiter Stelle. Als dritten bestimmte er Orville Browning, den konservativen Anwalt aus Quincy, der unter den ehemaligen Mitgliedern der Know-Nothing-Partei großen Einfluß hatte. Das letzte Mitglied des Teams war sein vertrauenswürdigster Berater David Davis.

Lincoln und seine Freunde hatten keinen Einfluß auf die Wahl der achtzehn anderen Delegierten des Staates. Um sie davon abzuhalten, abtrünnig zu werden, kamen die Berater überein, während der Versammlung am nächsten Tag eine Resolution zu verabschieden, die besagte, daß „Lincoln die Wahl der Republikanischen Partei von Illinois für den Präsidentensessel ist und daß die Delegierten aus diesem Staat den Auftrag haben, alle ehrenhaften Mittel einzusetzen, um seine Nominierung durch den Konvent von Chicago zu sichern, und einheitlich für ihn zu stimmen". Auf dem Konvent von Chicago entschied sich Illinois einstimmig für Lincoln.

AM LIEBSTEN hätte Lincoln am Konvent in Chicago teilgenommen. Nach reiflicher Überlegung entschied er sich aber, in Springfield zu bleiben, damit er nicht direkt am tumultartigen Verlauf des zweiten nationalen republikanischen Konvents beteiligt war, der vom 16. bis 18. Mai im großen Wigwam stattfand, der soeben in Chicago fertiggestellt worden war.

Lincoln schien genau das zu sein, was die Republikanische Partei brauchte. Er war uneingeschränkt gegen die Ausbreitung der Sklaverei. Seit Jahren forderte er eine wirtschaftliche Weiterentwicklung und Schutzzölle, die den Bewohnern von Pennsylvania so wichtig waren. Er hatte viele Sympathisanten unter ehemaligen Whigs, und er hatte es geschafft, gegen die Know-Nothing-Partei in Opposition zu gehen, ohne sie moralisch zu verdammen. Wenn die republikanischen Delegierten dem Diktat politischer Vernunft folgten, dann mußte er ihre Wahl sein.

Aber Lincoln wußte natürlich, daß Emotionen in der Politik eine mindestens ebenso große Rolle spielen wie die Vernunft. Deshalb wollte er sein Helferteam in Chicago haben, wo dessen Mitglieder Gerüchten entgegentreten, verletzte Egos trösten und unsichere Delegierte umgarnen könnten. Von seinem Zimmer im Tremont Hotel aus übernahm David Davis die Leitung der Operation. Sein vordringliches Ziel war, mindestens hundert Stimmen im ersten Wahlgang sowie einige in Reserve für Lincoln zu sichern, damit es aussah, als gewänne Lincoln im zweiten Wahlgang noch an Stärke. Davis schickte Mitglieder seiner Mannschaft los, um ihren Einfluß auf verschiedene Delegationen auszuüben.

Obgleich Davis' Team unermüdlich unentschlossene Delegierte umwarb, brauchten sie sich nicht auf Bestechung zu verlegen. Spätere Berichte über „zahlreiche Tauschgeschäfte", die Davis und seine Helfer in Chicago ausgehandelt haben sollen, basierten vorwiegend auf Spekulationen der Politiker, die durch Lincolns starke Position überrascht wurden.

Einigermaßen glaubhaft ist jedoch der Bericht, daß Davis mit der Delegation von Pennsylvania ein Geschäft machte. Richter Joseph Casey, der Vertreter des Kandidaten Simon Cameron in Chicago, verlangte die Zusage, daß Cameron als Gegenleistung für die Stimmen Pennsylvanias im zweiten Wahlgang Lincolns Finanzminister würde. Davis deutete vage an, daß Pennsylvania sicherlich einen Platz im Kabinett haben würde und daß er persönlich Cameron für diesen Posten vorschlagen würde. Casey glaubte, eine feste Zusage erhalten zu haben. Aber Davis, der meinte, nur ein persönliches, bedingtes Versprechen gegeben zu haben, leugnete später glattweg jegliche Abmachung: „Mr. Lincoln ist in bezug auf sein Amt niemandem auf der ganzen Erde verpflichtet – er hat nichts versprochen."

Schon früh am Freitag, dem 18. Mai, dem Tag, an dem die Nominierungen festgelegt werden sollten, ging Lincoln in aller Ruhe seinen Gewohnheiten nach. Er vertrieb sich ein wenig die Zeit, indem er mit einigen Männern auf einem freien Platz neben dem Büro des *Illinois State Journal* „Fives" – eine Art Handball – spielte. Als Lincoln in seine Kanzlei zurückkehrte, erschien Edward L. Baker vom *Journal* mit einem Telegramm, aus dem hervorging, daß Lincolns Name auf die Nominierungsliste gesetzt worden war und begeisterten Applaus erhalten hatte. Kurz danach kam ein weiteres Telegramm mit den Ergebnissen der ersten Abstimmung an: Seward $173^{1}/_{2}$, Lincoln 102, Bates 48, Cameron $50^{1}/_{2}$, Chase 49. 233 waren für die Nominierung nötig. Ohne etwas von seinen Empfindungen zu verraten, begab sich Lincoln zum Telegrafenbüro, wo soeben ein Bericht über den zweiten Wahlgang einging: Seward hatte nun $184^{1}/_{2}$ Stimmen; Lincoln stieg aufgrund eines Schwenks der Pennsylvania-Stimmen auf 181. Alle anderen Kandidaten hatten an Gewicht verloren.

Lincoln erwartete die Resultate der dritten Abstimmung im Büro des *Journal.* Seward hielt seinen Stimmenanteil im wesentlichen, aber fast alle anderen Delegierten scharten sich um Lincoln, der $231^{1}/_{2}$ Stimmen auf sich vereinte – $1^{1}/_{2}$ Stimmen weniger als die Hälfte. An diesem Punkt wechselten vier Ohio-Stimmen von Chase zu Lincoln über, und andere Delegierte folgten umgehend, so daß er am Ende von 466 möglichen Stimmen 364 auf sich vereinen konnte. Danach vollzogen auch die Seward-Anhänger den Schwenk, damit die Wahl einstimmig erfolgte.

Als die offizielle Nachricht von seiner Nominierung eintraf und gleichzeitig bekannt wurde, daß der Konvent die Liste ausgeglichen hatte, indem er einen ehemaligen Demokraten, Hannibal Hamlin aus Maine, für den Posten des Vizepräsidenten vorschlug, sah Lincoln sich genötigt, nach Chicago zu reisen, um seinen Triumph auszukosten und die Seward-Fraktion zu beschwichtigen. Aber seine Berater drängten ihn einstimmig, in Springfield zu bleiben. „Kommen Sie um Gottes willen nicht hierher", schrieb Davis und fügte hinzu: „Schreiben Sie keine Briefe, und machen Sie keine Versprechen oder Zusagen, ehe Sie mit mir gesprochen haben."

Diese Taktik verfolgte Lincoln, jetzt und auch weiterhin. Am 19. Mai kam eine Delegation zu seinem Haus, um ihn von seiner Nominierung in Kenntnis zu setzen. Das Gespräch verlief anfangs sehr steif. Nur wenige der Delegierten hatten den Kandidaten vorher zu Gesicht bekommen, und sie waren über seine

Erscheinung verblüfft. Nachdem ihm die Nachricht von seiner Nominierung verlesen worden war, reagierte er vorsichtig und bat um ein wenig Bedenkzeit, um sein Programm noch einmal zu überdenken – und tatsächlich nahm er die Nominierung erst vier Tage später offiziell an.

Nun, da Lincoln eine Berühmtheit war, wollte jeder ihn sehen, und die Zahl der Besucher war zu groß, um im Haus der Lincolns empfangen zu werden, zumal Willie an Scharlach erkrankte. Dankbar nahm Lincoln das Angebot von Gouverneur John Wood an, dessen Büro im Regierungsgebäude zu benutzen. John G. Nicolay, ein junger deutschamerikanischer Journalist, arbeitete dort als sein Sekretär.

Einen Großteil seiner Zeit verwendete Lincoln in diesem Sommer darauf, die Hunderte von Gratulationsschreiben zu beantworten, die bei ihm eingingen. Es gab so viele Autogrammwünsche, daß er eine Standardantwort formulierte: „Sie wünschen ein Autogramm, hier ist es. Mit freundlichem Gruß, A. Lincoln." Er versuchte auch, das öffentliche Interesse an ihm als einem Kandidaten zu befriedigen, der außerhalb seines Staates nicht allzu bekannt war. Fotografen strömten nach Springfield, und die Leute wollten Daten aus seinem Leben wissen. Kaum war der Chicagoer Konvent vorüber, als auch schon Wahlkampfbiographien von Lincoln und Hamlin angekündigt wurden.

Durch die Empfehlung seiner Berater daran gehindert, eine aktive Rolle im Wahlkampf zu spielen, verfolgte Lincoln die Ereignisse sehr genau. Nach dem Juni, als sich die Demokratische Partei spaltete, wobei der nördliche Flügel Douglas nominierte und der Süden sich auf John C. Breckinridge einigte, hatte Lincoln wenig Zweifel, daß die Republikaner die Wahl gewinnen würden, wenn die verschiedenen Gruppierungen innerhalb der Partei zusammenarbeiteten. Er gab sich große Mühe, die rivalisierenden Fraktionen in Pennsylvania und New York zu einen.

Von der Hektik des Wahlkampfs war Lincoln also weitgehend isoliert. Sein einziger Auftritt erfolgte bei einer Versammlung im August in Springfield, wo er lediglich die Menschen sehen und von ihnen gesehen werden wollte. Er wurde derart begeistert empfangen, daß die Leute sich bei seiner Abfahrt um seine Kutsche drängten und sie umzustürzen drohte.

Am Wahltag begab sich Lincoln in Begleitung Herndons von

seinem Büro zu den Wahlurnen im Regierungsgebäude. Republikaner applaudierten, als er erschien, und sogar Demokraten, die auf ihre örtliche Berühmtheit stolz waren, nahmen respektvoll die Hüte ab.

An diesem Abend gesellte sich Lincoln zu befreundeten Republikanern, die sich im Kapitol von Illinois drängten, um die neuesten Nachrichten aus dem Telegrafenbüro zu hören. Illinois wählte republikanisch, dann folgte Indiana, und auch in den anderen Weststaaten waren die Republikaner erfolgreich. Aber es gab noch keine Meldungen aus den kritischen Staaten im Osten, und Lincoln und einige andere suchten das Telegrafenbüro auf. Erst nach zehn Uhr gingen Meldungen von republikanischen Siegen in Pennsylvania ein. Während sie auf die Nachricht aus New York warteten, wurde die Gruppe in Watson's Saloon eingeladen, wo republikanische Ehefrauen das Abendessen vorbereitet hatten. Als Lincoln eintrat, begrüßten die Frauen ihn: „Wie geht es Ihnen, Mr. President?" Nach der Mahlzeit kehrte Lincoln ins Telegrafenbüro zurück und blieb dort bis zwei Uhr, als die Meldung, daß seine Partei New York gewonnen hatte, seine Wahl bestätigte. „Ich ging nach Hause, aber nicht so sehr, um zu schlafen", erinnerte er sich, „denn wie nie zuvor spürte ich die Verantwortung, die nun auf mir lag."

IX. Zufällig ergriffenes Werkzeug

Gewaltige Probleme erwarteten den gewählten Präsidenten. Auf die Nachricht seiner Wahl hin brachen im Süden der Union offene Absetzbewegungen aus. Am 10. November genehmigte die Legislative von South Carolina die Wahl eines staatlichen Konvents für den 6. Dezember, um über die weiteren Beziehungen zwischen dem Staat und der Union zu beraten. Acht Tage später folgte Georgia diesem Beispiel. Innerhalb eines Monats hatte jeder Staat im tiefen Süden erste Schritte zu einer Trennung getan. Weder Präsident James Buchanan noch der Kongreß hatten irgendeine Politik parat, um diese Krise zu meistern. Alle Blicke richteten sich nach Springfield, wo ein unerfahrener Politiker sich bemühte, auf der Grundlage unzureichender Informationen eine Politik für seine neue Regierung zu formulieren.

IN DEN Monaten nach der Wahl ging der neue Präsident im Wartestand in Springfield konzentriert seinen Geschäften nach. Zusammen mit John Nicolay, seinem effizienten Privatsekretär, bearbeitete er täglich mehrere Körbe Post. Schließlich wurde die Briefflut so groß, daß Nicolay John Hay als Helfer einstellte, der in der Kanzlei seines Onkels in Springfield Jura studierte.

Besucher wußten nicht, was sie von dem neugewählten Präsidenten halten sollten. Er überraschte sogar seine alten Freunde, als er sich einen Bart wachsen ließ. Während des Wahlkampfs hatte ihm die elfjährige Grace Bedell aus Westfield geschrieben, daß sie ihre Brüder dazu bringen würde, für Lincoln zu stimmen, wenn er sich einen Bart wachsen ließe. „Sie würden damit viel besser aussehen, weil Ihr Gesicht so schmal ist", meinte sie. „Alle Ladys mögen Bärte, und sie würden ihre Männer drängen, für Sie zu stimmen, und dann wären Sie Präsident." Ende November hatte Lincoln einen Bart.

Lincolns Verhalten sowie seine äußere Erscheinung erstaunten seine Besucher. Obwohl er häufig Old Abe genannt wurde, war er bis zu diesem Zeitpunkt einer der jüngsten Präsidenten der Vereinigten Staaten. Mit erst 51 Jahren war er eine Generation jünger als sein Vorgänger James Buchanan. Vital und athletisch nahm er immer zwei bis drei Treppenstufen auf einmal. Seine Energie schien unerschöpflich zu sein.

Desgleichen sein Redefluß. Besucher in seinem Büro waren häufig benommen von der Flut seiner Worte. Er überschüttete sie mit Ideen und Anekdoten. Die meisten Geschichten erzählte er nur, weil er sie für spaßig hielt. Dabei hellte sein Gesicht sich auf, und bei der Pointe hallte sein schrilles Gelächter durchs Gebäude. Er erzählte solche Geschichten aber auch, um Kritik abzubiegen oder die Antwort auf eine schwierige Frage zu vermeiden.

In den drei Monaten nach seiner Wahl gab Lincoln keinerlei öffentliche Erklärungen ab. Jeder Hinweis darauf, daß ihn die Drohungen aus dem Süden beunruhigten, hätte seine Anhänger im Norden in tiefe Verwirrung gestürzt.

Aber Lincolns Schweigen spiegelte auch seine tiefe Überzeugung wider, daß die Unionisten im Süden eine große Mehrheit bildeten und daß sie, sobald die Gemüter sich im Lauf der Zeit beruhigt hätten, die sezessionistischen Verschwörer schon besiegen würden. Er glaubte nicht, daß eine größere Anzahl vernünftiger Bürger ernsthaft in Erwägung zog, die beste Regierung, die die Welt je gesehen hatte, zu stürzen.

AM TAG nach der Wahl dachte Lincoln bereits über Berater nach, die ihm am besten helfen könnten. Er notierte acht Namen auf einer Karte:

Lincoln	Judd
Seward	Chase
Bates	M. Blair
Dayton	Welles

Die Liste verriet die Richtung seiner Überlegungen. Wenn seine Regierung erfolgreich sein sollte, brauchte er die Unterstützung von Seward, Chase und Bates – seinen schärfsten Rivalen bei der Nominierung. Die Liste zeigte außerdem Lincolns Erkenntnis, daß die Republikanische Partei keine geeinte Organisation war, sondern ein Sammelbecken rivalisierender Interessengruppen. Die wichtigsten waren die sklavereifeindlichen Whigs und die Free-Soil-Demokraten. Die vier potentiellen Kabinettsmitglieder in der rechten Spalte hatten einen demokratischen Hintergrund, die drei in der linken Spalte waren ehemalige Whigs.

Lincolns erste Liste war, was den Norden anging, auch geographisch ausbalanciert. Ein potentielles Kabinettsmitglied (Gideon Welles) kam aus Neuengland, zwei (William H. Seward und William L. Dayton) kamen aus den nordöstlichen Staaten New York und New Jersey, zwei (Salmon P. Chase und Norman B. Judd) stammten aus dem Nordwesten, und zwei (Edward Bates und Montgomery Blair) repräsentierten die Staaten an der Grenze zu den Sklavereistaaten.

Zwei Tage nach der Wahl bat Lincoln Hannibal Hamlin, dem er noch nie persönlich begegnet war, sich in Chicago mit ihm zu treffen. Dort begannen Präsident und zukünftiger Vizepräsident am 21. November eine dreitägige Konferenz. Der wichtigste Punkt auf der Tagesordnung war die Auswahl der Kabinettsmitglieder. Von vornherein klar war nur, daß das Amt des Außenministers Seward angeboten würde in Anerkennung seiner Dienste für die Republikanische Partei und seiner Position im Senat. Die Zusammenstellung, auf die sie sich einigten, entsprach im wesentlichen Lincolns erster Liste. Sie war eine sichere Garantie dafür, daß das Kabinett niemals harmonisch oder loyal arbeiten würde.

IM WINTER 1860/61 zerfiel das Land. Am 20. Dezember entschied die Versammlung der Sezessionisten von South Carolina, daß der Staat nicht mehr zur Union gehörte. Bis Ende Januar folgten Florida, Mississippi, Alabama, Georgia und Louisiana, und in Texas wurde über die Trennung beraten. Im Februar traten Repräsentanten der sechs Staaten des tiefen Südens in Montgomery, Alabama, zusammen und gründeten die neuen Konföderierten Staaten von Amerika.

Als die Südstaaten sich abtrennten, bemächtigten sie sich der regierungseigenen Waffenlager und Forts innerhalb ihrer Grenzen. Abgesehen von zwei kleineren Festungen in Florida blieben nur Fort Pickens in Pensacola und die Befestigungen in Charleston, South Carolina, unter der Kontrolle der Regierung der Vereinigten Staaten. Ende Dezember verlegte Major Robert Anderson, der Fort Moultrie an der Küste in Charleston befehligte, seine Garnison in das einfacher zu verteidigende Fort Sumter, das auf einer Felseninsel im Hafen erbaut wurde. Als die *Star of the West* am 9. Januar mit Vorräten und weiteren Soldaten zur Verstärkung der Sumter-Garnison einlief, nahm South Carolina das Schiff unter Beschuß und zwang es zum Rückzug.

In Washington konnten die Regierungsorgane sich nicht darauf einigen, wie auf diese Krise reagiert werden sollte. Der Präsident sowie zahlreiche Konservative waren für die Ergänzung der Verfassung, um die Mißstände im Süden zu beseitigen. Das Repräsentantenhaus gründete das „Komitee der 33" mit einem Kongreßabgeordneten für jeden Staat. Der Senat richtete ein ähnliches Komitee ein, das sich aber nicht auf ein Programm einigen konnte, obwohl John J. Crittenden, eines der Mitglieder, einen umfassenden Kompromißvorschlag vorlegte. Aber die Chancen für einen Kompromiß waren im Winter 1860/61 ohnehin nicht allzu groß. Der Crittenden-Kompromiß, der vielversprechendste aller Vorschläge, wurde von einflußreichen Südstaatlern und Nordstaatlern wie auch von Lincoln abgelehnt. Grimmig sagte er zu einem Besucher: „Ich will lieber sterben, als mich irgendeiner Zusage oder einem Kompromiß zu beugen, der den Eindruck nahelegt, als würden wir uns die Übernahme dieser Regierung erkaufen, auf die wir ein verfassungsmäßiges Anrecht haben." Lincolns Entschlossenheit, die Union zu erhalten, war absolut.

IN VORBEREITUNG auf ihre neue Rolle im Weißen Haus fuhr Mary Lincoln im Januar in Begleitung ihres Schwagers C. M. Smith nach New York. Robert fuhr ebenfalls mit. In dem Bewußtsein, daß ihr Mann ab März ein Jahresgehalt von 25 000 Dollar beziehen würde, was mindestens das Fünffache seines durchschnittlichen Jahreseinkommens in Springfield war, suchte sie sich eine Garderobe aus, die der Washingtoner Gesellschaft zeigen würde, daß sie keine Pioniersfrau war. Bereitwillig räumten die Geschäfte ihr Kredit ein, und sie begann Schulden zu machen, die sie ihrem Mann verheimlichte. Sie sah auch nichts Schlechtes darin, Geschenke von denen zu erhalten, die sich Vorteile von der Lincoln-Administration erhofften. Sie war schließlich eine wichtige Person, die eine Sonderbehandlung verdiente.

Fünf Tage später startete der neugewählte Präsident zu einer privaten Reise, um seine Stiefmutter in der Coles County zu besuchen. Er mußte einen Personenzug, einen Güterzug und einen Pferdewagen benutzen, um die beschwerliche Fahrt zu meistern. Er fand die 73jährige Sarah Bush Johnston Lincoln bei ihrer Tochter in Farmington und hatte eine lange, aufwühlende Begegnung mit ihr. Anschließend suchte er das Grab seines Vaters auf und versprach, einen angemessenen Grabstein errichten zu lassen, was aber niemals geschah. Als er sich verabschiedete, weinte seine Stiefmutter. „Ich wollte nicht, daß Abe Präsident wird", erinnerte sie sich Jahre später, „ich wollte nicht, daß er gewählt wird. Irgendwie hatte ich Angst, daß ihm irgendwann und irgendwo etwas zustößt … und ich ihn nie wiedersehen würde."

Am 6. Februar verabschiedeten sich die Lincolns von ihren Freunden in Springfield mit einem Empfang, der in den New Yorker Zeitungen als „strahlendstes Ereignis dieser Art, das wir seit Jahren verfolgen konnten", bezeichnet wurde. Von sieben Uhr abends bis Mitternacht in ihrem Wohnzimmer nebeneinanderstehend, hießen sie 700 Gäste willkommen. „Mrs. Lincolns elegante Toilette war ein sicherer Beweis für ausgedehnte Einkäufe während ihres letzten New-York-Besuchs", vermerkte ein Gast.

Ehe er Springfield verließ, stattete Lincoln Herndon, den er während der Monate nach der Wahl nicht oft gesehen hatte, einen Besuch ab. Erschöpft gestand der neugewählte Präsident Herndon: „Ich bin das Amt schon jetzt leid." Nach einiger Zeit raffte er ein paar Bücher und Papiere zusammen und ging nach unten. Dort drehte er sich um und betrachtete das Anwaltsschild von Lincoln & Herndon. „Es soll hier unberührt hängenbleiben", sagte er. „Machen Sie unseren Klienten klar, daß die Wahl zum Präsidenten keinen Einfluß auf die Firma Lincoln & Herndon haben wird. Wenn ich es überlebe, bin ich in ein paar Jahren wieder zurück, und dann machen wir mit unserer Anwaltstätigkeit weiter, als wäre überhaupt nichts passiert."

Der 11. Februar war kalt und regnerisch, aber eine Schar von Einwohnern Springfields hatte sich auf dem Bahnhof versammelt, um Lincoln zu verabschieden. Um 7.55 Uhr morgens stieg Lincoln die Stufen zu seinem Salonwagen hinauf und hielt inne, um seinen Nachbarn ein letztes Mal Lebewohl zu sagen:

„Meine Freunde!
Niemand, der meine Situation nicht kennt, kann mein Gefühl des Schmerzes über diesen Abschied ermessen. Diesem Ort und der Güte seiner Menschen verdanke ich alles. Hier habe ich für ein Vierteljahrhundert gelebt und bin von einem jungen zu einem alten Mann geworden. Hier wurden meine Kinder geboren, und eins ist hier begraben. Ich gehe jetzt, ohne zu wissen, ob ich jemals wieder hierher zurückkehre. Vor mir liegt eine Aufgabe, die größer ist als die, die auf Washington gelastet hat. Ohne die Hilfe des Göttlichen, der ihm immer beigestanden hat, kann auch ich nicht erfolgreich sein. Mit seiner Unterstützung kann ich nicht scheitern... Lassen Sie uns alle vertrauensvoll hoffen, daß alles gut werden wird. Indem ich Sie seinem Schutz empfehle, wie Sie, so hoffe ich, mich in Ihre Gebete einschließen, entbiete ich Ihnen ein herzliches Lebewohl."

Während der nächsten zwölf Wochen rollte der Präsidentenzug durch das Land. An der Strecke versammelten sich die Menschen, um dem ersten amerikanischen Präsidenten zuzujubeln, der westlich der Appalachen geboren wurde. In kleinen Städten in Ohio wie Milford und Xenia, wo der Zug gerade lange genug anhielt, damit der neue Präsident auf der hinteren Plattform erscheinen und sich verbeugen konnte, versammelten sich große Menschenmengen, oft sogar zusammen mit Musikkapellen und

Salut schießender Artillerie. In den größeren Städten waren die Massen nicht zu überschauen.

Die Reise hatte vor allem den Zweck, die Unterstützung für die Union zu fördern und die Loyalität unter den Bewohnern des Nordens zu festigen. In seinen Reden betonte Lincoln wiederholt, daß er den begeisterten Empfang, der ihm überall bereitet wurde, nicht als persönlichen Tribut betrachte. Er sei ein „Instrument, ein zufällig ergriffenes Werkzeug" des großen Anliegens der Union.

Während der Präsidententroß sich nach Osten bewegte, wurden die Nachrichten aus dem Süden immer düsterer. Jefferson Davis wurde am 18. Februar 1861 zum provisorischen Präsidenten der Konföderierten Staaten von Amerika ausgerufen. An diesem Tag übergab General David E. Twiggs alle militärischen Außenposten der Vereinigten Staaten in Texas an die Sezessionisten. Lincoln reagierte auf diese Entwicklung, indem er klarmachte, daß er die Absicht habe, die Union zu erhalten. Bei einem kurzen Halt in Dunkirk, New York, stieg er aus dem Zug, um die amerikanische Flagge zu ergreifen. Dann bat er sein Publikum, „so lange zu dieser Fahne zu stehen, wie ich zu ihr stehe".

EINE unerwartete Entwicklung beeinträchtigte das Image würdevoller Zuversicht, das er aufbaute. Allan Pinkerton, der Chef der Pinkerton National Detective Agency, unterrichtete Norman Judd von einem Komplott, den Präsidenten zu ermorden, wenn er durch Baltimore käme, eine südstaatenfreundliche Stadt. Pinkerton drängte den Präsidenten im Wartestand, Baltimore mit einem Nachtzug zu durchfahren, ehe die Verschwörer etwas von der Änderung seiner Pläne erführen.

Zuerst weigerte sich Lincoln, aber als der junge Frederick W. Seward mit der Nachricht aus Washington erschien, daß sowohl sein Vater wie auch General Winfield Scott glaubten, daß die Verschwörung in Baltimore echt sei, erklärte Lincoln sich bereit, Pinkertons Vorschlag zu folgen. Nachdem er in Harrisburg eine Rede gehalten hatte, verließ Lincoln fast unbemerkt die Stadt in einem Sonderzug. Inkognito reisend, wurde er von Pinkerton und Ward Hill Lamon begleitet. Er wurde nicht erkannt. Nachdem er am frühen Morgen gegen 3.30 Uhr durch Baltimore hindurchgefahren war, erreichte er Washington unbeobachtet.

Natürlich hatte Lincolns geheime Nachtfahrt sehr unfreundliche Kommentare zur Folge, und Lincoln bedauerte es, daß er sie überhaupt unternommen hatte. Dieser Schritt trug nicht gerade dazu bei, das Bild des Unbeugsamen, das er während seiner langen Reise aufgebaut hatte, zu bestätigen.

DIE ZEHN Tage zwischen Lincolns Ankunft in Washington und seiner Amtseinführung waren mit endlosen Besuchen und Empfängen ausgefüllt, die ihm gestatteten, die Washingtoner Haltung zu der Krise auszuloten. Kaum eine Ankündigung war willkommener als die von Douglas, daß er und seine demokratischen Anhänger keinerlei Vorteil aus der Krise ziehen wollten. „Unsere Union muß erhalten werden", verkündete er ernst, „das Partisanengefühl muß dem Patriotismus weichen. Ich stehe auf Ihrer Seite, Mr. President, und Gott schütze Sie." Hocherfreut antwortete Lincoln: „Ich danke Ihnen von ganzem Herzen. Wenn wir zusammenhalten und Gott uns hilft, wird alles gut werden."

Zahlreiche Konferenzen in der Woche vor seiner Amtseinführung halfen Lincoln, eine letzte Auswahl seiner Kabinettsmitglieder zu treffen. Er bot Salmon P. Chase aus Ohio das Finanzministerium an und ließ Simon Cameron aus Pennsylvania die Wahl zwischen dem Kriegsministerium und dem Innenministerium. Ziemlich unwirsch entschied Cameron sich für ersteres.

Die Auswahl von Chase war eine bittere Pille für Seward, der sich selbst schon als Hauptfigur der zukünftigen Lincoln-Regierung betrachtete. Er vertraute darauf, den neuen Präsidenten dazu bringen zu können, zuzulassen, daß das Fieber der Sezession sich im tiefen Süden austobte, während der Unionismus in den oberen südlichen Staaten gefördert wurde. Aber mit der Ernennung von Chase, der ganz offen die Sezession verurteilte, gab Lincoln ein Zeichen, daß er nicht die Absicht hatte, Sewards nachgiebigen Kurs zu verfolgen.

GEGEN Mittag des 4. März 1861 bestiegen James Buchanan und Abraham Lincoln eine offene Kutsche und starteten zur Fahrt zum Kapitol. Entschlossen, jeden Versuch eines Attentats auf Lincoln zu vereiteln, hatte General Scott Scharfschützen auf den Hausdächern entlang der Straße postiert, und ganze Kompanien von Soldaten riegelten die Querstraßen ab.

Nachdem sie das Kapitol durch einen Hintereingang betreten hatten, nahmen Buchanan und Lincoln an der Vereidigung von Vizepräsident Hamlin teil und traten dann unter tosendem Applaus auf eine Bühne, die am Osteingang errichtet worden war. Nach der Vorstellung durch seinen alten Freund, den redegewandten E. D. Baker, verlas Lincoln seine Amtsantrittsrede mit einer Stimme, die, wie ein Augenzeuge sich erinnerte, „mit erstaunlicher Klarheit über die Köpfe der Leute hinweghallte". Als er geendet hatte, trottete Oberrichter Roger B. Taney, mittlerweile fast 84 Jahre alt, vor, um dem sechzehnten Präsidenten der Vereinigten Staaten den Amtseid abzunehmen.

Aus seiner Rede konnte das Publikum nicht eindeutig entnehmen, wie die Politik des neuen Präsidenten in der Sezessionsfrage aussehen würde. Lincoln beschwor die Sezessionisten, sich Zeit zum Nachdenken zu nehmen: „In Ihren Händen, meine unzufriedenen Mitbürger, und nicht in meinen liegt die Entscheidung über einen Bürgerkrieg ... An Ihnen, und nicht an mir, ist es, die Frage zu beantworten: ,Soll Frieden sein, oder soll das Schwert sprechen?' "

AM NÄCHSTEN Morgen fand Lincoln auf seinem Schreibtisch einen Bericht von Major Robert Anderson, der besagte, daß die Proviantvorräte seiner Garnison in Fort Sumter in etwa sechs Wochen erschöpft wären. Falls er keinen Nachschub erhalte, müsse er kapitulieren. Die Nachricht zwang Lincoln zu einer schweren Entscheidung: Entweder verstärkte er Andersons Garnison, oder er ließ sie räumen.

Lincoln neigte nicht zu schnellen Entscheidungen, und er war von seinem Temperament her gegen drastische Maßnahmen. Sein Stil war, auf die Entscheidungen anderer zu reagieren, anstatt selbst die Initiative zu ergreifen. In seiner typischen vorsichtigen Art stellte er General Scott einige Fragen, wie er es im Gericht immer zu tun gepflegt hatte. Er erhielt die niederschmetternde Auskunft, daß eine größere Marineoperation, 5000 reguläre Soldaten und 20 000 Freiwillige nötig wären, um das Fort zu verstärken. Zu einer Zeit, als die gesamte Armee der Vereinigten Staaten 16 000 Mann umfaßte, von denen die meisten auf verstreut liegende Außenposten verteilt waren, ergab sich die unausweichliche Schlußfolgerung, daß das Fort aufgegeben werden mußte.

Lincoln war nicht ohne weiteres bereit, dies zu akzeptieren. Er erfuhr, daß nicht alle Militärfachleute so pessimistisch waren wie General Scott. Der ehemalige Marineleutnant Gustavus Vasa Fox, der sich vor allem in der Küstenverteidigung auskannte, hatte vor einiger Zeit einen Plan befürwortet, Sumter von der See aus zu versorgen, indem man leichte Schleppboote bei Nacht zum Fort brachte. Sein Plan wurde unter der Buchanan-Regierung nicht weiterverfolgt, aber Lincoln zog ihn nun ernsthaft in Erwägung.

Am 15. März bat der Präsident jeden Angehörigen seines Kabinetts, schriftlich auf folgende Frage zu antworten: „Angenommen, es wäre möglich, Fort Sumter mit Nachschub zu versorgen, wäre es unter den gegebenen Umständen einen Versuch wert?" Seward sprach sich als erster gegen ein solches Unterfangen aus. Eine Expedition, um Sumter zu entsetzen, würde „Kämpfe provozieren und wahrscheinlich einen Bürgerkrieg auslösen". Cameron, Welles und Caleb B. Smith aus Indiana, den Lincoln anstelle des auf seiner ersten Liste vorgesehenen Judd ins Kabinett berufen hatte, schlossen sich Sewards Standpunkt an. Chase wollte Sumter nicht verstärken, wenn dadurch ein Krieg ausgelöst würde, aber im großen und ganzen hielt er dies für unwahrscheinlich und stimmte daher für eine Versorgung Major Andersons und seiner Leute. Montgomery Blair verlangte mit Nachdruck eine solche Operation. Da seine Berater geteilter Meinung waren, gelangte Lincoln nicht zu einer Entscheidung. Er verschob alle Aktionen und bat um weitere Informationen.

Am 28. März erhielt Lincoln einen schockierenden Rat von General Scott. Er berichtete, daß die Evakuierung von Fort Sumter nicht mehr ausreiche, um die Loyalität des oberen Südens inklusive Virginias zu erhalten. Es wäre nötig, auch Fort Pickens in Florida aufzugeben. Nur eine solche Großzügigkeit würde die acht Sklavenstaaten, die sich noch nicht den Konföderierten angeschlossen hatten, besänftigen und überzeugen.

Entsetzt schaffte Lincoln es, das erste Staatsbankett zu überstehen, das er und Mary veranstalteten, aber er bat seine Minister, danach noch zu bleiben. Dann, mit vor Ergriffenheit halberstickter Stimme, berichtete er ihnen von Scotts Empfehlung. Blair platzte heraus, daß der General „den Politiker spielen" würde. Bis auf Seward stimmten die anderen zu. In dieser Nacht fand Lincoln keinen Schlaf.

Am nächsten Morgen war er tief deprimiert, war er sich doch darüber im klaren, daß er das Kabinett, das gegen Mittag zusammenkommen sollte, um eine letzte Entscheidung bitten mußte, ob Versuche unternommen werden sollten, Fort Sumter und Fort Pickens zu entsetzen. Seward sprach sich auch diesmal gegen eine Stützung Fort Sumters aus, denn dadurch würde ein Bürgerkrieg ausgelöst, aber da er spürte, daß der Präsident entschlossen war, ein Zeichen zu setzen, befürwortete er, Fort Pickens „um jeden Preis" zu halten. Caleb Smith schloß sich dieser Meinung an. Bates meinte auch, Fort Pickens müsse „bei jedem Risiko" gehalten werden. Aber nun favorisierten Chase und Welles eine Unterstützung Fort Sumters, und Blair drohte mit seinem Rücktritt, wenn der Präsident den Rat von General Scott befolgen würde.

Die Mehrheit im Kabinett unterstützte Lincolns Sicht. Er hatte Leutnant Fox bereits um eine Aufstellung gebeten, wie viele Schiffe, Männer und Vorräte gebraucht würden, um Fort Sumter zu stützen, und er wies Cameron und Welles nun an, eine Expedition vorzubereiten, die am 6. April in New York in See stechen sollte.

Eine Entscheidung war gefallen, aber Seward war nicht bereit, seine Niederlage einzugestehen. In der Woche zwischen der entscheidenden Kabinettssitzung und dem Datum für den Aufbruch der Entsatzflotte drängte er den Präsidenten weiterhin, nach Lösungen für die Sumter-Krise zu suchen. Darauf bedacht, den Krieg zu vermeiden, beteiligte sich Lincoln bereitwillig an diesen Bemühungen.

Einer von Sewards Plänen sah vor, die Sumter-Expedition in eine erfolgreiche Stärkung von Fort Pickens umzuwandeln. Das, so schien es, könnte getan werden, ohne Feindseligkeiten von seiten der Konföderierten zu provozieren. Seward schlug vor, Captain Montgomery C. Meigs, den Armeeingenieur, der den Bau des Kapitols geleitet hatte, mit der Organisation eines Unternehmens zur Befreiung von Pickens zu betrauen. Der Präsident war einverstanden.

So kam es, daß zwei Projekte gleichzeitig in Angriff genommen wurden. Die Sumter-Mission war im wesentlichen eine Marineangelegenheit und wurde von Fox geleitet. Die Pickens-Expedition, von Seward befürwortet, war ein Armeeunternehmen unter der Leitung von Meigs. Die beiden Sondereinheiten agierten geheim. Aufgrund der Meinungsverschiedenheiten unter den Kabinettsmitgliedern ließ man die Angehörigen der Gruppen absichtlich darüber im unklaren, was die andere Gruppe gerade tat. Ein Durcheinander war unvermeidlich.

Am 4. April schickte Lincoln die Fox-Expedition nach Fort Sumter und setzte Major Anderson davon in Kenntnis, daß die Flotte versuchen würde, für die Garnison Nachschub heranzuschaffen. Am 6. April erfuhr er, daß Meigs' Einheit Fort Pickens unmöglich erreichen würde, ehe Fort Sumter verstärkt oder aufgegeben werden müßte.

Zu diesem Zeitpunkt war Seward beinahe bereit, sich ins Unvermeidliche zu schicken, aber er machte noch einen Versuch, Feindseligkeiten abzuwenden. Am 6. April sandte Lincoln auf Sewards Wunsch einen Mitarbeiter des Außenministeriums mit der Anweisung nach Charleston in South Carolina, Gouverneur Francis Pickens darüber zu informieren, daß „ein Versuch unternommen wird, Fort Sumter lediglich mit Lebensmitteln zu versorgen, und daß, falls ein solcher Versuch nicht behindert würde, keine Soldaten ohne vorherige Ankündigung zum Einsatz kämen". Mit der Absicht, eine Provokation der Regierungsorgane von South Carolina zu vermeiden, beseitigte diese Nachricht auch die nur vage Möglichkeit, daß Anderson heimlich Verstärkung erhalten könnte.

Der Präsident machte sich hinsichtlich der Resultate dieser Mission nur wenig Hoffnung. Er wußte, daß South Carolina jedes Schiff der Union angreifen würde, auch wenn bekannt wäre, daß es lediglich Proviant transportierte. Aber gleichzeitig mit dem Versuch, Sewards Plänen noch eine letzte Chance zu geben, arbeitete er an einem Zeugnis vor der Geschichte, um seine friedlichen Absichten während dieser Krise zu dokumentieren. Zu diesem Zeitpunkt war er sich ziemlich sicher, daß die Sumter-Expedition zu Blutvergießen führen würde.

Am 12. April, die Flotte der Union lag hilflos auf dem Meer, begannen die Konföderierten Fort Sumter zu beschießen, und nach sechsunddreißig Stunden waren Major Anderson und seine Garnison gezwungen zu kapitulieren. Der Krieg hatte begonnen.

X. Ein Kampf des Volkes

Der Angriff auf Fort Sumter gab der Lincoln-Regierung eine klare Aufgabe: die Erhaltung der Union durch Niederschlagung der Rebellion. Viele Nordstaatler waren begeistert über den Ausbruch des Krieges und vertrauten darauf, daß die Union mit ihren unerschöpflichen natürlichen Ressourcen, ihrer enormen industriellen Überlegenheit und ihrem 300prozentigen Vorsprung an Eisenbahnkilometern siegen würde. Seward schätzte, daß der Krieg nach neunzig Tagen beendet wäre. Der Präsident war nicht so optimistisch. Nordstaatler und Südstaatler seien schließlich vom gleichen Schlag.

Am 15. April 1861, dem Tag nach der Kapitulation von Fort Sumter, verfaßte Lincoln einen Aufruf, daß die Einhaltung der Gesetze in den sieben Staaten des tiefen Südens durch „Umstände, die zu mächtig sind, um durch die übliche Anwendung juristischer Maßnahmen kontrolliert zu werden", behindert werde, und er rief die Einzelstaaten auf, 75 000 Mann bereitzustellen, um dafür zu sorgen, daß „die Gesetze gewürdigt werden". Gleichzeitig berief er für den 4. Juli eine Sondersitzung des Kongresses ein.

Der Aufruf löste eine große Welle der Zustimmung aus. Demokraten und Republikaner scharten sich um den Präsidenten, und die Nordstaaten hatten keine Schwierigkeiten, ihre Kontingente mit Freiwilligen zu füllen.

Aber die Staaten im oberen Süden, die immer noch in der Union waren, reagierten anders. „Ich kann nicht an einem Krieg um die Freiheiten eines freien Volkes teilnehmen. Sie bekommen aus North Carolina keine Soldaten", antwortete Gouverneur John Ellis auf Lincolns Aufruf, und die Gouverneure von Virginia, Tennessee und Arkansas stießen ins gleiche Horn. Alle vier Staaten trennten sich sofort von der Union. Innerhalb weniger Wochen schlossen sich alle der Konföderation an.

Auch in den Staaten, die an die Südstaaten angrenzten, waren die Reaktionen ablehnend. „Kentucky stellt keine Truppen zu dem Zweck bereit, die schwesterlichen Südstaaten zu unterdrücken", antwortete Gouverneur Beriah Magoffin, und der

Gouverneur von Missouri, Jackson, verdammte den Ruf nach Soldaten als „illegal und teuflisch". In Delaware, wo die Sklaverei von minderer Bedeutung war, weigerte sich der Gouverneur, Lincolns Forderung nachzukommen, aber er gestattete Freiwilligen, ihre Dienste anzubieten.

Wichtiger war Maryland, ein Staat, der die nationale Hauptstadt fast umschloß und der die einzige Eisenbahnstrecke zum District of Columbia kontrollierte. Das 6. Massachusetts-Regiment, das unterwegs war, um Washington zu verteidigen, wurde von einem sezessionistischen Mob attackiert, als es versuchte, Baltimore zu durchqueren. Vier Soldaten sowie einige Bürger kamen ums Leben. Kurz darauf tauchte ein Komitee aus Baltimore in Lincolns Büro auf und bat ihn, keine Soldaten mehr durch Maryland marschieren zu lassen. Das war für Lincoln zuviel. Er erklärte, daß er Soldaten brauche, um Washington zu verteidigen, und daß sie nur durch Maryland ziehen könnten. „Unsere Männer sind keine Maulwürfe und können sich nicht unter der Erde hindurchgraben; sie sind keine Vögel und können nicht durch die Luft fliegen", erinnerte er das Komitee. „Fahren Sie nach Hause, und sagen Sie Ihren Leuten, daß, wenn sie uns nicht angreifen, wir sie dann auch in Ruhe lassen; aber wenn sie uns angreifen, schlagen wir zurück, und das sehr heftig."

Das war eine leere Drohung. Lincoln hatte nicht genug Soldaten, um Washington zu verteidigen, geschweige denn, Baltimore zur Räson zu bringen. Nach den Schüssen bei Fort Sumter hatte es einen wahren Exodus konföderationsfreundlicher Regierungsvertreter gegeben, darunter auch hochrangige Armee- und Marineoffiziere. Der bekannteste war Robert E. Lee, der das Angebot ablehnte, Chef der Unionsarmeen zu werden, weil er das Gefühl hatte, er müsse für seinen Staat, Virginia, bereitstehen.

Für fast eine Woche stand Washington praktisch unter Belagerung. Marylander zerstörten die Eisenbahnbrücken, die Baltimore mit dem Norden verbanden, und kappten Telegrafenleitungen. Ein Angriff der Konföderierten aus Virginia wurde täglich erwartet. In einsamen Stunden wanderte Lincoln im Weißen Haus auf und ab und schaute wehmütig den Potomac hinunter in der Hoffnung, bald die Schiffe zu sehen, die Verstärkung bringen sollten, und rief schließlich verzweifelt aus: „Warum kommen sie nicht? Warum kommen sie nicht?"

Am 25. April änderte die Ankunft des 7. New-York-Regiments die Lage. General Benjamin F. Butler hatte eine geniale Methode gefunden, Baltimore zu umgehen, indem er die Männer mit Fähren über die Chesapeake Bay nach Annapolis transportierte, wo sie in den Zug nach Washington steigen konnten. Tausende von Soldaten kamen in die Hauptstadt. Um dafür zu sorgen, daß Maryland dem Norden treu blieb, besetzte General Butler am 13. Mai auch den Federal Hill, der den Hafen von Baltimore überschaute.

Unterdessen genehmigte Lincoln am 27. April die Aussetzung der Habeaskorpusakte entlang der Route zwischen Washington und Philadelphia. Das bedeutete, daß militärische Befehlshaber Sammelverhaftungen von Leuten vornehmen konnten, die in dem Verdacht standen, die Konföderation zu unterstützen. Solche Personen konnten auf unbegrenzte Zeit inhaftiert werden.

Die Situation in Kentucky war genauso kritisch wie die in Maryland. Lincoln konnte nicht zulassen, daß der Staat, in dem er geboren worden war und der das Südufer des lebenswichtigen Ohio River kontrollierte, unter den Einfluß der Konföderation geriet. Glücklicherweise hatte er nüchterne und verantwortungsvolle Freunde in Kentucky wie Joshua Speed und dessen Bruder James, einen prominenten Anwalt in Louisville, auf deren Rat er sich blind verlassen konnte. Als Kentucky sich zu einer Politik der Neutralität entschloß, vermied der Präsident schlauerweise eine Konfrontation. „Wenn Kentucky nicht gegen die Vereinigten Staaten opponiert, lassen wir den Staat in Ruhe", versprach er.

Weniger erfolgreich war Lincolns Umgang mit Missouri, einem sklavenhaltenden Grenzstaat von enormer strategischer Bedeutung, weil er den Verkehr auf dem Ohio, dem Mississippi und dem Missouri kontrollierte, deren System aus Wasserläufen für den Nordwesten wichtig war. Lincoln, der wenig von der Politik des Staates wußte, versäumte es, eine zwischen den prosüdlichen und den unionsfreundlichen Kräften ausgehandelte Vereinbarung zu unterstützen. Eine mörderische Auseinandersetzung war die Folge.

An den Bemühungen, Virginia in der Union zu halten, war Lincoln weniger beteiligt. Delegierte aus den vorwiegend unionistischen westlichen Countys, die entrüstet waren über die Entscheidung des staatlichen Konvents, die Trennung zu vollziehen,

117

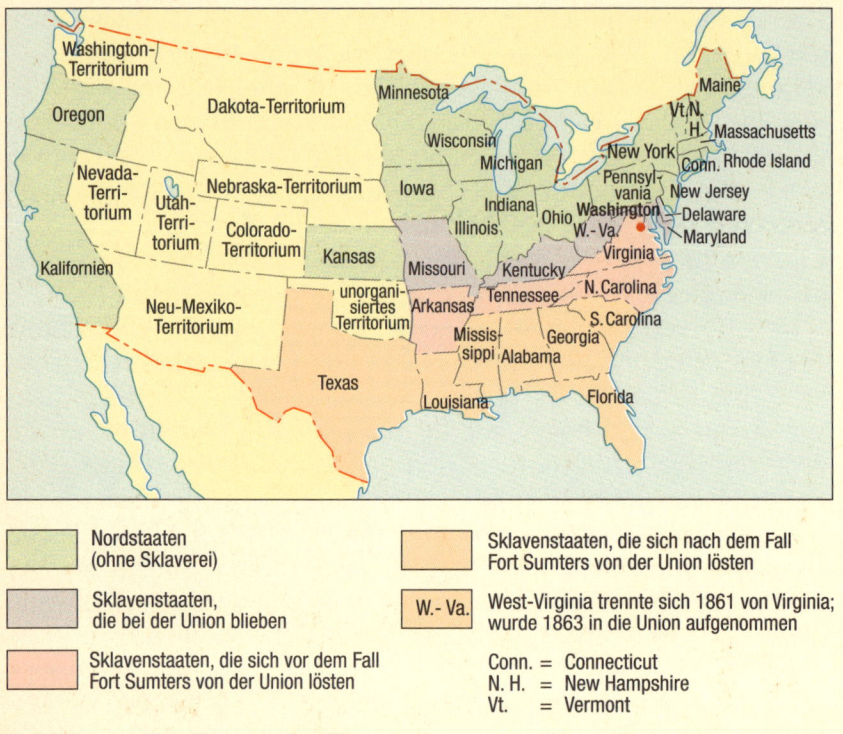

■ (grün)	**Nordstaaten** (ohne Sklaverei)
■ (grau)	**Sklavenstaaten,** die bei der Union blieben
■ (rosa)	**Sklavenstaaten, die sich vor dem Fall** Fort Sumters von der Union lösten
■ (orange)	**Sklavenstaaten, die sich nach dem Fall** Fort Sumters von der Union lösten
W.- Va.	**West-Virginia** trennte sich 1861 von Virginia; wurde 1863 in die Union aufgenommen

Conn. = Connecticut
N. H. = New Hampshire
Vt. = Vermont

kehrten nach Hause zurück, entschlossen, sich von der Sezession fernzuhalten. Eine unionistische Versammlung, die in Wheeling abgehalten wurde, stellte eine rivalisierende Regierung neben der konföderierten Regierung von Virginia in Richmond auf und bewarb sich dann um die Zulassung zur Union als Staat West Virginia.

Während er diese Grenzstaaten zusammenhielt, unternahm Lincoln Schritte, um die Kampfbereitschaft des Nordens zu erhöhen. Am 3. Mai rief er weitere Freiwillige auf. Ohne auf die Billigung des Kongresses zu warten, vergrößerte er auch die Armee und die Marine. Zuvor, am 19. April, hatte er die Blockade konföderierter Häfen verfügt. Außerdem gestattete er dem Schatzamt, zwei Millionen Dollar bereitzustellen, um „Sach- und Dienstleistungen, die sich auf Maßnahmen des Militärs und der Marine zur Verteidigung und Unterstützung der Regierung beziehen", zu bezahlen.

In den Wochen nach den Schüssen auf Fort Sumter waren die

Belastungen für den Präsidenten enorm, aber er hielt sich sehr gut unter den Strapazen. Ein Besucher entdeckte zu seiner Begeisterung, daß Lincoln, im Gegensatz zu umlaufenden Gerüchten, überhaupt nicht erschöpft oder krank war, sondern statt dessen „sehr frisch und vital…, absolut ruhig und gesammelt" erschien.

LINCOLNS Botschaft vom 4. Juli 1861 an den Kongreß machte seine Sicht des Krieges unmißverständlich klar. Der Konflikt, so erklärte er, sei kein Krieg zwischen der Regierung der Vereinigten Staaten von Amerika und den Konföderierten Staaten von Amerika. Wer das behaupte, würde anerkennen, daß die Sezession verfassungsgemäß wäre. Während der nächsten vier Jahre hielt er an der Rechtsposition fest, daß der Krieg eine „Revolte" von Individuen in den Südstaaten sei. Obwohl er den Konflikt manchmal als Bürgerkrieg bezeichnete, nannte er ihn gewöhnlich eine Rebellion. Er erkannte niemals an, daß einer der Südstaaten die Union verlassen hatte oder dies tun könnte, und er nannte als Feind niemals die Konföderierten Staaten von Amerika.

Diese Sicht des Krieges hatte weitreichende Auswirkungen. Weil die Konföderierten in seinen Augen nicht existierten, konnte es auch keine Verhandlungen geben, die zu einer Anerkennung oder zu einem Friedensvertrag geführt hätten. Weil die Revolte ein Werk von einzelnen Leuten war, wurde den Staaten des Südens weiterhin jeder Schutz zuteil, der durch die Verfassung garantiert war. Dazu gehörte das Recht auf Privatbesitz – dazu gehörten auch Sklaven. Strafen für die Teilnahme an der Revolte konnten gegen verräterische Individuen ausgesprochen werden, aber nicht gegen die Staaten, in denen sie lebten, und wenn die Sache der Union siegen sollte, würden die Südstaaten das sein, was sie immer gewesen waren, nämlich gleichgestellt mit allen anderen in den Vereinigten Staaten.

Lincolns Botschaft vom Juli 1861 sowie sein Aufruf machten außerdem klar, daß er die Kriegsführung im wesentlichen als Aufgabe des Präsidenten betrachtete und daß sie unter minimaler Beteiligung von anderen Teilen der Regierung betrieben werden sollte. Eine Blockade zu verhängen, den Umfang von Armee und Marine zu vergrößern und öffentliche Gelder an Privatpersonen für den Kauf von Waffen und Vorräten zu verteilen bedurfte gewöhnlich der vorherigen Zustimmung durch den Kongreß, aber die Notlage verlangte vom Präsidenten zu handeln, ehe eine solche Erlaubnis erteilt wurde.

Noch heikler war seine Entscheidung, die Habeaskorpusakte, das Privileg des Haftprüfungstermins, einfach vorübergehend zu streichen. Aber in seiner Botschaft an den Kongreß erklärte der Präsident, daß in einem Notfall, wenn der Kongreß gerade nicht tagt, der oberste Regierungsbeamte Handlungsfreiheit haben müsse. Es war klar, daß die Garantie der Bürgerrechte nicht das Hauptanliegen von Lincolns Regierung war, und die nächsten Jahre sollten heftigere Angriffe auf die individuellen Freiheiten erleben als jede andere Periode in der amerikanischen Geschichte.

DER KONGRESS, der Lincolns Botschaft am 5. Juli hörte, wurde von Angehörigen seiner eigenen Partei kontrolliert. Die Demokratische Partei, dezimiert durch die Sezession, war durch den Tod von Stephen A. Douglas weiter demoralisiert worden. Aber die Aufnahme der Botschaft des Präsidenten deutete an, daß Parteidirektiven im Augenblick nicht als wichtig betrachtet wurden. „Wilder" Applaus erfolgte auf Lincolns Empfehlung, daß der Kongreß 400 Millionen Dollar bewilligen solle, um ein Heer von 400 000 Mann aufzustellen. Der Kongreß stellte sogar 500 Millionen Dollar bereit, um ein Heer von 500 000 Mann zu versorgen, und bewilligte rückwirkend die meisten von Lincolns außerhalb der Verfassung stehenden Aktionen.

Die Forderung nach einer Offensive war seit Lincolns anfänglichem Ruf nach Soldaten immer lauter geworden. Sie wurde unüberhörbar, nachdem Bundestruppen während der ersten Monate des Krieges kleinere Rückschläge erlebten.

Dies verstärkte den Trommelwirbel, mit dem Politiker und Zeitungsleute Aktionen verlangten. Bis zu diesem Zeitpunkt hatte Lincoln Zurückhaltung und Verzögerung gepredigt, aber nun ordnete er ein Vorrücken gegen die Konföderiertenarmee von General P. G. T. Beauregard in der Nähe von Manassas, Virginia, an, wo sie eine ständige Bedrohung Washingtons darstellte.

Da General Scott zu alt war, um ins Feld zu ziehen, übergab Lincoln das Kommando an den 42jährigen General Irvin McDowell, der erfolgreich im Mexikanischen Krieg gedient hatte. Am 29. Juni traf Lincoln mit seinen Beratern im Weißen

Haus zusammen, um über McDowells Pläne zu diskutieren, der einen Angriff empfahl, ehe sich die Rebellen verstärken konnten.

Autorisiert, seinen Feldzug am 9. Juli zu beginnen, war McDowell erst eine Woche später bereit loszuschlagen – und diese Verzögerung sollte ihn teuer zu stehen kommen. Sie gab den Konföderierten die Möglichkeit, Beauregards Armee mit den Soldaten von Joseph E. Johnston aus dem Shenandoah Valley zu verstärken. Langsam marschierte McDowells Armee los und traf bei Manassas auf die Konföderierten. (So nannten die Südstaatler diesen Ort. Die Yankees gaben dem Schauplatz der Kämpfe den Namen „Bull Run" nach dem Fluß, der daran vorbeifließt.) McDowells Armee wurde von zahlreichen Kongreßabgeordneten und Scharen von Zeitungsleuten begleitet. Auch das „schönere, wenn nicht gar das sanftere Geschlecht", wie es ein Reporter nannte, war, oftmals mit Picknickkörben bewehrt, zahlreich vertreten.

Von Scott beruhigt, daß McDowell schon siegen würde, ging Lincoln am 21. Juni in die Kirche. Am Nachmittag begab er sich in Scotts Büro, wo er den General bei seinem Mittagsschlaf überraschte. Als der Präsident ihn weckte, sagte der General, daß erste Berichte vom Schlachtfeld nichts Neues geliefert hätten, und ehe er wieder einschlief, sagte er einen Sieg voraus. Aber um sechs Uhr an diesem Abend kam Seward mit der Neuigkeit ins Weiße Haus, daß McDowells Heer sich auf dem Rückzug befinde.

In dieser Nacht, auf einer Couch im Kabinettzimmer liegend, lauschte der Präsident aktuellen Berichten von entsetzten Augenzeugen der Niederlage. Er ging nicht zu Bett.

Am nächsten Tag erfuhr Lincoln, daß die Unionsarmee sich tapfer und gut geschlagen hatte und wahrscheinlich sogar die Schlacht gewonnen hätte, wenn Johnstons Streitkräfte nicht eingetroffen wären. Und selbst jetzt hatten sich die Unionstruppen in bester Ordnung zurückgezogen. Die Armee war besiegt, aber nicht vernichtet.

Bull Run markierte eine schwere Niederlage der Union, und der Präsident leitete alles in die Wege, um die Ursachen zu beseitigen. Um die Moral aufzurichten, besuchte er die Befestigungen in Washington und versicherte den Soldaten, daß er dafür sorgen würde, daß sie alle nötigen Vorräte zur Verfügung hätten. Er entschied, daß ein neuer Kommandierender General nötig sei, und wies George B. McClellan, den Helden kleinerer Scharmützel in West Virginia, an, das Kommando über die Truppen rund um Washington zu übernehmen.

WÄHREND der nächsten Monate, in denen McClellan die Soldaten ausbildete, war Lincoln ein wenig vom politischen Druck entlastet, so daß er und seine Familie zum ersten Mal das Leben im Weißen Haus genießen konnten. Anfangs waren sie von der Großzügigkeit des Präsidentenpalastes überwältigt gewesen. Der East Room allein hatte soviel Fläche wie ihr ganzes Haus in Springfield. Bis auf das Eßzimmer der Familie stand die gesamte erste Etage Besuchern offen. Ein älterer irischer Portier, Edward McManus, sollte die Besucher kontrollieren, aber in der Praxis konnte jeder, der wollte, herein. In der zweiten Etage war fast die Hälfte der Räume für die Öffentlichkeit zugänglich, so daß die Privatgemächer der Lincolns, die ihnen zunächst so geräumig erschienen, doch ziemlich beengt waren. Der Oval Room in der zweiten Etage wurde von der Familie als Wohnzimmer benutzt. Die beiden angrenzenden Zimmer auf der Südseite gehörten dem Präsidenten und seiner Frau. Auf der anderen Seite des Korridors befanden sich Zimmer für Staatsgäste und das nur gelegentlich benutzte Zimmer Roberts, der zur Zeit das Harvard College besuchte. Tad und Willie hatten kleinere Zimmer im Nordtrakt.

Die beiden Jungen fanden ungezählte Möglichkeiten für Abenteuer im Präsidentenpalast. Zusammen mit Bud und Holly Taft, den Söhnen eines Bundesrichters, der in der Nähe wohnte, erklärten sie das Dach des Palastes zu ihrem Fort. Dort feuerten sie mit kleinen Holzbalken, die wie Kanonen gestrichen waren, auf unsichtbare Konföderierte auf der anderen Seite des Potomac.

Kinder im Weißen Haus, das war für die Amerikaner neu, und die Bürger fingen an, die Jungen mit Geschenken zu überhäufen. Jemand schenkte Willie ein kleines Pony, das er innig liebte. Zwei kleine Ziegen, Nanko und Nanny, tobten auf dem Gelände des Weißen Hauses herum und schienen ungehinderten Zugang zu allen Räumen zu haben.

Wenn Lincoln die Zeit dazu fand, spielte er mit seinen Söhnen. Eines Tages hörte Julia Taft, die halbwüchsige Schwester von Bud und Holly, Lärm im Oval Room im ersten Stock. Dort fand sie den Präsidenten auf dem Rücken liegend vor, während Willie und Bud seine Arme und Tad und Holly seine Beine festhielten. „Julia, komm schnell, setz dich auf seinen Bauch!" rief Tad, während der Präsident sie vergnügt anstrahlte.

Aber solche Momente waren selten, denn Lincoln arbeitete hart. Nach einem bescheidenen Frühstück begab er sich sofort in sein Büro. Vom frühen Morgen bis in den späten Abend belagerten viele Besucher die Geschäftsräume des Weißen Hauses. Die meisten konnten schnell abgefertigt werden. Lincoln überflog Empfehlungsschreiben, verwies Antragsteller an die entsprechenden Abteilungsleiter und hörte sich aufmerksam Klagen und Beschwerden an.

Geschichten über die Zugänglichkeit des Präsidenten auch für den geringsten Ratsuchenden sowie über seine Geduld und seine Menschlichkeit verbreiteten sich im ganzen Norden. Die Leute nannten ihn „Vater Abraham", und sie überschütteten ihn mit drolligen Geschenken: einem Fäßchen Butter oder einer Stiege Birnen.

Gleichzeitig hatte Mary Lincoln ganz eigene Erfolge zu verzeichnen. Aufgewachsen mit einem lebhaften Interesse an öffentlichen Angelegenheiten und sehr eng an der politischen Karriere ihres Mannes beteiligt, hatte sie die Absicht, die First Lady ihres Landes zu werden – eine Bezeichnung, die geschaffen wurde, um sie zu beschreiben. Sie genoß ihre Rolle als Gastgeberin. Da sie das Weiße Haus in einem schlechten Zustand vorfand, machte sie seine Restaurierung und Renovierung zu ihrer Hauptaufgabe. Der Kongreß hatte 20 000 Dollar bewilligt, die im Laufe der vier Jahre Amtszeit ihres Mannes für die Erhaltung des Präsidentenpalastes aufgewendet werden durften, und dieses Geld wollte sie so gut wie möglich anlegen.

Im Sommer 1861 reiste sie nach Philadelphia und nach New York, um passende Möbel zu kaufen. Mary war nicht unbedingt vernünftig, wenn es um Geld ging, und da sie kein Gefühl für Zahlen hatte, kaufte sie alles: Sessel, Sofas, Stoffe, französische Tapeten und einen ganzen Satz Geschirr mit dem amerikanischen Wappen auf jedem Teller. Für den East Room bestellte sie einen aus Brüssel importierten Samtteppich in einem blassen Grün, der aus einem Stück gewebt war.

Nach ihrer Rückkehr beaufsichtigte sie persönlich die Reinigungs- und Renovierungsarbeiten, so daß der Palast zum erstenmal seit Jahren blitzsauber war. Als ihre neuen Möbel eintrafen, gewann das Haus eine Atmosphäre gediegener Eleganz. Aber im Herbst, als die Rechnungen hereinflatterten, stellte sie fest, daß sie den vom Kongreß bewilligten Betrag überschritten hatte.

Um die Ausgaben abzudecken, mußte sie den Leiter des Amtes für öffentliche Gebäude bitten, den Präsidenten dazu zu bewegen, einen Antrag auf zusätzliche Gelder durch den Kongreß zu unterstützen. Lincoln schäumte vor Wut. Niemals, erklärte er, würde er den Kongreß um Gelder für „irgendwelchen Quatsch für dieses verdammte alte Gemäuer" bitten, vor allem wenn die „armen frierenden Soldaten nicht mal anständige Decken erhielten". Anstatt den Kongreß um mehr Geld zu bitten, versprach er, Marys Einkäufe aus eigener Tasche zu bezahlen. Am Ende mußte er dieses Versprechen jedoch zurückziehen, und der Kongreß bewilligte in aller Stille zwei größere Beträge, um den Umbau des Weißen Hauses zu finanzieren.

NACH der Niederlage bei Bull Run sank die Unterstützung für den Präsidenten rapide. Viele Demokraten akzeptierten den Krieg, solange er stattfand, um „die Verfassung so, wie sie ist, und die Union so, wie sie war", zu erhalten, befürchteten jedoch, daß ein länger andauernder Konflikt „das trojanische Pferd der Tyrannei" hervorbrächte.

Diese Zwistigkeiten bereiteten Lincoln große Sorgen. Er erkannte, daß seine Regierung die Rebellion unmöglich ohne die Unterstützung der Demokraten beenden konnte. Infolgedessen hielt er sich all jene gewogen, die im Kongreß als „Kriegsdemokraten" galten – Männer wie Andrew Johnson aus Tennessee, der einzige Senator aus dem Süden, der sich weigerte, seinem Staat zu folgen, als dieser sich von der Union trennte. Eine ansehnliche Zahl der Generäle, die Lincoln aussuchte, waren Demokraten, darunter auch McClellan.

Politisch versuchte er auch eine breite Basis der Unterstützung zu schaffen, indem er der Nation die Frage als einen Konflikt zwischen Einheit und Trennung präsentierte. Damit riskierte er eine Teilung seiner eigenen Partei. Viele Republikaner meinten, er vernachlässige die Argumente gegen die Sklaverei, die ein Fundament ihrer Parteiideologie gewesen seien. Zwei Tage nach der Niederlage bei Bull Run drängten Senator Zachariah Chandler aus Michigan und Senator Charles Sumner aus Massachusetts zusammen mit Vizepräsident Hamlin den Präsidenten, den Krieg zu einem Kampf zwischen Freiheit und Sklaverei zu machen. Der Präsident meinte, daß ein solcher Schritt der öffentlichen Meinung zu weit vorgreifen würde.

Die Dinge drängten zu einer Entscheidung, als General John C. Frémont als Kommandierender des Westens drastische Maßnahmen ergriff, um den weitverbreiteten Partisanenkrieg in Missouri zu beenden. Über den gesamten Staat verhängte er das Kriegsrecht und gab bekannt, daß jeder Zivilist, der mit einer Waffe angetroffen würde, vor ein Kriegsgericht gestellt und im Falle einer Verurteilung standrechtlich erschossen würde und daß Sklaven von Leuten, die die Rebellion unterstützten, freigelassen würden.

Frémonts Ankündigung, die ohne Rücksprache mit Washington erfolgte, lief eindeutig der Politik Lincolns zuwider, die er in seiner Antrittsrede dargestellt hatte, nämlich sich nicht in die Sklavenfrage einzumischen. Für die Grenzstaaten war diese Erklärung ein schwerer Schlag, und Lincoln verlangte von Frémont, einige Teile zu modifizieren. Wenn der Befehl des Generals so stehenbleiben würde, meinte er, dann würde Kentucky ganz gewiß die Trennung anstreben. „Wenn Kentucky weg ist, können wir Missouri nicht mehr halten und, wie ich meine, Maryland erst recht nicht." Lincoln ließ nicht zu, daß ziviles Recht vom Militär außer Kraft gesetzt wurde, und er duldete nicht, daß heikle Fragen von jemand anderem als dem Präsidenten selbst entschieden wurden.

Unterdessen mußte McClellan sich wegen des schleppenden Kriegsverlaufs Kritik gefallen lassen. Zunächst hatte jedermann den 34jährigen General bewundert. Attraktiv, mit blauen Augen und rotbraunem Haar, vermittelte er den Eindruck von Stärke und Vitalität, und es gab nur Beifall für die Art und Weise, wie er die Streitkräfte um Washington neu organisierte. Als geschickter Ingenieur entwickelte er einen Ring von Befestigungen, um die Stadt vor Überraschungsangriffen zu schützen. Auf seinem prächtigen Roß umherreitend, schien er überall zugleich zu sein. Keine noch so geringe Einzelheit im Leben seiner

Soldaten war ihm zu unbedeutend, und er wurde von den Männern seiner Armee, die den Namen Potomac-Armee erhalten hatte, verehrt.

Aber im Herbst endeten McClellans Flitterwochen. Senator Chandler, der ursprünglich einer der stärksten Befürworter McClellans gewesen war, beklagte sein Versagen, eine Offensive gegen die Konföderierten zu organisieren, und schrieb es seiner „furchtsam schwankenden und ineffizienten" Führung zu. Chandler und andere bestürmten Lincoln, McClellan zum Kampf zu drängen.

Am 21. Oktober reagierten McClellans Kritiker mit unbändigem Zorn, als, nach langer Tatenlosigkeit, eine Einheit seiner Armee bei Balls Bluff (oder Leesburg) über den Potomac setzte, auf einen sich heftig wehrenden konföderierten Gegner stieß und unter schweren Verlusten zurückgeschlagen wurde. Der Kongreß verurteilte McClellan aufs schärfste, eine derart schlecht geplante Expedition angeordnet zu haben, und man begann zu argwöhnen, daß er nicht loyal auf seiten der Union stand.

McClellan verteidigte sich, indem er seine Kritiker aus dem Kongreß darauf hinwies, daß er durch den fast schon senilen General Scott behindert werde. Sie begaben sich daraufhin zum Weißen Haus, um Lincoln aufzufordern, Scott abzusetzen, und am 1. November nahm der Präsident schweren Herzens Scotts Rücktrittsgesuch an. Damit behielt McClellan das Kommando, und Lincoln sah ihn für den Posten als Oberbefehlshaber der gesamten Armee der Vereinigten Staaten vor. Er leitete jetzt nicht nur die Potomac-Armee, sondern auch Don Carlos Buells Ohio-Armee, die sich anschickte, in Tennessee einzudringen, und Henry W. Hallecks Missouri-Armee, die den Mississippi hinunterziehen sollte. Aber McClellan unterließ es weiterhin, eine Offensive zu starten.

ENTTÄUSCHT über die Unfähigkeit der Unionstruppen zur Offensive und zornig über wachsende Ausgaben, reagierte der Kongreß schnell, um die Initiative zu übernehmen. Am 3. Dezember 1861 gab Senator Lyman Trumbull bekannt, daß er ein Gesetz zur Konfiszierung von Land und Sklaven aller Personen vorschlagen werde, die mit Waffengewalt gegen die Vereinigten Staaten kämpften oder die Rebellion unterstützten oder ihr Vorschub leisteten. Der Senator aus Illinois, einst Lincolns Verbündeter, war überzeugt, daß es dem Präsidenten an „Willenskraft mangelt, die in einer solch prekären Lage nötig ist", und er glaubte, daß der Kongreß Maßnahmen ergreifen müsse, um diesen Krieg zu einem schnellen Ende zu bringen. Der Kongreß würde die Gesetzesvorlage, den „Confiscation Act", verabschieden, und Lincoln würde ihn unterzeichnen.

Andere Kongreßabgeordnete versuchten den Ursachen für den schleppenden Kriegsverlauf durch verschiedene Untersuchungsausschüsse auf die Spur zu kommen. Besonders bedeutsam waren die Aktivitäten eines Sonderausschusses, der nach Hinweisen auf Betrug und Mißmanagement in Regierungsgeschäften suchen sollte.

Lincoln brauchte keine Untersuchung durch den Kongreß, um zu wissen, daß das Kriegsministerium schlecht geleitet wurde. Minister Cameron, so meinte er vertraulich zu seinem Privatsekretär Nicolay, habe „absolut keine Ahnung", sei „selbstsüchtig und dem Präsidenten gegenüber offen unhöflich". Falls er noch irgendwelche Zweifel hatte, so lieferte seine Post ihm einen ganzen Chor von Stimmen gegen den Kriegsminister. „Es wird allgemein angenommen, daß Cameron ein Betrüger ist", schrieb ein New Yorker dem Präsidenten und schilderte, wie das Kriegsministerium Soldaten halbbaumwollene Decken zum gleichen Preis wie vorschriftsmäßige ganzwollene verkaufte.

Aber obgleich Lincoln Cameron nicht in seinem Kabinett gewollt hatte, zögerte er, ihn zu entlassen. Schließlich, am 11. Januar 1862, setzte Lincoln Cameron in knappen Worten davon in Kenntnis, daß er nun seinem „Wunsch nach einer Veränderung seiner Position" nachkomme, indem er ihn als Gesandten nach Rußland schicke. Cameron hatte keinen solchen Wunsch, und er brach in Tränen aus, als Minister Chase ihm Lincolns Brief überreichte. Um Camerons Gefühle zu schonen, zog der Präsident den Brief zurück, damit Cameron seinen Rücktritt selbst einreichen konnte.

Die Untersuchung militärischer Angelegenheiten war Aufgabe des „Joint Committee on the Conduct of War", das zu Beginn der laufenden Sitzungsperiode des Kongresses gegründet worden war, um die Aktivitäten – oder eher den Mangel daran – der Potomac-Armee zu analysieren. Sowohl das Komitee wie auch der

Präsident hätten liebend gerne McClellans Pläne erfahren, aber der General weigerte sich, sie kundzutun. Er machte gegenüber Lincoln die rätselhafte Bemerkung, daß er nicht mehr daran denke, gegen die Konföderiertenarmee bei Manassas vorzurücken, sondern „sich einem anderen Angriffsplan zugewandt" habe, „mit dem weder der Feind noch unsere eigenen Leute auch nur im entferntesten rechnen". Das Komitee erfuhr noch nicht einmal das von ihm. Er wurde zur Auskunft aufgefordert, erkrankte jedoch kurz vor Weihnachten an Typhus.

XI. Der Tiefpunkt ist erreicht

„Der Präsident ist ein hervorragender Mann und im Grunde weise", schrieb Justizminister Bates in seinem ersten Tagebucheintrag des Jahres 1861, „aber ihm mangelt es an Willen und Zielstrebigkeit, und ich fürchte sehr, daß er keine Führungsqualitäten hat." Diese Beurteilung spiegelte eine weitverbreitete Meinung wider. Fast jeder meinte, der Präsident sei ehrlich und habe die besten Absichten. Aber nur wenige waren überzeugt, daß er seinem Job gewachsen war. Während die Kosten des Krieges stiegen, lebte das Schatzamt von Krediten. Im Nordwesten litten die Farmer darunter, daß die Landarbeiter zur Armee gingen, und der Handel mit landwirtschaftlichen Produkten stockte, weil der Mississippi als Transportweg ausfiel. Anfang Januar 1862 war die Lage so verzweifelt, daß Lincoln zum ersten Mal daran dachte, daß die Konföderierten vielleicht doch Erfolg haben könnten, und er sprach von der „vagen Möglichkeit, daß wir zwei Nationen werden".

Mit zunehmender Verzweiflung begann Lincoln ernsthaft daran zu denken, selbst eine Armee in die Schlacht zu führen, und er lieh sich in der Kongreßbibliothek Bücher über das Militärwesen aus. Aber er wußte, daß er kein Soldat war. Am 10. Januar faßte er seine Schwierigkeiten zusammen: „Die Menschen verlieren die Geduld. Chase hat kein Geld und erklärt mir, er kann keins mehr heranschaffen; der Oberkommandierende der Armee hat Typhus. Jetzt ist der Tiefpunkt erreicht."

Am Abend desselben Tages lud Lincoln General McDowell und General William B. Franklin ins Weiße Haus ein, wo sie mit

Seward, Chase und dem stellvertretenden Kriegsminister Peter Watson zusammentrafen. Vor diesem informellen Kriegsrat breitete der Präsident seine Probleme aus. Die Generäle gaben unterschiedliche Ratschläge. McDowell drängte auf eine Aktion gegen Manassas, während Franklin, der McClellans Wünsche ein wenig kannte, davon sprach, die Armee den Potomac hinunterzubringen, um von Osten her auf Richmond, die Hauptstadt des Südens, vorzurücken. Der Präsident bat die beiden Generäle, sich über den augenblicklichen Zustand der Armee zu informieren und am nächsten Tag zurückzukommen.

Als der informelle Kriegsrat wieder zusammentrat, waren die Kommandierenden sich darin einig, daß ein Marsch auf Manassas das beste wäre, aber Meigs und Montgomery Blair, die die Gruppe verstärkt und anfangs ebenfalls diese Strategie befürwortet hatten, lehnten sie nun ab. Lincoln vertagte das Treffen erneut.

Am 13. Januar erhob sich McClellan von seinem Krankenbett, um an den Beratungen teilzunehmen. Da er diese Treffen als Verschwörung gegen sich betrachtete, war er mürrisch und einsilbig. Alles, was Lincoln aus ihm herausbekam, war, daß er einen bestimmten Zeitpunkt zum Vorrücken im Sinn hatte. Er war nicht bereit, mehr zu verraten, weil er glaubte, daß es um so besser wäre, je weniger Leute diesen Plan kannten.

Die militärische Lage besserte sich, als Lincoln Kriegsminister Cameron durch Edwin M. Stanton ersetzte. Diese Wahl war eine Überraschung. Stanton, ein brillanter Anwalt aus Pittsburgh und sein Leben lang Demokrat, war in den letzten Tagen der Buchanan-Regierung Justizminister gewesen. Seit Ausbruch des Krieges kritisierte er die Lincoln-Regierung in seiner privaten Korrespondenz, schwieg sich jedoch in der Öffentlichkeit beharrlich dazu aus.

Stanton war weder angenehm noch zuverlässig, aber Lincoln fand ihn unentbehrlich, und die beiden Männer bildeten am Ende ein hervorragendes Arbeitsteam. Der 57jährige Kriegsminister hatte eine kleine, stämmige Gestalt, war hoch intelligent und absolut ehrlich. Er arbeitete an einem Stehpult, von wo er windige Geschäftemacher und Offiziere, die um eine Beförderung bettelten, rüde abkanzelte. Seine ungewöhnliche Energie erinnerte Lincoln an einen alten Methodistenprediger, dessen Schäflein ihm Ziegelsteine in die Taschen stecken wollen, um ihn auf dem Erdboden festzuhalten. „Wir könnten gezwungen sein, bei Stanton das gleiche zu tun", sagte Lincoln einmal zu einem Kongreßabgeordneten, „aber ich denke, wir lassen ihn vorher noch ein wenig herumhüpfen."

Als Stanton das Kriegsministerium übernommen hatte, konnte der Präsident sich wieder um die Armeen kümmern. McClellan, dessen Gesundheit wiederhergestellt war, zögerte noch immer, seine Pläne zu offenbaren. Aber im Januar begannen Armeen der Union im Westen erste Siege zu erringen. Am 19. Januar durchbrach General George H. Thomas die Front der Konföderierten in Ost-Kentucky. Am 6. Februar nahm General Ulysses S. Grant, unterstützt durch Kanonenboote der Marine, Fort Henry am Tennessee River ein und zwang elf Tage später Fort Donelson zur Kapitulation. Die Konföderierten mußten Kentucky und den größten Teil Tennessees aufgeben, und am 25. Februar eroberte Buells Ohio-Armee Nashville. In der Hauptstadt herrschte Euphorie. Man glaubte, daß es nur noch eines heftigen Vorstoßes der Potomac-Armee bedürfe, und die Konföderierten wären besiegt. Sogar Lincoln teilte diesen Optimismus.

Eine große Party, die die Lincolns am 5. Februar veranstalteten, war ein Zeichen für die sich ändernden Zeiten. Gäste wurden im East Room vom Präsidenten, der einen neuen Schwalbenschwanzfrack trug, und der First Lady, deren weißes Seidenkleid, das mit Hunderten kleiner schwarzer Blumen verziert war und einen gewagt tiefen Ausschnitt aufwies, feierlich begrüßt. Im Hintergrund spielte die Marinekapelle, zu deren Repertoire eine lebhafte neue Komposition gehörte, die „Mary Lincoln Polka". Um Mitternacht wurde der Speisesaal mit seinem grandiosen kalten Büfett geöffnet, das aus Zuckermodellen des Staatsschiffs und von Fort Sumter und Fort Pickens bestand, die flankiert wurden von Bergen von Truthahn- und Entenfleisch, von Schinken, Dosenschildkröten und Fasan. Insgesamt, so schloß der Washingtoner *Star*, war die Party „das glänzendste Ereignis seiner Art, das je stattgefunden hat".

NICHT lange hatten die Lincolns Grund zum Feiern. Kurz vor der Party war ihr Sohn Willie an „Gallenfieber" erkrankt – wahrscheinlich Typhus, der durch Verschmutzung der Wasserleitungen im Weißen Haus hervorgerufen worden war. Seine besorgten

Eltern zogen in Erwägung, den Empfang abzusagen, doch der Hausarzt versicherte ihnen, daß dem Jungen keine akute Gefahr drohe. Trotzdem schlichen der Präsident und seine Frau sich während der Party häufig nach oben, um nach ihrem Sohn zu sehen. Im Lauf der nächsten zwei Wochen erkrankte Tad mit den gleichen Symptomen, während es Willie schlechter und schlechter ging.

Da er Tag für Tag am Bett seines kranken Sohnes saß, konnte Lincoln seinen Geschäften nur sehr begrenzt nachgehen, aber irgendwie schien er seine Pflichten immer noch wahrnehmen zu können. Als Willie immer schwächer wurde, machte Lincoln sich große Sorgen, daß er sich nie mehr erholen würde. Am 20. Februar kam dann das Ende. Beide Eltern waren von Trauer überwältigt. Als Lincoln in das Antlitz seines verstorbenen Sohnes blickte, konnte er nur flüstern: „Er war zu gut für diese Welt."

Lincoln wandte sich nun zunehmend der Religion zu, um Trost zu finden. Trotzdem wurde er weder Mitglied irgendeiner christlichen Gemeinschaft noch gab er seinen grundsätzlichen Fatalismus auf.

Mary Lincolns Trauer war sogar noch tiefer als die ihres Mannes. Sie, die bereits ein Kind, Eddie, verloren hatte, konnte den zweiten Verlust nicht verwinden. Sie wurde bettlägerig und war so verzweifelt, daß sie weder an der Beerdigung teilnehmen noch sich um Tad kümmern konnte. Monatelang ließ allein die Erwähnung von Willies Namen sie in Weinkrämpfe ausbrechen, und nie wieder betrat sie das Zimmer, in dem er gestorben war. Für nahezu ein Jahr fanden im Weißen Haus keine gesellschaftlichen Ereignisse mehr statt.

Etwa zur Zeit von Willies Tod begann auch Lincolns Optimismus hinsichtlich der militärischen Lage nachzulassen. Nach den Siegen bei Fort Henry und Fort Donelson schienen die Armeen am Mississippi nicht weiter vorrücken zu können.

Noch weniger ermutigend waren die Aktionen der Potomac-Armee. McClellan, der sich endlich bequemt hatte, seine Strategie mit dem Präsidenten zu erörtern, war nun überzeugt, daß das vordringliche Ziel der Union ein Angriff auf Richmond von Osten her sein müsse. Nach Lincolns Dafürhalten sollte die Offensive aber nicht gegen die Hauptstadt des Südens, sondern gegen die

Konföderiertenarmee gerichtet sein. Er war für einen direkten Marsch auf Manassas und befürchtete, daß, wenn McClellan seine Armee den Potomac hinunterführte, um Richmond anzugreifen, Washington ungeschützt zurückbliebe.

Am Ende erklärte McClellan sich bereit, die Divisionskommandeure der Potomac-Armee von seinem Plan in Kenntnis zu setzen. Acht von ihnen, allesamt jüngere Gencräle, die ihre Beförderung McClellan zu verdanken hatten, waren dafür. Die vier älteren Männer sprachen sich dagegen aus. Der Präsident meinte, er hätte keine andere Wahl, als die Entscheidung der Mehrheit anzunehmen, und er gestattete McClellan, seinen Plan in die Tat umzusetzen. Aber er war noch immer nicht ganz überzeugt, und er demonstrierte seine Unzufriedenheit, indem er die Umorganisation der Potomac-Armee mit ihren zwölf Divisionen in vier Korps anordnete. Diese Entscheidung war vernünftig. Die Potomac-Armee war jetzt so groß, daß kein Oberbefehlshaber jeder der zwölf Divisionen ausreichend Beachtung schenken konnte.

Als Korpsführer ernannte Lincoln die Generäle E. V. Sumner, Irvin McDowell, Samuel P. Heintzelman und Erasmus D. Keyes – die ersten drei hatten sich gegen McClellans Angriffsplan ausgesprochen. Lincoln erließ außerdem einen generellen Befehl, der der Potomac-Armee verbot, ihren Standort zu verlassen, solange McClellan und die vier Korpsführer Washington nicht für absolut sicher erklärten.

Drei Tage später stutzte Lincoln McClellan noch empfindlicher zurecht, indem er ihn seiner Pflichten als gesamtverantwortlicher General enthob. Er war nun nur noch Kommandierender der Potomac-Abteilung. Die verschiedenen Armeen am Mississippi wurden unter das Kommando von General Halleck gestellt, dem das Verdienst gebührte, die Konföderierten zur Aufgabe von Fort Henry und Fort Donelson gezwungen zu haben. Um die Abolitionisten zu besänftigen, erhielt General John C. Frémont das Kommando über die neue Gebirgsabteilung, mit der er, wie allgemein angenommen wurde, versuchen würde, die Unionisten von Osttexas zu befreien. Alle drei Abteilungschefs waren direkt dem Kriegsminister unterstellt. McClellan hatte sich selbst für eine solche Reorganisation ausgesprochen und akzeptierte seine Degradierung in vorbildlicher Haltung.

Das Vertrauen des Präsidenten in General McClellan erhielt bald einen weiteren Dämpfer. Als McClellan hörte, daß die Konföderierten sich von Manassas zurückziehen wollten, führte er die gesamte Potomac-Armee, insgesamt 112 000 Soldaten, den Potomac hinunter, um nachzuschauen. Die Konföderierten waren tatsächlich abgezogen, und es wurde klar, daß sie weniger als 50 000 Mann gewesen waren – etwa die Hälfte von dem, was McClellan geschätzt hatte. Ihre „gewaltigen" Befestigungsanlagen entpuppten sich zum großen Teil als Baumstämme, die mit Farbe angestrichen waren, damit sie aussahen wie Kanonen. Das ganze Land brach in wieherndes Gelächter aus.

NACH McClellans Degradierung wurden Lincoln und der Kriegsminister bei ihrem Versuch, die über den halben Kontinent verstreuten Armeen des Landes zu leiten, von verwaltungstechnischen Fragen in Atem gehalten. Die Nachrichten von der Front waren wenig ermutigend. Bei Pittsburgh Landing am Tennessee River schafften es die Konföderierten in der Schlacht von Shiloh am 6./7. April beinahe, Grants Armee aufzureiben. Zwar wendete das rechtzeitige Eintreffen der Streitkräfte Buells das Blatt, und Shiloh wurde ein großer Sieg für die Union, aber die 13 000 Gefallenen markierten diese Schlacht als bisher blutigsten Kampf. Halleck gab Grant die Schuld an den Verlusten, und die Meinung wurde geäußert, daß Grant von seinem Posten entfernt werden sollte. Lincoln verwarf die Einwände mit dem leise geäußerten Hinweis: „Ich kann diesen Mann nicht entbehren; er kämpft nämlich."

Im Osten gab es auch keine schnellen Fortschritte. McClellan rückte mit einem Tempo von drei Kilometern pro Tag auf Richmond vor, wobei er sich ständig beklagte, er habe es mit überwältigenden Schwierigkeiten zu tun, die schweren Regenfälle würden ihm zusetzen und außerdem brauche er Verstärkung. Am 31. Mai startete die Konföderiertenarmee unter dem Kommando von Joseph E. Johnston einen Angriff gegen die Potomac-Armee. Diese kämpfte tapfer und drängte die Konföderierten am zweiten Tag in die Verteidigungsanlagen von Richmond zurück. In dem Kampf wurde Johnston verwundet, und Robert E. Lee wurde zum neuen Kommandierenden der Armee des Südens bestimmt.

Mit einer Streitmacht von 130 000 Mann bereitete McClellan

sich darauf vor, auf Richmond vorzurücken, sobald die Regenfälle aufhörten und die Straßen den Transport von Artillerie gestatteten. Aber am 25. Juni, ehe er seine Offensive starten konnte, griffen die Konföderierten ihrerseits an. Er hatte den neuen Kommandeur der gegnerischen Armee völlig falsch eingeschätzt, als er Lee als „zu vorsichtig – persönlich tapfer und energiegeladen...,aber zaghaft und unsicher in bezug auf seine Handlungen" bezeichnete. In einer Reihe von erbitterten Auseinandersetzungen zwangen die Konföderierten die Potomac-Armee, sich zurückzuziehen.

Während die Potomac-Armee in heftige Kämpfe verwickelt war, schlich Lincoln sich aus Washington weg nach West Point, wo General Scott den Sommer verbrachte. Das unmittelbare Problem, das die beiden Männer sofort besprachen, war, ob McDowells Korps, das bei Fredericksburg stationiert war, um die Hauptstadt zu schützen, sich mit McClellans Armee vereinigen sollte. Der General empfahl diesen Weg, aber nichts von dem, was Scott dem Präsidenten erzählte, überzeugte ihn soweit, daß er McDowells Korps zu McClellan schickte. Statt dessen ordnete er die Vereinigung aller Unionstruppen in Nordvirginia, darunter auch Frémonts und McDowells, zur neuen Virginia-Armee an, und er entschied sich für John Pope als ihren Befehlshaber. Beleidigt weigerte Frémont sich, unter Pope zu dienen, der vom militärischen Rang her unter ihm stand, und zog sich aus dem aktiven Dienst zurück. Lincolns Entschluß lag die Erwartung zugrunde, daß McClellan niemals eine entscheidende Schlacht schlagen würde, um Richmond einzunehmen.

Zu Beginn des Juli besuchte Lincoln McClellans Hauptquartier, um die Potomac-Armee zu inspizieren. „Lang und herzlich waren der Applaus und die Begrüßungen, die ihn empfingen", schrieb ein Leutnant in sein Tagebuch. „Seine Anwesenheit nach der letzten Katastrophe schien der niedergeschlagenen Armee neue Kraft, neuen Mut einzuflößen." Der Kommandierende dieser Armee teilte diese Begeisterung nicht.

Kurz nachdem Lincoln die Armee erreicht hatte, übergab McClellan ihm einen vertraulichen Brief, in dem er seine „allgemeinen Ansichten hinsichtlich des derzeitigen Standes der Rebellion darlegte". Er meinte, daß der Krieg gegen die Konföderierten „unter Beachtung der höchsten Prinzipien geführt werden muß, die der christlichen Zivilisation bekannt sind". Das bedeutete, daß es nicht zur Konfiszierung von Rebelleneigentum, nicht zu „erzwungener Abschaffung der Sklaverei" kommen dürfe. Der Brief war in respektvoller Sprache gehalten, und es steckte nichts Aufrührerisches darin. Aber er machte McClellans Ansicht klar, daß der Krieg als Auseinandersetzung zwischen professionellen Armeen und mit so wenigen Störungen für das Leben der Zivilisten wie möglich fortgesetzt werden müsse.

Diese Politik war schon seit über einem Jahr verfolgt worden, und Lincoln war überzeugt, daß sie gescheitert war. Er war bereit, einen neuen Weg zu suchen. Er äußerte sich nicht zu dem Brief, außer daß er dem General für seine Meinung dankte. Zwei Tage nachdem er nach Washington zurückgekehrt war, beauftragte Lincoln Henry W. Halleck damit, „sämtliche Landstreitkräfte der Vereinigten Staaten als Kommandierender General zu befehligen". Diese Ernennung signalisierte eine Zurückweisung McClellans und seiner Ansichten über den Krieg.

Es war eine Entscheidung, an der Lincoln schon seit vielen Wochen arbeitete. Er hatte eindeutig einen Wechsel in Kommando und Strategie im Sinn, als er im Juni General Scott in West Point aufsuchte. Dann hatte er Pope als Leitenden Kommandeur der neuen Virginia-Armee bestimmt. Der Präsident hatte Vertrauen zu diesem attraktiven schwarzbärtigen General, der der Sohn eines alten Kollegen aus Illinois war und der erfolgreich am Mississippi gedient hatte. Ihm gefiel Popes Vorstellung vom Kriegshandwerk. Prahlerisch und indiskret, machte Pope kein Geheimnis aus seiner Abneigung gegen Generäle aus dem Osten wie McClellan, die, wie er annahm, die Stärke der Konföderierten kraß überschätzt hatten, und er machte deutlich, daß er, im Gegensatz zu McClellan, keinen halbherzigen Krieg zu führen gedenke.

Geschäftig und energiegeladen, brachte der neue General seine Truppen in Form und plante einen direkten Überlandmarsch zum Kapitol der Konföderierten – genau die Strategie, der zu folgen Lincoln McClellan erfolglos gedrängt hatte.

ZWEI Tage nachdem Lincoln Halleck zum Kommandierenden General befördert hatte, vollführte er einen ähnlich bedeutsamen Schwenk in seiner politischen Haltung zur Sklaverei. Im März

1862 hatte er eine Botschaft zur „Abschaffung der Sklaverei" an den Kongreß geschrieben. Darin drängte er den Kongreß, einen Beschluß zu fassen, daß die Vereinigten Staaten mit jedem anderen „Staat zusammenarbeiten, der eine behutsame Beendigung der Sklaverei in die Wege leitet, daß ein solcher Staat mit finanzieller Hilfe rechnen kann, um die Unannehmlichkeiten im privaten wie im öffentlichen Leben auszugleichen, die sich durch den Wandel eines solchen Systems ergeben". Eine solche Erklärung, so sagte er, sei streng verfassungsgemäß, denn sie lasse jedem Staat die freie Wahl, den Vorschlag entweder anzunehmen oder abzulehnen. Der Kongreß unterstützte den Vorstoß des Präsidenten, aber keiner der Grenzstaaten akzeptierte ihn.

Mitte Juli, als der Kongreß sich vertagte, unternahm der Präsident eine neue Anstrengung. Am 13. Juli informierte er die Kabinettsmitglieder Seward und Welles, daß er zu dem Schluß gelangt sei, „daß wir die Sklaven befreien oder uns selbst einem fremden Joch beugen müssen".

Seward und Welles waren verblüfft. Bisher hatte Lincoln jedes Ansinnen an die Unionsregierung vehement abgelehnt, sich in die Sklavereifrage einzumischen. Beide meinten, sie brauchten Zeit, um diesen Entschluß zu überdenken.

Eine Woche später diskutierte der Präsident mit seinem gesamten Kabinett über die Emanzipation der Farbigen. Als der Präsident den ersten Entwurf seines Aufrufs verlas, bewiesen die vorsichtigen Formulierungen, daß er immer noch versuchte, seine frühere Politik einer durch Vergütungen belohnten Freilassung mit seinem neuen Programm der unmittelbaren Abschaffung in Einklang zu bringen. Am 17. Juli 1862 hatte der Kongreß den „Second Confiscation Act", der die Rebellen Verräter nannte und die Einziehung ihres Vermögens sowie die Freisetzung ihrer Sklaven vorsah, abgesegnet. Der Vorschlag des Präsidenten begann mit dem Hinweis, daß dieses Gesetz in sechzig Tagen wirksam werde, wenn die Südstaatler es nicht unterließen, „mit der Aufrechterhaltung und Förderung der stattfindenden Rebellion fortzufahren".

Der Präsident versprach jedem Staat finanzielle Unterstützung, der „sich freiwillig zur schrittweisen Abschaffung der Sklaverei bereit erklärt". Erst am Ende seiner Ausführungen meinte er, daß er als „angemessene und notwendige militärische Maßnahme" am 1. Januar 1863 verkünden werde, daß „alle Personen, die in irgendeinem Staat innerhalb des Geltungsbereichs der Verfassung der Vereinigten Staaten als Sklaven gehalten werden, für immer freizulassen sind".

Die Reaktionen auf diesen Aufruf waren unter den Kabinettsmitgliedern geteilt. Stanton und Bates drangen auf eine „sofortige Bekanntmachung". Chase war zurückhaltend, weil er befürchtete, daß eine Freilassungsankündigung die finanzielle Lage der Regierung nachteilig beeinflussen könnte. Aber er sagte seine Unterstützung zu. Der Postminister Blair, der sich verspätet hatte, lehnte die vorgeschlagene Politik ab. Innenminister Smith äußerte sich gar nicht, war aber entschieden gegen die Emanzipation. Er dachte bereits an seinen Rücktritt. Seward argumentierte, daß die Herausgabe einer Freilassungserklärung nach den jüngsten militärischen Mißerfolgen der Union als „die letzte Maßnahme einer entkräfteten Regierung, eine Art Hilferuf" verstanden werden würde.

Da seine Berater geteilter Meinung waren, legte Lincoln das Dokument widerstrebend zur Seite, aber er beschäftigte sich weiterhin mit der Frage der Emanzipation. Mit seiner Antwort auf einen Leitartikel Horace Greeleys in der *New York Tribune* wollte er die Öffentlichkeit einstimmen. Auf Greeleys Vorwurf, daß er „seltsam und katastrophal träge" sei, da er nicht, wie im Second Confiscation Act verlangt, die Freilassung verkünde, erwiderte Lincoln: „Mein vordringliches Anliegen in dieser Auseinandersetzung ist, die Union zu retten, und nicht, die Sklaverei zu erhalten oder abzuschaffen. Wenn ich die Union retten könnte, ohne einen einzigen Sklaven zu befreien, würde ich es tun, und wenn ich sie nur retten könnte, indem ich alle Sklaven befreie, würde ich es ebenfalls tun; und wenn ich sie retten könnte, indem ich einige befreie und einige nicht, dann würde ich auch das tun. Was ich in der Frage der Sklaverei und der Farbigen unternehme, tue ich, weil ich glaube, daß es dazu beiträgt, die Union zu retten."

In zahlreichen Zeitungen des Nordens veröffentlicht, erhielt Lincolns Brief an Greeley allgemeine Zustimmung. Fast unbeachtet im Chor der Lobeshymnen blieben die Passagen in Lincolns Brief, die seinen „oft geäußerten persönlichen Wunsch, daß alle Menschen frei sein können", betrafen. Aber noch konnte er nicht nach seiner persönlichen Überzeugung handeln. Der Entwurf seiner Befreiungserklärung ruhte einstweilen in einer Schublade. Er brauchte einen Sieg.

DOCH der Sieg ließ auf sich warten. Den ganzen Juli verbrachte McClellans große Armee im Wartestand, da sich ihr Befehlshaber nicht zur Offensive durchringen konnte. Die Hoffnung ruhte auf John Popes Virginia-Armee, die südlich von Manassas vorrückte. Lincoln war nicht beunruhigt, als Thomas J. Jackson Popes Vorrücken am 9. August bei Cedar Mountain bemerkte. Selbst nachdem Lee – der zu Recht entschied, daß McClellans Armee keine Bedrohung mehr für Richmond darstellte – die geballte Macht seiner gesamten Armee in der zweiten Schlacht von Bull Run Popes Streitkräften entgegenwarf, blieb der Präsident zuversichtlich. Am 30. August, während die Kämpfe noch tobten, war er ruhig genug, um an einem informellen Essen in Stantons Haus teilzunehmen, wo der Minister ihm versicherte, daß „nur unfaire Machenschaften uns diese Schlacht verlieren lassen können". Aber gegen acht Uhr abends betrat er John Hays Zimmer mit der Meldung, die er soeben erhalten hatte: „Nun, John, ich fürchte, wir wurden schon wieder geschlagen." Pope war besiegt und gezwungen worden, sich nach Centreville zurückzuziehen.

Am nächsten Morgen erfuhr Lincoln das ganze Ausmaß von Popes Niederlage. Erneut bedrohten konföderierte Truppen Washington. Erneut war jedes Krankenhausbett in der Hauptstadt von Verwundeten belegt. Pope warf McClellan vor, ihm keine Verstärkung geschickt zu haben, und drang auf die Eröffnung von Kriegsgerichtsverfahren gegen die Generäle Fitz-John Porter und William B. Franklin. Während die Generäle sich in kleinlichem Gezänk ergingen, flüchtete die Armee in völliger Auflösung bis in die Außenbezirke der Hauptstadt.

Erschöpft versank Lincoln in tiefe Depression. Sein neuer Plan für einen harten, entschiedenen Krieg gegen die Konföderation war gescheitert. Damit zerschlug sich die Gelegenheit für Lincoln, die Sklaverei, die eigentliche Ursache des Krieges, für abgeschafft zu erklären. Und wieder kehrte er zu seiner düsteren, fatalistischen Philosophie zurück: „Fast möchte ich behaupten, daß Gott diesen Streit will und wünscht, daß er noch nicht zu Ende ist", vermerkte er als Aktennotiz in seinen persönlichen Unterlagen.

Widerstrebend verließ sich der Präsident erneut auf McClellan. Mittlerweile machte sich Lincoln keine Illusionen mehr über den General. Er tadelte seine „schwachen, weinerlichen, ungenauen und unrichtigen Meldungen" und betrachtete McClellans Versagen im Hinblick auf die Unterstützung Popes als unverzeihlich. Dennoch wußte er, daß McClellan ein hervorragender Organisator und fähiger Ingenieur war, und nichts anderes als die Wiedereinsetzung des Generals würde die gebrochene Moral der Potomac-Armee wiederaufrichten. „McClellan muß die Armee neu organisieren und sie aus dem Chaos herausholen", erkannte er und fügte hinzu: „McClellan hat die Armee auf seiner Seite." Ohne seine Berater zu informieren, bat der Präsident McClellan, das Kommando über die nach Washington zurückströmenden Soldaten zu übernehmen und die Hauptstadt zu verteidigen. Widerstrebend akzeptierte McClellan den Auftrag.

Lincoln erwartete, daß McClellan vorübergehend eine defensive Rolle spielen würde, aber anstatt sich nach dem zweiten Sieg bei Bull Run auszuruhen, setzte Lee über den Potomac und drang in Maryland ein. Halleck meinte, daß nur McClellan die Invasion aufhalten könnte. Unter größtem Widerstreben übergab Lincoln McClellan wieder das Oberkommando. Vor seinem Kabinett, dessen Opposition gegen diese Entscheidung einstimmig war, erklärte er: „Wir müssen nehmen, was uns zur Verfügung steht."

Die Konföderierteninvasion Marylands so kurz nach Lees überwältigendem Sieg bei Bull Run entfachte heftige Kritik am Präsidenten und seiner Kriegsführung. Forderungen nach einer weitreichenden Kabinettsumbildung wurden laut. Lincoln wurde gedrängt, Stanton und Chase zu feuern und auch McClellan von seinem Posten zu entfernen. Der Gouverneur von Massachusetts, Andrew, berief eine Konferenz seiner Gouverneurskollegen ein, um zu versuchen, „den Präsidenten ... vor der Schande zu bewahren, dieses Land zu ruinieren".

Von allen Seiten unter Beschuß, mußte Lincoln seine Emanzipationspolitik sowie seine militärische Strategie eingehend überdenken. Die logische Parallele, die sich aus der Wiedereinsetzung McClellans zwecks Führung eines begrenzten Defensivkrieges ergab, war eine Rückkehr zu dem bei seinem Amtsantritt gemachten Versprechen, sich nicht in die Sklavenpolitik der einzelnen

Staaten einzumischen. Aber der Druck auf Lincoln, etwas Entscheidendes zu unternehmen, wurde immer größer. Sein Ruf nach weiteren Freiwilligen hatte nur zögerliche Reaktionen ausgelöst, und mehrere Gouverneure des Nordens hatten ganz klar erklärt, daß sie ihre Kontingente nicht erfüllen würden, wenn der Präsident nicht endlich etwas gegen die Sklaverei unternähme. Er mußte auch Berichte ernst nehmen, daß die europäischen Nationen die Konföderation offiziell anerkennen würden, wenn seine Regierung nicht eindeutig Stellung gegen die Sklaverei bezöge.

Wie so oft unwillig, der öffentlichen Meinung zu folgen, beschloß Lincoln, die Entscheidung einer höheren Macht zu überlassen. Vor einer Delegation Chicagoer Christen versprach er: „Es ist mein inniger Wunsch, den Willen der Vorsehung in dieser Sache zu erfahren. Und wenn ich weiß, wie er aussieht, dann werde ich ihn ausführen." Wie er dem Kabinett später erklärte, legte er „ein Gelübde ab..., daß ich, wenn Gott uns den Sieg in der bevorstehenden Schlacht schenkt, dies als eine Äußerung des göttlichen Willens betrachten würde, daß es meine Pflicht ist, in der Frage der Emanzipation fortzufahren".

Am 17. September lieferte McClellans Sieg bei Antietam dem Präsidenten das Zeichen, das er sich gewünscht hatte, auch wenn es nicht der überwältigende Erfolg war, auf den Lincoln gehofft hatte. Nachdem er seine verschobene Emanzipationserklärung wieder hervorgeholt hatte, „besserte er sie", wie er sagte, während des Wochenendes „noch ein wenig nach" und rief am 22. September das Kabinett zusammen, um sie dort vorzutragen. Dem Dokument fehlte jeglicher Hinweis auf das Barbarische der Sklaverei, und ebensowenig wurde die Moral als Grund dafür herangezogen, daß sie abgeschafft werden müßte. Statt dessen berief sich Lincoln eher formal auf seine Autorität als Präsident und oberster Befehlshaber und auf die Bestimmungen des First und Second Confiscation Act. Der Präsident gelobte, sich weiterhin für eine Emanzipation gegen Vergütung sowie für die Kolonisierung von Afroamerikanern außerhalb des Landes einzusetzen. Aber trotz seiner zögerlichen Haltung verkündete Lincoln am Ende, daß ab dem 1. Januar 1863 „alle als Sklaven gehaltenen Personen" in jedem Staat oder Teil eines Staates, der immer noch an der Rebellion festhält, „für immer und ewig frei sind".

DIE EMANZIPATIONSERKLÄRUNG wurde offiziell am 22. September 1862 veröffentlicht, und in jeder größeren Stadt im Norden fanden ausgelassene Feiern statt. Begeisterte Briefe strömten ins Büro des Präsidenten. Aber Lincoln war zu sehr Realist, um ihre Bedeutung zu überschätzen. Er stellte fest, daß die Zeichnung von Staatspapieren zurückgegangen war und daß die Meldungen von Freiwilligen für den Krieg rapide rückläufig waren. „Der Norden reagiert auf die Bekanntmachung mit einer Menge heißer Luft", sagte er zu seinem Vizepräsidenten, „aber mit heißer Luft allein tötet man keinen Rebellen."

Soweit der Präsident feststellen konnte, waren die Reaktionen auf die Proklamation im Süden insgesamt negativ. Jefferson Davis verurteilte sie als einen Versuch, einen Aufstand der Sklaven auszulösen, und führte sie als zusätzlichen Grund an, weshalb die Konföderation um ihre Unabhängigkeit kämpfen müsse. Welche Wirkung sie auf die Afroamerikaner im Süden hatte, konnte Lincoln nicht einschätzen.

Selbst im Norden wurde die Erklärung, sobald die erste Begeisterung abgeebbt war, einer kritischen Würdigung unterzogen. Die Abolitionisten stellten fest, daß Lincoln lediglich die Freiheit versprochen hatte und daß dieses Versprechen, abgesehen davon, daß es nur bedingt erfolgt war, noch vor dem 1. Januar wieder zurückgezogen werden konnte. Viele Demokraten standen in leidenschaftlicher Opposition zu der Erklärung, und einige Unionisten in den Grenzstaaten meinten, daß damit die Loyalität von Maryland, Kentucky und Missouri unterhöhlt würde.

Aber die Unzufriedenheit über die Emanzipationserklärung war gedämpft, weil der Präsident am 24. September einen Erlaß verkünden ließ, der die Habeaskorpusakte im ganzen Land aussetzte und die willkürliche Verhaftung jeder Person gestattete, die sich „jedweder illoyalen Handlung schuldig gemacht und den Rebellen gegen die Vereinigten Staaten Hilfe und aktive Unterstützung geleistet hat".

Für den Präsidenten schien dies eine derart routinemäßige Angelegenheit zu sein, daß er sie noch nicht einmal vor dem Kabinett erwähnte. Stanton hatte verfügt, jegliche Kritik an dem neuen Erlaß zu unterdrücken. Vollzogen durch niedrigrangige Beamte überall im Lande, führten diese Verfügungen hundertfach zu Verletzungen der Bürgerrechte. Lincolns Erlaß sollte jedoch nichts

141

anderes bewirken, als die Regeln des Kriegsministeriums juristisch abzusichern, aber Demokraten wie Senator James A. Bayard aus Delaware lasen heraus, daß der Präsident sich „selbst zum Diktator erklärte".

Die neue Ankündigung hatte eine lähmende Wirkung auf die öffentliche Meinung. Journalisten befürchteten, eingesperrt zu werden, wenn sie ihre Kritik zu freizügig äußerten. Sogar in privaten Briefen wurde die Sprache vorsichtiger.

Die Stimme des Volkes fand ihren Ausdruck in den Gouverneurs- und Kongreßwahlen vom Herbst 1862. Die Wähler versetzten dem Präsidenten und seiner Partei einen empfindlichen Schlag. In einem Staat nach dem anderen, der 1860 an die Republikaner gefallen war, verzeichneten die Demokraten hohe Stimmenzuwächse. Obgleich die republikanische Partei weiterhin das Repräsentantenhaus kontrollierte, war ihre Mehrheit drastisch geschrumpft.

Die meisten machten für die republikanischen Verluste das verantwortlich, was Lincoln den „Mißerfolg des Krieges" nannte. Und den lasteten sie dem Präsidenten an. Ein republikanischer Kongreßabgeordneter aus Pittsburgh, Pennsylvania, verriet Lincoln fröhlich, daß einige republikanische Führer Pennsylvanias „froh wären, wenn ihnen eines Morgens zu Ohren käme, daß man Sie an einer Straßenlaterne aufgehängt vor dem Weißen Haus gefunden hätte".

Sollte Lincoln sich ernsthaft vor Gewaltausbrüchen gefürchtet haben, dann jedoch wohl nicht seitens enttäuschter Politiker, sondern seitens der Offiziere der Potomac-Armee. Kurz vor der Schlacht bei Antietam hatten Angehörige des McClellan-Stabes angeblich über einen „Plan für einen Marsch auf Washington, um den Präsidenten einzuschüchtern", beraten, damit er seine Versuche, sich in die Sklavenfrage einzumischen, endlich aufgab und der Krieg beendet werden könnte.

Nach der Schlacht, die McClellan als „ein Meisterstück der Kriegskunst" bezeichnete, beschloß Lincoln, die Geschichten über mangelnde Loyalität in McClellans Troß zu überprüfen und in Erfahrung zu bringen, ob McClellan daran beteiligt gewesen war. Er traf sich mit Allan Pinkerton, McClellans Geheimdienstchef, und stellte ihm einige bohrende Fragen: Warum hat die Unionsarmee den Angriff am Tag nach der Schlacht nicht wiederholt? Wie kam es, daß die Konföderierten ungehindert über den Potomac hatten fliehen können? Die Informationen, die Lincoln aus Pinkerton herausholte, überzeugten den Präsidenten, daß Antietam kein großer Sieg, sondern eine vertane Gelegenheit gewesen war, verpatzt vom Kommando der Potomac-Armee.

Am 1. Oktober schlich sich der Präsident aus Washington hinaus, um die Schauplätze der jüngsten Schlachten zu besichtigen und die Armee zu inspizieren. Er kehrte mit der Erkenntnis nach Washington zurück, daß er McClellan absetzen könnte, ohne eine Meuterei zu riskieren, aber er wartete trotzdem noch mit diesem Schritt.

Die Entscheidung fiel, als McClellan Lincoln darüber informierte, daß die Potomac-Armee Lee nicht verfolgen könne, weil ihre Kavalleriepferde „vor Erschöpfung und Auszehrung völlig zusammengebrochen seien". Lincoln bekam einen Wutanfall. „Wollen Sie mir nicht mal verraten, was die Pferde Ihrer Armee seit Antietam getan haben, weshalb sie erschöpft sein könnten?" fragte er in aller Schärfe zurück. Da es nicht ratsam war, den General vor den Wahlen abzuberufen, wartete der Präsident noch ab, aber am 5. November gab er Halleck die Anweisung, McClellan abzusetzen, und übertrug das Kommando über die Potomac-Armee auf Ambrose E. Burnside. Gleichzeitig wurde General Buell, der wie McClellan am liebsten einen begrenzten Krieg praktizierte, als Chef der Ohio-Armee beurlaubt. Ein paar Tage später übernahm General W. S. Rosecrans das Kommando über die Truppen und organisierte sie zur Cumberland-Armee um.

Rosecrans und Burnside zu ernennen war ein raffinierter politischer Schachzug. Vor allem Burnside war eine gute Wahl. Sein sicheres Auftreten und sogar sein sorgfältig gepflegter Backenbart vermittelten den Eindruck von mannhafter Kompetenz. Als ein Protegé McClellans würde er unter dessen Bewunderern sicherlich auf nicht soviel Widerstand treffen wie fast jeder andere mögliche Befehlshaber. Ob die Ernennung von Burnside und Rosecrans auch eine kluge militärische Entscheidung war, das mußte sich erst noch herausstellen. Burnside selbst sagte, er sei nicht fähig, die Potomac-Armee zu führen, und Rosecrans war den Beweis für überragendes militärisches Talent bisher noch schuldig geblieben. Aber einstweilen waren alle bereit, den neuen

Befehlshabern eine Chance zu geben, und der Präsident gewann ein wenig Zeit, um den zahlreichen anderen Pflichten seines Amtes nachzukommen.

Er arbeitete weiterhin bis tief in die Nacht, stand früh auf, oft nach einer schlaflosen Nacht, um noch vor dem Frühstück, das aus einer Tasse Kaffee und einem Ei bestand, sein Büro im Weißen Haus aufzusuchen. Um zehn Uhr begannen seine Bürostunden für Bittsteller und Besucher. Nach einem kurzen Mittagessen – wenn er überhaupt daran dachte, etwas zu essen – empfing er an den meisten Tagen auch am Nachmittag Bittsteller. Zwar beklagten sich seine Sekretäre, daß er Zeit mit diesen Gesprächen vergeude, aber Lincoln war sich sicher, daß er aus diesen „Bädern in der öffentlichen Meinung" eine Menge Nutzen zog. Diese Besuche boten dem Präsidenten eine Möglichkeit, sich einen Eindruck davon zu verschaffen, wie die einfachen Leute über seine Regierung dachten.

Gewöhnlich wurde das präsidiale „Büro der offenen Tür" in jeder Woche an zwei Nachmittagen zugunsten von Kabinettssitzungen geschlossen. Gelegentlich unternahm er nachmittags einen Ausritt, und von Zeit zu Zeit bestand Mrs. Lincoln aus Sorge um die Gesundheit ihres Mannes auf einer Ausfahrt in der Kutsche mit ihm. Gewöhnlich besuchte er Armeelager in der Umgebung Washingtons oder Militärkrankenhäuser. Dann, nach dem Abendessen, kehrte Lincoln häufig in sein Büro im Weißen Haus zurück. Oft war es schon fast Mitternacht, ehe er die Privaträume der Familie aufsuchte.

Im Oktober und November galt ein Großteil von Lincolns Aufmerksamkeit Aufständen der Sioux-Indianer in Minnesota. Bürokratische Verzögerungen bei der Zahlung von Hilfsgeldern, die den Indianern zugesagt worden waren, als sie ihre Jagdgebiete zum wesentlichen Teil aufgeben mußten, hatten bewirkt, daß sie kurz vor dem Verhungern standen. Im August brachen einige junge Sioux-Krieger auf der Suche nach Eiern in ein Farmhaus ein und töteten fünf weiße Siedler. Sehr schnell breitete sich eine Welle der Gewalt aus, und ehe der Aufstand niedergeschlagen werden konnte, hatten mehr als 350 Weiße den Tod gefunden. Es war das schlimmste Weißen-Massaker durch Indianer in der amerikanischen Geschichte.

Lincoln, der sich vor allem mit Lees Invasion von Maryland

beschäftigte, konnte den Aufständen nur wenig Aufmerksamkeit schenken. Er kommandierte General Pope, soeben von seiner Niederlage bei Bull Run zurückgekehrt, ab, um militärische Operationen gegen die Sioux vorzubereiten. Der erkannte, daß „ein allgemeiner Indianerkrieg an der Grenze ausbrechen wird, wenn wir nicht sofort Maßnahmen ergreifen, um so etwas zu unterbinden", und verkündete weiter: „Es ist meine Absicht, die Sioux auszulöschen, wenn ich dazu die Macht und die Gelegenheit erhalte … Sie müssen behandelt werden wie Verrückte oder wie wilde Tiere." Von den Behörden von Minnesota, die eine Gelegenheit witterten, Rache zu üben und sich zusätzliches Indianerland zu sichern, begeistert unterstützt, schlugen die Unionstruppen den Aufstand nieder, und eine Kommission stellte mehr als 1500 Indianer inklusive Frauen und Kinder vor Gericht.

Sobald die Nachrichten Mitte Oktober nach Washington gelangt waren, teilte Lincoln Pope mit, er dürfe ohne seine ausdrückliche Einwilligung keine Exekutionen vornehmen. Lincoln gab zu, daß er über indianische Angelegenheiten herzlich wenig wußte. Um sich kundig zu machen, schickte er den stellvertretenden Innenminister nach Minnesota und suchte den Rat des Bischofs Henry B. Whipple von der Episkopalkirche, der meinte, daß „eine neue Politik der Ehrlichkeit nötig sei", um sich mit dieser „betrogenen und vernachlässigten Rasse" auseinanderzusetzen.

Aber Weiße, die während des Aufstands bedroht worden waren, wollten sich an den Sioux rächen. Der republikanische Gouverneur Alexander Ramsey aus Minnesota erklärte, daß die Weißen in seinem Staat „ihre Anwesenheit unter keinen Bedingungen dulden werden".

Am 8. November erhielt Lincoln eine Liste mit den Namen von 303 Sioux, die von der Militärkommission zum Tode verurteilt worden waren. Sofort verlangte der Präsident von General Pope die Übersendung aller Dokumente über diese Urteile mit Hinweisen auf die besonders Schuldigen und Einflußreichen unter den Verurteilten. Pope antwortete, daß die Bewohner von Minnesota derart entrüstet sei, daß, wenn auch nur einer von der Liste nicht hingerichtet würde, es „nahezu unmöglich sein dürfte, ein allgemeines Massaker an den Indianern zu verhindern".

Aber der Präsident blieb unnachgiebig. Er las die Akte jedes

Verurteilten genau durch und versuchte diejenigen herauszusuchen, die die schlimmsten Verbrechen begangen hatten. Am Ende blieb eine Liste mit 39 Namen übrig. Am 26. Dezember wurden 38 Männer (ein weiterer wurde in letzter Minute begnadigt) exekutiert – es war die größte öffentliche Hinrichtung in der amerikanischen Geschichte. Dafür, daß er die Liste der verurteilten Männer so drastisch zusammengestrichen hatte, erntete Lincoln nur wenig Anerkennung. Im Gegenteil, seine Milde löste einen kurzen Proteststurm in Minnesota aus, und beträchtliche Ressentiments gegen Lincoln und seine Regierung blieben bestehen, so daß die Republikaner bei den Wahlen von 1864 ihre starke Position im Staate verloren.

DER INDIANERAUFSTAND in Minnesota war nur einer der vielen Punkte, die der Präsident in seiner Rede zur Lage der Nation vor dem Kongreß im Jahr 1862 erwähnen mußte. Die Rede, die er am 1. Dezember hielt, bot Lincoln eine Gelegenheit, die grundsätzlichen Ziele seiner Regierung noch einmal neu zu formulieren. Ein großer Teil der Rede war reine Routine: Lincoln beschrieb die Arbeit der einzelnen Ministerien, beleuchtete die auswärtigen Beziehungen, sprach dann über die Finanzen und schließlich auch über den Indianeraufstand. Erst als Lincoln zu dem Thema kam, das ihn wirklich beschäftigte, nämlich die Freilassung von Sklaven gegen Bezahlung, wurde er temperamentvoller.

Überzeugt, daß die Sklaverei zum Untergang verurteilt sei, glaubte der Präsident, daß die Hauptaufgabe nun darin bestehe, den Übergang von der Sklaverei zur Freiheit zu vollziehen. Er schlug drei Zusätze zur Verfassung vor. Der erste autorisierte die Zahlung von amerikanischen Bundesanleihen an jeden Staat, der bis zum 1. Januar 1900 die Sklaverei abschaffte; der zweite garantierte die Freiheit aller Sklaven, die „durch die Wirrnisse des Krieges die Freiheit gefunden haben", sah jedoch gleichzeitig Kompensationszahlungen an deren Herren vor, vorausgesetzt, sie waren nicht abtrünnig geworden; und der dritte autorisierte den Kongreß zur Bereitstellung von Mitteln für die „Ansiedlung freier farbiger Personen, mit ihrer Einwilligung, an jedem Ort innerhalb oder außerhalb der Vereinigten Staaten".

Lincoln trat für seinen Plan mit einer Leidenschaft und Eloquenz ein, die man in seinen Reden seit den Lincoln-Douglas-

Debatten nicht mehr hatte hören können. „Mitbürger", schloß er, „wir können der Geschichte nicht entfliehen... Indem wir den Sklaven die Freiheit geben, sichern wir auch die Freiheit für die Freien – gleichermaßen würdig in dem, was wir geben, und in dem, was wir erhalten..."

JEDE Chance auf eine schnelle Wiederherstellung der Union wurde am 13. Dezember vertan, als General Burnside die Potomac-Armee gegen den Rat des Präsidenten über den Fluß Rappahannock nach Fredericksburg marschieren ließ. Damit ließ er seine Soldaten den Konföderierten direkt in die Arme laufen. Am Ende des Tages war jeder zehnte von Burnsides Soldaten tot, verwundet oder verschollen. Die Verluste der Konföderierten waren nur halb so groß. Es war die schlimmste Niederlage in der Geschichte der amerikanischen Armee.

Als die Nachrichten aus Fredericksburg bekannt wurden, lief eine Welle des Zorns durch den Norden. Einige Kritiker machten den Präsidenten persönlich für die Katastrophe verantwortlich. Aber die meisten waren bereit, Lincoln die besten Absichten zu unterstellen, wenn sie auch an seiner Willenskraft zweifelten und nach Wegen suchten, der Regierung den Rücken zu stärken. Unzufriedenheit wurde laut über den Mangel an Harmonie im Kabinett. Welles und Chase mißtrauten Seward, weil sie glaubten, daß er den Ernst der Krise der Nation nicht erkannte. Stantons jähzornige und heimlichtuerische Art hielt andere Kabinettsmitglieder davon ab, sich mit ihm anzufreunden. Welles, der eine üppige Perücke trug, war für seine Kollegen nicht viel mehr als eine Witzfigur. Fast alle waren sich darin einig, daß Caleb B. Smith, der Innenminister, völlig unbedeutend war. Sein Rücktritt wurde sehnsüchtig erwartet.

Lincoln war sich dieser Mißklänge bewußt. Er war sogar bereit, solch kreative Reibungen zu fördern. Nach Fredericksburg, als die Kritik am Kabinett immer lauter wurde, schickten Außenminister Seward und Finanzminister Chase Lincoln ihre Rücktrittsgesuche. Lincoln lehnte beide ab. Die beiden Männer glichen einander aus, erklärte er einem Senator. Lincoln begriff, daß die Unstimmigkeiten unter den Kabinettsmitgliedern die Unterschiede in ihren Persönlichkeiten und nicht in ihren Ideologien widerspiegelten. Unbewußt kämpften sie um die Anerkennung und die Sympathie des Präsidenten. Das war ein Problem, mit dem sich Lincoln ebenso wie andere Persönlichkeiten mit enormer Ausstrahlung sein ganzes Leben herumschlagen mußte.

XII. Was wird die Nation sagen?

Das Jahr 1863 begann mit wenig guten Nachrichten von den Armeen. Immerhin behauptete sich Rosecrans' Armee in Osttennessee. Aber als die Konföderierten sich zurückzogen, folgten ihnen die Streitkräfte der Union nicht. Für den Rest des Winters ließ Rosecrans seine Truppen am Platz und ignorierte die Aufforderung des Präsidenten, gegen Chattanooga vorzurücken. Rosecrans hielt die Straßen für unpassierbar und seine Nachrichtenverbindungen mit Nashville und Louisville für zu unsicher.

Weiter im Westen waren die Aussichten für die Streitkräfte der Union noch düsterer. Am 1. Januar ergab sich die unionistische Garnison in Galveston, Texas, den Konföderierten. In Louisiana erwies General Benjamin F. Butler sich als so raubgierig, daß der Präsident ihn ersetzen mußte. Am schlimmsten war jedoch Grants Scheitern bei dem Versuch, Vicksburg in Mississippi zu erobern. Nach einem erfolglosen Versuch, über Land durch das mittlere Mississippi zu marschieren, betraute Grant William Tecumseh Sherman mit der Offensive. Dieser führte seine Truppen am 29. Dezember in einen verhängnisvollen Angriff auf die Chickasaw Bluffs, die Vicksburg Schutz boten. In kleinerem Maßstab erinnerte dieser Versuch an Burnsides Fiasko in Fredericksburg.

Am besorgniserregendsten war die Situation der Potomac-Armee, die fast bis zur Meuterei demoralisiert war. Als Burnside begann, einen neuerlichen Angriff auf die unüberwindlichen Verteidigungslinien der Konföderierten bei Fredericksburg vorzubereiten, kochte die Unzufriedenheit über. Eine weitere Katastrophe befürchtend, reisten die Generäle John Newton und John Cockrane eilends nach Washington, um den Präsidenten auf die Gefahr aufmerksam zu machen.

Burnside, der das Vertrauen seiner Soldaten verloren hatte, bot seinen Rücktritt an. Aber Lincoln beschloß, dem General noch eine Chance zu geben. Er befürwortete Burnsides Plan, den Rappahannock westlich von Fredericksburg zu überschreiten, wo der General Lees Flanke aufzureißen hoffte.

Am 19. Januar verließ die Potomac-Armee ihr Lager zu einer Mission, die die meisten von Burnsides Divisionskommandeuren für zum Scheitern verurteilt hielten. Das Wetter bestätigte sie in ihren Bedenken. Dichter Regen verwandelte sich in Schneematsch, die Armee blieb stecken, und nach drei Tagen brach Burnside das, was Zeitungsreporter spöttisch den „Morastmarsch" nannten, ab.

Wieder zurück im Lager, machte Burnside die mangelnde Loyalität seiner Untergebenen für den Fehlschlag verantwortlich. Er verfaßte einen Befehl, mit dem er vier seiner Generäle entließ und vier andere ihres Kommandos enthob. Er brachte den Befehl nach Washington und erklärte Lincoln, er könne das Kommando nicht weiterführen, solange der Befehl nicht abgesegnet sei. „Ich denke, Sie haben recht", sagte Lincoln, aber er behielt sich eine Entscheidung vor, bis er mit Stanton und Halleck gesprochen hatte. Am nächsten Morgen erklärte Lincoln seinem Besucher, daß er mit sofortiger Wirkung als Kommandeur der Potomac-Armee abgelöst sei.

Der Präsident hatte Schwierigkeiten, einen Nachfolger zu bestimmen. Ziemlich unsicher, entschied er sich für Joseph Hooker. Der gutaussehende rotgesichtige General hatte sich in verschiedenen Unternehmungen auf der Halbinsel und in Antietam, wo er verwundet worden war, bestens bewährt, und sein Kampfgeist hatte ihm den Beinamen „Fighting Joe" eingebracht. Lincoln entschied, es mit ihm zu versuchen.

Obwohl die Verpflichtung Hookers allgemein begrüßt wurde, ritten die Demokraten im Kongreß, ermutigt durch ihre Erfolge in den letzten Herbstwahlen, eine breite Attacke gegen die Lincoln-Regierung.

Auch in seiner eigenen Partei formierte sich die Opposition gegen den Präsidenten. Kongreßabgeordnete aus den Grenzstaaten und dem südlichen Teil des Nordwestens machten den Kreuzzug des Präsidenten gegen die Sklaverei für republikanische Wahlverluste verantwortlich. Radikale Republikaner aus Neuengland, Teilen der Atlantikstaaten und des Nordwestens schrieben die militärischen Niederlagen Lincolns zögerlichen Maßnahmen gegen die Sklaverei zu.

Von allen Seiten angegriffen, wurde Lincoln allmählich verzweifelt. Im Februar hatte ein Beobachter, der bemerkte, daß „seine Hand zitterte ... und er abgekämpft und ausgezehrt aussah", den Eindruck, daß der Präsident zunehmend „schwach wurde". Als der aus Massachusetts stammende Abolitionist Wendell Phillips in einem Gespräch mit dem Präsidenten auf Lincolns Chancen für eine zweite Amtszeit zu sprechen kam, erwiderte der: „O Mr. Phillips, ich habe in dieser Richtung keinerlei Erwartungen oder Hoffnungen mehr – so mißbraucht und bedrückt fühle ich mich."

Ständig von Bürokraten, Arbeitsuchenden und Schaulustigen umringt, war der Präsident doch der einsamste Mensch in Washington. Von Mary konnte er nicht mehr viel Unterstützung erwarten. Immer noch in Trauerkleidung, beklagte sie ständig Willies Tod. Wie eine Wolke der Verdammnis schwebte sie durch das Weiße Haus, pflegte Umgang mit Spiritisten, von denen sie glaubte, daß sie sie während Séancen im Weißen Haus mit dem Geist ihres Sohnes in Kontakt brächten. Lincoln nahm auch an einer solchen Séance teil, aber er war nicht davon überzeugt. Schon bald hatte Mary das Gefühl, daß sie selbst die Geister ihrer verstorbenen Söhne heraufbeschwören konnte. „Willie lebt", erklärte sie ihrer Halbschwester. „Er kommt jede Nacht zu mir und steht mit demselben reizenden Lächeln, das er immer zeigte, am Fußende meines Bettes ... Klein Eddie begleitet ihn manchmal."

Lincoln, der sich große Sorgen wegen der angegriffenen geistigen Gesundheit seiner Frau machte, belastete sie nicht mit seinen Problemen. Er holte sich Trost bei Tad, mit dem er sich nach Willies Tod noch enger verbunden fühlte. Hübsch und liebenswürdig, war Tad aber auch völlig undiszipliniert. Der neunjährige Junge konnte sich noch immer nicht alleine anziehen, und trotz intensiver Bemühungen diverser Lehrer konnte er weder lesen noch schreiben. Wegen eines Sprachfehlers war der Junge nur schwer zu verstehen, aber sein Vater verstand ihn – und er wußte, wie enttäuscht das Kind war, wenn es sich nicht ausdrücken konnte. Infolgedessen unterbrach der Präsident alles, was er gerade tat, wenn der Junge in Kabinettssitzungen platzte, und widmete dem Sohn seine uneingeschränkte Aufmerksamkeit. Dafür betete Tad seinen Vater an, und er saß häufig bis tief in die Nacht im Präsidentenbüro herum, wo er nicht selten auf einem der Sofas oder in einem Sessel einschlief.

Seinen ältesten Sohn Robert zog Lincoln als Gesprächspartner nicht in Betracht. Er war stolz auf Robert, der sich die meiste Zeit des Jahres im Harvard College aufhielt. Aber Robert fühlte sich in der Nähe seines Vaters gehemmt, und die beiden hatten sich eigentlich niemals viel zu sagen.

Zu seinen beiden jungen Assistenten fand Lincoln besseren Zugang. Da er stundenlang mit ihnen zusammenarbeitete, lernte Lincoln John G. Nicolay und John Hay sehr gut kennen. Er gewöhnte es sich an, sie, da sie im Weißen Haus wohnten, spätabends noch aufzusuchen, um mit ihnen ein Schwätzchen zu halten oder ihnen irgendein amüsantes Gedicht vorzulesen. Er genoß ihre absolute Loyalität. Sie begegneten dafür jedem voller Mißtrauen, der versuchte, sich ihm anzunähern und sich mit ihm anzufreunden. Eine heftige Rivalität entbrannte zwischen den beiden Assistenten und Mrs. Lincoln. Vordergründig drehten sich ihre Streitigkeiten um die Verwaltung und die Instandhaltung des Weißen Hauses, aber im Grunde rührten sie aus Eifersüchteleien um die Zuneigung des Präsidenten her.

WÄHREND dieser ersten Monate des Jahres 1863 war sich Lincoln seiner Unbeliebtheit durchaus bewußt. Gegenüber einer Gruppe von Abolitionisten aus Neuengland meinte er: „Militärische Niederlagen und Versagen lassen jede Handlung als falsch erscheinen."

In dieser Zeit, als seine Generäle Pläne für einen neuen Angriff gegen die Konföderation entwarfen, tat er alles in seinen Kräften Stehende für den Erfolg. Die Rekrutierung von Soldaten stellte ein großes Problem dar. Die Dienstzeiten, für die viele Regimenter sich verpflichtet hatten, liefen aus, und die Soldaten wollten nach Hause zurückkehren. Es gab so gut wie keine Freiwilligen mehr. Es würde mehrere Monate dauern, bis ein neues Wehrpflichtgesetz für neue Soldaten sorgen würde.

Schließlich begann Lincoln, seine Kommandeure zu drängen, schwarze Soldaten einzustellen. „Die farbige Bevölkerung ist die große verfügbare, aber bisher ungenutzte Kraft zur Wiederherstellung der Union", meinte er zu Andrew Johnson, den er zum militärischen Gouverneur von Tennessee gemacht hatte. Er drängte Johnson, der erste zu sein, der eine solche Streitmacht zusammenstellte.

Abgesehen von der Rekrutierung neuer Truppen, achtete Lincoln darauf, daß seine Armeen stets die besten und modernsten Waffen zur Verfügung hatten. Da er stets an Maschinen und technischen Spielereien interessiert war, hatte er Modelle von allen möglichen Waffen gesammelt. Häufig schaute er bei der Erprobung neuen Kriegsgeräts zu.

NACHDEM der Kongreß sich im März vertagt hatte, stellte Lincoln fest, daß er unerwarteterweise Zeit zu seiner freien Verfügung hatte. Er brauchte keine Senatoren zu besänftigen, keine Republikaner zu beschwichtigen und keine Gesetze zu unterzeichnen.

In diesem Augenblick der Ruhe waren die Planungen für einen Großangriff auf die Konföderation im Frühling endlich abgeschlossen. Eine Armada von gepanzerten Turmschiffen und konventionellen Kriegsschiffen wurde vorbereitet, um Charleston anzugreifen, das Herz der Konföderation. Im Westen hielten die Generäle Grant und Sherman sich bereit, Vicksburg zu erobern, die letzte bedeutende Verbindung zwischen den östlichen Staaten der Konföderation und der Region auf der anderen Seite des Mississippi. Von New Orleans aus sollte General N. P. Banks nach Norden vorstoßen, um sich mit Grants Truppen zu vereinigen. In Osttennessee war Rosecrans auf dem Sprung für einen Marsch auf Chattanooga, und im Osten sollte Hookers mächtige Potomac-Armee gegen Lees Nordvirginia-Armee antreten.

Anfang April beschloß Lincoln, Hookers Hauptquartier zu besuchen. Begleitet von Mrs. Lincoln und Tad sowie Justizminister Bates und einigen anderen, fuhr Lincoln den Potomac hinunter. Nachdem sie durch einen Schneesturm aufgehalten worden waren, wurden sie per Eisenbahn zu Hookers Befehlszentrale transportiert, wo Lincoln die Kavallerie inspizierte und aufs herzlichste willkommen geheißen wurde.

Während der nächsten drei Tage sah Lincoln, abgesehen von einem Besuch bei den verwundeten Soldaten im Lazarett, mehr als 60 000 Soldaten unter Hookers Kommando. Die Besichtigung war nicht weniger strapaziös als beeindruckend, und der hohe Ausbildungsstand der Einheiten entging Lincoln nicht. Trotz seines prahlerischen Wesens erwies Hooker sich als Organisationsgenie, und die Potomac-Armee war in einer besseren Verfassung als je zuvor in ihrer Geschichte.

Aber Lincoln machte sich große Sorgen. Als er von den

Schlachtplänen Kenntnis bekam, befürchtete er, daß Hooker dem Beispiel seiner Vorgänger folgen und seine Streitkräfte jeweils in kleineren Verbänden in den Kampf schicken würde. Da er die Verantwortung für die Planung der Schlacht nicht übernehmen wollte, meinte der Präsident kurz vor seiner Abreise zu Hooker und General Darius N. Couch: „Ich möchte Ihnen beiden, meine Herren, für die bevorstehende Schlacht einen Rat geben ... Setzen Sie all Ihre Männer ein!"

Während der nächsten Wochen schienen Lincolns düstere Vorahnungen sich zu bewahrheiten. Am 7. April dampften neun Panzerschiffe in den Hafen von Charleston und griffen Fort Sumter an. Am Ende des Tages waren fünf Schiffe schwer beschädigt, und die Flotte war gezwungen, sich zurückzuziehen.

Genauso enttäuschend verliefen die Operationen am Mississippi. Grant marschierte, ohne jemanden vorher zu informieren, mit seinen Soldaten am Westufer des Flusses entlang, schwenkte ab und verschwand im Binnenland. General Banks wiederum zog am Mississippi flußaufwärts, und zwar erst, als seine Aktion für Grant keine Hilfe mehr darstellte, und unternahm einen blutigen Angriff auf Port Hudson, Louisiana. In Tennessee glänzte Rosecrans durch absolute Untätigkeit.

Am genauesten beobachtete Lincoln die Armee am Potomac, wo Hooker sich am 28. April anschickte, 70 000 seiner Männer über den Rappahannock River setzen zu lassen, und Lees Flanke aufzureißen drohte. Der Präsident hatte darum gebeten, noch vor der Schlacht über Hookers Strategie informiert zu werden, und wollte ständige Meldungen, sobald die Kämpfe begonnen hätten. Seine Sorge war begründet. Nach einem vielversprechenden Beginn hielt Hooker bei Chancellorsville inne und versäumte es, die Offensive fortzusetzen. Lee nutzte sein Zögern, teilte seine viel kleinere Armee kühn auf und ließ einen Teil seiner Truppen einen weiten Bogen marschieren, um auf Hookers rechte Seite zu gelangen. Die Konföderierten erfochten einen weiteren bedeutenden Sieg, und Hooker war gezwungen zurückzuweichen.

Die Meldungen von der Schlacht bei Chancellorsville gelangten nur schleppend nach Washington. Am Nachmittag des 6. Mai kam Lincoln mit einem Telegramm in ein Zimmer, in dem Dr. Henry, sein Leibarzt, und Noah Brooks sich unterhielten.

Lincolns Gesicht war aschfahl, und seine Stimme zitterte, als er zu seinen Gästen sagte: „Lesen Sie das – Nachrichten von der Armee." Zu keinem anderen Zeitpunkt, dachte Brooks, war ihm der Präsident „so gebrochen, so mutlos und so geisterhaft erschienen". Während Brooks und Dr. Henry die Meldung von Hookers Niederlage lasen, ging Lincoln im Zimmer auf und ab und rief: „Mein Gott! Mein Gott! Was wird die Nation sagen? Was wird die Nation sagen?"

XIII. Eine Neugeburt der Freiheit

Die Wochen nach der Schlacht von Chancellorsville waren mit die deprimierendsten während Lincolns Präsidentschaft. Alles war schiefgegangen – in Charleston, in Vicksburg, in Osttennessee und vor allem in Nordvirginia. Das Versagen der Union führte zu neuerlichen Protesten gegen den Krieg. Die Kontroverse über die Unterdrückung von Bürgerrechten verschärfte sich. Und heftiger wurden auch Klagen über die Unfähigkeit der Lincoln-Regierung. Der Sog der Ereignisse machte dem zurückhaltenden Präsidenten klar, daß er sich um eine aktivere Führerschaft bemühen mußte, und zwar sowohl im Bereich militärischer Operationen wie auch in der Beeinflussung der öffentlichen Meinung.

UNMITTELBAR nach Chancellorsville begab sich der Präsident auf die Suche nach den Verantwortlichen für die Katastrophe und reiste am 6. Mai, begleitet von Halleck, seinem Oberbefehlshaber, ins Hauptquartier der Potomac-Armee in Falmouth, Virginia, wo er zu seiner Freude feststellen konnte, daß den Soldaten „eine neuerliche Offensive nicht schaden würde". Weniger ermutigend war hingegen die seelische Verfassung ihres Kommandeurs. Hooker war wie immer „kühl, klar und zufrieden" und in keiner Weise bereit, seine Fehler einzusehen.

Bei seinen Überlegungen hinsichtlich der Zukunft des Generals war Lincoln hin und her gerissen. Er mochte Hooker sehr, der sich eigentlich immer als kühn und tapfer erwiesen hatte. Er erfuhr außerdem, daß der General einem Sieg zum Greifen nahe gewesen war, bis er von einem herabfallenden Balken niedergestreckt worden war, als eine Kanonenkugel der Konföderierten sein Hauptquartier traf. Als er Falmouth verließ, äußerte Lincoln gegenüber einem Zeitungsreporter, daß „sein Vertrauen in General Hooker und seine Armee unerschütterlich" sei. Er war jedoch entschlossen, die Operationen des Generals strengstens zu kontrollieren.

Hooker hatte einen Plan – und zwar einen hoffnungslos falschen. Als er erfuhr, daß Lee sich in nördlicher Richtung vom Rappahannock entfernte, beabsichtigte er, den Fluß zu überqueren und die Nachhut der Konföderierten bei Fredericksburg anzugreifen. Sofort warnte Lincoln ihn. „Ich würde niemals das Risiko eingehen, auf dem Fluß festgehalten zu werden wie ein Ochse, der halb über einen Zaun springt und wahrscheinlich hinten und vorne von Hunden zerrissen wird, ohne sich in irgendeiner Richtung wehren zu können." Aber Hooker schien nicht begreifen zu wollen. Wenig später schlug er vor, daß, wenn Lee in den Norden eindrang, die Potomac-Armee nach Süden marschieren und Richmond angreifen sollte. Lincoln machte ihn auf die Gefahren dieses verrückten Plans aufmerksam und gab eine grundlegende Erkenntnis zum besten, die so viele seiner Kommandeure einfach nicht begreifen wollten: „Lees Armee und nicht Richmond ist Ihr eigentlicher Gegner."

Aber insgesamt war Lincoln guter Dinge und überzeugt, daß Lees Invasion eine Möglichkeit bieten würde, die gesamte Konföderiertenarmee in die Tasche zu stecken. Doch Hookers sture Weigerung, Befehle zu befolgen, brachte den Präsidenten schließlich dazu, den General fallenzulassen.

Während Lee den Potomac überquerte, folgte Hooker ihm dichtauf und bot Washington und Baltimore effektiven Schutz. Dabei hielt er seine Soldaten bereit für eine größere Schlacht auf nördlichem Terrain. Aber wie immer weigerte er sich, Ratschläge oder Befehle anzunehmen. Lincoln, der in der Invasion der Konföderierten „die beste Gelegenheit seit Ausbruch des Krieges" sah, wollte eine ansehnliche Garnison bei Harpers Ferry belassen, wo sie, hinter den Konföderierten liegend, Lee vielleicht zwingen könnte, seine Streitmacht zu teilen. Dann könnte Hooker Lees Armee eine vernichtende Niederlage beibringen. Aber Hooker hielt am militärischen Prinzip der Konzentration der Kräfte fest und bestand darauf, daß Harpers Ferry geräumt werde.

Als Halleck ihm den Befehl gab, die Garnison zu erhalten, trat Hooker zurück – zweifellos in der Annahme, daß sein Rücktritt am Abend vor einer wichtigen Schlacht sicher abgelehnt würde. Das geschah nicht. Am 28. Juni ersetzte Lincoln Hooker durch George Gordon Meade, einen erfahrenen Korpskommandeur, der jedem bedeutenderen Kampf seit der ersten Schlacht bei Bull Run beigewohnt hatte. Meade war hochprofessionell und erfreute sich der Achtung, wenn nicht gar der Zuneigung seiner Männer.

Während Meade das Kommando übernahm und Lee nach Pennsylvania folgte, beobachtete Lincoln außerdem Grants Aktionen gegen Vicksburg. Der Präsident hatte niemals versucht, Grants Strategie zu beeinflussen. Die Entfernungen waren einfach zu groß. Grant hatte niemandem etwas von seinen Plänen erzählt und schien schlicht und einfach verschwunden zu sein.

Schließlich, als allmählich Nachrichten über Grants Schachzüge eintrafen, erhielt Lincoln eine bessere Vorstellung von Grants Feldzug, und als die Unionstruppen begannen, die Konföderierten in Vicksburg zu belagern, konnte er die Kühnheit und das Geschick des Generals verstehen. „Ganz gleich, ob General Grant Vicksburg einnimmt oder nicht", schrieb er einem Kritiker am 26. Mai, „sein Feldzug ist einer der brillantesten der Welt."

Dann, am 4. Juli, kam die Meldung, auf die Lincoln so sehnsüchtig gewartet hatte. Eine große und blutige Schlacht hatte während der vorangegangenen drei Tage bei Gettysburg, Pennsylvania, stattgefunden. Obgleich Einzelheiten fehlten, schien es, als wäre Lee geschlagen worden und befände sich auf dem Rückzug. Drei Tage später erhielt Gideon Welles, Marineminister, ein Telegramm von Admiral David Dixon Porter, das die Niederlage Vicksburgs meldete, und er eilte mit dieser Neuigkeit sofort ins Weiße Haus. Freudestrahlend ergriff Lincoln Welles' Hand, legte ihm einen Arm um die Schultern und rief: „Wie kann ich den Marineminister nur für diese hervorragende Leistung belohnen…? Ich kann meine Freude über dieses Ergebnis gar nicht in Worte fassen! Es ist toll, Mr. Welles, einfach toll!"

Anfang Juli schien es für ein paar Tage, als wäre das Ende des Krieges zum Greifen nah. Mit dem Fall Vicksburgs war der Mississippi von Cairo bis nach New Orleans wieder in der Hand der Union. Charleston wurde von der Unionsflotte Stück für Stück zu Schutt zerhämmert. Und im Osten mußte Meade nur noch eine Schlacht schlagen, um Lees Armee zu vernichten, die zwischen der heranrückenden Potomac-Armee und dem Potomac, der nach den Regenfällen des Sommers beinahe über die Ufer trat, in der Klemme saß.

Aber Meade marschierte nicht, und Lee konnte nach Virginia fliehen. Nie zuvor war Lincoln so verzweifelt und zornig. „Wenn ich dort oben gewesen wäre, hätte ich sie alle alleine schlagen können!" rief er aus. Besonders wütend war er über ein Telegramm, in dem Meade seine Armee dafür lobte, „den Eindringling von unserer Erde vertrieben zu haben". „Das ganze Land ist unsere Erde", sagte Lincoln. Als er sich wieder ein wenig beruhigt hatte, erkannte er, daß er von Meade eigentlich zuviel erwartet hatte. Zu der Zeit, als die Schlacht von Gettysburg begann, hatte Meade das Kommando erst seit vier Tagen inne. Seine Armee hatte enorme Verluste zu beklagen, und Meade selbst war erschöpft. Es wäre zuviel gewesen, wenn man von ihm verlangt hätte, auch noch Robert E. Lee anzugreifen.

Als er seine Ausgeglichenheit wiedergewonnen hatte, sprach Lincoln bald von Meade als „einem tapferen und geschickten Offizier, der für den Erfolg in Gettysburg verantwortlich ist".

IN DEN nächsten Monaten wurde Lincolns Langmut auf eine harte Probe gestellt. Am 2. Juli hatte Mary Lincoln einen Unfall mit der Kutsche, als sie von ihrem Landhaus, das auf einem Hügel etwa fünf Kilometer von der Hauptstadt entfernt lag, ins Weiße Haus zurückkehrte. Wahrscheinlich hatte jemand die Schrauben des Kutschbocks gelöst in der Hoffnung, daß der Präsident sich verletzen würde. Als die ganze Sitzbank sich losgerissen hatte, war Mary heruntergeschleudert worden und mit dem Kopf auf einen Stein aufgeschlagen. Drei Wochen mußte sie rund um die Uhr gepflegt werden. Nach diesem Unfall wurden ihre Kopfschmerzen, über die sie schon lange klagte, noch häufiger.

Lincoln konnte sich nicht allzu lange am Krankenbett seiner Frau aufhalten, weil sich am 13. Juli in New York City Widerstand gegen die allgemeine Wehrpflicht regte. Bestrebungen, das neue Wehrdienstgesetz umzusetzen, riefen in vielen Teilen des Landes Proteste hervor, aber nur in New York kam es zu offenen Unruhen. Drei Tage lang zog ein Mob sengend und plündernd durch die Straßen. Mehr als hundert Menschen wurden getötet, ehe

Soldaten der Union, soeben erst aus Gettysburg zurückgekehrt, eintrafen, um Ordnung zu schaffen.

Der restliche Sommer war für den Präsidenten eine verhältnismäßig ruhige Zeit. Die militärischen Angelegenheiten waren unter Kontrolle und bei fähigen Berufssoldaten wie Meade und Grant in den besten Händen. Lincoln hatte Zeit, sich um seine Regierungsgeschäfte zu kümmern, und im großen und ganzen war er zufrieden mit dem, was er geschafft hatte. Immer selbstsicherer geworden, verließ er sich weniger denn je auf den Rat seiner Minister.

Dann, Ende September, gab es wieder schlechte Nachrichten vom Militär. Rosecrans, der über Chattanooga hinaus vorgestoßen war, war in der verlustreichen Schlacht von Chickamauga in die Flucht geschlagen worden. Später verkroch sich die Unionsarmee in Chattanooga, von jeglichem Nachschub abgeschnitten.

So ernst war die Lage, daß Stanton eine mitternächtliche Konferenz einberief. Rosecrans, berichtete er, könne sich noch zehn Tage lang halten, brauche jedoch Verstärkung. Stanton schlug vor, 30 000 Mann von der Potomac-Armee abzuziehen und sie per Eisenbahn von Virginia über die Appalachen und nach Süden durch Kentucky und Tennessee zu transportieren. Er versprach, in fünf Tagen würden sie Rosecrans zu Hilfe kommen.

Lincoln, der schon manche hervorragende militärische Strategie hatte fehlschlagen sehen, war pessimistisch. Aber zu seiner Überraschung und Freude funktionierte Stantons Plan.

Kurz danach übertrug Lincoln Grant das Kommando über die Mississippi-Division und ersetzte Rosecrans durch Thomas. Ende Oktober entsetzte Grant Chattanooga, und die Unionstruppen trafen Vorbereitungen, um die konföderierten Truppen nach Georgia zurückzutreiben.

Aus politischer Sicht hätte die Nachricht von der Rettung der Truppen in Chattanooga zu keinem günstigeren Zeitpunkt kommen können. Dank dieses militärischen Erfolgs erlebten die Republikaner 1863 einen allgemeinen Aufschwung und konnten während der Wahlen zahlreiche Siege verbuchen, und Lincoln erfreute sich ungewohnter Popularität. Die *Chicago Tribune*, die dem Präsidenten und seiner Regierung gewöhnlich sehr kritisch gegenüberstand, nannte ihn nun „den beliebtesten Menschen in den Vereinigten Staaten".

ABGESEHEN von den Kampfhandlungen um Chattanooga, kehrte im Herbst 1863 im Kriegsgeschehen ein wenig Ruhe ein. In dieser Zeit wandte sich der Präsident Überlegungen darüber zu, wie er den Amerikanern die ganze Bedeutung des Krieges mit all seinen politischen Implikationen nahebringen könne.

Die Notwendigkeit für eine ausführliche Stellungnahme zur Bedeutung des Krieges nahm zu, als Nordstaatler, überzeugt, daß das Ende des Krieges in Sicht war, über die Bedingungen zu diskutieren begannen, unter denen die Südstaaten wieder in die Union aufgenommen werden sollten. Am 17. Juni, noch vor den Siegen in Vicksburg und Gettysburg, hatten kriegsfeindliche Kräfte in Springfield eine Kundgebung abgehalten und „die Wiederherstellung der Union in ihrem ursprünglichen Zustand" verlangt.

Lincoln glaubte, daß dies die Aufgabe der Freilassungserklärung und anderer Maßnahmen gegen die Sklaverei bedeuten würde. Es bedeutete außerdem das Ende der Rekrutierung von Schwarzen in die Unionsarmeen zu einem Zeitpunkt, an dem die schwarzen Soldaten ihren Wert in Port Hudson am Mississippi und im Hafen von Charleston bewiesen.

Daran interessiert, seine Ansichten der Öffentlichkeit vorzustellen, nahm Lincoln eine Einladung zur Teilnahme an der feierlichen Einweihung des Friedhofs in Gettysburg an, wo die Tausende in dieser Schlacht Gefallenen, nachdem sie, so gut es ging, identifiziert und hastig verscharrt worden waren, neu bestattet wurden. Edward Everett, der ehemalige Präsident des Harvard College, Exsenator und Exaußenminister, würde eine lange Rede halten. Der Präsident wurde von der Friedhofskommission von Gettysburg gebeten, „ein paar passende Worte" zu sprechen.

Auf dem Briefpapier des Weißen Hauses begann Lincoln mit dem Entwurf der Rede, die er am 19. November halten würde. Er hatte die Absicht zu erklären, daß die Vereinigten Staaten nicht nur eine politische Union seien, sondern eine Nation – ein Wort, das er fünfmal benutzte. Ihren Ursprung sah er in der Unabhängigkeitserklärung von 1776, mit der „unsere Väter auf diesem Kontinent eine neue Nation schufen, die in Freiheit existieren und dem Grundsatz geweiht sein sollte, daß alle Menschen gleich sind". Lincoln wollte seine Zuhörer lediglich daran erinnern – und darüber hinaus auch die Tausende, die seine

Worte lesen würden –, daß ihre Nation nicht nur die konstitutionelle Freiheit versprach, sondern auch die Gleichheit der Menschen. Nun hätte das Opfer „der tapferen Männer...", die hier gekämpft haben, die Bedeutung der Unabhängigkeitserklärung erneuert... Dieses letzte, höchste Zeichen der Hingabe", das sie gesetzt hätten, mache es möglich, dafür zu sorgen, „daß diese Toten nicht umsonst gestorben sind", und zu geloben, „daß diese Nation mit Gottes Hilfe eine Neugeburt der Freiheit erleben wird".

In 272 Wörter gepreßt, war Lincolns Botschaft gleichzeitig eine Verteidigung seiner Regierung, eine Erklärung, weshalb der Krieg andauern müsse, und das Versprechen, daß auf Grund dieser Bemühungen „die Herrschaft des Volkes, durch das Volk und für das Volk niemals vom Antlitz der Erde verschwinden wird".

Am Vortag der Feierlichkeiten verließ der Präsident Washington in einem Sonderzug, begleitet von Seward, Blair, Innenminister John P. Usher, Nicolay, Hay und einer Militäreskorte. An diesem Abend arbeitete Lincoln eine Weile und fertigte eine Reinschrift von seinen Bemerkungen an. Am Morgen des 19. bestieg Lincoln, nachdem er seiner Rede den letzten Schliff gegeben hatte, in einem neuen schwarzen Anzug sein Pferd, und schließlich setzte sich die Prozession in Bewegung. Begleitet von der Musik von vier Militärkapellen, unternahm der Präsident mit seinen drei Ministern, Vertretern des Militärs und Angehörigen der Friedhofskommission einen langsamen Marsch von einem guten Kilometer bis zum Friedhof.

Auf dem Podium wartete Lincoln auf das Erscheinen von Edward Everett. Nach einem endlosen Gebet des Kaplans aus dem Repräsentantenhaus begann der Redner aus Massachusetts mit seiner zweistündigen Ansprache. Zum größten Teil war es eine Darstellung dessen, was an jenen drei brüllend heißen Julitagen geschehen war, als die Nation auf dem Spiel stand. Es war eine bewegende Ansprache, und laut einem Zuhörer rührte Everett „sein Publikum während seiner meisterlichen Rede mehrmals zu Tränen".

Dann, nach einer eigens für diesen Anlaß komponierten Hymne, sagte Ward Hill Lamon, der Zeremonienmeister dieses Ereignisses, den Präsidenten an. Mit seiner hohen, durchdringenden Stimme fing Lincoln an. Viele Zuhörer erwarteten nach

160

Links: Amerikanischer Sezessionskrieg 1861–65: Auf seiten der Nordstaaten greift ein Farbigenregiment an.
Unten: Lincoln bei seiner Ansprache auf dem Schlachtfeld von Gettysburg 1863

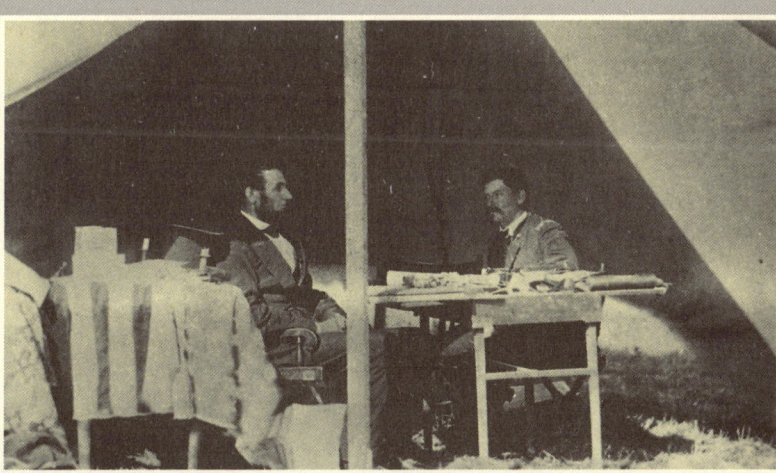

Präsident Lincoln nahm intensiv Anteil am Fortgang der Kampfhandlungen. Diese Fotografie aus dem Jahr 1862 zeigt ihn bei einer Besprechung mit General McClellan im Hauptquartier der Potomac-Armee.

Everetts langem Vortrag eine weitere lange Rede. Die meisten nahmen an, daß Lincoln gerade erst richtig loslegte, als er versprach, „daß diese Herrschaft des Volkes, durch das Volk und für das Volk niemals vom Antlitz der Erde verschwinden wird" – und sich hinsetzte.

Unmittelbar danach hatte Lincoln vielleicht den Eindruck, daß seine Gettysburg-Rede kein Erfolg gewesen war. Aber es wurde schnell deutlich, daß er mit seinen Worten die breite Öffentlichkeit erreicht hatte. Auch wenn die meisten Zeitungen den größten Teil ihrer Aufmerksamkeit Everetts Ansprache widmeten, so wuchs doch das Lob für die Rede des Präsidenten. „Die Anmerkungen von Präsident Lincoln werden in die Annalen der Menschheit eingehen", meinte die *Chicago Tribune* in einer der ersten Würdigungen.

Ein anderes Maß ihrer Wirkung war die Kritik, die seine Gegner anbrachten. Wilbur F. Storey von dem ultrademokratischen Chicagoer Blatt *Times* meinte, daß Lincoln durch den Hinweis auf die Unabhängigkeitserklärung dem Krieg eine ganz neue Richtung gebe. In seinen Augen war die Ansprache eine „Perversion der Geschichte", und Storey bestand darauf, daß die Offiziere und Männer, die ihr Leben in Gettysburg gelassen hatten, gestorben seien, „um diese Verfassung und die Union, die durch sie geschaffen wurde, zu erhalten", nicht, „um diese Nation auf die Feststellung festzulegen, daß alle Menschen gleich geboren sind". Die Schärfe dieser Proteste war ein Beweis dafür, daß es Lincoln gelungen war, das ursprüngliche Kriegsziel der staatlichen Einheit um das der Gleichheit zu erweitern.

XIV. Die größte Herausforderung, der ein Staatsmann je gegenübergestanden hat

Im Herbst 1863 war Lincoln die beherrschende Figur in der Union. Er fand weiten öffentlichen Zuspruch, und die militärische Lage zeigte sich vielversprechend. Im November vertrieben bedeutende Erfolge der Unionstruppen unter Grant, Sherman und George H. Thomas die Rebellen fast vollständig aus Tennessee und öffneten den Weg für den Einmarsch in Georgia.

Da der Zusammenbruch der Konföderation unmittelbar bevorzustehen schien, wurden Forderungen nach einer klaren Aussage darüber laut, wie die Südstaaten wieder in die Union eingegliedert werden sollten. Lincoln hatte die Wahl zwischen drei Möglichkeiten. Die Demokraten verlangten vom Präsidenten, die Freilassungserklärung zurückzuziehen und eine Generalamnestie für die Rebellen auszusprechen. Die Südstaaten, die rein rechtlich die Union niemals verlassen hatten, würden einfach neue Kongreßabgeordnete nach Washington schicken, und der Krieg wäre vorüber. Konservative Republikaner betrachteten sowohl die Freiheit als auch die Union als ihr Hauptanliegen. Abgesehen davon, daß sie die Einhaltung der Freilassungserklärung forderten, sprachen sie sich für großzügige Bedingungen für den besiegten Süden aus. Seward verlieh seiner Hoffnung Ausdruck, daß den Rebellen außer der Emanzipation der Sklaven keine weiteren Bedingungen auferlegt würden. Radikale Republikaner wollten auch noch die Gleichheit als dritten Punkt gewahrt wissen. Die meisten riefen nach einer drastischen Umorganisation der gesellschaftlichen wie auch der wirtschaftlichen Ordnung des Südens, ehe die rebellischen Staaten wieder in die Union aufgenommen werden könnten. Einige waren dafür, den Süden als unterworfene Provinz zu betrachten, und forderten die Aufteilung des Landes „unter patriotischen Soldaten, armen Weißen und Befreiten".

Bei der Vorbereitung seiner alljährlichen Rede zur Lage der Nation vermied der Präsident extreme Positionen. Die erste Hälfte der Ansprache bestand aus aneinandergereihten Erklärungen der verschiedenen Minister. Erst am Ende der Rede war Lincolns unverwechselbare Ausdrucksweise wieder zu vernehmen. Mit der Ankündigung einer Amnestie und der Wiedereingliederung versprach der Präsident allen Rebellen „einen vollständigen Pardon... sowie die Wiedereinsetzung in alle Eigentumsrechte, ausgenommen den Besitz von Sklaven". Dies sollte jedoch nicht für hochrangige konföderierte Amtsträger gelten, die einen Treueid auf die Verfassung ablegen und versprechen müßten, alle Gesetze des Kongresses und alle Erlasse des Präsidenten zur Sklaverei zu befolgen. Um die politische Reorganisation der Südstaaten zu beschleunigen, versprach er eine umgehende Anerkennung von Einzelstaatsregierungen, wenn wenigstens ein Zehntel ihrer Wähler von 1860 den Treueid leisten würde. Da ihm klar war, daß loyale Unionisten mit diesen Maßnahmen nicht einverstanden sein könnten, erklärte der Präsident, daß er für anderslautende Vorschläge ein offenes Ohr haben würde.

Dieses Programm der Wiedereingliederung markierte eine entscheidende Veränderung in Lincolns Überlegungen zur Zukunft der Südstaaten. Bei Ausbruch des Krieges hatte er aufgrund seiner Überzeugung, daß die Sezession das Werk einer nur kleinen verschwörerischen Minderheit sei, gehofft, daß eine unionistisch denkende Mehrheit im Süden die Verräter vertreiben und regierungstreue Repräsentanten und Senatoren nach Washington schicken würde. Aber im weiteren Verlauf des Krieges stellte sich ihm immer drängender die Frage, ob die loyalen Weißen in den abtrünnigen Staaten überhaupt eine Mehrheit bildeten. Jetzt, Ende 1863, fürchtete er, daß der Süden den Kurs verfolgen könnte, den er während der ersten Monate des Konflikts favorisiert hatte. Es bestand die reale Möglichkeit, daß die Konföderierten ihre Niederlage einräumen und dann aber behaupten könnten, die Union niemals verlassen zu haben – eine rechtliche Fiktion, die er und seine Berater stets aufrechterhalten hatten –, und dieselben Kongreßabgeordneten nach Washington schickten, die der Union 1861 die Gefolgschaft aufgekündigt hatten. Um dies zu vermeiden, verlangte seine Amnestieerklärung eine strengere Loyalitätsprüfung und eine Anerkennung der Emanzipation der Sklaven.

Lincolns Botschaft mit ihrer sorgfältigen Abwägung radikaler und konservativer republikanischer Vorschläge war so raffiniert, daß die Reaktionen im Kongreß, wie John Hay berichtete, „geradezu wunderbar" waren. Die Radikalen strahlten, während die Konservativen die Botschaft als „höchst zufriedenstellend" lobten.

Das vielleicht höchste Lob kam von der *Chicago Tribune*, deren Herausgeber Joseph Medill sich stets kritisch über Lincoln geäußert hatte. Nachdem er die Botschaft des Präsidenten zur Kenntnis genommen hatte, glaubte Medill, „daß die politische Zukunft klar und deutlich vorgezeichnet ist". Den Krieg zu beenden und eine Restauration der Union in die Wege zu leiten erforderte „einen klaren Kopf, einen aufrichtigen Geist und saubere Hände". In seiner privaten Korrespondenz drückte Medill seine Überzeugung aus, daß die Republikaner „Old Abe" per Akklamation für die Wiederwahl nominieren würden.

LINCOLN bemühte sich, sowenig wie möglich über die Wahl von 1864 nachzudenken. Aber trotz aller Belastungen seines Amtes wünschte er sie sich. Wie er später äußerte, betrachtete er eine zweite Amtszeit auch als Ausdruck für die Überzeugung der Bürger, daß er „eine schwierige Arbeit besser zu Ende führen könne ... als jeder andere, der weniger entbehrungsreich für diese Aufgabe ausgebildet wurde". Die Tradition verbot ihm, für seine Wiederwahl Wahlkampf zu machen, doch als der Zeitpunkt der Nominierung des republikanischen Kandidaten heranrückte, besuchte er ganz gezielt möglichst viele Empfänge und Bankette von politischen Freunden und möglichen Helfern. Mary Lincoln warb ebenfalls für die Wiederwahl ihres Mannes. Ihr Gesundheitszustand hatte sich gebessert, und sie hatte ihre Emotionen nun sicherer unter Kontrolle.

Lincoln wußte jedoch, daß es mit Empfängen im Weißen Haus nicht getan war, wenn er seine Wiederwahl sichern wollte. Innerhalb der Republikanischen Partei gab es erhebliche Opposition gegen ihn. In den meisten Fällen erwuchs die Unzufriedenheit mit dem Präsidenten nicht aus grundsätzlichen Differenzen. Praktisch alle Republikaner waren sich darin einig, daß der Krieg bis zum Sieg fortgesetzt werden müsse, daß die Sklaverei abgeschafft werden müsse und daß die Erfüllung einiger Bedingungen Voraussetzung dafür sei, daß die Südstaaten in die Union aufgenommen werden könnten.

Unter den Alternativkandidaten waren auch Frémont und Seward. Aber besonders viele Hoffnungen ruhten auf Finanzminister Salmon P. Chase. Chases Unzufriedenheit mit der Regierung, der er selbst angehörte, hatte ständig zugenommen. Ihn störte das fast freundschaftliche Verhältnis zwischen Lincoln und Seward, aber es steckte noch mehr dahinter. Chases Unzufriedenheit rührte aus seiner Überzeugung, daß er Lincoln als Staatsmann überlegen wäre.

Lincoln beobachtete Chases eher unbeholfene Bemühungen, für sich zu werben, mit zurückhaltender Belustigung. Der Präsident konnte sich seine Selbstsicherheit erlauben, da seine Parteigänger überall im Norden und in aller Stille für seine erneute Nominierung tätig waren. Im Februar peitschten Lincolns Helfer beim Konvent der Republikaner in Chases Heimatstaat Ohio einen Beschluß zu seiner Nominierung durch. Dann schob man im Zusammenhang mit dem Verdacht, im Finanzministerium gebe es Bestechungen, die Schuld allein auf Chase, und dessen sämtliche Hoffnungen auf eine mögliche Präsidentschaft zerschlugen sich. Verletzt und verbittert zog der Minister sich aus dem Wettbewerb zurück.

ZWANGSLÄUFIG wirkten sich politisch-strategische Erwägungen auf Lincolns Programm zur Wiedereingliederung der Südstaaten aus. Die Demokraten, die wachsam auf Anzeichen eines drohenden Cäsarismus achteten, erkannten die politischen Implikationen des 10-Prozent-Plans des Präsidenten. „Wenn in Arkansas, Louisiana, Tennessee und North Carolina Regierungen, die nur ein Zehntel aller Wähler repräsentieren, etabliert werden", schrieb eine New Yorker Zeitung, könnte Lincoln „so viele Wahlmännerstimmen kontrollieren, wie nötig sind, um die nächste Präsidentenwahl zu seinen Gunsten zu entscheiden", und sie erinnerte die Leser daran, daß, wenn der Präsident damit Erfolg hätte, „ein Wähler in Arkansas genausoviel politisches Gewicht hätte wie zehn Bürger von New York".

Auch die Republikaner begriffen, daß, sobald ein Südstaat reorganisiert und anerkannt wäre, dieser das Recht hätte, Delegierte zum republikanischen Nationalkonvent zu schicken, der am 7. Juni in Baltimore stattfinden sollte. Infolgedessen begannen jene Republikaner im Kongreß, die gegen eine erneute Nominierung Lincolns waren, die nach dem Wiedereingliederungsplan des Präsidenten eingesetzten Regierungen anzugreifen, um seine Nominierung zu verhindern. Lincoln erkannte ganz klar, daß das Schicksal seines Plans vom Ausgang des Rennens um die Nominierung für die Präsidentenwahl abhing.

Und der wiederum hing vom Erfolg der Unionsarmeen ab, und im Winter 1863/64 waren die Aussichten für die Lincoln-Regierung schlecht. Seit Gettysburg schienen es die Potomac-Armee und Lees Armee von Nordvirginia nicht sehr eilig zu haben. Zudem schwächten Tod und Desertion die Streitkräfte der Union. Zwischen dem 1. Februar und dem 14. März ordnete Lincoln daher die Einberufung von 700 000 weiteren Männern an.

In diesen harten Monaten zeigte sich in Lincolns Charakter ein Zug rücksichtsloser Entschlossenheit. Der Krieg dauerte schon viel zu lange. Es wurde Zeit, sein Ende zu erzwingen. Empört über die Drohung der Konföderierten, gefangene schwarze Soldaten zu erschießen, erließ Lincoln einen Vergeltungsbefehl. „Für jeden Soldaten der Vereinigten Staaten, der unter Verletzung des Kriegsrechts getötet wird", lautete der Befehl, „wird ein Rebellensoldat hingerichtet, und für jeden Mann, der vom Feind zum Sklaven gemacht wird, wird ein Rebellensoldat zur Schwerstarbeit im öffentlichen Dienst herangezogen." Es war ein Befehl, der vielen Nordstaatlern gefiel, aber er blieb eine leere Drohung. Nach kurzer Zeit lehnte Lincoln solche Vergeltungsmaßnahmen ab, denn, so schrieb er an Stanton, „Blut kann Blut nicht ersetzen, und die Regierung sollte niemals Rache üben".

Aus dem Gefühl heraus, daß etwas geschehen mußte, um die militärische Pattsituation zu beenden, entstand der Plan, Richmond zu stürmen. Er stammte von Colonel Ulric Dahlgren, dem Sohn von Admiral Dahlgren und seit langem ein Günstling des Präsidenten. Die unter einem schlechten Stern stehende Operation begann am 28. Februar. Beide eingesetzten Truppenteile wurden in den Außenbezirken von Richmond zurückgeschlagen, und Dahlgren wurde getötet. Aber die Aktion bewies die Entschlossenheit des Präsidenten, jeden möglichen Schritt zu unternehmen, um die Rebellion zu beenden.

Der Präsident konnte jedoch kaum erkennen, daß die Kommandeure der Potomac-Armee seine Entschlossenheit teilten. Während des Herbstes und des Winters verwickelte Meade seinen Gegner Lee in sorgfältig geplante Finten und Manöver, doch die Zusammenstöße erbrachten keine Fortschritte. Zwangsläufig verglich Lincoln die Lethargie der Potomac-Armee mit der ungewöhnlichen Energie, die von den westlichen Armeen unter Grant und Sherman demonstriert wurde. Dabei vergaß er offenbar, daß ein Großteil der Erfolge dieser Generäle der Tatsache zu verdanken war, daß weder Präsident noch Kriegsminister ihnen in ihre Pläne hineinreden konnte. Als Lincoln erfuhr, daß Meade es zugelassen hatte, daß sich General James Longstreets Armee, die in Osttennessee für die Konföderierten gekämpft hatte, nahezu unbehelligt nach West Virginia zurückziehen konnte, bekam er einen Wutanfall: „Zweifelt irgend jemand daran, daß, wenn Grant hier das Kommando hätte, er ihn auch schnappen würde?"

Dennoch war er noch nicht bereit, Grant aus dem Westen herbeizuholen. Ein Grund war, daß der General als möglicher

Präsidentschaftskandidat für 1864 in der Diskussion war. Seine politischen Ansichten waren unbekannt, und so wurde er von Demokraten wie von Republikanern heftig umworben. Da General McClellan sich insgeheim bei den Demokraten beliebt machte, wollte Lincoln nicht noch einen General mit politischen Zielen zum Befehlshaber machen. Er war erst beruhigt, als ein enger Freund Grants einen Brief ins Weiße Haus brachte, in dem der General erklärte, nichts könnte ihn dazu bewegen, für das Präsidentenamt zu kandidieren.

Nachdem dieses Hindernis aus dem Weg geräumt war, beförderte Lincoln Grant zum Generalleutnant, in einen Rang, der seit den Tagen George Washingtons nicht mehr besetzt worden war, und machte ihn zum Chef aller Armeen der Vereinigten Staaten.

Grant erreichte Washington am 8. März, gerade rechtzeitig, um am wöchentlichen Empfang im Weißen Haus teilzunehmen. Im Weißen Haus drängte der General sich durch die Schar aufgeregter Besucher und ging auf die hochgewachsene Gestalt des Präsidenten zu. Als Lincoln den mittelgroßen, unauffällig gekleideten Mann entdeckte, begrüßte er ihn herzlich und sagte: „Da sind Sie ja, General Grant! Es ist mir wirklich eine große Freude!" Ein paar Minuten später wurde Grant in den East Room geführt. Dort wollten ihn so viele Menschen begrüßen, daß er auf eine Couch klettern mußte, um nicht erdrückt zu werden, als jeder ihm die Hand schütteln wollte.

IN GRANT hatte Lincoln einen Kommandeur, den er mochte und dem er vertraute. Sein Mangel an Extravaganz und seine Gleichgültigkeit gegenüber Rang und Protokoll nahmen den Präsidenten für ihn ein. Am meisten, erklärte Lincoln einem anderen Offizier, mochte er Grant deswegen, weil „er mir keine Sorgen bereitet und mich nicht belästigt. Er schreit nicht ununterbrochen nach Verstärkung. Er nimmt an Soldaten, was wir ihm geben können, und tut mit ihnen das Beste, was er kann."

Der Präsident wollte dem neuen Oberbefehlshaber alles zur Verfügung stellen, was er konnte. Er begrüßte die Verpflichtung von Grants jungem Günstling Philip Sheridan als Befehlshaber der Kavallerie der Potomac-Armee. Als Grant Stanton verärgerte, weil er Männer von den Befestigungen um Washington abzog, kamen beide Männer ins Weiße Haus, um sich zu beschweren.

Nachdem er sich ihre Argumente angehört hatte, sagte Lincoln zu seinem Kriegsminister: „Sie und ich, Mr. Stanton, haben versucht, diesen Job zu tun, und wir waren dabei nicht sonderlich erfolgreich. Wir haben Mr. Grant herkommen lassen, damit er uns davon befreit, und ich denke, wir sollten ihn lieber in Ruhe tun lassen, was ihm gefällt."

Grant war sich schmerzlich bewußt, daß die Potomac-Armee und Lees Nordvirginia-Armee über drei lange Jahre „mehr schwere Schlachten geschlagen hatten, als je zuvor zwei Armeen hatten schlagen müssen, ohne die Stellung zu verändern". Er war überzeugt, daß der Erfolg sich niemals durch weitere solche Kämpfe erzwingen ließ. Statt dessen entwickelte Grant einen Plan, um das Kernland der Konföderierten von allen Armeen der Union gleichzeitig angreifen zu lassen. Diese konzertierte Aktion sollte am 5. Mai beginnen.

Als Lincoln von Grants Plan erfuhr, fühlte er sich, wie Hay berichtete, „nachhaltig an seinen alten Vorschlag erinnert, den er ständig geäußert hatte und der ebenso ständig ignoriert worden war, nämlich den Feind auf der ganzen Linie anzugreifen, um unsere zahlenmäßige Überlegenheit auszunutzen". Aber als Grant diesen Gedanken äußerte, spielte er den Überraschten.

In den frühen Stunden des 4. Mai, einem Donnerstag, überquerte die Potomac-Armee den Rapidan River, um einen neuen Feldzug gegen die Armee von Nordvirginia zu beginnen. Am nächsten Tag landete Butler mit 30 000 Soldaten am Südufer des James River und bedrohte Petersburg. Am 7. Mai startete Sherman seinen Marsch durch Georgia mit dem Ziel, die ost-westliche Haupttransportverbindung der Konföderierten zu zerstören und Atlanta zu erobern.

Lincoln verfolgte den Feldzug mit angespanntem Interesse. Während der ersten beiden Tage, als Grants Armee sich durch die Wildnis kämpfte, erreichten den Präsidenten keinerlei Meldungen. Erst am Freitagmorgen erhielt er einen vagen Bericht von Grant: „Der Vormarsch verläuft erfolgreich." Um zwei Uhr am nächsten Morgen unterhielt er sich mit einem Reporter, der soeben die Armee verlassen hatte. Grant hatte ihm aufgetragen: „Wenn Sie den Präsidenten treffen, dann bestellen Sie ihm, daß General Grant meint, ein Umkehren komme nicht in Frage." Darüber war Lincoln „sehr erfreut".

Dann gingen die niederschmetternden Nachrichten über die wirklichen Ereignisse ein. Grant hatte seine 100 000-Mann-Armee gegen Lees viel kleinere Streitmacht in der Wildnis geführt und versucht, in ihre Flanke zu gelangen, und hatte nach zwei Tagen heftigster Kämpfe 14 000 Mann Verluste zu verzeichnen. Da es ihm nicht gelang, Lees Armee zurückzuschlagen, war Grant nach Osten marschiert, traf aber bei Spotsylvania erneut auf Lee. Dort wurden zwischen dem 10. und dem 19. Mai mehr als 17 500 Unionssoldaten getötet oder verwundet. In einem Zeitraum von 14 Tagen hatte die Potomac-Armee fast 32 000 Mann verloren. Darüber hinaus wurden Tausende vermißt.

In dieser schrecklichen Zeit schlief Lincoln kaum. Eines Morgens entdeckte Francis B. Carpenter, der junge Künstler, der an einem Bild mit dem Titel „Erste Verkündung der Emanzipationserklärung durch Präsident Lincoln" malte, den Präsidenten im Flur des Weißen Hauses, „bekleidet mit einem langen Morgenmantel, in einer kleinen Nische vor einem der Fenster auf und ab gehend, die Hände auf dem Rücken verschränkt, tiefe dunkle Ringe unter den Augen, den Kopf bis auf die Brust gesenkt – insgesamt ein lebendes Beispiel für die Auswirkungen von Sorge, Anteilnahme und Angst".

Trotz der schrecklichen Verluste verzweifelte der Präsident nicht, denn anders als die vorherigen Kommandeure der Potomac-Armee zog Grant sich nicht zurück, sondern folgte Lees Armee weiterhin. Lincoln fand Trost in der Nachricht, die Grant am siebten Tag der Kämpfe an Stanton sandte: „Ich werde auf diese Weise weiterkämpfen, und wenn es den ganzen Sommer dauern sollte."

Zum Glück für Lincoln hatten Grants Verluste in Virginia keine Auswirkungen auf den Nominierungskonvent der Republikaner, der am 7./8. Juni in Baltimore zusammenkam und den Präsidenten einstimmig erneut nominierte. Anfangs ging man davon aus, daß Hamlin ebenfalls wieder als sein Vizepräsident aufgestellt würde, obgleich davon gesprochen wurde, für diesen Posten nun einen Kriegsdemokraten wie Andrew Johnson aus Tennessee oder General Benjamin F. Butler vorzuschlagen. Schließlich wurde Andrew Johnson nominiert.

Lincoln äußerte sich nicht zu der Frage der Nominierung des Vizepräsidenten. Daß er Hamlin nicht vorschlug, könnte mit

Dieses Gemälde von Francis Bucknell Carpenter zeigt Präsident Lincoln im Kreise seines Kabinetts bei Beratungen über die Sklavenbefreiung.

Hamlins radikaler Haltung in Fragen der Sklaverei zusammenhängen. Scherzhaft bemerkte Lincoln einmal, daß er keine Angst habe, die Konföderierten könnten ihn ermorden, denn sie wüßten, daß Hamlin danach seinen Platz einnehmen würde. Lincoln dachte außerdem, daß einiges dafür sprach, einen Kriegsdemokraten zu bestimmen, um die breite Koalition zu symbolisieren, auf der die National Union Party* zu ruhen hoffte, und einen Südstaatler zu nehmen, um zu bekräftigen, daß alle Staaten immer noch zur Union gehörten. Er bewunderte außerdem Johnsons Mut, in der Union zu bleiben, nachdem sein Staat abtrünnig geworden war. Aber letztlich maß er dem Amt des Vizepräsidenten keine große Bedeutung zu.

LINCOLNS erneute Nominierung brachte ihn in eine bessere Position, um seine Führungsrolle sowohl in der Regierung wie auch in der Partei zu festigen. Finanzminister Chase war der erste, der die neue Stärke des Präsidenten zu spüren bekam. Erheblich strapaziert durch die schwere Aufgabe, die hohen Ausgaben für den

---

* Diesen Namen benutzte die Republikanische Partei in der Präsidentschaftswahlkampagne 1864.

Krieg zu bestreiten, war Chase im Umgang mit dem Präsidenten zunehmend empfindlich geworden. Die beiden Männer fühlten sich unwohl, wenn sie zusammen in einem Raum waren, und Chase nahm nur noch gelegentlich an Kabinettssitzungen teil. Chase kam zu der Überzeugung, daß seine Arbeit im Kabinett nicht den Beifall des Präsidenten fand, und bot erneut seinen Rücktritt an. Als Lincoln annahm, war Chase wie vom Donner gerührt.

Der Präsident nominierte den Leiter des Finanzausschusses des Senats, William Pitt Fessenden aus Maine, für den Posten. Der Senator war entsetzt. Er wollte den Senat nicht verlassen und fühlte sich körperlich nicht in der Lage, den Posten zu übernehmen. Er fragte Stanton um Rat und meinte, daß diese Aufgabe ihn umbringen würde. Der Verteidigungsminister erwiderte knapp: „Nun gut, Sie können nicht schöner sterben als bei dem Versuch, Ihr Vaterland zu retten." Unglücklich nahm Fessenden an.

Nachdem sein Kabinett wieder vollständig war, kümmerte Lincoln sich darum, seinen Einfluß im Kongreß zu festigen, wo die Republikaner nun viel schärfer in Radikale und Konservative aufgespalten waren, die dem Präsidenten beide sehr kritisch gegenüberstanden.

In den letzten Tagen der Sitzungsperiode, als zahlreiche Mitglieder fehlten, erkannten die republikanischen Führer plötzlich, daß sie im Begriff waren, sich zu vertagen, ohne ein Gesetz zum Thema „Wiedereingliederung" verabschiedet zu haben. Sie brachten noch nicht einmal die notwendige Mehrheit auf, um den Verfassungszusatz zu verabschieden, in dem die Abschaffung der Sklaverei festgeschrieben wurde. Hastig einigten sie sich auf eine Gesetzesvorlage, die Henry Winter Davis, ein radikaler Kritiker der Regierung, als die „einzige praktikable Maßnahme der Emanzipation, die je in diesem Kongreß vorgeschlagen wurde", bezeichnete. Nach den Vorsitzenden des Kongreß- und des Senatsausschusses, die die Vorlage unterstützten, Wade-Davis-Bill genannt, verfügte das Dokument unter anderem eine durch den Kongreß anstatt durch die Exekutive ausgeübte Kontrolle über den Wiedereingliederungsprozeß. Die Bestimmungen waren viel strenger als die des vom Präsidenten vorgelegten Vorschlags. Als ersten Schritt verlangte das Gesetz die komplette Abschaffung der Sklaverei. Es führte weiter aus, daß im Gegensatz zu den vom Präsidenten geforderten 10 Prozent mindestens 50 Prozent aller

Wähler an Wahlen zur Wiedereinsetzung der staatlichen Regierungen teilnehmen müßten.

Am 2. Juli 1864 verabschiedet, demonstrierte dieses Gesetz die fortdauernde Opposition von seiten einiger radikaler Republikaner gegen die Wiederwahl Lincolns. Es spiegelte auch die Befürchtungen wider, daß Lincoln die Wiederwahl durch Wahlmännerstimmen der Staaten gewinnen könnte, die sich unter militärischer Kontrolle befanden. Angesichts einer solchen Revolte von seiten der Kongreßführung beschloß Lincoln, seine Autorität unter Beweis zu stellen. Es kamen Gerüchte auf, daß er das Gesetz nicht unterschreiben würde.

Während der Kongreß sich anschickte, seine Geschäfte bis zum Mittag des 4. Juli abzuschließen, hielt sich der Präsident im Kapitol auf, wo er zahlreiche Verfügungen überprüfte, die in den letzten Stunden der Sitzungsperiode verabschiedet worden waren. Schließlich entschied Lincoln, die Wade-Davis-Vorlage nicht zu unterschreiben, so daß sie mit der Vertagung des Kongresses nicht Gesetz werden konnte. Die Radikalen haderten mit Lincoln, aber er behielt die Kontrolle und war eindeutig Herr des Wiedereingliederungsprozesses.

WIE LANGE er die Kontrolle behielt, hing vom Ausgang der militärischen Operationen ab, und dort waren die Aussichten düster. In Georgia hatte Sherman eine blutige Niederlage erlitten, und Grant schaffte es nicht, Lees Armee zu überwältigen. Dann änderte Grant seine Strategie. Am 14. Juni führte er die Potomac-Armee zum Südufer des James River. Dort vereinigte sich die Potomac-Armee mit Butlers Truppen und konnte übers Meer versorgt werden. Gleichzeitig konnte sie die Eisenbahnlinie, die Richmond mit dem Süden verband, kappen.

Grants Positionswechsel war ein hervorragender Schachzug, der so brillant ausgeführt wurde, daß Lee kaum eine Ahnung von seinem Verbleib hatte. Sobald die Armee den James River überquert hatte, startete Grant einen Angriff auf die schwer befestigte Stadt Petersburg, Virginia, durch die drei wichtige Eisenbahnstrecken verliefen. Zunächst zurückgeschlagen, begann Grant die Belagerung der Stadt. Erstmals setzte er nun auf eine Zermürbungstaktik. Er nagelte Lees Armee fest, so daß keine Verstärkungen für den Kampf gegen Sherman auf den Weg geschickt werden konnten.

Nach sechs Wochen ständiger Kämpfe waren fast 100 000 Unionssoldaten entweder gefallen oder verwundet. Die Bewohner des Nordens, die überaus optimistisch reagiert hatten, als Grant das Kommando übernahm, begriffen nur langsam, was geschah. Ihre Zeitungen, die vom Kriegsministerium zensiert wurden, berichteten, daß „Grant einen großen Sieg errungen hat". Doch dann machten die schwarz umrandeten Zeitungsspalten, in denen die Gefallenen aufgelistet wurden, ihnen das Grauen des Krieges deutlich. Als Tausende von verwundeten Männern in die Krankenhäuser um Washington strömten, waren die Kosten des Feldzugs nicht länger zu verschleiern. Das Land erschauerte vor Entsetzen über das Blutbad.

Lincoln grübelte zunehmend über den Krieg und seine eigene Rolle darin nach. Häufig suchte er Antworten auf seine Fragen in der Bibel. Er war zu der Überzeugung gelangt, daß „dieses grandiose Buch das Beste ist, was Gott den Menschen gegeben hat".

Als die Last des Krieges immer schwerer auf seine Schultern drückte, kam Lincoln immer häufiger zu dem Schluß, daß individuelle Handlungen durch das Wollen einer höheren Macht vorbestimmt würden. Im April schrieb er einem Zeitungsredakteur in Kentucky einen langen Brief, in dem er erläuterte, weshalb er von seinem Versprechen anläßlich seiner Amtseinführung, sich nicht in die Sklavenfrage einzumischen, abgerückt und auf eine Politik der Emanzipation umgeschwenkt war. Aus diesem Brief gehen in eindeutigen Worten Lincolns Ansichten über die individuelle Verantwortung hervor: „Ich behaupte nicht, die Ereignisse kontrolliert zu haben, sondern gebe offen zu, daß die Ereignisse mich kontrolliert haben", sagte cr. „Nun, nach drei Jahren schwerster Kämpfe, befindet die Nation sich in einem Zustand, den keine Partei und kein Mensch gewünscht oder erwartet hat. Er ist einzig und allein das Werk Gottes."

XV. Mit festem Vertrauen in das, was recht ist

Anfang Juli 1864 traf ein Besucher Lincoln ziemlich deprimiert an, „im Grunde völlig gelähmt und niedergeschlagen". Er hatte jeden Grund, bedrückt zu sein. Kriegsmüdigkeit breitete sich aus, und die Forderungen nach Verhandlungen, um endlich das Morden zu beenden, wurden entschiedener. Die Demokraten bereiteten ihren Nationalkonvent vor, der Ende August in Chicago stattfinden sollte, und es war damit zu rechnen, daß sie ein Friedensprogramm verabschieden würden. Die Republikaner waren sich weiterhin uneins, und Lincolns Position zwischen denen, die meinten, er sei gegenüber dem Süden zu nachgiebig, und jenen, die ihn für zu streng hielten, war ausgesprochen unbequem. Am schlimmsten aber war, daß die Unionsarmeen offenbar in einer Sackgasse steckten. Sherman näherte sich zwar Atlanta, war aber, wie es schien, dem Sieg keinen Schritt näher gekommen. Im Osten hatte Grant sich mit der Belagerung von Petersburg festgefahren.

Schlimmer noch, einmal mehr wurde Washington direkt bedroht. Um Grants Druck auf Richmond ein wenig zu lösen, marschierte Jubal A. Early mit dem II. Korps der Armee von Nordvirginia, fast ohne auf Gegenwehr zu stoßen, das Shenandoah Valley hinunter und überquerte den Potomac. Seine Streitmacht war bescheiden – nur 15 000 Soldaten –, aber als sie sich in Maryland über das Land verteilte, war sie immerhin stark genug, um in Hagerstown und Frederick Proviant und Nachschubgüter zu requirieren, ehe sie sich nach Washington wandte. Am 9. Juli drängten die Invasoren am Monocay River die Verteidigungsstreitmacht der Union beiseite und rückten auf die Hauptstadt der Nation vor. Halleck tat alles in seinen Kräften Stehende. Er verteilte Gewehre an Bundesbeamte und bewaffnete die Soldaten in den Krankenhäusern, die noch laufen konnten, aber es war alles andere als klar, ob diese Behelfsstreitmacht den konföderierten Eindringlingen standhalten konnte.

Am 11. Juli marschierten Earlys Männer durch Silverspring, Maryland, und näherten sich den starken, aber nur schwach bemannten Verteidigungsanlagen von Fort Stevens. Die Konföderierten kamen bis auf 150 Meter an das Fort heran, ehe die Artillerie sie zum Rückzug zwang.

Lincoln hielt sich in dem Fort auf, als es zum erstenmal angegriffen wurde. Er war mit einer Kutsche von Washington herübergekommen und kletterte auf die vordere Brustwehr. Von einem Offizier lieh er sich ein Fernglas aus und beobachtete die heranrückenden Konföderierten. „Er stand dort in einem langen Frack und mit einem Zylinder auf dem Kopf und bot einen sehr auffälligen Anblick", erinnerte sich der Offizier. Schließlich befahl ein Soldat dem Präsidenten in barschem Ton, er solle herunterkommen, ehe ihm der Kopf weggeschossen würde. Lincoln kletterte gelassen von der Brustwehr herunter, setzte sich in seine Kutsche und wurde in die Stadt zurückgebracht.

Am nächsten Tag machten Earlys Konföderierte einen letzten Versuch, um die Hauptstadt einzunehmen. Erneut fanden die schwersten Kämpfe bei Fort Stevens statt. Nach dem Fehlschlag dieses letzten Angriffs zog Early sich zurück. General Horatio G. Wright unternahm einen halbherzigen Versuch, die Konföderierten zu verfolgen, ließ dann jedoch seine Soldaten anhalten, aus, wie Lincoln bissig bemerkte, „Angst, sie könnten irgendwelchen Rebellen begegnen und vielleicht sogar einige von ihnen fangen".

Am 30. Juli, nach Wochen der Tatenlosigkeit, versuchte Grant, die Verteidigungslinien von Petersburg zu durchbrechen, indem er eine große Sprengmine hinter den Linien der Konföderierten zündete. 15 000 Unionssoldaten stürmten in den Explosionskrater, aber sie wurden nur schlecht von entweder betrunkenen oder unfähigen Offizieren geführt, und innerhalb weniger Stunden waren 4000 Männer verwundet oder tot.

Noch vor diesem Fiasko hatte Lincoln angesichts der Verluste der Union 500 000 weitere Soldaten einberufen lassen. Diesmal traf die Einberufung auch wohlhabende Familien der Mittelschicht, weil der Kongreß die Gebühr von 300 Dollar abgeschafft hatte, mittels derer sich ein Mann vom Militärdienst befreien lassen konnte. Fast gleichzeitig – die Kriegskosten stiegen – kündigte Finanzminister Fessenden die neuerliche Ausgabe von Staatsanleihen im Wert von 200 Millionen Dollar an. Das Ansehen der Regierung war jedoch so gering, daß er Schwierigkeiten hatte, Käufer zu finden.

Mit all diesen Problemen konfrontiert, war Lincoln hinsichtlich seiner Chancen für eine Wiederwahl sehr pessimistisch. Dann, in den letzten Tagen des August, verbesserten sich mit dem demokratischen Konvent in Chicago die Aussichten für Lincoln erheblich. Das Parteiprogramm der Demokraten verlangte „eine Einstellung von Feindseligkeiten". Die Republikaner nahmen diese Einladung an und bezeichneten das Programm als „die Chicago-Kapitulation". Dann nominierte die Versammlung General George B. McClellan als Präsidentschaftskandidaten. Die beiden Flügel der demokratischen Partei hatten einen Handel abgeschlossen: Die Friedensdemokraten diktierten das Programm, während ihre Gegner den Präsidentschaftskandidaten stellen sollten.

Nach einigem Abwarten rückte McClellan von der Friedensforderung ab. Er könne seinen tapferen Kameraden in der Armee und Marine, die so viele blutige Schlachten überstanden haben, nicht in die Augen schauen und ihnen erklären, daß ihre Mühsal und das Opfer so vieler Gefallener und Verwundeter völlig umsonst gewesen seien. Aber der Schaden war angerichtet.

Am 4. September kam eine Nachricht von Sherman: „Atlanta gehört uns, und es wurde leicht genommen." Fast gleichzeitig kam auch die Meldung, daß Konteradmiral David G. Farragut in Alabama Mobile eingenommen hatte, den letzten Hafen, den die Konföderierten am Golf noch innegehabt hatten. Begeistert proklamierte Lincoln einen Tag des Dankens und Betens für „den ungewöhnlichen Erfolg, den die göttliche Vorsehung endlich den Operationen der Vereinigten Staaten beschert hat".

„ICH KANN mich nicht um die Wahlkampfmaschinerie kümmern", soll Lincoln während des Wahlkampfs gesagt haben. „Ich habe auch so alle Hände voll zu tun. Das müssen meine Leute machen."

Lincolns Wahlkampfauftritte waren selten, und er reagierte nicht auf Attacken der Demokraten. Nichtsdestoweniger war er entscheidend am Management hinter den Kulissen beteiligt, vor allem an den Bemühungen um parteiliche Einigkeit. „Tatsächlich", so bemerkte Finanzminister Fessenden, „ist der Präsident so sehr mit der Wahl beschäftigt, daß er nicht viel anderes tun kann."

„Ich gebe zu, daß ich mir wünsche, wiedergewählt zu werden", erklärte der Präsident ganz offen. „Gott weiß, daß ich mir nicht die Arbeit und die Verantwortung des Amtes für weitere vier Jahre wünsche. Aber ich bin stolz genug, um eine Bestätigung für die letzten vier Regierungsjahre zu suchen."

Schließlich war der Wahltag gekommen, regnerisch und nebelverhangen, und der Präsident verbrachte den Abend im Kriegsministerium, wo er auf die Ergebnisse wartete. Schon aus den ersten Berichten ging hervor, daß die Republikaner einen großen Sieg errungen hatten.

SYMPATHISANTEN der Konföderierten im Norden betrachteten Lincolns Wahl als eine Katastrophe. Die meisten Führer der Konföderierten teilten diese Meinung. Da sie die Niederlage kommen sahen, wenn sie nicht irgendwelche drastischen Maßnahmen ergriffen, begannen sie entsprechende Möglichkeiten zu sondieren. Manch einer dachte an Friedensverhandlungen, andere an eine ausländische Intervention. Südstaatenpräsident Davis schickte einen Gesandten nach Übersee, um die Emanzipation der Sklaven als Gegenleistung für eine Anerkennung seines Staates durch England und Frankreich anzubieten. Viele waren bereit, das verzweifelte Risiko einzugehen und Schwarze in die Konföderiertenarmee aufzunehmen. Und einige kamen auf den Gedanken, daß der einzige Weg, um die Niederlage der Konföderierten abzuwenden, darin bestand, den Kopf der Unionsregierung zu entfernen.

Die Idee, Lincoln auszuschalten, war nicht neu. Sogar schon vor seiner ersten Wahl 1860 hatte er Morddrohungen erhalten. Aber sobald er im Weißen Haus saß, schenkte er der Gefahr nicht mehr allzuviel Aufmerksamkeit. Er meinte, daß in einer demokratischen Gesellschaft der oberste Regierungsbeamte nicht von der Öffentlichkeit abgeschirmt werden dürfe. „Es geht nicht an", sagte er einem Angehörigen von Hallecks Stab, „daß ein Präsident Wächter mit gezückten Säbeln vor seiner Tür stehen hat, als wäre er ein Kaiser oder als versuchte er einer zu sein." Außerdem erkannte er, daß es unmöglich war, absolut geschützt zu sein.

Konsequenterweise ergriff Lincoln nur wenige Vorsichtsmaßnahmen, um seine Sicherheit zu gewährleisten. Während der ersten Jahre seiner Präsidentschaft unternahm er spätabends oft lange und einsame Spaziergänge durch die Straßen von Washington und ging ohne Begleitung über das dunkle Grundstück des Weißen Hauses zum Kriegsministerium. Während der heißen Monate, wenn die Lincolns in ihrem Landhaus wohnten, bewältigte er den Weg zum Weißen Haus und zurück häufig auf dem Pferderücken oder in einer offenen Kutsche. Oft besuchte er das Theater, nur von Mary begleitet oder manchmal von Tad und ein oder zwei Freunden. Sein alter Freund Ward Lamon, der Polizeichef des District of Columbia, der sich für seine Sicherheit verantwortlich fühlte, wurde durch Lincolns Gleichgültigkeit in Sicherheitsdingen fast zum Wahnsinn getrieben. Schließlich kommandierte der Chef der Washingtoner Stadtpolizei auf Druck Lamons hin vier Beamte in Zivil ab, die den Präsidenten auf seinen Spaziergängen und bei seinen Theaterbesuchen begleiten sollten. Nachts hatte einer von ihnen Dienst im Weißen Haus vor den Privatgemächern der Lincolns.

Die Feindseligkeit gegenüber dem Präsidenten nahm während der letzten Monate des Jahres 1864 rapide zu, als unzufriedene Nordstaatler und verbitterte Konföderierte erkannten, daß die Lincoln-Regierung weitere vier Jahre im Amt bleiben würde. Da, so meinten sie, der Despot nicht mit Hilfe der Wahl zu entfernen war, wurde es Zeit, sich nach anderen Möglichkeiten umzuschauen.

In der Konföderation dachte man eher darüber nach, Lincoln zu entführen, als ihn zu töten. Wenn man Lincoln nach Richmond schaffen könnte, wäre er vielleicht bereit, mit der konföderierten Regierung zu verhandeln. Die Rücksicht auf den Präsidenten könnte Grant dazu bringen, seine unbarmherzigen Angriffe endlich einzustellen, und – das reizvollste Argument von allen – Lincoln könnte als Geisel benutzt werden, um die Freilassung von rund 200 000 konföderierten Kriegsgefangenen zu erzwingen.

Ende September 1864 schlichen sich Thomas Nelson Conrad, ein konföderierter Prediger und Spion, und eine Gruppe von drei Helfern durch die feindlichen Linien nach Washington, wo sie den Präsidenten zu überwältigen hofften, wenn seine Kutsche auf das Grundstück des Landhauses einbog. Zu ihrer Überraschung war Lincoln von schwerer Bewachung umgeben. Stanton hatte zusätzliches Schutzpersonal für den Präsidenten abgeordnet, nachdem an einem Augustabend vermeintlich ein Attentat auf ihn verübt worden war. Jetzt feuerte jemand einen Schuß auf ihn ab. Lincoln blieb unversehrt, aber am nächsten Tag fanden die Soldaten seiner Wache seinen „Achtdollarzylinder" mit einem Einschußloch in der Krempe. Conrad blieb in der Hoffnung auf eine weitere Gelegenheit mindestens bis zum 10. November in New York, aber er kam nicht mehr an den Präsidenten heran und brach seine Mission daher ab.

In den Wochen nach seiner Wiederwahl meinte Lincoln, es gebe wichtigere Dinge, über die er nachdenken müsse, als Angriffe auf sein Leben. Nun, am Beginn seiner zweiten Amtszeit, mußte er sich zahlreicher Gesuche prominenter Parteimitglieder um Aufnahme in die Regierungsmannschaft erwehren. Am Ende entschied er, daß er so wenige Amtsträger wie möglich auswechseln wolle, weil, wie er feststellte, „es sehr einfach ist, jemanden zu entfernen, aber wenn ich seinen Platz neu besetzen will, warten da zwanzig Bewerber, und von diesen mache ich mir neunzehn zu Feinden".

Aber einige Veränderungen waren notwendig. Nicolay wie auch Hay waren nach fast vier Jahren aufopferungsvollen Dienstes als seine Privatsekretäre erschöpft, und Nicolays Gesundheit war bereits angegriffen. Lincoln beschloß, ihm einen gutbezahlten Posten als Konsul der Vereinigten Staaten in Paris zu geben und Hay zum Legationssekretär in Frankreich zu machen. Er hatte die Absicht, den Posten des Privatsekretärs Noah Brooks anzubieten, dem liebenswürdigen und politisch zuverlässigen Korrespondenten des *Union* aus Sacramento.

In den Monaten zwischen seiner Wahl im November und seiner Amtseinführung im März mußte der Präsident außerdem vier neue Mitglieder für sein Kabinett bestimmen. Einige Zeit zuvor war er aus politischen Gründen gezwungen gewesen, den Rücktritt von Postminister Montgomery Blair zu verlangen, und für den Rest seiner ersten Amtszeit hatte er William Dennison, den ehemaligen Gouverneur von Ohio, zu dessen Nachfolger ernannt. Nun verpflichtete er ihn dauerhaft. Kurz nach der Wahl reichte Justizminister Edward Bates, mittlerweile 71 Jahre alt, sein Rücktrittsgesuch ein. Für ihn holte Lincoln einen treuen Bekannten aus Kentucky zu sich, nämlich James Speed, den Bruder seines alten Freundes Joshua F. Speed.

Als auch der Innenminister am 8. März zurücktrat, nutzte Lincoln die Gelegenheit, ihn durch Senator James Harlan aus Iowa zu ersetzen. Harlan war einer der entschiedensten Verteidiger der Regierung im Kongreß gewesen, und die Verlobung seiner Tochter Mary mit Robert Todd Lincoln vertiefte sein persönliches Verhältnis zum Präsidenten. Im Februar, kurz vor Beginn der neuen Amtszeit, hatte auch Fessenden darum gebeten, von seinen Pflichten als Finanzminister befreit zu werden, damit er in den Senat zurückkehren konnte. Lincoln ersetzte ihn durch den fähigen Hugh McCulloch.

Im Gegensatz zu den Mitgliedern des ursprünglichen Kabinetts kam keiner der neuen Amtsträger aus der Führungsriege der Republikaner. Lincoln fühlte sich jetzt so stark, daß er sich nicht mehr mit den Chefs der rivalisierenden Parteigruppierungen umgeben mußte. Die neuen Kabinettsmitglieder – wie auch die verbliebenen Seward, Stanton und Welles – waren Lincoln zudem persönlich verbunden. Er war absolut sicher, daß er Unstimmigkeiten zwischen ihnen würde regeln können.

Keine Ernennung hatte jedoch eine potentiell größere Bedeutung als die des Obersten Richters, der dem im Oktober verstorbenen Roger B. Taney nachfolgen würde. Gemeinsam mit den von Lincoln ernannten beigeordneten Richtern Noah Swayne, Samuel F. Miller, David Davis und Stephen J. Field würde der neue Oberste Richter in Fällen von grundsätzlicher Bedeutung zu Mehrheitsentscheidungen kommen müssen. Selbst Anwalt, wollte der Präsident einen Mann benennen, der im praktischen Umgang mit dem Gesetz versiert und weniger ein Ideologe und Theoretiker wäre. Er hoffte, daß der neue Oberste Richter begriff, daß die „Funktion der Gerichte darin besteht, über Fälle zu entscheiden – und nicht über Prinzipien".

Lincoln hatte die Benennung ganz bewußt bis nach der Wahl hinausgeschoben. In dieser Phase ging er die Liste empfohlener Kandidaten durch und verwarf einen nach dem anderen. Am Ende blieb der Name Salmon P. Chase übrig. Das stärkste Argument gegen Chase war sein unstillbarer politischer Ehrgeiz. Aber die Argumente, die für ihn sprachen, waren viel stärker. Während der nächsten Jahre würden die schwierigsten Fälle mit der Verfassungsmäßigkeit von Lincolns Emanzipationspolitik und mit der Finanzierung des Krieges zu tun haben. Chases Vergangenheit, so dachte der Präsident, ließ ihn in diesen grundlegenden Punkten sicherlich die richtigen Entscheidungen fällen.

DER NEUE Kongreß, der sich am 5. Dezember versammelte, unterstützte Lincolns Politik recht massiv. Die Kongreßabgeordneten erkannten, daß es politisch nicht besonders klug wäre, die Politik eines Präsidenten anzugreifen, der soeben erst mit überwältigender Mehrheit wiedergewählt worden war. Militärische Siege taten ein übriges, um Lincolns Position zu stärken. Die Eroberung von Atlanta hatte wahrscheinlich den Ausgang der Wahl von 1864 entschieden, und nun, während Grant Lees

Armee vor Richmond festhielt, setzte Sherman seinen Marsch zum Ozean fort. Am 25. Dezember schickte er ein Telegramm an Lincoln:

> Hiermit überreiche ich Ihnen als Weihnachtsgeschenk die Stadt Savannah mit 150 schweren Waffen und viel Munition sowie etwa 2500 Ballen Baumwolle.

Unterdessen hatten die Streitkräfte von General Thomas den Einmarsch der Konföderierten nach Tennessee zum Halten gebracht und Hoods Armee geschlagen. Der Doppelsieg von Thomas und Sherman bewirkte eine bemerkenswerte Veränderung im Kongreß. Viele Mitglieder, die bisher stets gegen Lincoln opponiert hatten, dämpften nun ihre Kritik.

Im Geiste des Entgegenkommens suchte Lincoln die Unterstützung der Demokraten wie auch der Republikaner. Seine Jahresansprache enthielt eine ernste Bitte an seine politischen Gegner, den vorgeschlagenen Zusatz zur Verfassung anzunehmen, der die Sklaverei überall in den Vereinigten Staaten strengstens verbot. In der vorausgegangenen Sitzungsperiode hatte die Vorlage im Repräsentantenhaus nicht die notwendige Zweidrittelmehrheit auf sich vereinigen können.

Diesmal stimmten mehr als zwei Drittel der Mitglieder des Repräsentantenhauses für diesen „Dreizehnten Verfassungszusatz" und reichten ihn zur Ratifizierung an die Regierungen der Einzelstaaten weiter. Der Präsident war hoch erfreut. Er war überzeugt, daß der Dreizehnte Zusatz die Frage der Rechtmäßigkeit der Freilassungserklärung vom Tisch wischen würde.

Selbst in der kontroversen Frage der Wiedereingliederung nahm der Kongreß in der neuen Sitzungsperiode eine veränderte Haltung ein. Sieben Monate zuvor hatten alle Republikaner im Senat und alle bis auf sechs Republikaner im Repräsentantenhaus für das Wade-Davis-Gesetz gestimmt, das vorsah, dem Präsidenten den Prozeß der Wiedereingliederung aus der Hand zu nehmen. Lediglich Lincolns Veto hatte dies verhindert. Nun verzichtete der Kongreß in einer bemerkenswerten Kehrtwendung auf jegliche Gesetzgebung zur Wiedereingliederung und beließ die Angelegenheit vollkommen in Lincolns Händen.

Im Prinzip waren die Novemberwahlen für diesen Wechsel verantwortlich. Die republikanischen Kongreßabgeordneten wollten sich auf keinen Fall einem Präsidenten ihrer eigenen Partei widersetzen, der bei der Wahl mit einem eindeutigen Mandat ausgestattet worden war. Aber es fiel ihnen auch leichter, den Wünschen des Präsidenten zur Wiedereingliederung zu entsprechen, weil die Grundvoraussetzungen sich geändert hatten. Während der Kongreß über den Vorschlag zum Dreizehnten Verfassungszusatz diskutierte, schickte er sich außerdem mit Segen des Präsidenten an, das neue „Büro für Flüchtlinge, Befreite und verlassenes Land" einzurichten, eine dem Kriegsministerium untergeordnete Behörde, die den Übergang von der Sklaverei zur Freiheit im Süden kontrollieren sollte. Das entsprechende Gesetz, das den Bundesbehörden eine Schutzfunktion über die vor kurzem freigelassenen Sklaven zuwies, machte es für die republikanischen Kongreßabgeordneten einfacher, aus ihrer Sicht unvollkommene Staatsregierungen im Süden zu akzeptieren, da diese Regierungen eines Großteils ihrer Macht beraubt wurden.

DER TAG der Amtseinführung, der 4. März 1865, begann naß und windig. Trotz des scheußlichen Wetters versammelte sich schon vor zehn Uhr eine Menschenmenge auf der Ostseite des Kapitols. Als die Zeremonien gegen Mittag endlich begannen, waren die Zuschauer völlig durchnäßt. Frauen, die lange schwere Kleider trugen, waren „in einem erbärmlichen Zustand", beobachtete Noah Brooks. „Krinolinen waren zerdrückt, Röcke verschmutzt, und Moiréstoffe, Samt, Spitzen und so weiter waren über und über mit Schlamm bespritzt."

Zuerst wurde der Vizepräsident vereidigt, was im Senat geschah. Soeben aus Tennessee eingetroffen, erschöpft von der langen Reise und gezeichnet von einer gerade erst überstandenen Typhuserkrankung, bat Andrew Johnson um einen Schluck Whiskey, um seine Nerven zu beruhigen. Das Getränk stieg ihm zu Kopf. In einer langen konfusen Rede brüstete er sich seiner plebejischen Herkunft und erinnerte die peinlich berührten Mitglieder des Obersten Gerichts, des Kabinetts und sogar des diplomatischen Korps – „mit all Ihren feinen Federn und billigem Gepränge" – daran, daß sie ihre Amtswürden nur Volkes Gnaden verdankten. Als Johnson endlich schloß und den Eid ablegte, beugte der Präsident sich zum Zeremonienmeister vor und meinte flüsternd: „Sorgen Sie dafür, daß Johnson draußen nicht den Mund aufmacht."

Dann zog die Gruppe um den Präsidenten hinaus auf eine Bühne vor der Ostfront des Kapitols. Als Lincolns hochgewachsene Gestalt erschien, „brach Hochruf auf Hochruf aus, flatterten Bänder in der Luft und knatterten Fahnen über den Versammelten". Als die Menge sich beruhigt hatte, trat der Präsident vor. In diesem Moment drang die Sonne durch die Wolkendecke und übergoß die Szene mit ihrem strahlenden Schein. Der Oberste Richter Chase betrachtete dies als ein „verheißungsvolles Omen".

Mit seiner klaren, hohen Stimme verlas Lincoln eine der kürzesten Inaugurationsreden der amerikanischen Geschichte (703 Wörter) und zugleich eine der erinnerungswürdigsten. „Während der vergangenen vier Jahre", so stellte er mit erschöpftem Unterton fest, „wurden zu jedem Punkt und jeder Phase dieser großen Auseinandersetzung öffentliche Erklärungen abgegeben." Infolgedessen könne er den größten Teil seiner Ansprache den Ursprüngen des Konflikts und einer Analyse seiner Bedeutung widmen. Auffälligerweise fehlte in seiner kurzen Darstellung vom Beginn des Krieges jegliche Schuldzuweisung. „Alle haben sich davor gefürchtet – alle haben sich bemüht, ihn zu vermeiden. Aber eine der Parteien des Konflikts" – wobei er es sorgfältig vermied, vom Süden oder von der Konföderation zu reden – „wollte lieber Krieg als den Fortbestand der Nation, und die andere war eher zum Krieg bereit, als die Nation sterben zu lassen." Nachdem er an dieser Stelle durch Applaus unterbrochen wurde, fuhr Lincoln fort: „Und der Krieg kam." Die Sklaverei sei „in gewissem Maße die Ursache des Krieges". Sie sei die Einrichtung, die die Nation teilte. Die Menschen in beiden Lagern hätten einst dieselben Werte geachtet; sie hätten „dieselbe Bibel, und sie beten zum selben Gott, und jeder erfleht seine Hilfe im Kampf gegen die andere Seite".

Danach suchte Lincoln sowohl für sich wie auch für das amerikanische Volk nach einer Erklärung dafür, daß der Krieg sich so lange hinzog. Der Krieg dauere so lange, weil „der Allmächtige seine eigenen Absichten verfolgt", die sich von den Absichten der Menschen unterschieden. Da er zu einem bibelkundigen Auditorium sprach, wußte Lincoln, daß er verstanden würde, wenn er die geläufige Lehre der strengen Vergeltung anführte, den Glauben, daß die Strafe für die Verletzung eines Gesetzes Gottes genau dem Vergehen entspricht. „Aber wenn Gott will, daß er fortdauert", so Lincoln weiter, „bis aller Reichtum, der in 250 Jahren furchtbaren Sklavenschicksals aufgehäuft wurde, vernichtet ist, und bis jeder Tropfen Blut, der mit der Peitsche vergossen wurde, von jemand anderem durch das Schwert zurückgefordert wurde, wie es vor 3000 Jahren geheißen hat, dann muß festgestellt werden, ‚die Wege des Herrn sind weise und gerecht'."

Als Doktrin verstanden, war dies eine harte Aussage, aber sie befreite sowohl den Süden wie auch den Norden von einer Schuldzuweisung für das unendliche Blutvergießen. Und da nun dem Allmächtigen die Ausführung dieses harten Urteils oblag, konnte Lincoln sich den eingeschränkteren Verpflichtungen der Sterblichen zuwenden. Die tief empfundene Verantwortung der Nation für jene anerkennend, die gekämpft, gelitten und ihr Leben gelassen hatten, versprach er, „für all jene, die die Schlacht geschlagen haben, und für ihre Witwen und Waisen zu sorgen". Dann beendete er seine Ansprache mit erhabener Rhetorik: „Mit Haß gegen niemanden; mit Güte für alle; mit festem Vertrauen in das, was recht ist, wie Gott es uns gezeigt hat, laßt uns danach streben, das Werk zu beenden, an dem wir arbeiten, nämlich die Wunden der Nation zu verbinden und alles zu tun, um einen gerechten und ewigen Frieden unter uns und mit allen Nationen zu schaffen."

Nach tosendem Applaus drehte Lincoln sich zum Obersten Richter Chase um, legte die rechte Hand auf die aufgeschlagene Bibel und endete mit einem emphatischen „So wahr mir Gott helfe!" Dann küßte er die Bibel, und während die Artillerie Salut schoß und die Menge in Jubel ausbrach, begann seine zweite Amtszeit.

LINCOLN war nach den Inaugurationsfeierlichkeiten derart erschöpft, daß er für einige Tage das Bett hüten mußte. Er war nicht organisch krank. Obgleich immer noch recht gut bei Kräften, war er häufig furchtbar müde und verlor ständig Gewicht. Er war erst 56 Jahre alt, doch Beobachter der zweiten Amtseinführung meinten, er habe sehr alt gewirkt. Joshua Speed, der den Präsidenten lange nicht gesehen hatte, erschrak, als er ihn so „abgemagert und erschöpft" vor sich sah. „Speed", sagte Lincoln, „ich mache mir ein wenig Sorgen um mich; fühlen Sie mal meine Hand." Sie war, so erinnerte Speed sich, „kalt und feucht".

Mary sorgte sich ebenfalls wegen seiner Gesundheit. „Der arme Mr. Lincoln sieht so gebrochen und völlig ausgelaugt aus", erzählte sie ihrer Schneiderin, „ich fürchte, er wird die nächsten vier Jahre nicht überstehen." Um ihn von seinem Schreibtisch wegzulocken, überredete sie ihn, öfter ins Theater zu gehen. Er fand Gefallen an allen möglichen Theaterunterhaltungen und besuchte zahlreiche Schauspiele. Shakespeare-Dramen gefielen ihm am besten, und Lincoln ließ sich selten eine solche Aufführung entgehen. Im Februar und März 1864, während einer der gefährlichsten Phasen des Krieges, nahm er sich die Zeit, um *Richard III., Julius Cäsar, Der Kaufmann von Venedig* und *Hamlet* zu erleben. Shakespeares Witz und der Zauber seiner Sprache gefielen dem Präsidenten. „Es ist mir gleich, ob Shakespeare gut oder schlecht dargeboten wird", bemerkte er, „bei ihm reicht mir der Gedanke, der dahintersteht, völlig."

Mary versuchte auch, ihren Mann durch Ausfahrten in der Kutsche abzulenken. Das waren die Momente ruhiger Gespräche, in denen Lincoln sich an die Vergangenheit erinnerte und für die Zukunft plante. Obwohl er erst am Anfang seiner zweiten Amtszeit stand, sehnte er schon ihr Ende herbei. Dann, so meinte er zu seiner Frau, würde er mit der ganzen Familie nach Europa reisen. Er war sich noch nicht schlüssig, wo sie sich am Ende niederlassen sollten. Früher hatte er davon gesprochen, nach Springfield zurückzukehren und seine Anwaltstätigkeit wiederaufzunehmen, aber nun dachte er immer seltener daran, sich niederzulassen, sondern sprach häufiger von „herumziehen und reisen".

Lincoln konnte es sich erlauben, die Zukunft in rosigen Farben zu sehen. In völliger Unkenntnis der beträchtlichen Schulden, die seine Frau während ihrer Einkaufsorgien aufgehäuft hatte, war er zuversichtlich, daß er und Mary recht gut versorgt wären. Da die meisten Ausgaben im Weißen Haus aus Mitteln des Kongresses bestritten wurden, konnte er den größten Teil seines Jahresgehalts von 25 000 Dollar sparen und anlegen. Neben seinem Haus in Springfield besaß er 81 Hektar Land in Iowa, ein Stadtgrundstück in Lincoln, Illinois, und fast 60 000 Dollar in Staatsanleihen – eine nicht unbeträchtliche Summe.

Während dieser ruhigen Wochen nach der zweiten Amtseinführung konnten die Lincolns sich ausführlich über Robert unterhalten, der bei der Armee war. Nach seinem Examen in Harvard im Jahr 1864 wollte der älteste Sohn des Präsidenten zum Militär. Aber seine Mutter hatte Angst. Sie hatte schon zwei Söhne verloren, und sie wurde hysterisch bei der Vorstellung, einen weiteren zu verlieren. Um alles zu vermeiden, was das emotionale Gleichgewicht seiner Frau stören könnte, ermutigte Lincoln Robert, die Harvard Law School zu besuchen, aber als der junge Mann anläßlich der Weihnachtsferien 1864 nach Hause kam, war er entschlossen, „noch ein wenig vom Krieg zu sehen, ehe er zu Ende ist". Im Januar, als er Marys Widerstand endlich überwunden hatte, schrieb Lincoln „nicht als Präsident, sondern nur als Freund" an Grant und fragte an, ob er Robert „irgendeinen gehobenen Posten" geben und ihn in seine Truppe aufnehmen könnte. Grant hieß den jungen Mann sofort willkommen und beförderte ihn zum Captain. Roberts Hauptaufgabe bestand darin, Besucher bei der Potomac-Armee herumzuführen.

Am 20. März lud der General auf Betreiben seiner Frau den Präsidenten für ein paar Tage ins Armeehauptquartier in City Point ein. Lincoln nahm sofort an und fügte hinzu, daß Mrs. Lincoln und „noch ein paar andere Leute" ihn begleiten würden. Trotz eines furchtbaren Sturms bestiegen die Lincolns, begleitet von Tad, Mary, der Zofe Lincolns und zwei Leibwächtern, am 23. März die *River Queen* und fuhren den Potomac hinunter. Sie freuten sich, Washington hinter sich zu lassen, einen Ort, von dem Mary annahm, daß es dort von Feinden wimmelte, von dem Lincoln jedoch wußte, daß sich dort vorwiegend Leute aufhielten, die irgendein Regierungsamt anstrebten. Sie wollten sich ansehen, wie es Robert in der Armee erging. Aber viel wichtiger war, daß sie Ruhe suchten.

Als er fern von Washington war, begann Lincoln sich allmählich besser zu fühlen. Am ersten Tag in City Point fuhr er mit einem Sonderzug hinaus zu General Meades Hauptquartier, wo er Zeuge eines Angriffs auf einen feindlichen Vorposten wurde. Am nächsten Morgen begrüßte er die Truppen von General Sheridan, die die Konföderierten aus dem Shenandoah Valley vertrieben hatten und erschienen waren, um Grant beim letzten Feldzug gegen Richmond zu unterstützen. An einem anderen Tag besuchte Lincoln ein Feldlazarett und wanderte mehr als fünf Stunden lang von Zelt zu Zelt und begrüßte jeden Patienten, darunter auch verwundete Konföderierte.

Während der Fahrt den Potomac hinunter durchlebte Mary Lincoln eine schlimme Zeit. Von Natur aus ohnehin schon übernervös, regte sie sich furchtbar auf, als ihr Mann den Fehler machte, ihr zu erzählen, daß er davon geträumt habe, daß das Weiße Haus in Flammen stehe, und sie bestand darauf, nicht eins, sondern zwei Telegramme nach Washington zu schicken, um sich zu erkundigen, ob alles in Ordnung sei. Im Armeehauptquartier fühlte sie sich völlig fehl am Platze, aber Lincoln, der entschlossen war, seine zahlreichen Verpflichtungen zu erfüllen, ging davon aus, daß sie auch dann gut zurechtkam, wenn er einmal nicht anwesend war. Das tat sie nicht.

Als General Edward O. C. Ords Truppen bei Mavern Hill inspiziert werden sollten, ritten der Präsident und die meisten Männer voraus, während Mrs. Lincoln und Mrs. Grant in einem Wagen durch knietiefen Schlamm fuhren. Ein plötzlicher heftiger Stoß schleuderte die Ladys gegen das Wagendach. Mary, die sich von ihrem Kutschenunfall von 1863 nie richtig erholt hatte, erlitt vermutlich einen Migräneanfall. Als sie schließlich auf dem Paradeplatz eintraf, hatte man bereits ohne sie begonnen. Ihr Mann ritt an den Reihen entlang, begleitet von Mrs. Ord, einer auffallend schönen Frau. Deren Erscheinung muß Mary daran erinnert haben, daß sie mittlerweile ziemlich korpulent geworden war und ihr Gesicht tiefe Falten und Linien aufwies.

An diesem Abend ließ Mary in Gegenwart der Gäste, die sich zum Dinner an Bord der *River Queen* eingefunden hatten, eine Schimpfkanonade los. Wiederholt warf sie ihrem Mann vor, mit Mrs. Ord zu flirten, und verlangte, daß General Ord seines Kommandos enthoben werden sollte. Verärgert versuchte der Präsident, die Bemerkungen seiner Frau zu ignorieren. Während der nächsten Tage krank und sich schämend, blieb sie die meiste Zeit in ihrer Kabine und kehrte am 1. April zur sicherlich großen Erleichterung ihres Mannes nach Washington zurück, wobei sie Tad bei seinem Vater zurückließ.

Sobald seine Frau nicht mehr in der Nähe war, konnte Lincoln enthüllen, daß Zerstreuung nicht der einzige Grund für seinen Ausflug nach City Point war. Seine größte Sorge war, daß die

Generäle der Union sich den Sieg durch die Finger schlüpfen lassen könnten. Während der zwei Wochen an der Front drückte er immer wieder seine Befürchtung aus, daß Lee sich von Grant lösen oder daß Joseph E. Johnston sich in Carolina aus Shermans Umklammerung befreien könnte, um sich dann mit Lee zu verbinden und den Krieg weiterzuführen.

Ebenso wichtig war die Entschlossenheit des Präsidenten, die Friedensverhandlungen zu kontrollieren. Kurz vorher hatte Lee sich direkt an Grant gewandt und um „einen Meinungsaustausch" über „Verhandlungspunkte zwischen Kriegsparteien" gebeten, und der Präsident hatte sich genötigt gesehen, seinem Kommandierenden General klarzumachen, daß er „keine Konferenz mit General Lee abhalten darf, in der es nicht um die Kapitulation von dessen Armee geht". Wie Lincoln betonte, „liegen solche Fragen allein in den Händen des Präsidenten, und unter keinen Umständen wird er zulassen, daß sie in ausschließlich militärischen Verhandlungen geklärt werden".

Lincoln gab den Generälen nicht nur den Befehl, sich ans Protokoll zu halten. Er wollte sichergehen, daß jegliche Verhandlungen nicht nur zu einem Aussetzen der Kampfhandlungen führten, sondern zu einem Frieden, durch den die Kriegsziele der Union erreicht wären. Seine größte Furcht, so äußerte er wiederholt, war, daß, sobald die Konföderiertenarmeen besiegt wären, die Soldaten des Südens „nicht nach Hause zurückkehren, um Bürger unter einer verhaßten Obrigkeit zu sein. Und daß angesichts der Verzweiflung und Not im Süden die entlassenen Soldaten der Konföderierten zu Gesetzlosigkeit und Anarchie verleitet werden könnten." Infolgedessen hatte er das Ziel, nicht nur einen Frieden zu schließen, sondern auch eine Aussöhnung zu erreichen.

XVI. Ich passe schon selbst auf mich auf

Der Besuch in City Point erfüllte Lincoln mit frischer Energie. Beflügelt durch die Bewunderung der Soldaten und durch das sichere Gefühl, daß der endgültige Sieg über die Konföderation unmittelbar bevorstand, schöpfte er neue Kraft.

Lincoln hatte allen Grund, mit sich zufrieden zu sein. Nach vier anstrengenden Jahren hatte er nun diesen fast unmöglichen

Job, in den er gewählt worden war, fest im Griff. Er stand einer Regierung und einer Partei vor, die seiner Führung folgten. Er war oberster Befehlshaber der größten Streitkräfte, die das Land jemals auf die Beine gestellt hatte, und endlich funktionierte alles mit maschinengleicher Effizienz. Die Marine der Vereinigten Staaten schnürte die Konföderation mit ihrer Blockade ein. Während Shermans westliche Armee Jacksons geschwächte Kräfte in North Carolina in die Enge trieb, zog Grant südlich von Petersburg und Richmond auf. Am 1. April zerschlug er mit einem Angriff Lees rechte Flanke und umzingelte Petersburg fast vollständig. Lee warnte Jefferson Davis, daß er sich darauf vorbereiten müsse, aus Richmond zu fliehen.

Lincoln wollte beim Ende dabeisein. Nachdem er erfahren hatte, daß Petersburg evakuiert worden war, folgte er am 3. April den Bundestruppen, als sie in die Stadt einzogen. Der Kriegsminister war entsetzt. „Gestatten Sie mir, Sie mit allem Respekt zu bitten", sagte Stanton, „zu erwägen, ob Sie die Nation den Folgen einer Katastrophe aussetzen sollten, die Ihnen bei der Verfolgung eines listenreichen und gefährlichen Feindes zustoßen könnte." Aber Lincoln, begeistert, daß die Regierung der Konföderation geflohen war und Richmond sich nun in den Händen der Union befand, wischte die Warnung einfach beiseite. „Ich passe schon selbst auf mich auf", versprach er.

Am 4. April machte sich Lincoln mit einer kleinen Gruppe auf den Weg, um Richmond aufzusuchen. Als die *USS Malvern*, das Flaggschiff Admiral Farraguts, den Wall von Hindernissen im James River nicht passieren konnte, den die Südstaatler im Fluß aufgerichtet hatten, stieg der Präsident auf einen flachen Leichter um, der von einem Schlepper gezogen wurde. Dann wurde der Schlepper abkommandiert, um dem Schiff des Admirals behilflich zu sein, das von der Strömung gegen eine Brücke gedrückt worden war, und nun ruderten zwölf Matrosen Lincolns Leichter stromaufwärts. Der Präsident amüsierte sich. „Admiral", sagte er zu David D. Porter, der zu seiner Gruppe gehörte, „es ist ganz gut, auch mal bescheiden zu sein."

Nach der unangekündigten Landung ohne jedes Protokoll wurde der Präsident zuerst von einigen schwarzen Arbeitern erkannt. Ihr Anführer, ein Mann um die Sechzig, ließ seine Schaufel fallen, rannte ein paar Meter und rief: „Der Herr sei geprie-

Diese zeitgenössische Lithografie zeigt Lincoln als Sklavenbefreier.

sen, da ist der große Messias! … Glory, Halleluja!" Er und die anderen fielen auf die Knie und versuchten dem Präsidenten die Füße zu küssen. „Kniet nicht vor mir", sagte Lincoln verlegen. „Das ist nicht recht. Ihr dürft nur vor Gott knien und ihm für die Freiheit danken, deren ihr euch von jetzt an erfreuen könnt." Schnell verbreitete sich die Nachricht von der Ankunft des Präsidenten, und er war schon bald von Scharen von Schwarzen umringt, die riefen: „Lobet den Herrn! Vater Abraham ist gekommen!"

Als die Gruppe durch die Main Street von Richmond ging, bildeten sechs bewaffnete Matrosen aus dem Boot die Vorhut der Prozession, die sechs anderen gingen hinterher. In der Mitte schritt Lincoln mit Tad an seiner linken Hand voran, neben ihm Admiral Porter. Es war ein herrlicher warmer Tag, und der Präsident legte schon bald seinen langen Mantel ab, behielt jedoch den hohen Zylinder auf dem Kopf. Als er einer Schwadron New Yorker Soldaten begegnete, fragte er nach dem Weg zum Hauptquartier von General Godfrey Weitzel, der die Unionstruppen kommandierte, die die Stadt besetzt hatten.

Die Soldaten geleiteten ihn zum Weißen Haus der Konföderierten, wo Lincoln sich in einen bequemen Sessel fallen ließ, der in einem Raum stand, den Jefferson Davis offenbar als Arbeitszimmer benutzt hatte. Nach einer kleinen Ruhepause machte er einen Rundgang durch das Gebäude, dann speiste er mit Weitzel und seinem Stab zu Mittag. Während sie aßen, fuhr der dreisitzige, von vier Pferden gezogene Wagen des Generals vor dem Haus vor, und Tad kletterte hinein und schüttelte den befreiten Schwarzen und einigen Weißen, die ihn umdrängten, die Hände.

Als der Präsident erschien, brach Jubel aus, und einige Leute in der Menge schleuderten ihre Hüte und Mützen in die Luft. Lincoln fuhr dann zum Parlamentsgebäude von Virginia, in dem der Kongreß der Konföderierten getagt hatte. Wie einer aus der Gruppe berichtete, „gab es überall Anzeichen für einen hastigen Aufbruch und anschließende Plünderungen". Tische und Stühle waren umgekippt, Dokumente lagen verstreut, und 1000-Dollar-Papiere der Konföderierten bedeckten den Fußboden. Anschließend fuhr der Präsident durch die eleganteren Viertel der Stadt. „Fensterläden und Rolläden waren geschlossen, und nirgendwo war ein Gesicht zu sehen", aber in den Arbeitervierteln wurde er von begeisterten Menschenmassen umringt.

Schließlich gelangte Lincoln ins Industrieviertel, das von Bränden zerstört worden war, die ausgebrochen waren, als die Konföderierten die Stadt verließen. Den ganzen Tag über hatten die Angehörigen seines Trosses Angst vor Attentaten auf ihn, denn es war nahezu unmöglich, den Präsidenten zu schützen, wenn so viele Menschen ihn umdrängten, die ihn bewunderten und aus der Nähe sehen wollten. Es gab einen kurzen Moment der Panik, als ein Mann in grauer Konföderiertenuniform an einem Fenster im zweiten Stock eines Hauses auftauchte und mit einem Gewehr auf Lincoln zu zielen schien. Aber kein Schuß fiel, und die Gruppe um den Präsidenten wanderte weiter. Am späten Nachmittag ging Lincoln wieder an Bord der *Malvern*, wo Admiral Porter einen Wächter vor seiner Kabine aufstellte, um die Sicherheit des Präsidenten zu gewährleisten.

Lincolns Motiv, nach Richmond zu gehen, war nicht nur eine natürliche Neugier auf die Hauptstadt der Konföderation, sondern dahinter steckte auch der Wunsch, den Friedensprozeß so schnell wie möglich in Gang zu setzen. Aus diesem Grund nahm er sich Zeit, um mit John A. Campbell zusammenzutreffen, dem einzigen hochrangigen Konföderierten, der in der Hauptstadt zurückgeblieben war. Als er den Präsidenten drängte, eine Politik der „Mäßigung, Großmütigkeit und Güte" gegenüber dem Süden zu verfolgen, machte Lincoln ihm die bereitwillige Zusage, „keine Schwüre zu verlangen, die Kirchen nicht zu behelligen und so weiter" und, ganz allgemein, „keine Ansprüche an die Bewohner [von Richmond] zu stellen, mit Ausnahme von Maßnahmen, die zur Aufrechterhaltung der Ordnung" notwendig seien. Aber diese Versprechen konnten kaum dazu beitragen, die größeren Probleme zu lösen, die die Wiedereingliederung Virginias in die Union mit sich brachte. Zu diesem Zweck, schlug Campbell vor, sollte Lincoln mit den einflußreichen gemäßigten Führern des Staates verhandeln.

Der Präsident forderte Campbell auf, eine Delegation dieser Persönlichkeiten am nächsten Morgen zur *Malvern* zu bringen. Campbell bat sechs oder sieben einflußreiche Virginier, ihn zu begleiten, aber nur Gustavus A. Myers, ein prominenter Rechtsanwalt, erklärte sich dazu bereit. Der Präsident begann mit der Aufzählung unverzichtbarer Bedingungen für den Frieden: „Wiederherstellung der nationalen Autorität der Union; keine Zugeständnisse der Exekutive der Vereinigten Staaten in der Sklavenfrage; keine Kampfhandlungen im kriegsmäßigen Sinn und die Auflösung aller regierungsfeindlichen Kräfte." Wenn dies geschehen wäre, dann, so versprach er, würde man über andere Bedingungen „im Geist einer ernsthaften Freiheit" nachdenken können.

In der Hoffnung, noch so lange bleiben zu können, bis auch der letzte Konföderierte sich ergeben hätte, studierte Lincoln die Nachrichten, die Grant, Sheridan und Meade an ihn adressiert hatten. Mit Befriedigung las er die Meldung Sheridans, die endete: „Wenn der Druck noch größer wird, dürfte Lee sich ergeben." Sofort telegrafierte Lincoln zurück: „Dann drücken Sie." Aber als die Kapitulation auf sich warten ließ, schickten Lincoln und seine Begleitung sich an, am 8. April abzureisen.

Nach seiner Rückkehr in die Hauptstadt galt Lincolns erster Besuch seinem Außenminister, der sich kurz zuvor bei einem Kutschenunfall einen Arm und den Kiefer gebrochen hatte und das Bett hüten mußte. „Ich glaube, wir haben es fast geschafft", meinte Lincoln zu Seward. Er schilderte Grants Siege und erzählte von seinem Besuch in Richmond. Er schlug vor, einen Tag der Danksagung auszurufen, aber der Minister meinte, daß er lieber damit warten sollte, bis Sherman Joseph E. Johnston gefangengenommen hätte.

Am Abend des 9. April erfuhr Lincoln, daß Lee sich Grant in Appomattox ergeben hatte, und er erzählte es augenblicklich seiner Frau. Ein Salut aus fünfhundert Kanonen verkündete am frühen Morgen des nächsten Tages der ganzen Hauptstadt diese Neuigkeit.

Am darauffolgenden Tag, dem 11. April, schien die ganze Stadt auf den Beinen zu sein, um zu feiern. Am Abend waren alle Regierungsgebäude festlich beleuchtet. Die Kuppel des Kapitols war meilenweit zu sehen. Eine immense Menschenmenge, viele mit Fahnen, strömte in die halbrunde Auffahrt zum Nordtor des Weißen Hauses. Nach wiederholten lauten Rufen erschien der Präsident an einem Fenster im zweiten Stock. Lincoln begann mit der Verlesung einer Rede, die er für diese Gelegenheit vorbereitet hatte. Das Licht war schlecht, und nachdem er erfolglos versucht hatte, in einer Hand eine Kerze und in der anderen das Manuskript seiner Rede festzuhalten, winkte Lincoln Noah Brooks zu sich, der ihm die Kerze abnahm und sie hochhielt, während der Präsident vorlas: „Wir kommen an diesem Abend nicht in Sorge, sondern in tiefempfundener Freude zusammen", begann er und drückte die Hoffnung aus, daß die erfochtenen Siege „auf einen rechtschaffenen und schnellen Frieden hoffen lassen". Nachdem er einen Tag des nationalen Dankes angekündigt hatte, drückte er „General Grant, seinen kundigen Offizieren und tapferen Männern" den Dank der Nation aus. Soviel wurde immerhin erwartet, aber der Rest der Rede fiel anders aus, als die Menschenmenge angenommen hatte. „Die Wiedereinführung der Autorität der Union" war sein Hauptthema, und ehe er schloß, warnte er, daß dies ein schwieriges Unterfangen würde, da „wir, die loyalen Leute, untereinander in unseren Vorstellungen über die Art und Weise der Wiedereingliederung erheblich differieren".

Als Lincoln aus Richmond zurückgekehrt war, hatte er die Dringlichkeit der Wiedereingliederung in ganz neuer Intensität verspürt. Er wußte aus eigener Anschauung von der Verwüstung und dem Leid, die der Krieg im Süden ausgelöst hatte. Noch

Kein Picknick, sondern Weltgeschichte: General Robert E. Lee (zweiter von links) und General Ulysses S. Grant (vorne rechts) bei den Kapitulationsverhandlungen bei Appomattox am 9. April 1865

deutlicher als zuvor war ihm klar, daß sofort Maßnahmen ergriffen werden müßten, um die Stabilität in der besiegten Region zu gewährleisten. „Zivile Regierungen müssen so schnell wie möglich eingesetzt werden", sagte er zu Minister Welles. „Es muß Gerichte und Gesetze und Ordnung geben, sonst zerbricht die Gesellschaft, und die aufgelösten Armeen verwandeln sich in Räuberbanden und Partisanen."

Sich durchaus bewußt, daß seine Vorstellungen Widerspruch wecken würden, hatte Lincoln seine Rede vom 11. April geplant, um, wie er einem alten Freund verriet, „einen Weg durch den Sumpf" juristischer Spitzfindigkeiten und politischer Einwände zu bahnen. Die Rede war ein Versuch, Kritik zu zerstreuen, indem er erhebliche Konzessionen an seine radikalen Kritiker machte. Er erklärte unmißverständlich, daß die Wiedereingliederung nicht ausschließlich eine Aufgabe der Exekutive sei. Mit Blick auf die Tatsache, daß die Radikalen sich gegen die Verfassung von Louisiana aussprachen, weil sie den Afroamerikanern kein Wahlrecht einräumte, bemerkte er, daß er ihre Unzufriedenheit teile. „Ich für meinen Teil würde es auch vorziehen, wenn die Gebildeten und die, die unserer Sache als Soldaten dienen, jetzt

195

das Wahlrecht bekämen." Dies war eine Meinung, die Lincoln schon im privaten Kreis geäußert hatte, aber nie zuvor hatte ein amerikanischer Präsident öffentlich verkündet, daß er für die Gleichberechtigung der Schwarzen sei.

MINDESTENS eine Person in der Menge vor dem Weißen Haus erkannte in dieser Nacht, wieviel Lincoln den Radikalen zugestand. John Wilkes Booth brannte innerlich vor Haß auf den Präsidenten. In Maryland in einer Gemeinde geboren, in der Sklaven gehalten wurden, betrachtete der 26jährige Schauspieler sich selbst als einen Nordstaatler, der den Süden verstand. Er war ein attraktiver, eitler junger Mann und der zweitjüngste – und uneheliche – Sohn des Schauspielers Junius Brutus Booth, der Alkoholiker und geistig labil war.

Der junge Booth schien für das Theater bestimmt zu sein. Sein Bruder Edwin war, wie ihr Vater, ein großer Schauspieler, und sein Bruder Junius Booth jr. hatte Karriere als Produzent gemacht. Johns Schwager war ein bekannter Komiker. Nachdem er mit siebzehn Jahren sein Debüt gegeben hatte, hatte John Wilkes Booth beinahe ständig auf der Bühne gestanden. Er sah aus wie ein Held. Nur einen Meter siebzig groß, hielt er sich betont gerade, und sein breiter Brustkorb verstärkte den Eindruck von mehr Körpergröße. Mit seinem lockigen schwarzen Haar und seinem buschigen Schnurrbart sah er ein wenig exotisch aus, was viele Frauen unwiderstehlich fanden.

Es waren Theater im Süden, vor allem in Richmond, wo er zuerst auffiel. Südstaatler mochten seinen übertriebenen, athletischen Stil. Dazu gehörten weite Sprünge, wenn er auf die Bühne kam, Duelle, die so realistisch waren, daß sogar Blut floß, und leidenschaftliche Liebesszenen. Außerhalb des Theaters verschafften ihm sein Charme, sein Humor und seine hervorragenden Manieren Zugang zu gesellschaftlichen Kreisen im tiefen Süden, von denen er in Maryland, wo die Leute nicht vergaßen, daß er unehelich geboren war, ausgeschlossen war.

Die Südstaatler mochten Booth auch wegen seiner Ansichten über die Sklaverei. Er glaubte, „daß das Land für den weißen und nicht für den schwarzen Mann geschaffen wurde", und als Trennungsbestrebungen zunahmen, schimpfte er über das, was er die verräterischen Aktivitäten der abolitionistischen Republikaner nannte, und verlangte Vergeltung: „Der Süden will Gerechtigkeit. Er hat so lange darauf gewartet und hat keine Lust mehr, noch länger zu warten." Seine Abneigung gegen Präsident Lincoln war allgemein bekannt. Er fühlte sich „durch die Erscheinung des Mannes, seinen Stammbaum, seine rüden Scherze und Anekdoten, sein vulgäres Lachen und seine Frivolität" abgestoßen, wie auch durch Lincolns Bemühungen, „die Sklaverei durch Raub, Vergewaltigung, Blutbäder und gekaufte Armeen zu zerschlagen".

Als Lincolns Wiederwahl immer wahrscheinlicher geworden war, hatte Booth entschieden, daß irgend etwas getan werden müsse, um das Land von diesem „verlogenen Präsidenten" zu befreien. Wie Booth mit dem Geheimdienst der Konföderierten in Kontakt geriet, ist nicht bekannt, aber er hatte viele Verbindungen im Süden. Nachdem er sich mit Agenten des Südens in Maryland, Boston und Kanada unterhalten hatte, entwickelte er einen Plan, Lincoln zu entführen und ihn als Geisel zu nehmen, um die Soldaten des Südens freizubekommen. Es gibt jedoch keinen Beweis dafür, daß irgendeine amtliche Stelle in der Konföderation Booths Plan kannte oder gar befürwortet hätte, wenn auch völlig klar ist, daß die Entführung des Präsidenten der Union durchaus zur Debatte stand, zumindest in den unteren Rängen des südlichen Geheimdienstes.

Als Helfer für sein Vorhaben rekrutierte Booth zwei Jugendfreunde aus Baltimore, Samuel B. Arnold und Michael O'Laughlin. Da er erwartete, den Präsidenten nach erfolgter Geiselnahme unterhalb von Washington über den Potomac zu bringen, holte er auch noch den in Preußen geborenen George A. Atzerodt aus Port Tobacco, Maryland, hinzu, weil er konföderierte Spione über den Fluß gebracht hatte und alle Nebenflüsse kannte. John H. Surrat, der als Kurier zwischen sezessionistischen Sympathisanten in Baltimore und südlichen Regierungsorganen in Richmond gearbeitet hatte, kannte die konföderierte Untergrundbewegung, die im südlichen Maryland aktiv war, und gab sein Wissen bereitwillig weiter. Seine Mutter Mary Surrat bot den Verschwörern einen Stützpunkt in dem Gasthaus, das ihr in Surratsville, Maryland, gehörte, sowie in der Pension, die sie in Washington eröffnet hatte. Als reines Kraftpaket, das vielleicht gebraucht werden würde, um den Präsidenten zu überwältigen, engagierte Booth den stämmigen Lewis Paine. Schließlich gestattete er auch noch einem jungen Drogisten, David E. Herold, sich der Gruppe anzuschließen. Herold war Müßiggänger, der rein äußerlich nicht den Eindruck erweckte, besonders intelligent zu sein, der aber als eifriger Vogeljäger die Straßen rund um Washington wie seine Westentasche kannte.

Es war eine nicht streng gegliederte Gruppe, und das ganze Vorhaben hatte trotz seiner tödlichen Ernsthaftigkeit etwas Theatralisches an sich. Manchmal schien Booth eine seiner melodramatischeren Rollen zu spielen.

Einer von Booths frühen Plänen lief darauf hinaus, den Präsidenten zu entführen, während er mit seiner Kutsche in den Außenbezirken der Stadt unterwegs war. Als Booth hörte, daß Lincoln sich am 17. März im Campbell Hospital ein Theaterstück ansehen wollte, beschlossen die Verschwörer, ihn und seinen Kutscher zu überwältigen. Dieser Plan konnte nicht ausgeführt werden, da Booth erfuhr, daß Lincoln in der Stadt geblieben war, um zurückkehrende Truppen zu inspizieren.

Der Mißerfolg brachte Booth dazu, sich einen neuen Plan auszudenken. Etwa um den 4. März herum begann er ernsthaft an ein Attentat anstelle einer Entführung zu denken. Als er in der Rotunde des Kapitols stand und Lincoln vorbeischritt, um seine zweite Antrittsrede zu halten, wurde Booth bewußt, welch hervorragende Chance er hier gehabt hätte, den Präsidenten zu töten. Das Scheitern des Entführungsplans machte diesen Wunsch zu einer fixen Idee. Wohl auch weil er damals gerade ziemlich viel trank, betrachtete er sich zunehmend nicht nur als selbsternannten konföderierten Geheimagenten, sondern als die Reinkarnation eines tragischen Helden. Häufig sah er sich selbst als Brutus, der den despotischen Cäsar ersticht.

Lincolns Rede am 11. April sorgte dafür, daß Booth vom Denken zum Handeln überging. Vor dem Weißen Haus hörte er an diesem Abend, wie der Präsident die Gleichberechtigung für Schwarze empfahl, die gebildet waren oder in der Unionsarmee gedient hatten. „Das bedeutet, daß Neger Bürger werden können", murmelte der Schauspieler und schwor, „das ist die letzte Rede, die er je gehalten hat." Er drängte Lewis Paine, den Präsidenten auf der Stelle zu erschießen. Als Paine sich weigerte, drehte Booth sich zu David Herold um und rief aus: „Bei Gott, dann tue ich es selbst!"

LINCOLN wußte natürlich nichts von diesen Plänen, als er sich weiter mit der schnellen Wiedereingliederung der konföderierten Staaten in die Union zu den großzügigsten Bedingungen beschäftigte. Das war der wichtigste Punkt der Tagesordnung der Kabinettssitzung am Freitag, dem 14. April 1865, an der General Grant teilnahm. Der Präsident war in Hochform. Laut Frederick W. Seward, der anstelle seines bettlägerigen Vaters an dem Treffen teilnahm, drückten alle Mitglieder „Zuneigung zu den Besiegten aus und den innigen Wunsch, Frieden und Sicherheit im Süden zu etablieren". Das Kabinett war sich einig, daß es überaus wichtig sei, schnellstens normale Wirtschaftsbeziehungen mit den ehemaligen konföderierten Staaten aufzunehmen.

Wie die Südstaaten während des nun anstehenden Übergangs regiert und verwaltet werden sollten, mußte noch geklärt werden. Lincoln war der festen Überzeugung, daß die Reorganisation dieser Staaten nicht von Washington aus gesteuert werden konnte. „Wir können nicht in all diesen südlichen Staaten Regierungen einsetzen", erklärte er dem Kabinett. „Das müssen die Bewohner selbst tun – auch wenn ich erwarte, daß einige von ihnen es zu Beginn sehr schlecht machen werden."

Stanton stellte einen Plan zur Diskussion, nach dem Militärgouverneure eingesetzt werden sollten, die im Süden unter Kriegsrecht regieren sollten, bis das zivile Recht wieder galt. Laut diesem Vorschlag würden die Militärorgane für die Aufrechterhaltung der Ordnung sorgen, während die Ressorts der Exekutive ihre normalen Funktionen im Süden ausüben würden: das Finanzministerium würde die Steuern eintreiben, der Postminister würde die Poststationen wiederaufbauen und die Postverbindungen wiederherstellen und so weiter. Zustimmend erklärte Lincoln, daß dieser Plan noch genauer überdacht werden müsse.

Als die Diskussion sich der militärischen Lage zuwandte, wollte jeder Grants Bericht über die Kapitulation bei Appomattox hören. Auf die Frage, welche Bedingungen den einfachen Soldaten in der Rebellenarmee gestellt worden waren, strahlte Lincoln, als Grant erwiderte: „Ich habe ihnen gesagt, sie sollen zu ihren Familien heimkehren und ihnen werde nichts geschehen, wenn sie aufhörten zu kämpfen." Andere Kabinettsmitglieder wollten wissen, ob es irgendwelche Neuigkeiten von Sherman in

North Carolina gebe. Grant erwiderte, er erwarte jeden Moment, von ihm zu hören.

So fesselnd die Aussichten auf Sieg und Frieden auch waren, so nahmen sie doch nicht die ganze Zeit des Präsidenten in Anspruch, auch nicht an einem so ereignisreichen Tag. Er war seit sieben Uhr auf den Beinen und befaßte sich mit Routineangelegenheiten. Nach dem Frühstück, als er von Robert, der gerade von Grants Armee zurückgekehrt war, Einzelheiten über Lees Kapitulation bei Appomattox erfahren hatte, kehrte der Präsident wieder in sein Büro zurück, um Besucher und Bittsteller zu empfangen. Nach der Kabinettssitzung um elf verzehrte Lincoln zum Mittagessen einen Apfel, führte weitere Gespräche, las weitere Petitionen und unterschrieb weitere Dokumente.

Um drei riß er sich von seinem Schreibtisch los, um mit Mary eine Kutschfahrt zu unternehmen. Sie fuhren durch die Stadt zum Marinehafen, wo der Präsident mit mehreren Matrosen schwatzte und an Bord der *Montauk* ging, einem Panzerschiff, das während des Angriffs auf den Hafen von Charleston 47mal getroffen worden war. Während des ganzen Nachmittags war er „gut gelaunt – fast fröhlich", erinnerte sich seine Frau, und er war so guter Dinge, daß sie lachend zu ihm sagte: „Lieber Mann, du überraschst mich beinahe mit deiner Fröhlichkeit."

„Und ich habe auch allen Grund dazu, Mary", erwiderte er. „Ich denke, daß heute der Krieg wirklich beendet wurde." Dann fügte er etwas hinzu, was beinahe einer Entschuldigung gegenüber seiner Frau gleichkam: „Wir müssen beide in Zukunft viel fröhlicher sein – während des Kriegs und nach dem Verlust unseres Sohnes Willie haben wir beide ein sehr trauriges Leben geführt."

Wieder im Weißen Haus, traf Lincoln dort weitere Besucher. Das Abendessen wurde schon früh serviert, weil die Lincolns versprochen hatten, sich die Aufführung der Komödie *Our American Cousin* im Ford's Theater anzusehen. Mittlerweile klagte Mary über Kopfschmerzen und war eigentlich entschlossen, zu Hause zu bleiben, aber ihr Mann meinte, er müsse hingehen. In der Abendzeitung habe gestanden, daß er anwesend sein würde und daß die Eintrittskarten auf Grund dieser Tatsache gekauft worden seien. Außerdem, fügte er hinzu, wenn er im Weißen Haus bliebe, müßte er ständig irgendwelche Leute empfangen und würde sowieso keine Ruhe finden.

LINCOLNS Berater bestürmten ihn, nicht ins Theater zu gehen. Ehe er wegen eines Auftrags nach Richmond abreiste, bat Ward Hill Lamon, der oft als Leibwächter des Präsidenten arbeitete: „Versprechen Sie mir, daß Sie abends, wenn ich nicht da bin, nicht ausgehen, vor allem nicht ins Theater." Aber der Präsident hatte die Warnungen des Polizisten schon so oft gehört, daß er, wie Lamon später erklärte, „ihn für verrückt hielt, was das Thema Sicherheit betraf". Auch Stanton warnte Lincoln davor, sich unter das Volk vor dem Theater zu mischen. An diesem Abend wäre es besonders gefährlich, weil bekanntgegeben worden war, daß General Grant, der soeben aus Virginia zurückgekehrt war, den Präsidenten dort treffen würde.

Die Lincolns hatten Schwierigkeiten gehabt, Begleiter für den Theaterbesuch am 14. April zu finden. Sie luden die Stantons ein, aber der Kriegsminister sagte ab, weil „Mr. Lincoln nicht hingehen sollte – er würde sich zu sehr exponieren". Außerdem mochte Stanton Mrs. Lincoln nicht besonders. Nachdem er zuerst eine mündliche Einladung angenommen hatte, sagte Grant ebenfalls ab. Julia Grant, die sich nur zu gut an Mary Lincolns Verhalten in City Point erinnerte, wollte nicht stundenlang mit einer Frau zusammensein, die sich so wenig unter Kontrolle halten konnte. Sie beschloß, ihre Kinder in Burlington, New Jersey, zu besuchen, und der General, der immer froh war, wenn er nicht im Rampenlicht stehen mußte, entschuldigte sich damit, daß er sie begleiten wolle.

Schließlich fanden die Lincolns ein junges Paar, das ihnen sehr sympathisch war: Clara Harris und ihr Verlobter, Major Henry R. Rathbone, der sich im Krieg ausgezeichnet hatte und dem Präsidenten sicherlich Schutz bieten konnte. Nachdem sie ihre Gäste abgeholt hatten, fuhren die Lincolns zum Ford's Theater durch Straßen, die immer noch zur Feier des Sieges illuminiert waren.

Als sie eintrafen, ungefähr um halb neun, hatte die Vorstellung bereits begonnen. Als der Präsident und seine Begleitung erschienen, unterbrach das Orchester die Schauspieler und spielte „Hail to the Chief", und das Publikum erhob sich und applaudierte. Seinen hohen Seidenhut in der linken Hand, ging der Präsident als erster die Treppe hinauf und durch einen schmalen Korridor zur Präsidentenloge. Das Publikum applaudierte weiter, und ein Zeuge erinnerte sich: „Der Präsident trat an das Balkongeländer und bedankte sich mit würdevollen Verbeugungen und einem unvergeßlichen Lächeln für den Applaus."

Das Stück war eine Klamotte über einen amerikanischen Trottel, Asa Trenchard, der nach England geht, um ein ererbtes Vermögen in Empfang zu nehmen. Verfolgt wird er von einer geldgierigen Engländerin, Mrs. Mountchessington, die ihn mit ihrer Tochter vermählen will. Das Stück war schon seit Jahren ein Erfolg, und auch den Lincolns schien es zu gefallen. Eine der beliebtesten Szenen bietet der dritte Akt, als Mrs. Mountchessington, die von Asa Trenchard hört, daß er sein Erbe verschenkt hat, ihn beschimpft und hochnäsig von der Bühne abgeht. Asas Text lautet: „Du meinst, ich hätte keine Ahnung von den Manieren der feinen Gesellschaft, oder? Nun, ich glaube, ich weiß genug, um dich auf den Kopf zu stellen und kräftig durchzuschütteln, du alter schlapper, männermordender Knochensack." Das Gelächter und der losbrechende Applaus überdeckten den Knall eines Schusses in der Präsidentenloge fast vollständig.

JOHN WILKES BOOTH hatte seit dem Abend des 11. April unablässig an seiner Sache gearbeitet. Er wußte, daß Jefferson Davis noch auf freiem Fuß war und daß Johnstons Armee in North Carolina die Waffen noch nicht gestreckt hatte. Daher entwickelte er den Plan, der Konföderation mit der Enthauptung der Unionsregierung noch eine letzte Chance zu geben. Sowohl Lincoln als auch Andrew Johnson würden getötet. Seward ebenfalls. In dem Durcheinander, das darauf folgen würde, könnte der Süden vielleicht seine Unabhängigkeit gewinnen.

Booth hatte Schwierigkeiten, seine Mitverschwörer von seinem Plan zu überzeugen. John Surrat, der fähigste seiner Kumpane, mußte für einen konföderierten Arbeitgeber nach Kanada abreisen. Arnold war dafür, die ganze Angelegenheit zu verschieben, und distanzierte sich von Booths Plan. O'Laughlin, der bereit war, an einer Entführung mitzuwirken, wollte von Mord nichts wissen. Aber drei treue Gefolgsleute blieben Booth: Atzerodt, Herold und Paine.

Erst gegen Mittag des 14. April, als er erfuhr, daß Lincoln das Ford's Theater besuchen wollte, entschied Booth sich, seinen Plan in die Tat umzusetzen. Gegen 20 Uhr traf er Atzerodt und

Der letzte Staatsempfang vor dem Attentat: Lincoln begrüßt die Frau des Vizepräsidenten Johnson, der wenige Tage später sein Amt übernehmen muß.

Paine und gab ihnen ihre Anweisungen. Atzerodt sollte Andrew Johnson töten. Der Deutsche war entsetzt. „Ich habe mitgemacht, um den Präsidenten der Vereinigten Staaten zu entführen, nicht, um ihn zu töten." Aber unter Booths Drohungen willigte er ein, sich wenigstens zu überlegen, ob er nicht doch mitmachen wolle. Paine erklärte sich sofort bereit, Seward zu töten. Booth mit „Captain" anredend, kam er sich vor wie ein Soldat, der einem Offizier gehorcht. Weil Paine sich in den Straßen von Washington nicht auskannte, wies Booth Herold an, ihm den Weg zum Haus des Außenministers zu zeigen. Die Ermordung des Präsidenten sollte von Booth selbst ausgeführt werden. Alle drei Attentate sollten um 22.15 Uhr stattfinden.

Nachdem Atzerodt und Paine ausgeschwärmt waren, um ihre Opfer zu suchen, hatte Booth, der im Ford's Theater jedermann bekannt war, keine Probleme, während der Vorstellung nach oben zu schleichen. In der Garderobe versteckt, blieb er für einige Sekunden neben der Präsidentenloge stehen. John Parker, der Polizist, der den Präsidenten schützen sollte, hatte seinen Posten im Durchgang verlassen, und die Loge wurde nur noch von Charles Forbes bewacht, einem Wächter aus dem Weißen Haus. Als Booth Forbes seinen Ausweis zeigte, wurde er in die Präsidentenloge eingelassen. Nachdem er die Tür hinter sich verriegelt hatte, trat er lautlos hinter Lincoln, der sich, das Kinn in die rechte Hand gestützt, nach vorn beugte und sich mit der anderen Hand am Geländer festhielt. Aus einer Entfernung von einem guten halben Meter zielte der Schauspieler auf den Hinterkopf des Präsidenten und drückte ab. Es war 22.13 Uhr.

Als Major Rathbone versuchte, den Eindringling festzuhalten, stieß Booth mit einem scharfen Messer nach ihm. „Das Messer", erinnerte Clara Harris sich, „drang vom Ellbogen fast bis zur Schulter ein – zerfetzte eine Arterie, Nerven, Venen – er blutete schrecklich."

Nachdem er sein Opfer zur Seite gestoßen hatte, stützte Booth beide Hände auf die Balustrade und sprang Richtung Bühne. Für den sportlichen Schauspieler war dies eigentlich ein leichter Sprung, aber er blieb mit einem Absatz am Flaggenschmuck der Loge hängen und landete hart auf einem Fuß und brach sich das Bein dicht über dem Knöchel. Während er mit seinem Dolch herumfuchtelte, rief er mit lauter, melodramatischer Stimme: *„Sic semper tyrannis!"* (So soll es jedem Tyrannen ergehen!) – das Motto des Staates Virginia. Einige Zuschauer glaubten auch noch gehört zu haben, wie er hinzufügte: „Der Süden ist gerächt!" Schnell humpelte er über die Bühne und flüchtete durch die Hintertür des Theaters.

Bis zu diesem Moment wußte niemand im Publikum, was geschehen war. Aber der bläulichweiße Rauch aus der Pistole zog aus der Präsidentenloge heraus. Mary Lincoln stieß einen herzzerreißenden Schrei aus und kreischte: „Sie haben den Präsidenten erschossen! Sie haben den Präsidenten erschossen!"

Der erste Arzt, der die Loge erreichte, der Militärarzt Charles A. Leale, glaubte zuerst, der Präsident sei tot. Er hatte die Augen geschlossen, und sein Kopf war auf die Brust gesunken. Er wurde von Mrs. Lincoln in seinem Sessel festgehalten. Sie weinte bitterlich. Als er einen leichten Pulsschlag feststellte, befahl der Arzt, den Präsidenten auf den Fußboden zu legen. Da sich der Einschuß in Lincolns Hinterkopf befand, entfernte der Doktor den Blutklumpen, der sich dort gebildet hatte, und milderte so den Druck auf das Gehirn. Dann schaffte er es mit Hilfe von Mund-zu-Mund-Beatmung, das Herz und die Atmung wieder in Gang zu setzen.

Sobald klar war, daß der Tod nicht sofort eintreten würde,

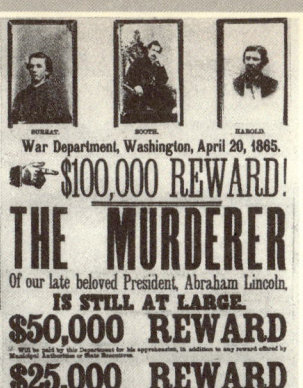

Links: Der Steckbrief mit dem die Attentäter (in der Mitte Booth) gesucht wurden
Unten: Das Attentat während einer Theateraufführung

16. April 1865: Der Mörder J. Wilkes Booth wird gefangengenommen.

wurde der Präsident aus dem Theater weggebracht. Einige wollten ihn ins Weiße Haus transportieren, aber Dr. Leale warnte, daß er sterben würde, wenn er durch die Straßen von Washington getragen würde. Man beschloß, ihn in ein Haus zu bringen, das William Petersen, einem Schneider, gehörte. Dort wurde er in ein kleines Zimmer im ersten Stock gelegt. Da Lincoln für die kleine Matratze zu groß war, legten die Ärzte ihn diagonal darauf und schoben ihm zusätzliche Kissen unter Kopf und Schultern.

Dort lag Lincoln die nächsten neun Stunden. Betreut wurde er von Dr. Leale und Dr. Charles Taft, der ebenfalls im Theater *Our American Cousin* gesehen hatte. Als Dr. Robert King Stone, der Hausarzt der Lincolns, gegen elf Uhr eintraf, übernahm er die Leitung und beriet sich mit Dr. Joseph K. Barnes, dem Gesundheitsminister der Vereinigten Staaten. Sie wußten auf Anhieb, daß der Präsident keine Überlebenschance hatte.

Mary blieb die ganze Nacht bei ihrem Mann. In tiefer Trauer saß sie neben seinem Bett und flehte ihn an, ein Wort zu ihr zu sagen. Sie vielleicht sogar mitzunehmen. Als Robert hereinkam, sah er, in welchem Zustand seine Mutter war, und ließ Elizabeth Dixon holen – die Frau von Senator James Dixon aus Connecticut –, die vermutlich Marys engste Freundin in der Hauptstadt war. Mrs. Dixon überredete sie, sich in ein anderes Zimmer des Petersen-Hauses zu begeben, aber Mary kehrte stündlich an die Seite ihres Mannes zurück. Bei einem dieser Besuche schluchzte sie bitterlich. „Oh, hoffentlich sieht mein kleiner Taddy seinen Vater noch einmal, ehe er stirbt!" Die Ärzte entschieden jedoch, daß das nicht ratsam wäre. Einmal, als Lincolns Atem mühsamer wurde, stieß Mary einen schrillen Schrei aus und sank ohnmächtig auf den Fußboden. Stanton tauchte aus dem angrenzenden Zimmer auf und rief: „Bringt die Frau weg, und laßt sie nicht mehr hinein!"

Im Lauf der Nacht drängten sich die Menschen auf der Straße vor dem Haus der Petersens. Alle Mitglieder des Kabinetts bis auf Seward erschienen, um ihren Chef noch einmal zu sehen. Vizepräsident Johnson wurde herbeigerufen, aber man drängte ihn, nicht allzu lange zu bleiben, da man wußte, das Mary Lincoln ihn verabscheute. Der Reverend Phineas D. Gurley, Pastor der Kirche, die die Lincolns öfter besucht hatten, kam und spendete geistlichen Trost.

Stanton übernahm sofort das Kommando. Er funktionierte ein angrenzendes Zimmer zu seinem Hauptquartier um und begann mit der Untersuchung des Attentats, nahm Zeugenaussagen auf und befahl, alle Brücken und Straßen, die aus der Stadt hinausführten, abzuriegeln. Dann gab er dem Militär Anweisungen, den Mörder zu suchen. Bis zum Morgengrauen war eine hektische Menschenjagd im Gange. Schon bald erfuhr er, daß nicht nur eins, sondern zwei Attentate stattgefunden hatten. Zwar hatte Atzerodt sich entschieden, Andrew Johnson nicht zu erschießen, aber Paine war Booths Anweisungen gefolgt und in Sewards Haus eingedrungen, hatte den verletzten Außenminister angegriffen und ihn blutend und kaum noch lebend zurückgelassen. Am Morgen wurden Paine und Atzerodt verhaftet. Auch die anderen Verschwörer wurden geschnappt. Aber Booth konnte, begleitet von Herold, fliehen. Erst am 26. April fanden Stantons Männer ihn auf einer Farm in Nordvirginia, wo er erschossen wurde.

Doch lange vor diesem Tag starb Lincoln. Im Lauf der Nacht des 14. auf den 15. April wurde sein Puls immer schwächer. Mary durfte ans Bett ihres Mannes zurückkehren und, wie Mrs. Dixon berichtete, „saß wieder neben dem Präsidenten, küßte ihn und rief in einem fort Kosenamen". Als sein Atem ebenfalls schwächer wurde, brachte man sie wieder hinaus. Um 7.20 Uhr am Morgen des 15. April endete der Todeskampf, und die Ärzte kamen herein, um sie zu informieren: „Es ist vorbei! Der Präsident ist tot!"

In dem kleinen, überfüllten Zimmer herrschte Stille, bis Stanton Reverend Gurley bat, ein Gebet zu sprechen. Robert stieß einen tiefen Seufzer aus und schluchzte laut. Am Fuß des Bettes stehend, das Gesicht tränenüberströmt, erwies Stanton seinem toten Chef die letzte Ehre. „Jetzt", sagte er, „ist er ein Teil der Geschichte."

1809	12. Februar: Abraham Lincoln wird als zweites Kind von Thomas und Nancy Lincoln, geb. Hanks, geboren.
1816	Familie Lincoln zieht von Kentucky nach Indiana um.
1817	5. Oktober: Tod der Mutter
1818	Thomas Lincoln heiratet Sarah Bush Johnston. Zu seiner Stiefmutter entwickelt Abraham ein gutes Vertrauensverhältnis.
1830	Familie Lincoln übersiedelt nach Illinois. Abraham ist nun volljährig und führt sein eigenes Leben.
1831	Unter anderem Tätigkeit als Flußschiffer. Im Herbst läßt Lincoln sich in dem kleinen Ort New Salem nieder, wo er in einem Einzelhandelsgeschäft arbeitet.
1832	Erste Kandidatur für ein politisches Amt, ein Abgeordnetenmandat im Parlament von Illinois
1834–41	Abgeordneter der Whigs im Parlament von Illinois
1836	Der Autodidakt Lincoln läßt sich als Rechtsanwalt in Springfield, Illinois, nieder.
1842	Am 4. November heiratet Abraham Lincoln die aus gehobenen Kreisen stammende Mary Todd. Aus der Ehe gehen vier Kinder hervor, von denen jedoch nur eines, Robert Todd, das Erwachsenenalter erreicht.
1847–49	Abgeordneter der Whigs im Kongreß der Vereinigten Staaten von Amerika. Danach für fast fünf Jahre Rückzug aus der großen Politik

Ab 1856 Rascher Aufstieg in der neugegründeten Republikanischen Partei

1858 Kandidatur für den Senat. Die Debatten mit seinem demokratischen Gegenspieler Stephen A. Douglas erhöhen Lincolns Bekanntheitsgrad.

1860 Präsidentschaftskandidat der Republikanischen Partei. Sieg bei der Wahl am 6. November

1860/61 Austritt der Südstaaten aus der Union

1861 4. März: Vereidigung als Präsident der Vereinigten Staaten von Amerika

1861–65 Bürgerkrieg. Nach anfänglichen militärischen Rückschlägen siegt die Union unter dem Oberkommando von General Ulysses S. Grant im Frühjahr 1865.

1862/63 Proklamation der Sklavenbefreiung

1864 Erneuter Sieg Lincolns bei den Präsidentschaftswahlen

1865 14. April: Attentat auf Abraham Lincoln. Während eines Theaterbesuchs trifft ihn eine von dem Fanatiker John Wilkes Booth abgefeuerte Kugel in den Hinterkopf.
15. April: In den frühen Morgenstunden stirbt Abraham Lincoln.

Alle Schönheit des Himmels

Die Lebensgeschichte
der Hildegard von Bingen

Eine Kurzfassung des
Buches von
Charlotte Kerner

Mit zahlreichen historischen Abbildungen

Schon als Dreijährige, so berichtet die Legende, habe Hildegard erstmals „mit der Seele gesehen", und im Jahr 1179 seien beim Tod der mittlerweile vom Papst anerkannten Prophetin zahllose rot leuchtende Kreuze am Himmel erschienen. Bereits zu Lebzeiten wurde die Nonne Hildegard von Bingen bewundert und verehrt, nicht nur um ihrer göttlichen Visionen willen, sondern auch wegen ihrer Schriften, in denen sie sich mit Gott und Glauben ebenso befaßte wie mit Natur und Heilkunde. Als ungewöhnlich selbstbewußte Frau von ihrer göttlichen Aufgabe erfüllt, scheute sie nicht einmal davor zurück, an Kaisern und Erzbischöfen deutliche Kritik zu üben.

In ihrer Hildegard-Biographie hat sich Charlotte Kerner einer der faszinierendsten Frauengestalten des Mittelalters einfühlsam angenähert und bringt dabei in ihrem beeindruckenden Porträt zugleich die ferne Welt des Mittelalters auf anschauliche Weise nahe.

Sich ein Bild machen

Unter den Augen von sechs Zeugen öffnen am 21. März 1852 ein Pfarrer und ein Arzt den kleinen Sarg. Sie entfalten das violette Seidentuch, das den Inhalt bedeckt, und legen es als Unterlage auf einen Seitenaltar der Pfarrkirche. Die etwa sechzig gelblichen, zarten Knochen gehören, wie der Mediziner feststellt, zu einem einzigen weiblichen Körper, die Wirbelsäule läßt sich zusammensetzen.

Einem zweiten Schrein entnehmen die Herren einen kleinen, wohlgeformten Schädel. Die nicht sehr hohe, leicht gewölbte Stirn liegt frei, den Rest umschließt eine Haube aus blauer, mit Gold- und Silberfäden durchwirkter Seide. In einer abgefütterten Tasche, die in die Kopfbedeckung eingearbeitet ist, steckt ein Haargeflecht von gelbbräunlicher Farbe, durchzogen von grauen Strähnen. An die Haube hatte jemand vor langer Zeit mit zwei Nadeln einen Pergamentstreifen geheftet. Rot leuchten die gotischen Buchstaben: CAPUT SANCTE HILDEGARDIS, das Haupt der heiligen Hildegard. In Augenschein nehmen die acht Männer noch zwei kunstvoll gefertigte Etuis, die mumifizierte Organe der Heiligen, ihr Herz und ihre Zunge, enthalten sollen.

Aufgrund eines Berichtes der Schreinöffnung und der umfassenden Untersuchungen zur Herkunft der Gebeine, die der Pfarrer der ehemaligen Eibinger Klosterkirche eigenhändig auf vierhundert Seiten niedergeschrieben hat, erkennt der zuständige Bischof fünf Jahre später die Echtheit der Reliquien an. Die sterblichen Überreste der Heiligen bleiben in Eibingen, an dem Ort, an dem Hildegard ihr zweites Kloster gegründet hat und der gegenüber der Stadt am anderen Rheinufer liegt. Die Reliquien wurden im Jahr 1929 in einen mit Edelsteinen verzierten goldenen Schrein mit Türen aus Elfenbein umgebettet. Jeder Knochen darin ist in weiße Gaze gehüllt und mit einer goldfarbenen Borde umwickelt, die echte Granate schmücken. Goldene, ebenfalls mit Granatsteinen besetzte Netze verhüllen Haupt und Haare.

Hildegard von Bingen ist eine Volksheilige, die niemals offiziell heiliggesprochen wurde. Gestorben ist sie in ihrem 81. oder 82. Lebensjahr am 17. September 1179, verehrt wird sie bis heute. In den Marmor des Altars, der ihre Gebeine birgt, sind die Worte gemeißelt: HEILIGE HILDEGARD BITTE FÜR UNS. Jeden Herbst, an ihrem Todestag, wird der Schrein geöffnet, und Hunderte von Pilgern berühren sein goldenes Gitter, um etwas von Hildegards „Kraft" mitzunehmen. Anschließend tragen die Menschen das Reliquiar in einer Prozession durch die Eibinger Dorfstraßen.

SEIT über acht Jahrhunderten ist Hildegard immer wieder neu erschaffen worden. Jede Zeit macht sich das Bild, das in die Zeit paßt. Sie scheint nah, wenn sie mit Titeln wie „erste deutsche Ärztin und Naturforscherin" eingeordnet und in die heutige Zeit geholt wird. Sie scheint fast eine von uns zu sein, wenn Koch-, Gesundheits- und Esoterikbücher die Rezepte, Rezepturen und Regeln der Heiligen für den Hausgebrauch aufbereiten. Doch kein gerader Weg verbindet das Heute mit ihr und ihrer Zeit.

Die „vrouwe" Hildegard lebte und wirkte in einer uns sehr fremden und fernen Welt, dem Hochmittelalter, dessen Weltbild und Bilderwelten sie prägten. Zwischen einem dünnen Faktenwissen und gläubiger bis abergläubischer Verherrlichung, zwischen einer aus ihrer Zeit überlieferten Lebensbeschreibung, die mehr Heiligenlegende als historische Chronik ist, und ihren Werken und Briefen laufen die Fäden zusammen, aus denen ihr Lebensbild gewebt werden muß.

Hildegard, diese Frau aus dem 12. Jahrhundert, war Äbtissin und Heilkundige, Komponistin und Dichterin, Visionärin und Heilige. Sie wirkte als Prophetin in ihrer Zeit, *prophetissa teutonica* wurde sie genannt. Doch sie wußte, „…daß ich nur ein Mensch bin".

Ich sah ein so großes Licht, daß meine Seele erbebte
(1098–1115)

Die Jahrtausendwende ist vorbei. Noch umspannt das Firmament mit seinen Gestirnen die Weltscheibe, noch drehen sich die Himmelssphären und erzeugen symphonische Klänge.

214

Die Angst der Menschen, der Antichrist könne die Erde heimsuchen und alles vernichten, hat sich nicht bewahrheitet. Das zweite Jahrtausend beginnt.

Die heilige Hildegard von Bingen wird in dieser Zeit, im Jahr 1098, als Hildegard von Bermersheim geboren.

Zwischen Rhein und Nahe, dem Gebiet, das damals Rheinfranken heißt, liegt die Siedlung Bermersheim, umgeben von Feldern und ausgedehnten Wäldern, im hügeligen Nahegau. Die Bauern und Handwerker leben in einfachen Häusern; Holzpfosten, die in die Erde gerammt sind, bilden das Gerüst der Wände, die aus Brettern gezimmert oder aus lehmverschmiertem Flechtwerk aufgebaut sind. Die Bauten sind mit Stroh oder Holzschindeln gedeckt. Geöltes Papier oder Holzlatten verschließen die kleinen Fenster, die manchmal auch nur zugige Löcher sind. Kalt ist es im Winter, nur der Herd spendet Wärme. Hölzerne Zäune umgeben jedes Einzelgehöft mit seinem Wohnhaus, den Speichern und Ställen. Die ganze Siedlung schützt ein Erd- oder Steinwall.

Der Dorfgemeinschaft steht Hildebert von Bermersheim vor. Der Herrensitz, der aus Stein errichtet ist und zu dem eine kleine Eigenkirche gehört, bezeugt seine hochadelige Stellung. Die Kirche im nördlichen Dorfteil ist bis in unsere Zeit erhalten. Auch einige alte Fensterstürze, die in neue Bermersheimer Bauernhöfe eingemauert wurden, erinnern noch heute an das Haus, in dem Hildegard aufwächst.

Das alte Adelsgeschlecht derer von Bermersheim ist bodenständig und seinem Stammsitz im Dorf Bermersheim, das nördlich des heutigen Städtchens Alzey liegt, treu geblieben. Im 6. oder 7. Jahrhundert hatten sich in dieser hügeligen Gegend Hildegards Vorfahren niedergelassen, fränkische Edelleute und Dienstmannen, unter ihnen ein Herr Vermer. Der errichtete auf dem fruchtbaren Land seine Hofstatt, die andere Siedler anzog. Um „Vermers Heim" herum wuchs eine Siedlung, die Ende des 11. Jahrhunderts in der mittelhochdeutschen Sprache „Bermersheim" heißt.

Fest verwurzelt in der feudalistischen Ordnung und dem Glauben seiner Zeit lebt der Edelfreie Hildebert. Das Jahr seiner Geburt ist genausowenig überliefert wie das seiner Frau Mechthild. Sicher nimmt das ganze Dorf Anteil, als die Herrin im Jahre 1098 wieder ein Kind erwartet, es ist ihre zehnte Schwangerschaft.

Im Herrenhof sind wahrscheinlich mehrere Hebammen anwesend, als die Geburt bevorsteht. Falls Komplikationen eintreten, haben sie nur wenige Möglichkeiten einzugreifen. Sie können zum Beispiel versuchen, das Kind in eine normale Geburtslage zu drehen oder mit einem Haken herauszuziehen, doch dabei drohen Blutungen und Infektionen. Die Sterblichkeit während und nach der Geburt ist hoch, bei Mutter und Kind. Schätzungsweise fünfundzwanzig von tausend Frauen sterben im Kindbett, und ein Drittel der Kinder erlebt das erste Jahr nicht. Gesund geboren zu werden ist ein noch größeres Wunder als heute. Die Frauen, die in den Wehen liegen, rufen Schutzheilige an und lassen sich Kräuter und Heiligenreliquien ins Entbindungszimmer bringen, tragen Geburtsgürtel und umklammern Edelsteine.

Mechthild von Bermersheim steht nach heutiger Einschätzung eine Risikogeburt bevor. Sie ist eine Vielgebärende und sicher nicht mehr die Jüngste. Während der Niederkunft hält sich Hildebert vermutlich in der Nähe des Geburtszimmers auf und betet. Gelobt er hier zum erstenmal, dieses zehnte Kind Gott zu weihen, falls beide überleben? Er kennt seine Bibel und weiß, das Zehnte ist immer etwas Besonderes: „Jeder Zehnt ist etwas Heiliges für den Herrn."

An welchem Tag das letzte Kind von Mechthild und Hildebert geboren wird, ist nirgends festgehalten. Manche Biographen vermuten, daß Hildegard zwischen Juni und September das Licht der Welt erblickt, im Sommer oder Frühherbst, wenn die Tage noch lang und warm sind und niemand frieren muß.

Das Neugeborene, das mit einem lauten Schrei die Welt begrüßt, ist ein Mädchen. Die Hebammen baden es in lauwarmem Wasser, ölen den Säugling und wickeln ihn in Tücher. Mutter und Vater wählen einen Mädchennamen, der in der Familie Tradition hat: Hildegard. Der erste Teil des Namens, „Hilde", bedeutet Kampf. Hildegard heißt wörtlich „Ort des Kampfes" oder „Ort der Entscheidung". Im Laufe eines langen Lebens wird sie diesem Namen gerecht werden und viele innere und äußere Kämpfe führen und bestehen.

Die Taufe besiegelt die Namensgebung. Das Fest wird meist eine Woche nach der Geburt feierlich begangen und selten hinausgeschoben. Die Menschen des Mittelalters glauben nämlich, daß getaufte Kinder bessere Überlebenschancen haben und weniger anfällig für Krankheiten sind. Ungetaufte dagegen bedroht der Tod häufiger, oder Feen rauben die namenlosen Säuglinge. Auch das Ehepaar von Bermersheim achtet sicher darauf, daß das schwächliche Mädchen bald das Sakrament erhält, das seine Erbsünde tilgt und seiner Seele die Freiheit gibt, Gutes zu tun.

Bei Hildegards Taufe geht es nicht anders zu als in anderen adligen Familien. Angereist sind Freunde der Bermersheimer Sippe, darunter die Taufpaten. Sie bringen Geschenke für die Mutter mit, Kuchen und Konfekt zum Beispiel, oder Fackeln und Wachskerzen für die kirchliche Feier. Sie werden reichlich bewirtet. In der Eigenkirche der Adelsfamilie übergießt der Pfarrer den Täufling, der ein weißes Taufkleid trägt, mit Weihwasser. Die Paten halten das Kind in den Armen und sprechen als seine Stellvertreter das Glaubensbekenntnis und Vaterunser, um den Satan auszutreiben.

Hildegard wird jeden Tag sorgfältig gewickelt. Ein Wickelkind von damals ist fest geschnürt, fast bandagiert, damit es einen geraden Leib bekommt, es erinnert an eine Mumie. Sind „Einengung, ja Einschnürung, die angelegten Fesseln" die ersten unbewußten Erfahrungen der Kinder im Mittelalter?

Hildegard hat als betagte Nonne geschrieben, wie Gott „die Zeiten des Jahres" im Menschen „durchordnet". Jeder Monat entspricht nicht nur einem Lebensabschnitt, sondern steht auch für einen Körperteil und versinnbildlicht eine bestimmte seelische Entwicklung. Der Januar ist das Symbol der frühen Kindheit, wie sie auch Hildegard durchlebt hat: „Im ersten Monat erhebt die Sonne sich wieder ... Seine Eigenschaften gleichen dem Gehirn ... So wirkt die Seele voller Freude in der Kindheit des Menschen, jener Zeit, die noch keine Arglist kennt und die fleischliche Lust nicht spürt. Noch wird sie ja nicht genötigt, wider die eigene Natur zu handeln ... Wie ... die Sonne sich im ersten Monat wieder erhebt, so ist auch die Seele in diesem frühen Lebensalter nicht verstockt und nicht völlig verdunkelt ..."

Als Hildegard ein Jahr alt ist, erreicht der erste Kreuzzug Jerusalem, und die Kreuzfahrer singen vor den Toren der eroberten Stadt:

> Von Blut viel Ströme fließen,
> indem wir ohn' Verdrießen
> das Volk des Irrtums spießen –
> Jerusalem, frohlocke!

Stoßt sie in Feuersgluten!
Oh, jauchzet auf, ihr Guten,
dieweil die Bösen bluten –
Jerusalem, frohlocke!

In Hildegards drittem Lebensjahr beginnt das 12. Jahrhundert.
Heinrich IV. herrscht im Heiligen Römischen Reich. Der Salier-
könig hatte im Jahr 1077 den berühmten Gang nach Canossa
angetreten und durch einen Kniefall erreicht, daß der Papst den
Kirchenbann von ihm nahm. Doch Kirche und Kaiser ringen weiter um die Vorherrschaft. Wer darf die Geistlichen in ihre Ämter
einsetzen? Dieser Investiturstreit wird bis ins Jahr 1122, bis zum
Wormser Konkordat, andauern.

Die Gesellschaft des Hochmittelalters, in die Hildegard hinein-
geboren wird, ist dreigeteilt in Beter, Krieger und Arbeiter. Die
Geistlichen dienen Gott durch ihren Gottesdienst, die Gebete
und die Belehrung. Die Vornehmen schützen die Kirche und die
Waffenlosen. Die Arbeitenden, die Masse der Bauern, ernähren
die beiden andern. Niemand stellt diese Ordnung in Frage.

Alter und hoher Adel sind die Edelfreien, die *liberi* oder *nobi-
les viri,* zu denen Hildebert von Bermersheim gehört. Sie unterscheiden sich streng von den Rittern und Ministerialen, die in
dieser Zeit auch sichtbar an Einfluß gewinnen und sich im wahr-
sten Sinne des Wortes bald über die anderen erheben: Sie errichten zunächst Wohntürme in den Dörfern und siedeln dann immer
häufiger auf Hügeln und Bergen. In den Mauern der neugegründeten und wachsenden Städte entwickelt sich eine neue gesellschaftliche Gruppe: die Bürger.

Geeint sind alle, vom Adligen bis zum Bettler, vom Kaiser bis
zum Bauern, in einem heute kaum vorstellbaren unerschütterli-
chen Glauben an Gott Vater, Christus seinen Sohn und den Heiligen Geist. Das Leben ist nur eine Reise, an deren Ende die Gläubigen das Paradies erwartet. Menschenmassen durchwandern
Europa, sie pilgern nach Santiago de Compostela oder Rom. Der
Aufruf des Papstes Urban II. zum ersten Kreuzzug hat im Jahre
1095 Zehntausende über alle europäischen Grenzen hinweg ver-
eint. Es ist eine Zeit des Aufbruchs und der Öffnung, in der griechische und arabische Schriften ins Lateinische übersetzt und
nach Deutschland gebracht werden. Das Bewußtsein erwacht,
ein christliches Abendland zu sein.

Hildegard wächst in einer Epoche auf, die heute immer noch vorschnell „finsteres Mittelalter" genannt wird. Doch mit diesem Namen verhöhnte die Aufklärung eine Zeit, die sie nicht verstand und die ein ganzes Jahrtausend umspannt, in dem es Höhen und Tiefen, Finsteres und Helles gab.

Finster ist das Jahrhundert Hildegards in einem ganz wörtlichen Sinn: „Das Mittelalter ringt um Licht." Dunkel sind die Wohnstuben und Straßen, die Kienspan, Fackel und Öllampen spärlich beleuchten. Wachskerzen sind Kostbarkeiten. Das einfache Volk, das eine von unzähligen Kerzen erleuchtete Kirche betritt, muß geblendet und überwältigt sein. Licht ist schön und göttlich. Gott ist Licht.

Wie die Sprache, die Schrift und das Lesen ist „Licht" eine Sache des Standes: Je niedriger und einfacher die Herkunft eines Menschen ist, um so dunkler lebt er, dunkel auch im Geiste. Bauern lernen nie lesen und schreiben, ihre „Schrift" sind die Bilder. Sie lesen nicht die Bibel, sondern sehen die Darstellungen in der Kirche und lauschen den Worten der Priester.

Hildegard wächst in einer „hellen" und heilen Welt auf. Ihre Familie ist begütert. Eine Amme, die ins Herrenhaus kommt, stillt und betreut die heranwachsende Hildegard allein. Dies ist auch in adligen Kreisen ein Privileg.

Von zwei Geschwistern Hildegards sind keine Namen überliefert, wahrscheinlich raffte sie schon früh eine Krankheit oder Seuche hinweg. Tod und Krankheit sind Hildegard nicht nur in der eigenen Familie begegnet, sie sind allgegenwärtig. Die adligen Gruppierungen tragen im Reich eine Vielzahl bewaffneter Fehden aus, sie zerstören Siedlungen und Ernten und bringen der schutzlosen Landbevölkerung Tod, Elend und Not. Die Mehrheit der Menschen lebt noch auf dem Land. Als in den ersten Jahrzehnten des 12. Jahrhunderts ungünstige Witterungsverhältnisse herrschen, suchen schreckliche Hungersnöte das Salierreich nördlich der Alpen heim. Auch durch Hildegards Heimatdorf ziehen Bettler und Sieche auf der Suche nach Hilfe. Als Kind sieht auch sie die Pestkranken, die Aussätzigen und Menschen, die das „Antoniusfeuer" verzehrt. Diese dritte Massenerkrankung des Mittelalters ist eine Vergiftung, die ein dunkles, von Pilzen befallenes Weizenkorn, das Mutterkorn, auslöst. Die schreckliche Seuche wütet häufig in den Monaten nach der Ernte. Die

Ein „Lichtstrahl" hebt Hildegard aus dem Kreis der spielenden Geschwister heraus. Reliefbild des Hildegardis-Altars in der Rochuskapelle bei Bingen

Erkrankten, deren Leiden unter der Haut wie ein unsichtbares Feuer schwelt, rufen den heiligen Antonius um Hilfe an, doch meistens vergeblich. „Ihre Glieder, nach und nach zernagt, wurden schwarz wie Kohle", berichtet ein Chronist. „Sie starben schnell unter grauenhaften Qualen, oder sie setzten ohne Füße und Hände ein noch schrecklicheres Leben fort. Viele wanden sich in nervösen Krämpfen." Krankheit erleben die Menschen als unabwendbares Schicksal. Von Geburt an tragen sie „das Merkmal der Mühsal und der Sterblichkeit".

Hildegard fühlt sich in dem großen Geschwisterkreis aufgehoben. Die Schwester Clementia wird ihr später ins Kloster folgen, die Lebenswege von Irmengarth, Odilia, Judda und dem ältesten Bruder Drutwin verlieren sich. Vielleicht singt Bruder Hugo, der später zum Domkantor in Mainz aufsteigt, gern mit der jüngsten Schwester und teilt mit ihr in frühen Jahren die Liebe zur Musik; und Rorich, der auch eine geistliche Laufbahn einschlägt und Priester wird, liest ihr möglicherweise aus der Bibel vor.

Mit Puppen, Bällen und Brettspielen vertreiben sich die Adelskinder zu Hause die Zeit, und sie durchstreifen die umliegenden Felder und Wiesen. Hildegard beobachtet gern die Tiere: das Küken, das aus dem Ei schlüpft, die Fische, die im Netz zappeln, Bienen, die Waben mit Honig füllen. In ihren späteren Schriften tauchen viele Bilder aus dem Dorfleben auf, die den staunenden kindlichen Blick auf die Natur, auf das Feuer in Schmiede und Küche erahnen lassen. Sehen heißt für Hildegard leben: „Mit Hilfe seines Sehvermögens unterscheidet der Mensch alles. Würde ihm die Sehkraft fehlen, so wäre er einem Toten gleich... Die Augen durchdringt die Seele: sind diese doch die Fenster, durch welche sie die äußere Natur erkennt."

Auch Standesbewußtsein vermitteln die Eltern ihrer Tochter. Hildebert von Bermersheim erzählt wahrscheinlich zu Hause von seinem Treffen mit Fürsten und Grafen und kommentiert die Reichspolitik. Hildegard tritt später den Großen ihrer Zeit sehr sicher gegenüber und verteidigt das Adelsprivileg ihres Klosters.

Im Jahre 1105 gibt es nicht nur im Nahegau, sondern im ganzen Reich ein Gesprächsthema: Der Sohn Heinrichs IV. hatte dem kaiserlichen Vater sicheres Geleit nach Mainz zugesagt, doch ihn dann wider alle Versprechungen – unterstützt von papsttreuen Gefolgsleuten – gefangengenommen. Heinrich IV. sitzt nun in der Burg Böckelheim an der Nahe in Haft. Weder seine Tränen noch seine Trauer und nicht einmal der Fußfall, so klagt der Vater in einem Brief, hätten das Mitleid des Sohnes geweckt. Resigniert verzichtet er schließlich auf seinen Thron und macht Platz für seinen Nachkommen. Im Sommer 1106 stirbt Heinrich IV., aber erst fünf Jahre später (1111), nachdem der päpstliche Bann aufgehoben ist, wird er in der Familiengruft der Salier im Dom zu Speyer beigesetzt. Sein Sohn Heinrich V. wird der letzte Salier sein.

In der Zeit des Reisekönigtums sind Adlige wie Hildebert oft unterwegs. Dann regelt Edelfrau Mechthild die Geschäfte. Sie inspiziert hoch zu Roß die abgelegenen Güter, verwaltet die Einnahmen und befehligt die vielen Bediensteten. Auf dem Hof backen sie ihr Brot selbst und brauen Bier, sie stampfen Butter und machen Käse. Im Lager stapeln sich Eingemachtes und Wein, Fische und Gewürze. Auch gesponnen und gewebt wird im Herrenhaus. So nebenbei erfährt Hildegard, wie eine große Gemeinschaft versorgt und zusammengehalten wird. Sie sieht, wie ihre Mutter diese Aufgabe bewältigt, die später auch ihr als Klostervorsteherin abverlangt werden wird.

Hildegards Kindheit muß glücklich gewesen sein, denn ohne Liebe und Sicherheit zu erfahren, hätte sie selbst als erwachsene Frau niemals so stark sein und mit den Menschen und der Natur mitfühlen können. Doch ein Schatten fällt schon früh auf Hildegards Leben: „Viele Dinge erfuhr ich nicht wegen der häufigen Erkrankungen, an denen ich von der Muttermilch an bis jetzt gelitten habe, die meinen Leib schwächten, so daß meine Kräfte nachließen."

Das jüngste Kind ist nicht nur anders als die Geschwister, weil es kränkelt. Hildegard ist auch ein besonderes Kind, weil sie schaut, verborgene Dinge sieht. Noch weiß sie nicht, was das alles bedeutet und in welchem Schatten sie steht, aber: „In meinem dritten Lebensjahr sah ich ein so großes Licht, daß meine Seele erbebte."

Es ist kein Zufall, daß sie als Dreijährige zum erstenmal „mit der Seele sieht". Mit drei Jahren entwickeln die Kinder – so das damalige Denken – ihr Bewußtsein, dessen sichtbare Zeichen die Milchzähne und das Haupthaar sind. Mit fünf Jahren erfährt das Mädchen dann genauer „die feste Gestaltung und innere Deutung verborgener wunderbarer Gesichte". In dieser Zeit ist die folgende überlieferte Geschichte anzusiedeln: Hildegard habe, als sie eine trächtige Kuh auf der Weide betrachtete, das Aussehen des noch ungeborenen Kalbes ihrer Amme richtig vorhergesagt.

Hildegard soll Dinge sehen, die anderen Menschen verborgen bleiben. Auserwählt ist sie von Anfang an. Deshalb ist der Zeitpunkt ihrer Geburt für sie kein Zufall gewesen. Gott selbst hat ihr befohlen: „O Mensch …, sprich in folgender Weise von dir: Bei meiner ersten Gestaltung, als Gott mich im Schoße meiner Mutter durch den Hauch des Lebens erweckte, prägte er dieses Schauen meiner Seele ein. Denn im Jahre 1100 nach der Menschwerdung Christi begann die Lehre der Apostel und die glühende Gerechtigkeit, die er in die Christen und Geistlichen grundgelegt hatte, nachzulassen und geriet ins Wanken. Zu jener Zeit wurde ich geboren."

Solchen Aussagen zu glauben ist für jemand, der im 20. Jahrhundert lebt, nicht einfach. Erhabenes und Lächerliches, Glaube und Aberglaube berühren sich oft, gerade auch in der ältesten und immer noch zuverlässigsten Quelle, die von Hildegard erzählt: Unter dem Titel „Das Leben der heiligen Hildegard" haben die Mönche Gottfried und Theoderich eine Lebensbeschreibung, die sogenannte „Vita", verfaßt. Gottfried schrieb noch zu Lebzeiten Hildegards den ersten Teil, nach seinem und ihrem Tod setzte Theoderich von Echternach die Arbeit fort.

Rückblickend untermauert die Lebensbeschreibung der Mönche das Prophetentum und die Heiligkeit Hildegards. Die „Vita" ist auch ein Tatsachenbericht, doch mehr noch ist sie eine typische Heiligenlegende. Die Wirklichkeit wird gefiltert und bewertet. Die Schreiber liefern ein Lehrstück für ein gottesfürchtiges Leben, sie wollen „die brennende Leuchte Christi nicht unter den Scheffel, sondern auf den Leuchter" stellen.

Lebensbeschreibungen von Heiligen sind weit verbreitet im Mittelalter und haben Gemeinsamkeiten. Ein immer wiederkehrendes Motiv ist das „greise Kind", das zum Beispiel an kirchlichen Festtagen fastet und sich schon ganz wie ein Erwachsener, wie ein richtiger Heiliger, verhält. Über Hildegard wird berichtet: „Schon in jungen Jahren zeigte sie eine frühe Unberührtheit, mit der sie allen fleischlichen Genüssen fremd zu sein schien." Neben der frühen Bestimmung ist ein beliebtes Bild der kranke, schwache Leib, in dem die Seele um so feuriger und heiliger glüht.

Niemand zweifelt damals an dem allumfassenden Lenken Gottes, der überall und durch alles Zeichen setzte, auch durch ein Leben, wie es Hildegard leben sollte. Wer ihre Lebensgeschichte nachvollziehen will, muß deshalb eintauchen in diese so ganz andere religiöse und persönliche Lebens- und Erlebniswelt des Mittelalters.

Viele Heilige wandeln damals noch auf der Welt, und Wunder geschehen tagtäglich. Jeder Mensch und jeder Tag, jedes Dorf und jede Stadt, jedes Kraut und jede Krankheit haben einen Schutzpatron. Luft und Feuer, Wasser und Erde sprechen die Sprache Gottes. Die erlebte Wirklichkeit ist vielschichtiger, als wir sie heute mit kühlem, aufgeklärtem Blick wahrnehmen. Tiere, Pflanzen und Menschen, Gestirne und Elemente, alles Sichtbare ist ein Sinnbild göttlichen Wirkens, ist Gleichnis und Symbol für das Unsichtbare. Ein Baum ist immer auch der Baum des Lebens und

der Versuchung. Bäume verkörpern Eigenschaften: der Quitten-
baum die List und der Pflaumenbaum den Zorn, die Eiche ist ein
Sinnbild der Verdorbenheit, und die Espe steht für Überfluß. Die
Tanne ist so stark, daß Geister sie hassen und Zauber und Magie
unter Tannenholz schlechter wirken.

Als die Tochter von Hildebert und Mechthild acht Jahre alt
wird, beschreiten die Eltern keinen außergewöhnlichen Weg, als
sie das Mädchen für ein Leben im Kloster bestimmen. Die erste
Kindheitsphase geht im siebten Lebensjahr zu Ende, jetzt beginnt der Mensch, zwischen Gut und Böse zu unterscheiden. Das
Kind hat gelernt, sich auszudrücken, Sinnbild sind die bleiben-
den Zähne. Die richtige Erziehung wird nun wichtig oder, wie
Hildegard einmal formuliert, die „Belehrung und Ermahnung des
Heiligen Geistes".

„Der zweite Monat geht seiner Natur nach auf Reinigung aus.
Er findet eine sinnhafte Bedeutung in den Augen des Menschen,
weil auch die Augen, wenn sie wäßrig, unrein und kränklich
sind, sich mitunter von selbst reinigen. So ist auch die Seele des
Menschen wie der Saft in einem Baume. Wie durch den Saft alle
Früchte des Baumes gedeihen, so werden durch die Seele alle
Werke des Menschen verwirklicht. Sind nun Gefäße und Mark
des Menschen voll und reif geworden, dann beginnt er nach dem
Verlangen seines Fleisches zu handeln."

Für Adelstöchter sind Klöster der einzige Ort, wo sie eine
Grundausbildung in Schreiben und Lesen, aber auch religiösen
Unterricht erhalten. Klösterliche Zucht und Frömmigkeit – so die
allgemeine Meinung – stehe auch zukünftigen Ehefrauen gut
an. Während der zweiten Stufe der Kindheit, die bei den Mädchen bis zum zwölften und bei den Jungen bis zum vierzehnten Lebensjahr dauert, verabreden die Eltern standesgemäße
Ehen und planen die geistliche Laufbahn ihrer Sprößlinge. Leben
in einer Adelsfamilie viele Töchter, müssen meistens einige für
immer ins Kloster. Das Vermögen reicht selten aus, um jeder eine
Mitgift für eine standesgemäße Heirat zu sichern. Auch kränkliche Kinder werden für ein mönchisches Leben vorgesehen, weil
sie der rauhen Welt weniger gewachsen scheinen.

Hildebert und Mechthild sind wahrscheinlich nicht frei von
solchen Überlegungen. Doch die Entscheidung der Eltern, Hildegard in ein Kloster zu geben, gründet auch auf ihrem Glauben

und dem Gelübde, das der Vater während der Geburt „des Zehnten" abgelegt hat: „Obwohl sie in den Sorgen der Welt verwickelt und mit äußeren Gütern reich gesegnet waren, erwiesen sie sich doch nicht undankbar gegen die Gaben ihres Schöpfers und weihten ihre Tochter dem Dienste Gottes", vermerkt die „Vita". Hildebert und Mechthild tun dies „unter Seufzern".

Für ihr jüngstes Kind wählen sie eine Klause auf dem Disibodenberg aus, wo das verfallene Augustinerstift bald von Benediktinern neu besiedelt werden soll. Sie kennen und schätzen Jutta von Spanheim, die Tochter des Grafen Stephan von der benachbarten Burg Spanheim. Jutta hat ihren Vater überredet, die alte Frauenklause auf dem Disibodenberg neu aufzubauen. Dort will sie von nun an ihr Leben als Klausnerin verbringen.

Das Klausnertum ist eine Form der Einsiedelei, die seit Mitte des 11. Jahrhunderts starken Zulauf hat. Für den Bau einer Klause gibt es feste Regeln: Nur zwölf Fuß lang und breit darf der eigentliche Wohnraum sein. Einfach ist die Einrichtung: eine Schüssel, ein Napf und ein Krug, ein niedriges Bett mit einer Heu-, Stroh- oder Laubmatratze, ein Kopfkissen, eine Decke und ein Fußdeckbett. Die Kleidung entspricht der Ordenstracht der Mönche, an deren Kloster die Klause gebaut wird. Ein Frauenschleier, Wäsche und natürlich ein Pelzmantel für die kalten Tage fehlen nicht.

Die Klause stößt oft mit einem angebauten kleinen Chor oder mit einer kleinen Kapelle an die Abteikirche. Dorthin öffnet sich ein Fenster, durch das die Eingeschlossenen an den Gebeten und Messen der Mönche teilnehmen. Die Verbindung mit der Welt draußen beschränkt sich auf zwei weitere Fenster: ein vergittertes und ein offenes Fenster, durch das alles Notwendige gereicht wird. Wo und wie die Frauenklause, in der sich die Inklusin Jutta von Spanheim „einmauern" läßt, auf dem Disibodenberg gebaut wird, ist bis heute umstritten. Zur Welt der Klausnerin Jutta gehört aber sicher ein Gemüse- und Kräutergärtchen, an dessen Tor Familienangehörige, aber wohl bald auch Gläubige klopfen werden, denn Eingeschlossene sind allerorten hochverehrte und gefragte Ratgeberinnen und Erzieherinnen. Die ersten Schülerinnen der Grafentochter sind eine entfernte Verwandte der Familie von Spanheim, ein Mädchen, das ebenfalls Jutta heißt, und Hildegard von Bermersheim.

Als der Tag heraufzieht, an dem Hildegard den elterlichen Herrenhof in Bermersheim verlassen wird, seufzen sicher nicht nur die Eltern, sondern auch Hildegard. Doch das Mädchen scheint auch froh zu sein, der Alltagswelt und dem Gerede entfliehen zu können. Zunehmend hat das wache Kind seine Schauungen als unheimlich erlebt und sein Anderssein wahrgenommen. Und das ängstigt sie: „Wenn ich von dieser Schau ganz durchdrungen war, sprach ich vieles, was denen, die es hörten, fremd war. Ließ aber die Gewalt der Schau ein wenig nach, in der ich mich mehr wie ein kleines Kind als nach den Jahren meines Alters verhielt, so schämte ich mich sehr, weinte oft und hätte häufig lieber geschwiegen, wenn es mir möglich gewesen wäre. Denn aus Furcht vor den Menschen wagte ich niemandem zu sagen, was ich schaute."

Acht Jahre also ist Hildegard alt, als sie ihre Kindheit hinter sich läßt. Sicher reiten auch ihre Brüder und Schwestern mit zur Klause. So traurig sie darüber sind, daß Hildegard die Familie verläßt – die Einschließung Jutta von Spanheims und ihrer zwei Zöglinge ist auch ein feierliches Schauspiel, das niemand versäumen will. Der große Troß folgt den Wegen durch die dichten Wälder, in denen noch Wisent und Luchs hausen. Dünn besiedelt sind die Lande zwischen Rhein und Nahe, in ganz Europa leben damals so viele Menschen wie heute allein in Deutschland. Von Bermersheim bis zum Disibodenberg ist es gerade ein Tagesritt.

Hoch ragt der Berg aus dem Talkessel, wo der Fluß Glan in die Nahe fließt. Alle kennen sie die Geschichte des heiligen Disibod, der dem Berg seinen Namen gab. Vor vierhundert Jahren suchte der irische Mönch, müde des vielen „Wanderns um Christi Willen", eine letzte Bleibe. Als er seinen Wanderstab neben einer Quelle in den Boden steckte, trieb das Holz Blüten. Der greise Mönch nahm dies als göttliches Zeichen und baute auf dem Berg eine Einsiedelei, zu der bald viele Menschen strömten. Dort oben auf dem Berg ruhen seine sterblichen Überreste. Dort oben soll jetzt Hildegard eine neue Heimat finden.

Am 1. November des Jahres 1106, dem Allerheiligenfest, läßt sich Jutta von Spanheim mit „Christus begraben". Kerzen und Fackeln erleuchten die Kirche, die wie für eine Totenfeier geschmückt ist. Als Jutta und die zwei Mädchen eintreten, empfängt sie der Gesang der Gläubigen: „Hier ist meine Ruhe in Ewigkeit, hier die Wohnstätte, die ich mir erwählt."

226

Während der Messe spricht Hildegards Vater eine Übergabe-
formel, mit der er sein Kind „Gott darbringt". Das dargebrachte
Mädchen, die Oblatin, überreicht eine Opfergabe und die Bitt-
urkunde. Hildegards Hand ist in das Altartuch gewickelt, als
Hildebert sein Kind „im Namen der Heiligen, deren Reliquien
hier liegen", und vor Zeugen der Klausnerin Jutta übergibt, „daß
sie der Regel gemäß hierbleibe". Am Ende der Feier steht Jutta
barfuß vor dem Priester, der sie nochmals fragt, ob sie frei und
bewußt das Klausnerleben wählte. Als sie ein lautes „Ja!" spricht,
legt der Priester ihr ein Kreuz auf die Schulter, das sie als einzigen
persönlichen Besitz in ihre Zelle mitnehmen darf.

In einer Prozession verlassen nun alle die Kirche und ziehen
zur Tür der Frauenklause. Auf der Schwelle zu ihrer neuen Wohn-
statt legt Jutta sich auf die Erde, und Priester sprechen Gebete
über ihr. Danach betritt sie mit ihren Schülerinnen die kleinen
Zellen. Der Eingang wird zugemauert. Die achtjährige Hildegard
sieht, wie Männer Stein auf Stein setzen, die Eltern verschwinden, sie sieht die Geschwister nicht mehr. Eingeschlossen ist sie
in einer fremden, neuen Welt.

Der Alltag beginnt. Zwei Zellen, vielleicht noch ein gemeinsa-
mes Wohn- und Speisezimmer. Zwei Kinder und eine Frau, die
Anfang Zwanzig ist. Das ist eine Gemeinschaft, die sich schnell
kennenlernt. So kann die Klause leichter zur neuen Heimat werden. Das Leben richten sie ein zwischen Beten und Arbeiten. Das
Chorgebet der Benediktiner gliedert von Anfang an ihren Tag.

Hildegard hört die Gesänge und erfreut sich an der Wortmelo-
die der Psalmen, bevor sie die Sätze und deren Sinn versteht. Sie
lernt lesen und schreiben und auch Latein. Die Bibel, Heiligenlegenden und bald auch die Benediktsregel sind ihre Lektüre. Auf
dem Lehrplan steht neben weiblicher Handarbeit sicher auch das
Gärtnern. Hildegard bestimmt die ersten Heilkräuter und Pflanzen, die in dem kleinen Gärtchen neben der Klause wachsen.
Jutta pflegt und fördert von Anfang an die musischen Fähigkeiten
ihrer Schülerin, sie unterweist sie „in den Gesängen Davids und
lehrt sie das Singen der Psalmen".

Im Jahre 1108 legt die Mönchsgemeinde den Grundstein für
eine mächtige Abteikirche, eine rege Bautätigkeit setzt ein. Hildegard sieht in den kommenden Jahren von der Frauenklause
aus, wie das Gotteshaus immer höher in den Himmel wächst.

Genauso breit wie der Mainzer Dom, aber um ein Drittel kürzer wird die imposante Kirche mit den zwei hohen Türmen sein. Im Schatten ihrer Mauern wird Hildegard zweiundvierzig Jahre lang leben.

Die Inklusin Jutta von Spanheim hat bald einen guten, ja heiligen Namen. Immer mehr Eltern des rheinischen Adels wollen ihre Mädchen hier erziehen lassen. Weitere Zellen werden angebaut. Nach sechs Jahren, um das Jahr 1112, hat sich die Klause so vergrößert, daß man bereits von einem Kloster spricht. Vermutlich dürfen die Mädchen, die noch kein bindendes Gelübde abgelegt haben – sie werden auch „Vorschlossnerinnen" genannt –, den engen Bereich der Klause ab und an verlassen. Steigt Hildegard manchmal zum Glan hinab, dessen Sand so schön ist und dessen rauhes und gesundes Wasser sowohl „zu Essen und Trinken als auch zum Baden und Waschen des Gesichtes" taugt?

In der Klause verlassen die inneren Bilder die heranwachsende Hildegard nicht: „Ich sah vieles, und manches erzählte ich einfach, so daß die, die es hörten, sich sehr wunderten, woher es käme und von wem es sei. Da wunderte ich mich auch selbst, daß ich, während ich tief in meiner Seele schaute, doch das äußere Sehvermögen behielt und daß ich dies von keinem anderen Menschen hörte. Darum verbarg ich die Schau, die ich in meiner Seele sah, so gut ich konnte. Doch die Edelfrau (Jutta), der ich zur Erziehung übergeben war, bemerkte es und teilte es einem ihr bekannten Mönch mit."

Sie läßt uns im unklaren, ob die Meisterin ihre wunderliche Gabe entdeckt, bevor oder nachdem sich Hildegard endgültig für ein Leben im Kloster entschieden hat. Jutta von Spanheim ist ihr jedenfalls ein Vorbild: „Dieser Frau schenkte Gott sozusagen Ströme von Gnaden, so daß sie ihrem Leib durch Wachen, Fasten und andere gute Werke keine Ruhe gewährte..."

Und dann ist da noch der Mönch Volmar, der Seelsorger der Frauen. Er ist damals schon ein wichtiger Ratgeber der Nonnen. Sein Leben lang wird er Hildegard treu und ergeben begleiten, zuerst als Lehrer, dann als ihr Sekretär.

Hildegard kann ab ihrem zwölften Lebensjahr frei wählen, ob sie das ewige Gelübde ablegen will, aber wirklich frei ist eine Oblatin wie sie nicht. Die Erziehung richtet sie ganz auf das Leben im Kloster aus, ein anderes Dasein wird immer unvorstellbarer. Doch dieser vorgeprägte Weg ist für Frauen nicht der schlechteste, im Kloster können sie ein tätiges Leben führen und sich entfalten. Die einzige Alternative ist – zumal für ein adliges Fräulein – eine arrangierte Heirat. Doch für eine Oblatin, die das Kloster verlassen will, ist selbst dieser Weg oft versperrt, denn bei ihrer Übergabe ist ihre Mitgift in Form von Geldern und Ländereien in den Besitz des Klosters übergegangen. Schwer wiegt es zudem, den Eltern den Gehorsam zu verweigern, die Beter und Beterinnen nur zu gerne in der Familie sehen.

Nicht alle sind im Kloster glücklich geworden. Das Klosterleben verkommt zur quälenden Routine, wenn die seit frühester Kindheit eingeübten mönchischen Verhaltensweisen und Regeln leere Formen bleiben, wenn Frauen und Männer einen „Beruf" ohne Berufung wählen. Doch es ist die richtige Entscheidung, die Hildebert und Mechthild von Bermersheim für ihre jüngste Tochter getroffen haben. Das Klosterleben entspricht ihrer Persönlichkeit und stillt oder weckt gar erst den Wissensdurst des intelligenten Mädchens. Hildegard ist gläubig und fühlt sich im besten Sinne berufen. Sie legt zwischen ihrem vierzehnten und siebzehnten Lebensjahr, dem damals typischen Alter für die Bekehrung, das Gelübde ab. Nicht unbesonnen handelt sie, nicht wie eine, die „eben vom Schlafe aufwacht". Sie hat ihr Innerstes befragt, „ob sie auch in seinem Vorsatze beharren könne", und ja gesagt.

In einer feierlichen Zeremonie, der ihre Familie beiwohnt, übergibt der Bischof von Bamberg, Otto der Heilige, den Schleier an Hildegard. Der zuständige Oberhirte, der Mainzer Erzbischof Adalbert, kann die Weihe nicht vornehmen, er sitzt in der pfälzischen Burg Trifels in Kerkerhaft. Drei Jahre lang (1112–15) hält Kaiser Heinrich V. seinen ehemaligen Verbündeten gefangen. Der papsttreue Bischof hatte sich mit sächsischen und thüringischen Fürsten gegen den Kaiser erhoben, der entgegen den Beteuerungen vor seiner Wahl weiter darauf beharrt, die Bischöfe und Äbte in ihre Ämter einzusetzen.

Hildegard gelobt kein Leben als Klausnerin, sie wird Benediktinerin. Von nun an trägt sie nur noch die dunkle Nonnentracht: „Wie durch eine heilbringende Medizin wird der erleichtert, der reinen Willens dieses Gewand empfängt." Es umkleidet sie „wie mit dem schimmernden Licht der himmlischen Geister" und erhebt sie „wie auf leichten Schwingen".

Mit dem starken Schilde der Demut
(1115–41)

Auf der Höhe des Disibodenbergs entsteht langsam die große, neue Gottesstadt. Nichts verkörpert klarer die Sehnsucht des Mittelalters, Gott näherzukommen. Das Kloster ist das Umschlossene, das *claustrum*, dessen Mauern die Verderbtheit der Welt abhalten sollen. Die kleine Stadt ist der Versuch, das himmlische Jerusalem schon auf Erden zu bauen, etwas von der „Schönheit des Himmels" schon auf diese Welt zu holen.

Die Klöster geben damals den Ton an im wörtlichen Sinne. Siebenmal am Tag rufen die Glocken die Mönche und Nonnen zum Gebet. Und wenn die Glockentöne über die Felder und die Siedlungen Odernheim und Staudernheim ziehen, wissen auch die anderen Menschen, was die Stunde geschlagen hat. Die mechanische Uhr ist noch nicht erfunden, auf dem Land stehen keine Glockentürme.

Mit der aufgehenden Sonne enden die „Laudes", die Morgenandacht. „Terz", „Sext" und „Non" folgen im Dreistundentakt. Vor dem Sonnenuntergang feiern die Mönche die „Vesper", und die „Komplet", die abends um neun Uhr beginnt, läßt den Tag im Dunklen und mit einem jubelnden Hymnus ausklingen. Danach dürfen die Mönche nicht mehr sprechen. Eine Stunde nach Mitternacht läuten die Glocken die „Vigilien" ein.

Hildegard ist dieser Rhythmus des Tages vertraut: fünf Stunden beten, fünf Stunden arbeiten, dazwischen essen und dabei den Tischlesungen lauschen, sich etwas ausruhen und für sich lernen und lesen, dann schweigen und schlafen. Und doch hat sich etwas verändert. Sie weiß, daß sie die Glocken nun jeden Tag hören wird, Tag um Tag, Monat um Monat, Jahr um Jahr. Und jedesmal muß sie ihnen gehorchen, denn „man soll dem Gottesdienst nichts vorziehen". Gelobt hat sie auch, sich „der Leitung Gottes nie mehr (zu) entziehen und in seiner Lehre bis zum Tod im Kloster auszuharren".

Die Benediktsregel, nach der Hildegard lebt, fordert die *stabilitas in congregatione:* In der klösterlichen Gemeinschaft, der sie beigetreten ist, muß die Nonne bis an ihr Lebensende verweilen. Und weil eine solche Gemeinschaft – von einer bestimmten Größe an – selten umzieht, bleiben die Ordensleute oft lebenslang an einem Ort. Nicht ihre Umgebung und ihre Lebensumstände soll Hildegard ständig verändern, nach innen muß sie sich richten, um sich zu ändern. Auf sich selbst wird sie durch das klösterliche Leben verwiesen.

Werde ich ausharren können, hat sich Hildegard sicher gefragt, ein Leben lang? Wie lang ein Leben ist, kann sich ein junges Mädchen schwer vorstellen. Sie weiß, daß die meisten Menschen nur vierzig bis fünfzig Jahre alt werden. Doch bis dahin ist es eine halbe Ewigkeit, wenn man jung ist. Und jung ist Hildegard, gerade siebzehn Jahre alt. Wie alle Heranwachsenden spürt wohl auch sie – trotz der Klosterzucht – die Vermessenheit und Verwegenheit der Jugend. Auch sie genießt und durchlebt den frühen Frühling des Lebens.

„Der dritte Monat kommt mit einem wilden Wirbel herauf. Er führt die Unwetter mit sich. Hat er auch noch manches Unheilvolle in sich, so setzt er doch mit seinen vielfachen Winden die Keime der Erde in Bewegung. Unter diesem Monat soll man sich die Ohren vorstellen. Auch in ihnen tönt der Laut von soviel Wertvollem und Nutzlosem, durch die der Organismus in seiner Gesamtheit in Bewegung gehalten wird.

Auch die Seele im Leibe, der durch sie bewegt und ausgefüllt ist und wie mit Gefäßen verknüpft wird, steht in einer Auseinandersetzung mit den anwachsenden Kräften ihrer Natur. In dieser Situation gleicht der Mensch in der Mitte seiner Jugend einem Baum, der zunächst nur grobes Geäst und später erst die Früchte ans Licht bringt ..., er täuscht sich aber gewaltig, wenn er glaubt, sich schon für einen Weisen halten zu dürfen."

Die Benediktsregel, nach der Hildegard lebt, ist damals gut fünfhundert Jahre alt. Papst Gregor der Große machte durch eine Lebensbeschreibung aus dem 6. Jahrhundert den heiligen Benedikt von Nursia bekannt, der seine eigenen Erfahrungen als Mönch und Abt zusammengefaßt hat. Langsam trat diese Schrift einen Siegeszug durch Europa an. Nicht nur das klösterliche Leben leitete die Benediktsregel an, auch Könige und Kaiser, Fürsten und Herzöge lasen sie, und sie gehörte zum Bildungsgut adliger Kinder.

Die Benediktsregel gilt als „eines der wichtigsten Dokumente der Christenheit", sie ist nach der Bibel einer der am häufigsten kopierten Texte. Das Regelwerk des heiligen Benedikt, von Benedikt von Aniane im Jahre 817 in die heute noch gültige Form gebracht, formte das Gedankengut des ganzen christlichen Abendlands und drückte unserer Kultur ihren Stempel auf. Noch heute kennt fast jeder den Satz: *Ora et labora*, bete und arbeite – auch wenn er nicht weiß, daß dieses Gebot aus dem Geist der Benediktsregel geboren ist.

Benedikt hat in seiner Schrift den Wert und die Würde der menschlichen Arbeit gestärkt und asketische Übungen gemildert. Er hat den christlichen Völkern ein bis dahin ungeahntes Verständnis von Gemeinschaft und Autorität vermittelt. Gelehrt hat er auch die Nächstenliebe, die Fürsorge für Arme, Kranke und Fremde.

Die Benediktsregel, die ein Vorwort und 73 Kapitel umfaßt, beginnt mit dem Aufruf „Höre!" und endet mit dem Wort „erreichen". Dazwischen liegt ein langer Weg. Das Kloster ist die „Werkstatt", und das Werkzeug, das den Menschen formt, ist die Regel. Sie heißt so, „weil sie die Lebensform derer regelt, die gehorchen". Der Abt, der das Kloster leitet, legt die Regel aus. In den einzelnen Kapiteln geht es auch um sehr viele praktische Fragen: wie die Mönche sich kleiden, wie sie essen und schlafen und wann sie beten sollen. Benedikt weiß nur zu gut, daß Mönche und Nonnen nicht vollkommen sind, auch sie kommen nachts nur schwer aus den Betten. Bezeichnend für die ganze Regel und ihren Geist ist, wie Benedikt mit denen verfährt, die sich verspäten:

> Kommt einer zu den nächtlichen Vigilien
> erst nach Ehre sei von Psalm 94,
> der deswegen langsam und gedehnt zu singen ist,
> darf er nicht den ordentlichen Platz im Chor einnehmen,
> sondern er stehe als letzter von allen hin
> oder an einem Platz abseits,
> den der Abt für nachlässige Leute bestimmt hat,
> damit sie von ihm und allen gesehen werden.

Toleranz und Strafe – es geht immer um das richtige Maß. Auch beim Essen und Trinken, beim Beten und Arbeiten, beim Gehorchen und Widersprechen. Die zentralen Kapitel handeln „Vom Gehorsam", „Von der Schweigsamkeit" und das wichtigste „Von der Demut". Zwölf Stufen hat die Leiter der Demut, und die Mönche besteigen durch ihr Tun diese Leiter. Sie steht für

… unser irdisches Leben,
das der Herr himmelwärts emporrichtet,
wenn unser Herz gedemütigt wird.
Die Holme der Leiter aber
erklären wir als unsern Leib und unsere Seele.
In diese Holme fügt der Ruf Gottes
verschiedene Stufen der Demut und Pflichterfüllung ein,
die wir zu ersteigen haben.

Die erste Stufe der Demutsleiter ist die Gottesfurcht. Hier sollen der Mönch und die Nonne lernen, die Gedanken und die Zunge, die Füße und den Willen und das Fleisch zu beherrschen. Sie sollen sich möglichst oft daran erinnern, daß Gott immer bei ihnen ist und jedem Augenblick Tiefe und Erfüllung verleiht. So verzichten sie im Angesicht Gottes auf den eigenen Willen und folgen Christus nach, damit sie auf der zweiten Stufe sagen können: „Ich bin nicht gekommen, um meinen Willen zu tun, sondern den Willen dessen, der mich gesandt hat." Wer den Gehorsam erlernt und Schwierigkeiten nicht aus dem Weg geht, sich für unwürdig hält und sich nicht aus der Gemeinschaft absondert, erklimmt die Leiter weiter. Die Mönche und Nonnen dürfen nicht reden – es sei denn, sie werden gefragt – und nicht leichtfertig lachen, sie müssen gemessen und bescheiden sprechen. Am Ende dieses Weges drückt sich ihre Demut sogar in der Körperhaltung aus: Sie neigen ihr Haupt und schlagen die Augen nieder. Bei allem Tun sind sie sich der Gegenwart Gottes und seines Urteils bewußt. Ein Kreis schließt sich, denn der Demutsweg ist Auf- und Abstieg. Wie schon auf der ersten tritt auf der zwölften Stufe die Gottesfurcht auf, doch der Mensch ist ein anderer geworden und hat seinen Seelenfrieden gefunden:

Wenn aber alle Stufen der Demut erstiegen sind,
gelangt der Mönch bald zu jener Gottesliebe,
die vollkommen ist und die Furcht vertreibt.
Alles, was er vorher nur mit Angst beobachtet hat,
wird kraft dieser Liebe zu halten beginnen,
ganz mühelos und natürlich und wie aus Gewohnheit,
nicht mehr aus Furcht zur Hölle,
sondern aus Liebe zu Christus,
weil ihm das Gute zur Gewohnheit

und die Tugend zur Freude wurde.
Der Herr wird dies durch den heiligen Geist
gnädig an seinem Arbeiter erweisen,
wenn er einmal frei ist von Sünden und Fehl.

Auch die „Arbeiterin Gottes" Hildegard geht diesen Demutsweg. Jeden Tag liest sie ein Stück aus der Benediktsregel gemeinsam mit den anderen Frauen. Meisterin Jutta hat vielleicht daran
erinnert, daß die Schrift schwer wie kostbarer Wein sei, nur in
kleinen Schlückchen solle man sie genießen.

Fragt sich Hildegard, welche Gestalt die Demut hat? Kann man
begreifen, wie die göttliche Liebe wirkt? Ist sie zu schauen und zu
fühlen? „Wo das Fragen im Menschen nicht ist, ist auch nicht die
Antwort des heiligen Geistes", erklärt sie später. Sie will von
ihrem Seelsorger Volmar alles wissen und studiert die Bücher aus
der Klosterbibliothek, die er ihr in die Klause bringt. Doch über
ihre genauen Bildungsquellen schweigt sie.

Die Bibel und die Kirchenväter liest sie sicher mit großem Eifer.
Volmar muß immer mehr Bücher, Kommentare und Erklärungen
zur Regel, Heiligenlegenden und Dispute anschleppen. Hildegard lebt an einem Ort, der ein Zentrum der Kultur ist. In der
Schreibstube des Disibodenbergs sieht sie, wie Bücher geschrieben und gebunden werden. Das fasziniert sie.

Hildegard ist keine ungebildete Frau, im Gegenteil, sie ist hoch
gebildet. Wenn sie sich später trotzdem *indocta*, ungelehrt, nennt,
heißt das nur, daß sie keinen systematischen Unterricht erhalten
hat wie Männer in Domschulen und auf den ersten Universitäten.
Das mittelalterliche Studium umfaßt die „Sieben freien Künste".
Sie heißen so, weil nur die Freien diese Studien betreiben dürfen.
Das *trivium* umfaßt die drei sprachlichen Fächer Grammatik,
Rhetorik und Dialektik, das *quadrivium* besteht aus den vier ma-
thematischen Disziplinen: der Musik und Geometrie, der Arith-
metik und Astronomie. Hildegard lernt auf ihre ganz persönliche
Weise und verläßt sich dabei auch auf ihre Intuition. Gefühl und
Verstand sind bei ihr nie ein Gegensatz.

WELCHES der richtige Glaubensweg ist, darüber wird im 12. Jahrhundert heftig gestritten, ohne den christlichen Glauben grundlegend anzutasten. Petrus Abaelard – der erste Intellektuelle wird
er später genannt – verkündet: Begreifen und glauben sind keine

234

Gegensätze. Mit Hilfe von Logik, Grammatik und Rhetorik will er Glaubensaussagen in eine verstehbare Sprache bringen, damit Gläubige nicht blind unverstandenen Formeln zustimmen. Bernhard von Clairvaux hält dagegen: Nur wer glaubt, weiß; erst eine tiefe Frömmigkeit und nicht die *ratio* erschließe das Glaubensgeheimnis. Ihm ist Hildegard näher.

Auch den Nonnenkonvent auf dem stillen Disibodenberg bewegt sicher die tragische Liebesgeschichte von Abaelard und Héloïse, die sich ganz Europa erzählt. Der brillante Denker und seine zwanzig Jahre jüngere begnadete Schülerin liebten sich gegen den Willen ihrer Familien, doch ganz Paris sang seine Liebeslieder. Sie bekamen ein Kind und heirateten. Aber dann schickte Abaelard die angebetete Héloïse in ein Kloster. Das verzieh ihm ihre Familie nicht, sie entmannte Abaelard. Auch als beide in verschiedenen Klöstern Ruhe gefunden hatten, schrieben sie sich noch Briefe, die zu den schönsten der Weltliteratur gehören.

Klöster sind weltfern, aber nicht weltfremd. Oft spielen sie eine Rolle in politischen Ränkespielen. Erzbischöfe nutzen Klöster, um ihren Einflußbereich abzusichern. Äbte vertreten nicht nur Gott auf Erden, sondern auch die Interessen bestimmter Adelssippen. Verflochten und zugleich zerstritten sind kirchliche und weltliche Macht. Das Wormser Konkordat beendet 1122 den Investiturstreit schließlich mit einem Kompromiß: Der Kaiser setzt die Geistlichen allein in den weltlichen Rechten des Amtes ein, sie leisten den Treueeid und erhalten vom Kaiser ihre Lehen. Die Kirche dagegen verleiht die geistlichen Rechte, deren äußere Zeichen Ring und Stab sind. Doch der Kampf zwischen Kaiser und Papst ruht nur. Elf offiziellen Päpsten stehen zu Lebzeiten Hildegards genauso viele Gegenpäpste gegenüber.

Während ihrer stillen Jahre auf dem Disibodenberg werden im Jahr 1125 auch die Salier von den Staufern abgelöst. In dieser Zeit mehren sich die Klagen über die üppige und sündige Lebensführung und die Verweltlichung des geistlichen Standes, der sich Pfründe erkauft und Priesterehen duldet. Armut als altes christliches Ideal wird wiederentdeckt.

IN ALL diesen Jahren sieht Hildegard, wie das Kloster gebaut wird, Stein um Stein. Sie erlebt im Jahr 1130 die erste Altarweihe und wird noch hier weilen, wenn 1143 die vollendete Gottesstadt gesegnet wird. Sie hört die Steinmetze und sieht, wie die Handwerker Mauern und Türme bauen. Das Bauen wird zu einem wichtigen Bestandteil ihrer Bilderwelt.

Die räumlich begrenzte Welt des Klosters hat sie nicht klein gehalten. Sie lebt und entfaltet sich ohne geistige Enge. Das Urteil der beiden Mönche in ihrer „Vita" über die prägenden Jahre, die aus der jungen Nonne die künftige Äbtissin formen, ist knapp und glorifizierend: „Die Jungfrau Christi machte große Fortschritte und stieg von Tugend zu Tugend ... In ihrem Herzen glühte eine milde Liebe, die von ihrer Weite niemanden ausschloß. Den Turm der Jungfräulichkeit schützte die Mauer der Demut. Zu der Kargheit in Speise und Trank gesellte sich die Schlichtheit der Gewandung. Die züchtige Ruhe ihres Herzens offenbarte sich im Schweigen und sparsamen Worten. Und all diese Kleinodien heiliger Tugendkräfte ... hütete die Schatzmeisterin Geduld als Zierde für die Braut Christi."

In diesem Idealbild einer Nonne haben Zweifel und Anfechtungen keinen Platz. Doch das kann nicht Hildegards Wirklichkeit gewesen sein. Wenn sie in ihren Schriften und Dichtungen später den Kampf zwischen Seele und Leib, den Streit der Tugenden und Laster ausbreitet, liefert sie keine blutleeren Belehrungen. Nur wer selbst diesen Weg gegangen ist, kann so mitleiden und mitfühlen. Ehrlich und kraftvoll wirken ihre Texte, sie besitzen eine zeitlose Qualität.

In all den Jahren, von denen wir so wenig Persönliches wissen, soll Hildegard von Bermersheim weiter gekränkt haben. Die „Vita" überzeichnet das Bild der äußerlich schwachen Frau, der aber innerlich erstarkenden Heiligen: „Beinahe von Kindheit an hatte sie ständig an schmerzlichen Krankheiten zu leiden, so daß sie nur selten gehen konnte. Und da ihr ganzer Körper ununterbrochenen Schwankungen unterworfen war, glich ihr Leben dem Bild eines kostbaren Sterbens. Was aber den Kräften des äußeren Menschen abging, das wuchs dem inneren durch den Geist der Weisheit und Stärke zu. Während der Leib zerfiel, entbrannte wunderbar feurig in ihr die Kraft des Geistes."

Diese Schwäche ist in Hildegards Leben nicht nur ein immer wiederkehrendes Bild, Krankheit ist wirklich vorhanden. Welche organischen Leiden Hildegard belastet haben, darüber wurde viel spekuliert, aber nichts ist eindeutig belegt. Zu verschieden sind die Krankheitsbegriffe und -bilder damals und heute. Außerdem greift der Versuch zu kurz, das Phänomen Hildegard auf eine Krankengeschichte zu verkleinern, sie gar als Hysterikerin oder Neurotikerin abzutun, die sich durch ihr Werk selbst therapiert.

Hildegard ist, wenn wir sie mit heutigen Augen betrachten, unbestritten eine sensible, ja übersensible Frau. Sie sagt über sich: „Sie besitzt ihre körperliche Komplexion aus der Luft, weshalb ihr auch aus dieser luftartigen Sphäre vom Regen, vom Wind, von jedem Wetterumschlag die Krankheit eingeprägt wird, und zwar derart, daß sie auf keine Weise eine körperliche Sicherheit in sich zu besitzen vermag."

Darstellung des Klosters Disibodenberg. Kupferradierung aus dem Jahre 1620

Doch nicht nur das Wetter beeinflußt ihren Körper stark. Bei großen Entscheidungen und widrigen Umständen zeigt sie körperliche Symptome bis hin zu Lähmung, Blindheit und Sprachlosigkeit. Selbst heute kennen Ärzte solche Phänomene, die sogar in der Umgangssprache ihren Niederschlag finden: In einer Situation ist man „wie gelähmt", und „es verschlägt einem die Sprache", am liebsten will man vor einem Konflikt „die Augen verschließen".

Im Mittelalter haben wahrscheinlich viel mehr Menschen seelische Konflikte unbewußt durch körperliches Versagen und Zusammenbrüche geäußert und verarbeitet. Das Denken damals ist einfacher und naiver. Eine Krankheit ist eine Strafe für Sünden, die Gott schickt. Die Denkmuster der modernen Psychologie, die uns heute oft daran hindern, so „primitiv" zu reagieren, sind noch unbekannt. Hier liegt auch eine Erklärung für die große Heilkraft, die von charismatischen Personen wie den Heiligen ausging. Wunder konnten leichter geschehen.

Hildegards Krankheiten sind manchmal ein Stachel, eine Waffe, die sie gegen andere und sich selbst einsetzt, mit denen sie Ängste und Feigheit besiegt und Druck auf Gegner ausübt. Meistens jedoch erlebt sie ihre Gebrechen als eine göttliche Prüfung, als eine Unterweisung in Demut. Krankheit bricht Verhärtung und bewahrt vor Selbstgefälligkeit. Leiden und Schmerzen sind nicht nur Qual, sondern ein wichtiger Teil des Lebens, es sind Lebenserfahrungen im Grenzbereich.

Sein Leben gestaltet der Mensch immer selbst, sagt Hildegard. Er trägt die Verantwortung für sein Gesundsein und Gesundwerden, denn er hat alle Möglichkeiten in sich: „Bei der Erschaffung des Menschen aus Erde wurde eine andere Erde genommen, welche den Menschen darstellt, und alle Elemente waren ihm untertan, weil sie fühlten, daß Leben in ihm war, und sie halfen ihm in allen seinen Bemühungen und er ihnen. Und die Erde spendete ihre Kraft *(viriditas)* nach dem Geschlecht, nach der Natur, nach der Lebensweise und dem ganzen Verhalten des Menschen." – „In dieser seiner grünenden Lebenskraft sieht und fühlt der Mensch, denkt und wächst er, wie er auch seinem Wissen alles schöpferische Wirken leibhaftig berechnet und vorausplant."

Diese Grünkraft ist ein Schlüsselbegriff in Hildegards späterer Heilkunde. Er steht für die grünende Ordnungs- und Lebenskraft der göttlichen Liebe. Wo diese Kraft wirkt, ist Gesundheit, sind Mensch und Umwelt im Einklang, sind beide heil. Christus ist für sie der eigentliche Arzt, der große Medicus. Gesundheit heißt für Hildegard „der tätige Vollzug einer allem Leben einwohnenden Kraft". In diesem sehr umfassenden Verständnis ist sie keineswegs eine „kranke" Frau, sondern von großer „Gesundheit". Nicht von seiner körperlichen Verfassung hängt letztlich ab, wo der Mensch steht, es ist eine geistige Entscheidung, sein Dasein ist sein Werk. Gerade das bezeugt Hildegard durch ihr sehr aktives, erfülltes und langes Leben. „Pflege das Leben bis zum äußersten", diesem Rat ist sie selbst gefolgt und hat andere ermutigt, ebenso zu handeln. „Die Seele ist wie ein Wind, der über die Kräuter weht, und wie Tau, der auf die Gräser träufelt, und wie Regenluft, die wachsen macht. Genauso ströme der Mensch sein Wohlwollen aus auf alle, die da Sehnsucht tragen. Ein Wind sei er, indem er den Elenden hilft, ein Tau, indem er die Verlassenen tröstet, und Regenluft, indem er die Ermatteten aufrichtet und sie mit der Lehre erfüllt wie Hungernde: indem er ihnen seine Seele hingibt."

Ihre Sensibilität, die sie oft aufs Krankenlager wirft, hat nicht nur eine schreckliche, sondern auch eine herrliche Seite. Hildegard fühlt sich mit allen Geschöpfen verbunden, die Natur ist ihr nicht Umwelt, sondern wirkliche Mitwelt. Sie spürt die Elemente und steht in leibhaftigem Gespräch mit der ganzen Welt. Sie ist eine Naturphilosophin, mehr noch eine Naturmystikerin. Und das Grün liebt sie besonders, das Symbol der Auferstehung und des Frühlings.

„Der vierte Monat ist voller Lebensgrüne und Wohlgeruch, auch wenn es in ihm schrecklich donnern kann. Er gibt einen Hinweis auf die Nase, mit der der Hauch der Seele den Duft einzieht und wieder entläßt, in der Vielfalt dessen, was er sich mit Ehrfurcht auswählt. Diesem Monat gleicht der Mensch, wenn er kraft des Vernunfthauches seiner Geistigkeit im Gewissen das Grün der guten Werke einsichtig auswählt. Es ist der Monat, in dem alle Frucht der Erde zu grünen anhebt und der des Duftens voll ist."

MEISTERIN JUTTA begleitet und führt Hildegard nun seit über dreißig Jahren. Sie kennt nicht nur ihre Geschichte und Krankheiten. Jutta weiß – vielleicht mehr, als Hildegard ahnt – um deren Fähigkeiten, zu führen und ein Kloster zu leiten, spürt deren Tatkraft und Lebensklugheit und sieht, daß ihre ehemalige Schülerin geistiges Vorbild sein kann. Als Jutta den nahen Tod fühlt, schlägt sie daher Hildegard als Nachfolgerin vor. Am 22. Dezember 1136 – so bezeugt das Sterbebuch des Disibodenbergs – schließt Jutta von Spanheim ihre Augen für immer. Eine Vogelschar, die vor dem Fenster gezwitschert hat, soll verstummt sein. Nachdem die Tote im Kapitelsaal beigesetzt ist, entströmt – so die Legende weiter – ein lieblicher Duft der Gruft. Die Mönche wagen nicht mehr, über eine solche Stätte zu gehen. Jutta wird in die Marienkapelle umgebettet.

Die Mitschwestern und Abt Kuno, der Vorsteher der ganzen Abtei, bitten Hildegard, das kleine Frauenkloster zu führen. Sie zögert, denn die Ansprüche, denen sie nach der Benediktsregel genügen muß, sind hoch. Es ist schwer und mühevoll, „Seelen zu leiten und der Eigenart vieler zu dienen, dem einen mit freundlichen Worten, einem anderen mit Tadel, einem dritten mit gutem Rat ... Für so viele Seelen ... ist (man) am Tag des Gerichts dem Herrn Rechenschaft schuldig." Die „Obere" soll sie sein durch ihre Taten und ihre Lehre. Auch eine Äbtissin wirkt wie der Vater, *abba*, – so sieht es die Benediktsregel – im Kloster als Stellvertreterin Christi. Schließlich gibt Hildegard dem Drängen nach. Sie stellt sich dieser Aufgabe und beginnt zum erstenmal nach außen zu wirken.

„Der fünfte Monat ist lieblich leicht und herrlich in allen Dingen der Erde. So ist auch dem Mund das Schmecken süß und ergötzlich; wird doch durch diesen Geschmack festgestellt und erkannt, was den Menschen mit Freude erfüllt. Ähnlich ist die Vernunft die Säule und das Mark der fünf Sinne, die, durch jene gehalten, zum Wirken angetrieben werden, gleich wie die Erde, durch den Pflug umgeworfen, sich im Keimen als fruchtbar erweist. Das Sehen aber – der Sinn der Augen –, womit der Mensch alles anschaut und begreift, hält mit Recht unter den übrigen Sinnen die Spitze ... Und so erkennt der Mensch mit der Schau seiner Augen den vollen Gebrauch der natürlichen Dinge auf eine ganz natürliche Weise."

Einstimmig wählen die Klosterfrauen Hildegard zur neuen *magistra*, ihrer Meisterin. Von nun an rufen sie Hildegard auch *domina*, Herrin, und *mater*, Mutter. Der Titel Äbtissin ist im Alltag ungebräuchlich. Die „Vita" erwähnt das neue Amt überhaupt nicht. Klostervorsteherin, *praeposita*, zu sein hebt Hildegard nicht besonders hervor.

Ein überdachter Gang führt zur Abteikirche, wo das ewige Licht brennt. Sonst nehmen Klosterfrauen auf der abgetrennten Empore an den Stundengebeten und der Messe teil, diesmal sitzen sie im Kirchenschiff und erleben die Weihe Hildegards zur Äbtissin in einer Meßfeier. Bevor das Evangelium verlesen wird, leistet Hildegard einen Eid und wirft sich auf den Stufen des Altars zu Boden. Nachdem sie durch Handauflegen geweiht ist, übergibt ihr der Bischof die Regel des Ordens. Zeichen ihrer neuen Würde ist der Äbtissinnenstab. Vor der Wandlung bietet sie zwei brennende Kerzen dar, und nach dem Schlußsegen empfängt sie ihre Töchter zum Friedenskuß.

Fünf weitere Jahre vergehen, ohne daß die Welt außerhalb der Mauern des Disibodenbergs von der Nonne Hildegard von Bermersheim erfährt. Sie macht sich mit ihren neuen Aufgaben als Klostervorsteherin vertraut, denn nicht nur in Glaubensfragen und der Benediktsregel muß sie die Nonnen unterweisen. Auch den Unterhalt des Klosters muß sie sichern, seinen Besitz verwalten und den Zehnten eintreiben. Mönch Volmar steht der Gemeinschaft weiter als geistlicher Berater zur Seite, und zugleich kümmert er sich als „Schaffner" um wirtschaftliche Belange. So karg wie am Anfang in der Klause leben die Frauen nicht mehr. Herrschaftlich, wie es in adligen Benediktinerklöstern üblich ist, ist das Kloster nun ausgestattet. Hildegards Stellung erlaubt ihr auch nach außen – gegenüber dem Abt des Männerklosters und gegenüber dem Erzbischof von Mainz – ein anderes Auftreten. Vielleicht machen ihr diese Autorität und eine neugewonnene Sicherheit Mut, sich noch einer ganz anderen, viel größeren Herausforderung zu stellen.

In all diesen stillen Jahren, so bezeugt Hildegard, haben die Schauungen sie nie verlassen. Doch wie und was sie genau sieht, deckt sie mit Schweigen zu. Das Licht, das die Seele der Dreijährigen erbeben ließ, ist bei ihr geblieben, doch die Lichterscheinungen ängstigen sie inzwischen nicht mehr. Sie erlebt sie als Ausdruck göttlicher Gnade, und damit steht sie nicht allein.

Mystiker und Philosophen des Mittelalters begeistern sich für das Licht und die Sonne. Sie werden nicht müde, den Glanz des Tageslichts und die Flammen des Feuers zu preisen. In einer wirklich „dunklen" Zeit ist Licht kostbar, auch deshalb gilt es als göttlich. Doch die Vorstellung von Gott als Licht hat eine lange Tradition. Der semitische Bel, der ägyptische Ra und der iranische Ahura Masda sind allesamt Götter, die die Sonne oder die wohltätige Wirkung des Lichtes verkörpern. Platons Sonne war die Idee, das Gute. Und in der christlichen Tradition wird Gott oft als Feuer und Lichtsäule gesehen und gepriesen. Hildegard sieht ihren Gott als ein „durchaus lebendiges Licht. Gott, der Feuer und Licht ist, belebt den Menschen durch die Seele."

Die Lichterscheinungen Hildegards haben möglicherweise auch eine organische Grundlage. In den Bildern, die sie schaut, finden sich unzählige Elemente, die typisch für Menschen mit Migräneattacken sind: fallende Sterne oder gezackte Linien, flimmernde Lichtpunkte und Lichtspiralen. Solche sichtbaren Vorzeichen eines Kopfschmerzes können mit großen Glücksgefühlen einhergehen. Jedoch erleben die meisten Menschen ein derartiges organisches Geschehen als banal oder bedeutungslos. Nur eine herausragende Persönlichkeit wie Hildegard kann diese

Erscheinungen auch für sich nutzen und in tiefempfundene Bilder und Gefühle übertragen und einbauen.

Von dem Heraufdämmern der ersten mystischen Erfahrungen des Kindes über Begegnungen mit ihrem Gott im Licht kommt Hildegard zu immer mächtigeren Bildvisionen. „Ich schaute – sah etwas wie einen großen eisenfarbenen Berg, darauf thronte ein so Lichtherrlicher, daß seine Herrlichkeit meine Augen blendete. Von beiden Schultern des Herrschers ging, Flügeln von wunderbarer Breite und Länge gleich, ein matter Schatten aus. Vor ihm, zu Füßen des Berges, stand ein Wesen, das über und über mit Augen bedeckt war – so sehr, daß ich wegen der Augen nicht einmal die menschlichen Umrisse erkennen konnte. Vor diesem Wesen stand ein anderes, im Kindesalter, mit mattfarbenem Gewand und weißen Schuhen. Über sein Haupt ergoß sich von dem, der auf dem Berge saß, solches Lichtes Fülle, daß ich des Mägdleins Antlitz nicht zu schauen vermochte. Auch gingen von dem, der auf dem Berge saß, viele lebendige Funken aus, die die Gestalten mit sanftem Glühen lieblich umflogen. Der Berg selbst hatte sehr viele kleine Fenster, in denen Menschenhäupter teils bleich, teils weiß erschienen."

In solche Bilder fließt alles ein, was über Jahre in ihrem Unterbewußtsein und durch ihre bewußte Wahrnehmung der Welt, durch ihr Beten und ihre Bildung, durch ihre Gefühle und ihren Intellekt, ihren Glauben und ihr Wissen gewachsen ist. Die Augengestalt zum Beispiel verkörpert die „Furcht des Herrn". Die Menge der Augen ist so groß, weil sie „durch ihr unentwegtes Schauen jedes Vergessen der göttlichen Gerechtigkeit" von sich abschüttelt. Die umherfliegenden Funken bedeuten, daß Gott mit all seinen Kräften die wahrhaft Gläubigen schützt und umfängt. Die Menschenhäupter in den kleinen Fensterchen verweisen auf die menschlichen Handlungen, deren Lauheit oder Reinheit Gott nicht verborgen werden kann.

Visionen müssen nicht religiös sein, aber im Mittelalter sind sie es ausschließlich. Der christliche Glaube prägte damals den ganzen Menschen und das ganze Leben. Auch Visionäre schauen meistens ihrer Zeit gemäß. In allen Kulturen hat es Menschen gegeben, die mehr sehen, tiefer blicken als andere oder hinter die Dinge sehen. Eine allerletzte Erklärung bleibt immer versagt, Ärzte und Psychologen, Theologen und Philosophen scheitern.

Am Ende ist es eine Frage des Glaubens oder Nichtglaubens.

Die Versetzung in eine andere Wirklichkeit geschieht oft in Ekstase oder im Schlaf. Bei Hildegard ist es anders. Sie selbst gibt sehr genau Zeugnis von ihrer Art zu schauen: „Die Gesichte, die ich schaue, empfange ich nicht in traumhaften Zuständen, nicht im Schlafe oder in Geistesgestörtheit, nicht mit den Augen des Körpers oder den Ohren des äußeren Menschen und nicht an abgelegenen Orten, sondern wachend, besonnen und mit klarem Geiste, mit den Augen und Ohren des inneren Menschen, an allgemein zugänglichen Orten, so wie Gott es will. Wie das geschieht, ist für den mit Fleisch umkleideten Menschen schwer zu verstehen.“

Hildegard hat sich nicht durch Fasten, Wachen oder körperliche Züchtigung der Welt entrückt, und ihre Gesichte sind nicht an kirchliche Festtage gebunden. Sie erlebt, während sie die Bilder schaut, keine heftigen Ekstasen wie ihre Zeitgenossin Elisabeth von Schönau. Hildegard warnt die Nonne Elisabeth später ausdrücklich davor, dem Körper mehr Mühsal aufzuerlegen, als er aushalten kann. Elisabeth von Schönau starb mit 36 Jahren.

Doch der Alltag in einem Benediktinerinnenkloster bereitet auch ohne besondere Übungen und Meditationen den Boden für tiefe religiöse Erlebnisse. Schon das Chorgebet ist eine machtvolle Form des Sichversenkens in eine andere Wirklichkeit. „Unter die Augen Gottes und der Engel“ – so steht es in der Benediktsregel – treten die Nonnen schließlich mit ihrem Chorgesang.

Daß sie in wachem Zustand Visionen hat, betont Hildegard, um auf eine besondere Form der Erkenntnis zu verweisen. Mit seinen Sinnen und seinem Geist kann der Mensch begreifen, doch sie erfüllt die „göttliche Inspiration“, die von außen kommt. Sie ist nur ein Instrument, das ein anderer spielt. „Der Mensch, der dies schaut ..., sieht und sieht doch nicht; er spürt das Irdische und doch wieder auch nicht. Er trägt Gottes Wunderdinge nicht aus sich selbst vor, ist vielmehr davon so ergriffen, wie eine Saite durch den Spieler ergriffen wird, um ihren Ton nicht aus sich, sondern aus dem Griff eines anderen wiederzugeben.“

Fast überpersönlich ist der Inhalt ihrer Bildvisionen. Es geht um die ganze Welt und die Geschichte, sie schaut die Wunder Gottes im Kosmos und im Menschen. In ihrer Mystik bleibt Hildegard die „große Rationale“. Sie sucht nicht die persönliche

Erleuchtung, sie will nicht, wie die späteren Mystikerinnen, mit ihrem Gott eins werden.

Das Besondere an dieser Frau des 12. Jahrhunderts ist nicht, daß sie solche „Himmelskundgebungen" sieht. Außergewöhnlich ist, daß sie jetzt in einer Vision aufgefordert wird, über das Mystische hinaus- und weiterzugehen: „Da wurde ich in dieser Schau unter heftigen Schmerzen gezwungen zu offenbaren, was ich gesehen und gehört hatte. Doch ich fürchtete mich sehr, das auszusprechen, was ich so lange verschwiegen hatte. Meine Adern aber und mein Mark waren damals voller Kräfte, von denen es mir doch von Kindheit an gefehlt hat."

Hildegard scheut sich, ihr Innerstes zu entblößen, aber da ist etwas, das sie treibt. Kräftig fühlt sie sich, gesund wie noch nie und voller Lebensgrüne. Glauben heißt für sie handeln, mitgestalten und eingreifen, nicht nur in den Klostermauern. Sie spürt „die brennende Vernunft", die nach außen drängt. Belehrend, warnend, fordernd soll sie sich an die Welt wenden. Und die Zeit ist günstig für eine Frau wie sie.

Auch wenn es ihr nicht bewußt war, ist Hildegard eingebunden in eine neue weibliche Frömmigkeitsbewegung, die ab dem 11. Jahrhundert überall sichtbar wird. Frauenklöster verbreiten sich über Deutschland. Nur siebzig gab es im Jahre 900, um 1100 hatte sich ihre Zahl mehr als verdoppelt, und im Jahre 1250 werden fünfhundert Frauenklöster existieren. Nicht weil sie sich nach einer Gemeinschaft mit ihresgleichen sehnen, treten so viele Frauen in Klöster ein. Sie suchen eine Emanzipation im übertragenen Sinne, die Erlösung aus irdischen Bindungen. Sie sind Zeitgenossen der Kreuzritter und Angehörige eines kämpferischen Zeitalters und betrachten sich selbst als Streiterinnen Gottes.

Hildegard spürt die Suche nach Neuem und die Gottlosigkeit in der Gesellschaft, die Kämpfe mit und in der Kirche. Wieder fühlt sie „die brennende Vernunft", die nach außen drängt.

Als Hildegard von Bermersheim in ihrem dreiundvierzigsten Lebensjahr steht, hat sie ihr halbes Leben gelebt. Es war ein Leben im Verborgenen. Doch schon bald wird sie für alle sichtbar im Licht stehen. Hell ist der Sommeranfang.

„Der sechste Monat mit seiner Hitze ist recht trocken. Um des guten Gedeihens willen mildert er seine Natur mit jenem Lufthauch, der den Früchten die Reife bringt, doch gießt er auch bisweilen im Übermaß die Wasserfluten aus. Hiermit wird auf die Schultern des Menschen hingewiesen, die ... sich jeder Arbeit unterziehen, jegliches Werk durchführen und so den Körper im Ganzen erhalten ... Indem die Ohren den Klang einer jeden Erscheinung aufnehmen, kann jedes Ding der Natur, was und wo es auch sei, seinem Wesen nach erkannt werden."

Zum erstenmal vernimmt Hildegard jetzt deutlich den Befehl Gottes: „Schreibe, was du siehst und hörst!"

Eine Feder wurde berührt, daß sie emporfliege (1141–50)

Licht, immer wieder dieses Licht, es läßt ihr keine Ruhe. Gott ist das Licht, ist die Sonne. In die Sonne kann doch kein Mensch schauen. Hildegard zittert. Hier ist es wieder, „das lebendige Licht, das alles Dunkel durchleuchtet". Was geschieht mit ihr? Sie erblickt ein himmlisches Gesicht, und „mit großer Furcht spannt sich ihm ihr Geist entgegen". Aus einem „sehr großen Glanz" erschallt eine Stimme: „Gebrechlicher Mensch, Asche von Asche, Moder von Moder, sage und schreibe, was du siehst und hörst. Doch weil du schüchtern bist zum Reden und einfältig zur Auslegung und ungelehrt, das Geschaute zu beschreiben, sage und schreibe ... aus der Gabe heraus, die dir in himmlischen Gesichten zuteil wird: wie du es in den Wundern Gottes siehst und hörst ... Den Menschen, den Ich erwählt und den Ich, wie es Mir gefiel, machtvoll erschüttert habe, stellte Ich in große Wunder hinein, mehr noch als die Menschen der alten Zeiten, die viele Geheimnisse in Mir schauten."

Sie ist auserwählt. Ein erhabenes Gefühl, dem sich Hildegard hingibt. Prophetin zu sein ist Glück. Lust der Erkenntnis. Sie wollte immer schon wissen, alles wissen. Die Weisheit ist eine Gottheit, die kraftvoll die Lebensbahn umkreist und das All umfängt. Drei Flügel hat die Weisheit:

> In die Höhe empor schwingt der eine,
> auf der Erde müht sich der zweite,
> und allüberall schwingt der dritte.
> Lob sei dir, Weisheit, würdig des Lobes.

**Hildegard beim Aufschreiben ihrer Visionen
(mittelalterlicher Holzschnitt)**

Hildegard zittert nicht mehr. Sie ist inmitten dieses Glanzes. Ein „feuriges Licht mit Blitzesleuchten" ergießt sich aus dem offenen Himmel und durchströmt ihr Gehirn. „Es durchglühte mir Herz und Brust gleich einer Flamme, die jedoch nicht brannte, sondern wärmte, wie die Sonne den Gegenstand erwärmt, auf den sie ihre Strahlen legt. Nun erschloß sich mir plötzlich der Sinn der Schriften, des Psalters, des Evangeliums und der übrigen katholischen Bücher des Alten und Neuen Testamentes."

Mit zweiundvierzig Jahren schaut sie und sieht. Warum gerade ich? fragt sich Hildegard. Sie ist eine ungelehrte Frau ohne „trotzige Verwegenheit", die Furcht erfüllt, die an Schmerzen leidet. „Mein Körper ist geschüttelt von schwerem Leiden, so daß keine Sicherheit in mir wohnt. Die Welt freut und ergötzt sich nicht an mir, ungeschickt in weltlichen Geschäften bin ich."

Dieses Bewußtsein, von Gott auserwählt zu sein, lastet auf Hildegard. Grenzt es an Vermessenheit, erhebt sie sich in „Geistesaufgeblasenheit" über ihre Mitschwestern und die Mönche, über Priester und Bischöfe? Alles kann eitler Trug sein, eine Versuchung des Teufels gar. Irrt sie? Wird sie irre?

Sage und schreibe, was du siehst und hörst.

Hildegard bäumt sich auf und sagt nein. In stummer Zwiesprache mit ihrem Gott – in ihrer Zelle oder in der Klosterkirche –

ringt sie sich durch, stumm zu bleiben: „Ich weigerte mich zu schreiben. Nicht aus Hartnäckigkeit, sondern aus dem Empfinden meiner Unfähigkeit, wegen der Zweifelssucht, des Achselzuckens und des mannigfachen Geredes der Menschen."

Hildegard fühlt sich hin- und hergerissen zwischen der großen Herausforderung, Gottes Wort zu verkünden, „das Verborgene zu offenbaren", und ihrer hartnäckigen Weigerung. Sie kann ihr Nein, das sie als ein Nein zu ihrem Gott erlebt, nicht tragen und ertragen. Es ist alles zuviel, ihre Kräfte schwinden, und sie bricht zusammen: „Gottes Geißel warf mich auf das Krankenlager." Als Prüfung durchlebt sie „die vielen Leiden".

Sage und schreibe, was du siehst und hörst.

Die Krankheit straft ihre Feigheit, sie darf sich Gott nicht länger verschließen. Und sie will ja auch gehorchen. Doch sie braucht Hilfe. Nicht von Gott allein, auch von einem Menschen, hier und jetzt. Allein verzagt sie. Sie sucht Rat bei Propst Volmar.

Der Mönch kennt sie seit Jahren und hat schon mit der verstorbenen Meisterin Jutta über Hildegards Gabe gesprochen, Verborgenes zu sehen. Er war ihr Lehrer, er gab ihr die Bildung und das Wissen, aus dem sich ihre Visionen auch speisen. Sie offenbart dem vertrauten Menschen, ihrem Seelsorger, den inneren großen Kampf, den sie ausficht. Wenn er ihr hilft, wird sie es wagen und sprechen. Sie weiß, daß Volmar „ein treuer Mensch" ist, der sich mit ihr „um den Auftrag Gottes mühen" wird. Sie wird die Prophetin sein, er soll „die Feile" führen und ihr unvollkommenes Latein zurechtschleifen.

Der Mönch sagt ja, und Hildegard gelobt, künftig aufzuschreiben, was sie schaut. Nicht nur Volmar arbeitet von nun an „mit großem Eifer" mit ihr zusammen. Sie weihen in das Vorhaben auch die Nonne Richardis von Stade ein, der Hildegard mehr als ihren anderen „geistigen Töchtern" zugetan ist. Sie soll der Meisterin ebenfalls bei der Arbeit zur Hand gehen. Diese beiden Mitwisser, Volmar und Richardis, führt Hildegard als ihre „Zeugen" an: „Als ich nun zu schreiben begann und alsbald ... die Gabe tiefsinnender Schriftauslegung in mir wirksam fühlte, kam ich wieder zu Kräften und stand von meiner Krankheit auf."

Zunächst schreibt Hildegard „insgeheim", bis Volmar genauer sieht, von welcher Art ihre Gesichte sind und ob sie wirklich von

Gott kommen. Ihr Seelsorger unterrichtet schon bald Abt Kuno von den wunderbaren Dingen, die innerhalb der Klostermauern geschehen, und auch der Klostervorsteher duldet nach dieser Unterredung die Schreibversuche der Nonne.

Ihre Berufung, diesen Wendepunkt ihres Lebens, schildert Hildegard in der Vorrede zum „ersten Buch meiner Visionen". Sie nennt es „Scivias" (Wisse die Wege), „weil es auf dem Wege des lebendigen Lichtes kundgetan wurde und nicht aus der Lehre stammt". Vordergründig gelesen tritt hier eine schwache, ungelehrte und kränkelnde Frau ins Licht, ein „einfältiger Mensch", der eine visionäre Begabung hat. Doch Hildegard liefert in ihrem Vorwort bereits eine Selbstdarstellung als Prophetin. Das macht ihr Selbstzeugnis vielschichtiger.

Ihre körperliche Schwäche ist, wie zum Beispiel schon bei dem Apostel Paulus oder dem Propheten Ezechiel, eine wichtige Voraussetzung echten Prophetentums. Krankheit ist Rückzug aus der Körperlichkeit und öffnet für die göttliche Eingebung, die das „gebrechliche Gefäß nur eines Weibes" erfüllt. Hildegard wertet die menschlichen Bildungsgüter ab, um ihre andere, viel tiefere Gelehrtheit hervorzuheben: Sie weiß nur, weil sie erleuchtet ist, „durchweht von geheimnisvollem Hauch". Damit stellt sie sich ganz bewußt in eine Ahnenreihe mit den Propheten des Alten und Neuen Testaments und kommt denen zuvor, „die um der Sünde Evas willen dich (als Frau) für verächtlich halten".

Die roten Flammen, die auf Hildegard niederfallen, erinnern an den Heiligen Geist, der Pfingsten die Apostel – und jetzt sie – erleuchtet hat. Pfingsten folgt auf die Menschwerdung (Inkarnation) und Auferstehung Jesu Christi. Indem Hildegard ihre Erleuchtung als eine „pfingstliche" beschreibt, weist sie sich auch ihren geschichtlichen Platz zu: Sie ist eine Mahnerin in ihrer Zeit.

In all ihren Schriften deutet sich Hildegard als Prophetin, in die Texte flicht sie immer wieder Beweise dieser Gabe ein. Das allein berechtigt sie, zu schreiben, Rat zu sprechen und zu urteilen. Wie Hildegard ihr Prophetentum untermauert und ihr literarisches Schaffen rechtfertigt, ist eine „Neugründung". Keine lehrende und schreibende Frau vor ihr hat das gewagt.

Und wiederum hörte ich die Stimme vom Himmel.
Sie sprach: So rufe denn und schreibe also.

Hildegard schreibt in lateinischer Sprache. Etwas anderes ist ihr nie in den Sinn gekommen, Latein ist die unumstrittene Sprache der Kirche und der Gelehrten. Lateinisch verfaßt sind alle Werke, aus denen sie ihre Bildung gewonnen hat und woraus viele Bilder ihres Werkes stammen.

Hildegard ringt mit der Sprache. Sie muß erst die passenden Worte, den richtigen Stil finden für das, was sie riecht und fühlt, sieht und hört. Sie muß die mit allen Sinnen geschauten Bilder in eine Sprache übersetzen, die ihr noch unbekannt ist. Selbst die Worte, die sie hört, „klingen nicht wie aus Menschenmund, sondern sie sind wie eine blitzende Flamme und wie eine im reinen Äther sich bewegende Wolke".

Mönch Volmar hat ein Gespür für Hildegards ganz eigene Art zu formulieren, die auch fasziniert, weil sie oft unklar, doppeldeutig und dunkel bleibt. Ihre Texte durchglüht ein Eifer, der das Wortkorsett sprengen will. Volmar, der „die Feile" führt, hat ihre Sätze nicht glattgeschliffen, ihnen nichts hinzugefügt oder sie gar neu formuliert. Der Sekretär korrigiert nur Formfehler, um den Text zu einem „den Menschen entsprechenden Klang" zu verhelfen. Im 18. Jahrhundert behaupten Gelehrte, wer diese Sprache dem Heiligen Geist zuschreibe, begehe eine Gotteslästerung.

Das Latein Hildegards bleibt – auch nach der Verbesserung Volmars – oft sperrig und schwer zu lesen, kunstlos, aber auch ungekünstelt. Konkret spricht sie aus, was sie sieht, oft sind die Bilder derb und bäuerlich, aber klar durchdacht und geplant die Texte. Schöpferisch und eigenständig formuliert sie und schafft sogar neue lateinische Wörter. Sie findet ungewöhnliche, verblüffende und vielfältige Bilder. Sie offenbart „jene großartige intuitive Begabung, die uns dieses Weltgedicht als einmalig erscheinen lassen", bis heute.

„Wenn ein Mensch ein Haus baut, dann macht er an ihm eine Tür und Fenster sowie einen Rauchabzug: durch die Tür will er ein und aus gehen, um alles Nötige hereinzubekommen; durch die Fenster will er Licht haben, und durch den Schornstein soll der Rauch abziehen, damit das Haus nicht im Qualm verkommt, wenn darin ein Feuer angezündet wird. So sitzt auch die Seele im Herzen wie in einem Haus: ihre Gedanken schickt sie wie durch eine Tür ein und aus, erwägt hin und her, als wenn sie durch ein Fenster schaute, und ihre sonstigen Funktionen leitet sie wie von einem angezündeten Feuer zum Gehirn wie zu einem Schornstein ... Hätte der Mensch diese Gedanken nicht, dann fehlte ihm auch die Einsicht, und er würde dastehen wie ein Haus, an dem man Türen, Fenster und Schornstein vergessen hat."

Hildegard richtet sich einen Arbeitsplatz in einer Klosterzelle ein, die ein Sprechgitter unterteilt. Auf der einen Seite, im Klausurbereich des Frauenklosters, sitzen Hildegard und Richardis, auf der anderen Seite hält sich Mönch Volmar bereit. Hildegard erprobt und entwickelt eine Arbeitsweise, die sie ihr Leben lang beibehält: Mit einem spitzen Griffel aus Holz, Metall oder Bein ritzt sie Worte in eine Wachstafel. Die aufklappbaren, zweigeteilten Holztafeln sind bis auf einen Rand flach ausgehöhlt und mit dunkel gefärbtem Wachs ausgefüllt. Sie dienen als eine Art Notizblock, auf denen man flüchtige Notizen und Diktate festhält oder Briefe und Texte entwirft. Hat sich Hildegard verschrieben, ebnet sie mit dem flachen Ende des *stilus*, des Griffels, die weiche Oberfläche ein und setzt neu an.

Die erste, von Hildegard eigenhändig geschriebene Fassung überträgt Volmar mit Tinte und Schreibfeder auf Pergamentblätter. Seine Abschrift überarbeitet Hildegard nochmals. In einem letzten Arbeitsgang verbessert ihr Sekretär erneut die Schreib- und Satzfehler. Mit einem Federmesser kann er einzelne Endungen und Wörter von dem kostbaren Pergament schaben. Das korrigierte Manuskript geben sie in das Skriptorium des Klosters, wo gelernte Schreiber die Reinschrift anfertigen.

Die Niederschrift der Schauungen erfordert viel Zeit. Doch Hildegard und ihre beiden Helfer bleiben weiter eingebunden in den geregelten Tag eines Benediktinerklosters. Die Stunden des Schlafens und Wachens, Schweigens und Essens, Betens und Arbeitens liegen fest. Und Hildegard muß weiter den vielfältigen Aufgaben einer Äbtissin nachkommen. Wenn sie jeden Tag ein bis zwei Stunden schreibt, ist das viel, und selbst das kann ihr nur mit eiserner Disziplin gelingen. Jedem Tag ringt Hildegard die Zeit zum Schreiben ab, nie darf sie nachlassen, sonst befällt sie die Angst, nicht fertig zu werden. Wenn Hildegards Finger vom vielen Schreiben lahm werden, diktiert sie manchmal Richardis oder Volmar ihre Texte. Auch in den kalten Monaten sitzen die drei eingehüllt in Fellmänteln in der Zelle. Es ist nicht verwunderlich, daß Hildegard an der ersten Visionsschrift zehn Jahre arbeiten wird. Sie klagt: „Schwer mühe ich mich ab mit dieser Schau." Hildegard sieht Bilder voller Schönheit und erschrickt doch vor deren Gewalt. Das Schauen ist ein geistiger Akt, der den ganzen Menschen beansprucht und an seine Grenzen treibt, auch an körperliche Grenzen. Hildegard erlebt ihre Gesichte als Lust und Last: „Als ich schaute, rief plötzlich eine furchtbare Stimme vom Himmel: ‚Göttlich ist, was du siehst!' Ich prallte zurück. Schrecken erfaßte mich ob dieser Stimme, und ich zitterte so, daß ich den Blick nicht mehr dorthin zu erheben wagte." – „Nun wallte plötzlich der dreifache Glanz, der die Gestalt umleuchtete, in die Breite, und zahlreiche Stufen und Treppen wurden in schönster, ordnungsgemäßer Folge in ihr sichtbar. Bei diesem Anblick befiel mich ein solches Zittern, daß mir die Kräfte schwanden. Ich sank zu Boden und war nicht imstande zu reden. Da näherte sich ein helleuchtender Glanz, berührte mich wie mit einer Hand, und so kam ich zu Kräften und fand die Sprache wieder."

Hildegard nimmt ihr verändertes Bewußtsein, während sie schaut, deutlich wahr. Nie verliert sie die sichtbare Welt aus den Augen. Nur ihr Erkennen verwandelt sich, es ist ein Wissen auf einer höheren Stufe. Dann fühlt sie, daß die göttliche Eingebung „wie sanfter Regen in das Erkennen meiner Seele" tropft. Schön ist das, aber auch schwer zu ertragen.

Die Bilder graben sich tief in Hildegards Gedächtnis und verlassen sie nicht mehr. Wie lebt ein Mensch in dieser Anspannung, ständig im „Schatten des Lichtes", tagtäglich beansprucht von den Schauungen? Hildegard braucht Menschen, die sie stützen, wenn sie schwach wird, und denen sie ihre Ängste und Zweifel anvertrauen kann. Ihr Vertrauter, der Mönch Volmar, gewährt ihr geistigen Beistand, sie nennt ihn „den Mitwisser ihrer Geheimnisse". Die Nonne Richardis von Stade dagegen leidet „in meinen Leiden mit mir". Menschlichen Trost findet Hildegard stärker in der jungen Frau. Das begründet eine „liebende Freundschaft", die zu groß wird, um eines Tages nicht enttäuscht zu werden.

FÜNF Jahre schon hat sich Hildegard abgemüht, Seite um Seite ihre Visionen niedergeschrieben. Aber noch immer „ruft" sie nicht, die Welt draußen kann die Prophetin nicht hören. Stumm sitzt die Nonne in der stillen Klosterzelle.

Dann aber macht sie einen mutigen Schritt hinaus in die Welt.

Sie richtet ein Schreiben an Bernhard von Clairvaux, schildert darin die Art ihrer Schau und erbittet das Urteil des Mannes, der unangefochten und unerbittlich die kirchliche Autorität verkörpert. Der Zisterzienserabt, acht Jahre älter als Hildegard, gilt als „Wachhund der Christenheit". Er ist einer der einflußreichsten Männer in Europa, als Vermittler in Glaubensstreitigkeiten geschätzt, Ratgeber von Kaisern und Päpsten.

Bernhard von Clairvaux bereist im Jahre 1146 das Rheinland und ruft im Auftrag des Papstes die Gläubigen zum zweiten Kreuzzug auf. Ein fester Kern von acht bis zehn Männern – unter ihnen ein Sekretär, ein Bischof, ein Hochschullehrer, zwei Äbte und ein Mönch – begleitet ihn. Sein Troß organisiert die Reiseroute und verbreitet den Ruhm seiner Wundertaten. Taube und Blinde, Krüppel und Menschen, die an der Fallsucht leiden, schleppen sich zu den Straßen, die Bernhard entlangkommen wird. Auf Bahren und Karren lassen sich die wohlhabenden Kranken dorthin bringen, wo der Franzose predigt.

Hildegard schreibt an Bernhard von Clairvaux, diesen „ungekrönten Papst", weil sie dringend eine Bestätigung braucht. Die Niederschrift ihrer Visionen verschlingt wahrscheinlich so viel Kraft und Zeit, daß sie nur weitermachen und durchhalten kann, wenn sie sicher ist, daß sie nicht irrt. Sie ahnt selbst, wie nahe Wunder und Wahn beieinanderliegen. Schnell werden Frauen magische Kräfte zugeschrieben, ihre tiefe, gefühlsbetonte Frömmigkeit kann eine göttliche, aber auch gefährliche Gabe sein. Heilige oder Häretikerin? Schmal ist der Grat dazwischen, und die Angst vor falschen Propheten ist groß. Hildegard geht ein großes Risiko ein, als sie Bernhards Urteil erbittet, denn seine Verurteilung würde sie für immer zum Verstummen bringen.

Sage und schreibe, was du siehst und hörst.

Hildegard kann als Frau in der katholischen Kirche nie ein Lehramt bekleiden, als Äbtissin darf sie nur ihre Mitschwestern unterweisen. Während ihr Zeitgenosse, der Mystiker Rupert von Deutz, als Priester auch lehren und predigen darf und so seine Auslegung der Heiligen Schrift verbreitet, braucht sie als Frau eine ganz andere Legitimation. Um Lehrerin und Predigerin der Kirche zu sein, reicht es nicht, sich von Gott auserwählt zu wissen. Sie muß auch von dieser Welt anerkannt sein.

Um den Jahreswechsel 1146/47 macht Hildegard deshalb mit ihrem sehr persönlichen und flehenden Brief an Bernhard von Clairvaux den ersten Schritt in die Öffentlichkeit. Die unterwürfigen, in ihrer Zeit üblichen Redewendungen überdecken nicht die neue Sicherheit, die sie durch die Arbeit an dem Werk „Scivias" gewonnen hat.

Verehrungswürdiger Vater Bernhard, wunderbar stehst du da in hohen Ehren aus Gottes Kraft. Schreckenerregend bist du für die unziemliche Torheit dieser Welt. Mit dem Banner des heiligen Kreuzes fängst du voll hohen Eifers in brennender Liebe zum Gottessohn die Menschen, damit sie im Christenheer Krieg führen wider die Wut der Heiden. Ich bitte dich, Vater, beim lebendigen Gott, höre mich, da ich dich frage.

Ich bin gar sehr bekümmert ob dieser Schau, die sich mir im Geiste als Mysterium auftat. Niemals schaute ich sie mit den äußeren Augen des Fleisches. Ich, erbärmlich und mehr als erbärmlich in meinem Sein als Frau, schaute von meiner Kindheit an große Wunderdinge, die meine Zunge nicht aussprechen könnte, wenn nicht Gottes Geist mich lehrte zu glauben.

Milder Vater, du bist so sicher, antworte mir in deiner Güte, mir, deiner unwürdigen Dienerin, die ich von Kindheit an niemals in Sicherheit lebte ...

Ich weiß nämlich im Text den Sinn der Auslegung des Psalters, des Evangeliums und der anderen Bücher, der mir durch diese Schau gezeigt wird. Wie eine verzehrende Flamme rührt sie mir an Herz und Seele und lehrt mich die Tiefen der Auslegung ...

Ich sah dich vor mehr als zwei Jahren in dieser Schau als einen Menschen, der in die Sonne blickt und sich nicht fürchtet, sondern sehr kühn ist. Und ich habe geweint, weil ich so sehr erröte und so zaghaft bin.

Gütiger Vater, mildester, ich bin in deine Seele hineingelegt, damit du mir durch dein Wort enthüllst, ob du willst, daß ich dies offen sage oder Schweigen bewahren soll. Denn große Mühe habe ich in dieser Schau, inwieweit ich das, was ich gesehen und gehört habe, sagen darf. Ja, bisweilen werde ich – weil ich schweige – von dieser Schau mit schweren Krankheiten aufs Lager niedergeworfen, so daß ich mich nicht aufrichten kann ...

Nun aber erhebe ich mich und eile zu dir ... Du bist der Adler, der in die Sonne blickt ...

Die Antwort des Bernhard von Clairvaux ist ruhig und sach-
lich, klug und ausgewogen. Er kennt aus eigener Erfahrung die
Tiefen und Höhen mystischer Erlebnisse, die in seiner weitverbreiteten Auslegung des „Hohenliedes" gipfeln. Er ist ein extre-
mer Mensch, der fastet, wacht und sich auspeitscht, um Buße zu
tun und Gott nahe zu sein. Achtung vor Hildegards so anderer
Art schwingt in seinem Brief mit. Der Abt umgeht eine eindeutige
Stellungnahme, aber er verurteilt Hildegard nicht.

> Für die in Christo geliebte Tochter Hildegard betet Bruder
> Bernhard, genannt Abt von Clairvaux, wenn das Gebet eines
> Sünders etwas vermag.
>
> Da du von unserer Wenigkeit weit anders zu denken
> scheinst, als unser Gewissen sich selbst einschätzt, so glauben
> wir dies einzig deiner Demut beimessen zu sollen. Doch habe
> ich keineswegs übersehen, den Brief deiner Liebe zu erwidern,
> obwohl die Menge der Geschäfte mich zwingt, es kürzer zu
> tun, als ich gerne möchte. Wir freuen uns mit dir über die
> Gnade Gottes, die in dir ist. Und was uns angeht, so ermahnen
> und beschwören wir dich, daß du sie als Gnade erachtest und
> ihr mit der ganzen Liebeskraft der Demut und Hingabe ent-
> sprichst. Du weißt ja, daß „Gott den Stolzen widersteht, den
> Demütigen hingegen Gnade gibt". Im übrigen, was sollen wir
> noch lehren oder ermahnen, wo schon eine innere Unterwei-
> sung besteht und eine Salbung über alles belehrt? Vielmehr
> bitten und verlangen wir inständig, daß du unser bei Gott ge-
> denkest und auch derer, die uns in geistlicher Gemeinschaft in
> Gott verbunden sind.

Hildegard liest die vorsichtige Ermutigung aus dem Brief heraus: Bernhard von Clairvaux bestätigt ihre „innere Unterweisung".
Das ist viel, weil es von diesem kompromißlosen Streiter kommt,
und das ermutigt auch Abt Kuno, den nächsten Schritt zu tun. Ab
1147 wird die kirchliche Anerkennung von Hildegards Schriften
zielstrebig betrieben.

Der Vorsteher des Disibodenbergs will Erzbischof Heinrich
von Mainz die Schriften der Nonne übergeben, damit dieser sie
einsehen und ihre Sehergabe prüfen kann. Ende des Jahres gibt es
eine günstige Gelegenheit: Nur wenige Monate nachdem das
Schreiben Bernhards in Hildegards Kloster eingetroffen ist, findet
in Trier eine Synode statt. Nicht nur der Abt von Clairvaux, auch
Papst Eugen III. höchstpersönlich werden anwesend sein.

Schicksal, göttliche Fügung oder kluge Diplomatie – gleichgültig, wie man die Ereignisse einschätzt: Der Zeitpunkt von Hildegards Brief an Bernhard von Clairvaux war sehr geschickt gewählt. Die Antwort Bernhards erlaubt Abt Kuno ein ganz anderes Auftreten beim Mainzer Erzbischof. Und dieser wiederum kann sich auf der Synode auf den Brief berufen.

Die Trierer Synode dauert zwölf Wochen, in denen die

„Teufelsaustreibung durch den heiligen Bernhard"
(Gemälde Jörg Breus d. Ä., um 1475/76–1537)

Kirche schamlos Pomp, Prunk und Pracht zur Schau stellt, während zur gleichen Zeit Wanderprediger wie Norbert von Xanten in grauer Kutte und ohne Schuhe auf einem Esel durch die Lande reiten und das neue Evangelium der Armut verkünden und vorleben. Am Weihnachtsfest des Jahres 1147 reiten die Kardinäle und Bischöfe auf weißbedeckten Rössern zur Pauluskirche, der Papst folgt ihnen auf seinem Pferd. An den feierlichen Gottesdienst schließt sich ein üppiges Festbankett an, bei dem sich der Papst und Erzbischof Albero von Trier in vollem Ornat gegenübersitzen, umrahmt von ihrer Gefolgschaft. „Welcher Rechenkünstler könnte berechnen, wieviel das gekostet hat?" fragt staunend und naiv der Biograph des Erzbischofs.

Die Synode entsendet eine Kommission zum Disibodenberg. Die Abordnung, die der Bischof von Verdun anführt, soll Hildegards Sehergabe „erforschen", aber „ohne Aufsehen und Erregung der Neugierde". Tief sitzt die Furcht, einer gutgemeinten, aber harmlosen Täuschung zu erliegen oder einer Hysterikerin aufzusitzen. Hildegard gibt den Herren auf alle Fragen „einfach und schlicht Auskunft". Die Abordnung reitet nach Trier zurück, im Gepäck gebundene Pergamentblätter, die ersten Texte des Buches „Wisse die Wege".

Die Geistlichen unterbreiten der Synode einen positiven Bericht und legen Eugen III. die Schriften der Nonne vor. Der Papst hält sie „mit eigenen Händen" und liest selbst daraus vor. Danach ruft er „die Herzen aller zum Lob des Schöpfers und zur jubelnden Mitfreude auf". Auch Bernhard ergreift das Wort und bestärkt Eugen III., „er möge nicht dulden, daß ein solch hellstrahlendes Licht von Schweigen überdeckt würde; er solle vielmehr eine solche Begnadung, die der Herr in seiner Zeit offenbaren wolle, durch seine Autorität bestätigen".

Das Schreiben, das der Papst an Hildegard sendet, ist nicht erhalten, doch er gebietet ihr, „das, was ich in der Schau hörte und sah, genau aufzuschreiben". Damit sind ihre Visionen anerkannt. Das Urteil der Synode macht aus Hildegard eine anerkannte Prophetin. Und diese Nachricht tragen die Bischöfe und Kardinäle weiter, die aus ganz Europa angereist sind.

Hildegard verkündet ihrer Kirche das Wort Gottes. Sie legt die „gewaltigen Bücher" neu aus, weil diese durch „schlimme Trägheit und Überdruß in Verfall geraten und das Lebensbrot der göttlichen Schriften schal geworden ist". Das Urteil des Papstes bestätigt, daß sich Hildegards Schriften im Rahmen der katholischen Lehre bewegen.

Nachdem die Äbtissin einen weiteren, vermutlich den zweiten Teil ihres Buches „Wisse die Wege" fertiggestellt hat, schickt sie Papst Eugen III. eine Abschrift mit folgendem Begleitbrief:

> O strahlender Vater, als Papst kamst du in unser Land, wie Gott es vorherbestimmt hat, und nahmst Einsicht in die Schriften der wahrhaftigen Gesichte, wie das lebendige Licht mich gelehrt hat. Du hörtest sie und nahmst sie in dein Herz. Nun ist dieser Teil der Schrift beendet … Meine Seele wünscht: das Licht vom Lichte leuchte in dir, erschließe dir reine Augen und mache deinen Geist wach für dieses Schriftwerk, damit deine Seele, wie es Gott gefällt, darob gekrönt werde. Denn viele irdische Kluge verwerfen sie in der Unbeständigkeit ihres Geistes, weil sie von einem armen Gebilde stammt, das aus der Rippe erbaut und nicht von Philosophen belehrt worden ist.
>
> Du also, Vater der Pilger, höre den, der IST: Ein mächtiger

König thronte in seinem Palast. Hohe Säulen standen vor ihm, von goldenem Schmuckwerk umwunden und mit vielen Perlen und kostbaren Steinen herrlich geziert. Dem König aber gefiel es, eine kleine Feder zu berühren, daß sie in Wundern emporfliege. Und ein starker Wind trug sie, damit sie nicht sinke.

Nun spricht wiederum ER zu dir ... Bestätige diese Schrift, damit sie denen zu Gehör gebracht wird, die für Mich offen sind ... Hüte dich, diese Gottesgeheimnisse zu verachten. Denn sie sind notwendig mit jener Notwendigkeit, die noch verborgen ist und nicht offen erscheint.

Bereits sehr selbstbewußt tritt Hildegard in ihrer neuen Rolle als Prophetin auf, auch wenn sie sich als „kleine Feder" bezeichnet. Ihre Autorenschaft ist zum Mittelpunkt ihres Lebens, das Schreiben für sie eine Lebensnotwendigkeit geworden.

Das prophetische Lehramt, das sie mit päpstlichem Segen ausübt, verleiht ihr jetzt die Autorität, in anderen Bereichen zu handeln, wie sie will. Hildegard ist keine Rebellin, aber sie schöpft ihren Handlungsspielraum bis an die Grenze aus. Sie wirft ihr neues Amt zum erstenmal in die Waagschale, um sich vom Disibodenberg und aus der Vormundschaft des Abtes Kuno zu lösen. Ungeahnte Kräfte entwickelt sie im Sommer ihres Lebens.

„Der siebente Monat brennt in voller Sonnenglut und hat gewaltige Kräfte in sich. Er macht die Früchte der Erde reif und trocknet sie aus. Mit seinem zwischen Dürre und Regenfluten schwankenden Wetter ist er voll Leidenschaft. Auf eine ähnliche Weise sind auch die Gelenkverbindungen der Arme stark, und zwar durch die Schultern und Hände, mit denen der Mensch alle notwendigen Verrichtungen faßt und verbindlich festhält ... So wählt der Mensch alles Notwendige für die Erhaltung seiner Natur aus ..., er bedenkt alle Lebenslagen so vorsorglich, wie sich auch die Früchte in diesem Monat auf ihren reifen Kern zusammenziehen.

Des Menschen Seele aber, dieser Geisthauch Gottes, hat einen leidenschaftlichen Weg vor sich. Auf ähnlich kraftvoller Bahn durchläuft auch die Weisheit den ganzen Umkreis des Himmels. Kraft der sieben Gaben des Heiligen Geistes und mit Hilfe seiner fünf Sinne beginnt der Mensch daher seinen Weg und vollendet mit ihnen sein Werk."

Die ehemalige Klause ist schon lange zu eng geworden. Und jetzt bitten noch mehr Töchter aus dem Adel um Aufnahme, weil sich Hildegards Ruhm, „der Wohlgeruch ihrer Heiligkeit", verbreitet. Mit Abt Kuno hat Hildegard wohl bereits die beiden Möglichkeiten erörtert, anzubauen oder das Frauenkloster zu verlegen. Aber im selben Jahr, in dem sie als Prophetin anerkannt ist, entschließt sie sich, ganz neu zu beginnen. Ein eigenes und vom Disibodenberg unabhängiges Kloster will sie gründen. „In innerer Schau" gewahrt sie auch den Ort, zu dem sie mit ihren Nonnen ziehen soll. Es ist der Rupertsberg bei Bingen am Rhein.

Es hätte für die Prophetin und für den Menschen Hildegard kein passenderes Fleckchen Erde geben können. Ihr Kloster wird mitten im Zentrum mittelalterlichen Lebens stehen. Hier treffen die großen alten Handelswege aufeinander, die Köln und Mainz und Trier verbinden. Näher ist sie dann der Metropole Mainz, einem Zentrum der Reichspolitik, und näher der Ingelheimer Pfalz, wo die Kaiser hofhalten.

Vom Wasser umschlossen und heilig wie der Disibodenberg ist auch der Hügel am Rhein. Dort liegen die Gebeine des heiligen Rupertus, der vor zweihundert Jahren gewirkt hat. Im Mittelalter bilden Lebende und Tote eine stärkere Gemeinschaft als heute. Heilige zu Heiligen, auch das erhöht damals. Dem Rheinland, dessen Natur und Pflanzen Hildegard liebt, bleibt sie treu, und auch die Landschaft, in der sie groß wurde, verläßt sie nicht. Und sie ist nahe bei ihrer Familie.

Hildegard ist fest überzeugt, daß ihr der Heilige Geist jene Stätte gezeigt hat. Doch hat diese Schau einen anderen Charakter als die Visionen in ihren Schriften. Wenn sie den Rupertsberg als Ort einer Klostergründung schaut, entspricht das ganz genau ihren Wünschen und Vorstellungen. Nur zu sagen, ich ziehe weg und gründe ein Kloster, ist unmöglich. Das harsche Nein des Abtes wäre ihr sicher. Aber einer „Weisung Gottes" kann er sich schwer widersetzen. Die Vision verwandelt sich in eine Waffe, mit der Hildegard für ihre Überzeugung kämpft. Auch in späteren Konflikten oder in ihren Briefen blickt sie bewußt „zum wahren Licht", um Entscheidungen zu bestätigen. Diese eher zweckgerichteten Visionen sind weniger tief und manchmal auch nur ein Abklatsch der großen Bilder, aus denen sie ihr Werk baut. Vielleicht sieht das auch der Abt des Disibodenbergs, denn er beugt sich keineswegs dem vermeintlich göttlichen Urteil.

Verständlich ist seine Weigerung. Gerade noch hielt er ein Glückwunschschreiben des Papstes in Händen, daß diese Gottbegnadete hier wirkt, und jetzt will sie wegziehen. Nicht nur der Glanz ihres Sehertums, der auf das Kloster ausstrahlt, würde schwinden. Auch die Früchte des zukünftigen Ruhmes würden nur ihr gehören: die Pilger und Ratsuchenden, die Spenden und Schenkungen der Gläubigen. Und wie dieser Rupertsberg aussieht – verwildert, unwirtlich, keine Stätte für Frauen und eine kränkelnde Äbtissin. Außerdem hat Hildegard gelobt, hier bis an ihr Lebensende auszuharren. Hier wuchs sie auf, hier wurde sie erzogen. Hier stand Magister Volmar ihr zur Seite, als sie ihre Schrift begonnen hat. Nun zeigt sie sich undankbar. Abt Kuno verlangt – vielleicht gestützt auf das Kirchenrecht –, daß sie auf dem Disibodenberg bleibt. Mit ihm spricht der ganze Konvent ein entschiedenes Nein zu den Plänen der Nonne.

Der harte Widerstand trifft Hildegard unerwartet. Sie ist in einem unlösbaren Konflikt: Gehorcht sie der Vision, verweigert sie dem Abt den Gehorsam, den er erwartet. Gehorcht sie dem Abt, verstößt sie gegen Gottes Willen. Sie erkrankt. Abt Kuno, der Hildegard aufsucht, findet sie unbeweglich im Bett. Er schafft es nicht, ihren Kopf zu heben oder auf eine Seite zu drehen. „Wie ein Felsblock" liegt sie da. In dieser lähmenden Situation ist sie tatsächlich „wie gelähmt".

Wie auch immer die körperlich-seelische Reaktion Hildegards erscheint, als hysterisch oder depressiv, als weibliche List oder hilfloser Zusammenbruch – sie ist nachvollziehbar. Äußerlich erinnert ihre Krankheit an das Bild, das sie einmal von Propheten gezeichnet hat: „Eine gewisse Härte lag in ihrem Wesen, gleich der Festigkeit des Marmors, da sie, durchdrungen vom Heiligen Geiste, niemandem nachgaben ... Auf diese Weise verhielten sie sich wie Felsengestein, das in seiner Härte überdauert und keinem weicht."

Auch Hildegard ist zum unverrückbaren Felsen geworden. Deutlicher kann sie kaum ausdrücken, wie entschlossen sie ist, von ihrem Entschluß nicht zu lassen. Und tatsächlich findet sie einen Weg, ihren Willen durchzusetzen, ohne Abt Kuno den Gehorsam zu verwehren.

Vom Krankenlager aus gewinnt sie die einflußreiche Markgräfin von Stade, die Mutter ihrer Helferin Richardis, für das Projekt. Die Adlige spricht im Namen Hildegards beim Mainzer Erzbischof Heinrich vor, der die Angelegenheit seinem Domkapitel vorträgt. Das Ergebnis dieses geschickten Schachzuges: Heinrich schreibt an Hildegard und erlaubt ihr, auf den Rupertsberg überzusiedeln. Der Oberhirte weist den ihm untergebenen Abt Kuno an, die Frauen ziehen zu lassen.

Sofort erwirbt Hildegard – wahrscheinlich erneut durch die Vermittlung der Markgräfin von Stade – den Rupertsberg mit einer kleinen Kirche für zwanzig Mark von einem gräflichen Besitzer. Die Mainzer Kirche überläßt ihr die umliegenden Weinberge. Um keine Zeit zu verlieren, veranlaßt sie vom Krankenlager aus die ersten Rodungs- und Bauarbeiten.

Auf dem Disibodenberg ist der Widerstand aber noch immer nicht gebrochen. Jetzt vernimmt Hildegard die gewaltige Stimme Gottes, der ihr verbietet, „weiterhin an diesem Ort etwas über die Vision zu sagen und zu schreiben". Der Druck auf den Abt erhöht sich. Wer will schuld daran sein, daß diese Frau verstummt, die der Papst gerade als Prophetin anerkannt hat?

Ein Mönch, Arnold mit Namen, hetzt andere Mitbrüder weiter gegen Hildegards Plan auf. „Als er sich auf einem Landgut der Kirche befand", berichtet die „Vita", „wurde sein Körper plötzlich so heftig geschüttelt, daß er zu sterben glaubte, und seine Zunge schwoll so stark an, daß sein Mund sie nicht fassen konnte. Er verlangte durch Zeichen …, zur Kirche von St. Rupert gebracht zu werden." Als der Mönch dort gelobt, sich nicht weiter gegen Hildegards Pläne zu stellen, gesundet er. Bekehrt, hilft er „bei der Herrichtung der Wohnungen. Eigenhändig rodet er die Weinstöcke aus, wo Gebäude zur Aufnahme der Nonnen gebaut werden sollten."

Als Abt Kuno von dem Wunder hört, liegt Hildegard immer noch „wie ein Felsblock" darnieder. Das sei, glauben nun viele Brüder, eine „göttliche Strafe", weil sie in der Erfüllung der göttlichen Schau säumig sei. Diesen deutlichen Zeichen kann sich der Konvent nicht mehr verschließen. Nach zwei Jahren erbitterten Streitens ist Kunos Widerstand gebrochen. Der Abt tritt zu der Schwerkranken ans Lager und bittet, „sie möge im Namen des Herrn aufstehen und zu der Wohnung ziehen, die ihr vom Himmel bestimmt sei. Kaum war das Wort gesagt, erhob sie sich schnell, als hätte sie nach so langer Zeit an keiner Schwäche mehr gelitten. Da ergriff alle Anwesenden Staunen und Bewunderung."

Im Jahre 1150 verläßt Hildegard den Ort, wo sie vor neun Jahren ihre Schrift „Wisse die Wege" begonnen hat. Mit zwanzig Nonnen reitet die Äbtissin den Klosterpfad hinunter. Naheabwärts führt der Weg, den Fluß säumen dunkle Erlenbüsche. Die ersten Häuser von Bingen tauchen auf. Aus einem verborgenen wird ein öffentliches Leben.

Hildegard hat bereits die Fünfzig überschritten, ein Alter, das die meisten ihrer Zeitgenossinnen nie erreichen. Doch sie beschreitet als Äbtissin und Klostergründerin einen „leidenschaftlichen Weg" in die Selbständigkeit. Lebenszenit, die Sonne steht am höchsten.

„Der achte Monat kommt in voller Kraft herauf, einem mächtigen Fürsten gleich, der sein ganzes Reich in der Fülle der Macht beherrscht. Daher strahlt die Freude aus ihm ... Die Eigenschaften dieses Monats zeigen sich in den Händen des Menschen, die jedes Werk verrichten und die Macht des ganzen Leibes in sich vereinigen und speichern ...

Was die menschliche Seele angeht, so zeigt sie eine kämpferische Existenz. Aus ihrem großen Heilsverlangen heraus überwindet sie die ungebührlichen Gelüste des Menschen und dringt hart auf ihn ein. Auf einem leidenschaftlichen Wege vollendet sie ihren Umlauf und läuft vom ersten Augenblick ihres Kampfes an auf den allerhöchsten Gott zu ... Wenn sie siegt, jauchzt sie auf wie ein Kämpfer."

Ich schaute und sah

Hildegard ist nun ganz sicher: Die Stimme, die sie hört, kommt von Gott. Auf dem Disibodenberg hat sie ihr Werk begonnen, auf dem Rupertsberg wird sie es beenden. Fest zusammengeschnürt sind die Pergamentblätter, neun Jahre Arbeit nimmt sie mit in das neue Frauenkloster. Aufgeschrieben hat sie die erste Schau schon lange, worin der „Leuchtende" auf dem eisenfarbenen Berg thront und von Hildegard mit „starker, durchdringender Stimme" verlangt: „Rufe und sage, wie man in die

Rechts: Erschaffung der Welt.
Die kleinen Kreise stehen für
die sechs Schöpfungstage. Der
Mensch riecht an der Blume
des Bösen, aber Christus beginnt das Werk der Erlösung.
Unten: Der Sündenfall. Die
Elemente der Welt klagen
über den Menschen, der quer
zur Schöpfung liegt.

Bildliche Darstellung der ersten
Vision aus Hildegards Werk
„Scivias – Wisse die Wege" mit
dem Titel „Der Leuchtende"

Erlösung, die alles wiederherstellt, eingeht." Und genau diesen Weg zum Heil schildert die Nonne in ihrer ersten Visionsschrift *"Scivias* – Wisse die Wege", damit alle diesen Weg gehen können. Hildegards Glaubenskunde ist eine pralle Bilderrede. Die Geschichte der Sünde und ihrer Folgen erzählt sie im ersten Teil, der aus sechs Visionsbildern besteht. Nach dem Engelsturz, der Erschaffung Adams und Evas und dem Sündenfall sieht Hildegard den Kosmos, der in Aufruhr ist. Der Mensch allein ist ein Rebell und liegt quer zur Schöpfung. Die Seele eines einzelnen Menschen gerät in Versuchung, ein dramatischer Kampf, den wohl auch sie durchlebt hat. Aber der Mensch hat den Willen und die Vernunft, er kann Gut und Böse erkennen, das unterscheidet ihn von den Tieren. Doch weder die Engel noch die jüdische Kirche, versinnbildlicht durch die Gestalt der Synagoge, können ihn erlösen.

Dann endlich kündigt sich das Kommen des Erlösers an, der sein „feuriges Werk" beginnt. Gottvater sendet seinen Sohn als Menschen in die sündige Welt. Hildegard begreift die Dreieinigkeit Gottes und beschreibt die Rolle der katholischen Kirche, die das Erlösungswerk fortsetzt. Das zweite Buch endet in der siebten Vision mit einer drastischen Darstellung des Satans, des „Widersachers", der die Menschen immer wieder zu Fall bringt: „Der Wurm war schwarz, stachelig, voll von Geschwüren und Blattern, zwischen denen sich fünf verschiedenfarbige Streifen vom Kopf über den Leib bis zu den Füßen zogen. Einer davon erschien grün, ein anderer weiß, ein dritter rot, ein vierter gelb, der fünfte schwarz. Alle waren tödlicher Gifte voll. Aber das Haupt des Untiers war zerschmettert, und schon begann seine linke Wange sich aufzulösen. Seine Augen, außen blutunterlaufen, glühten innen wie Feuer. Seine Ohren waren rund und stachelig. Nase und Rachen glichen denen einer Viper. Hände hatte es wie ein Mensch, Füße wie eine Viper und einen kurzen, grauenerregenden Schwanz. Eine Kette war um seinen Nacken geschlungen. Sie umwand zugleich Hände und Füße und fesselte das Ungeheuer mit solcher Macht an den Felsen des Abgrundes, daß es sich nicht nach seinem eigenen gottlosen Willen, weder nach der einen noch nach der anderen Seite hin, zu bewegen vermochte."

Die Seherin entrollt dann im dritten Buch vor den Augen der

Leser in dreizehn Bildern die Heilsgeschichte, von der Menschwerdung des Gottessohnes bis zum Ende der Zeiten und dem Jüngsten Gericht. Ein „Gebäude des Heils" wird errichtet nach einem regelrechten Bauplan. Hildegard sieht Türme und Mauern, Treppen und Tempel, in denen alle Tugend- und Gotteskräfte Platz haben. Am Ende ist die Gottesstadt mit dem thronenden Schöpfergott erbaut, und das „Hohelied" der Gnade ertönt.

Die Bilder, die Hildegard als Visionen schaut, beschreibt sie in jeder Einzelheit in Zahl, Maß und Gewicht, Form und Farbe. Unmittelbar und klar sind die Farben, die sie sieht, elementar, nichts ist verwischt, alles abgegrenzt.

Jedes große Bild, jede Schau dieser Glaubenskunde, ist aus einzelnen Bildelementen zusammengesetzt. Nachdem Hildegard die „Oberfläche" beschrieben hat, durchwandert sie – in einem zweiten Schritt – nochmals das ganze Bild, ein Vorgehen, das sie in allen drei Visionsschriften anwendet. Die „vom Himmel zu der Seherin sprechende Stimme" deutet jetzt alle bildlichen Symbole: die Anordnung der Bildteile, die Farben und Formen der Gebäude, das Aussehen der Figuren, ihre Bewegungen und Reden. Hildegard hört also in ihrer Vision auch die göttliche Erklärung des Geschauten.

Hildegard lehrt durch ihr Buch den christlichen Glauben, aus dessen Symbolwelt ihre Bilder stammen. Doch welche Bilder sie aus den biblischen Schriften oder anderen Werken übernommen hat und welche Teile dieses Bilderalphabets ihre ureigensten Schöpfungen sind, diese Forschung steht noch ganz am Anfang.

Das Buch „Wisse die Wege" ist das berühmteste Werk Hildegards, heute und damals. Unter ihren Werken ist es am besten dokumentiert: Zehn Handschriften sind erhalten, sechs stammen aus dem 12. Jahrhundert.

Nachdem die Nonne durch das erste Visionsbuch „Scivias" bekannt wird, wollen immer mehr Menschen wissen, wie sie zu den Bildern findet oder die Bilder zu ihr finden. Schon der Kommission der Synode stand sie Rede und Antwort. Doch sie muß es immer wieder erklären, und ihre Erläuterungen werden immer klarer: „Ich sehe die Dinge nicht mit den äußeren Augen und höre sie nicht mit den äußeren Ohren, auch nehme ich sie nicht mit den Gedanken meines Herzens wahr noch durch irgendwelche Vermittlung meiner fünf Sinne. Ich sehe vielmehr einzig in meiner Seele, mit offenen leiblichen Augen, so daß ich dabei niemals die Bewußtlosigkeit einer Ekstase erleide, sondern wach schaue ich dies, bei Tag und Nacht."

Hildegard sieht nicht nur, sie hört auch mit der Seele. Am Ende der Schrift „Wisse die Wege" erklingt eine ganze himmlische Symphonie, Lob- und Freudengesänge, Wechselchöre der Gotteskräfte und aller „Himmelsbürger". Vierzehn Gesänge, die sie später in Noten fassen wird, vernimmt sie hier zum erstenmal. Vielleicht ist das, was sie in den Visionen ihres ersten großen Werkes „Wisse die Wege" hört, der wichtigste Anstoß für sie, selbst zu komponieren.

Seit ihrem Eintritt in die Klause ist sie mit den Psalmengesängen und gregorianischen Melodien vertraut, die sie täglich hört und mitsingt. Ihr Lehrer Volmar und die Meisterin Jutta haben sie auch musikalisch unterwiesen; einen systematischen Musikunterricht hat sie jedoch nie erhalten. Wenn sie selbst betont, daß sie „niemals Neumen (Noten) noch Gesang erlernt hatte", wertet Hildegard einmal mehr die weltliche Bildung ab. Denn untrennbar mit der Visionärin und Prophetin ist die Komponistin Hildegard verbunden. Ihre Musik entsteht – so erlebt sie es – in einem Schaffensprozeß, in dem auch eine göttliche Eingebung mitwirkt.

Im Heilsplan Gottes, wie sie ihn schaut, hat die Musik ihren festen Platz. Seit Adam sündigte, steht die Stimme der Menschen nicht mehr „im Einklang mit den Stimmen der lobsingenden Engel". Doch durch die Musik, auf Instrumenten gespielt oder gesungen, halten die Menschen die Erinnerung an den Zustand vor dem Sündenfall wach, ihre „Seele ist symphonisch gestimmt".

Jene „Stimmung", die im Paradies herrschte, beschwört Hildegard in ihrer Musik. Deshalb nennt sie ihre Liedschöpfungen auch *symphoniae harmoniae caelestium revelationum*, „symphonische Harmonie der göttlichen Offenbarungen". Symphonie bedeutet – so eine Erklärung ihrer Zeit – „geistige Wonne, die sich im Jubelklang der Stimmen und Instrumente ausdrückt".

Das Mittelalter begreift die Musik als eine Ganzheit aus drei Elementen: Die Harmonie der Instrumente, *musica instrumentorum*, wirkt zusammen mit der *musica humana*, dem Gesang, der eine Harmonie zwischen Leib und Seele verlangt. Aber die

Musik ist immer auch eine *musica mundana,* eine Weltenmusik, in der die Jahreszeiten, Elemente und Himmelssphären mitklingen. Diesen Teil der Musik nimmt der Mensch des Mittelalters sinnlich wahr. Er hört, was er fühlt, riecht und weiß. Wenn er sich in die Musik versenkt, ist er Teil des Kosmos, und Hildegard erlebt das sicher in besonderem Maße.

Selbst die Instrumente tönen für sie nicht nur, wenn sie Gott loben. Der Harfenklang versinnbildlicht die „Unterwürfigkeit" und die Zithern „honigfließenden Gesang", beide erinnern an die Propheten und Apostel. Die Pauke steht für die „Todeshingabe" der Märtyrer, die Flöte bedeutet „göttlichen Schutz". Das „Saitenspiel" erinnert an die „Erlösung der Menschheit" und die Jungfrauen. Und die Zimbeln sind die „Bejahungen des göttlichen Lobes", in denen die Tugendkräfte die Laster besiegen. Jedes Gotteslob aber beginnt mit dem „Schalle der Posaune, das heißt im Erkennen der Vernunft. Denn als der gefallene Engel mit seinen Anhängern ins Verderben stürzte, verharrten die Reihen der seligen Geister durch ihr vernünftiges Erkennen in der Wahrheit und hingen Gott in treuer Hingabe an."

Hildegard nennt sich eine Posaune Gottes und sieht sich als Zither, deren Saiten Gott klingen läßt. Hier, in der letzten Vision des „Scivias", gründen diese Vergleiche.

Das „tönende Werk" der Äbtissin umfaßt das Singspiel *Ordo virtutum* und 77 Gesänge, die überwiegend in zwei große überlieferte Handschriften Eingang fanden, die beide im Rupertsberger Skriptorium entstanden sind. Die Texte richten sich an Gott, Christus und den Heiligen Geist, an Maria und die Engel, an die Patriarchen und Propheten, an Heilige und Märtyrer. Hildegard schreibt Festlieder (Hymnen), Kehrverse (Antiphonen) und Antwortgesänge (Responsorien) für ihren Konvent, zum Teil sind ihre Kompositionen auch Auftragsarbeiten. Sie bewegt sich dabei in den Grenzen und nach den Gesetzen der damaligen Kirchenmusik (der Gregorianik), die kein Dur und Moll, sondern nur acht Tonreihen kennt. Aber die musikalisch hochbegabte Nonne liebt Tonsprünge und weitet den Tonumfang von einer Oktave kühn aus. Zwei, ja fast drei Oktaven hoch springen die Klänge, in großen Intervallen steigen die Töne auf. Denn hoch oben ist der Himmel, und ihre Musik ist nur „ein Widerhall der himmlischen Harmonie".

O Reis und Diadem im königlichen Purpur
(1150–58)

Menschen säumen die letzte Wegstrecke zum Rupertsberg, einfache Bauern und Handwerker, der Adel aus der Nachbarschaft und der Klerus von Bingen. Die Schaulustigen beten oder singen und gehen den Nonnen entgegen. Segen wird Hildegard bringen, Ansehen für die Stadt und Arbeit für viele, das alles bedeutet die Klostergründung. Und deshalb empfangen „Freude und Jubel" Hildegard, die auf dem Rupertsberg Einzug hält, ihren Äbtissinnenstab in der Hand. Als sie „mit ihrer oder vielmehr mit Christi kleiner Herde die für sie bereitete Stätte bezog, pries sie frommen und freudigen Herzens die göttliche Weisheit, die alles fügte". Bald nach ihrer Ankunft kniet Hildegard vor den Reliquien des heiligen Rupertus nieder und bittet in der notdürftig hergerichteten Rupertskapelle um Segen. Sie selbst schreibt später die Geschichte des Herzogsohns Rupert auf.

Als dreijähriger Halbwaise zog Rupert mit seiner Mutter Berta in eine kleine Siedlung, die im 9. Jahrhundert an der Nahemündung liegt, dem heutigen Bingerbrück. Seine Mutter gründete dort eine Heimstatt für Kranke und Pilger. Nachdem der junge Rupert eine Wallfahrt nach Rom zu den Apostelgräbern unternommen hatte, setzte er sein ganzes Erbe ein, um eine Kirche nach der anderen zu bauen. Er starb mit nur zwanzig Jahren und wurde in der Kapelle seiner Burg bestattet. Seine Mutter und der Priester Wigbert lebten noch fünfundzwanzig Jahre „an seinem Grab" und machten – so die Legende – aus der Burg ein Kloster. Bald darauf verwüsteten einfallende Normannen die unbefestigte Siedlung, Rupert wurde langsam vergessen, nur Ruinen überdauerten die Zeit. Hildegard belebt durch ihre Klostergründung die Verehrung des heiligen Rupertus neu, dessen Heiligkeit nun auf sie ausstrahlt.

Die Hochstimmung der ersten Tage hält der Wirklichkeit nicht stand. Noch wird der Berg gerodet, und Gärten, Felder und Weinberge sind noch nicht angelegt, die großartige Klosteranlage ist nicht mehr als ein Entwurf, an der Abteikirche wird gebaut. Die Frauen leben in halbfertigen Häusern. Es fehlt an Naturalien und

Geld, Arbeitsräumen und Personal, um „das Lebensnotwendige" zu sichern. Nur durch Almosen überlebt der Konvent.

Schmerzhaft spürt Hildegard, daß auch die Erträge der Ländereien, der Pachthöfe, Mühlen und Wälder fehlen, die den Frauen in der Klause ein sorgenfreies Leben ermöglicht hatten. Die Mönche des Disibodenbergs betrachten die alten Schenkungen an die Frauenklause als Eigentum der ganzen Abtei, denn schließlich haben die Nonnen jahrelang geistlichen Beistand erhalten und an den Gottesdiensten teilgenommen, und das Männerkloster hat ihnen auch Schutz vor Feinden geboten. Doch die Klosterbrüder sind nicht frei von Rach- und Eigensucht, wenn sie Hildegard die Hilfe verweigern. Wahrscheinlich verschärft auch der Vogt des Disibodenbergs den Konflikt. Dieser weltliche Verwalter hält seit 1143 das Klostervermögen zusammen. Hildegard ist in diesem Punkt mit Abt Kunos Amtsführung nicht einverstanden, und seine Abhängigkeit vom Vogt empfindet sie als großes Ärgernis.

Ein Teil der Benediktinerinnen begehrt auf, weil sie die alte Bleibe zwischen Nahe und Glan vermissen. Not herrscht auf dem Rupertsberg, und viele Frauen leiden unter dem ungewohnt harten Leben. Die Verwandten, auch Hildegards eigene Familie, sind entsetzt, wie die Töchter hausen: „Was nützt es, daß adlige und reiche Nonnen von dem Ort, wo es ihnen an nichts gefehlt hat, wegziehen zu einer solchen Stätte des Mangels?" Einige Schwestern verlassen den Konvent und führen danach ein „solch nachlässiges Leben, daß viele sagten, daß sie gegen den Heiligen Geist und gegen den Menschen, der aus dem Heiligen Geist sprach (das ist Hildegard), gesündigt hätten".

Noch 27 Jahre später nennt der Mönch Wibert von Gembloux, Hildegards letzter Sekretär, die Gründung der Abtei auf dem Rupertsberg „ein Wunder", denn sie sei „nicht etwa von einem Kaiser oder Bischof, einem Mächtigen oder Reichen dieser Erde, sondern von einer armen, zugezogenen, schwachen Frau" begonnen und zur Blüte gebracht worden. Diese Tat ist ohne Parallele im 12. Jahrhundert.

Ihr mutiger Schritt in die Selbständigkeit beschert Hildegard in den Anfangsjahren nur „Widerwärtigkeit, Trübsal und Arbeitslast". Doch dann erfährt Hildegard in einer Vision die Gewißheit, daß der Umzug gottgewollt ist: Auch als Moses die Kinder Israels aus Ägypten in die Wüste führte, murrten viele trotz göttlicher Zeichen. Und wie Moses muß auch sie leiden. So getröstet, steht sie die Anfangsschwierigkeiten durch.

INMITTEN der Gründungsturbulenzen, im Jahr 1151, vollendet Hildegard ihre erste große Visionsschrift „Scivias – Wisse die Wege". Ein geistiger Kraftakt, den sie ohne die bewährten Helfer Richardis und Volmar nie durchgestanden hätte. Auch der Mönch ist Hildegard auf den Berg am Rheinstrom gefolgt und hat hier die letzten Seiten aufgeschrieben und korrigiert.

Das Buch, dessen Kopien in Klöstern und Palästen begehrt sind, macht Hildegard berühmt. Im Jahre 1152 bringt Papst Eugen III. in einem Brief an die „Vorsteherin von Sankt Rupert" seine Freude zum Ausdruck, „weil dein ehrenvoller Ruf sich so in die Weite und Breite ergießt".

Die Kunde verbreitet sich mit der Zeit im ganzen Land: Auf dem Rupertsberg lebt eine Prophetin. Reiche wollen jetzt ihre Toten im Schatten dieser Frau bestatten, Pilger suchen ihren Rat, Mächtige erbitten ihren Segen. Immer mehr Bischöfe und Priester, Adlige und Fürsten, Äbte, Äbtissinnen und Laien schreiben ihr und holen sich Rat. Philosophen suchen Hildegard auf und lassen sich den Ursprung ihrer Visionen erläutern, Ungläubige verlassen sie bekehrt. „Der ganze katholische Erdkreis" scheint in Bewegung, und sie ist wie ein Magnet, der alle anzieht. Hildegard lebt eine prophetische Existenz in einer zerrissenen Zeit. Ihre große Ausstrahlung gründet auch auf einer überzeugenden „Einheit von Leben und Lehre".

Das Kloster blüht auf. Doch Hildegard ist es nicht vergönnt, Ruhe, innere Ruhe, zu finden. Zwei Töchter wollen schon im Jahre 1151 den Konvent verlassen und höhere Ämter übernehmen: Adelheid, eine Enkelin der Markgräfin von Stade, soll im Stift Gandersheim Äbtissin werden. Ein bindendes Gelübde hat die junge Frau, die als kleiner Zögling zu Hildegard kam, noch nicht abgelegt. Wohl deshalb läßt die Meisterin sie ziehen. In einem Brief warnt Hildegard: „Berührst du die Eitelkeit der Welt, so eilt Er umsonst zu dir."

Eitelkeit und Standesdünkel sind nach Meinung der Klosterfrau die Gründe, aus denen auch Richardis den Rupertsberg verlassen will. Ihre Mutter, die Markgräfin von Stade, und ihr

Bruder, der Erzbischof von Bremen, haben wahrscheinlich ihren Einfluß im Frauenkloster Bassum geltend gemacht, das südlich der späteren Hansestadt liegt. Der Konvent wählt Richardis zur Äbtissin. Hildegard spricht ein entschiedenes Nein. Sie läßt die Nonne nicht ziehen, obwohl der Mainzer Erzbischof es ausdrücklich anordnet. Harsch geht Hildegard mit allen ins Gericht: „Der gläubige Mensch soll nicht umherschweifen und nach einem Vorsteheramt trachten. Wenn einer unruhigen Geistes danach verlangt, Meister zu sein, und dabei mehr nach der Macht strebt als auf den Willen Gottes schaut, ist dieser Amtsträger ein räuberischer Wolf. Niemals sucht seine Seele gläubig das Geistliche. Das ist Simonie (Ämterkauf)."

Auch gegen die vermeintliche Drahtzieherin des Ämterkaufs, Richardis' Mutter, deren Überredungskunst Hildegard selbst schon genutzt hat, wendet sie sich und beschwört die Adelsfrau, die Tochter nicht weiter zu beeinflussen: „Denn die Äbtissinnenwürde, die du für sie begehrst, ist sicher, sicher, ja sicher nicht von Gott." Richardis hört nicht auf Hildegard, sondern auf Mutter und Bruder, auch Abt Kuno bestärkt sie. Hildegards Vertraute geht als Klostervorsteherin nach Bassum. Doch immer noch gibt Hildegard nicht auf und will sie zurückholen. Sogar an den Papst wendet sie sich, jedoch ohne Erfolg. Nur wenn Richardis an ihrer neuen Stelle die Ordensregel nicht streng genug beachte, legt Eugen III. fest, könne sie zurückgeschickt werden. Hildegard hat Richardis endgültig verloren.

Erst diese bittere Einsicht rüttelt Hildegard auf. Sie gesteht sich ihre Fehler ein. „Voll von Liebe" zu Richardis war ihr Herz, „weil das lebendige Licht mich in einer starken Schau lehrte, sie zu lieben". Sie hat Richardis allen anderen Mitschwestern vorgezogen, obwohl in der Benediktsregel steht, daß der Abt „keinen Unterschied der Person machen darf: Er liebe den einen nicht mehr als den anderen, außer er fände einen, der sich auszeichnet in einem guten Verhalten und Gehorsam". Doch nicht wie eine Äbtissin hat Hildegard sie geliebt, sondern als allzu menschlicher Mensch. Richardis ist ihr schön wie eine Blume erschienen, die sich einreiht in die Symphonie dieser Welt.

Hinter dem harten – und vielleicht berechtigten – Vorwurf des Ämterkaufs hat Hildegard sehr selbstsüchtige Motive verborgen. Jetzt verlangt sie Richardis nicht mehr zurück, nur noch einen

Abschiedsbrief will sie schreiben und bekennen, daß auch sie gefehlt hat:

> Höre, Tochter, mich, deine Mutter, die „im Geiste" zu dir spricht: Schmerz steigt in mir auf. Der Schmerz tötet das Vertrauen und die Tröstung, die ich in einem Menschen besaß. Von nun an möchte ich sagen: Besser ist es, auf den Herrn zu hoffen, als auf Fürsten seine Hoffnung zu setzen ... Der Mensch, der so auf Gott schaut, richtet wie ein Adler sein Auge auf die Sonne. Und darum soll man nicht sein Augenmerk auf einen hochgestellten Menschen richten, der wie die Blume verwelkt. Hierin habe ich gefehlt aus Liebe zu einem edlen Menschen.
>
> Nun sage ich dir: Jedesmal, wenn ich auf diese Weise sündigte, hat Gott mir diese Sünde entweder durch irgendwelche Ängste oder Schmerzen offenbar gemacht. So geschah es auch jetzt um deinetwillen, wie du selbst weißt.
>
> Nun sage ich wiederum: Weh mir Mutter, weh mir Tochter! Warum hast du mich wie eine Waise zurückgelassen? Ich habe den Adel deiner Sitten geliebt, deine Weisheit und deine Keuschheit, deine Seele und dein ganzes Leben, so daß viele sagen: „Was tust du?" Nun sollen alle mit mir klagen, die Schmerz leiden gleich meinem Schmerz; die aus Gottes Liebe in ihrem Herzen und Gemüt Liebe zu einem Menschen trugen, wie ich sie zu dir gehabt – einem Menschen, der ihnen in einem Augenblick entrissen ward, so wie du mir entrissen worden bist.
>
> Gottes Engel schreite vor dir her, es beschütze dich Gottes Sohn, und Seine Mutter behüte dich. Gedenke deiner armen Mutter Hildegard, auf daß dein Glück nicht dahinschwinde.

Die Wünsche Hildegards sind vergeblich, ihre Tochter wird in ihrer neuen Stellung nicht glücklich. Viele Tränen vergießt Richardis in Bassum „über das Verlassen deines Klosters". Sogar die Erlaubnis, zum Rupertsberg zurückzukehren, erwirkt sie schließlich. Doch es ist zu spät: Am 29. Oktober 1152 stirbt Richardis. Ihr Bruder, Erzbischof Hartwig, benachrichtigt die alte Meisterin.

Hildegards Schmerz ist so groß, daß sie weder anklagen noch klagen kann. Sie tröstet sich, indem sie den Tod von Richardis als besonderes Zeichen göttlicher Liebe annimmt: Gott zog Richardis an sich und „schnitt allen menschlichen Ruhm von ihr ab".

Ruine des von Hildegard gegründeten Klosters Rupertsberg bei Bingen, das im Dreißigjährigen Krieg zerstört wurde (Stahlstich, um 1850)

WÄHREND Hildegard sich nach Richardis verzehrt hat, ist das Rupertsberger Kloster weiter gewachsen: Die Bauten gehen ihrer Vollendung entgegen, und neue Schenkungen sichern die Existenz des Konvents. Auch Hildegards leibliche Schwester Clementia hat inzwischen den Weg hierher gefunden und das ewige Gelübde abgelegt. Hildegard lebt auf und mit ihr das klösterliche Leben auf dem Rupertsberg. „Und wie ich früher vor Schmerz geweint hatte, so weinte ich nun vor Freude, weil Gott mich nicht vergessen hatte."

Sichtbarstes Zeichen der Wende zum Besseren ist die am 1. Mai 1152 urkundlich bezeugte Wiederweihe der großen Klosterkirche. Sie ist das Herz der Abtei: Hier feiern die Nonnen zweimal täglich den Gottesdienst, hier versammeln sie sich siebenmal am Tag, um „im Angesicht der Engel" Psalmen zu singen. Der Erzbischof von Mainz weiht das Gotteshaus dem heiligen Rupertus, dem heiligen Martin, den Aposteln Philippus und Jakobus und der Jungfrau Maria. Doch er spendet Hildegards Werk nicht nur den Segen, er schenkt dem Kloster auch einen ertragreichen Mühlenplatz am Binger Loch.

Dreischiffig ist die geweihte Basilika mit den zwei hohen Türmen. Unter der Vierung im Chor werden die Gäste und Nonnen des Rupertsbergs Zeugen eines ganz besonderen Schauspiels. „*Ordo virtutum* – Spiel der Kräfte", nennt die Äbtissin Hildegard ihr Singspiel, für das sie eine Vision aus ihrem Buch „Wisse die Wege" erweitert und vertont hat. Dieses Singspiel ist nach der Antike die erste neue und in sich geschlossene Theaterschöpfung und das erste von einer Frau geschaffene Bühnenwerk, das überliefert ist.

Mit dem *diabolus*, dem Versucher, dem einzigen, der nicht singt, sondern krächzt, ringen die Tugendkräfte. Die Kampfreihe führt ihre Königin an, die Demut. Alle „Töchter des Gottesstreiters", verkörpert durch schöne und junge Frauengestalten, umkreisen wie in einem Reigen die Seele, *anima*. Sie ist die Bühne menschlichen Entscheidens, der Schauplatz des Dramas. Mit jedem Schlag seines Herzens ist der Mensch gefordert, sich zu entscheiden zwischen Gut und Böse, Teufel und Gott. Hildegards Singspiel endet mit den Worten: „Also nun ihr Menschen alle, beugt eure Knie zu eurem Vater, sehnt euch ihm entgegen, daß er euch seine Hand entgegenstreckt."

Die Rupertsberger Abteikirche hat eine Besonderheit: Die Nonnen versammeln sich mitten in der Kirche, „zwischen Apsis und Hauptschiff", zum Chorgebet. Ein Gitter aus Holz oder Metall unterteilt das Kirchenschiff in einen öffentlichen und den Klausurbereich. Üblicherweise wurde der Nonnenchor nach Norden hin an den Altarraum angebaut. Hildegard hat, als sie ihr Kloster plante, nur die Basilika des Disibodenbergs gekannt und wahrscheinlich nachgeahmt. Dort versammeln sich Mönche genau an diesem Platz zum Chorgebet.

Ließ Hildegard ihr Gotteshaus aus Einfalt so bauen, oder steckt doch mehr dahinter: ein bewußter Verstoß gegen das Herkömmliche, ein kleiner Seitenhieb gegen die Sitte, den Frauen in der Kirche einen unsichtbaren, nicht so zentralen Platz einzuräumen? Oder hat das zur Nahe steil abfallende und zum Teil felsige Baugelände einfach keine andere Wahl gelassen? Hildegard schweigt dazu, und in ihrer Zeit hat diese bauliche Besonderheit der Kirche kein Aufsehen erregt. Dafür ist etwas ganz anderes in den Augen einer Zeitgenossin ein wirklicher Skandal.

Die Klosterfrauen empfangen – wie damals üblich – einmal im

Monat die heilige Kommunion, entweder am ersten Sonntag im Monat oder an einem Kirchenfest. An diesen „Festtagen" stehen die Nonnen des Rupertsbergs mit herabwallenden Haaren im Chor. Geschmückt sind sie mit goldenen Fingerringen und bodenlangen leuchtendweißen Seidenschleiern, Sinnbild für die Anmut der Tugenden. Ihre Häupter krönen goldgewirkte Kränze, in die Kreuze und auf der Stirn ein Bild des Lamm Gottes einge-flochten sind. Die Bräute erwarten den Bräutigam.

Scharf kritisiert Meisterin Tengswich vom Kloster Andernach diesen „sonst nicht üblichen Brauch". Steht denn nicht in der Bibel, „die Frauen sollen sich sittsam halten, nicht mit Haarge-flecht und Gold und Perlen oder mit kostbarem Gewand" sich schmücken? Diese Prachtentfaltung – Gold steht auch für Besitz und Adel – ist noch Ausdruck einer anderen, „nicht weniger merkwürdigen" Haltung Hildegards. Sie verweigert „Nichtadli-gen und weniger Bemittelten" die Aufnahme in ihr Kloster, nur „Frauen aus angesehenem und adligem Geschlecht" dürfen auf dem Rupertsberg Nonne werden.

Die Höflichkeitsfloskeln des Briefes, der Hildegard während oder kurz nach der Umsiedlung auf den Rupertsberg erreicht hat, weichen einem scharfen Ton. Hildegard verstoße offen gegen die Tradition der Kirchenväter, ja sogar gegen die Benediktsregel. Tengswich fordert, sie solle eine „Autorität" für eine solche reli-giöse Sitte benennen.

Die Andernacher Meisterin lebt in einer ganz anderen Kloster-welt. Ihr Stift ist eingebunden in eine klösterliche Reformbewe-gung, die zurück will zu den Ursprüngen des Mönchtums: Das Ar-mutsgebot wird strikt befolgt. Strenges Fasten und Schweigen, sehr harte Arbeit und lange Nachtgebete werden von den Nonnen ge-fordert. Im Kloster Andernach müssen ihre Haare unsichtbar und unter einer schwarzen Kopfbedeckung verborgen sein. Die Ander-nacher Meisterin selbst entstammt keiner adligen Familie, sondern ist eine Ministerialentochter. Nur weil das Adelsprivileg in vielen Klöstern gefallen ist, konnte sie überhaupt Nonne werden. Auch deshalb mißbilligt sie wohl Hildegards Haltung aufs schärfste.

Die Feier, die Tengswich als Skandal erscheint, ist in der Ge-dankenwelt der Visionärin geboren worden. Wenn sie und ihre Nonnen sich mit Seide und Gold schmücken, so feiern sie auf ihre Art die „gottgeweihte Jungfräulichkeit". Sie kleiden sich genauso, wie Hildegard die Jungfrauen in ihrem Buch „Wisse die Wege" geschaut hat, die sich mit Christus vermählen: „Ihre SpRößlinge umstehen sie (die Gestalt der Jungfräulichkeit) in lichtem Chor, strahlender als die Sonne, wunderbar geschmückt mit Gold und Edelsteinen. Einige von ihnen sind verschleiert, und auf dem blendendweißen Schleier funkelt ein Reif."

Hildegard antwortet der Andernacher Äbtissin ohne Anrede und Einleitung. Schließlich schreibt eine Adlige an eine Nichtadlige! Schließlich spricht „nicht ein Mensch", sondern „das lebendige Licht"! Nur für Ehefrauen gelte die angeführte Bibelstelle, betont Hildegard, jedoch nicht für die „Jungfrauen". Sie läßt Tengswichs Argumente ins Leere laufen. Weniger überzeugend wirkt, wie sie das Adelsprivileg ihres Klosters verteidigt:

> Die Untersuchung (über die Standesunterschiede) steht bei Gott. Er hat acht, daß der geringe Stand sich nicht über den höheren erhebe, wie Satan und der erste Mensch getan, da sie höher fliegen wollten, als sie gestellt waren. Welcher Mensch sammelt seine ganze Herde in einen einzigen Stall, Ochsen, Esel, Schafe, Böcke, ohne daß sie auseinanderlaufen? Darum soll man auch hier den Unterschied wahren, damit nicht die, die aus verschiedenen Volksschichten kommen, wenn sie zu einer Herde zusammengeschlossen würden, in stolzer Überheblichkeit, beschämt über die Standesunterschiede, auseinandergesprengt werden ... Dem Stolz sind die Fürsten und Adligen als Personen von hohem Rang lieb, werden ihm aber verhaßt, wenn sie ihm den Garaus machen. So steht es geschrieben: „Gott verwirft nicht die Machthaber, da er selbst ein Machthaber ist ..."

Der Vergleich mit der Herde ist zu einem geflügelten Wort geworden, kaum ein Buch über das Mittelalter, das diesen Satz Hildegards nicht anführt. Herausgefordert durch Tengswichs scharfe Kritik, stellt sie diese provozierende Frage, aber sie ist nur ein Teil ihrer Begründung. Die Äbtissin vom Rupertsberg beruft sich vor allem auf den frühmittelalterlichen Grundgedanken der „christlichen Geblütsheiligkeit". Danach haben Adlige eine Vorzugsstellung in der Heilsordnung Gottes, Adel und Heiligkeit sind verknüpft.

Hildegards Herkunft hat ohne Zweifel ihren Blick auf die mittelalterliche Gesellschaft geprägt, Machtlosigkeit und Armut erkennt sie nicht als Problem. Zu lange lebte sie „weltabgeschieden" hinter den Mauern der Frauenklause. Hildegard hält an einer Ständelehre fest, die nur zwei Gruppen kennt: die Hoch- und die Niedergeborenen. In diesem Punkt bleibt sie einem alten, aber noch weitverbreiteten Denken verhaftet.

In Hildegards Kloster ist inzwischen „alles wohlbestellt", es bietet Platz für fünfzig Nonnen, zahlreiche Angestellte und Gäste. Die „stattlichen und geräumigen Gebäude – wie sie sich für Nonnen eignen" – sind vollendet. An die Kirche, die von Westen nach Osten liegt, stößt das dreiflügelige Hauptgebäude. Der Ostflügel der Abtei ist das eigentliche Wohnhaus mit den Schlafräumen im ersten und dem Kapitelsaal im Erdgeschoß, an den der Klostergarten angrenzt. Der Südflügel beherbergt die Küche und den Speisesaal, die Schreibstube und Bibliothek, andere Arbeitsräume und Werkstätten, durch die – ein Luxus in dieser Zeit – sogar Wasserleitungen gelegt sind. Im Westflügel, am weitesten von der Kirche entfernt, sind Keller und Vorratskammer untergebracht. Hinzu kommen noch zahlreiche Nebengebäude, das Gäste- und das Gesindehaus und schließlich das Hospiz, das Kranke aufnimmt. Auch Ställe und Scheunen, Mühlen und Backhäuser stehen innerhalb der Klostermauern.

Hildegard liebt besonders den Kreuzgang, der den Hof an der Südseite der Kirche umschließt. Der Kreuzgang ist der wichtigste Zugang zu dem strengen Klausurbereich, den nur die Nonnen betreten dürfen. Durch diesen Gang schreiten die Frauen in Prozessionen zur Kirche, hier sitzen sie während der warmen Jahreszeit auf Bänken und lesen. Oft sehen die Nonnen ihre Äbtissin dort umhergehen. Manchmal singt sie laut ihr Lieblingslied „An Maria", das sie selbst geschrieben und vertont hat.

In diesem Lied wie auch in der eigenwilligen Gewandung an den Festtagen feiert Hildegard die „ihr bestimmte Form Frausein". Für sie ist die Frau nicht minderwertiger als der Mann, kein benachteiligtes Geschöpf. Hildegard ordnet die Frau dem Mann nicht unter. Natürliche weibliche Eigenschaften nimmt sie zwar als gegeben hin, doch sie legt sie immer wieder sehr positiv aus. Wer so selbständig und unbequem wie sie ihren Glauben lebt, kann wahrscheinlich gar nicht anders denken.

Hildegard stellt folgerichtig die Jungfrau, *virgo*, nicht dem Mann, *vir*, an die Seite. Sie macht aus der gottgeweihten Frau keine *virago*, eine Männin, und sondert sie nicht vom weiblichen

Geschlecht ab wie die Schultheologie. Hildegard fühlt sich mit allen Frauen verbunden, mit Eva wie mit Maria, der sie eines ihrer schönsten Lieder gewidmet hat:

O virga ac deadema purpurae regis ...

O Reis und Diadem im königlichen Purpur,
verschlossen bist du, einer Brünne gleich.
Du grünst und blühst auf ander Art
als Adam, der den Menschen gab das Leben.

O Blüte du, nicht Tau noch Rieselregen,
noch Windeswehn bist du entsprossen,
vielmehr hat dich die Gottesherrlichkeit
am edlen Reis erweckt.

Wie kraftvoll ist des Mannes Seite,
aus ihr schuf Gott der Frau Gestalt,
zum Spiegel seiner Schönheit schuf er sie,
zur Mutter, die umfängt all seine Kreatur.

Ach, welch ein Schmerz, o welche Trauer,
da durch die List der Schlange
der Sünde Not die Frau befiel.

Doch stieg aus deinem Schoß, o Morgenrot,
die neue Sonne auf, die alle Sünden Evas hat getilgt.
Der Segen strömt durch dich nur reicher als das Unheil,
das Eva einst den Menschen hat gebracht.

O Retterin, du hast dem menschlichen Geschlecht
das neue Licht geboren,
so sammle denn die Glieder deines Sohnes
zur einen Himmelsharmonie.

Auch Zeit zum Schreiben findet Hildegard wieder. Vermutlich zwischen 1150 und 1160 trägt sie ihr ganzes Wissen über Tiere, Pflanzen und Steine, Krankheiten und Heilmittel in einem Buch zusammen. Sie nennt es *„Liber subtilitatum diversarum naturarum creaturarum* – Das Buch von dem inneren Wesen der verschiedenen Naturen der Geschöpfe". Ihre Schrift steht ganz in der Tradition der mittelalterlichen Volks- und Klostermedizin, mit der sie aufwuchs und die auch auf dem Rupertsberg praktiziert wird. Mit der Infirmarin, der Apothekerin und Ärztin ihres Klosters, berät sie sich sicher. Aus den Heilkräutern, die im Garten wachsen, brauen die Frauen selbst Heilgetränke und fertigen

277

Pflaster, rühren Salben und Tinkturen. Wer zu der Zeit krank ist, geht nicht zum Arzt, sondern klopft an die Klosterpforte.

Als Hildegard ihre heilkundliche Schrift beginnt, ist das Ende der Mönchsmedizin bereits eingeleitet. Im Jahre 1130 hat das Konzil von Clermont allen Geistlichen verboten, in der Heilkunde tätig zu sein, denn das vertrage sich nicht mit einem weltabgeschiedenen klösterlichen Leben. Die neu entstehenden Universitäten in Paris und Bologna werden sich des Faches bemächtigen, die „Schulmedizin" wird geboren.

Hildegards Heil- und Naturkunde ist zweierlei: die naturwissenschaftliche Schrift einer klugen, scharf beobachtenden Frau und ein Buch ihres christlichen Glaubens. Mit den Kranken betet sie mit folgenden Worten um Genesung: „O Tropfen des Blutes, das durch die Höhen des Himmels erklungen ist, da alle Elemente durcheinandergerieten und wehklagend aufschrien, voll Entsetzen, weil das Blut des Schöpfers sie angerührt hatte, reiß uns heraus aus unserem Siechtum."

DIE STÄTTE, von der sie vor fünf Jahren weggezogen ist, läßt sie nicht Atem holen. Es bleibt ein Ort, der Streit und Zwietracht aussät. Im Jahre 1155 verlangt Abt Kuno den Mönch Volmar zurück. Seine Anordnung erschüttert Hildegard so, daß sie „auf den Tod" erkrankt. Doch es geht nicht nur um Volmar, auf den sie um so stärker angewiesen ist, seit Richardis sie verlassen hat. Das Verhältnis des Frauenklosters zum Disibodenberg muß klar und für alle Zeit geregelt werden, das begreift sie jetzt. Hildegard läßt sich in das Oratorium tragen und gelobt vor ihren Schwestern, zum Disibodenberg zu reisen. Zwei Helferinnen heben die kranke Äbtissin auf ein Pferd und halten sie an den Händen, während das Pferd vorwärts schreitet. „Kaum war sie eine ganz kurze Strecke weit geführt worden, da kehrten ihre Kräfte zurück, und sie ritt freudig voran."

Den Fluß entlang reiten sie zum Disibodenberg. Nach sechs Wegstunden kommt er zwischen Nahe und Glan in Sicht. Die Mönche sind überrascht, als die Frauen an die Klosterpforte klopfen. Doch niemand weist sie zurück. Unangemeldet betritt Hildegard den Kapitelsaal, wo Abt Kuno und seine Männer sitzen. Vor ihnen steht nicht nur eine wütende alte Frau, eine zornige Prophetin verlangt Rechenschaft: „Das hellstrahlende Licht spricht: Du sollst Vater über den Propst (Volmar) und das Seelenheil der geheimnisvollen Pflanzstätte meiner Töchter sein. Die ihnen gemachten Schenkungen gehören weder dir noch deinen Brüdern ... Haben einige in ihrer Unwürdigkeit gesprochen: Wir wollen ihren Besitz verringern, so spreche ich, der ich bin: Ihr seid die schlimmsten Räuber! Wenn ihr aber versuchen solltet, den Hirten der geistlichen Heilkunst (Volmar) den Nonnen zu entziehen, dann sage ich euch ferner: Ihr seid den Söhnen Belials gleich und habt die Gerechtigkeit Gottes nicht vor Augen. Deshalb wird Gottes Strafgericht euch vernichten."

Der ungeheuerliche Auftritt Hildegards bewegt den Klostervorstand tatsächlich zum Einlenken. Die Mönche wollen den Frauen endlich geben, was ihnen zusteht. Doch eine mündliche Absprache genügt Hildegard nicht. Sie weiß um den Neid und die Feindschaft, die viele noch im Herzen tragen. Und als Abt Kuno kurz nach dem Eklat im Juni des Jahres 1155 stirbt, verhandelt sie zäh mit dem neuen Abt Helenger. Über zwei Jahre ziehen sich die Formalitäten hin. Das Grundbuch des Klosters Disibodenberg müssen sie sichten. Hildegard tauscht neue Besitzungen gegen acht Gehöfte der Mönche aus, damit die Güter günstiger zu ihrem Kloster liegen. Hildegard zahlt auch eine Abfindung an das Männerkloster. Sie will verhindern, daß die Mönche in Not geraten und neue Unzufriedenheit keimt. Dann endlich hält sie die ersehnten Urkunden in Händen. Geschrieben wurden die Dokumente am 22. Mai 1158 in Mainz; der Erzbischof Arnold von Mainz hat sie mit seinem Siegel vor einer Reihe von Zeugen beglaubigt. Die erste Urkunde bestätigt zunächst alle neuen Schenkungen an das Kloster Rupertsberg und daß Hildegard darüber allein verfügen darf. Die zweite Urkunde regelt die Rechtsstellung des Frauenklosters zum Disibodenberg. Alle rechtmäßigen Besitzungen der Nonnen fließen an sie zurück, der Disibodenberg kann keine Ansprüche mehr stellen. Die Urkunde verpflichtet das Männerkloster, die geistliche Betreuung des Rupertsbergs zu sichern, wobei Hildegard den Propst frei wählen darf.

Damit aus diesen seelsorgerischen Banden keine neue Forderungen erwachsen, erhält der Rupertsberg das Recht, seine Äbtissin frei zu wählen, für alle Zukunft. Auch einen Vogt, der nicht zur Klostergemeinschaft gehört und kein Mönch ist, lehnt Hildegard ab. Solch ein Laie sei wie „ein Wolf im Schafstall". Tatsächlich stiegen Vögte damals oft zu den eigentlichen Herren im Kloster auf, die sogar die Abtswahl kontrollierten. Sie mißbrauchten ihren Einfluß, der auf den lebensnotwendigen weltlichen Geschäften der Klöster gründete. Doch nicht nur das Geld machte sie mächtig, einem Vogt oblag auch der Schutz des Klosters in kriegerischen Auseinandersetzungen. Eine Forderung der mönchischen Reformbewegung war deshalb die Abschaffung der weltlichen Vögte, und in diesem Punkt schließt sich Hildegard neuen Gedanken an: „Da sie ihn (den Ort) frei erworben hatte, entschied sie, daß er auch für immer frei bleiben sollte." Sie unterstellt ihr Kloster einem Geistlichen, dem Erzbischof von Mainz.

AM ENDE dieser Jahre ist aus Hildegard von Bermersheim „Hildegard von Bingen" geworden. Ihren neuen Ruhm bewältigt sie, demütig lebt sie seinen Verpflichtungen. In ihrer Rolle als Prophetin ist Hildegard gereift, sie steht im September ihres Lebens.

„Der neunte Monat ist Reifezeit. Keine schrecklichen Gewitter verzerren mehr sein Gesicht. Allen wertlosen Saft nimmt er von den Früchten, damit sie gut zu genießen seien. All das trägt dieser Monat wie in einem Sack sicher durch die Zeit. Er kann daher mit seinen Eigenschaften dem Magen des Menschen verglichen werden. Alles, was in ihn hineingestopft wird, muß mit Hilfe der Hitze der Leber und der übrigen Eingeweide durchgekocht werden ...

Des Menschen Seele legt einen äußerst starken Panzer an, sorgfältig gewebt und zusammengefügt: Es ist dies die Geduld, eine Tugend, die kein Pfeil zu durchbohren vermag ...

So hält die Geduld alle Werke in der maßvollen Mitte, gleichsam in ihrer vollen Reife."

Man vergleicht Hildegard bereits mit Deborah, einer Prophetin des alten Bundes. Deborah hatte zwischen Rama, dem Erhabenen, und Bethel, dem Haus Gottes, ihren Sitz. Vom Berg aus richtete sie und sprach Recht. Auch Hildegard verkündet Gottes Wort nicht nur in ihrem Kloster, sie ist eine Ratgeberin der Großen und Mächtigen geworden. *Prophetissa teutonica*, die deutsche Prophetin, wird sie inzwischen genannt.

Doch das Volk und auch Kirchenleute erwarten mehr; sie erhoffen Wunder und Wahrsagerei. Doch Hildegard ist kein „Wunderding" und kein Orakel, wie ihr zweiter Beiname „Sybilla vom

Rhein" leicht glauben läßt. Sie warnt vor den magischen Künsten und spricht klare Worte gegen die weitverbreitete Sterndeuterei:

„Die Sterne und die anderen Geschöpfe erforsche nicht über dein Schicksal, den Teufel bete nicht an, noch rufe zu ihm, noch befrage ihn über etwas. Denn wenn du mehr wissen willst, als du sollst, wirst du von dem alten Verführer betrogen ..."

„In der Schau meiner Seele sehe ich sehr viele Wunder Gottes und verstehe durch Gottes Gnade die Tiefe der Heiligen Schrift. Doch was und welcher Art die zukünftigen Geschicke der Menschen sind, das wird mir darin nicht geoffenbart ... Ich maße mir nicht an, die Zukunft des Menschen zu erfragen, weil es zum Heil der Seele besser ist, sie nicht zu kennen."

Der Mensch hat Himmel und Erde in sich selbst

Die Blume, die alle den „Hymelssloszel" (Himmelsschlüssel) nennen, wächst zwischen den Flüssen Nahe und Glan rund um den Disibodenberg. Der lateinische Name ist Hildegard immer noch unbekannt, als sie über die Pflanze in ihrem *„Liber simplicis medicinae* – Buch der einfachen Heilmittel" schreibt: *„De Hymelssloszel.* Die Schlüsselblume ist warm, und sie hat ihre ganze Grünkraft vom Scheitelstand der Sonne. Bei Melancholie und Wahnvorstellungen soll die Pflanze auf das Herz gebunden werden. Bei Kopfschmerzen, welche durch böse Säfte veranlaßt werden, soll sie auf den kahlrasierten Scheitel und auf die Brust gebunden werden ... Wer aber durch seinen ganzen Körper von der Lähmung geplagt wird, der lege dieses Kraut in seinen Becher, damit er davon den Geschmack annehme, und er trinke häufig, und er wird geheilt."

Über 500 solcher Rezepte hat die Klosterfrau im Laufe der Jahre gesammelt. Dieses Heilwissen gehört zum Bildungsgut, das die Klöster seit dem frühen Mittelalter bewahren und pflegen. Besonders bei den Benediktinern hat die Krankenversorgung eine lange Tradition. Sie ist ihnen „eine erste und höchste Pflicht".

Auf dem Disibodenberg und Rupertsberg hat Hildegard sicher ihre eigenen Beobachtungen gemacht. Ob sie selbst Kranke untersucht und nach ihren Rezepten behandelt hat, ist nicht überliefert. Doch wie die Äbtissin die Herstellung und Anwendungen beschreibt, Dosis und Wechselwirkung der Arzneien diskutiert, spricht für viel praktische Erfahrung. Gelegenheit dazu hatte sie im Aderlaß- und Purgierzimmer des Klosters, in der Apotheke und im Kräutergarten, in der Krankenstube, die die kranken Schwestern aufnimmt, und in den Bädern der Abtei.

Die Pflanzen und Kräuter sind die Grundstoffe für mehr als die Hälfte der Rezepturen, die Hildegard wahrscheinlich in den Jahren 1150 bis 1160 niederschreibt. Gerade im Grün der Kräuter offenbart sich für sie die göttliche „Grünkraft", *viriditas*. Deshalb sollen frische junge Pflanzen besser helfen als getrocknete.

Verblüffend genau sind ihre Beobachtungen der Fische und Vögel, der Säugetiere und Reptilien. Hildegard weist sich als eine der besten Tier- und Pflanzenkennerinnen ihres Lebensraumes und ihrer Zeit aus. Doch sie ist keine „Naturforscherin" im heutigen Sinne. Immer will sie wissen, wie und warum sich die ganze stoffliche Materie zum Heilmittel eignet.

Hildegard hat dieses medizinische Wissen nicht aus den Visionen geschöpft. Aber die Klosterfrau verschweigt, welche Quellen ihr zur Verfügung standen und welche medizinischen Werke sie gelesen oder zitiert hat. Ihr Arzneibuch, das unter dem eher irreführenden Namen „Naturkunde", *physica*, bekannt geworden ist, enthält auch magische Rezepte und Beschwörungsformeln der mittelalterlichen Volksmedizin.

„*De Terrasubviridi*. Die Erde, die nicht weiß, schwarz oder rötlich ist, sondern grünlich und steinig, ist kalt und trocken ... Wenn ein Mensch an Lähmung leidet, soll ein anderer rechts und links von den Stellen, an denen im Bett dessen Kopf und Füße liegen, etwas Erde ausgraben und dabei sprechen: ‚Du, Erde, schläfst in dem Menschen N ...' Dabei soll er die Erde auf den Kopf und die Füße des Kranken legen, daß Kopf und Füße davon warm werden, und weiter sprechen: ‚Du, Erde, in (auf) dem Menschen N ..., mache, daß er die Kräfte zurückgewinnt, im Namen des Vaters und des Sohnes und des Heiligen Geistes, der ein lebendiger allmächtiger Gott ist.' So soll man drei Tage lang verfahren."

Hildegard ist bestens vertraut mit der antiken Säftelehre, die auf den Mediziner Galen zurückgeht und damals alles medizinische Denken prägt. Jeder lebendige Körper besteht nach dieser Lehre aus vier Säften – Hildegard spricht von Schleim. Jeder Saft ist einem der vier Elemente und dessen Eigenschaften zugeordnet: Blut entspricht der Luft und ist warm und feucht, Schleim dem feuchten und kalten Wasser. Die rote Galle ist wie das Feuer warm und trocken, die Schwarzgalle dagegen trocken und kalt wie die Erde. Bei Krankheit sind die Säfte im Ungleichgewicht. Die Heilkundigen des Mittelalters kurieren mit warmen Mitteln, wenn zum Beispiel zuviel Kälte krank macht. Der „warme" Weizen vertreibt die Rücken- und Lendenschmerzen, und die Wärme des Beifußes lindert Magenleiden. Der Himmelsschlüssel mit seiner natürlichen Wärme wirkt bei Herzerkrankungen. „Trockene" Pflanzen dagegen trocknen feuchte Säfte aus.

„Gleiches heilt Gleiches" ist ein weiteres uraltes Prinzip der Erfahrungsmedizin, nach dem auch Hildegard ihre Heilmittel verabreicht. In der Sonne getrocknete und pulverisierte Reiheraugen sollen die Sehkraft wiederherstellen, gelbe Heilmittel – ein Trank aus der lederfarbenen Aloe und das Auflegen eines gelben Vogels, des Pirols – die Gelbsucht vertreiben. Doch nicht nur die Farbe, auch die Form begründet die medizinische Wirksamkeit. Bei Seitenstechen empfiehlt Hildegard die stachelige Mariendistel. Diese Pflanze enthält – so ist inzwischen nachgewiesen – leberwirksame Stoffe, die derartige Beschwerden tatsächlich lindern. In der Weidenrinde haben moderne Chemiker die Salicylsäure entdeckt, deren Abkömmling im Aspirin als fiebersenkendes Mittel gegeben wird. Auch Hildegard hat schon mit der *salix alba* das akute Fieber behandelt.

Viele der „einfachen Heilmittel" sind – mit heutigen wissenschaftlichen Standards gemessen – als Medikamente stark umstritten oder wirken sicher nicht. Zu anders war das mittelalterliche Krankenverständnis, zu verschieden die Krankheitsbilder damals und heute. Hildegards Medizin ist sehr stark gebunden an die Lebensumstände und das Wissen ihrer Zeit. Sie behandelt zum Beispiel ausführlich die Mundpflege – angesichts der damaligen Machtlosigkeit bei Zahnschmerzen eine sinnvolle Maßnahme. Doch auch sie glaubt an den Zahnwurm, der bis ins 19. Jahrhundert hinein als Erreger von Zahnkrankheiten gegolten hat.

Hildegards medizinisch-naturkundliches Werk bringt ihr später den Titel „Blüte der Klostermedizin" ein und macht sie in den Augen vieler zur „ersten deutschen Naturforscherin und Ärztin". Doch der Titel „Meisterin der Heilkunde" paßt besser. Außer dem

Der Rupertsberger Codex aus dem 12. Jahrhundert illustriert die Vorrede zu Hildegards erstem Visionsbuch „*Scivias*" mit einem prächtigen Initial und einem Bild der Seherin. Ein fünffach züngelnder Strahl, der das Dach der Klosterzelle durchbricht, erleuchtet sie. Der Mönch Volmar lauscht der göttlich inspirierten Frau, die ihre Schauungen niederschreibt.

Die Erde – die Kugel in der Mitte – ist gebildet aus den vier Elementen: dem Wasser (blauweiße Woge), der Erde (grüne Scholle), der Luft (schwarzes Dreieck) und dem Feuer (Golddreieck).

recht praktischen Arzneibuch sind viele charismatische Heilungen Hildegards überliefert. Sie hat besessene Frauen und Männer von den Dämonen und Fallsüchtige von der „heiligen Krankheit" Epilepsie befreit, Blinde sehend und Todkranke gesund gemacht.

Von der Heiligen und der Visionärin ist auch die „Ärztin" Hildegard nicht zu trennen. Ihre „Heilkunde" ist immer eine wirkliche „Heilskunde". Das bezeugt das „Buch der zusammengesetzten Heilmittel – *Liber compositae medicinae"*, der zweite Teil des überlieferten medizinischen Werkes. Diese Schrift beginnt mit einer Betrachtung über die Erschaffung des Universums und der Aufforderung: „O Mensch, schau dir doch ... den Menschen richtig an: der Mensch hat ja Himmel und Erde und die ganze übrige Kreatur in sich selber und ist doch eine Gestalt, und in ihm ist alles schon verborgen vorhanden."

Hildegard beschreibt den Bau des Kosmos aus den vier Elementen, die Schöpfung des Firmaments und der Gestirne und wie alles das irdische Leben und den menschlichen Körper beeinflußt. Die ganze Welt, der Makrokosmos, findet in der kleinen Welt, dem Mikrokosmos Mensch, ihre Entsprechung. Der Mensch als Werk Gottes ist für sie immer auch ein geschlechtliches Wesen. Deshalb scheut sich die Nonne nicht, Zeugung und Geburt zu behandeln. Die Liebe zwischen Mann und Frau, der Geschlechtsakt und Orgasmus sind keine Tabuthemen.

Krankheit ist für Hildegard immer ein Versagen auf dieser Welt. Wenn die Menschen die göttlichen Gebote übertreten, geraten die Körpersäfte in Unordnung, aus dem Gleichgewicht und machen krank. In Hildegards „in sich schlüssiger Krankheitslehre" wirken Leib und Seele aufeinander. Sie erkennt bereits, daß der Mensch selbst Kräfte freisetzt, die eine Heilung fördern oder behindern können.

EIN GANZ umfassendes „Wissen zum Heil" vermittelt Hildegard in ihren Schriften. Der richtige Umgang mit den Lebensmitteln, von denen sie Wein und Dinkel besonders schätzt, gehört dazu. Doch alles soll der Mensch im rechten Maß genießen. Die benediktinische *discretio* regelt selbst Essen und Schlaf. Den Menschen nimmt Hildegard in die Verantwortung, er muß für seine Gesundheit „vorsorgen". Die Äbtissin vom Rupertsberg liefert eine ganzheitliche Sicht des gesunden und kranken Menschen, die wegen dieser umfassenden „Vorsorge" bis heute Bestand hat und wiederentdeckt wird.

Ihre „Natur- und Heilkunde" macht Hildegard in unserer Zeit besonders populär. Doch diese Schriften bleiben historisch der umstrittenste Teil ihres Werkes.

Weder aus dem 12. Jahrhundert noch aus späterer Zeit ist eine Abschrift des Werkes überliefert, das Hildegard – so bezeugt sie selbst – *Liber subtilitatum diversarum naturarum creaturarum* genannt hat. Erst im 13. Jahrhundert machten andere Autoren daraus zwei Teile, ergänzten ganze Abschnitte und fügten neue Überschriften ein.

Die „Natur- und Heilkunde" sind sicher auch die Schriften Hildegards, die am leichtesten mißverstanden werden. Hildegard von Bingen ist keine pillendrehende Kräuterfrau, die Rezeptchen für den Hausgebrauch liefert, keine Kräuterhexe in Nonnenkutte. Ein Heilmittel begreift sie als ein Mittel zum Heil. „Es ist wichtig, einen kranken Körper zu stärken", sagt sie, „damit er dem Teufel und seinen Gehilfen Widerstand leisten kann."

Die Rückbesinnung auf die Heilkunde der Klosterfrau ist heute Teil einer Suche nach einer „besseren" Medizin. Die moderne Medizin, die Krankheit nur als einen Störfall der Maschine Mensch begreift, stößt an Grenzen. Stahl, Strahl und Chemie haben Leid und Tod nicht ausgerottet.

Die Naturmedizin schürt neue Hoffnungen. Dahinter steckt der alte Wunsch, Leid und Krankheit ganz zu besiegen. Dagegen forderte schon Hildegard von Bingen, das Leben auch in Krankheit anzunehmen. Die Ärzte ermahnt sie, den Kranken besser zu begleiten und mehr mitzuleiden. Die Barmherzigkeit empfiehlt sie ihnen als „überaus liebliches Heilkraut" und fragt: „Wie könnt ihr Heilmittel geben, ohne eure Tugend dazuzutun?"

Die heilkundige Nonne warnt Kranke und Ärzte immer wieder vor falschen Erwartungen. Allmächtig sind weder die heutige Medizin und ihre Mediziner, noch waren es die Klosterfrauen und ihre Heilkunde aus dem 12. Jahrhundert. Das Schicksal und nicht der Arzt mit seinen Heilmitteln entscheidet am Ende über Leben und Tod. Hildegard von Bingen schreibt: „Wenn … Gott es anders beschlossen hat, so wird alles nichts nützen, und der Mensch muß sterben. Dann rüste er sein Haus."

Jetzt ist die laue, weibische Zeit
(1158–73)

Licht ist kostbar im Mittelalter. In den klösterlichen Schreib-
stuben stehen die Pulte der erfahrensten und besten Mitarbeiter in den hellsten Ecken, nahe den Fenstern. Manchmal
entbindet ein Abt die Kopisten und Maler, Rubrikatoren und
Forscher von den Gebeten zur Terz, Sext und Non, damit sie das
volle Tageslicht ausnutzen können. Zu mühsam ist es, im Schein
von Öllampen auf Pergament zu schreiben, manch einer hat sich
schon die Augen verdorben, und Brillen wird es erst hundert
Jahre später geben.

Zur Qual wird die Arbeit, wenn an einem kühlen Morgen und
an Wintertagen trotz der dicken Strohteppiche die Kälte von den
Füßen bis zu den Händen aufsteigt, wenn die Finger so klamm
sind, daß sie Lineal und Radiermesser, Feder und Pinsel nicht
mehr halten können und sogar das Tintenhorn einfriert.

Das Skriptorium des Rupertsbergs, in dem die Nonnen arbeiten, ist „nicht prunkvoll, aber stattlich und geräumig" wie alle
Gebäude der Abtei. Vielleicht sind die vielen Fenster schon ver-
glast, und vielleicht hat Hildegard bei der Planung des Klosters
daran gedacht, die Schreibstube über der Küche anzulegen, um
die Kaminwärme zum Heizen zu nutzen.

In der Rupertsberger Schreibstube ist viel zu tun. Neben gelehrten Texten, der Bibel und Fach- und Gebetsbüchern müssen die
Frauen die zahlreichen Briefe kopieren, die ihre Magistra verfaßt
und empfängt. Ihr Sekretär Volmar plant seit längerem, eine Art
„geistliches Briefbuch" herauszugeben. In Arbeit ist gerade ein
Prachtband des Buches „Wisse die Wege". Seine 235 Pergamentblätter in Großfolioformat werden sehr sorgfältig und fast ohne
die üblichen Kopistenfehler geschrieben. Auch die 27 reich verzierten Initialen, mit denen jede Beschreibung einer neuen Vision
beginnt, bezeugen die hohe Kunstfertigkeit im Nonnenkonvent.

Einer Herausforderung besonderer Art stellen sich die Minia-
turmaler und -malerinnen. Sie wollen in Bilder verwandeln, was
Hildegard geschaut und aufgeschrieben hat. Sie entscheiden sich,
nur die Beschreibung des Geschauten und nicht seine Deutungen

abzubilden, dafür aber bis ins kleinste Detail. Durch diese kluge Selbstbeschränkung gelingen erstaunliche Illustrationen, die mit 35 Deckfarben und mit Gold und Silber aufs Pergament gezaubert werden. Möglicherweise arbeiten an den Bildern Mönche aus den bekannten Malschulen der Männerklöster St. Matthias in Trier und in Echternach mit, deren Äbte große Verehrer Hildegards sind.

Die Vision erscheint in diesen Bildern ganz gegenwärtig. Sie führen wie ein Wegweiser durch das Wort. Das Bild hilft, sich das Beschriebene besser einzuprägen. Die Abbildungen machen Hildegards Schrift auch erstmals Analphabeten zugänglich und Menschen, die Latein nicht so gut lesen können. Die 35 Prachtminiaturen feiern Hildegards Visionen. Sie spiegeln ihre Freude an Licht und Farbe wider, die das Schönheitsempfinden des Mittelalters stark prägt.

Dieser Kodex enthält wahrscheinlich die einzige zu ihren Lebzeiten angefertigte und überlieferte Darstellung der Autorin. Trotzdem zeigt dieses Porträt nicht, wie Hildegard wirklich aussah. Kein Individuum ist abgebildet, sondern die Prophetin, erleuchtet von dem rotflammenden Heiligen Geist. Sie begegnet uns wieder in der typischen Arbeitssituation, die Wachstafel auf den Knien und den Schreibgriffel in der Hand, während Sekretär Volmar lauschend den Kopf in die Arbeitszelle streckt. Bis heute zeigen künstlerische Darstellungen Hildegard fast immer als schreibende Frau, die einen Schreibgriffel, eine Feder oder eines ihrer Bücher in Händen hält.

Die Äbtissin Hildegard hat die Arbeit zur Bebilderung des Kodex nicht direkt angeleitet, den Fortgang der wundervollen Arbeit aber vielleicht beobachtet. Das mag ihr ein kleiner Trost gewesen sein, als neue Konflikte in der Frauengemeinschaft aufbrechen: „In einer wahrhaftigen Schau erblickte ich mit großer Sorge, wie die Luftgeister wider uns kämpften. Und ich sah, daß diese Geister einige meiner Töchter durch verschiedene Eitelkeiten wie in einem Netz verstrickt hatten. Nach einer Offenbarung Gottes ließ ich sie das erkennen und gab ihnen durch Worte der Heiligen Schrift, durch die Zucht und Regel und den guten klösterlichen Wandel Sicherung und Schutz. Doch einige von ihnen sahen mich finsteren Blickes an, sprachen insgeheim böse von mir und sagten, sie könnten das unausstehliche Gerede über die reguläre Disziplin, mit der ich sie zügeln wollte, nicht mehr ertragen. Aber Gott schickte mir Trost in anderen guten und weisen Schwestern, die mir in allen meinen Leiden beistanden."

IHRE leid- und liebevollen Erfahrungen mit den Menschen verarbeitet Hildegard in einem neuen Buch. Im Jahre 1158 beginnt sie die Visionsschrift *„Liber vitae meritorium* – Buch der Lebensverdienste". Der Übersetzer Heinrich Schipperges wählte den Titel „Der Mensch in der Verantwortung", weil das Buch eine Sittenlehre ist. Hildegard fragt darin: „Ob man sich wohl auch nur einen Menschen auf der Welt denken könnte, der nicht das Wissen um Gut und Böse hätte? Keinen einzigen! Mit seinem Wissen um Gut und Böse besitzt der Mensch die Gottesliebe und die Gottesfurcht. Mit beiden Fähigkeiten nehme er seinen Pflug in die Hand und lasse seinen Acker fruchtbar werden. Er gehe allem Unkraut aus dem Weg und rotte aus, und er werde nicht lässig bei solcher Arbeit."

Wieder steht ihr der treue Volmar zur Seite, und ein Mädchen hat den Platz der verstorbenen Richardis eingenommen. Als sie das neue Buch beginnt, ist Hildegard krank, das „Gefäß meines Leibes" wird „wie in einem Ofen gekocht". Sie erlebt diese Leidenszeit als neuerliche Prüfung: „Wären die Schmerzen, die ich an meinem Leib erlitt, nicht von Gott gekommen, ich hätte nicht länger zu leben vermocht."

Drei Jahre quält sie diese Krankheit, die ein erstes Zeichen des Alters sein kann oder noch eine körperliche Reaktion auf die aufreibenden letzten Jahre. Trotz der anhaltenden Schmerzen schreibt Hildegard weiter, eine Besessene mit einem großen Plan vor Augen. Eine „trinitarische Trilogie" will sie schaffen, in drei Schriften den dreieinigen Gott preisen. Ihr Erstlingswerk „Wisse die Wege" stand für Gottvater, es war eine Glaubenskunde. Die neue Schrift, die Lebenskunde, will sie dem Sohn widmen und die letzte dann, die Weltenkunde, dem Heiligen Geist. Die Sechzigjährige wagt, so weit zu denken! Mit beiden Beinen steht sie auf der Erde, doch ihre Hände ragen in den Himmel.

Trotz der Schmerzen, trotz der zeitraubenden Schreibarbeit bricht Hildegard zum erstenmal zu Predigtreisen auf. Die Posaune Gottes ertönt nun auch außerhalb der Mauern des Rupertsbergs. Sie reist zu anderen Klöstern „und lehrt dort mit Worten, die Gott mir geboten hatte".

Das Laienrecht zu predigen ist eine im 12. Jahrhundert immer wieder erhobene Forderung. Und Hildegard ist strenggenommen auch ein „Laie", denn sie hat kein Priesteramt inne. Aber sie nimmt sich dieses Recht, weil sie „vom göttlichen Geist nicht nur angetrieben, sondern genötigt wird" zu reisen. Ihr Prophetenamt verleiht ihr die Macht, wieder einmal so zu handeln, wie sie es für richtig hält.

Die öffentliche Predigttätigkeit paßt zweifellos zu Hildegard. Doch was als folgerichtiger Schritt in ihrem Leben erscheint, könnte auch ein Trugbild sein.

Die „Vita" zählt einige Orte auf, zu denen die Prophetin Hildegard „ging und der Geistlichkeit und dem Volke den Willen Gottes kundtat", ob in einer Kirche oder auf freien Plätzen, bleibt offen. Die großen Städte Köln, Trier, Metz, Würzburg und Bamberg werden genannt und neben dem Disibodenberg noch vierzehn weitere Orte und Klöster. In diese wirre Aufzählung haben erst spätere Biographen eine Ordnung gebracht. Erstmals erwähnt ein Buch über „Das Leben und Wirken der heiligen Hildegardis" aus dem Jahre 1879 drei größere Reisen der Seherin. Im Laufe der Zeit wurden daraus vier Predigtreisen, die inzwischen mit genauen Zeitangaben in keiner Hildegard-Biographie fehlen: Auf die „Apostolische Mainfahrt" von Mainz bis ins fränkische Bamberg (1158–61) folgte eine Reise nach Trier und bis Lothringen. In den Jahren 1161 bis 1163 soll sie nordwärts auf dem Rhein bis Werden gekommen sein, wobei sie in Köln ausstieg, um öffentlich zu predigen. Die vierte und letzte Reise (1170 oder 1171) führte dann in schwäbische Klöster, auch ins Kloster Zwiefalten, dessen Schreibstube einen wichtigen Kodex mit Hildegard-Briefen angefertigt hat.

Die Quellenlage ist mehr als dürftig, außer der „Vita" gibt es keine historischen Belege. Selbst die Jahrbücher vieler Klöster, die Hildegard besucht und in denen sie auf ihren Reisen übernachtet haben soll, schweigen, obwohl große Ereignisse sonst sorgfältig festgehalten werden. Und der Besuch dieser Äbtissin im 12. Jahrhundert wäre ohne Zweifel ein großes Ereignis gewesen.

Die historische Unsicherheit betrifft auch die großen Predigten. Es könnten auch Ansprachen Hildegards im Kapitelsaal oder Abhandlungen zu Glaubensfragen sein, die zu Briefen umgearbeitet wurden. Ein Kreis schließt sich, denn diese Briefe bezeugen wiederum ihr öffentliches Auftreten gerade in Köln und Trier.

Das Bild der Predigerin erscheint wieder: ein Kirchenschiff, das von Menschen überquillt, ein Platz vor einer Kirche. Vor dem Portal oder unter einem Marktkreuz steht eine Frau in fast biblischem Alter, gekleidet in dunkle Nonnentracht. Den Äbtissinnenstab in der Hand, schleudert sie zornige Worte in die Menge.

Gegen die Katharer stellt sich Hildegard, das ist unbestritten. Ihre Texte sprühen nur so vor Wut und Eifer, dieser Irrlehre den Kampf anzusagen. Die Waldenser und Katharer, die von Frankreich aus im 12. Jahrhundert einen Siegeszug antreten, bieten Frauen eine sehr unangepaßte, neue Lebensweise. Sie können mit den Männern durchs Land ziehen, dürfen predigen und Sakramente verwalten, und das sind Rechte, die die katholische Kirche keinem Laien und schon gar keiner Frau zugesteht – bis heute. Dirnen schließen sich den neuen Gruppierungen genauso an wie Damen aus dem Hochadel, weil sie am religiösen Leben teilhaben wollen. Die große Gottessehnsucht, die sich in allen Armutsbewegungen ausdrückt, ist auch eine Antwort auf eine korrumpierte Welt, auf ein Europa, das in blutige Kreuzzüge verwickelt ist, und auf die Sattheit der Kirche.

Die Katharer sind davon überzeugt, daß der Schöpfer dieser Welt nicht Gott sein kann. So schrecklich geht es auf Erden zu, daß es einen Gegengott geben muß. Für einen Katharer ist Gott nur als reine Lichtexistenz vorstellbar, außerhalb des geschaffenen Kosmos. Auf diesen außerweltlichen Gott bezieht sich der „reine Mensch", genau das bedeutet das Wort „Katharer". Er zieht sich aus der Welt zurück, verweigert den sexuellen Verkehr und heiratet nicht, um die unglückliche Existenz auf dieser Erde nicht weiterzugeben. Die Schöpfung als Werk Gottes und die Menschwerdung Christi, Grundlagen des katholischen Glaubens, haben in diesem Denken keinen Platz.

Ein größerer Widerspruch zu Hildegards Welt- und Gottesbild ist kaum vorstellbar. Ihre Schauungen, ihre Lehrvisionen sind sogar ein „ganzheitlicher Gegenentwurf" gegen diese Zeitströmung. „Gott kann nicht geschaut werden, sondern wird durch die Schöpfung erkannt", sagt Hildegard, „so wie auch der Leib des Menschen seiner Kleider wegen nicht gesehen werden kann."

Die Zweiheit von Geist und Materie, Gott und Welt ist für sie unvorstellbar. Den Menschen als Werk und Abbild Gottes sieht sie immer als ein Wesen mit Leib und Seele. Wo Böses herrscht, hat er falsch entschieden. Der Mensch allein ist verantwortlich, er muß seine Augen offenhalten, sehen und sich sein Leben lang zwischen Gut und Böse entscheiden. Und er ist Teil der Schöpfung, die alles umfängt. Deshalb klagt sie die Katharer so heftig an: „Der Teufel ist bei diesen Leuten. Er sagt sich: ‚Gott liebt die Keuschheit und Enthaltsamkeit. Das will ich bei diesen Menschen nachäffen.‘ Und so bläst der alte Feind durch die Geister der Lüfte sie an, daß sie sich der Unzuchtsünden enthalten. Daher lieben sie die Weiber nicht, sondern fliehen sie. So werden sie sich nach außen, vor den Menschen in aller Heiligkeit darstellen und spöttisch sagen: ‚Die anderen, die vor uns die Keuschheit besitzen wollten, dörrten aus wie ein gebratener Fisch. Uns aber wagt keine Besudelung des Fleisches und der Begierlichkeit anzutasten, denn wir sind Heilige und vom Heiligen Geist durchströmt.‘ Auf diese Weise angeln sie sich die Weiber und fangen sie in ihren eigenen Irrtum ein. Im Hochmut ihres aufgeblähten Geistes behaupten sie: Wir übertreffen alle. Und hinterher treiben sie doch insgeheim mit jenen Weibern Wollust. So kommen ihre Verdorbenheit und ihr Sektenwesen offen ans Tageslicht.

Ich aber, der Ich bin, sage: Also wird die Schlechtigkeit, die das Böse reinigen wird, über euch kommen, wie geschrieben steht: ‚Und er machte Finsternis zu seinem Versteck, rings um sich her zu seinem Zelt Wasserdunkel und dichte Wolken der Lüfte.‘ Denn Gott hat Strafe angesetzt für eure bösen, lichtlosen Werke …“

Die gewaltigen Worte dieser Frau erregen Aufsehen. Eine Prophetin spricht, eine Heilige. Menschen wollen sie berühren, um geheilt zu werden. Die Menge auf dem Platz vor der Kirche ist fanatisiert. Einige rufen: Tötet die Satansbrut!

Das Bild löst sich auf: Keine Augenzeugenberichte sind überliefert, keine Chronik hält ihre öffentlichen Predigten, ein solches Jahrhundertereignis, fest. Ist das Bild tatsächlich falsch, das Menschen sich später von Hildegard machen wollen: eine Frau, die auf Plätzen Reden hält? Zuzutrauen ist es ihr! Aber warum schweigt sie selbst dazu?

IM JAHR 1163 beendet Hildegard nach fünfjähriger Arbeit ihre zweite Visionsschrift. Doch das lebendige Licht weicht nicht, gönnt ihr keine Pause. Sie erbebt, als sie den neuen Befehl vernimmt: „Armes Wesen, du Tochter vieler Mühsal … Dich hat trotz allem die Tiefe der Geheimnisse Gottes durchströmt. Übermittle du zum Nutzen der Menschen mit festhaltender Schrift, was du mit inneren Augen siehst und mit den inneren Ohren deiner Seele vernimmst. Die Menschen sollen dadurch ihren Schöpfer erkennen lernen und sich nicht länger weigern, ihn in Ehrfurcht würdig anzubeten. Deshalb schreibe es auf, nicht wie dein Herz es möchte, sondern wie mein Zeugnis es will, der ich ohne Anfang und Ende des Lebens bin."

Mit „zitternder Hand" legt die Fünfundsechzigjährige wieder die Wachstafeln bereit und nimmt den Schreibgriffel in die Hand. Ihre Arbeit ist noch nicht getan. Ihr reifstes Werk fordert noch einmal alle Kraft, die ganze Frau. Die Kosmosschrift „Welt und Mensch" entsteht. Als Theologin liefert sie damit auch eine umfassende Streitschrift gegen die Katharer, vielleicht deshalb diese Eile. Ohne Pause schreibt sie an diesem Werk.

DAS KLOSTERLEBEN auf dem Rupertsberg verläuft geordnet. Die Auseinandersetzungen haben den Konvent gereinigt. Fünfzig Nonnen leben nun friedlich zusammen.

Materielle Sorgen und Nöte hat Hildegard nicht mehr. Für alle Schwestern sind die Ausgaben für Kleidung und Nahrung gesichert. In 22 Ortschaften – die wenigsten liegen in der nächsten Umgebung – besitzt der Rupertsberg stattliche Eigengüter, die das Kloster selbst oder durch Pächter bewirtschaftet. In zwölf Ortschaften verzeichnen die „Fundationsbücher" Zinsgüter, die Grundzinsen und jährliche Naturalleistungen einbringen. In drei Dörfern zieht das Kloster den Zehnten aus Korn und Weizen ein. Auch der Herrenhof der Edelfreien von Bermersheim, wo Hildegard geboren wurde, gehört seit 1158 zum Klosterbesitz. Hugo, Rorich und Drutwin, Irmengarth, Judda und Odilia haben ihr gesamtes Erbe, das Elternhaus und die Ländereien, dem Kloster ihrer berühmten Schwester vermacht.

Hildegard ist eine vorausschauende Frau. Sie hat Friedrich I. um einen kaiserlichen Schutzbrief für ihr Kloster gebeten. Barbarossa entspricht „Antrag und Bitte der ehrwürdigen Frau Äbtissin Hildegard", die hier zum erstenmal *abbatissa* genannt wird. Im Jahre 1163 stellt Friedrich I. ihrem Kloster eine Schutzurkunde aus. Darin gewährt er ihr keine neuen Rechte, er bestätigt aber die unabhängige Rechtsstellung des Rupertsberger Klosters von höchster weltlicher Seite.

Kaiser Friedrich I. „Barbarossa" und seine Söhne Heinrich VI. (links) und Herzog Friedrich von Schwaben

Seit der Herrscher im Jahre 1152 gewählt worden war, hatte Hildegard ihn beobachtet. Auch Friedrich I. strebte weiterhin die Herrschaft über die Kirche an. Im Jahre 1155 verweigerte er dem Papst den Marschalldienst, er hielt Hadrian IV. den Steigbügel seines Pferdes nicht. Nach dem Tod dieses Papstes begann 1159 ein achtzehnjähriges Schisma: Friedrich stellte einen ersten Gegenpapst auf, die Kirche ist gespalten, und der Riß geht mitten durch das Reich. Lange hatte Hildegard gewartet, bis sie die kaiserliche Schutzurkunde in Händen hielt. Eine kluge Entscheidung, denn dieses Dokument bewahrt ihr Kloster vor den Zerstörungen, die kaiserliche Truppen im Erzbistum Mainz anrichten, als sie gegen den papsttreuen Erzbischof und sein Gefolge ins Feld ziehen. Auch spätere Fehden verschonen die Abtei. Erst im Jahre 1632, im Dreißigjährigen Krieg, werden schwedische Soldaten das Kloster auf dem Rupertsberg in Brand setzen.

Als Hildegard den Schutzbrief von Barbarossa besitzt, hat sie nichts mehr zu verlieren. Sie warnt jetzt den selbstherrlichen Imperator – natürlich legitimiert durch ihr Prophetenamt: „O König, es ist dringend notwendig, daß du in deinen Handlungen vorsichtig bist, ich sehe nämlich in der geheimnisvollen Schau wie ein Kind einen unsinnig Lebenden vor den lebendigen Augen (Gottes). Noch hast du Zeit, über irdische Dinge zu herrschen. Gib acht, daß der höchste König dich nicht zu Boden streckt wegen der Blindheit deiner Augen, die nicht richtig sehen, wie du das Zepter zum rechten Regieren in deiner Hand halten mußt."

Als der Kaiser vier Jahre später den zweiten Gegenpapst einsetzt, droht die siebzigjährige Nonne ihm sogar Gottes Strafgericht an: „Der da ist, spricht: Widerspenstigkeit zerstöre Ich, und den Widerstand derer, die Mir trotzen, zermalme Ich durch Mich selbst. Wehe, wehe diesem bösen Tun der Frevler, die Mich verachten. Das höre, König, wenn du leben willst! Sonst wird Mein Schwert dich durchbohren."

Friedrich I. ängstigt dieser Brief wohl kaum, er weiß große Heilige auf seiner Seite. Er hat Karl den Großen, in dessen Nachfolge er sich sieht, vom zweiten Gegenpapst heiligsprechen lassen. Und in Italien haben seine Mannen nicht nur Mailand, sondern auch die Gebeine der Heiligen Drei Könige erobert, die er 1164 nach Köln überführt hat. Die drei Weisen sind durch ihre Nähe zum göttlichen Kind Sinnbild für das von Gott eingesetzte Königtum. Ihre königliche Heiligkeit strahlt auf Friedrich I. zurück. Dagegen kann eine drohende alte Äbtissin nichts ausrichten.

Hildegard – das zeigt ihr Verhalten gegenüber Barbarossa – erwägt Vor- und Nachteile eines politischen Urteils. Sie ist zu klug, um nicht zu sehen, daß direkte politische Ratschläge, Parteinahmen für Adelsfamilien oder Stadtherren sie in Machtkämpfe hineinziehen würden, die wirklich noch mit Schwert und Feuer und nicht selten bis zum Tod geführt werden.

Doch warum sagt sie kein Wort zu den Kreuzzügen und kein Wort zu den Judenverfolgungen, die 1096 und 1147 in den Städten am Rhein toben? Nach den Aufrufen zur Fahrt ins Heilige Land schlachteten fanatisierte Gläubige die Juden ab, Kreuzfahrerhorden zwangen in Mainz die „Jesusmörder" zum Selbstmord, und in Worms, Bingen und Speyer zerstörte der Pöbel blühende jüdische Gemeinden. Von den Pogromen im Rheinland muß Hildegard gewußt haben. Sie setzt keine öffentlichen, sondern stille Zeichen dagegen. Auf dem Rupertsberg empfängt sie jüdische Gelehrte, um mit ihnen zu disputieren. Der jüdische Glaube ist für Hildegard keine Teufelsreligion. Zwar steht auch in ihrer Schrift „Wisse die Wege" die Synagoge hilflos mit verschränkten Armen neben dem Altar. Sie kann die Menschen nicht erlösen, aber sie schwebt auf einer blendendweißen, reinen Wolke und heißt *mater incarnationis*, Mutter der Menschwerdung des Sohnes Gottes.

Auch wenn die Juden Christus nicht erkannten, denn „Er zeigt sich als einer, der aß und trank, schlief und sich kleidete, ohne irgendwo einen Fehl zu haben", sind sie nicht auf ewig verdammt. „Seine Hand wird sehr viele Juden und Heiden mit einer unermeßlichen Heerschar solcher, die erlöst werden müssen, festhalten, bis all seine Wunder vorübergehen."

Hildegard läßt jedoch alle Zurückhaltung und Diplomatie fahren, wenn es nicht um die Gesellschaft und Sozialkritik, sondern um ihre Kirche geht. Die Gegenwart, in der sie lebt, begreift Hildegard als Endzeit. Die Kirche blüht nicht mehr, Zerfall macht sich breit, wohin man schaut, und das schafft Raum für den Antichristen. Sie klagt: „Jetzt ist die laue ‚weibische Zeit'. Oh, oh. Adam war ein unerhörtes Zeugnis jeglicher Gerechtigkeit und die Wurzel allen Menschensamens. Nachher erhob sich in seinem Geschlecht ein ‚männlicher' Geist, der in drei Gruppen ausging, gleich einem Baum, der sich in drei Ästen verzweigt ... Jetzt aber ist dieser Baum verdorrt, und die Welt ist in viele Gefahren gestürzt, denn unsere Zeit blickt zurück in jene Zeit, als das erste Weib bei der Verführung dem ersten Mann zunickte. Dennoch besitzt der Mann mehr Schaffenskräfte als die Frau. Die Frau aber ist ein Quell der Weisheit und ein Quell der Freudenfülle. Beide bringt der Mann zur Vollendung. Wehe, wehe, die gegenwärtige Zeit ist weder kalt noch warm, sondern lau. Darauf wird eine Zeit folgen, die in großen Gefahren, Ungerechtigkeit und Unbändigkeit der Männer Mannskräfte hervorbringen wird. Alsdann wird der Irrtum der Irrtümer wehen, wie die vier Winde, die in großen Gefahren ihren üblen Geruch verbreiten."

Weibisch nennt Hildegard ihre Zeit, weil die Evaschuld wiederkehrt. Der Antichrist will jetzt den Fall Evas vollenden. Von ihrem Frausein grenzt sie sich mit diesem auf den ersten Blick abwertenden Begriff nicht ab, im Gegenteil. In dieser „weibischen Zeit" hat gerade die Jungfrauen-Prophetin, die *virgo prophetissa*, einen besonderen Platz und Auftrag. Die Frau ist zwar schwach, „von weicherer Kraft" als der Mann, schreibt Hildegard, doch das heißt in ihren Augen nicht, daß die Frau kraftlos ist: Das Schwache bringt am Ende das Starke hervor.

Hildegard ordnet in ihrem Werk der Frau immer wieder die Weisheit zu, eine der sieben Gaben des Heiligen Geistes. In alten christlichen Schriften verkörpert die Gottheit Sophia, deren Wesen die

Weisheit ist, die Mütterlichkeit Gottes. Vielleicht knüpft Hildegard an dieses weibliche Gottesbild an, wenn sie schreibt: „Die Frau bildet gleichsam das Haus der Weisheit, weil in ihrem Wesen das Irdische wie das Himmlische zur Verwirklichung kommt."

Hildegard stellt sich in ihrer „weibischen Zeit" als Prophetin gegen den Antichristen, sie ist die Jungfrau, die das Marien-Mysterium erneuert: Gottes Wort ist in ihr Fleisch geworden. Durch ihre göttlichen Offenbarungen will sie die Menschen vor den Gefahren der aufziehenden Endzeit warnen, aufrütteln und letztlich erretten. Deshalb geht sie mit dem Klerus streng ins Gericht. Er ist schuld, wenn Irrlehren um sich greifen, das Volk nicht ihnen, sondern anderen oder keinem mehr glaubt.

„Ihr laßt euch durch jeden daherfliegenden weltlichen Namen lahmlegen. Bald seid ihr Soldaten, bald Knechte, bald Possenreißer. Mit eurem leeren Getue verscheucht ihr bestenfalls im Sommer einige Fliegen.

Ihr müßtet die starken Eckpfeiler sein, die die Kirche stützen wie die Eckpfeiler, welche die Grenzen der Erde tragen. Allein ihr seid zu Boden geworfen und seid kein Halt für die Kirche, sondern flieht in die Höhle eurer Lust. Und wegen eures ekelhaften Reichtums und Geizes sowie anderer Eitelkeiten unterweist ihr eure Untergebenen nicht.

Ihr seid böses Beispiel in den Herzen der Menschen, da das Bächlein guten Rufes von euch nicht ausgeht. Ihr habt keine rechte seelische Einschätzung für das, was ihr essen und womit ihr euch bekleiden sollt, sondern tut böse Werke, weil euch das Gut der Erkenntnis mangelt. Deshalb wird eure Ehre schwinden und die Krone von eurem Haupt fallen."

IM JAHRE 1165 erwirbt Hildegard auf der Rheinseite, die dem Rupertsberg gegenüberliegt, ein verlassenes und zerstörtes Augustinerkloster. Sie läßt die Gebäude wieder aufbauen. Noch im selben Jahr wird die Kirche über den Reliquien des heiligen Giselbert eingeweiht. Ihre zweite Klostergründung bietet dreißig Schwestern Platz. Vielleicht ist eines ihrer Ziele auch, hier endlich Raum für Nichtadlige oder weniger begüterte Frauen zu schaffen, die um Aufnahme bitten, um den Rupertsberg als reines Adelskloster zu erhalten. Das zweite Frauenkloster wird die berühmte Erstgründung auf dem Rupertsberg sogar überdauern. An seinem

Platz, im heutigen Rüdesheim-Eibingen, steht die Pfarrkirche mit dem Reliquienschrein der heiligen Hildegard.

Hildegard läßt sich nun zweimal in der Woche in einem Nachen über den Rhein fahren, um ihre Töchter am anderen Flußufer zu besuchen. In der Hand hält sie ihren Äbtissinnenstab. Auf einer dieser Überfahrten nähert sich dem Boot Hildegards ein kleines Schiff, in dem eine Frau mit ihrem blinden Jungen sitzt. Unter Tränen fleht sie die Nonne an, dem Kind ihre „heiligen Hände" aufzulegen. Die Ordensfrau schöpft mit der linken Hand Wasser aus dem Rhein und segnet es mit ihrer Rechten. Sie spricht keine Zauberformel, sondern das Bibelwort: „Gehe an den Teich Siloah und wasche dich." Nachdem sie die Augen des Kindes mit dem Wasser besprengt hat, sieht es. Das bekannteste Wunder Hildegards geht von Mund zu Mund. Jahrhundertelang, bis heute, wird es immer wieder abgebildet. Nennen die Leute vom Rhein die Äbtissin seit dieser berühmten „Heilung eines blinden Knaben" die „heilige Hildegard von Bingen"?

Vom Fluß aus muß das Kloster auf dem Rupertsberg wunderschön ausgesehen haben. Eingebettet in die Weinberge, ragt die Klosterburg hoch auf vor dem Rheintal, das sich im Dunst verliert. Hildegard schaut nach vorn auf ihr Kloster, bald ist sie daheim. Tiefe Falten haben sich in ihr Gesicht eingegraben. Das Ende des Herbstes zieht herauf.

„Der zehnte Monat gleicht einem sitzenden Menschen. Er eilt nicht mehr in der Vollkraft seiner grünenden Lebensfrische geschwinde dahin und hat nicht mehr die volle Lebenswärme. So faltet sich auch der sitzende Mensch zusammen, um der Kälte zu entgehen. Er zieht sich jetzt ein Kleid über, damit er es warm hat. Das ist ein Beispiel dafür, daß der Mensch, wenn er im Alter zu frieren beginnt, auch weiser wird. Denn der knabenhaften Sitten überdrüssig, stellt er in der Reife des Alters den Wankelmut leichtfertiger und törichter Verhaltensweisen ein. Er meidet die Gesellschaft stupider Leute, die ihn mit ihrer Unwissenheit doch nur täuschen würden. Auch lassen wegen der Alterskälte in ihm die vielfältigen und nun überflüssig gewordenen Gelüste im Fleischlichen nach. So ist auch dieser Monat bei aller Grünkraft nicht mehr ganz angenehm, da infolge der Trockenheit und Kälte die Zweige entlaubt werden. Die Seele aber, geschaffen als ein lebendiger und kluger Geisteshauch aus Gott, der in Wahrheit die Weisheit selber ist, belehrt den Menschen, daß er festhalten soll, was von Gott kommt."

NOCH einmal erkrankt Hildegard schwer. Drei lange Jahre leidet sie, schaut dem Tod ins Gesicht und kämpft erfolgreich dagegen an. Gerade genesen, soll sie im Jahre 1170 zu ihrer letzten Predigtreise aufgebrochen sein. Falls sie das wirklich getan hat, mutet sie sich viel zu. Es ist eine fast unmenschliche Anstrengung angesichts ihres hohen Alters und des letzten großen Werkes, das noch in Arbeit ist.

Ihr Sekretär Volmar ahnt wohl, daß er selbst nicht mehr lange leben wird. Er muß älter als Hildegard sein, wenn er schon in der Klause der Seelsorger der Frauen war. In ihrem Dienst ist er ein Greis geworden. Kurz bevor die letzte Schrift Hildegards beendet ist, stirbt Volmar, der über all die Jahre „Mitwisser ihrer Geheimnisse" war. „Da durchbohrte Traurigkeit mir Seele und Leib, weil ich, durch das Geschick des Todes dieses Mannes beraubt, eine Waise in dieser Welt war."

Hildegard hat nicht vorausgeplant. Vielleicht hat sie den Gedanken nicht zugelassen, Volmar könnte sterben, bevor die letzte Vision niedergeschrieben ist. Kein Nachfolger steht bereit, doch ihr Neffe Wenzelin, Propst von St. Andreas in Köln, und Abt Ludwig von St. Eucharius aus Trier eilen der verehrten Äbtissin zur Hilfe. Zum Glück ist die wichtigste Arbeit getan: Volmar hat eine erste Abschrift auf Pergament hinterlassen. Wenzelin und Hildegard lesen den Text und bringen noch kleine Änderungen an. Ende des Jahres 1173 oder Anfang 1174 haben sie es geschafft: Das letzte Buch der Trilogie liegt vor. Unter zwei Titeln ist es überliefert: „De operatione dei – Vom Werk Gottes" und „Liber divinorum operum – Das Buch der Gotteswerke". Hildegards Übersetzer Heinrich Schipperges nennt die Kosmosschrift „Welt und Mensch".

Weitere zehn Jahre ihres Lebens sind vergangen, seit sie die ersten Worte dieses Werkes in die Wachstafel geritzt hat. Sie wird bald 76 Jahre alt sein. Wie zum Abschied, fast etwas wehmütig, vernimmt die Prophetin eine Stimme aus „dem lebendigen Licht": „Diesen Männern, die dem einfältigen Menschen bei der Niederschrift meiner Schauungen halfen und ihn trösteten, werde ich den Lohn für die Mühen schenken...

Und ich armselige Frau, belehrt in dieser Schau, sprach: Schenke all denen, die mir bei diesen Schauungen, die Du mir von meiner Kindheit an eingeprägt hast und an denen ich mich in großer Furcht mühte, den Lohn ewiger Herrlichkeit im himmlischen Jerusalem, so daß sie sich durch Dich ohne Ende in Dir freuen."

Mitten im Weltenbau steht der Mensch

Das Weltentheater ist der Ort des Geschehens. In seiner Mitte steht ein Mann, der „über die Wolken hinaus in den strahlendsten Äther" ragt, seine Füße aber tauchen „in die Wasser des Abgrundes". Dieser Christusriese nimmt die Gestalt des Kosmos an, er verkörpert die Schöpfung. Diese Schau steht am Anfang von Hildegards zweiter Visionsschrift „Der Mensch in der Verantwortung":

„Vor seinem Munde ballt sich eine blendendweiße Wolke zu einer Art Posaune zusammen; sie war erfüllt vom Klang einer geschwind aufbrausenden Musik. Jedesmal, wenn der Mann dort hineinblies, sandte sie drei Winde aus: der eine trug eine Feuerwolke über sich, der andere eine Sturmwolke, der dritte eine Lichtwolke."

Diese Feuerwolke birgt die Tugenden oder Gotteskräfte. Vom Norden her nähert sich eine andere dunkle Wolke, die in dunklen Nebelschwaden die Laster ausspeit. Das im Mittelalter so beliebte Kampfspiel zwischen Tugenden und Lastern kann beginnen.

Der mächtige Mann dreht sich zuerst nach den vier Himmelsrichtungen, dann schweift sein Blick durchs ganze All. So gliedert er die fünf Teile des Buches. Um diesen ruhenden Pol herrscht die Unruhe. Die 35 Tugenden treffen ihre Gegner, die Laster, die leibhaftig erscheinen. Allesamt sind sie tier- und menschenähnliche Mischwesen, mit denen die körperlosen Stimmen der Tugenden ein Streitgespräch führen. Wie schon in ihrer Schrift „Wisse die Wege" beschreibt Hildegard zuerst die Gestalten, die sie schaut, und deutet dann Aussehen und Worte. Ist am Ende das Wesen der Laster bloßgestellt, erfährt der Leser auch, welche Mittel es gibt, um sich zu läutern und Buße zu tun. Im sechsten Akt schließlich bewegt sich die Mannesgestalt „mit den vier Zonen der Erde". Es gibt keine Laster mehr, nur noch die Orte der Verdammten und der Seligen werden geschaut.

In den lästerlichen Reden hat Hildegard dem Leben wirklich auf den Mund geschaut. Alle Lebenserfahrung dieser Frau, die keine weltabgewandte, versponnene Nonne ist, spürt man, wenn sie mit diesen Sünden abrechnet, die jedem Menschen vertraut sind. Sie findet Bilder, die heute noch wirken. Die Feigheit zum Beispiel hat zwar den „Kopf eines Menschen, aber das linke Ohr ist ein großes Hasenohr und bedeckt das ganze Haupt"; der Leib gleicht einem „Wurm, einem knochenlosen Weichtier, das in seinem Schlupfwinkel eingeschlossen liegt wie ein in Tücher gewickelter Säugling". Die Unbeständigkeit kommt in Gestalt eines Menschen daher, der auf die Speichen eines drehenden Rades gebunden ist. In allen Gegenden der Welt jagt sie „verschiedenen Moden der Menschen" hinterher, jegliche feste innere Haltung ist ihr fremd.

Die ganze Schrift ist ein einziger Aufruf zum sittlichen Handeln. Der Weltschmerz und der Hochmut, der Stumpfsinn und die magische Kunst, die Verschlossenheit und Engherzigkeit sind einige der 35 Laster, die Hildegard anprangert. Alle bedeuten sie „Entzug aus der Verantwortlichkeit, Halbheit der Haltung und Flucht vor der eigenen Lebensgestaltung". Doch der Mensch kann sich „im Rad seines Gewissens frei entscheiden, zu welcher Seite er sich neigen will". Richtschnur jedes Handelns kann das Maß sein, diese Mutter aller Tugenden, die nicht nur die Benediktsregel und Hildegard selbst prägt. Das ganze Hochmittelalter lobt und sucht die Mitte, das rechte Maß, das auch die höfischen Troubadoure besingen.

Die Maßlosigkeit sieht die Visionärin als einen Wolf, der mit gekreuzten Beinen dahockt und darauf lauert, alles an sich zu reißen. Denn „was immer ich wünschen und suchen kann, will ich auch genießen, ich habe keine Lust, mich zu erhalten. Wie ich geartet bin, so lebe ich mich auch aus." Ihr antwortet das Maß: „O du Spionin im Hinterhalt! Du benimmst dich wie die jungen wilden Tiere, die noch kein Maß kennen. Alles nämlich, was in der Ordnung Gottes steht, antwortet einander. Die Sterne funkeln vom Licht des Mondes, und der Mond leuchtet vom Feuer der Sonne. Jedes Ding dient einem Höheren, und nichts überschreitet ein Maß. Du aber nimmst weder auf Gott Rücksicht noch auf seine Geschöpfe. Du hängst in der Luft wie eine leere Scheide, die im Wind baumelt. Ich aber wandle auf den Pfaden des Mondes und in den Bahnen der Sonne."

Der Mensch hat nicht nur eine Verantwortung für sich selbst, jede Entscheidung hat auch eine soziale Dimension. Ja, selbst den Kosmos bringt er durch seine Taten in Unordnung.

„Und ich hörte, wie sich mit einem wilden Schrei die Elemente der Welt an jenen Mann wandten. Und sie riefen: Wir können nicht mehr laufen und unsere Bahn nach unseres Meisters Bestimmung vollenden. Denn die Menschen kehren uns mit ihren schlechten Taten wie in einer Mühle von unterst zu oberst. Wir stinken schon wie die Pest und vergehen vor Hunger nach der vollen Gerechtigkeit."

Solche Bilder erklären zum Teil die Faszination, die Hildegard von Bingen in der heutigen Zeit wieder ausübt. Ein Umdenken hat eingesetzt, die Umwelt wird zunehmend wieder als „Mitwelt" begriffen. Denn wenn die Natur stirbt, die Umwelt zerstört ist, stirbt auch der Mensch. Eine Erkenntnis, die angesichts stattgefundener und drohender Umweltkatastrophen hoffentlich nicht zu spät kommt und zum positiven Handeln führt. Nicht ein plattes Zurück zur Natur wird angemahnt, sondern eine neue „Öko-Ethik", die auch von einer lebendigen Verbundenheit allen Seins ausgeht. Und für dieses Einssein von Mensch und Natur hat Hildegard sehr plastische Bilder gefunden.

So ist die Verflochtenheit des Menschen im Kosmos und die Verantwortung des „Werkes Gottes" für seine Werke auch das zentrale Thema ihres dritten Buches, der letzten großen Schrift „Welt und Mensch". Ein Kodex aus dem 12. Jahrhundert und zwei Abschriften aus dem 13. Jahrhundert sind überliefert, von denen der sogenannte Lucca-Kodex kostbare Bildtafeln enthält. Sie veranschaulichen die zehn Visionen, in denen Hildegard „vom Wirken Gottes in Welt und Mensch" erzählt.

In der ersten Vision schaut die Seherin den Ursprung des Lebens und findet ihn in der Liebe, die alle Welt ins Leben gerufen hat. Nachdem „der Bau der Welt", die Sphären und Winde, die Ordnung der Gestirne und der Erde erklärt ist, handelt die dritte Vision von der „Natur eines Menschen", seinen Säften und seinem Stoffwechsel. Wie sich der Makrokosmos in dem Mikrokosmos Mensch widerspiegelt, vom Kopf bis zu den Füßen, zeigt die vierte Vision. „Mitten im Weltenbau steht der Mensch, seine Arme ausgebreitet im Weltenkreuz. Das Haupt ist das Firmament des Leibes und das Gehirn die Sonne dieser kleinen Welt. Die

Augen sind die Sterne und die Brauen die Mondbahn. Den vier Hauptwinden gleichen im Menschen vier Grundkräfte: das Denken, die Sprache, der Trieb und das Gemüt. Durch sie entscheidet die Seele, ob sie ‚Gutes oder Böses‘ wählt."

Diese vierte Schau endet mit der Auslegung der berühmten Stelle aus dem Johannesevangelium „Im Anfang war das Wort", durch das Hildegard zu diesem Werk angeregt wurde.

In der fünften Vision erscheinen die Stätten der Läuterung, die wie die Erde in verschiedene Zonen aufgeteilt sind. Das dritte Buch erzählt dann in fünf neuen Bildern noch einmal – wie schon in der ersten Visionsschrift „Scivias" – die Geschichte des Heiles bis zum Ende der Zeiten mit seinen Katastrophen und dem Weltuntergang. Doch daraus entsteht ein neuer Himmel und eine neue Erde: „Alsbald leuchteten alle Elemente in klarster Heiterkeit, als wenn ihnen eine schwarze Haut abgezogen worden wäre. Das Feuer kannte keine Brunst, die Luft keine Verdichtung, das Wasser keine hitzige Wallung, die Erde keine Gebrechlichkeit mehr. Sonne, Mond und Sterne funkelten in voller Leuchtkraft und Schönheit wie der herrlichste Schmuck am Firmament. Und sie standen still, ohne kreisende Bewegung, so daß sie bildeten zwischen Tag und Nacht keine Scheide mehr. Es war nicht mehr Nacht, es war Tag. Das Ende war gekommen."

Das letzte und für den heutigen Menschen sicher sperrigste Werk der Trilogie beeindruckt auch als gigantisches Unterfangen. Hildegard erschafft ein geschlossenes Weltbild, in dem der Mensch eine Schlüsselstellung einnimmt: „Der Mensch ist die Antwort auf die Welträtsel, wie die Welt die Antwort ist auf die ewige Frage Mensch."

Ihr werdet herrlich strahlen in der Engel Gesellschaft
(1173–79)

Das Weltenrad, das Hildegard in ihrem letzten Werk geschaut hat, trägt die Gottheit in ihrer Brust und umfängt es zugleich. Ein Netz von Lichtfäden durchzieht das Rad, ordnet und bindet alles. Die Winde setzen das Rad in Bewegung, es dreht sich ohne Anfang und Ende, Vollkommenheit, Symbol des Ewigen. Im Zentrum des Weltenrades ruht die Erde, Heimat der Menschen. Auch sie dreht sich. Das Rad ist auch ein Symbol für das Zeitliche, für Werden und Vergehen, in das der Mensch eingebunden ist. Das Rad des Schicksals ist unaufhaltsam, Jahreszeit folgt auf Jahreszeit, die Lebensalter lösen sich ab.

Aus dem Mädchen Hildegard von Bermersheim ist eine Greisin geworden. Mit 76 Jahren spürt Hildegard die Last des Alters. Der harte und gnadenlose Lebenswinter, das „Elend des Greisenalters", verschont auch die Prophetin nicht.

„Der elfte Monat kommt gebückt. Er baut die Kälte auf. Keine Sommerfreuden hat er aufzuweisen. Er bringt die Schwermut des Winters. Die Kälte bricht aus ihm heraus, fällt über die Erde und wühlt den Schmutz auf. Dem gleicht der Mensch, wenn er die Knie beugt, damit die Kälte ihn nicht durchdringe. Beugt er so in Trauer seine Knie, dann häuft er in seinem Herzen schmerzvolle Gedanken, hält sich für nichtigen Schmutz und findet nicht mehr den Aufschwung zur Freude.

Als Furcht vor der Kälte schleppt sich ein solcher Greis, da er seiner eigenen Natur nach kalt geworden ist, mit seinen Gliedern ans Feuer. Deshalb ist dieser Monat, der fern von den Freuden des Sommers seine tristen Tage kalt dahingehen läßt, den Knien des Menschen zu vergleichen, die der Greis voll Schwermut krümmt, wenn er an seine ursprüngliche Lage denkt, da er genauso mit eingekrümmten Knien im Mutterleib wie eingeschlossen dahockte."

Noch immer hat Hildegard Gesichte. Manchmal sieht sie für kurze Zeit wieder „das lebendige Licht", das sie neu belebt. Dann fühlt sie sich „nicht wie eine alte Frau", sondern wie ein „einfaches junges Mädchen". Doch sogar das hellste Licht kann den Winter nicht mehr vertreiben. Sie friert und braucht Decken und Felle.

Noch einmal flackert der alte Streit mit dem Disibodenberg auf, obwohl Abt Helenger vor drei Jahren in einem Brief beteuert hat, der „Zunder des Hasses und der alten Feindschaft" sei abgeschüttelt. Doch jetzt weigert sich der Klostervorsteher, den Mönch Gottfried ziehen zu lassen. Ihn hat Hildegard als Nachfolger Volmars und als Seelsorger für den Rupertsberg ausgewählt. Sie besitzt schließlich dieses Privileg, verbrieft und versiegelt.

Hildegard reitet nicht noch einmal zum Disibodenberg. Sie ist jetzt zu alt, um wieder in den Kapitelsaal zu stürmen und dem Abt

Gottes Strafe anzudrohen. Und diesmal ist das wohl auch unter ihrer Würde. Die Klosterfrau wendet sich direkt an den Papst. Alexander III. bestimmt Hildegards Neffen zum Vermittler zwischen den zerstrittenen Parteien. Propst Wenzelin, der auch Hildegards Schreiben dem Papst übermittelt hat, schafft es, Abt Helenger umzustimmen. Mönch Gottfried kommt auf den Rupertsberg, wo er alsbald das erste Buch der Hildegard-Vita beginnt.

Hildegard kann sich nicht lange auf diesen neuen „Stab des Trostes" stützen. Schon nach knapp drei Jahren stirbt Gottfried. Auf dem Disibodenberg lebt kein Mönch mehr, dem Hildegard dieses ihr so wichtige Amt übergeben will – ein erstes Zeichen für den Niedergang des Männerklosters zwischen Nahe und Glan, dessen Blütezeit vorbei ist. Bis in den Sommer des Jahres 1177 teilen sich Hildegards älterer Bruder, Domkantor Hugo, und ein Kanonikus von St. Stephan in Mainz die seelsorgerischen Aufgaben auf dem Rupertsberg. Im Herbst kommt der niederländische Mönch Wibert von Gembloux endgültig in das Frauenkloster. Er wird auch Hildegards letzter Sekretär sein.

Der Wallone Wibert verehrte Hildegard seit Jahren glühend. In den Niederlanden hatte sich damals eine regelrechte „Hildegard-Bewegung" entwickelt, und ihr Werk wurde auch in der Benediktinerabtei von Gembloux, die eine der größten Bibliotheken des Abendlandes besaß, mit großer Begeisterung aufgenommen. Wibert wagte es sogar, an Hildegard, diese „Dienerin Christi", einen sehr neugierigen Brief zu schreiben, den im Sommer 1175 eine Nonne zum Rupertsberg brachte. Der Mönch wollte wissen,

> …ob es wahr ist, was das Gerücht über dich verbreitet: daß deine Visionen, nachdem sie auf dein Geheiß und nach deiner Weisung von den Notaren schriftlich aufgenommen wurden, deinem Gedächtnis entfallen, so daß du dich gar nicht mehr des Gesagten erinnerst. Auch möchten wir wissen, ob du diese Visionen in lateinischer Sprache diktierst oder sie in deutscher Sprache vorbringst und sie ein anderer ins Lateinische überträgt. Auch das möchten wir nicht weniger gern wissen, ob du der Heiligen Schrift durch eifriges Lesen – oder einzig unter Führung der göttlichen Salbung, die ihre Erwählten über alles belehrt – innegeworden bist.

Erstaunlicherweise antwortet Hildegard dem Unbekannten sehr ausführlich. Der berühmte Brief *„De modo visiones suae –* Über die Art meiner Visionen" ist die reifste, ausführlichste und klarste Beschreibung ihrer prophetischen Gabe und des Lichtes, in dem sich Gott ihr nähert und aus dem Gott zu ihr spricht:

> Das Licht, das ich schaue, ist nicht an den Raum gebunden. Es ist viel, viel lichter als eine Wolke, die die Sonne in sich trägt. Weder Höhe noch Länge, noch Breite vermag ich zu erkennen. Es wird mir als der „Schatten des lebendigen Lichtes" bezeichnet. Und wie Sonne, Mond und Sterne in Wassern sich spiegeln, so leuchten mir Schriften, Reden, Kräfte und gewisse Werke des Menschen in ihm auf ...
>
> Die Gestalt dieses Lichtes vermag ich aber nicht zu erkennen, wie ich auch die Sonnenscheibe nicht ungehindert anschauen kann. In diesem Licht sehe ich zuweilen, aber nicht oft, ein anderes Licht, das mir das „lebendige Licht" genannt wird. Wann und wie ich es schaue, kann ich nicht sagen. Aber solange ich es schaue, wird alle Traurigkeit und Angst von mir genommen.

Nach einem ersten mehrtägigen Besuch auf dem Rupertsberg, wo Wibert die verehrte Autorin persönlich traf, ließ er den Briefkontakt zu Hildegard nicht mehr abreißen. Wie groß muß seine Bestürzung gewesen sein, als Ende 1176 ein Gerücht den Weg zu ihm fand: Hildegard von Bingen sei gestorben. Sofort forschte der Mönch nach, bis ihm zwei Monate später Boten die frohe Kunde brachten, die Seherin sei nur schwer erkrankt. Im Sommer 1177 erwirkte der glühende Hildegardverehrer schließlich die Erlaubnis seines Abtes, noch einmal zum Rupertsberg zu reisen. Hildegard habe ihn eingeladen, behauptet er später.

Wibert weilt im Nonnenkonvent, als Hildegards Bruder Hugo und der Mainzer Kanonikus kurz hintereinander wegsterben. Wieder steht ihr Konvent ohne Seelsorger und sie selbst ohne Sekretär da. Wibert erscheint da sicher als göttliche Fügung. Voll Begeisterung, wortgewaltig und überzeugend, dient er sich Hildegard an. Hildegard widersteht seinem Ansturm nicht. Sie läßt ihre Beziehungen spielen, und Wibert erhält die Erlaubnis seines Abtes, auf dem Rupertsberg zu bleiben. Hildegard kann aufatmen.

Noch eine andere Last wird in diesem Jahr von ihr genommen: Hildegard hat achtzehn Jahre lang beobachtet, wie Kaiser und Papst entzweit waren. Das Schisma, das sie oft genug beklagt hat, wird 1177 beigelegt. Nicht ganz freiwillig beendet Barbarossa den Machtkampf. Doch seine Niederlage im fünften Italienzug und der neu aufgeflammte Streit mit Heinrich dem Löwen lassen dem Staufer keine Wahl. Friedrich I. und Papst Alexander III. versöhnen sich im Frieden von Venedig, der Papst geht aus dem Schisma gestärkt hervor.

Wibert ist überglücklich, daß Hildegard ihn auch zu ihrem Sekretär gemacht hat. Er verlangt allerdings Freiheiten, die sie Volmar nie zugestanden hat: Er will nicht nur grammatikalische Fehler ausmerzen, sondern auch ihren Stil verbessern. Er ist von Eifer und Hochachtung für diese Frau getrieben. Endlich soll sie so sprechen, wie es ihr gebührt: wie eine Philosophin. Hildegard ist zu alt und müde, um abzulehnen. Vielleicht ist sie auch geblendet von seinen großen Worten und seiner Bildung. Die kleinen Werke, die sie mit Wiberts Hilfe noch verfaßt, tragen denn auch ganz seine Handschrift. Die Posaune hat den klaren Klang nicht mehr, der sie so einzigartig gemacht hat.

Wibert führt auf dem Rupertsberg eine Aufgabe fort, die der getreue Volmar bereits um 1150 begonnen hat. Hildegards Größe und Ruf soll eine Art geistliches Briefbuch untermauern, für das schon der erste Sekretär die Texte in eine bessere Form gebracht hat. Er war sogar noch weiter gegangen: Predigten oder Notizen Hildegards hatte er mit Anschriften versehen und sie als Briefe ausgegeben, um einen lückenlosen Kontakt mit allen wichtigen Personen der Zeit nachzuweisen. Umstritten sind heute zum Beispiel die Briefe an Konrad III. Für tatsächliche historische Ereignisse bastelte er außerdem Briefbeweise.

Wibert sichtet im Skriptorium und der Bibliothek diese Briefsammlung und die Briefabschriften. Er ordnet die Pergamentblätter neu, doch nicht nur zeitlich und nach dem Rang der Briefpartner. Auch Adressaten und Absender tauscht Wibert aus. Wenn Briefe nicht deutlich genug den Ruhm der Prophetin widerspiegeln oder ihrem Ruf sogar schaden, greift er inhaltlich ein.

Hildegard selbst hat die Herausgabe der Briefe kaum unbeaufsichtigt geschehen lassen, und ganz sicher haben weder Volmar noch Wibert sie hintergangen. Sie weiß also um die Schönungen, die ihren Ruhm vermehren sollen. Und sie hat das „genehmigt oder wenigstens geduldet". Sie ist alt und will endlich Ruhe haben, wohl deshalb kann der Mönch von Gembloux so frei schalten und walten. Doch noch ist der greisen Äbtissin keine wirkliche Ruhe vergönnt.

HILDEGARD beerdigt im Jahre 1178 einen jungen Mann auf dem Friedhof ihres Klosters. Das sei sein Wunsch gewesen, erzählt die trauernde Familie. Vor seinem Tod hat der kranke Edelmann, der wegen eines Verbrechens exkommuniziert worden war, einem Priester seine Sünden gebeichtet, Reue gezeigt und daraufhin die Lossprechung und die Sterbesakramente empfangen. Ausgesöhnt mit der Kirche, hat er sein Leben ausgehaucht.

Nach dem feierlichen Begräbnis auf dem Rupertsberg empören sich einige Binger Frauen. Der Verstorbene, dieser von der Kirche verstoßene Sünder, muß stadtbekannt gewesen sein. Kann es Rechtens sein, daß dieser Kerl im Kloster die letzte Ruhe findet? Die Leute wenden sich an den Mainzer Erzbischof.

Nur zwei Tage später erreicht die Äbtissin eine unerwartete Nachricht: Die Mainzer Domherren verlangen von ihr, den Leichnam auszugraben und in ungeweihter Erde zu bestatten. Nur „privat" ist der Tote in den Schoß der Kirche zurückgekehrt, offiziell besteht der Ausschluß weiter, da ein entsprechendes Verfahren weder eingeleitet noch abgeschlossen ist. Falls sich Hildegard weigere, so das Domkapitel, drohe dem Kloster das Interdikt, der Kirchenbann. Dies bedeutet: Öffentliche Gottesdienste im Kloster, Gesang und Glockengeläut müssen unterbleiben. Nur hinter verschlossenen Türen dürfen die Nonnen leise Psalmen und Lesungen aufsagen, und auch der Empfang der heiligen Kommunion ist ihnen verwehrt.

Hildegard ist bestürzt und verwundert zugleich, denn sie hat den Toten, der die Sterbesakramente empfangen hat, ohne Einspruch des Priesters begraben. Sie schaut „wie gewohnt" auf zum wahren Licht und sieht: „Würde ... der Leib dieses Toten ausgegraben, so würde durch die Entfernung unserem Orte eine große Gefahr drohen und uns umlagern, gleich der schwarzen Wolke, die Sturm und Gewitter anzuzeigen pflegt."

Sie zeigt zwar Verständnis für die „Vorschrift unserer Prälaten", aber sie schätzt den Schutz der Sakramente höher ein als die Buchstaben des Kirchengesetzes. Sie will die Würde des Toten bewahren. Seine Umbettung, die einige „erregte Frauen" fordern, wäre nur ein schmachvolles Schauspiel.

Hildegard steht auf dem Klosterfriedhof. Mit ihrem Äbtissinnenstab zeichnet sie ein Kreuz über das Grab und verwischt dann die Umrisse mit einem Reisigbesen. Die letzte Ruhestätte des

Edelmannes ist nun für immer unauffindbar. Das kann ein sehr einsamer Entschluß gewesen sein. Vielleicht hat sie sich aber auch im Kapitelsaal mit ihren Mitschwestern beraten und Unterstützung für ihre Tat erbeten. Denn das Interdikt, dem sie sich jetzt unterwerfen muß, wird den ganzen Konvent hart treffen.

Das Leben auf dem Rupertsberg erstarrt denn auch unter dem Kirchenbann. Wie gelähmt scheinen alle. Erst langsam begreifen die Frauen, wie schwer die Strafe wiegt, wie sehr ihr Leben darunter leidet. Das Interdikt beraubt das klösterliche Leben seines Mittelpunktes, des Gottesdienstes. Besonders für Hildegard, die Musik so sehr liebt, muß es schrecklich sein, auf den Gesang zu verzichten. Am Ende ihres Lebens durchweht eine wahrhaft teuflische Stille den Chor.

Eine schwere Krankheit reißt sie nach Wochen oder Monaten aus ihrer Untätigkeit. Das ist sie noch einmal, die göttliche Strafe, der Aufruf, zu handeln und für ihre Überzeugung zu streiten. Sie hat sich schuldig gemacht, „weil ich mich nicht in aller Demut und Unterwürfigkeit zu meinen geistlichen Oberen begeben habe, um von ihnen persönlich die Erlaubnis zum Kommunizieren (Empfang der heiligen Kommunion) zu erbitten".

Die Äbtissin verfaßt ein langes Schreiben, in dem sie den Sachverhalt aufrollt. Sie zweifelt an, daß das Urteil über ihr Verhalten einzig auf dem „Eifer für die Gerechtigkeit Gottes" fußt. Zu schnell hätten die Oberen gestraft und sich dabei von „Entrüstung, ungerechter Geisteserregung und Rachsucht" leiten lassen. Die achtzigjährige Frau macht sich auf den Weg nach Mainz, um das Schriftstück zu überbringen und selbst zu erläutern.

Hildegard weint bittere Tränen vor dem versammelten Domkapitel, sie fleht und klagt. Aber in der Sache bleibt sie hart. Auch keiner der Domherren gibt nach, ihre Augen sind so „verfinstert ..., daß sie auch nicht einen Blick des Erbarmens für mich hatten". Hildegard reitet nach Bingen zurück. Doch die Kämpferin in ihr ist wieder erwacht. Sie schaltet einen Freund ein, den Erzbischof Philipp von Köln. Dieser befragt den Priester, der dem Verstorbenen die letzte Beichte abgenommen hat, und einen freien Ritter, der in der Todesstunde seinem Freund beistand. Aufgrund dieser Untersuchung erwirkt der Kölner Erzbischof in Mainz die Aufhebung des Interdiktes, wobei er „das Einverständnis" seines dortigen Kollegen voraussetzt. Denn Christian von

Buch, der Erzbischof von Mainz, ist Anfang des Jahres 1179 auf dem Weg nach Rom, um an einem Konzil teilzunehmen.

Doch nur kurz läuten auf dem Rupertsberg wieder die Glocken. Ein Mitglied des Domkapitels reist nach Rom und wiegelt den Mainzer Erzbischof gegen diesen Beschluß auf. Der machtbewußte Kirchenmann, ein einflußreicher Politiker, Erzkanzler und Diplomat Barbarossas, reagiert empfindlich, wenn jemand seinen Machtbereich stört. Erneut verhängt er das Interdikt über Hildegards Kloster.

Wieder herrscht diese teuflische Stille. Noch einmal greift die Äbtissin zur Feder. Jetzt schreibt sie direkt an den Widersacher. Ein Bote bringt das Schreiben nach Rom. Noch einmal rollt sie den Fall auf, beklagt das starre, erbarmungslose Verhalten des Domkapitels und erklärt, warum sie den Kölner Erzbischof um Hilfe gebeten hat. Hildegard überzeugt endlich den Schutzherrn ihres Klosters. Der Erzbischof sagt in einer diplomatischen Antwort von März 1179 zwar noch einmal deutlich, wie „höchst gefährlich" ihr Verhalten war. Doch er habe, falls die Zeugenaussagen bestätigt würden, das Mainzer Domkapitel bereits schriftlich angewiesen, „daß der Gottesdienst bei euch gefeiert werden soll. Zugleich bitten wir Eure Heiligkeit inständig und flehentlich: Wenn wir euch in dieser Angelegenheit durch unsere Schuld oder Unwissenheit zur Last gefallen sind, so entzieht Euer Erbarmen nicht dem, der um Verzeihung bittet."

Jetzt werden die Kirchentüren wieder aufgeschlossen, sieben Mal am Tag erklingen wieder die Lieder und Psalmen auf dem Rupertsberg, und gemeinsam feiern die Nonnen die heilige Messe. An Festtagen stehen sie geschmückt im Chor, mit offenen Haaren und weißen Seidenschleiern, die goldenen Reifen glänzen, sie sind wieder „Gefährtinnen der Engel".

DER SCHWERE Konflikt mit der Kirche, über den die „Vita" kein Wort verliert, hat die letzten Kräfte der einundachtzigjährigen Frau aufgezehrt. Hildegard ist abgemagert und schwach, sie liegt fast nur noch. Zwei Nonnen stützen sie, wenn sie aufstehen will. Augen, Lunge und Magen versagen ihr den Dienst. Hildegard, die immer gegen Weltschmerz und Hoffnungslosigkeit angeschrieben hat, empfindet „Überdruß am gegenwärtigen Leben und wünscht täglich, aufgelöst und bei Christus zu sein". Auf der Erde gibt es für sie nichts mehr zu tun. Sie sehnt nur noch den Tod herbei. Ihren Sterbetag soll sie im Kapitelsaal vorausgesagt haben, es wird ein Montag im September sein.

Nachdem wieder Frieden zwischen der Mainzer Kirche und der greisen Äbtissin herrscht, bleiben ihr nur wenige Monate. Dann wirft eine Krankheit Hildegard endgültig nieder. Kurze Zeit später liegt sie im Sterben. Um das Totenbett versammeln sich alle Nonnen des Konvents, ihre „geistlichen Oberen" und die Verwandten „unter großen Klagen".

Haben Bilder sie bis an ihr Ende begleitet und in die andere Welt hinübergeleitet? Den „Himmelsfreuden der Jungfrauen", die sie früher gesehen und gerochen, gehört und gefühlt hat, ist sie so nah wie noch nie: „In der Herrlichkeit sah ich wie in einem Spiegel eine Luftschicht, welche eine Reinheit weit über die Lauterkeit der reinsten Wasser besaß. Sie entsandte ein Strahlen, stärker als der Sonne Strahl, und sie schwang in einem Wehen und trug alle Grünkraft der Kräuter und Blumen des Paradieses wie der Erde in sich, voll mit Duft aller Lebensgrüne, so wie auch der Sommer den allersüßesten Duft der Kräuter und Blumen trägt. In diesem Luftraum sah ich wie in einem Spiegel jene Seligen, die mit reinstem Gewande aus lauterem Gold angetan und geschmückt waren. Auf ihrem Haupt trugen sie Kronen, die mit Gold und Rosen wie auch mit Lilien durchflochten und in ihrem Flechtwerk aufs feinste mit edelsten Steinen durchwirkt waren … Sie atmeten nun eine Luft, die reiner war als die Reinheit der lautersten Wasser, und strahlten einen Glanz aus, der den Glanz der Sonne noch übertraf."

AUF DEM Rupertsberg stirbt im Herbst des Jahres 1179 nicht nur eine Nonne – eine Prophetin verstummt. Nichts ist bekannt über die letzten Tage und Stunden dieser großen Frau. Ihr Sekretär Wibert von Gembloux vergibt die historische Chance, die Geschehnisse aufzuschreiben. Letzte Worte sind nicht überliefert, Hildegard kann wahrscheinlich nicht mehr sprechen.

Andächtig führen die Nonnen die Sterberituale durch. Die Sterbende spricht vermutlich das Confiteor; falls Hildegard bereits zu schwach gewesen ist, betet eine Mitschwester, wahrscheinlich die Priorin, an ihrer Stelle. Als die Seele beginnt, „sich vom Körper zu trennen und zu entfliehen", legen die Klosterfrauen ein Büßerhemd auf den nackten Boden oder auf Stroh. Sie

**Kampf der Engel und Teufel um die Seele des Verstorbenen.
Darstellung aus dem Rupertsberger Codex**

malen mit Asche ein Kreuz darauf. Sorgsam betten sie den Körper ihrer Magistra auf die Erde.

Alle, die um das Todeslager stehen, singen leise das Credo, Himmelsklänge, Sphärenmusik. Ihr Gott hat Hildegard und allen Jungfrauen verkündet: „Ihr werdet herrlich strahlen in der Engel Gesellschaft." Falls sie noch beichten kann, empfängt sie danach die letzte Kommunion. Den Todeskampf begleiten symbolische Gesten. Ein Priester salbt die Augen, Ohren, Nasenlöcher, Hände und Füße. Die Sünden sind jetzt getilgt, denen der Mensch mit seinen Sinnen verfiel. Als Hildegard am 17. September 1179 ihre Augen für immer schließt, dämmert gerade ein neuer Tag, die Sonne geht auf. Der Rupertsberg ist in gleißendes Licht gehüllt.

Auf zum Himmel schauen die Klosterfrauen, und in den Strahlen der Morgensonne erblicken sie – so ist es überliefert – ein göttliches Zeichen. Über dem Gemach der Toten erscheinen zwei überaus helle Bögen von verschiedener Farbe, die sich nach den vier Weltgegenden ausdehnen, von Norden nach Süden, von Osten nach Westen. Wo die Bögen sich kreuzen, erstrahlt ein mondförmiges Licht. Es vertreibt die nächtliche Finsternis vom Sterbehaus. In diesem Licht schimmert rot ein kleines Kreuz, das zu ungeheurer Größe anwächst. Dieses Kreuz umgeben unzählige verschiedenfarbige Kreise, in denen sich wiederum einzelne, kleine rotglimmende Kreuze mit eigenen Kreisen bilden. Über das ganze Firmament breitet sich die Erscheinung aus, bevor sie sich bündelt und auf das Haus strahlt, in dem „die heilige Jungfrau" heimgegangen ist.

Die Totenglocke läutet. Die Nonnen reinigen den Leichnam Hildegards und falten die Hände unter dem Ordenskleid, bevor sie es zunähen. Mit Weihrauch und Weihwasser segnen sie die mit der schwarzen Kutte umhüllte Tote und tragen sie in die Abteikirche. Dem aufgebahrten Leichnam legen sie den Äbtissinnenstab zur Seite. Die Totenwache beginnt. Jetzt regiert der Winter.

„Der zwölfte Monat ist mächtig kalt. Die Erde wird hart und friert. Winter bedeckt das Land mit gefrorenem Schaum und macht es lästig und beschwerlich … Wie auch der Körper nach dem Ausscheiden der Seele ohne Wärme ist und kalt bleibt, so wird auch die Seele ohne die Glut der Gaben des Heiligen Geistes durch den Zorn verhärtet und vergißt ihre eigene Natur, in der sie doch vor dem Angesicht Gottes wie mit warmem Blute erscheint."

Auf den Winter folgt ein neuer Frühling, Vergehen und Werden. Das Ende ist der Anfang, der Mensch stirbt, die Heilige lebt. Das Weltenrad dreht sich weiter.

DIE KUNDE vom Ableben der berühmten Klosterfrau verbreitet sich schnell. Auch das Volk von Bingen und Eibingen hat am frühen Montag das Wunderzeichen am Himmel gesehen. Die Menschen bekreuzigen sich und pilgern zur Rupertsberger Kirche, um der Heiligen noch einmal ganz nah zu sein. Vor dem Begräbnis geschehen Dinge, „die das Verdienst ihrer Heiligkeit bezeugen. Denn zwei Menschen, die ihren heiligen Leichnam in gläubiger Hoffnung zu berühren wagten, wurden von schwerer Krankheit geheilt."

Das Totenamt vollziehen „hochwürdige Herren". Nach dem Requiem setzt sich eine feierliche Prozession in Bewegung. Auf dem Klosterfriedhof wird Hildegard bestattet. Drei Schaufeln Erde werfen die Anwesenden ins Grab, bis Erde alles bedeckt: „Gebrechlicher Mensch, Asche von Asche, Moder von Moder."

Die Nonnen gehen ins Kloster zurück. Dreißig Tage lang werden in der Abtei keine Kerzen brennen und keine Glocken läuten. Dreißig Tage lang singen die Frauen gemeinsam die Totenmesse. Dann kehrt der Alltag wieder ein.

Der Bericht der Mönche Gottfried und Theoderich über „Das Leben der heiligen Hildegard" endet mit den Worten: „Auch stieg aus ihrem Grabe ein wunderbarer Duft auf, der Sinne und Brust vieler Menschen durchdrang. Daher hoffen und glauben wir ohne Zweifel, daß bei Gott ihr Andenken unsterblich ist, der ihr schon in diesem Leben den besonderen Vorzug seiner Gnade verlieh, wofür ihm Preis und Ehre sei, von Ewigkeit zu Ewigkeit. Amen."

Der Strom der Pilger schwillt nach dem Tode Hildegards stetig an. Gläubige umlagern gnadensüchtig das Grab der Verstorbenen, Kranke und Leidende hoffen auf Wunder. Sie beten und singen, klagen und schluchzen laut. Nachdem Hildegards sterbliche Überreste in die Abteikirche umgebettet worden sind und in einer Gruft unter dem Chor ruhen, stören die lärmenden Pilgerscharen, die zum Grab der Heiligen wallfahren, das Klosterleben. Im Chor können die Nonnen nicht mehr in Ruhe singen und beten. Der Konvent fragt seinen Oberhirten um Rat. Der Erzbischof von Mainz reist daraufhin zum Rupertsberg und verbietet der Heiligen, weiter Wunder zu wirken. Zum letztenmal gehorcht Hildegard ihrer Kirche: Wunderzeichen – so ist überliefert – werden danach auf dem Rupertsberg nicht mehr gesehen.

UM DAS Jahr 1230 arbeiten Schwestern in der Stickstube des Klosters an einem kostbaren, farbenprächtigen Behang für den Hochaltar der Abteikirche. Tiefrote byzantinische Seide besticken die Frauen mit Gold- und Silberfäden und buntem Seidenzwirn. In der Mitte des Altartuches thront Christus, umgeben von den Evangelisten – von Matthäus und Johannes, der als Adler dargestellt ist, von dem „Löwen" Markus und dem „Stier" Lukas. Um dieses Motiv gruppieren die Stickerinnen weitere Gestalten der Bibel und die Wohltäter und Nonnen des Klosters. Auf der rechten Seite hinter dem Klosterpatron Rupert erscheint Hildegard. In ihrer erhobenen Hand hält sie ein Kirchenmodell, dessen Dachkreuz die Frauen mit Perlen einfassen. Ein weißbestickter Schleier umrahmt ihr Gesicht und erinnert an die eigenwillige, festliche Seidengewandung, in der Hildegard und ihre Nonnen an Festtagen zur Kommunion schritten.

Das erste Mal ist Hildegard mit einem Heiligenschein abgebildet. Ein untrügliches Zeichen, daß nicht nur der Konvent, sondern auch die Stifter des Altartuches, der Erzbischof von Mainz und Herzogin Agnes, glauben, die Heiligsprechung Hildegards stehe bevor. Schon 1227 hatte das Kloster die „Kanonisation" beim Papst beantragt, der daraufhin einen Bericht über Hildegard anforderte. Als die Nonnen auf dem Rupertsberg das Altartuch sticken, sind die Heiligsprechungsakten auf dem Weg nach Rom. Doch zuviel entspricht nicht den formalen Anforderungen, die der Heilige Stuhl stellt, die Arbeitskommission aus Mainz hat versagt. Mahnschreiben des Papstes folgen, als das angeforderte verbesserte Protokoll jahrelang ausbleibt. Bis heute ist fraglich, ob die Akten nach 1243 nochmals nach Rom gelangt sind.

Schlamperei oder bewußte Verschleppung? Haben die Mainzer Kleriker der Nonne nie verziehen, daß Hildegard gegen das Interdikt rebelliert und ihr Charisma am Ende über das formale Kirchenrecht gesiegt hat? Oder sind die Akten doch noch in Rom eingetroffen? Dämmerte dort bereits der Geist der Inquisition herauf, der in der Hexenverfolgung gipfeln sollte? Schien es dem Heiligen Stuhl später zu gewagt, eine solch eigenwillige Frau und selbständige Nonne offiziell zum Vorbild zu erklären? Hildegard ist „nur" eine Volksheilige geblieben, bis heute.

Zeit ohne Grenze

Die wuchtige Abtei, die Anfang dieses Jahrhunderts in den Weinbergen über Rüdesheim erbaut wurde, trägt ihren Namen: Sankt Hildegard. Die Äbtissin des Konvents ist die 36. Nachfolgerin der Heiligen. Siebenmal am Tag läuten die Glocken zum Gebet, zum erstenmal morgens nach fünf Uhr zur Laudes und zum letztenmal abends nach sieben Uhr für Komplet und Vigilien.

Die Benediktinerinnen verlassen beim Glockengeläut ihre Arbeit und stellen sich im Kreuzgang auf. Mit gesenktem Kopf sammeln sie sich einige Minuten lang. Dann ziehen fast siebzig Nonnen in die Kirche ein. Hinter der dicken Kordel, die den Nonnenchor vom Altarraum trennt, beugt jede Schwester die Knie, bevor sie ihren festgelegten Platz im Nonnenchor einnimmt.

Uneinsehbar für Kirchenbesucher ist dieser Ort des Gebetes vom Kirchenschiff aus. In der Mitte hat die Äbtissin ihren Platz, ein Ring und das Brustkreuz sind das Zeichen ihrer Würde. Sie klopft einmal auf das Holz des Chorgestühls. Die Klosterfrauen beginnen ihren Gesang.

Nach jedem Gebet, Psalm und Lied begleitet eine Welle dunkler Töne das Lob des dreieinigen Gottes: *„Gloria Patri et Filio et Spiritui Sancto* – Ehre sei dem Vater, dem Sohn und dem Heiligen Geist." Die Ordenstrachten schleifen über das hohe Gestühl. Die Schwestern stehen gleichzeitig auf und verbeugen sich tief. Eine verharrende Geste voll Ehrfurcht, die seit Jahrhunderten gleichgeblieben ist, auch gleich würdevoll. Eine demütige Bewegung, die einen Funken Ewigkeit birgt: *„... sicut erat in principio et nunc et semper et in saecula saeculorum. Amen.* – ...so wie es war von Anfang an und jetzt und immer und in Ewigkeit. Amen." Der Stoff des schwarzen Habits schleift wieder über das Holz, die Nonnen setzen sich.

In diesem Ritus – mit seinen Verneigungen, dem Sichniederknien und Aufstehen – geben sich die Frauen auch sichtbar dem

Gebet hin, mit jeder Faser ihres Körpers. Wer auch nur eine Woche lang die Abtei besucht, dem Chorgesang siebenmal am Tag lauscht und sich dieser Stimmung und ihren Klängen bewußt aussetzt, erahnt bereits die Kraft des Gebetsrituals, mit dem jeder Tag beginnt und endet, das Monat um Monat und Jahr um Jahr gliedert, das ein ganzes Menschenleben prägt.

„Die Himmel hallen wider von Meinem Lob. Denn sie hängen an Meinem Blick und gehorchen Mir nach der Ordnung, die Ich ihnen gesetzt, Sonne, Mond und Sterne halten ihre Zeiten ein. Wind und Regen laufen durch die Lüfte, wie es ihnen bestimmt ist …

Keiner von euch kann die Tage seines Lebens wissen, daran vorbeikommen oder darüber hinwegspringen. Von Mir ist euch die Zeit des Lebens gesetzt. Ist deine Heilszeit erfüllt, dann wirst du die gegenwärtige Weltzeit eintauschen gegen die, die keine Grenze kennt."

Heraus aus dieser Welt und unter die „Augen Gottes und seiner Engel" treten die Klosterfrauen tagtäglich mit ihren Gebeten und Chorälen. Siebenmal am Tag tauchen sie ein in die Schönheit der Töne, der Musik. Groß ist der Gegensatz zu dem geschäftigen, zweckgerichteten Treiben unserer Zeit. Die mehr als tausend Jahre alten Melodien und die lateinische Sprache vergrößern den Abstand noch mehr und entrücken dieses Tun. Die Zeit steht still.

Eine Nonne aus der Zeit der heiligen Hildegard, die auf wunderbare Art und Weise heute in die Abtei über Rüdesheim versetzt würde, wäre nicht verwirrt. Sofort könnte sie sich einreihen in eine seit fünfzehn Jahrhunderten währende Stetigkeit. Die Gesänge ergreifen auch, weil sie diese lange, lückenlose Kontinuität vermitteln. Geronnene Zeit sind sie, Urformen des Gebets.

Wer aus dem dunklen Kirchenschiff der Abtei St. Hildegard ins Freie tritt, verharrt ein paar Sekunden, taucht auf aus einem schönen und zeitlosen Klang und Raum. Der Blick geht über Weinreben hinunter auf den Rhein. Im zwölften Jahrhundert sah Hildegard von Bingen denselben Strom dahinfließen. Von ihrem Kloster am Rupertsberg erblickte sie dieselben Berge und sah auf zu denselben Gestirnen.

Zeit ohne Grenze.

Eine Ahnung.

1098 Hildegard kommt als zehntes Kind des Edelfreien Hildebert von Bermersheim und seiner Frau Mechthild zur Welt.

1101–05 Schon als Kind soll Hildegard Gesichte haben.

1106 Am 1. November wird Hildegard Jutta von Spanheim, einer Klausnerin auf dem Disibodenberg, zur Erziehung übergeben.

ca. 1112 Nachdem sich die Frauenklause zu einem Benediktinerinnenkloster entwickelt hat, legt Hildegard das ewige Gelübde ab und wird Nonne. In den folgenden Jahren offenbart sie ihrer Meisterin und ihrem Seelsorger Volmar, daß sie Visionen hat.

1136 Jutta von Spanheim stirbt am 22. Dezember. Hildegard tritt ihre Nachfolge als Klostervorsteherin an.

1141 Hildegard beschließt, ihre Visionen fortan schriftlich festzuhalten, und beginnt mit ihrem ersten großen Werk *Scivias* (Wisse die Wege).

1146 Briefwechsel zwischen Hildegard und dem Zisterzienserabt Bernhard von Clairvaux

1146/47 Eine Kommission der Trierer Reichssynode prüft Hildegards Schriften und legt sie Papst Eugen III. vor, der daraufhin Hildegard als Prophetin anerkennt.

1148 Hildegard will ihr eigenes Kloster auf dem Rupertsberg bei Bingen gründen, doch der Abt des Disibodenbergs läßt sie nicht ziehen.

1150 Nach Intervention der Markgräfin von Stade erteilt der Mainzer Erzbischof Heinrich Hildegard die Erlaubnis, das Kloster zu errichten. Mit zwanzig Nonnen kann sie auf den Rupertsberg übersiedeln.

1151	Hildegard vollendet ihre erste Visionsschrift *Scivias*.
1150–60	Hildegard verfaßt ihre heilkundliche Schrift *Liber subtilitatum diversarum naturarum creaturum* (Das Buch von dem inneren Wesen der verschiedenen Naturen der Geschöpfe), die in den zwei Büchern *Causae et Curae* (Heilkunde) und *Physica* (Naturkunde) überliefert ist.
1158–63	Zweite Visionsschrift *Liber vitae meritorium* (Der Mensch in der Verantwortung). Hildegard unternimmt vermutlich die ersten drei Predigtreisen.
1163	Friedrich I. Barbarossa stellt dem Rupertsberger Kloster eine Schutzurkunde aus.
1165	Hildegard gründet das Kloster Eibingen.
1170	Hildegards vermutliche vierte Predigtreise
1173	Volmar, Hildegards Seelsorger und Sekretär, stirbt.
1174	Hildegard vollendet ihre dritte große Visionsschrift *De operatione dei* (Welt und Mensch). Der Mönch Gottfried wird Seelsorger auf dem Rupertsberg und beginnt die Arbeit an der Hildegard-Vita, die erst nach ihrem Tod von Theoderich von Echternach fertiggestellt wird.
1177	Gottfried stirbt. Wibert von Gembloux übernimmt sein Amt als Klosterseelsorger und Hildegards Sekretär.
1178	Nach der Bestattung eines exkommunizierten Edelmannes auf dem Klostergelände wird über das Kloster auf dem Rupertsberg das Interdikt verhängt.
1179	Im März wird das Interdikt aufgehoben. Am 17. September stirbt Hildegard von Bingen.

Ich, Alfred Nobel

Eine Kurzfassung des Buches von
Ludwig Moritzberger

MIT ZAHLREICHEN
HISTORISCHEN ABBILDUNGEN

Seit dem Jahr 1901 werden an jedem 10. Dezember, dem Todestag Alfred Nobels, die Nobelpreise für die bedeutendsten Leistungen auf den Gebieten der Physik, Chemie, Physiologie/Medizin, Literatur und für die Erhaltung des Friedens verliehen.

Alfred Nobel erwarb sein Vermögen vor allem mit der Herstellung von Sprengmitteln. Dennoch glaubte er fest, daß Wissenschaft und Technik der Menschheit ein zivilisiertes Leben in Frieden ermöglichen werden.

Kenntnisreich und lebendig beschreibt Ludwig Moritzberger das Leben dieses außergewöhnlichen Unternehmers und besessenen Erfinders, das nicht nur von Erfolgen gekrönt war, sondern ihm auch unerwartete Fehlschläge bescherte.

1

Ragnar Sohlman stieß das von Eisblumen überzogene Fenster auf. Er spürte die schneidende Luft an diesem Morgen, dem 8. Dezember 1896. Tag würde es noch nicht werden; in der Zeit der langen Nächte war es nur um die Mittagszeit einigermaßen hell.

Sohlman war das gewohnt. Er liebte die dämmerigen Stunden, die Behaglichkeit in der nach Holz und Fichtenzweigen duftenden Stube, das Versinken der Häuser, Bäume und Wege unter der weißen Schneedecke, über die man mit dem Schlitten dahinflog. Nirgendwo war die Adventszeit schöner als in Schweden. Doch er konnte seinen Dienstherrn Alfred Nobel verstehen, der in den Wintermonaten San Remo bevorzugte. Das milde Klima der Riviera war für einen Mann von dreiundsechzig Jahren geeigneter als das rauhe Mittelschwedens.

Die ersten Arbeiter verließen ihre Blockhütten. Sie gingen zur Aktiengesellschaft Bofors-Gullspång, zufrieden mit dem neuen Eigentümer Alfred Nobel, der die Waffen- und Eisenfabrik vor zwei Jahren für 1,3 Millionen schwedische Kronen gekauft und mit 2,5 Millionen Kronen Zuschußkapital saniert hatte. Neue Sprengstoffe, Zünder, Leichtmetallegierungen, Kunstseide, synthetischen Kautschuk und vieles andere wollte er schaffen.

Unglaublich, welche Energie der körperlich schwache, von Krankheit geplagte Mann besaß. Er kannte keine Ruhe, und seit dem Tod seines Bruders Robert vor drei Monaten war seine Unrast noch gewachsen. Dabei hatten die Ärzte ihm absolute Ruhe und Nitroglyzerin verordnet.

„Es klingt wie ein Scherz, den sich das Schicksal mit mir macht, daß man mir Nitroglyzerin zum Einnehmen verordnet", hatte Nobel Sohlman im Oktober geschrieben. „Sie nennen es zwar Trinitrin, aber doch wohl nur, um die Apotheker und die Patienten nicht zu erschrecken."

Natürlich war Nobel nicht nur wegen der Krankheit nach Paris gefahren. Zwanzig Jahre war diese Weltstadt sein Wohnsitz gewesen, und noch immer besaß er die Villa in der Rue Malakoff. Von dort hatte er seine in vielen Ländern der Erde gelegenen Fabriken gelenkt, in fünf Sprachen seine Korrespondenz geführt und täglich zehn bis fünfzehn Briefe eigenhändig geschrieben; er hatte über seine Gewinne und Verluste selbst Buch geführt, so daß er jederzeit seine Unternehmungen überblicken konnte. In den Tresoren verschiedener Banken von Paris lagerten die meisten seiner Wertpapiere. Nobel steckte voller Pläne, von denen Sohlman nur einen Teil für durchführbar hielt. Aber das Phantastische gehörte zu Nobel, und manchmal war ihm sogar Phantastisches gelungen. Jetzt verfolgte er die Idee, eine Waffe zu erfinden, die so fürchterlich sein sollte, daß niemand es wagen würde, sie anzuwenden. Denn Nobel haßte den Krieg.

Sohlman schloß das Fenster. Seine Frau war bereits aufgestanden und wirtschaftete in der Küche. Er war glücklich verheiratet. Sigrid, die er seit der Schulzeit kannte, hatte auf ihn gewartet, während er in Amerika seine Ausbildung vervollkommnet hatte. Alfred Nobel hingegen hatte sein ganzes Leben ohne eigene Familie zugebracht, war immer nur von Domestiken umgeben.

Zuerst hatte Sohlman geglaubt, Nobel würde seine Heirat mißbilligen. Der Alte lebte für seine Forschungen und Unternehmungen, als gäbe es für ihn sonst nichts auf der Welt. Um so erstaunter war er gewesen, als Nobel ihn beglückwünschte und herzliche Worte fand. „Das wird Ihnen und Ihrer Arbeit guttun, mein Freund", hatte er sogar gesagt.

Neben seiner Freude habe auch Wehmut in seinem Blick gelegen, behauptete Sigrid später. Sie wollte nicht glauben, daß ein Mensch allein durch seine Arbeit glücklich werden könnte.

Einen besseren Chef würde Sohlman nicht finden. Wer sonst vertraute einem Ingenieur von sechsundzwanzig Jahren schon eine derartig verantwortungsvolle Tätigkeit an und ließ ihm dabei freie Hand? Erst im Sommer des nächsten Jahres wollte Nobel wieder nach Bofors kommen und für drei Monate im Herrenhaus von Björkborn residieren. Die meiste Zeit würde er jedoch in dem Laboratorium zubringen, dessen Leitung er Sohlman übertragen hatte. Nobel verlangte Selbständigkeit von ihm, und nichts hätte Sohlman mehr anspornen können als das in ihn gesetzte Vertrauen. Nobel behandelte ihn als gleichberechtigten Mitarbeiter. Er ließ sogar für ihn und seine Familie in San Remo eine Villa bauen. Sohlman wünschte sich nichts mehr, als so lange wie möglich mit Nobel zusammenarbeiten zu können. Schließlich stand er erst am Anfang seiner Laufbahn als Sprengstoffingenieur. Aber das Alter und der Gesundheitszustand Nobels stimmten ihn besorgt.

Alfred Nobel war der einzige noch Lebende aus der Familie Immanuel Nobels. Da er selbst keine Kinder hatte, würde das Erbe an die Kinder seiner Brüder Robert und Ludvig fallen. In wessen Hände würde dann Bofors kommen? Besonders überzeugt schien Alfred Nobel von den Fähigkeiten seiner Neffen nicht zu sein.

Sigrid hatte zwei Kerzen auf dem Adventskranz angezündet und den Tisch festlich gedeckt. Die Wohnküche war wohlig warm, der Kaffee verbreitete sein Aroma. Sigrid blickte Ragnar an. „Schon mit den Gedanken im Laboratorium? Ihr habt ziemlich gefährliche Versuche vor, nicht wahr?"

„Ach nein, ich hab dir immer gesagt, der Umgang mit Sprengstoffen ist nur für den gefährlich, der sich nicht damit auskennt."

„Wenn es nur so wäre! Manchmal wünschte ich mir, du hättest eine andere Richtung eingeschlagen – jetzt, wo wir unser Baby erwarten." Sie unterbrach sich, denn fast schämte sie sich ihrer Worte. „Möchtest du noch eine Tasse Kaffee?"

„Nein, danke, ich muß mich beeilen." Sohlman zog den Mantel über, setzte die Pelzmütze auf und küßte seine Frau.

Sie blickte ihm vom Vorbau aus nach. Sie mochte Nobel, der väterlich für sie und Ragnar sorgte, und sie war stolz darauf, daß er ihren Mann fast wie einen Sohn behandelte. Dabei kannten sie sich noch nicht lange. Wahrscheinlich verließ er sich auf die ihm nachgesagte Menschenkenntnis. Jedenfalls hatte er mit Ragnar auf den richtigen Mann gesetzt.

Gerade als sie sich abwenden wollte, hörte sie Schritte. Ein Schwall kalter Luft schlug ihr entgegen. Ragnar trat mit gerötetem Gesicht auf sie zu.

„Ein Telegramm aus San Remo. Nobel ist erkrankt, wahrscheinlich ernstlich. Ich muß schnell meine Sachen packen, damit ich den Zug nach Göteborg bekomme."

Zweitausend Kilometer bis San Remo – mit der Kutsche bis

Karlskoga, mit dem Zug bis Göteborg, mit dem Schiff durch das klippenreiche Kattegat bis Lübeck, dann quer durch Deutschland und über die Alpen nach Italien – in dieser Jahreszeit mit Schneeverwehungen, Stürmen und vereisten Straßen.

Alles ging wie einstudiert. Ragnars Reisegepäck stand immer griffbereit. Er fügte nur die Unterlagen seiner Untersuchungen, über die er mit Nobel sprechen wollte, hinzu, obgleich es ihm unsinnig vorkam. Er nahm die Tasche, zog Sigrid an sich und küßte sie.

2

Diesen Augenblick hatte Nobel gefürchtet, und doch traf ihn der Schlag schlimmer als gedacht. Er konnte noch denken, auch sprechen, doch was waren das für Laute? Nach dem Anfall hatte er sich auf dem Teppich seines Arbeitszimmers wiedergefunden. Seine Arme und Beine zuckten, undeutlich nur nahm er einzelne Gegenstände wahr. Die Enge in seiner Brust bereitete ihm heftigste Schmerzen. Jeder Atemzug war eine Qual.

Endlich erschienen seine Hausangestellten. Sie hoben ihn auf und legten ihn auf sein Bett. Gleich würde er aufstehen können. Der Schwächeanfall würde – wie so oft – vorübergehen. Er würde seine Arbeit fortsetzen und im Sommer seine Idee verwirklichen, gemeinsam mit Sohlman, in seiner Heimat, in Schweden, in Bofors.

Es war gut, daß er sich auf Schweden besonnen hatte. Nach dem Tod seiner Mutter war er nicht mehr so eng mit seiner Heimat verbunden gewesen. Natürlich war er Kosmopolit und überall zu Hause, wo er arbeiten konnte. Dafür hatte er sich die besten Plätze in der Welt ausgesucht, zuerst Deutschland, dann Frankreich, schließlich Italien und nun Schweden. Doch nun hatte der Schlag ihn niedergeworfen. Kein Mensch war bei ihm, der ihn liebte, das war das Schmerzlichste dieses Augenblicks. Fremde umgaben ihn, doch sie bemühten sich um ihn, holten den Arzt. Nein, Doctores der Medizin, ein Nobel ließ sich nichts vormachen, hatte sich sein ganzes Leben nichts vormachen lassen.

Nur in der Liebe war er blind gewesen. Das, wonach er sich am meisten gesehnt hatte, eine treue Frau, Kinder, eine Familie, war ihm versagt geblieben. Wie leicht wäre es ihm ums Herz, wenn es eine Frau gäbe, die tröstende Worte für ihn fände, und Kinder, die ihm zur Seite stünden.

Er hörte die Anweisungen des Arztes, schlürfte die Medizin. Er hörte sich sprechen, aber niemand schien ihn zu verstehen. Hoffentlich kamen sie auf die Idee, Sohlman und seine Neffen Hjalmar und Emanuel zu benachrichtigen.

Er wollte nicht sterben. Sein Geist wehrte sich. Er hatte die Formel im Kopf. Würde man eine Rakete mit einer entsprechenden Ladung brisanten Sprengstoffs abfeuern, konnte man damit schon aus weiter Ferne ein ganzes Regiment vernichten. Darum würde sich niemand finden, der den Tod so vieler Menschen auf sein Gewissen nahm. Und wenn es einer versuchen wollte, dann würden die anderen ihn daran hindern, denn so verrucht konnte kein Mensch sein. Endlich würde Friede auf dieser Welt herrschen.

Vielleicht war er gar nicht so krank. Die Nobels neigten zur Hypochondrie; besonders sein Bruder Ludvig hatte jeden Tag gedacht, er wäre von einer anderen unheilbaren Krankheit befallen. Dabei waren Ludvig und Robert von Kindheit an viel robuster gewesen als er, Alfred, das Sorgenkind. Wäre seine Mutter nicht gewesen, die ihn während seiner langen Erkrankung gepflegt hatte, wäre er keine fünf Jahre alt geworden. Der Tod seiner Mutter hatte sein Leben verändert. Solange sie gelebt hatte, wußte er, daß es einen Menschen gab, der ihn liebte und ihn nie enttäuschte.

Es wurde immer dunkler um ihn. Die Schmerzen wurden wieder stärker. Ein gutes Zeichen, der Körper reagierte. Er brauchte wieder die Medizin, der er seinen Reichtum verdankte, Sprengöl! Nitroglyzerin! Im Körper explodierte es selbst bei höchsten Fiebergraden nicht. Ein Lachen überkam ihn. Ein Kranker, der Witze machte, war bald wieder gesund.

Dreißig Millionen Kronen betrug sein Vermögen. Es würde nicht in unwürdige Hände kommen. Er hatte sein erstes Testament rechtzeitig für ungültig erklärt und ein neues aufgesetzt. Seine Neffen würden enttäuscht sein. Vielleicht würde ihn Emanuel verstehen und den Zweck des Testaments erkennen. Was sollte auch ein einzelner mit dem Vermögen.

3

Sohlman saß in dem rotgepolsterten Abteil erster Klasse und sah auf die vorüberfliegenden Täler, Seen, Wälder und Felsen. Niemals hätte diese Zugstrecke in so kurzer Zeit gebaut werden können ohne Dynamit. Ganze Felsmassive waren weggesprengt worden, um den Gleisen Platz zu schaffen. Nobels Erfindungen waren zur richtigen Zeit gekommen. Aber er war nicht nur ein Erfinder, sondern auch der Mann, der seine Erfindungen wirtschaftlich zu nutzen verstand. Seine Fabriken befanden sich in vielen Ländern Europas, aber auch in Nord- und Südamerika, Japan, Australien und Südafrika. Hoffentlich würde er nun endlich einsehen, daß er mit seinen Kräften haushalten und dem Rat der Ärzte folgen mußte. Es mußte ihn schwerer als sonst getroffen haben, denn noch nie hatte Nobel, der häufig unter Migräne und anderen Erkrankungen litt, Hilfe herbeirufen lassen.

Wahrscheinlich brauchte Nobel nur persönlichen Beistand, einen Freund, um nicht nur Personal um sich zu haben. Vielleicht mußte er einige Zeit das Bett hüten und wollte ihn im Haus haben, um sich mit ihm beraten zu können. Möglicherweise wollte er sogar über seine literarische Arbeit sprechen, die ihn seit seiner Jugend beschäftigte. Zwar hatte Nobel auf diesem Gebiet bisher keinen Erfolg gehabt, doch er liebte die Poesie und sprach gern über Literatur und hin und wieder auch über seine eigenen Ambitionen.

Sohlman lehnte sich in die Polster zurück. Das Reisen war zu einem Vergnügen geworden. Die Eisenbahn hatte die Postkutschen ebenso verdrängt wie das Gaslicht die Öllampe. Felsen und Berge boten dem Bau von Straßen und Eisenbahnen keine unüberwindlichen Hindernisse mehr, seit Nobel das Nitroglyzerin technisch verwertbar gemacht hatte. Noch nie waren in einem so kurzen Zeitraum so viele neue Verkehrswege erschlossen worden wie seit der Erfindung der neuen Sprengstoffe. Nur wenige andere Erfindungen im letzten Drittel des 19. Jahrhunderts hatten den Menschen so gewaltige Kräfte in die Hand gegeben wie das Dynamit, die Sprenggelatine und das Ballistit. Naturwissenschaften, Technik und Medizin vollbrachten wahre Wunder. In wenigen Jahrzehnten konnten die Menschen die Erde in ein Paradies verwandeln, in dem es keine Armen und Ungebildeten mehr gab. Die Weihnachtsbotschaft würde sich erfüllen: Frieden auf Erden. Würde diese Rechnung aufgehen? Bisher hatte keine Waffe die Militärs und Regierungen bewogen, sie nicht anzuwenden.

Unter den Franzosen gab es nicht wenige, die nach Rache für Sedan schrien und Elsaß-Lothringen zurückerobern wollten. England fühlte sich durch den Bau deutscher Kriegsschiffe bedroht. Die Deutschen wähnten sich bei der Eroberung der Kolonien zu kurz gekommen. Die Russen wiegelten die Balkanvölker gegen Österreich-Ungarn auf und legten sich im Fernen Osten mit den Japanern an. Zwischen Schweden und Norwegen gab es Spannungen, die zu feindseligen Reden führten. Selten war die Stimme der Vernunft, dafür häufig das Säbelrasseln zu vernehmen. Die wenigen, die dem Frieden das Wort redeten, wurden vom Chor der Kriegslüsternen niedergebrüllt.

Würde Nobel gegenüber Bertha von Suttner recht behalten, daß mit seinen Fabriken der Friede eher zu erreichen sein werde als mit ihren Friedenskongressen?

Der Zug erreichte Göteborg zur vorgesehenen Zeit. Trotz des eisigen Windes warteten mehrere Droschken vor dem Bahnhof. Die Straße zum Hafen wurde erweitert, so daß sie über einen Umweg zur Anlegestelle gelangten.

„Wir laufen pünktlich aus", versprach der Kapitän den Passagieren.

Sohlman stieg an Deck des Dampfers. Die Dampfpfeife ertönte, das Schiff legte ab und erreichte die Mitte des Fjords.

Der Kapitän hieß Sohlman mit einem steifen Grog willkommen. Er war der einzige Gast auf dem Frachtschiff, das Travemünde in den Morgenstunden erreichen sollte. Der Smutje servierte ein kräftiges Abendessen, an dem noch ein Offizier teilnahm.

„Ich habe mich rechtzeitig auf das moderne Dampfschiff umgestellt", sagte der Kapitän. „Mit dem Schraubendampfer schaffe ich das Dreifache, bin unabhängig vom Wind und brauche weniger Personal."

„Wahrscheinlich wird es bald noch andere, wirkungsvollere Maschinen als Dampfmaschinen geben", erwiderte Sohlman. „Maschinen, deren Verbrennungsmotoren mit Gas oder Öl angetrieben werden, wie sie Daimler und Benz entwickelt haben oder Diesel, der an einer neuen Erfindung arbeitet."

Als Sohlman am nächsten Morgen erwachte, sah er die Lichter von Travemünde. Nachdem das Schiff angelegt hatte, ließ Sohlman sein Gepäck zu einer Droschke tragen und fuhr mit ihr nach Lübeck. Bis zur Abfahrt des Fernzugs blieb ihm Zeit genug, sich mit den Familien Nobels in Verbindung zu setzen. Die Depeschen flogen hin und her. Nobel hatte auch Emanuel und Hjalmar zu sich gerufen. Sie waren ebenfalls abgereist.

Von nun an mußte Sohlman gegen seine wachsende innere Unruhe kämpfen. Der Zug fuhr schnell, doch zu langsam für die Angst, vielleicht zu spät in San Remo einzutreffen. Sohlman blickte immer wieder auf die Uhr. Er war jetzt sechsunddreißig Stunden unterwegs, der Abend des neunten Dezember hüllte das Land ein. Der Zug fuhr durch Franken und Württemberg, passierte Würzburg und Stuttgart. Vor ihm lagen Zürich, Mailand und Genua. Von dort war es nur noch ein kurzes Stück bis San Remo.

Hinter dem Vierwaldstätter See erhob sich das Sankt-Gotthard-Massiv. Ein Schild kündete den fast 15 km langen Tunnel an, der kurz hinter der Station Göschenen in 1109 m Höhe begann und bei Airolo in 1146 m Höhe endete. In kleinen Nischen leuchteten Lampen, die das Gestein – Gneis, Glimmer, Hornblende und Granit – erkennen ließen. Unglaubliche Mengen an Sprengstoff waren verbraucht worden, den Nobels Werke in Gestalt der neuen Sprenggelatine geliefert hatten. Sosehr Nobel sonst große offizielle Veranstaltungen mied, an der Eröffnung der Sankt-Gotthard-Bahn im Frühjahr 1882 hätte er gern teilgenommen.

„Bei der eiligen Fertigstellung der Bahnlinie", schrieb er ärgerlich, „konnten durch das Dynamit und die Sprenggelatine Millionen – und zwar an den Zinsen allein – eingespart werden. Hier muß ein Irrtum vorliegen, sonst hätten diese Tölpel nicht versäumt, mir eine Einladung zu dieser Zeremonie zu schicken."

Die neue Bahnlinie verkürzte die Reisezeit erheblich. Als das Tageslicht wieder den Zug umflutete, atmete Sohlman auf. Der Zug rollte abwärts entlang des Ticino bis Bellinzona und weiter am Lago Maggiore vorbei. Gegen Abend würde er die Villa Nobel erreichen.

4

Nobel erwachte, doch er wagte nicht, die Augen zu öffnen. Hatte er die Schwelle überschritten, würde er Gott erblicken? Oder war er nicht tot, und es war eingetroffen, was er immer gefürchtet hatte: Hatten sie ihm nicht die Pulsadern geöffnet, wie er verlangt hatte, und ihn lebendig begraben?

Mit einem Schrei richtete er sich auf und blickte umher, Angstschweiß auf der Stirn. An seinem Bett saß der Arzt und sah ihn freundlich an. „Sie müssen ruhig liegenbleiben", sagte er. Behutsam drückte er Nobel in die Kissen.

Er war nicht tot, nicht lebendig begraben. Der Arzt flößte ihm Medizin ein und Wasser. Der Anfall war vorüber. Nobel wollte aufstehen, doch die Muskeln gehorchten ihm nicht. Er mußte noch ein wenig ausruhen, aber er wollte nicht wieder einschlafen, nur ein bißchen vor sich hin träumen wie damals, als er ein hilfloses Kind war, von Schwäche und Krankheit geplagt. Damals hatte er den besten Menschen an seiner Seite, die Mutter. Sie war selbst in einer schlimmen Situation, denn sie stand allein mit ihren zwei Söhnen.

Noch während sie 1833 mit ihrem dritten Sohn schwanger ging, stürzte sein Vater die Familie in Schulden. Doch sie sagte nie ein böses Wort über ihn. Sie liebte ihn so, wie er war, unternehmungslustig und eigenwillig. Er war fleißig und geschickt, aber er hatte zuviel für seine Experimente investiert, mußte Konkurs anmelden und konnte nur einen Teil der Schulden abdecken. Ein Unglück zog das andere nach sich. In wenigen Stunden brannte ihr Wohnhaus in Knåperstadt auf Långholmen ab.

Vier Jahre mühte sich der Vater, wieder auf die Beine zu kommen. Er versuchte, die Regierung für einen neuen Ranzen zu interessieren, in dem die Soldaten nicht nur ihr Gepäck unterbringen, sondern den sie zu einem Kissen aufblasen, als Schwimmweste verwenden und – aneinandergebunden – als Brücke benutzen konnten. Ohne Erfolg. Seine anderen Arbeiten brachten nicht genug ein, um die Schulden zu tilgen.

„Ich muß im Ausland mein Glück versuchen", entschied er deshalb 1837.

Das waren schwere Zeiten gewesen. Verstehen konnte der kleine Alfred das noch nicht, aber er hatte es gespürt. Der Vater war plötzlich nicht mehr da. „Schulden" und „Gläubiger" waren Wörter, die etwas Schlimmes bedeuteten. Niemals wollte Alfred damit etwas zu tun haben.

Ludvig Ahlsell half seiner Schwester, ein kleines Geschäft zu eröffnen. „Die Familie muß zusammenstehen", fand er. Er mochte seinen Schwager. „Immanuel kommt wieder auf die Beine." Sie alle freuten sich, wenn Onkel Ahlsell kam.

Allzuoft ging die Ladenklingel nicht, höchstens morgens, wenn die Frauen Milch, Käse oder Gemüse kauften. Sie waren arm, wurden aber immer satt.

Manchmal sprach die Mutter vom Vater. „Erst vierzehn Jahre war er alt, als er mit einem Segelschiff, der *Thetis*, als ‚Kajütenwärter' des Kapitäns Svedman in die Welt fuhr. Drei Jahre kreuzte das Schiff entlang der Küsten von Dänemark, Frankreich, Portugal, Spanien, Griechenland, Ägypten und Afrika. Aber das Seemannsleben behagte ihm nicht. Er wollte Architekt werden." Was er sich in den Kopf gesetzt hatte, führte er durch. Er konnte die höhere Architekturschule besuchen, dann die neugegründete mechanische Schule an der Kunstakademie.

Wenn die Mutter so erzählte, war Alfred stolz auf seinen Vater. Sie bewahrte alle Urkunden auf, seine Auszeichnungen sowie seine Modelle für eine Pumpe mit Windantrieb, eine Wendeltreppe, bewegliche Holzhäuser oder einen Apparat zur Appretierung von Leinen.

Erfindungen wurden Immanuel Nobels Leidenschaft. Seine Patente für eine Hobelmaschine und ein Triebwerk blieben ungenutzt. Doch das erschütterte ihn nicht. Er verdiente sein Geld als Bauunternehmer, genug, um Andrietta Ahlsell zu heiraten, Alfreds Mutter. Eine tapferere, gütigere Frau hätte er nie finden können.

In Finnland hatte er zwei Jahre lang Häuser gebaut und nebenbei seine Idee verfolgt, einen angreifenden Feind zu Wasser und zu Land mit Sprengminen zu stoppen. In Sankt Petersburg gewann er dafür das Interesse des Generals und Industriellen Ogarev und gründete mit diesem die Fabrik „Ogarev & Nobel, autorisierte Gießerei und Radfabrik", in der er neben Rädern und Drehbänken, Wasser- und Landminen später auch Zentralheizungen produzierte. Endlich, 1842, durfte die Mutter ihm mit ihren Kindern nach Sankt Petersburg folgen.

Alles war ungewohnt für Alfred und seine Brüder, die eigene Kutsche, das eigene große Haus mit vielen Zimmern, die fremde Sprache, das Ansehen, das sie in ihrer vornehmen Umgebung genossen, die große Fabrik mit den vielen Arbeitern, die zu tun hatten, was ihr Vater anordnete.

„Schreiben und lesen könnt ihr jetzt", sagte er zu ihnen. „Eine Schule werdet ihr nicht mehr besuchen, ihr bekommt Hauslehrer, die euch nicht nur Wissen vermitteln, sondern euch beibringen, wie man sich selbst Wissen aneignet."

Es war eine schöne Zeit für Alfred. Bald wurde er vertraut mit dem Vater. Seine Achtung verwandelte sich in Liebe. Oft suchte er seine Nähe im Betrieb, im Laboratorium, in den mechanischen Werkstätten, wo Dampfmaschinen, Rohre und Eisenwaren hergestellt wurden. Niemals verließ er sie ohne eine Erklärung, Belehrung oder Anregung. Sein Sinn für das Zusammenspiel von Werkstoff und Werkzeug sowie seine Beobachtungsgabe entwickelten sich. Er stand seinen Brüdern in nichts nach, übertraf sie sogar beim Lernen von Sprachen und an Kenntnissen in der Chemie.

„Ich bin erstaunt, was der kränkliche Junge für ein kluges Köpfchen hat", sagte Professor Nikolai Sinin einmal zu Alfreds Vater. Diesem Chemiker verdankte er sehr viel – sogar die Anregung, sich mit dem Teufelszeug Nitroglyzerin zu beschäftigen, das der italienische Chemiker Ascanio Sobrero entdeckt, aber wegen seiner Gefährlichkeit nicht weiter untersucht hatte.

In seiner Jugend war Alfred oft von Krämpfen heimgesucht worden. Doch die Muße, zu der ihn sein Körper zwang, war seinem Geist förderlich gewesen. Lesen und Nachdenken waren seine Welt. Seltsam, wie sein Vater ihn und seine beiden Brüder charakterisierte. „Was die Vorsehung dem einen weniger zugeteilt hat, scheint sie dem andern in um so reicherem Maße gegeben zu haben. Nach meiner Meinung hat Ludvig das meiste Genie, Alfred den größten Fleiß und Robert den meisten Spekulationsgeist." Das meiste Genie! Der Vater revidierte sein Urteil bald. „Alfred verfügt über ein großes Wissen und eine unermüdliche Schaffenskraft, in der ihm keiner gleichkommt." Hatte er deshalb beschlossen, ihn auf die weite Reise zu schicken? Oder glaubte er, Ludvig und Robert wären ihm nützlicher im Betrieb?

**Andrietta Nobel,
Alfred Nobels Mutter**

**Immanuel Nobel,
Alfred Nobels Vater**

**Ludvig Nobel, der zweitälteste der
Nobelbrüder**

**Emil Nobel, Alfred
Nobels jüngster Bruder**

**Robert Nobel, Alfred
Nobels ältester Bruder**

„Du sprichst fließend Englisch, Deutsch und Französisch; ist doch klar, daß du im Ausland am besten zurechtkommst", meinte Robert.

Wie ein Fürstensohn wurde er zum Schiff gebracht und verabschiedet. Lange sah er das Gesicht der Mutter, an ihrer Hand den kleinen Emil, den sie ein Jahr nach ihrer Ankunft in Petersburg geboren hatte. Daneben die kräftige Gestalt des Vaters mit den energischen Gesichtszügen und seine übermütigen Brüder, die er am liebsten bei sich gehabt hätte. Aber er war auch gern allein.

Nichts wäre er geworden ohne diese Reise! Kein Genie schuf allein aus sich heraus. Je vielseitiger die Anregungen, Erlebnisse, Erfahrungen, desto weiter und tiefer wurden der Blick und das Verständnis für Dinge und Menschen. Nur weil er viele Länder kennengelernt hatte, war es ihm später leichtgefallen, mit den Menschen vieler Völker zusammenzuarbeiten. Ihm gefiel es überall, in Deutschland, in England, in Amerika, in Italien und in Frankreich, wo er sich am längsten aufgehalten hatte.

Als er von seiner zweijährigen Weltreise zurückgekehrt war, hatte der Vater Ludwig und Robert in seinem Betrieb eingearbeitet. „Du fehlst uns noch als Kompagnon, Alfred", eröffnete er ihm. „Die Deutschen, Engländer, Franzosen und Amerikaner sind uns voraus. Dank dir für deine Berichte." Stolz führte er ihm eine neue Werkzeugmaschine vor, die er konstruiert hatte. „Damit schaffen wir das Dreifache." Das Erfinden war seine Leidenschaft geblieben. Dafür sah er nicht auf die Zeit und nicht aufs Geld. Das konnte er sich jetzt leisten. Fast tausend Arbeiter hatte er in Lohn. „Meine Schulden habe ich bis auf den letzten Heller bezahlt. Wenn du dich mit Robert und Ludwig zusammentust und ihr später mein Werk fortsetzt, dann wird es euch an nichts mangeln. Ich habe ein ganzes Bündel Aufträge von der Regierung."

Die Mutter hatte eine festliche Tafel herrichten lassen. Es war schön, wieder neben ihr am Tisch der Familie zu sitzen. Robert und Ludwig bestürmten ihn mit Fragen. Sie aßen und tranken bis weit nach Mitternacht.

„Für heute habt ihr Alfred genug ausgequetscht. Er ist ganz blaß, und mir fallen die Augen zu", meinte die Mutter endlich. Sie hatte gleich gemerkt, daß mit ihm etwas nicht stimmte, drängte immer wieder, daß er zur Kur nach Franzensbad fahren sollte. Aber er wehrte sich, wollte mitarbeiten. Er hatte das Nomadenleben satt.

Der Vater sorgte für Überraschungen. „Unsere Fabrik heißt jetzt ‚Eisenwerk und mechanische Werkstätten, Nobel und – Söhne!' Damit bist du Teilhaber. Na, wie fühlst du dich?" Er stieß mit ihm an.

Das Unternehmen florierte. Nach dem Ausbruch des Krimkrieges konnten sie sich vor Aufträgen nicht retten. Sie mußten Kredit aufnehmen, um den Betrieb zu vergrößern. Damals machte er sich keine Gedanken über Kriege. Sie lebten in Rußland, das gegen die Türkei, Frankreich und England kämpfte, also produzierten sie Schnellfeuergewehre, Geschütze, Maschinen für Schraubendampfer und – Minen.

Doch ein Krieg kostete Geld. Als alles verbraucht war, stornierte die Regierung ihre Aufträge. Vaters Haare wurden über Nacht weiß. „Wir müssen die Produktion drosseln. Trotzdem bleiben wir auf einem Haufen Zeug sitzen, das jetzt, nach dem Friedensvertrag, keiner haben will." Doch dann erwachte des Vaters Energie wieder. „Gut, stellen wir die Fabrikation auf Dampfmaschinen um. Rußland hat riesige Flüsse. Welch ein Rückstand, daß die Schiffe immer noch von Pferden oder Menschen stromaufwärts gezogen werden müssen." Aber sie brauchten Kredite. In Rußland war nichts zu bekommen, so fuhr er nach Paris und London. Doch die Banken zeigten ihm die kalte Schulter. Enttäuscht kehrte er zurück. Der Bankrott war unausweichlich, des Vaters Lebenswerk zerstört.

Dennoch wies er Ludvigs Vorschlag weit von sich. „Vater, in Schweden kannst du in Ruhe deine Forschungen über das Nitroglyzerin fortsetzen", erinnerte ihn dieser. „Du hast doch selbst gesagt, wer es bändigt, der ist ein gemachter Mann."

Robert und Alfred unterstützten Ludvig. „Es genügt, wenn wir uns allein um die Liquidation kümmern. Das Nitroglyzerin liegt dir doch am Herzen. Wenn du Erfolg hast, sind wir alle gerettet."

Der Vater war einige Tage übler Laune, aber dann hatte er sich entschieden. „Man soll da sterben, wo man geboren ist."

Die Mutter umarmte ihn. Emil führte einen Freudentanz auf. „Ich helfe dir natürlich, Vater, zusammen schaffen wir es bestimmt." Sechzehn Jahre war er damals, ein bißchen vorwitzig und verwöhnt, der Liebling aller. Er besaß eine schnelle Auffassungsgabe und wollte Chemie studieren – in Uppsala.

Wie anders wäre alles gekommen, wenn sie gemeinsam Vaters Werk hätten fortsetzen können! Doch vielleicht war es gut so, sie hätten noch lange am Gängelband des Vaters gehangen. Nun wurden sie flügge. Robert heiratete Pauline Lenngren, eine finnische Kaufmannstochter, und gründete eine Lampen- und Leuchtölfirma. Ludvig heiratete seine Cousine Mina Ahlsell. In Ichervod, zwischen St. Petersburg und Viborg, übernahm er eine kleine mechanische Werkstatt.

Alfred hatte das Erfinderfieber gepackt. Drei Patente meldete er in drei Jahren an: ein Gasmeßgerät, einen Apparat zur Messung von Flüssigkeiten, ein verbessertes Barometer – aber eine Existenz konnte er damit nicht aufbauen. Vaters Briefe, in denen er von seinen Experimenten mit Nitroglyzerin berichtete, beschäftigten ihn. Eines Tages rief er ihn zu sich: „Ich brauche deine Hilfe, Alfred. Ich habe einen Weg gefunden, wie wir das Nitroglyzerin nutzbar machen können."

5

Alfred freute sich auf das Wiedersehen. Es war ein Oktobertag mit tiefblauem Himmel. Im Geiste sah er schon die Türme von Stockholm. Mutter würde glücklich sein; am liebsten hätte sie ihre Söhne alle bei sich gehabt.

Die Schären von Stockholm tauchten auf. Die Kirchtürme schimmerten grüngold im Licht der Sonne, als sie den Halfkaks Sundet hinter sich ließen und an den Lilla Wärtan vorbei in den Saltsjön einfuhren. Nun war es nur noch ein kleines Stück bis zum Hafen, um die Inseln Kastellholmen und Skeppsholmen herum, vorbei an der Insel Staden, dem ältesten Teil Stockholms mit der Nikolaikirche, dem Schloß und vielen prächtigen Häusern der Kauf- und Bankherren, Reeder und Fabrikanten. Aus den Fischereien stieg Rauch auf, mischte sich mit dem Geruch von Teer und Tang.

Der Vater ging unruhig am Kai auf und ab. Er war ungeduldiger geworden, der Verlust seiner Fabrik hatte die Unrast in ihm verstärkt. Langsam fuhr das Schiff in den Hafen ein. Das weiße, wellige Haar des Vaters wehte im Wind. Die Furchen auf seiner breiten Stirn hatten sich vertieft.

„Gut, daß du endlich da bist." Er drückte Alfred die Hand und führte ihn zu seinem Wagen. „Nächste Woche wollen wir eine Sprengladung in Karlskoga zur Explosion bringen. Wir werden eine gußeiserne Kugel zur Hälfte mit stark gepreßtem Schießpulver und Nitroglyzerin füllen. Einige Experten seitens der Armee und der Bergbaubehörde sind eingeladen. Ich hoffe, daß nach dieser Demonstration die Militärverwaltung ein paar tausend Kronen beisteuert."

Eigentlich konnte der Vater zufrieden sein. In einem Gebäude neben seinem Wohnhaus auf Heleneborg wurde Nitroglyzerin produziert und mit ihm experimentiert. „Meine Idee ist, Nitroglyzerin von Schwarzpulver aufsaugen zu lassen. Ich habe damit sehr gute Resultate erzielt. Die Sprengwirkung des Schwarzpulvers wird rund achtmal verstärkt. Nur ein Problem ist noch zu lösen: Das Nitropulver verliert bei der Lagerung an Kraft."

„Wir leben wie auf einem Pulverfaß", sagte die Mutter seufzend und hob das Glas. „Trinken wir auf unseren Alfred. Mit ihm werdet ihr es schaffen."

Emil blieb schweigsam. Er fühlte sich Alfred unterlegen. Was hatte der schon alles gesehen und erlebt! Aber das würde bald anders werden, wenn er erst sein Studium in Uppsala hinter sich hatte.

Am nächsten Tag besichtigten sie die Anlagen. Heleneborg, ein idyllischer Wohnsitz mit mehreren stattlichen Gebäuden, war von schönen alten Bäumen umgeben. Neben einer Landungsbrücke für Lastkähne lagen zwei Ruderboote. In einem etwas abgelegenen Gebäude waren das Laboratorium und die Fabrikationsräume untergebracht.

„Heleneborg wird das Zentrum des Nobelpulvers werden", sagte der Vater, als er Alfred zu dem nahe gelegenen Steinbruch führte. Dort füllte Emil einige Sprenglöcher mit verschiedenen Mischungen des Nitropulvers. Die Zündung erfolgte wie die des gewöhnlichen Schwarzpulvers mittels einer Lunte. Eine Ladung nach der anderen wurde zur Explosion gebracht. Sie beobachteten die Wirkung aus sicherer Entfernung.

„Ganz zufrieden bin ich noch nicht", gestand der Vater. „Wir müssen ein Mischungsverhältnis erreichen, das die volle Sprengkraft des Nitroglyzerins zur Wirkung bringt."

„Meine Idee ist eine andere, Papa. Wir wissen, daß Nitroglyzerin nicht wie Schwarzpulver oder Schießbaumwolle durch Anzünden zur Explosion gebracht werden kann. Also muß man es durch eine Explosion zur Explosion bringen."

„Eben das tun wir doch, wenn wir Schwarzpulver mit Nitroglyzerin mischen."

„Aber unvollkommen. Ich habe im Newa-Kanal in St. Petersburg unter Wasser eine Bombe getestet. Sie bestand aus zwei ineinandergefügten Zylindern. In dem inneren war Schwarzpulver, im äußeren Nitroglyzerin. Das Schwarzpulver wurde mit einer Lunte gezündet. Daraufhin erfolgte eine Detonation, die die Ladung des Schwarzpulvers weit übertraf. Also war das Glyzerin mit explodiert."

„Das überzeugt mich nicht. Wie willst du wissen, daß wirklich das ganze Nitroglyzerin explodiert ist? Nein, Nitroglyzerin muß vom Schwarzpulver aufgesaugt werden."

Als sie die Gußeisenbombe füllten, wunderte sich Alfred. „Warum verwendest du jetzt nicht das Nitropulver, sondern Schwarzpulver und Nitroglyzerin getrennt?" fragte er.

„Weil wir noch nicht soweit sind. Das Schwarzpulver wird – so hoffe ich – das Nitroglyzerin mit einemmal zur Entzündung bringen."

„Aber damit befolgst du doch meine Idee, Papa!"

„Für diesen einmaligen Versuch, ja. Aber die Sache ist praktisch nicht durchführbar. Sie dient ja nur propagandistischen Zwecken."

Alfred war wirklich neugierig, wie das Experiment ausfallen würde. Würdige Herren in ordengespickten Uniformen und Fracks drängelten sich in dem Unterstand, während der Vater mit Emil die Bombe zwischen zwei Felsbrocken legte und die Lunte ausrollte.

„Mein Sohn Alfred wird die Lunte anzünden, meine Herren. Er hat bei den Professoren Sinin und Pelouze speziell über Sprengstoffe gearbeitet und ist extra von St. Petersburg angereist. Mit ihm werden wir den hochbrisanten Sprengstoff so weit entwickeln, daß er die bisherige Praxis weit in den Schatten stellt. Wir demonstrieren Ihnen nunmehr die unglaubliche Kraft unserer Nitrobombe."

Der Funke kroch die Lunte entlang. Dann folgte eine ohrenbetäubende Detonation. Die Felsbrocken waren verschwunden, in tausend kleine Stücke zerborsten. Schweigend schritten einige Herren den Umkreis ab, erstaunt, in welcher Entfernung noch Gesteinsbrocken zu finden waren. Trotzdem hatten sie Bedenken und gaben kein Geld. Deshalb sollte Alfred nach Paris fahren, um eine Bank für einen Kredit zu gewinnen.

Der Direktor der Société Générale de Credit Mobilier empfing Alfred und ließ sich die Berichte erläutern. „Es ist mir durchaus verständlich, daß Sie Mittel brauchen, um die Experimente zu vervollkommnen. Nur, wer garantiert uns, daß Sie wirklich Erfolg haben werden? Bisher hat sich niemand getraut, dieses Teufelszeug verwendbar zu machen. Vielleicht ist es gar nicht möglich, eine kontrollierte Explosion des Sprengöls zu erreichen."

„Es ist möglich, Monsieur. Wir stehen dicht vor dem Ergebnis. Die Sprengmischung, die wir entwickeln, wird die mehrfache Sprengkraft des Schwarzpulvers erreichen. Überall in der Welt wird man das Nitropulver haben wollen."

„Ich werde Ihnen nach Rücksprache mit meiner Gesellschaft morgen eine verbindliche Auskunft geben. Ich glaube fast, Sie haben mich überzeugt."

Alfred kehrte mit einem Darlehen von 100 000 Franc zurück, und gleich begann der Vater, die Produktion des Nitroglyzerins in größerem Maßstab zu betreiben. Außer Emil beschäftigte er einen Ingenieur, einen Hilfsarbeiter und ein Dienstmädchen.

Um der starken Wärmeentwicklung bei dem Mischvorgang der Stoffe entgegenzuwirken, bauten sie Kühlschlangen ein. Auf keinen Fall durfte die Temperatur bis auf 170 Grad Celsius ansteigen. Nach dem Mischen setzte sich auf dem Boden eine schwere ölige Schicht ab, die mit Wasser ausgewaschen werden mußte. Sie folgten damit dem Verfahren, das Sobrero entdeckt hatte.

Sie experimentierten einen ganzen Sommer. Der Vater glaubte an seinen Weg und setzte seine Versuche gemeinsam mit Emil fort. „Ich kann dich nicht zwingen mitzumachen, Alfred, wenn du unbedingt deinen eigenen Weg gehen willst."

Alfred hatte es satt, am Gängelband zu arbeiten. Der Vater hielt seine Idee für ein Hirngespinst. Die kontrollierte, zum gewünschten Zeitpunkt eintretende Zündung war das Problem.

So, wie man Schwarzpulver mit einem Funken zur Explosion bringen konnte, so mußte man Nitroglyzerin mit einem entsprechend kräftigeren Blitz aus seiner Trägheit herausbringen können. Daran wollte er arbeiten, und er begann von neuem, Sprengladungen auf diese Weise zusammenzustellen. Alle Versuche schlugen fehl. Endlich fiel ihm ein, daß die Druckwelle und die Temperatur des Zündpulvers vielleicht deshalb nicht ausreichten, weil er das Glasröhrchen, in dem es sich befand, nicht verschlossen hatte. Es zischte zum Teil aus der Öffnung heraus. Also verschloß er das Röhrchen mit einem Stopfen und wählte eine Stelle im Steinbruch, wo nur dann etwas bewegt werden konnte, wenn man eine ganze Ladung Schwarzpulver in das Bohrloch schüttete.

Der Vater deutete auf die kleine Sprengladung. „Es wird ein bißchen puffen", meinte er amüsiert. „Nur die richtige Mischung von Nitroglyzerin und Schwarzpulver vermag uns weiterzuhelfen."

„Es wird besser sein, wir begeben uns hinter den Erdwall."

Der Vater und Emil lächelten und stellten sich daneben. Eine unglaubliche Druckwelle warf sie um. Der Felsen bebte, und die Wand aus Granit, in der die Sprengladung gesteckt hatte, stürzte in sich zusammen. Zum Glück blieben die Zuschauer unverletzt. Freude löste den Schreck ab. Noch nie war ihnen eine derartige Sprengung gelungen. Alfred war überzeugt, daß er das Problem gelöst hatte, doch der Vater meinte, es könne Zufall gewesen sein.

Bei der zweiten Sprengladung nahm Alfred statt der Glasröhre eine Metallröhre. Emil half ihm, während der Vater wortlos zusah, wie sie die Sprengladung montierten.

Nach dem dritten Versuch war der Vater überzeugt. Doch er war nicht einverstanden, daß Alfred das Patent für sich allein beanspruchte. „Ich bin dir vorangegangen, Alfred."

„Du hast zwei Patente auf deinen Namen bekommen, Papa. Das neue Verfahren habe ich entwickelt. Du hast dich darüber lustig gemacht."

„Wir wollen uns nichts nachtragen. Bedenke, was du mir alles verdankst. Ohne mich hättest du überhaupt nicht experimentieren können. Ich habe dir den Weg geebnet."

„Den Weg schon, Papa, aber nicht den richtigen." Alfred fühlte sich im Recht, der Initialzünder war ganz allein sein Werk.

Emil versuchte zu vermitteln. „Könnt ihr euch nicht einigen und die Sache gemeinsam weiterbetreiben?"

Alfred riß die Geduld. „Es geht nicht nur um Rechte, sondern um die Ehre. Ehre kann man nicht teilen." Er stürzte ins Haus, packte seinen Koffer und verließ Heleneborg. Er mußte mit Robert und Ludvig sprechen. Als wenn er seine Erfindung allein ausbeuten wollte! Natürlich würde er den Vater und die Brüder am Geschäft beteiligen.

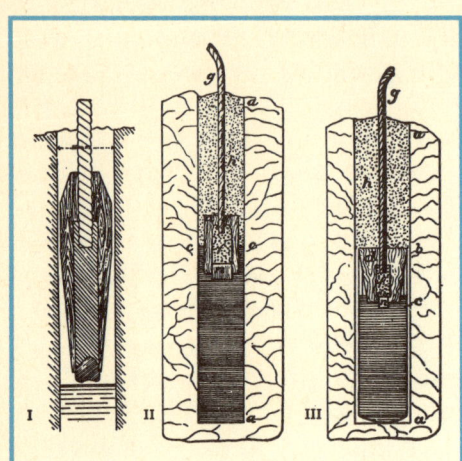

Nobels Initialzünder von der ersten (I) bis zur endgültigen Ausführung (III)

Auf dem Schiff kam er allmählich zur Ruhe. Wie konnte er wegfahren, ohne sich von der Mutter zu verabschieden. Er hatte zu impulsiv gehandelt. Ludvig und Robert fanden den Streit zwar nicht schön, konnten den Vater aber verstehen. Nach einiger Zeit fühlte sich Alfred ruhig genug, dem Vater seinen Standpunkt klarzumachen. Endlich glaubte er, die richtigen Worte finden zu können. Er wollte den Vater nicht verletzen, aber aus seinem Herzen auch keine Mördergrube machen. Der Brief fiel ziemlich scharf aus, doch er war aufrichtig. Würde er die gewünschte Wirkung erzielen? Diese Frage quälte ihn, nachdem er den Brief der Post anvertraut hatte.

Oft waren Vorwürfe das Ergebnis mangelnden Verständnisses für die Schritte der Entwicklung überhaupt. Wann war eine Erfindung oder Entdeckung wirklich ein Fortschritt? Schließlich standen alle Forscher auf den Schultern der Vorfahren. Ein moderner Dampfhammer, mit dem tonnenschwere Eisenblöcke zugerichtet wurden, war immer noch ein Hammer und vom Prinzip her gleich dem des Urmenschen. Doch welch ein Unterschied in der Handhabung und Wirkung!

Auch die Chemiker Braconnot, Pelouze oder Sobrero konnten den Anspruch erheben, das neue Sprengverfahren mitbegründet zu haben. Braconnot hatte als erster durch Auflösung von Stärke oder Zellulose in konzentrierter Salpetersäure eine Verbindung erhalten, die wie Pulver abbrannte. Pelouze gewann auf ähnliche Weise eine vergleichbare Verbindung.

Sobrero, der noch weitergeforscht hatte, könnte von ihm eine Beteiligung am Patent fordern mit der Begründung, die Nutzbarmachung des Nitroglyzerins wäre sein Verdienst. Schließlich hatte er es entdeckt, untersucht und in der Praxis verwenden wollen. Obgleich er nach 1853 davon Abstand nahm, weil nach einer Explosion von 400 Gramm einer dem Nitroglyzerin verwandten Substanz im Laboratorium des Turiner Arsenals schreckliche Verwüstungen entstanden waren.

Sobrero erhob ja auch keinen Anspruch darauf, daß nach ihm der Chemiker J. E. de Vrij aus Rotterdam die physiologischen Wirkungen des Nitroglyzerins untersuchte und es als Arzneimittel in die Heilkunde einführte.

Ebenso könnten ihm die Petersburger Chemiker Sinin und Trapp das Patent streitig machen, denn sie hatten ihn und den Vater auf das Sprengöl aufmerksam gemacht.

Die Elemente waren fast alle vorhanden gewesen, das Nitroglyzerin und das Schwarzpulver; ihre Eigenschaften waren bekannt. Nur wußte man nicht, wie man sie aufeinander einwirken lassen mußte, um eine kontrollierte Anwendung zu ermöglichen. Diese Idee hatte allein er gehabt, und ihre praktische Verwirklichung war allein sein Werk. Denn eine Erfindung oder Entdeckung bestand darin, daß durch sie ein Problem gelöst wurde.

6

Endlich kam die Antwort des Vaters. Alfreds Hände zitterten, als er den Brief öffnete.

Mein lieber Alfred,
ich habe lange über Deinen Brief nachgedacht. Er hat mich wütend gemacht, ich fand Dich anmaßend. Doch nach und nach kam ich zur Besinnung. Du hast recht ... Die Initialzündung ist allein Dein Verdienst ... Ich bitte Dich dringend, das Patent auf Deinen Namen allein zu beantragen. Es wird Zeit, daß Du zurückkommst ... Wir müssen Nitroglyzerin in

größerem Maßstabe als bisher produzieren, dazu Deine Zünder, und wir müssen die Sprengmeister von den Vorteilen der neuen Technik überzeugen ...
Herzliche Grüße – auch von Mama und Emil – Dein Papa

Alfred hätte jauchzen mögen. Erst jetzt begann er sich über seine Erfindung richtig zu freuen. Alle Nobels sollten teil daran haben. Robert konnte in Finnland eine Nitroglyzerinfabrik aufbauen. Er brauchte ohnehin ein besseres Einkommen; mit dem Petroleumhandel verdiente er zuwenig.

Alfreds Reisegepäck war in wenigen Minuten gepackt. Obgleich er das schnellste Schiff gewählt hatte, war ihm eine Reise noch nie so lang vorgekommen. Endlich sah er die Türme von Stockholm im Morgendunst auftauchen. Eine große Zukunft lag vor ihm. „Nobels Patentsprengöl" – so wollte er es nennen – würde den Markt erobern.

Die Mutter war glücklich über seine Rückkehr, aber zum Vater wollte sich das alte Verhältnis nicht ganz wiederherstellen. Er kam nicht darüber hinweg, daß er sich verrannt hatte, wenngleich er ganz in der Herstellung des Sprengöls aufging. Er überließ Alfred die Werbung. Sie konnten Nobels Patentsprengöl zu 2,50 schwedischen Kronen das Pfund bei sehr gutem Gewinn liefern. Damit war es zwar teurer als Schwarzpulver, doch in der Wirkung weitaus stärker.

Ihre Versuche waren unter den Fachleuten im Gespräch. Die Firmen, die beim Bau von Eisenbahnstrecken, Tunnels und Straßen mit dem harten schwedischen Urgestein schwer zu kämpfen hatten, waren an einem wirkungsvolleren Sprengstoff interessiert.

Es war ein heißer Morgen im August 1863, als Alfred seine Sprengladung in das Bohrloch schob. Der Felsen, durch den eine Schneise für die Eisenbahn geschlagen werden mußte, erhob sich hoch in den wolkenlosen Himmel.

„Sie glauben doch nicht etwa, diesen Granitblock mit einer einzigen Ladung zu bezwingen?" fragte der Sprengmeister.

„Wie viele Ladungen mit Schwarzpulver würden Sie brauchen?" gab Alfred zurück.

„Zehn, mindestens zehn." Brummend stimmten die Arbeiter dem Sprengmeister zu.

„Es wird trotzdem besser sein, wenn sich alle hinter den Damm dort begeben. Sie werden sehen, was unser Patentsprengöl vermag", meinte Alfred.

Langsam zogen sich die Gleisbauer hinter die Deckung zurück. Der Funke der Lunte näherte sich wie ein Irrlicht dem Bohrloch. Plötzlich erdröhnte die Luft. Felsbrocken flogen durch die Luft, Steine prasselten auf die Erde.

Die Männer hatten sich dicht an die Böschung gepreßt. Noch nie hatten sie eine Sprengung erlebt, die die Erde zum Beben brachte. Einer nach dem andern stürzte hinter der Deckung hervor. Sie starrten auf das Wunder: Der Felsen war verschwunden.

Der Sprengmeister reichte Alfred die Hand. „Herr Nobel, wenn das kein Zufall war, dann hat heute ein neues Zeitalter der Sprengtechnik begonnen."

„Diese Sprengung war kostenlos. Wenn Ihre Firma weitere Dienste benötigt, dann stehe ich zur Verfügung."

„Wenn Sie den gleichen Erfolg garantieren. Bezahlt wird das Ergebnis."

Auch Alfreds Vorführungen in Steinbrüchen und Bergwerken führten zu guten Ergebnissen. Immer häufiger bestellten die Firmen Nobels Patentsprengöl. Alfreds Geburtstag wurde zu einem Freudenfest. Robert und Ludvig hatten die weite Reise nicht gescheut, um ihm zum Einunddreißigsten zu gratulieren und die Fabrikation des Patentsprengöls in Augenschein zu nehmen.

„Ist die Herstellung nicht sehr gefährlich?" fragte Robert. „Wenn ich bedenke, was hundert Gramm des Öls anrichten können ..."

„Es ist so gut wie harmlos", antwortete der Vater. Zum Beweis goß er etwas Nitroglyzerin auf eine Metallplatte, brannte ein Zündholz an und legte es zu dem Öl. Eine kleine bläuliche Flamme kroch auf der Oberfläche entlang und erlosch, ehe das Nitroglyzerin ganz verbrannt war. „Es braucht einen kräftigen Impuls, sonst bleibt es träge wie Rapsöl."

„Aber es soll sich doch auch von allein entzünden, ohne daß man weiß, wie." Robert trat hinter dem Vater hervor.

„Wir arbeiten daran. Wichtig ist, daß das Öl frei von Säuren bleibt. Salpeter- und Schwefelsäure, die zur Herstellung von Nitroglyzerin gebraucht werden, müssen vollkommen wieder ausgewaschen werden. Nitroglyzerin ist ungefährlich, wenn man damit richtig umzugehen versteht."

An der Kaffeetafel gingen die Gespräche weiter. „Wir haben schon mehrere Firmen überzeugt, daß sie mit unserer Methode billiger arbeiten und mehr schaffen können. Es wird bald kein Industrieland mehr geben, das ohne unseren Sprengstoff auskommen kann. Ich bin glücklich, das auf meine alten Tage noch erleben zu können." Der Vater war voller Zuversicht. Alle gönnten ihm die Freude.

„Trotzdem habe ich oft Angst", gestand die Mutter. „Irgendein dummer Zufall ... Ihr stellt ja von Tag zu Tag mehr von diesem Sprengstoff her."

„Das meiste wird doch gleich an die Firmen versandt, Mama. Außerdem werden wir die Methoden verbessern, so daß der Umgang mit Nitroglyzerin völlig harmlos wird." Emil lächelte ihr beruhigend zu.

Alfred pflichtete Emil bei. Die Herstellung des Nitroglyzerins war nicht ungefährlich, doch es hatte bisher keine ungewollte Explosion gegeben. Vorsicht war oberstes Gebot. Emil durfte Alfred assistieren, aber nicht auf eigene Faust Versuche anstellen. Dafür fehlten ihm noch die Kenntnisse und die Erfahrung. Er war geschickt, umsichtig, ehrgeizig, aber manchmal ein wenig zu schnell.

Alles lief nach Wunsch. Emil bemühte sich um eine bessere Methode zur Reinigung des Nitroglyzerins. Es bestand immer die Gefahr einer unvorhergesehenen Erwärmung des Sprengöls. Deshalb war allen eingeschärft worden, stets mit einem Thermometer zu arbeiten.

Sie saßen beim Mittagstisch und warteten auf Emil, der in seinem Eifer nicht selten zu spät zu einer Mahlzeit kam. Der Vater trommelte mit den Fingern auf die Tischplatte. Er wollte am Nachmittag hundert Pfund Nitroglyzerin zum Versand fertig machen.

Plötzlich flammte ein Blitz auf. Ihm folgte ein Donnerschlag, das Haus erbebte, die Fenster flogen aus den Rahmen, Steine, Balken und Scherben wirbelten durch die Luft.

Alfred war einem Anfall nahe. Seine Brust schmerzte, der Hals war wie zugeschnürt. Mit einem Ruck riß er sich aus der Erstarrung und stolperte über die aus den Angeln gerissene Tür ins Freie. Drei Gebäude standen noch, aber an der Stelle, wo sich das Laboratorium befunden hatte, klaffte ein riesiges Loch. Davor lag das Dienstmädchen, eine tödliche Wunde an der Stirn. Außer Emil waren der Ingenieur und zwei Arbeiter in dem Haus gewesen.

Der Vater irrte fassungslos zwischen den Trümmern umher. Er weinte vor Schmerz und Zorn.

Die Mutter wirtschaftete in der Küche herum. Ein hilfloser Blick traf Alfred. „Ich weiß, Emil ist tot." Sie schluchzte, sank in die Arme ihres Mannes. Scherben knirschten unter ihren Schuhsohlen. Alles war sinnlos geworden.

7

Das Schweigen der Mutter verfolgte Alfred wie ein Fluch. Ihre Augen blieben trocken, sie konnte nicht mehr weinen. Der Vater wehrte die aufdringlichen Reporter ab und trat den Behörden, die ihn zur Rechenschaft aufforderten, entgegen. Sein Wille, sich nicht unterkriegen zu lassen, schien unbezwingbar.

Journalisten forderten von der Regierung, die Herstellung von Nitroglyzerin zu verbieten. Angehörige der Verunglückten erhoben den Vorwurf der fahrlässigen Tötung und verlangten Entschädigung. Der Polizeipräsident forderte eine schriftliche Stellungnahme.

Einige Zeitungen quollen über von haarsträubenden Berichten über die Gefährlichkeit des Nitroglyzerins. Zum Glück sei nur ein Teil explodiert, wie Immanuel Nobel behauptet habe. Andernfalls wäre wohl Stockholm verwüstet worden.

Gegenstimmen meldeten sich. Für die Tunnelsprengungen in Stockholm sollte Sprengöl verwandt werden. Die Baugesellschaft erklärte, daß die Kosten sich andernfalls verdreifachen würden. „Wenn Sie uns garantieren, daß nichts passiert, Herr Nobel, dann ..."

„Ich werde bei den Sprengungen persönlich anwesend sein", versprach Alfred. Ihm war klar, daß er handeln mußte. Allerdings wußte er nicht, wie und wo er die Herstellung des Sprengöls vornehmen sollte.

Angst vor dem gleichen Schicksal, das Emil getroffen hatte, befiel ihn nicht. Welche Vorwürfe sollte er sich machen? Daß er

Emil nicht genügend beaufsichtigt hatte? Er hätte nicht dauernd bei ihm sein können. Und die Mutter wußte, wie schwer er an dem Unglück trug. Sie sorgte sich um den Vater. Nachdem er alle Angriffe der Behörden abgewiesen hatte, erfaßte ihn eine schreckliche Unrast. Er schlief kaum, schmiedete Pläne, wollte sofort mit der Produktion von Nitroglyzerin fortfahren. Dabei fehlten die nötigen Geräte, um überhaupt anfangen zu können.

Der Polizeichef schickte zwei Beamte. „Mit Rücksicht auf die öffentliche Sicherheit ist ab sofort die Herstellung von Nitroglyzerin im Stadtgebiet von Stockholm untersagt. Bitte quittieren Sie diese Anordnung."

„Damit zerstören Sie mein Lebenswerk", begehrte der Vater auf. Er schlug mit der Faust auf den Tisch. Das Tintenfaß schwappte über, und eine blauviolette Spur lief über das amtliche Schreiben. Der Vater tauchte den Finger hinein und schrieb seinen Namen damit über die Anordnung.

Fluchtartig verließen die Polizisten das Zimmer. Der Vater sackte zusammen. Er konnte nicht mehr stehen, nicht mehr sprechen. Die Röte seines Gesichts war einer wächsernen Blässe gewichen. Unaufhörlich bewegte er die Lippen, doch außer einem Lallen drang kein Laut heraus.

„Ruhe, absolute Ruhe." Der Arzt schrieb ein Rezept aus. „Das war ein Schlaganfall. Sie müssen jede Aufregung von ihm fernhalten!"

Robert mahnte Alfred in einem Brief: „Verlaß so schnell wie möglich die verdammte Erfinderlaufbahn, sie bringt nur Unglück."

Die verdammte Erfinderlaufbahn! Hörten die Menschen auf zu reiten, weil sich einige dabei das Genick gebrochen hatten? Fuhren weniger über den Ozean, weil einige Schiffe mit Mann und Maus untergegangen waren?

Leise Schritte näherten sich. Die Mutter legte ihre Hand auf Alfreds Schulter. „Papa schläft jetzt. Tante Edla hat geschrieben. Sie hat mit dem schwedischen Millionär Smitt über deine Erfindung gesprochen. Er würde gern mit dir über eine gemeinsame Nutzung reden." Sie bestand darauf, daß er den Generalkonsul Johann Wilhelm Smitt aufsuchte.

Noch nie war Alfred einem Mann gegenübergetreten, der über

Millionen verfügte. Smitts Villa beeindruckte ihn. Ein Diener führte ihn in den Empfangsraum.

Smitt ließ ihn nicht warten. „Setzen wir uns. Ich brauche Ihnen nicht zu sagen, Herr Nobel, wie sehr ich den Unglücksfall bedauere. Aber ich bin überzeugt, daß Ihre Erfindung Zukunft hat. Deshalb schlage ich Ihnen die Gründung einer Aktiengesellschaft vor, an der ich mich mit 33 Prozent beteiligen würde. Ein Bekannter, Kapitän Carl Wennerström, würde ebenfalls Aktien in dieser Höhe erwerben." Smitt hatte ein offenes Gesicht, das Vertrauen einflößte.

„Welche Bedingungen verbinden Sie mit Ihrem Vorschlag?"

„Sie verkaufen der – nennen wir sie Nitroglyzerin-Aktiengesellschaft – das ausschließliche Recht, Ihr Patent nebst den Zusätzen und Änderungen, die in Zukunft gemacht werden, in Schweden zu nutzen. Dafür bekommen Sie hunderttausend Reichstaler."

Die Summe war schwindelerregend hoch. Einen um so kühleren Kopf mußte er behalten. „Ich danke Ihnen für Ihr Angebot, Herr Smitt. Im Interesse des Erfinders stelle ich jedoch eine Bedingung: In seiner Hand muß sich die Mehrheit der Aktien befinden. Das Direktorium wird sich aus Ihnen, Kapitän Wennerström und meiner Person zusammensetzen, so daß die Teilhaber ohnehin in der Mehrheit sind."

Ein Lächeln umspielte Smitts Mund. „Sie sind nicht nur ein tüchtiger Erfinder, Herr Nobel, sondern auch ein geschickter Geschäftsmann. Sie brauchen Geld, Sie brauchen Rückhalt, Sie werden beides bekommen."

Der 22. Oktober 1864 wurde als Gründungstag der ersten Nitroglyzerin-Aktiengesellschaft vereinbart. Der Vater konnte wieder sprechen, aber nicht laufen. Seine Augen glänzten, als Alfred ihm die Gründungsurkunde mit seinem Aktienanteil überreichte. „Hast mich fast so hoch bedacht wie dich selbst. Warum mußte mir das jetzt passieren, wo du meine Hilfe dringender denn je brauchst?"

„Darüber mach dir bitte keine Sorgen", tröstete die Mutter. „Robert will kommen, er wird dich in der Gesellschaft vertreten."

„Und wo willst du das Nitroglyzerin für die Gesellschaft fabrizieren, ohne daß dir die Behörden das Handwerk legen?"

„Auf dem Mälarsee, auf einem Prahm", erwiderte Alfred.

8

Einen alten Lastkahn für wenig Geld zu kaufen war nicht schwer, auch nicht, einen Schiffer zu gewinnen, den Prahm im Bockholmsund des Mälarsees zu verankern. Aber niemand wollte die chemischen Substanzen an Bord rudern, obgleich es sich nur um die nicht explosiven Ausgangsmaterialien handelte.

Endlich fand sich ein junger Mann, der Alfred helfen wollte. In wenigen Tagen schafften sie die Geräte und Substanzen an Bord. Endlich konnte er mit der Herstellung von Nitroglyzerin und Zündern beginnen.

Der junge Mann ging ihm weiter zur Hand. „Jetzt erst wird es gefährlich, Sven. Richte dich genau nach meinen Anweisungen", sagte Alfred.

Entscheidend war die Kühlung. Sowohl bei der Mischung von Glyzerin mit Salpetersäure als auch bei der nachfolgenden Reinigung mußte Eis verwendet werden.

Sven gab sich alle erdenkliche Mühe. Die Arbeit begann ihn zu interessieren. „Können Sie noch einen gebrauchen?" fragte er eines Abends. „Ich habe einen Freund, der will nach Amerika auswandern, weil er keine Arbeit findet."

„Bringen Sie ihn mit." Alfred konnte noch mehr Arbeiter beschäftigen, aber der Prahm war zu klein. Er brauchte mehr Platz.

Johann Wilhelm Smitt war nicht untätig geblieben. „Noch ein bißchen Geduld, Herr Nobel. Die Verhandlungen mit der Regierung laufen. Wenn alles gutgeht, können wir im Frühjahr in Vinterviken eine Fabrik aufbauen."

Die Kampagne der Presse gegen den neuen Sprengstoff kam zur Ruhe. Einige Zeitungen berichteten von den gewaltigen Kräften des Nitroglyzerins, von Einsparungen an Material und Arbeitskraft.

Der Winter war ungewöhnlich kalt. Ein scharfer Wind fegte über das Eis. Statt der Ruderboote benutzten sie Schlitten für die Fahrten zum Lastkahn, denn das Eis türmte sich um den Prahm.

Wie gut, daß Alfred Mitarbeiter gefunden hatte. Er sparte nicht mit Lob. Nur wenn man großzügig war, Hilfe anerkannte und belohnte, fand man willige Kräfte. Bald würde er mit vielen

Arbeitern zurechtkommen müssen, denn die Bestellungen mehrten sich. Es wurde Zeit, daß Alfred eine richtige Fabrik aufbauen konnte. Bis es soweit war, richtete er sich eine Koje ein und verlebte nur die Wochenenden zu Hause.

Der Vater hatte sich so weit erholt, daß er sitzen und schreiben konnte. „Es ist hart, an das Bett gefesselt zu sein, doch ich lass' mich nicht unterkriegen. Ich werde meine Ideen zu Papier bringen, und es werden sich Leute finden, die sie ausführen."

Die Arbeit erschöpfte Alfred. Nie sah er auf die Uhr. Erst wenn seine Helfer den Prahm schon längst verlassen hatten und er sich nicht mehr konzentrieren konnte, wankte er in seine Koje und schlief vier Stunden wie tot. Dann war er hellwach, kochte Wasser für Tee, aß hartes Brot und Schinkenspeck. Wenn seine Arbeiter kamen, begann die Produktion. Er machte Sven zum Vorarbeiter, weil er selbst Verhandlungen führen, Probesprengungen veranstalten, Finanzangelegenheiten regeln und neue Kunden werben mußte. Doch er brauchte nur wenig Reklame zu machen, denn die Zeitungen sorgten für Aufsehen, sogar im Ausland.

Robert sollte endlich kommen. Ihm waren zehn Prozent des Reingewinns der Nitroglyzerin-Aktiengesellschaft, ein Paket Aktien sowie Reisespesen von tausend Kronen zugesichert. Alfred fühlte sich im Stich gelassen. Wie sollte er die neuen Aufträge erfüllen, wenn er gleichzeitig geschäftsführender Direktor, Fabrikationsleiter, Korrespondent und Schatzmeister war!

Er fuhr nach Stockholm, um Geschenke für die Eltern zu kaufen. Es war ein schönes Gefühl, sich für die besten Sachen entscheiden zu können. In dem Kleid für die Mutter konnte sich auch Frau Smitt sehen lassen. Für den Vater suchte er eine Schreibmappe in Leder aus, dazu ein Zeichenbrett und das beste Papier.

Das meiste von dem Geld, das er einnahm, steckte er in die Produktion. Die Rohstoffe mußten bezahlt, neue Geräte, Werkzeuge und Maschinen angeschafft und der Lohnfonds mußte vergrößert werden. Er brauchte Techniker, Ingenieure und Baumeister. Wenn er in Schweden nicht bald eine Nitroglyzerinfabrik errichten durfte, wollte er sein Glück im Ausland versuchen. Überall wurden Eisenbahnen und Straßen gebaut, Bergwerke und Steinbrüche erschlossen. Schon kamen die ersten Bestellungen aus Deutschland. Gefäße aus verzinntem Blech zum Versand

mußten beschafft, ein Blechschmied und ein Zinngießer eingestellt werden.

Nitroglyzerin war relativ einfach herzustellen. In vielen Ländern gab es hervorragende Chemiker und Techniker, Spezialisten
für Sprengstoffe. Überall sprach und schrieb man über das
Sprengöl. Auch in anderen Ländern würden Männer auf den
Gedanken kommen, Nitroglyzerin technisch nutzbar zu machen
und sich goldene Nasen zu verdienen. Ein Erfinder war schnell
um den Lohn für seine Mühen betrogen. Unruhe ergriff Alfred.
Noch besaß er einen Vorsprung, denn auf den Zünder würde so
schnell keiner kommen. Außerdem hatte er die Welt bereist und
sprach die wichtigsten Sprachen.

Vinterviken war wichtig, aber nur ein Anfang. Er sah nun die
wachsende Zahl der Fabriken vor Augen, die er auf dem ganzen
Erdball errichten wollte. Aktiengesellschaften sollten es werden,
von Direktoren geleitet, aber die Mehrheit der Aktien würde er in
seiner Hand behalten.

Smitt bestärkte Alfred. „Ich werde Sie dem Kaufherrn Wilhelm
Winkler in Hamburg empfehlen. Vorher aber muß die Fabrikation in Vinterviken angelaufen sein!"

Das Warten auf die Genehmigung für die Errichtung der
Sprengölfabrik in Vinterviken forderte Alfreds ganze Geduld. Die
Fabrik sollte so großzügig angelegt werden, daß sie für Jahrzehnte
den Bedarf an Sprengöl in Schweden und den Nachbarländern
decken konnte.

Aber wem sollte er die Leitung anvertrauen? Robert wollte im
Frühjahr kommen. Einige Zeit würde er es hier aushalten, aber er
plante, selbst in Finnland eine Sprengölfabrik aufzubauen. Außerdem hatte Robert Angst vor dem Sprengstoff. Auf die Dauer konnte
Alfred mit ihm nicht rechnen.

Bei der Suche nach Mitarbeitern erinnerte sich Alfred an seinen Jugendfreund Alarik Liedbeck. Alarik hatte eine Ingenieur-
schule besucht und wohnte in Stockholm. Vielleicht konnte er
ihn für Vinterviken gewinnen. Alarik war zwar etwas langsam,
aber zuverlässig.

Alarik zeigte sich interessiert und suchte Alfred auf. Dann
wollte er sich das Gelände von Vinterviken ansehen. Mit einem
Schlitten fuhren sie über das Eis.

Alarik erkundigte sich nach der Geschäftslage. „Ich habe eine gute Stellung, Alfred. Deine Sache reizt mich, aber ich muß wissen, welche Risiken ich eingehe."

„Du bekommst das gleiche, was ich Robert zugesagt habe, Alarik, zehn Prozent vom Reingewinn, auf jeden Fall fünfhundert Kronen monatlich als Mindestsumme garantiert. Alles, was du an Erfindungen und Verbesserungen einbringst, wird entsprechend den daraus entstehenden Vorteilen vergütet. Im übrigen betrachte ich das nur als einen bescheidenen Anfang."

Der Schlitten bog um eine Felsnase. Vor ihnen erstreckte sich Vinterviken. „Dort liegt das Gelände." Alfred streckte den Arm aus. Er wickelte sich aus dem Schafpelz und sprang vom Schlitten.

Im gleichen Augenblick tauchte eine Gruppe würdig gekleideter Herren auf, die sich von der Landseite dem Platz näherten. Alfred erkannte Smitt und blieb überrascht stehen.

„Welch ein Zusammentreffen", begrüßte ihn Smitt. „Darf ich bekannt machen: Herr Nobel, der Erfinder, die Herren von der Stadtverwaltung ..." Er nannte Namen und Titel.

„Mein Freund, Herr Liedbeck, Ingenieur."

„Wollen Sie mir nicht die Mühe abnehmen und den Herren Ihre Absicht vortragen?" fragte Smitt.

Alfred blickte in aufmerksame, skeptische, neugierige, wohlwollende Augen. Einzelheiten waren nicht vonnöten, er mußte den Herren die Sicherheit der zukünftigen Anlage plausibel machen. Er deutete auf die Felsen, die im Falle einer Katastrophe die Druckwelle abfangen und die dahinter liegenden Gebäude schützen würden. „Die Weite des Sees erfüllt nach der anderen Seite denselben Zweck. Außerdem, meine Herren, ist eine Katastrophe so gut wie ausgeschlossen, denn das Sprengöl ist nur dann gefährlich, wenn es unsachgemäß behandelt wird."

Hatte er die Herren genügend beeindruckt? Smitt nickte ihm lächelnd zu. „Das war nur ein letzter, sozusagen formaler Akt", flüsterte er. „Im März können Sie loslegen."

Als die Herren außer Hörweite waren, knuffte Alfred seinen Freund in die Seite. „Das waren die besten Worte, die ich heute gehört habe. Mensch, Alarik, weißt du, wonach mir jetzt der Sinn steht? Nach einer Schneeballschlacht."

Kaum hatte er das gesagt, da griff Alarik in den Schnee und warf einen Schneeball nach Alfred. Der Kutscher wunderte sich, daß die beiden Männer sich wie Schulbuben tummelten.

9

Alfred Nobel nahm das erste Schiff, das nach den Tauwinden durch das aufgebrochene Eis hindurchstampfte. Er durfte keine Zeit verlieren. Winkler hatte ihm geschrieben, seine Anwesenheit sei dringend erforderlich. Die Königliche Preußische Herzogliche Lauenburgische Regierung habe große Bedenken. Die Katastrophe von Heleneborg spukte in den Köpfen der Beamten. Vinterviken konnte er beruhigt Liedbeck überlassen. Auch Robert war gekommen, doch das Nitroglyzerin war ihm nach wie vor unheimlich. Nur der gute Verdienst half ihm über seine Ängste hinweg. Alarik Liedbeck dagegen zeigte keine Furcht. Er konstruierte Vorrichtungen und Maschinen.

Nach zwei Tagen erreichte Alfred Hamburg. Er überblickte die Häuser, Kais und Werften, die Markthallen und den Hafen. Schiffe liefen ein und aus. Bald würden die ersten Schiffe das Sprengöl nach Amerika transportieren, Sprengöl, das in Hamburg fabriziert werden würde. Ihm wurde heiß bei diesem Gedanken. Er griff nach seiner Reisetasche, in der sich fünf Flaschen Nitroglyzerin, eine Schachtel Zündhütchen, Thermometer und Zündschnüre befanden.

„Stell sie vorsichtig ab. Sie enthält Sprengöl", sagte er dem Boy des Hotels Astoria, der ihm seine Tasche abnahm.

„So eine schicke Tasche und Öl drin?" Der Boy klemmte sie sich unter den Arm und griff nach Nobels zweitem Gepäckstück, einem Lederkoffer.

„Sprengöl, mein Junge. Wenn du die Tasche nicht behutsam auf den Boden setzt, könnte sie explodieren."

Der Boy ließ die Tasche fallen, blickte Nobel entsetzt an, drehte sich um und rannte davon.

Wenige Minuten später suchte ihn der Hoteldirektor auf. „Mein Herr, ist es wahr, daß Sie in Ihrer Tasche einen Sprengstoff transportieren, der explodiert, wenn man die Tasche fest auf den Boden stellt?"

„Bitte überzeugen Sie sich." Nobel öffnete die Reisetasche.

Der Direktor war verdutzt. „Das ist alles? Damit kann man ja wohl kaum ein Unglück bewirken."

In Vinterviken bei Stockholm entstand die erste Nitroglyzerinfabrik der Welt.

Für den nächsten Tag war Nobel mit dem Kaufherrn Wilhelm Winkler und dem Anwalt Dr. Christian Eduard Bandmann verabredet. „Wir brauchen überzeugende Demonstrationen, Herr Nobel, um die Herrschaften aus der Regierung zu beruhigen."

„Ich werde das Sprengöl anzünden und mit einem Hammer darauf schlagen. Wird das genügen?"

„Sagen Sie es bitte nicht vorher, sonst wird man es Ihnen verbieten. Mein Bruder Theodor hat übrigens eine Ihrer Sprengungen in den Feldspatbrüchen auf Stora Rösholmen erlebt. Falls wir Erfolg haben, würde er gern in der Fabrik mitarbeiten."

„Einverstanden. Schreiben Sie ihm bitte, er möge kommen."

„Warten wir lieber ab, was die Regierung beschließt. Auf jeden Fall sollten wir die Firma gründen und ins Handelsregister eintragen lassen. Wenn Sie wollen, können Sie in einem meiner Lagerhäuser draußen vor der Stadt eine Modellanlage errichten – inkognito natürlich."

Winkler vermittelte Nobel einen jungen Schlosser, der nach seinen Skizzen die verschiedenen Geräte herstellte. Nach den Modellen sollte später die Fabrik eingerichtet werden. Aber mit ihnen konnte er schon kleine Mengen Sprengöl erzeugen. In einem zweiten Raum richtete er sich ein Laboratorium ein. Er mußte die Zünder verbessern und wollte dazu Zündhütchen aus Knallquecksilber verwenden.

Tage und Wochen vergingen, die Behörde prüfte noch immer den Antrag der Firma „Alfred Nobel & Co.". Nobel wurde ungeduldig. Er hatte sein Verfahren inzwischen in anderen Ländern Europas patentieren lassen und für die Anwendung von Sprengöl geworben. Bestellungen waren eingetroffen, sogar aus Amerika und Australien.

Robert war inzwischen nach Finnland zurückgekehrt. Mit Zustimmung des Vaters hatte Alfred ihm das Recht übertragen, auf eigene Rechnung, jedoch in Alfreds Namen, das Patent in Finnland auszunutzen. Auf dem Gut Frederiksberg bei Helsingfors errichtete Robert im Frühjahr 1865 seine Sprengölfabrik.

Endlich kündigte die Behörde eine Prüfungskommission an. Skeptisch musterten die Herren die Geräte und Substanzen im Laboratorium. Nobels Vorführungen verfolgten sie mit ängstlichen Blicken.

„War das wirklich das fürchterliche Sprengöl, das Sie da auf dem Amboß angezündet haben?" fragte der Wortführer.

„Wenn Sie die Substanz untersuchen lassen wollen – ich gebe Ihnen gern eine Probe mit."

„Das wird nicht nötig sein. Dennoch ist es uns unerklärlich, wie bei Ihnen in Schweden das Unglück passieren konnte."

„Durch Unachtsamkeit, meine Herren. Hier werden alle Vorkehrungen getroffen, um in Zukunft Unglücksfälle auszuschließen."

„Menschliches Versagen schließen Sie aus?"

„Das ist unmöglich, meine Herren. Auch Pulverfabriken können das nicht."

„Sie werden von uns hören, Herr Nobel."

Schneller als erwartet, traf das versiegelte Schreiben aus Ratzeburg ein. Der Umschlag trug den Poststempel vom 8. November. Über ein halbes Jahr hatte Alfred auf den Bescheid gewartet. Er setzte sich in den Korbstuhl und löste das Siegel. Das Kuvert enthielt eine Urkunde.

Den ersten Absatz überflog er.

Dem Fabrikanten ... wird nach den Berichten des Gerichtes Gülzow und des Landphysicus Doktor Völkers ... die Erlaubnis zur Anlegung einer chemischen Fabrik behufs Herstellung des Sprengöls erteilt.

Es hielt ihn nichts mehr im Sessel. Die nächsten Absätze des Schreibens las er im Stehen. Die Bedingungen waren hart, aber er konnte beginnen. Er schwenkte die Urkunde durch die Luft, lachte und tanzte. Schließlich lief er zur Remise, spannte Pferd und Wagen an und merkte erst unterwegs, daß er Mantel und Hut vergessen hatte.

Er wollte erst Winkler und dann Bandmann informieren, aber Bandmann war bereits bei Winkler. Beide taten sehr erstaunt, als er in das Zimmer stürmte. Er starrte sie an, doch dann bemerkte er das mühsam zurückgehaltene Schmunzeln um ihre Lippen.

„Sie wissen schon Bescheid!" rief er in einer Mischung aus Enttäuschung und Triumph.

„Wir haben Champagner kalt stellen lassen, Herr Nobel. Wir wurden durch einen Gewährsmann auf dem laufenden gehalten."

Als das Dienstmädchen den Champagner gebracht hatte, hob Winkler das Glas. „Auf Ihre Fabrik!"

Spät fuhr Nobel nach Hause. Er war ganz schön angeheitert. Morgen wollte er beginnen, Arbeiter anzuwerben, Material zu bestellen und Verträge über die Lieferung von Rohmaterial abzuschließen. Liedbeck mußte kommen! „Krümmel" an der Elbe sollte eine große Fabrik werden und die Welt mit Patentsprengöl versorgen.

Was waren dagegen die baupolizeilichen Bedingungen: daß die Anlagen in gehöriger Entfernung von Wohngebäuden errichtet und nach allen Seiten hin, auch gegen den Elbstrom, mit einem Erdwall umgeben werden sollten, der mindestens 15 Fuß hoch und an der Basis 20 Fuß breit sein mußte. Selbstverständlich durfte die Fabrikation der Zündhütchen nicht in denselben Räumen erfolgen, in denen Nitroglyzerin bereitet oder aufbewahrt wurde. Weniger angenehm war, daß auch die Inneneinrichtung der polizeilichen Kontrolle unterliegen sollte, aber daß er für die Sicherheit der Arbeiter verantwortlich war und für Schäden haften sollte, empfand Alfred Nobel als Pflicht eines Fabrikanten. Morgen würde er den ersten Spatenstich tun. Theodor, Winklers Bruder, war schon unterwegs. Wenn Liedbeck eintraf, konnte er selbst kurzfristig nach Stockholm reisen. Den Geburtstag der Mutter wollte er nicht versäumen.

10

Theodor Winkler war der richtige Mann. Schnell erfaßte er Alfred Nobels Absichten und organisierte die Arbeiten selbständig. Um die vorhandenen Gebäude ließen sie Schutzwälle aufschütten, damit sie die Produktion von Sprengöl sofort aufnehmen konnten. Noch bevor Liedbeck eintraf, hatten sie die ersten Liter der milchigen Flüssigkeit abgefüllt.

Es traf sich gut, daß ein Geschäftsfreund Winklers nach New York reiste. „Natürlich traue ich mich, Ihr Sprengöl mitzunehmen. Sie werden das Zeug doch gut genug verpacken."

„Einen Zinkkanister wollen wir nicht verwenden", entschied Nobel. Er hatte es bisher nicht geschafft, das Sprengöl ohne Säurerest herzustellen. Vielleicht zersetzte sich auch ein Teil des Nitroglyzerins, jedenfalls waren die Blechkanister nach einiger Zeit zerfressen. „Wir nehmen eine Korbflasche, packen sie in eine Kiste und polstern diese mit Sägespänen aus."

„Gute Fahrt!" Nobel und Winkler winkten dem Geschäftsfreund zu, als er an die Reling trat. Das Lotsenboot führte den Dampfer aus dem Hafen.

„Mit dieser Sendung werden wir den Markt in Amerika erobern", prophezeite Nobel, als er mit Liedbeck den Hafen verließ.

Auf der Rückfahrt nach Stockholm schmiedeten sie Pläne, denn sie waren überzeugt, daß das Sprengöl die bisherigen Sprengstoffe überall verdrängen würde. „Ich werde mich im nächsten Jahr in anderen Ländern umsehen; ich denke dabei an Österreich-Ungarn, Frankreich und England. Erst brauchen wir einen sicheren Absatz, dann können wir an den Bau weiterer Fabriken denken."

„Ich bin seßhafter veranlagt als du", meinte Alarik. „Ich reise zwar gern, aber nicht geschäftlich."

„Ich werde dafür sorgen, daß du deine Frau mitnehmen kannst."

„In dieser Hinsicht werden wir bei Karin nichts erreichen. Sie läßt unser Kind nicht bei anderen Leuten."

Nobel schwieg. Bei seinen Mitmenschen konnte er nicht die gleichen Maßstäbe anlegen wie bei sich selbst. Unmöglich hätte er jetzt Zeit für eine Familie. Zwei, drei Jahre würde er noch brauchen, um seine Unternehmungen in Gang zu bringen. Dann würde er sich umsehen. Ohne Frau und Kinder wollte er nicht durchs Leben gehen.

Die Mutter schloß Alfred in die Arme. Anerkennend betrachtete sie die kostbaren Stoffe, die er vor ihr ausbreitete. „Kannst du dir das überhaupt leisten?" rief sie entzückt, als er ihr die goldene Kette mit dem funkelnden Rubin um den Hals legte.

Der Vater freute sich über den Malkasten und das Zeichenpapier. Er hatte viele Blätter mit Skizzen und Texten gefüllt, die er der Regierung schenken wollte. „Ein Beitrag für die Verteidigung unseres Landes." Stolz führte er Alfred seine Projekte vor, darunter einen Sarg mit Luftlöchern und eine Alarmanlage für Scheintote. „Stell dir vor, du wachst auf und liegst hilflos in der Erde. Kein Gedanke schreckt mich mehr als dieser. Robert schreibt, daß er in Finnland nicht viel Erfolg mit dem Sprengöl habe. Er will dich im nächsten Jahr in Hamburg besuchen und sehen, was du besser machst."

Das konnte Alfred ihm sagen. Zum Bessermachen gehörten die Experimente, das Wissen um chemische Vorgänge und das unablässige Bemühen, sich mit den Stoffen und den Reaktionen vertraut zu machen. Er würde Robert alle neu gewonnenen Kenntnisse vermitteln.

Zwei Tage danach legte die Mutter stumm die Zeitung auf den Tisch.

SCHWERES UNGLÜCK IN NEW YORK. Aus noch ungeklärten Ursachen explodierte eine Kiste vor dem Hotel Wyoming in der Greenwich Street. Ein Reisender hatte sie dem Portier zur Aufbewahrung anvertraut. An einem Sonntagmorgen bemerkte ein Kellner, daß dieser Kiste rote Dämpfe entstiegen. Deshalb trug der Portier sie auf die Straße. Kurz darauf ereignete sich eine furchtbare Explosion. Die Straße wurde mannstief aufgerissen, die Fenster und Türen zerschmettert, die Fassaden der umliegenden Häuser schwer beschädigt. Wie durch ein Wunder kamen die Menschen mit dem Schrecken davon …

Alfred spürte kalten Schweiß auf der Stirn. Nur durch das Sprengöl konnte eine solche Explosion hervorgerufen worden sein. Dabei war sicherlich bloß ein geringer Teil des Nitroglyzerins explodiert, sonst wären die umliegenden Häuser nicht stehengeblieben. Hatte die Flasche einen Sprung bekommen? War der Korken undicht geworden? Die roten Dämpfe ließen darauf schließen, daß eine Zersetzung des Sprengöls eingetreten war.

Um seine Brust spannte sich ein Ring. Das Atmen fiel ihm schwer. Er ging in sein Zimmer und warf sich aufs Bett. War das Sprengöl schon in einem Zustand, daß er es bis nach Amerika verschicken durfte?

Noch nie war ausfließendes Sprengöl explodiert, wenn bisweilen ein Blechkanister zerfressen worden war. Einige Leute hatten sogar Wagenachsen damit geschmiert! Auf einem Transport nach Norwegen waren die Korken aus den Flaschen herausgetrieben worden, doch es war nichts geschehen. Der Ingenieuroffizier Adelsköld hatte dem Sprengöl Harmlosigkeit bescheinigt, nachdem beim Transport auf dem Dach einer Kutsche eine Flasche davon zersprungen und das Sprengöl an der Seite heruntergelaufen war.

Dazu stand das Ereignis in New York im Widerspruch. Es gab nur eine Möglichkeit: Er mußte selbst so bald wie möglich nach Amerika fahren und beweisen, daß es nur auf die richtige Handhabung ankam.

Gleich nach dem Knut-Tag brach er auf. Der Zug kämpfte sich durch die tiefverschneite Landschaft. Auf Bahnhöfen kaufte Nobel jede neu erschienene Zeitung. Die Mitreisenden wunderten sich, daß er die Blätter nur überflog, sie dann erleichtert und achtlos zur Seite legte und sich wieder in ein Buch vertiefte. In Schweden hatte sich seit Heleneborg kein Unglück mehr ereignet. Aber dort waren die Transportwege sehr viel kürzer. Theodor Winkler hatte jedoch die doppelte Menge Sprengöl nach Australien versandt, in der gleichen Verpackung wie nach New York, und die Fahrt nach Sydney dauerte weitaus länger als die nach Amerika. Wenn das Nitroglyzerin nach der gleichen Zeit explodierte wie das in New York, war das Schiff verloren.

Theodor Winkler beruhigte Nobel. „Wir haben sehr sorgfältig gearbeitet, die Flaschen dick gepolstert. Noch einmal wird kein Unglück geschehen."

Endlich erhielt Nobel die Bestätigung. Die Fracht war in Sydney gut angekommen und von der Handelsgesellschaft übernommen worden. Das Geld konnte er gut gebrauchen, denn er mußte für den Schaden in New York aufkommen. Das Vertrauen zum

Patentsprengöl war nicht erschüttert, aus Amerika kamen neue Bestellungen, mehrere Schiffe übernahmen die Fracht.

Doch immer wieder beschlich Nobel ein ungutes Gefühl. Was war mit dem Nitroglyzerin geschehen, daß es sich selbst entzündet hatte?

In einem Monat wollte er nach Amerika reisen. Der Bedarf an Sprengöl wuchs dort ständig. Er mußte in den Vereinigten Staaten eine Fabrik gründen, dann entfiel der lange Transportweg über den Atlantik. Nach dem Sieg der Nordstaaten über die Südstaaten entwickelte sich die Industrie schnell. Für die großen Entfernungen bis zum Stillen Ozean wurden Schienen verlegt; mächtige Gebirge mußten überwunden, Tunnel gebaut, Felsen beseitigt werden. Auch für die Erschließung der reichen Bodenschätze wurde Sprengstoff gebraucht. Amerika war weit größer als Europa und bot Nobel unvorstellbare Absatzmöglichkeiten. Er mußte in diesem Land mehrere Fabriken errichten, an der Ost- und an der Westküste.

Mitte März erreichte ihn die Nachricht, daß das Lagerhaus in Sydney sowie die umliegenden Gebäude zusammengestürzt seien – nach einer fürchterlichen Explosion.

Theodor Winkler war blaß geworden und dachte, was auch Nobel durch den Kopf ging. Der Dampfer *European* beförderte gerade eine Ladung nach Panama, eine andere, von der Expreßgesellschaft Wells, Fargo & Co. übernommen, mußte in Kürze San Franzisko erreichen.

Fast achttausend Pfund Nitroglyzerin lagerten in Krümmel. Morgens und abends unternahm Nobel Kontrollgänge. „Vorerst schicken wir nichts mehr nach Übersee."

Die Bergwerke an der Ruhr und in Oberschlesien, die Steinbrüche, Eisenbahn- und Kanalbaugesellschaften benutzten das Sprengöl weiter. Einzelne Unglücksfälle waren auf leichtfertigen Umgang mit dem Nitroglyzerin zurückzuführen. Nobel bemerkte bei seinen Kontrollgängen keine Veränderungen. Alles Grübeln und die verschiedensten Experimente führten ihn nicht zu neuen Ergebnissen.

In vierzehn Tagen ging sein Schiff nach New York. Anfang Mai würde er zum zweitenmal den Boden der Neuen Welt betreten. Es durfte kein Unglück mehr geschehen!

Wilhelm Winkler war der erste, der die Nachricht erhielt. „Die

Sache ist schiefgegangen, Alfred." Mehr wollte er nicht sagen. Als Nobel das Abendblatt aufschlug, wußte er gleich, um welches Schiff es sich handelte, die *European* war durch eine Explosion in Aspinwall an der Küste von Panama völlig zerstört worden und gesunken. Siebenundvierzig Menschen waren tot. Fassungslos las er den ausführlichen Bericht. Es habe eine gewaltige Stichflamme gegeben, der viele kleine Detonationen gefolgt seien. Außer dem Sprengöl, das für die Katastrophe verantwortlich gemacht wurde, habe das Schiff Munition geladen gehabt. Die Regierungen aller Länder wurden aufgerufen, Herstellung und Einfuhr des Sprengöls zu verbieten.

Wilhelm Winkler zeigte sich sehr besorgt. „Das darf sich nicht wiederholen, sonst finden wir keine Gesellschafter mehr."

Das Schiff nach San Franzisko hatte mit zwei Kisten Nitroglyzerin an Bord unbeschadet den Hafen erreicht. Die Ladung war von Wells, Fargo & Co. gelöscht worden. Nichts war damit passiert! Trotz der Unglücksfälle wendeten zahlreiche Firmen das Sprengöl mit Erfolg an. Aber irgend etwas konnte mit dem Nitroglyzerin nicht stimmen.

Der Brief eines seiner Vertreter in Amerika bestätigte Nobels Verdacht.

Als wir die Kisten öffneten, strömte uns ein säuerlicher Geruch entgegen. Die Korken saßen noch auf den Flaschen, doch sie ließen sich leicht herausziehen. Denn es hatten sich ziemlich viele Gase entwickelt, auf der Oberfläche des Sprengöls hatte sich bräunlicher Schaum gebildet. Ein Teil der Blechkanister war leck geworden, und einige waren völlig ausgelaufen.

Sollten die unterschiedlichen Temperaturen daran schuld sein? In den südlichen Breitengraden konnten Temperaturen bis zu 80 Grad Celsius entstehen, wenn die Kisten starker Sonnenbestrahlung ausgesetzt oder in entsprechenden Räumen untergebracht waren. Wärme begünstigte den Ablauf chemischer Reaktionen. Möglicherweise wurde dadurch ein Zersetzungsprozeß ausgelöst, der unter normalen Temperaturen so langsam vor sich ging, daß unkontrollierte Explosionen nicht auftraten. Alfred Nobel setzte mehrere Flaschen mit Sprengöl unterschiedlich hohen Temperaturen aus. Die Experimente bestätigten seinen Verdacht. Ab sofort mußte Nitroglyzerin gekühlt werden. Er schickte umgehend eine Nachricht nach San Franzisko an Wells, Fargo & Co., doch sie kam zu spät. Schon am nächsten Morgen las er die Schlagzeile: LAGERHAUS DER EXPRESSGESELLSCHAFT TOTAL ZERSTÖRT. VIERZEHN MENSCHEN FANDEN DEN TOD.

Die Regierungen von Frankreich und Belgien verboten die Herstellung und den Besitz von Nitroglyzerin. England erließ so strenge Vorschriften, daß eine Anwendung des Sprengöls so gut wie ausgeschlossen war.

Wilhelm Winkler und Dr. Bandmann machten Nobel nicht direkt Vorwürfe, doch in ihren Worten war der Zweifel nicht zu überhören. „Wir stehen zur Sache, aber das Problem muß endlich gelöst werden."

Der Gedanke an die Unglücksfälle schnürte Alfred Nobel die Kehle zu. Konnte, durfte er noch weitermachen? Mit seinen Zündern war das Nitroglyzerin nutzbar geworden. Aber es durfte nicht sein Lebenswerk zerstören. Er mußte es unschädlich machen!

Während der Reise über den Atlantik dachte er an nichts anderes. In seiner Kajüte stand neben dem Koffer eine Kiste mit Nitroglyzerin. Täglich kontrollierte er den Inhalt. Nach zwei Wochen hatte sich der säuerliche Geruch verstärkt. Ein bißchen Schaum schwamm auf der Oberfläche des Sprengöls, als wäre eine Art Gärung eingetreten.

Kurz vor New York verfinsterte sich der Himmel um die Mittagszeit. Die Wolken hingen wie Blei über dem Meer. Plötzlich zuckte ein Blitz durch die Finsternis, gleich darauf erfolgte ein Donnerschlag.

Der Kapitän schickte alle Passagiere unter Deck. Nobel durfte mit auf die Kommandobrücke. „Sehen Sie sich das Barometer an!" Es hatte einen unglaublichen Tiefstand erreicht. Der Kapitän brüllte seine Befehle in die Sprechmuschel. Blitze und Donnerschläge wechselten in schneller Folge. Der Sturm tobte um den Dampfer und schüttelte ihn wie ein Spielzeug. Nobel hatte einen Balken umklammert und starrte in die tobenden Elemente. Er spürte die Vibration des Holzes und dachte an die Kiste mit dem Nitroglyzerin. Wenn sie jetzt explodierte, würde niemand eine Spur von dem Schiff finden.

Er kontrollierte die Kiste. Die Schaumbildung hatte zugenommen, rötlich gefärbtes Gas entströmte dem Flaschenhals, der saure Geruch brannte in seiner Nase. Die Erschütterungen hatten die Zersetzung beschleunigt. Sollte er die Kiste ins Wasser werfen? Konnte er es noch verantworten, Schiff, Besatzung und Passagiere der Gefahr einer Katastrophe auszusetzen?

Er öffnete seine Reisetasche. Der Inhalt seiner Fläschchen würde ausreichen, um die Probesprengungen in den Vereinigten Staaten durchzuführen. Er mußte sich von der Kiste trennen; doch er zögerte.

Gab es eine Möglichkeit, die Explosionsempfindlichkeit des Sprengöls herabzusetzen? Vielleicht mußte er eine Substanz hinzufügen, die im Gegensatz zu Nitroglyzerin in Wasser löslich und nicht explosiv war, die man später wieder entfernen konnte. Sein Blick fiel auf die Flasche Jamaikarum, die ihm der Kapitän geschenkt hatte. Alkohol löste sich leicht in Wasser, Methylalkohol ebenfalls. Im Lagerraum standen Fässer mit Methylalkohol, aber erst mußte er ausprobieren, ob der Holzgeist überhaupt geeignet war.

Vorsichtig tropfte er den Alkohol in ein Schälchen mit Sprengöl. Der Methylalkohol mischte sich mit dem Nitroglyzerin. Mit der Probe begab er sich in den Kesselraum. Die Heizer blickten ihn erstaunt an. „Das Betreten ist nur den hier Beschäftigten und dem befugten Personal erlaubt. Steht groß und breit an der Tür", sagte der Erste Heizer.

„Mich interessiert Ihre Arbeit bei diesem schweren Sturm." Nobel stellte sich neben einen der Kessel, das Fläschchen mit dem Sprengöl in der Hand. Er spürte die Hitze, die auf seiner Haut brannte und die Flasche erwärmte. Er schwitzte, die Heizer tippten sich an die Stirn; sie hielten ihn wohl für nicht ganz normal. Aber da er sich ruhig verhielt, ignorierten sie ihn. Nach einer Stunde ging er.

Die Hitze hätte den Zersetzungsprozeß beschleunigen müssen, doch das mit Methylalkohol vermischte Nitroglyzerin schien unverändert. Der Kapitän überließ ihm zehn Liter von dem Holzgeist. Als Nobel in New York eintraf, schickte er sofort eine Nachricht nach Krümmel:

NITROGLYZERIN MIT HOLZGEIST – METHYLALKOHOL – IM VERHÄLTNIS 3:1 VERSETZEN. VERRINGERT DIE EXPLOSIONSGEFAHR. PATENT ANMELDEN. ALFRED NOBEL

11

Das von Nobels Gewährsmann Oberst Bürstenbinder mit den Geschäftsleuten geschlossene Abkommen über die Nutzung des Patents für die Vereinigten Staaten war höchst ungünstig abgefaßt. Die „United States Blasting Oil Co." erhielt alle Rechte. Zukünftige Verbesserungen mußte Nobel ihr überlassen. Dabei stand alles nur auf dem Papier: das Aktienkapital von einer Million Dollar, die Fabrik selbst, die Abfindung für ihn mit 250 000 Dollar in Aktien. Einzig die 20 000 Dollar in bar für seine Erfindung besaßen realen Wert.

Es hätte ihn stutzig machen müssen, daß Oberst Shaffner zu den Mitgliedern der Aktiengesellschaft gehörte. Er kannte diesen Mann schon einige Jahre. Wie zufällig war er in Heleneborg aufgetaucht, seine Aufdringlichkeit hinter weltmännisch-soldatischen Manieren verbergend. Er interessierte sich für das Sprengöl und verstand viel von Sprengstoffen. Auch in Krümmel besuchte er Nobel und sparte nicht mit Anerkennung. „Ihre Erfindung besitzt große Zukunft, Herr Nobel. In den Vereinigten Staaten können Sie Millionen damit verdienen. Ich will Ihnen gern als Mittelsmann zur Verfügung stehen."

Nobel hatte Shaffners Angebot abgelehnt. Eine innere Stimme sagte ihm, daß er sich vor Shaffner hüten müsse. Er spürte es auch jetzt, als Shaffner ihn im Hotel aufsuchte.

„Herr Nobel, ich finde es ganz hervorragend, daß Sie sich den amerikanischen Markt erobern wollen. Aber in der Neuen Welt kenne ich mich besser aus als Sie. Lassen Sie unsere Erfahrungen zusammenfließen."

„Schießen Sie los, Herr Oberst."

Shaffner reichte Nobel eine Zeitung. „Der erste unter unseren Experten, General Henry du Pont, erklärt hier, daß es nur eine Frage der Zeit ist, daß ein Mann, der mit Nitroglyzerin umgeht, sein Leben einbüßt."

„Kein freundlicher Empfang, möchte ich sagen."

„Glauben Sie wirklich, Herr Nobel, daß du Pont und andere Fabrikanten den Absatz ihrer gut eingeführten Schwarzpulverprodukte durch Ihr Sprengöl verdrängen lassen?"

„Du Pont wird begreifen müssen, daß sich unser Produkt für Sprengarbeiten besser eignet als Schwarzpulver."

„Das hat er längst eingesehen. Warum hätte er sonst die Kampagne in der Presse gegen Sie eröffnen sollen?"

„Da mögen Sie recht haben, Herr Oberst. Doch das Bessere wird sich durchsetzen. Deswegen sind Sie doch Gesellschafter unserer Blasting Oil Company geworden."

„Ich wollte mit Ihnen teilen, Herr Nobel. Allein kommen Sie gegen du Pont nicht an, da stehen Ihnen Millionen entgegen. Sie überlassen mir fünfzig Prozent Ihres Gewinnanteils, ich Ihnen meine Erfahrung. Ein faires Angebot."

„Meinen Anteil als Erfinder und Inhaber des Patents lasse ich mir von niemandem nehmen, Herr Oberst. Als Teilhaber der Gesellschaft sind Sie doch gut bedient."

„Sie vergessen, daß auch ich der Erfinder des Nitroglyzerins sein könnte. Sie haben es doch nur Sobrero abgeluchst."

„Gewiß, Herr Oberst. Doch warum umwerben Sie mich? Wenden Sie es doch an, wenn Sie können. Sogar über Ihren Gesandten in Schweden wollten Sie das Geheimnis meiner Zündung herausbekommen."

„Sie scheinen nicht zu wissen, Herr Nobel, daß ich ebenfalls ein Patent für die Anwendung von Nitroglyzerin besitze. Wenn wir uns nicht einigen können, werden wir uns vor Gericht wiedersehen. Ich gebe Ihnen zwei Tage Zeit."

Shaffner hatte ihm die Pistole auf die Brust gesetzt. Dieser Oberst entpuppte sich als ausgekochter Gauner. Vor einem solchen Mann konnte Nobel nicht in die Knie gehen. „Ich schenke Ihnen die zwei Tage. Tun Sie, was Sie nicht lassen können."

Eine Woche darauf bekam Nobel eine Vorladung des Gerichts. Shaffner begründete seine Klage gegen ihn damit, daß er in Amerika vor Nobel ein Patent über die Nutzung von Nitroglyzerin eingereicht habe. Shaffner hatte tatsächlich fast wörtlich seine Patentschrift übernommen, ein paar Sätze umgedreht und den knappen Stil aufgebauscht.

Der Richter eröffnete die Verhandlung mit einem Hammerschlag. „Was haben Sie, Herr Nobel, auf die Klage Oberst Shaffners zu entgegnen?" fragte er.

„Die Erfindung der Initialzündung wurde in Europa gemacht, Herr Richter. Zum Beweis lege ich Ihnen meine Patente aus den

Jahren 1864 und 1865 vor. Oberst Shaffner hat mich erstmals im September 1864 aufgesucht, als mir das Patent in Schweden bereits erteilt worden war. Auch in Hamburg suchte Shaffner mich mehrmals auf; erst wollte er mich aushorchen, dann bot er mir zehntausend Dollar, wenn ich ihm das Patent für die Vereinigten Staaten überließe. Alles weitere erklärt sich offensichtlich daraus, daß ich sein Angebot ablehnte."

„Einspruch!" Shaffner sprang auf. „Meine Gespräche mit Herrn Nobel verfolgten einzig das Ziel, meine Erfindung mit der seinigen zu vergleichen."

„Sie bestreiten also, daß Sie Herrn Nobel das Patent abkaufen wollten?" Der Richter blickte Shaffner scharf an.

„Ganz entschieden, ja. Ich wollte mit Herrn Nobel zusammenarbeiten, weil er etwa zum gleichen Zeitpunkt wie ich die Erfindung gemacht hatte. Doch Herr Nobel beansprucht alle Rechte für sich. Es ist aber nicht im Interesse unseres Staates, wenn ein Ausländer über Mittel gebietet, die auch für unsere Armee von unerhörter Wichtigkeit sind."

„Bitte, äußern Sie sich dazu, Herr Nobel." Die Miene des Richters war unbewegt.

„Das Recht auf Nutzung einer Erfindung gehört dem Erfinder, das haben alle Staaten, die sich zu den Grundsätzen der Freiheit und des Rechts bekennen, anerkannt. Ich bitte zum Beweis der Priorität meiner Erfindung die von mir benannten Zeugen anzuhören."

„Herr Nobel will Zeit gewinnen", begehrte Shaffner auf. „Die Zeugen befinden sich im Ausland. Es wird Monate dauern, bis dem Gericht die Aussagen vorliegen. Dagegen erhebe ich schärfsten Protest."

Der Richter blickte ihn nachdenklich an. „Ihren Protest nehme ich zur Kenntnis, Herr Oberst. Aber in diesem Prozeß entscheidet das Gericht. Die Verhandlung wird vertagt."

Die erste Runde hatte Nobel gewonnen. Auch die Aussagen der Zeugen, Sprengmeister, Grubenarbeiter, Kapitän Wennerströms und Smitts ließen an Deutlichkeit nichts fehlen.

„Aufgrund der Beweise, die Herr Nobel vorbringen konnte, wird die Klage Oberst Shaffners als unbegründet abgewiesen", erklärte der Richter.

Aber Shaffner gab nicht auf. In Oberst Bürstenbinder fand er

So sah Alfred Nobels Nitroglyzerinfabrik in Krümmel 1866 aus.

einen willigen Kumpan, der das von Nobel in ihn gesetzte Vertrauen mißbrauchte. Sie hintertrieben die Bauarbeiten, und Bürstenbinder weigerte sich, die von Hamburg an seine Adresse geschickten Apparate auszuliefern.

Stundenlang grübelte Nobel, was die beiden, die ja als Gesellschafter am Aufbau der Fabrik interessiert sein mußten, beabsichtigten. Er kam zu keinem anderen Ergebnis, als daß sie ihn zermürben wollten. Dabei versuchte jeder der beiden, auch auf Kosten des anderen Vorteile zu gewinnen.

Vielleicht hätte er Shaffner und Bürstenbinder mehr Widerstand leisten können, wenn zu all den Schwierigkeiten nicht noch die Nachricht von der Zerstörung seiner Fabrik in Krümmel hinzugekommen wäre. Er war wie betäubt, und die Briefe seiner Mitarbeiter, die die Katastrophe überlebt hatten, deprimierten ihn noch mehr. Sie schrieben mutlos, ohne Hoffnung auf den Wiederaufbau. Alles und alle schienen sich gegen ihn verschworen zu haben.

Zum Glück arbeitete außer Vinterviken noch die Fabrik bei Lysker in Norwegen, die einen Teil der Bestellungen übernehmen konnte. Unverzüglich mußten die Sicherheitsvorkehrungen verbessert werden.

Wieder begann die Presse eine Kampagne gegen ihn, und Shaffner, der erneut eine Chance witterte, bat ihn um eine Unterredung.

„Arbeiten Sie mit mir zusammen, Herr Nobel. Ich habe inzwischen ein Patent eingereicht, das eine sichere Verpackung für Nitroglyzerin beinhaltet."

„Ich kenne Ihre Patentschrift, Herr Oberst. Ihr Verfahren ist weder originell noch geeignet."

„Herr Nobel, Sie bekamen von der Gesellschaft 20 000 Dollar für Ihr Patent. Nun, da ich als einziger Nitroglyzerin transportieren darf, steht mir das Geld zu. Wenn Sie sich weigern, es mir auszuhändigen, werde ich Schadenersatz von Ihnen fordern."

Wie sollte er sich gegenüber diesem Hai behaupten? Er war am Ende mit seiner Geduld, seiner Kraft. „Ich will Ihnen eine Vergünstigung gewähren, Oberst Shaffner, obgleich ich dazu keine Veranlassung habe. Wenn Sie mir versichern, sich in Zukunft aller Intrigen gegen mich zu enthalten, überlasse ich Ihnen das Recht, mein Patent in den Vereinigten Staaten gegen eine Vergütung von einem Dollar pro Pfund Nitroglyzerin zu nutzen – allerdings ausschließlich für militärische Zwecke."

Shaffner schien zufrieden, gab sein Wort. Auch Oberst Bürstenbinder lenkte ein, nachdem Nobel ihm Sonderrechte eingeräumt hatte. Aber viel Einfluß auf die Geschäfte der Gesellschaft würde er selbst nicht mehr ausüben können. Er mußte zurück nach Hamburg. Hier verplemperte er nur seine kostbare Zeit.

Zum Glück war der von Nobel eingesetzte kaufmännische Leiter Julius Bandmann in Kalifornien erfolgreich, wie er schrieb:

> Trotz der Unglücksfälle und Verbote wird immer mehr Sprengöl bestellt. Bitte tragen Sie Sorge, daß uns Vinterviken beliefert, bis Krümmel wieder aufgebaut ist oder die US Blasting Oil Co. endlich mit der Produktion beginnt. Außerdem sollten Sie darauf dringen, daß die Blasting auch in San Franzisko eine Fabrik errichtet.

Einen Tag später schrieb ihm Kapitän Wennerström aus Norwegen, daß die Fabrik in Lysker keine Bestellungen mehr ausliefern könne. Eine Explosion hatte sie völlig zerstört.

> Sie darf bei Lysker nicht wieder aufgebaut werden. Doch die Regierung stellt uns ein Gelände bei Engene in der Nähe von Dröbak am Kristanafjord zur Verfügung. Nur wird es einige Zeit dauern, bis wir wieder produzieren können.

Alfred Nobel war froh, als er Ende Juli 1866 sein Schiff besteigen konnte. Seine Hoffnungen, einen Kontinent für sein Patentsprengöl zu gewinnen, hatten sich nicht erfüllt. Aber das war jetzt auch nicht so wichtig. Alles hing davon ab, daß er die Gefahren beseitigte, die bei der Herstellung und Verwendung des Nitroglyzerins zutage getreten waren. Nicht auf die Geschäfte, sondern auf die Forschung mußte er sich konzentrieren.

12

Gleich nach seiner Rückkehr wollte Nobel mit den Experimenten beginnen. Er entwarf die Versuchsanordnungen für die verschiedenen Stoffe und überlegte sich die Mischverhältnisse, die auf ihre Sprengwirkung geprüft werden mußten.

Als der Dampfer den Londoner Hafen ansteuerte, konzentrierte sich Nobel auf die bevorstehenden Verhandlungen. England war einer seiner wichtigsten Sprengstoffabnehmer. Er hatte dort zwei Patente bekommen und bisher fünf Tonnen Nitroglyzerin verkauft, das vorwiegend in den Steinbrüchen von Nordwales verwandt wurde. Infolge der Unglücksfälle aber gab es, neben den Schwarzpulverfabrikanten, genügend Leute, die das Sprengöl auf der Insel nicht haben wollten, obgleich im Lande selbst kein nennenswertes Unglück passiert war.

Die Chance, neue Abnehmer zu gewinnen, vielleicht sogar die Erlaubnis zum Bau einer Fabrik zu erwirken, wollte er bei dem kurzen Zwischenaufenthalt nicht verschenken. Der Markt war groß und für sein Patentsprengöl bisher kaum erschlossen.

Doch schon in den ersten Verhandlungen stieß er auf Schwierigkeiten. Was er nicht bedacht hatte, war der Hang der Engländer zum Konservativismus. Für den Bau einer Fabrik erwirkte Nobel keine Konzession, lediglich einen Lagerplatz für Nitroglyzerin überließ man ihm. Mit diesem mageren Ergebnis kehrte er nach Hamburg zurück, entschlossen, das Nitroglyzerin zu bändigen, selbst wenn es dabei von seiner Kraft verlor.

Trotz der fortschreitenden Aufräumungsarbeiten wirkte das Gelände in Krümmel wie eine Mondlandschaft. Die festen Gebäude standen nicht mehr. Ziegel, soweit sie noch benutzbar waren, ließ Theodor Winkler als Fundament für den Bau von Baracken verwenden. Eine davon war inzwischen fertig. In ihr hatte Winkler die Sprengölproduktion wiederaufgenommen und ein kleines Kontor eingerichtet.

„Ich bin sehr froh, daß du wieder hier bist, Alfred. Wir alle fühlen uns unsicher. Niemand wagt es, neue Versuche anzustellen."

„Ich danke dir für deine Ausdauer, Theo. Ein paar neue Ideen bringe ich mit."

„Wir haben noch keinen Platz für ein Laboratorium."

„Ich werde mir wieder einen Lastkahn mieten und ihn in der Elbe verankern, weitab von menschlichen Behausungen."

Winkler legte ihm das Hauptbuch vor. Die Geschäftslage war trotz aller Verluste zufriedenstellend. „Die Grubenbesitzer haben ständig mehr bestellt, vor allem die Deutschen und die Österreicher. Letztere scheinen nicht abgeneigt zu sein, daß wir bei ihnen eine Fabrik errichten."

„Wie kommst du mit dem neuen Fabrikchef zurecht?"

„Carl Dittmar war Pionieroffizier und weiß mit Sprengstoffen umzugehen."

„Ich brauche einen Mitarbeiter im Laboratorium. Hältst du Dittmar für geeignet?"

„Er versteht außer dir am meisten von der Sache. Die Bauleitung kann ein anderer übernehmen."

Dittmar war von kräftiger Statur. Man sah ihm an, daß er zu befehlen gewohnt war. „Auf diesen Augenblick habe ich mich gefreut, Herr Nobel. Meine Achtung, meinen Respekt. Es würde sich kaum noch ein anderer finden, der es wagen würde, mit Nitroglyzerin zu experimentieren. Ich werde Ihr Angebot annehmen."

Die heißen Tage im August waren für die Experimente ungünstig, doch Nobel konnte nicht länger warten. Dittmar führte eigenständig Versuche nach Nobels Anweisungen durch. Mehrere Versuchsreihen ließ er gleichzeitig laufen. Nach und nach schieden die Stoffe aus, die entweder nicht genügend Nitroglyzerin aufsaugten oder die Sprengkraft derart minderten, daß sie untauglich erschienen.

Ende Oktober glaubte er, in pulverisierter Kohle den am besten geeigneten Stoff gefunden zu haben. Er fuhr zu Probesprengungen in die Bergwerke nach Clausthal, Königshütte und Dortmund, doch die Ergebnisse waren unbefriedigend. Zwar wirkten die unterschiedlichen Mischungen unterschiedlich stark, insgesamt jedoch weniger kräftig als reines Nitroglyzerin. Die Sprengmeister verlangten nach wie vor methylisiertes Sprengöl.

Robert, dem er von seinen Versuchen mit Kohle geschrieben hatte, war anderer Ansicht.

> Von Deiner Methode bin ich entzückt. Gestern habe ich drei Sprengschüsse in nicht sehr tiefen Löchern gemacht und fand die Wirkung viel größer als mit Sprengöl allein. Ich glaube beinahe, Du hast in Clausthal zuwenig Sprengöl beigemischt ... Ich habe aus der Masse einen festen Teil gemacht – ähnlich wie feste Stiefelwichse ... Ich sehe für diese Sache eine große Zukunft.

Das eben sah Alfred nicht, noch nicht. Er fühlte sich abgespannt; außer zum Essen und zum Schlafen hatte er seit August keine Pause gekannt. Weihnachten verbrachte er zu Hause. Seine Gedanken entspannten sich, sein Geist wurde aufgeschlossen für neue Überlegungen.

Gleich nach seiner Rückkehr im Januar begann er eine neue Versuchsreihe, diesmal mit Kieselgur. Ihm war aufgefallen, daß diese Erde nach dem Trocknen ein großes Volumen aufwies, also sehr porös sein mußte. Er stellte fünf Proben verschiedener Mischung zusammen, die alle auf ihre Wirkung getestet werden mußten.

Carl Dittmar fiel es offensichtlich immer schwerer, unter Alfreds Leitung zu arbeiten. Er leistete sich Eigenwilligkeiten, die Nobel nicht dulden konnte. Gegenüber dem Arbeiter Schnell, der mit sehr viel Mut und Geschick die Mischungen der Substanzen herstellte, verhielt sich Dittmar arrogant. Nichts war aber der Forschung schädlicher als ein gespanntes Verhältnis unter den Mitarbeitern. Theodor Winkler war es recht, daß Dittmar wieder die Leitung des Betriebs übernehmen sollte.

Im März schloß Nobel die Serie ab. Nun mußten die Sprengversuche entscheiden, welche Mischung die beste Wirkung besaß. Vier Experten hatte er bestellt; sie sollten die einzelnen Schüsse begutachten. Neugierig beobachteten sie die Vorbereitungen. Der Zündfunke flammte auf, doch die Sprenghülsen explodierten nicht. Nobel probierte noch einige andere Mischungen, ergebnislos. So etwas war ihm noch nicht passiert. Sollte Kieselgur die Sprengkraft des Nitroglyzerins gänzlich zum Verschwinden bringen? Mit einer Schwächung der Sprengwirkung hatte er gerechnet, doch nicht mit dem völligen Versagen. Das Nitroglyzerin hatte er dadurch verwendbar gemacht, daß er Zünder erfand, die es zur Explosion brachten. Jetzt narrte es ihn, indem es mit Kieselgur gar nicht erst explodierte.

Plötzlich schoß ihm ein Gedanke durch den Kopf. Vielleicht setzte Kieselgur die Zündbarkeit des Nitroglyzerins so herab, daß seine Zünder zu schwach waren, das aufgesaugte Sprengöl explodieren zu lassen?

Auf jeden Fall mußte er sich darüber Klarheit verschaffen. Theodor Winkler, der sich auf die Herstellung von Zündern spezialisiert hatte, wußte Rat. „Wir werden die Sprengladungen schon aus der Reserve locken", meinte er zuversichtlich.

Noch am gleichen Abend begannen sie, verschiedene Zünder anzufertigen, die kräftigere Impulse auszulösen vermochten. Die einzelnen Muster mußten entsprechend der unterschiedlichen Zusammensetzung der Mischungen verschieden stark wirken. Sie füllten das Gemisch in Papphülsen und setzten die Zündhütchen darauf. Nach einer Woche war ihr Vorrat groß genug, um mit den Sprengungen fortfahren zu können.

Gespannt verfolgten sie den Funken der Zündschnur. Die erste Probe explodierte, aber sie verpuffte nur, die zweite aber explodierte mit einer Heftigkeit, die sich hören und sehen lassen konnte. Tag für Tag hallten die Explosionen von den Granitwänden des Steinbruchs wider. Die Stärke der Explosionen notierte Alfred sorgfältig. Jeden Abend verglich er mit Winkler die Resultate. Je höher der Prozentsatz an Nitroglyzerin in dem Mischungsverhältnis wurde, desto wirkungsvoller waren die Detonationen.

Nach sechs Tagen hatten sie die zwei besten Mischungen ermittelt. Die stärkste Wirkung war durch die Mischung von 75 Teilen Nitroglyzerin zu 25 Teilen Kieselgur erzielt worden, etwas schwächer wirkte die Mischung von 66 : 34. Sie war zwar um einiges schwächer als reines Sprengöl, doch immerhin noch fünfmal stärker als Schwarzpulver.

13

Lange floh ihn der Schlaf. Sie hatten gefeiert, er, Winkler und Schnell. Dittmar war hinzugekommen, um zu gratulieren. „Damit haben Sie über alle Widerstände gesiegt", sagte er. „Sie werden doch Patente erwerben?"

„Patente schützen, aber nicht so, daß der Erfinder damit gesichert wäre. Denken Sie an meine Erfahrungen in den Vereinigten Staaten. Ein paar tüchtige Chemiker werden die Zusammensetzung des neuen Sprengstoffs schnell herausbekommen und genügend skrupellose Gesellen finden, die es herstellen und unter einem anderen Namen auf den Markt bringen. Man sollte für die Patentierung chemischer Verbesserungen die Bezeichnung ‚Erfindersteuer für die Ermutigung der Parasiten' einführen. Ich könnte rasend werden, wenn ich diese wurmstichigen, wertlosen Gesetze betrachte."

„Trinken wir auf die schöpferischen Männer, denen unsere Zivilisation so viel verdankt." Dittmar erhob das Glas. „Wie wollen Sie denn den neuen Sprengstoff nennen, Herr Nobel?"

„Ich dachte an das griechische Wort für Kraft: Dynamis, vielleicht mit dem Zusatz ‚Sicherheitspulver'."

„Dynamit klänge in meinen Ohren noch besser", meinte Winkler. Schnell bestärkte ihn.

„Dann lassen wir es dabei. Ich danke Ihnen, meine Herren, für Ihre Mitarbeit und für den neuen Namen."

Noch in der Nacht entwarf Nobel die Patentschriften für die wichtigsten Länder: Preußen, Bayern, England, Schweden und die Vereinigten Staaten von Amerika. Er war gespannt, welche Patentämter am schnellsten reagieren würden.

Kaum hatte er die Patentschriften abgeschickt, überfiel ihn Angst, das Dynamit könne ihm ebensolche Schwierigkeiten machen wie das Nitroglyzerin. Er mußte den neuen Sprengstoff allen möglichen Belastungen unterwerfen, um Sicherheit auch wirklich garantieren zu können. Eine erneute Kette von Katastrophen würde ihn um jeden Kredit bringen.

Diese Experimente mußte er weitab von jeder Behausung durchführen. Er wählte einen ausgedienten Steinbruch, der sich halbkreisförmig um die Talsohle schloß und dessen Wände haushoch aufragten. Schnell trug er das Material in den Kessel und baute die verschiedenen Versuchsanordnungen auf. Jede davon konnte zur Explosion führen und damit das Sicherheitspulver in Frage stellen. Es durfte aber diesmal keine Ladung explodieren!

Als Nobel die erste Probe anstellte, war er aufgeregter als bei früheren Versuchen, doch das Dynamit blieb wirkungslos. Er wiederholte das Experiment – mit dem gleichen Ergebnis. Auch der nächste und letzte Versuch fiel erfolgreich aus. Das Dynamit war unempfindlich gegen Feuer und Schlag. Wenn er diese Menge mit Zündern zur Explosion gebracht hätte, wäre der Steinbruch zusammengestürzt.

Er hatte es geschafft! Das Dynamit war der Sprengstoff der Zukunft!

Jetzt mußte es überall vorgeführt werden. Winkler übernahm die Bergwerke in Oberschlesien, Nobel die bei Dortmund.

Die Steiger blickten ihn neugierig an. „Schön, Sie kennenzulernen, Herr Nobel. Was verschafft uns die Ehre?"

„Ich will Ihnen einen neuen Sprengstoff vorführen. Er ist nicht ganz so stark wie Sprengöl, aber absolut sicher."

„Wir hatten mit Sprengöl bisher keine Probleme, Herr Nobel."

„Sie nicht, aber Sie haben doch gehört, was für schreckliche Unglücke passiert sind. Dynamit, so heißt der neue Sprengstoff, ist viel besser zu handhaben als das Öl. In den Papphülsen befinden sich das Dynamit und der Zünder. Sie stecken die Hülsen ins Bohrloch, legen die Zündschnur aus und ... Darf ich es Ihnen vorführen?"

„Dazu sind Sie doch hier."

Die Sprengungen verliefen wie einstudiert.

„Nicht schlecht", meinte der Wortführer, „aber wir werden bei dem Sprengöl bleiben. Erstens ist es billiger und zweitens wirkungsvoller."

Die Steiger sparten nicht mit Anerkennung für seine Mühe, ließen sich jedoch von ihrer Meinung nicht abbringen. Überrascht und zornig fuhr Nobel aus dem Schacht. So trat er dem Direktor gegenüber.

„Ich weiß wirklich nicht, was Sie wollen, Herr Nobel. Unsere Bergleute haben gute Erfahrungen mit dem Sprengöl gemacht. Warum sollten sie etwas anderes ausprobieren?"

„Sie bekommen in Zukunft nur noch mit Methylalkohol versetztes Nitroglyzerin. Ihre Bergleute müssen den Alkohol auswaschen. Das Verfahren ist zeitraubend, während Sie Dynamit so verwenden können, wie es geliefert wird."

„Wollen Sie uns unter Druck setzen?" Die Miene des Direktors war wenig freundlich. „Schließlich können wir auch wieder Schwarzpulver verwenden."

„Ich mache Ihnen einen Vorschlag. Sie bekommen neben dem Sprengöl Dynamit geliefert. Ich bin überzeugt, daß Ihre Bergmänner nach kurzer Zeit die Vorzüge des neuen Sprengstoffs erkennen werden. Wir werben überall für Dynamit – und zwar ausschließlich deshalb, um allen, die mit Sprengungen zu tun haben, Sicherheit zu geben."

In allen Werken stieß Nobel auf Widerstand. Nur wenige Direktoren und Steiger ließen sich überzeugen. Winkler war es ähnlich ergangen, aber er glaubte an den Erfolg. Er war auch sofort bereit, das Dynamit in Amerika einzuführen.

Als Nobel nach Hause zurückkehrte, saß Alarik Liedbeck in seinem Arbeitszimmer. Er wollte Genaueres über den neuen Sprengstoff erfahren.

„Du wirst der erste sein, der Dynamit fabrikmäßig herstellt. Niemand wäre dazu besser in der Lage als du, Alarik. Aber ich mußte mir erst vollkommen sicher sein. Dazu gehörten die Versuche in den Bergwerken. Wir fahren jetzt ins Grandhotel, werden exzellent speisen, und anschließend geht's zum Laboratorium."

Es wurde ein Festessen mit erlesenem Wein, Vor- und Nachspeise, Hummer und gefülltem Fasan, Salaten und Erdbeeren. Liedbeck wunderte sich, daß der Ober keine Rechnung präsentierte.

„Hier gehe ich mit Freunden und Geschäftspartnern speisen, Alarik. Ich erhalte monatlich eine Rechnung, die ich überweisen lasse. Mit dem obligaten Trinkgeld läuft es ähnlich."

Liedbeck lachte. „Ich dachte immer, du seist ein Erfinder. Aber natürlich bist du auch ein Unternehmer. Hast dich schnell in diese Rolle eingelebt."

„Sie ist nicht nur angenehm, Alarik. Wenn ich mit dir zusammen bin, genieße ich sie, aber manchmal wird sie mir auch lästig, wenn mir der Mensch gleichgültig oder unsympathisch ist."

Liedbeck wunderte sich, daß Krümmel noch nicht ganz wieder aufgebaut war. Weil er einige Anlagen und Einrichtungen beanstandete, geriet er mit Dittmar in Streit. Dittmar setzte sich zur Wehr, ohne Liedbecks sachliche Einwände widerlegen zu können.

„Ich hoffe, daß es in deinem Laboratorium besser aussieht", schnaufte Liedbeck. „Dieser Dittmar ist von sich zu sehr überzeugt, läßt sich von subjektiven statt von objektiven Erwägungen leiten."

„Mein Laboratorium wird für dich eine kleine Überraschung sein, Alarik. Komm!"

Liedbeck wunderte sich, als er ihn erneut in die Kutsche bat. „Hast du dein Labor nicht in Krümmel?"

„Ein bißchen abseits, zwischen Tespe und Tesperhude." Auf der Höhe des Lastkahns zügelte Nobel die Pferde. „Nun sind wir so gut wie da, Alarik."

Liedbeck sah sich um. „Meinst du etwa den Lastkahn?" Er lachte. „Auf der einen Seite besitzt du die modernsten Anlagen der Welt, speist im besten Hotel, auf der anderen Seite arbeitest du auf einem morschen Kahn. Hast du da das Dynamit erfunden?"

„Urteile nicht voreilig, Alarik."

Schnell hatte sie bereits gesehen und ruderte das Boot ans Ufer. „Die Gäste kommen und gehen", sagte er. „Dittmar war vor Ihnen hier, aber das werden Sie wissen."

„Was wollte er?"

„Er behauptete, er habe bei seinem letzten Besuch etwas im Laboratorium liegenlassen, konnte es aber nicht finden. Außerdem wollte er unbedingt die Zusammensetzung des Dynamits wissen. Er sparte nicht mit Versprechungen. Aber ich habe mich nicht darauf eingelassen."

„Ich wußte, daß ich mich auf Sie verlassen kann, Schnell." Nobel wandte sich an Liedbeck: „Es ist nicht das erste Mal, daß Dittmar spioniert."

„Dann wirf ihn raus. Wenn du willst, bleibe ich ein paar Wochen in Krümmel, bis die Produktion läuft."

„Du wirst in Vinterviken nötiger gebraucht; der Betrieb muß so schnell wie möglich auf Dynamit umgestellt werden."

Liedbeck sah sich im Laboratorium um. „Das sind die besten

Einrichtungen, die ich mir denken kann. Und nun zeig mir, wie das Dynamit gemacht wird."

„Es ist so einfach, daß ich mich fast schäme, aber es ist wohl immer so, daß das Einfachste am schwersten zu machen ist."

Liedbeck staunte über die große Zahl der Experimente. „Wenn man die vielen Irrwege bedenkt, ist es allerdings ein Wunder, daß du überhaupt ans Ziel gelangt bist." Er konnte die Bergleute verstehen, die das Dynamit für eine verdünnte Form von Nitroglyzerin hielten. „Aber die leichter zu handhabende Form wird sie überzeugen. Ich denke, in sechs Wochen läuft in Vinterviken die Produktion von Dynamit an."

„Die Unglücke werden aufhören, Alarik. Jetzt werde ich auch die Engländer überzeugen können. Ich muß ihnen beweisen, daß Dynamit ungefährlich ist."

„Vergiß Professor Abel nicht. Er hat ganz auf Schießbaumwolle gesetzt, sich etliche Jahre damit beschäftigt, verdient nicht schlecht daran und wird sicher sein Prestige als großer Chemiker verteidigen. Er ist unter Finanzleuten und Politikern nicht ohne Einfluß."

Ihre Schiffe verließen am gleichen Tag den Hafen. Liedbecks Worte gingen Alfred nicht aus dem Sinn, und je näher er London kam, desto mehr regten sie ihn auf. Er erkannte Sir Frederic Abels Erfolge mit Schießbaumwolle an, aber Schießbaumwolle besaß nicht die Kraft des Dynamits. Das Argument der Gefährlichkeit konnten die englischen Behörden nun nicht länger aufrechterhalten, doch er wollte auf der Hut sein. Es gab genügend Leute, die anderen Fallstricke legten.

Er suchte einflußreiche Persönlichkeiten des politischen Lebens, der Wirtschaft und Journalisten verschiedener Zeitungen auf, verschickte Handschreiben und annoncierte in großen Zeitungen. Den Termin legte er auf den 14. Juli 1867 – bis dahin erreichte seine Propaganda ihren Höhepunkt.

Die Herrschaften aus London mußten etwa dreißig Kilometer mit der Bahn oder Kutsche zurücklegen, um den Steinbruch von Merstham bei Red Hill in der Grafschaft Surrey zu erreichen. Er lag in dem westlichen Ausläufer des Höhenzuges der North Downs.

Am Morgen des 14. Juli schien die Sonne. Mittags war es so warm, daß Nobel am liebsten den Rock ausgezogen hätte, doch die Etikette verlangte tadellose Kleidung. Er sah die Wagen den gewundenen Weg heranrollen, Kutschen und Staatskarossen, mit Pferden, die er gern selbst im Stall gehabt hätte. Später, wenn seine Fabriken auf vollen Touren liefen, wollte er sich die besten Pferde anschaffen. Sie sollten seinen Wagen ziehen, den er mit besonderen Raffinessen ausgestalten wollte. In diesem Wagen würde er seine Frau zum Standesamt fahren, später vielleicht seine Kinder kutschieren.

Er empfing die Herren oberhalb des Steinbruchs wie ein König seine Gäste. Diese Rolle spielte er nicht nur, sie entsprach der Größe des Zeremoniells. „Meine sehr geehrten Herren, ich danke Ihnen, daß Sie den beschwerlichen Weg auf sich genommen haben, um meine Vorführungen zu begutachten. Vor Ihnen stehen vier Kisten mit Dynamit. Die Menge würde ausreichen, um einen Felsen von der Größe eines Hauses zu sprengen. Bitte wählen Sie einige Patronen aus, an denen ich Ihnen zuerst zeigen möchte, daß sie selbst unter extremen Bedingungen nicht explodieren."

Es fanden sich einige Herren vom Bergbau, die den Kisten sechs Patronen entnahmen und sie Nobel überreichten. „Ich werde jetzt den Holzstoß anzünden lassen und eigenhändig eine Patrone nach der anderen in die Flammen werfen. Sie werden nicht explodieren, sondern verbrennen, als wären sie aus Holz."

Unwillkürlich drängten die meisten zurück. Der Halbkreis lichtete sich. Die Fotografen verkrochen sich unter den schwarzen Tüchern, um jede Szene im Bild zu fixieren. Das war Nobel sehr recht. Wie ein Zauberkünstler hielt er die Patronen in die Luft, bevor er sie den Flammen übergab. Als die letzte verbrannt war, atmeten die Herren hörbar auf.

„Einige werden vielleicht sagen, wenn eine einzelne Patrone mit Dynamit harmlos verbrennt, so ist nicht garantiert, daß eine ganze Ladung denselben Bedingungen standhält. Deshalb, meine Herren, werde ich nun eine der Kisten, die Sie bestimmen sollen, auf dem zweiten Holzstoß verbrennen."

Beherzte traten hervor und einigten sich auf eine der Kisten. Der Halbkreis weitete sich bis an den Rand des Steinbruchs. Das Feuer flammte auf. Das trockene Holz bot den Flammen die beste Nahrung, sie umzingelten nach wenigen Minuten die Kiste. Das Holz knisterte, krachte, einzelne Flammen schlugen bis in die

Bäume hinauf. Einige Herren flüchteten sich hinter den Abhang, andere hinter mächtige Baumstämme.

„Wären meine Arbeiter immer so vorsichtig gewesen, meine Herren, hätte es gewiß weniger Unglücke gegeben."

Schon sanken die Flammen in sich zusammen, die Ängstlichen wagten sich wieder vor, betrachteten die glimmenden Punkte in der Asche.

„Was aber passiert, Herr Nobel, wenn zum Beispiel eine Lokomotive auf einen Waggon auffährt, in dem sich Ihr Dynamit befindet?"

Das war ein Vertreter der Eisenbahnbaugesellschaft, dem sich einer vom Wege- und Wasserbau anschloß. „Das kann ebensogut auf einer Landstraße oder auf dem Wasser passieren."

„Aus diesem Grund, meine Herren, wollen wir einige Dynamitpatronen in den Steinbruch werfen. Er ist sechzig Fuß tief."

Die Patronen torkelten hinunter, fielen auf den felsigen Grund und blieben liegen.

„In einem Wagen oder auf einem Schiff würden sich nicht nur einzelne Patronen befinden."

„Gewiß nicht, deshalb wollen wir jetzt eine ganze Kiste mit Patronen in die Tiefe werfen."

Dem Wurf der einzelnen Patronen hatten alle zugesehen, jetzt aber wichen die meisten vom Abgrund zurück. Einige Sekunden war es totenstill. Dann trug der Schall das Krachen der Bretter die Wände des Steinbruchs herauf. Die Kiste war zerbrochen, die Dynamitpatronen lagen verstreut herum.

„Und wer garantiert uns, Herr Nobel, daß Ihre Patronen nicht nur Attrappen sind?"

„Das ist einer von der Regierung", flüsterte ihm jemand zu.

„Ich wäre ein Scharlatan, wenn ich Ihre Zeit mit albernen Kunststücken verschwenden würde. Meine Gehilfen werden die Patronen aufsammeln, und ich werde sie zur Explosion bringen. Bitte überzeugen Sie sich." Nobel hatte verschiedene Gegenstände für die Sprengversuche vorbereiten lassen: eine Eichenbohle, einen großen Stein, einen schmiedeeisernen Zylinder. „Dynamit entfaltet seine Kraft nur, wenn es gezündet wird. Dafür haben wir entsprechende Zündhütchen entwickelt. Durch die Patronen ist es möglich, Sprengwirkungen ganz nach Wunsch oder Bedarf zu erzielen."

Nach jeder Detonation überzeugten sich die Herren von der Wirkung der Sprengung. Sie waren beeindruckt und sparten nicht mit anerkennenden Worten. Nach der letzten Vorführung, die mit gewaltigem Getöse ablief und bei der Nobel vierzehn Pfund Dynamit in einem viereinhalb Meter tiefen Bohrloch zur Explosion gebracht hat, gratulierten ihm fast alle.

Nur Professor Frederic Abel sagte: „Mich haben Sie nicht überzeugt, Herr Nobel. Ich halte Dynamit für noch gefährlicher als Nitroglyzerin. Dementsprechend wird mein Gutachten ausfallen, das ich für die Regierung schreiben werde."

14

Alfred Nobel fehlte ein Zuhause, eine Familie. Zu lange schon hatte er gezögert, aber er besaß nicht die Geduld, die man für einen anderen Menschen brauchte. Er war zu sehr mit seinen Plänen und Unternehmungen verheiratet. Diese Gedanken beschäftigten ihn, als er 1867 nach Schweden zurückkehrte, um am Familientreffen teilzunehmen.

Robert und Ludvig – beide mit Frau und Kindern – waren schon angereist. Sie waren sich ein bißchen fremd geworden, aber als sie begannen, Erinnerungen an gemeinsam Erlebtes auszutauschen, stellte sich schnell die alte Herzlichkeit ein.

Robert wollte in Ludvigs Betrieb eintreten. „In Finnland ist nicht viel mit Sprengstoffen zu verdienen. Ludvig hat gute Aufträge für sein neues Gewehr. Ich glaube, das Technische liegt mir besser als das Chemische."

Alfred hatte Robert als Chef der in Österreich geplanten Dynamitfabrik gewinnen wollen, aber Robert mußte selbst wissen, für welche Tätigkeit er sich eignete. Er hätte ihn gern an seiner Seite gehabt, denn Theodor Winkler war in San Franzisko gestorben. Er hatte noch im August die Fabrikation von Dynamit in den Vereinigten Staaten in Gang gebracht und die ersten Sprengungen an der Bay-View-Eisenbahnlinie überwacht, war aber im September an Typhus erkrankt.

Theodor Winkler würde ihm sehr fehlen. Auf ihn hatte er sich verlassen können. Gerade zu diesem Zeitpunkt traf ihn der Verlust besonders.

Dittmar hatte er entlassen müssen. Dieser bestätigte sogleich Nobels Verdacht. „Sie werden von mir hören, Herr Nobel", sagte er höhnisch. „Ich habe ein gutes Angebot von der anderen Seite – aus Amerika."

Shaffner mußte hinter Dittmar stecken. Die Sache war äußerst unangenehm, denn Shaffner hatte seinen Einfluß vergrößern können. Er war geschäftsführender Direktor der Blasting Oil Company geworden. Außerdem besaß er die Unverschämtheit zu behaupten, er habe das Dynamit erfunden, und drohte erneut mit einem Prozeß. Wieder mußte Nobel Zeit und Kraft für diesen Gauner verschwenden.

Als ihn dann noch die Nachricht aus England erreichte, daß Sir Frederic Abels Gutachten sich stärker als seine Demonstration am Steinbruch bei Red Hill erwiesen hatte, überfiel ihn tiefe Niedergeschlagenheit.

Ludvig bemerkte dies als erster. „Wieder eine Fabrik in die Luft geflogen?"

„Im gewissen Sinn. In England darf ich keine Fabrik errichten. Dabei habe ich alles getan, um die Behörden zu überzeugen. Abels Ansehen ist wirkungsvoller als der beste Sprengstoff. Er ist Direktor der Pulverfabrik zu Woolwich. Dabei kann ich Abel verstehen. Ihm ist mit der Schießbaumwolle etwas Ähnliches gelungen wie mir mit dem Nitroglyzerin. Schönbein hatte sie entdeckt und glaubte sie industriell verwenden zu können – ähnlich wie Sobrero das Nitroglyzerin. Schönbein kam sogar einige Schritte weiter als der Italiener, denn er überzeugte Generäle und Industrielle von der Überlegenheit der Schießbaumwolle gegenüber dem Schwarzpulver. Als aber die ersten Werke in Österreich und England durch furchtbare Explosionen zerstört wurden, ließ man die Hände davon. Nur Sir Abel gab nicht auf. Jetzt verteidigt er seine Erfindung. Wer verträgt es schon, in so kurzer Zeit überflügelt zu werden."

„Soll ich daraus schließen, daß du England aufgibst?"

„Ich werde die Insel wieder besuchen. Abel ist mächtig, aber kein Gott. Eines Tages werde ich auch in England eine Dynamitfabrik errichten."

Nicht einmal zu Hause konnte Alfred die beruflichen Probleme vergessen. Drei Viertel aller Gespräche drehten sich um Geschäfte, um Kredite, Erfindungen, Patente. Sogar die Mutter zeigte ein ungewöhnliches Interesse, nur merkte sie bald, daß er davon nichts mehr hören wollte.

Wurde es ihm zu bunt, flüchtete er sich zu seinen Neffen. Emanuel und Hjalmar jubelten, wenn sie auf seinem Rücken reiten oder mit ihm Verstecken spielen durften. Die beiden hatten eine Ausdauer! Er hätte nie gedacht, daß Kinder so anstrengend sein konnten. Die Vorstellung, eigene Kinder um sich zu haben, fiel ihm schwer. Doch er hörte es gern, wenn die Neffen ihn den lieben Onkel Alfred nannten.

Zu Hause war die Zeit wie konserviert. Der Vater schrieb und zeichnete, die Mutter befaßte sich mit literarischen Neuerscheinungen.

Im Februar, Nobels Brüder waren inzwischen abgereist, gab es aufregende Tage. Die Schwedische Akademie der Wissenschaften verlieh dem Vater und ihm den Letterstedtschen Preis, der für ausgezeichnete Originalarbeiten auf dem Gebiet der Kunst, Literatur oder Wissenschaft oder für wichtige Entdeckungen von praktischem Wert für die Menschheit vergeben wurde: dem Vater für seine Verdienste um die Anwendung des Nitroglyzerins als Sprengmittel, dem Sohn besonders für seine Erfindung des Dynamits.

Der Vater hielt Alfreds Hand lange fest. Tränen traten in seine Augen. „Tja, was machen wir nun?" Er räusperte sich. „Nehmen wir das Geld oder die goldene Medaille?"

„Fehlt es uns zur Zeit an Geld?"

Der Vater lachte. „Wir leisten uns die Medaille? Aber wer bekommt die Medaille? Wir können sie nicht halbieren."

„Wer danach fragt, muß sie auch behalten, Papa. Ich bin dauernd auf Reisen, Mama wird sie gut hüten."

„Ein Fest wollen wir feiern!" Der Vater riß die Arme hoch. „Daß ich diese Freude noch erlebe!"

ZWISCHEN 1867 und 1879 eroberte Alfred Nobel mit dem Dynamit viele Märkte. Aber ihm traten Fälscher entgegen, die dynamitähnliche Produkte herstellten. In Europa wurde er mit ihnen fertig, doch die Lage in Amerika blieb für ihn undurchsichtig. Shaffner und Dittmar bereiteten ihm Schwierigkeiten, aber er wollte nicht wieder nach Amerika fahren. Es genügte ihm, daß seine Beauftragten bei San Franzisko eine neue Fabrik erbauten, denn er hatte genug in Europa zu tun. Neue Gesellschaften mußte er gründen und bei Prag und Helsinki weitere Fabriken errichten.

Das Abteil erster Klasse wurde sein zweiter Wohnsitz, sein „rollendes Gefängnis". Er nutzte es zum Lesen; die Literatur interessierte ihn nach wie vor.

Alle Versuche, in England Fuß zu fassen, schlugen fehl, obgleich er wiederholt Fachleuten die technischen und wirtschaftlichen Vorzüge des Dynamits gegenüber dem Schwarzpulver und der Schießbaumwolle darlegte. Im Jahre 1869 verbot eine Parlamentsakte sogar die Einfuhr, den Verkauf und den Transport von Nitroglyzerin und nitroglyzerinhaltigen Stoffen. Einige Erleichterungen für den Vertrieb von Dynamit erreichte er schließlich, aber eine Fabrik durfte er nicht bauen.

Auch in Frankreich kam er nicht voran, obgleich er einen tüchtigen Verbündeten fand, Paul Barbe, einen ausgezeichneten Geschäftsmann, Organisator, Betriebsdirektor und Politiker. Doch der französische Staat besaß ein Monopol für die Herstellung und den Verkauf von Schießpulver und Sprengstoffen, und so wurde nicht einmal die Einführung einer Tonne Dynamit für Versuchszwecke genehmigt.

Erst als die Franzosen während des Krieges 1870/71 die Wirkung des Dynamits kennenlernten, sollte er schnellstens bei Paulilles in der Nähe von Port-Vendres in Südfrankreich eine Dynamitfabrik errichten. Aber das überließ er Paul Barbe. Denn inzwischen hatte er eine Genehmigung zum Bau einer Dynamitfabrik in Großbritannien erhalten. Schottische Finanzleute und Bergwerksbesitzer zeichneten im April 1871 das Geld für die „British Dynamite Co. Ltd." mit Sitz in Glasgow. Es war der größte Betrag, den eine Gesellschaft bisher aufgebracht hatte. Das Aktienpaket betrug 24 000 Pfund Sterling. Damit konnte Nobel an der Westküste von Schottland bei Ardeer die bis dahin größte Fabrik errichten.

Alarik Liedbeck eilte herbei. Er schimpfte auf die weltvergessene Gegend. Als er seine Ideen jedoch umsetzen konnte, fand er sich mit der Sandwüste ab. „Sobald eine ordentliche Wohnung fertig ist, wird meine Familie nachkommen. Im übrigen werde ich Ardeer erst aus den Händen geben, wenn der Betrieb sicher läuft."

15

Nach der Erfindung des Dynamits war Alfred Nobels Reichtum unglaublich schnell gewachsen. Er hätte sich zur Ruhe setzen und die Früchte seiner Arbeit genießen können. Doch er mußte tätig sein, Aktiengesellschaften gründen, Dynamitfabriken bauen und vor allem weiterforschen. Der neue Sprengstoff war nur so lange der beste, bis es einen besseren gab. Chemiker und kapitalkräftige Unternehmen konnten ihm Konkurrenz machen. Tausende würden versuchen, einen wirkungsvolleren Sprengstoff zu erfinden.

Vorerst aber kam er nicht zu einer intensiven Arbeit im Laboratorium. Neue Vorhaben im Eisenbahn- und Straßenbau, der industrielle Aufschwung überhaupt, verstärkten den Bedarf an Dynamit sprunghaft. Überall fand Nobel offene Türen beim Bau neuer Werke.

Ununterbrochen war er unterwegs, um an Ort und Stelle vertrauenswürdige Partner und Assistenten für die Verwaltungsposten sowie Vorarbeiter und Arbeiter für die Produktion auszusuchen, Baugelände zu erwerben, Baufirmen zu beauftragen, die Einhaltung von Sicherheitsvorschriften zu überwachen, Streitigkeiten zu schlichten oder Transportprobleme zu lösen wie in England, wo sich die Eisenbahngesellschaft weigerte, Dynamit zu verfrachten. Genugtuung erfüllte ihn beim Anblick seiner Werke; in acht Jahren konnte er siebzehn Fabriken gründen.

Bei den hohen Gewinnen brauchte man nicht zu knausern. Die Arbeiter übten eine verantwortungsvolle und gefährliche Tätigkeit aus. Er wollte keine Streiks oder Revolten, auch keine Hungergestalten. Wer in seinen Fabriken arbeitete, sollte sich um die Ernährung seiner Familie keine Sorgen machen müssen, sondern seine Gedanken zusammenhaben. Er wollte auch keine Duckmäuser, sondern Menschen, die sich frei fühlten und aufgefordert mitzudenken. Und viele Verbesserungen verdankten die Werke den Arbeitern.

Was Nobel anfangs Freude bereitet hatte, begann ihn jedoch allmählich zu ermüden. Er hatte Raubbau mit seinen Kräften getrieben. Sein Magen und sein Kopf verübelten ihm die Unregelmäßigkeiten, die mit weiten Reisen und Verhandlungen verbunden waren. Er vertrug nicht mehr alle Speisen und mußte sich zeitweise strenger Diät unterwerfen. Oft konnte er nicht einschlafen. Dann arbeitete er bis spät in die Nacht und schlief anschließend den Schlaf des Erschöpften.

Kopfschmerz wurde sein ständiger Begleiter. Dann saß er am Schreibtisch, mit der einen Hand Briefe schreibend, mit der anderen eine eisgekühlte Kompresse gegen die Stirn drückend. Häufiger als früher fuhr er in einen Badeort. Manchmal tat ihm eine Kur gut, doch nur selten besaß er Ausdauer genug, bis zum Ende durchzuhalten. Er kam nicht zur Ruhe, immer fühlte er sich gehetzt.

Wenn ihm der Elan fehlte, trieb ihn Paul Barbe an. Er redete ihm zu, doch nach Paris zu kommen. Nobel zögerte lange. Hamburg war ihm vertraut. Er liebte die Hafenstadt, die gediegene Atmosphäre, die Nähe der See und seiner Heimat. Einmal im Jahr besuchte er Stockholm, um mit der Mutter ihren Geburtstag zu feiern. Krümmel fühlte er sich verbunden, seinem ersten Werk, das er auch nach der zweiten Explosion 1870 wieder aufgebaut hatte. Aber er war in Hamburg einsam geblieben. Paris reizte ihn schon.

Während er noch überlegte, rief ihn ein Telegramm der Mutter nach Stockholm. Der Vater lag im Sterben. Die Mutter war sehr gefaßt. Sie saß an seiner Seite, hielt seine Hand und durfte sie nicht loslassen, sonst wurde er unruhig. Ludwig und Robert trafen ein. Ein zufriedenes Lächeln erschien auf dem Gesicht des Vaters. Er atmete einige Male schwer, dann schlief er für immer ein.

„Euch alle bei sich zu haben war sein letzter Wunsch", sagte die Mutter.

Bis zuletzt hatte der Vater an seinen Plänen gearbeitet. Er hatte einige Vorrichtungen erdacht, um mit Leim versetzte Holzspäne zu Platten zu pressen. „Jährlich fallen in unseren Sägewerken Berge von Spänen an, die man beiseite schafft oder verbrennt. Durch mein Patent könnten Tausende von Arbeitslosen ihren Unterhalt verdienen."

Die Mutter wollte Alfred die Goldmedaille des Letterstedtschen Preises mitgeben. Aber er bestand darauf, daß sie sie behielt. Als er ihren Rat einholte, ob er nach Paris übersiedeln solle, blickte sie

Oben: Paul Barbe
Unten: Georges Fehrenbach

Alfred Nobels Wohnsitz in Paris:
Rue Malakoff 59

ihn traurig an. „Noch weiter weg?" Dann lächelte sie. „Hör nicht auf eine alte, eigennützige Frau. Natürlich mußt du nach Paris gehen." Ludvig und Robert bestärkten ihn ebenfalls.

Als Nobel nach Hamburg zurückgekehrt war, entschied er sich für Barbes Vorschlag. In Paris konnte er seine Fabriken am besten koordinieren. Sein Imperium war zu groß geworden, als daß er die einzelnen Firmen ohne eine übergeordnete Leitung wirtschaften lassen konnte. Einige Gesellschaften begannen sich gegenseitig Konkurrenz zu machen.

Er bezog ein stattliches Haus in einem der vornehmsten Stadtviertel, nahe der Place d'Étoile. Das vierstöckige Gebäude in der Rue Malakoff grenzte an einen Garten, in dem schöne Sträucher und Bäume wuchsen. In einer Remise fanden seine Kutschen und sechs Pferde bequem Platz. Darüber wohnten der Kutscher und der Gärtner mit ihren Familien.

Die Fenster im Parterre wurden von starken Gitterstäben

geschützt, die Herrschaftsräume im ersten Stock waren mit Markisen versehen. Dort empfing Nobel seine Besucher. Im Stockwerk darüber lagen sein Wohn- und sein Schlafzimmer. Die anderen Räume hielt er frei für Gäste; später sollten sie seiner Frau gehören. Im Dachgeschoß wohnten die Köchin, das Zimmermädchen und sein Haushaltsvorstand. Der Wintergarten und sein Laboratorium befanden sich in einem Seitenflügel, dem sich die Gewächshäuser anschlossen, in denen er vor allem Orchideen züchten ließ. Er hatte es gut getroffen. Auch das Klima behagte ihm; es war milder und trockener als in Hamburg.

Paris war eine Weltstadt, und sie wurde ihrem Rang gerecht. Man sprach davon, daß eine der nächsten Weltausstellungen wieder wie 1867 in Paris stattfinden würde, und zwar auf einer um das Doppelte größeren Ausstellungsfläche. Die Besucherzahlen aller bisherigen Weltausstellungen von London, Wien und Philadelphia wollte man übertreffen. Die internationale Atmosphäre entsprach Nobels Mentalität. Nur daß die Regierung das Staatsmonopol wiederhergestellt und seine Fabrik geschlossen hatte, wurmte ihn. Denn der Bedarf an Dynamit stieg weiter an.

Schließlich errichtete er in der Schweiz eine Fabrik, um genügend Dynamit für den Bau der Sankt-Gotthard-Bahn liefern zu können. Achtzig Tunnel mußten durch den Granit gesprengt werden, darunter der Scheiteltunnel von fünfzehn Kilometer Länge.

Obgleich sich das Dynamit durchgesetzt hatte, hörte Nobel immer wieder die bedauernden Worte: „Nitroglyzerin war eben doch stärker", und für besonders hartes Gestein wurde es nach wie vor verwandt. Er mußte einen Sprengstoff erfinden, der stärker war als alle bisherigen.

Aus seinem Vorsatz, sich Zeit für steife Gesellschaftsabende zu nehmen, wurde nicht viel. Aber er verwöhnte gern Freunde, Geschäftspartner und Direktoren mit seiner Küche und seinem Keller. Gern spielte er auch eine Partie Schach oder Billard. Oberflächliche Konversation behagte ihm nicht, geistreiche Gespräche über Literatur und Philosophie hingegen fesselten ihn. Hin und wieder trieb ihn seine Spottlust zu sarkastischen Bemerkungen, doch ebensogern verschenkte er Komplimente oder Blumen an Frauen. Gern gab er auch Geschichten zum besten. Wenn ihn die Einsamkeit quälte, besuchte er ein Pferderennen und wettete. Aber nicht mit zu hohen Einsätzen. Auch am Roulette setzte er nur kleine Beträge; er spielte wegen des Reizes, nicht um zu gewinnen.

Am wohlsten fühlte er sich in seinem Laboratorium. Nirgendwo verging die Zeit schneller. Und er hatte immer das Gefühl, etwas Nützliches getan zu haben, selbst wenn eine Serie von Experimenten ergebnislos verlief.

Dort war er meist nicht allein. Georges Fehrenbach unterstützte ihn, ein junger Chemiker mit geschickten Händen. Er setzte seine Kenntnisse rückhaltlos ein, nur mit seiner Ausdauer haperte es; er wollte seinen Feierabend, seine Kaffeestunde. Grundsätzlich gönnte Nobel ihm seine Freizeit, aber wenn eine Versuchsreihe lief, wollte er keine Unterbrechungen dulden. Er selbst vergaß Essen und Trinken, er dachte nicht mehr an Kopf- oder Zahnschmerzen. Jede Unterbrechung empfand er als störend, dann konnte er so gereizt reagieren, daß seine Mitarbeiter schleunigst das Weite suchten. Doch solche Aufwallungen dauerten meist nicht lange, und er litt darunter, wenn er seine Fassung verlor.

Nach einer Phase intensivster Arbeit erwachte er mit Herzbeschwerden und Atemnot wie aus einem Trancezustand. Er fühlte sich elend und niedergeschlagen. Eine unsagbare Grimmigkeit überkam ihn und reizte ihn zu bissigem Spott. Wenn ihn ein Gang durch den Garten und die Betrachtung seiner Orchideen nicht beruhigten, nahm er sein stets griffbereites Gepäck und reiste nach Hamburg, Ardeer oder in ein Bad. Aber nirgendwo fühlte er sich zu Hause, außer in Stockholm bei seiner Mutter.

Wie sollte er bei seinem Lebensstil einen Menschen finden, dem er ganz zugetan sein konnte?

So schrieb er an Mina, Ludvigs Frau:

> Was herrscht doch für ein Gegensatz zwischen uns. Du bist umgeben von Liebe und Fröhlichkeit, geschäftigem, pulsierendem Leben, umsorgt und umsorgend, Zärtlichkeit empfangend und Zärtlichkeit gebend und tief in der Zufriedenheit verwurzelt. Ich dagegen treibe ohne Kompaß und Steuer wie ein nutzloses, vom Schicksal umhergeworfenes Wrack umher, ohne eine heitere Erinnerung an die Vergangenheit, ohne eine einzige, wenn auch trügerische, so doch schöne Illusion für die Zukunft, ohne Selbsttäuschung, die zwar ein billiges, aber bequemes Mittel zur Selbstzufriedenheit ist, ohne Familie, in der allein uns ein Fortleben in künftigen Zeiten gewährleistet wird, ohne Freunde, die das Herz erfreuen, und sogar ohne

Feinde, um die üble Laune an ihnen abzureagieren – zu allem Überfluß aber mit einer Selbstkritik behaftet, die jeden Flecken in seiner unbarmherzigen Häßlichkeit aufzeigt und jede Schwäche in schattenlosem Licht bloßstellt. Ein Bild mit solchen Zügen eignet sich schlecht für ein von Fröhlichkeit und Wohlbehagen erfülltes Heim und verdient nichts anderes, als in den Papierkorb geworfen zu werden, wo sein Platz ist.

Nur allmählich wuchs er in die neue Rolle hinein, die mit seinem Reichtum verbunden war. Er gewöhnte sich daran, eine bekannte Persönlichkeit zu sein, aber öffentliches Auftreten war ihm nach wie vor zuwider. Wenn er nicht gerade von einem Präsidenten eingeladen wurde, ließ er sich verleugnen.

Schließlich hatte er Wichtigeres zu tun. Es mußte ihm gelingen, das Dynamit zu vervollkommnen. Zwar beherrschte er nach wie vor die Märkte, doch die Zeit stand nicht still. Die Chemie war eine hochentwickelte Wissenschaft geworden. Männer wie Lavoisier, Dalton, Gay-Lussac, Berzelius, Wöhler, Liebig, Mendelejew hatten zahlreiche tüchtige Chemiker herangebildet, die in vorzüglich ausgestatteten Instituten forschten und nach industriellen Verwertungen trachteten.

Zwei Jahre lang bemühte sich Nobel um ein Ergebnis. Über zweihundert Experimente, die immer mit Explosionsgefahren verbunden waren, lagen hinter ihm. Fehrenbach stöhnte, wenn wieder eine Versuchsreihe erfolglos beendet worden war. Lange spukte der Gedanke in Nobels Kopf, Nitroglyzerin mit Schießbaumwolle zu mischen, aber die Absorptionsfähigkeit der Schießbaumwolle ließ das nicht zu.

Schließlich kam ihm der Zufall zu Hilfe. Fehrenbach war schon gegangen. Mit einiger Hast setzte Nobel die Experimente fort. Seine Konzentration ließ nach. Er hätte aufhören und ins Bett gehen müssen. Es war gefährlich, in dieser Verfassung weiter mit Sprengstoffen zu arbeiten.

Da schnitt er sich in den Finger. Wahrscheinlich hatte er eine Vene getroffen, denn das Blut quoll heftig hervor und tropfte auf den Tisch. Er leckte den Finger ab und strich Kollodium über die Wunde. Sie brannte, und er verließ ärgerlich das Laboratorium. Diese Warnung mußte er ernst nehmen.

An Schlaf jedoch war nicht zu denken. Unruhig wälzte er sich auf dem Bett. Seine Gedanken kehrten immer wieder ins Laboratorium zurück.

Kollodium war eine Äther-Alkohol-Lösung von Dinitrozellulose. Man nannte sie Kollodiumwolle, und sie war niedriger nitriert als Schießbaumwolle. Sollte das Kollodium eine höhere Absorption haben als Schießbaumwolle?

Um vier Uhr hielt es ihn nicht mehr im Bett. Er zündete eine Gaslampe an. Das Laboratorium gewährte einen seltenen Anblick; er hatte es unaufgeräumt verlassen.

Kollodiumwolle war genügend vorhanden. Er nahm eine flache Glasschale, tropfte Nitroglyzerin darauf, fügte einige Gramm niedrig nitrierte Zellulose hinzu und rührte die Substanzen vorsichtig durcheinander. Eine gallertartige Masse entstand.

Wenn seine Überlegungen stimmten, dann hatte er die zwei wirkungsvollsten Sprengmittel in einer Glasschale vereinigt, und sie mußten in dieser Kombination alles Bisherige weit übertreffen.

Als Fehrenbach das Laboratorium betrat, stand die Sonne schon am Himmel. „Sie sehen müde aus, Monsieur Nobel. Haben Sie schon gefrühstückt?"

„Ich bin ganz munter, Fehrenbach. Raten Sie mal, was sich hier in der Glasschale befindet."

Fehrenbach betrachtete den Stoff in dem Schälchen, warf einen Blick auf die verschiedenen Substanzen, schüttelte den Kopf, als ihm Nobel seinen Finger zeigte: „Auf das Nächstliegende kommt man häufig zuletzt. Gratuliere, Monsieur Nobel. Ich hatte die Hoffnung aufgegeben. Dabei hatten wir die Lösung vor Augen."

„Jetzt frühstücken wir gemeinsam, Fehrenbach."

Die Köchin war erleichtert, als sie die beiden im Frühstücksraum erblickte. „Ich dachte schon, Monsieur Nobel, Sie würden heute gar nicht erscheinen." Sie schenkte Kaffee ein. „Was haben Sie denn mit Ihrem Finger gemacht?"

„Oh, nichts weiter, Mademoiselle, nur eine kleine Erfindung."

„Wieder so einen fürchterlichen Sprengstoff?"

„Einen viel fürchterlicheren, Mademoiselle."

Die Köchin lachte. „*Bon appétit,* die Herren." Mit einem Knicks verließ sie den Raum.

„Haben Sie schon einen Plan, mit welchem Experiment wir anfangen?" fragte Fehrenbach nach dem Frühstück.

Werbung für Dynamit und Sprenggelatine

Alfred antwortete nicht gleich, sondern klingelte nach dem Mädchen. „Bringen Sie uns bitte eine Flasche Champagner." Als sie mit dem Gewünschten zurückkam, stieß er mit Fehrenbach an. „Wir werden zuerst die Sprengwirkung verschiedener Mischungen ausprobieren, bis wir einige ideale Zusammensetzungen gefunden haben."

Sie konnten es kaum erwarten, das Versuchsgelände zu erreichen. Als sie gerade in Deckung gehen wollten, kam Barbe angefahren. „Ihr wollt mich wohl ausbooten? Ich will auch etwas davon haben."

„Nur ein Probeschuß, Paul. Aber wenn du schon hier bist, dann sollst du auch die Lunte anzünden."

Der Sprengsatz detonierte mit unglaublicher Wucht. Fehrenbach war blaß geworden und blickte kopfschüttelnd auf die herumgeschleuderten Steinbrocken. „Schrecklich, wenn dieses Mittel eines Tages in einem Krieg angewandt würde."

„Ich dachte, mir zerreißt es die Lunge." Barbe schnaufte.

Nobel war vom Erfolg berauscht. „Erfindungen lassen sich nicht rückgängig machen. Sie dienen guten Zwecken. Wer sie mißbraucht, muß bestraft werden."

„Was heißt ‚mißbraucht'?" sagte Barbe. „Wir sind nicht verantwortlich, wenn Idioten Krieg führen."

„Da streiten wir um des Kaisers Bart, statt uns über den neuen Sprengstoff zu freuen!" Nobel war unzufrieden. „Die Nitrogelatine ist noch nicht produktionsreif. Wollen Sie an der Entwicklung nicht mitarbeiten?" Er blickte Fehrenbach an.

„Vielleicht sollten wir eine Klausel finden, die verbietet, Nitrogelatine für Kriegszwecke zu verwenden."

„Unmöglich!" rief Barbe. „Erstens werden andere diesen Sprengstoff nachmachen, und zweitens werden sie ihn den Machthabern verkaufen. Wollen wir uns das Geschäft verderben?"

„So ist die Welt, leider. Aber der Tag wird kommen, an dem wir Sprengstoffe haben werden, die kein Mensch anzuwenden wagt."

„Ich komme mit zwei Überraschungen", sagte Barbe. „Erstens kann unsere Fabrik in Paulilles ab sofort wieder produzieren. Dazu habe ich die Regierung überreden können. Zweitens habe ich ein köstliches Menü bestellt."

Obgleich Nobels Magen oft sehr empfindlich auf üppige Mahlzeiten reagierte, fühlte er sich am nächsten Tag wohl. Auch Fehrenbach begann pünktlich und munter seine Arbeit. Jetzt, wo sie das Geheimnis kannten, gingen ihnen die Experimente gut von der Hand, und sie fanden nach zweihundert Versuchen die ideale Zusammensetzung.

Der stärkste Sprengstoff war die reine Sprenggelatine mit einem Gehalt von 7 Prozent Nitrozellulose. Er übertraf die Kraft des Nitroglyzerins und war weitgehend unempfindlich gegen Stoß, Schlag und Feuer. Auch konnte er für Sprengungen unter Wasser ohne besondere Vorkehrungen benutzt werden.

Paul Barbe bewunderte die Ergebnisse und strahlte vor Unternehmungslust, stolz darauf, daß die erste großtechnische Anlage in Paulilles entstehen sollte.

Für die Tunnelarbeit der St.-Gotthard-Bahn wurde fast nur Sprenggelatine eingesetzt. Die großtechnischen Versuche in Paulilles waren erfolgreich verlaufen, und Liedbeck hatte die Werkzeuge und Apparate konstruiert, mit denen der neue Sprengstoff in ausreichenden Mengen produziert werden konnte.

Die Sprenggelatine war zwar teurer als Dynamit, dennoch sparte man durch ihre größere Wirksamkeit Geld. Bald wurden die neuen Sprengstoffe auch in Frankreich und Italien verwendet. Nur England lehnte sie ab, obgleich sogar Nobels Gegner, Professor Abel, öffentlich erklärte, daß die Sprenggelatine in jeder Hinsicht das vollkommene Sprengmittel sei.

Aber jetzt konnte Nobel es sich leisten, in Ruhe abzuwarten. Er war unglaublich reich und unglaublich einsam. Die Hälfte seines Lebens lag hinter ihm. Er wollte nicht mehr allein sein. Ihn erfaßte eine nie gekannte Sehnsucht nach einer Frau, die er lieben konnte.

16

Bertha Kinsky von Chinic und Tettau verließ traurig und zornig zugleich Schloß Harmannsdorf. Baron von Suttner hatte sie tief verletzt. Nie wieder würde sie dieses Haus betreten, in dem man ihr zu deutlich zu verstehen gegeben hatte, daß sie einer verarmten Familie angehörte und trotz adliger Abstammung keinen Anspruch auf eine standesgemäße Heirat besaß.

Gefühle ließen sich nicht zähmen wie Pferde oder Stiere. Warum sollte sie sich nicht zu ihrer Liebe bekennen dürfen? Sie konnte ihren Lebensunterhalt auch ohne Mitgift bestreiten, indem sie Kindern Manieren und Sprachen beibrachte.

Sie hatte sich gegen Arthur von Suttners Liebeserklärungen gewehrt. Er war nicht nur sieben Jahre jünger als sie, auch die Bedeutung von Standes- oder Besitzunterschieden war ihr bewußt. Doch sie liebte Arthur. Der einzige Vorwurf, den sie sich machte, war, sich nicht früher zurückgezogen zu haben. Als sie sich über ihre Gefühle klargeworden war, war es zu spät. Ihr hatte die Kraft zu diesem Schritt gefehlt. Andererseits sah sie ebensowenig wie Arthur ein, daß sie auf ihr Glück verzichten sollten. Der Gedanke, Arthur zu verlassen, war ihr unerträglich.

Allerdings hätte sie die Reaktion der Familie voraussehen und sich die Demütigung ersparen müssen. Dabei fühlte sie sich den Suttners durchaus ebenbürtig. Aber Bildung und Schönheit zählten bei ihnen nur, wenn sie mit Geld verbunden waren. Auf Bällen oder Gesellschaftsabenden konnte Bertha Körbe voll Komplimente einsammeln, ohne dafür kokettieren zu müssen. Manche warfen ihr Stolz vor, weil sie ihre Zurückhaltung nicht verstanden. Es lag ihr nicht, Männer mit Blicken und Gesten zu fangen. Einige mieden sie auch, weil sie ihnen zu klug und schlagfertig erschien.

Ihre Zukunft lag vor ihr wie eine nebelgraue Wand. Ihre Ersparnisse würden zwar eine Zeitlang ausreichen, doch im Alter von dreiunddreißig Jahren war sie, obgleich jünger aussehend, längst aus dem Alter heraus, in dem Mädchen verheiratet wurden.

Sie trauerte dem nicht nach, denn sie empfand das Verheiratetwerden als demütigend. Sie wollte aus Liebe heiraten, aber sie hatte frühzeitig gemerkt, daß die meisten Männer zuerst nach der Mitgift fragten. In diesem Punkt war sie so empfindlich geworden, daß sie lieber allein durchs Leben ziehen wollte, als eine für sie unwürdige Ehe einzugehen.

Vielleicht liebte sie Arthur auch deshalb, weil seine Gefühle und Gedanken frei waren. Nie hatte es zwischen ihnen eine Rolle gespielt, daß sie eine Angestellte des Hauses war. Für ihn war sie stets eine Ebenbürtige, anfangs seine Freundin, schließlich seine Geliebte. Er bewunderte sie, respektierte ihre geistige Überlegenheit, ohne sich dabei minderwertig zu fühlen. Für ihn waren Frauen gleichberechtigte Wesen, nicht dem Manne untertan. Nie wieder würde sie einem Mann begegnen, den sie so achten und lieben konnte wie Arthur.

Nun rannte sie in ihrer trostlosen Einsamkeit in ein Hotel, verwünschte den Frühling und die Pracht der Blumen. Nach dem letzten Auftritt von Baron von Suttner glaubte sie nicht mehr daran, daß Arthur gegen die Macht der Konvention etwas tun konnte. Die Drohung, ihn zu enterben und auszustoßen, mußte auch den am edelsten gesinnten Mann umstimmen. Er würde ihr noch ein paar Briefe schreiben, seine Liebe beteuern, aber allmählich würde seine Kraft schwächer werden. Man sah sich nicht mehr, die Liebe erhielt keine Nahrung, sie erlosch.

Im Restaurant des Hotels bestellte sie sich einen erlesenen Wein und ein herzhaftes Menü. Ich werde nicht versauern, sagte sie sich. Mit ihren Kenntnissen würde sie schon eine Stellung finden, die ihrer Bildung und ihren Ansprüchen entsprach.

Sie griff nach einer Zeitung und las die Stellenangebote durch. Die Texte glichen sich, aber einer fiel ihr wegen seiner Originalität auf:

> Ein sehr reicher, hochgebildeter älterer Herr, der in Paris lebt, sucht eine sprachkundige Dame, gleichfalls gesetzten Alters, als Sekretärin und zur Oberaufsicht des Haushalts.

Diese Annonce las sie zwei- und dreimal. Sie gefiel ihr immer besser. Warum sollte sie es nicht einmal als Sekretärin versuchen? Hoch gebildet war gut, reich, das interessierte sie weniger, jedenfalls würde er sie ordentlich entlohnen können. Und Paris war jedenfalls ein besserer Ort als Harmannsdorf.

Sie sprach drei Fremdsprachen, vielleicht reichte das dem

anspruchsvollen Herrn. Aber durfte sie sich als Dame gesetzten Alters verstehen? Vielleicht war der Herr um die Sechzig. Dann hielt er sie bestimmt für zu jung.

Mit einem Mokka beendete sie die Mahlzeit und ging in ihr Zimmer. Sie warf sich aufs Bett, sortierte die Briefe, die Arthur ihr geschickt hatte, und entschloß sich, endlich einen zu öffnen.

Immer diese Liebesschwüre! Er gab sie nicht auf, doch was sollte er machen? Er war in Reichtum aufgewachsen. Einen Beruf hatte er nicht gelernt. Er wollte Bücher schreiben, Romane, Schauspiele, aber davon ließ sich nicht leben, wenigstens in den ersten zehn Jahren nicht.

Seine Ratlosigkeit regte sie auf. Irgendwie wären sie schon durchgekommen, denn sie konnte mitverdienen. Warum setzte er nicht alles auf eine Karte? War seine Liebe so schwach, daß sie ohne familiären Rückhalt zerbrechen mußte? Sie wäre ihm gefolgt, wenn er sie zu einem selbständigen Leben aufgefordert hätte. Aber wenn er nicht von selbst darauf kam, daß sie alles hinter sich lassen konnten, mußte sie sich damit abfinden.

Am nächsten Tag kündigte sie das Zimmer und reiste nach Wien. Fast jeden Tag bekam sie einen Brief von Arthur. Er hielt zu ihr, aber das entscheidende Wort fehlte. Überraschend schnell erhielt sie eine Antwort aus Paris. Der Absender machte sie stutzig. Alfred Nobel, Zivilingenieur. Wo hatte sie diesen Namen schon gehört? War er nicht mit dem Skandal um die Sprengstoffkatastrophen verbunden? Er schrieb intelligent, witzig und aufrichtig, aber über allem lag ein Hauch von Melancholie.

> Bin Misanthrop und doch äußerst wohlwollend, es sind eine Menge Schrauben bei mir los, und ich bin ein Überidealist ..., verdaue Philosophie besser als Essen. Meine Ansprüche sind schrecklich: ausgezeichnetes Englisch, Französisch, Deutsch und Schwedisch, Stenographie, Fertigkeit in der Benutzung der Remingtonschen Schreibmaschine, aber ich gehöre nicht zu denen, die Unmögliches verlangen, und wenn mir jemand sympathisch ist, lasse ich verschiedene meiner Ansprüche wie ein Kartenhaus zusammenfallen.

Witz und Humor schien Herr Nobel zu haben. Seine Traurigkeit mochte daher rühren, daß er seine Frau verloren hatte und sich als Witwer verlassen vorkam. Je älter er ist, um so besser, dachte sie, dann war das Angebot unverfänglich.

Ich werde die Stellung antreten, dachte sie. Jetzt wünschte sie, daß Herr Nobel ihre Bewerbung annahm, auch wenn sie nicht in allem so perfekt war, wie er es sich vorstellte. Aber sie wollte ihn auch nicht im unklaren lassen, daß sie selbständig und eigenwillig war.

Seine Antwort befriedigte sie sehr.

> Eigensinnige Menschen schätze ich wenig, eigenwillige um so mehr. Es gibt Bereiche, in denen ich allein zu bestimmen haben werde, aber in dem, was Ihnen, Komtesse, anvertraut sein wird, werden Sie wie ein absoluter Herrscher regieren ... Wenn ich einen Menschen anstelle, dann nur, wenn er mir etwas von dem abnimmt, was mir Zeit und Kraft raubt ... Ich achte jeden Menschen, gleich, ob er ein einfacher Arbeiter oder ein Gelehrter ist. Ich schreibe so eindeutig, denn mein Grundsatz lautet: Man kann nur mit Menschen gut zusammenarbeiten und leben, wenn von vornherein Offenheit und Vertrauen vorhanden sind. Ich würde mich glücklich schätzen, verehrte Komtesse, wenn Sie mich verstehen und meine Vorstellungen respektieren könnten. Ihre Briefe machen mir den Mut, Sie nach Paris einzuladen. Teilen Sie mir bitte Ihre Ankunft mit. Ich werde Sie persönlich vom Bahnhof abholen.
>
> Ihr aufrichtig ergebener Alfred Nobel

Der Mann faszinierte sie. Er schien einen geraden Charakter zu haben, er bot ihr Unabhängigkeit, Selbständigkeit. Er war gebildet und trotz seines Reichtums bescheiden.

Immer noch zögerte sie. Arthur bestürmte sie, in Wien zu bleiben. Er hoffte nach wie vor, seine Familie umstimmen zu können. Doch er scheute die Trennung von seiner Familie, also durfte Bertha die Trennung von Wien ebensowenig scheuen.

Am gleichen Tag teilte sie Nobel ihre Ankunft in Paris und Arthur von Suttner die Abreise mit. Sie wollte sich auf Paris freuen. Vielleicht fand ihr Leben dort einen neuen Sinn.

17

Je näher Bertha der französischen Grenze kam, desto freier fühlte sie sich. Ihre Gedanken richteten sich auf die Begegnung mit dem Dynamitkönig, wie ein Bekannter Alfred Nobel genannt hatte. Er mußte ein seltsamer Mensch sein, wenn er sich einerseits als Idealist bezeichnete und andererseits die gefährlichsten Sprengmittel erzeugte. Bisher hatte sie nicht die geringste Vorstellung von diesen Dingen gehabt.

Hin und wieder schlief sie ein, ab und an suchte sie den Speisewagen auf. Sie wollte weder müde noch hungrig in Paris ankommen. Dennoch fühlte sie sich abgespannt, als sie die Gare de l'Est erreichte.

Ein Träger holte ihr Gepäck aus dem Abteil. „Wohin, Madame?" fragte er. „Darf ich Ihnen ein Hotel empfehlen?"

„Gedulden Sie sich bitte einen Augenblick, Monsieur. Ich werde erwartet."

Der Zug fuhr ab, der Bahnsteig leerte sich. Sie spürte forschende Blicke und wandte sich zur Seite. Ein Herr trat auf sie zu, in der linken Hand einen Strauß mit dunkelroten Rosen. Er war elegant gekleidet, Mund und Kinn waren von einem struppigen dunklen Bart bedeckt. Er mochte etwa vierzig Jahre alt sein, war etwas unter Mittelgröße und ging mit kurzen, federnden Schritten.

„Verzeihung, Mademoiselle, mein Name ist Alfred Nobel. Ich nehme an, Sie sind Mademoiselle Kinsky?"

Er bemerkte ihre Überraschung, als sie seine Frage bejahte. Er führte sie zu seiner Kutsche. Die rassigen Pferde fielen ihr auf, das kostbare Geschirr. Im Handumdrehen war das Gepäck verstaut, der Gepäckträger vom Kutscher entlohnt.

„Ich fahre Sie gleich ins Hotel, Mademoiselle Kinsky. Nach einer solchen Reise ist man abgespannt. Ich kenne das zur Genüge, denn leider bin ich durch meine Tätigkeit zu vielen Reisen gezwungen. Ihre Zimmer sind bestellt und werden selbstverständlich von mir bezahlt. Leider müssen Sie die ersten zwei Wochen mit dem Hotel vorliebnehmen. Die Räume, in denen Sie dann wohnen werden, werden gerade renoviert. Wenn es Ihnen recht ist, würde ich Sie in zwei Stunden abholen."

Der Wagen hielt vor dem eleganten Grandhotel am Boulevard des Capucines. „Ich danke Ihnen für Ihre Freundlichkeit, Monsieur Nobel. Ich werde Sie erwarten."

Nobel öffnete die Tür und half ihr beim Aussteigen. Ein Hoteldiener eilte herbei; alles war vorbereitet, sie brauchte nur ihren Paß vorzuzeigen, und als sie ihr Appartement betrat, standen die Gepäckstücke bereits auf der Ablage.

Sie betrachtete sich im Spiegel. Ein wenig übernächtigt sah sie aus. Sie konnte baden – die Wanne war mit heißem Wasser gefüllt – und schlafen, denn man würde sie rechtzeitig wecken. Schnell streifte sie das Reisekostüm ab und legte ein elegantes, aber praktisches Kleid zurecht.

Schön war Nobel nicht zu nennen, dafür waren seine Züge etwas düster. Aber er sah nicht häßlich aus und auch nicht wie ein Durchschnittsmensch. Sie fand ihn interessant und imponierend. Hinter seiner kühlen Sachlichkeit vermutete sie Wärme, hinter seiner Schüchternheit Leidenschaft. Ihr schien, als wäre er traurig oder verbittert.

Das Bad erfrischte und entspannte sie. In dem breiten Bett lag es sich gut. Sie hatte ein neues Ufer erreicht, von dem es kein Zurück gab. Sie durfte keine Wehmut in sich aufkommen lassen. Es begann ein anderes Leben, mit hohen Anforderungen, die ihre ganze Kraft beanspruchen würden. Nur daran durfte sie denken.

Die Sonne schien ins Zimmer, als sie erwachte. Prüfend betrachtete sie sich im Spiegel, bürstete ihre Haare und band sie leicht zusammen. Wie ein Schleier fielen sie auf ihren Rücken. Ganz symmetrisch war ihr Gesicht nicht, aber Nase und Mund waren gerade und gaben dem Gesicht einen entschlossenen Ausdruck.

Als Dame des Hauses wollte Nobel sicherlich kein Aschenputtel. Er würde Gäste aus den sogenannten höheren Kreisen bei sich haben. Nach seiner Kleidung zu urteilen, legte er Wert auf ein tadelloses Äußeres.

Nobel erwartete sie im Foyer. „Wir wollen zuerst frühstücken, Mademoiselle Kinsky. Darf ich bitten?" Er führte sie zu einem kleinen Tisch, der in einer Nische am Fenster stand. „Ich hatte Sie mir nicht so hübsch vorgestellt, Mademoiselle Kinsky, eher ein bißchen gouvernantenhaft, wenn ich Ihnen das gestehen darf."

Sie spürte das Rot auf ihren Wangen. „Und ich glaubte, Sie seien ein alter Mann. Nun sehe ich, daß Sie in den besten Jahren sind."

„Die besten Jahre! Lassen Sie sich nicht täuschen. Manchmal bin ich sehr nervös, fühle mich elend, verzweifelt, wie ein Wrack."

Sie wußte keine rechte Antwort auf dieses Geständnis und

war froh, daß der Ober die Frühstücksplatten brachte. Sie hatte Hunger, und sie genoß die Atmosphäre und die Speisen.

Der Champagner perlte in den Kristallkelchen. Nobel hob sein Glas. „Auf eine gute Zusammenarbeit – auf eine gute Freundschaft. Ist es Ihnen recht, wenn wir eine kleine Fahrt durch Paris unternehmen?"

„Meine Zeit gehört jetzt Ihnen, Monsieur Nobel."

Beschwingt stieg sie in die Kutsche. Er setzte sich neben sie und erklärte die Straßen, die Gebäude und Plätze. Die Seine glitzerte im Sonnenlicht, zahlreiche Boote trieben im Strom. Die Straßen waren von Wagen, Kutschen und flanierenden Passanten belebt. Der Kutscher lenkte den Wagen zur Place de la Concorde, die er einmal umrundete, um dann gemächlich die Champs-Élysées entlangzufahren, den Arc de Triomphe vor Augen.

„Der Ingenieur Eiffel will zur nächsten Weltausstellung einen dreihundert Meter hohen Turm aus Eisen errichten, den höchsten der Welt. Die meisten Franzosen sind davon begeistert; sie haben die Niederlage des Krieges nicht überwunden und kompensieren sie auf diese Weise."

„Sind Sie ein Gegner von Kriegen, Monsieur Nobel?"

„Ja, ganz entschieden. Er dient der Zerstörung, nicht dem Fortschritt." Nobel deutete auf den Arc de Triomphe. „Alle diese Siegestore sind für mich traurige Beispiele geistiger Verirrung. Man feiert den Sieg und den Sieger, anstatt sich darüber Gedanken zu machen, wie man den Völkermord ein für allemal beseitigen kann."

„Kriege werden von Männern geführt."

Nobel sah sie überrascht an. „Auch unter Königinnen wurden Kriege geführt."

„Ja, aber auch dahinter standen Männer."

Nobel blickte aus dem Fenster, als suche er hinter den Häuserfassaden eine Antwort. „Wir fahren jetzt in die Rue Malakoff. Gleich werden Sie Ihr neues Heim kennenlernen."

Nobel hatte wie ein Pharao neben ihr gesessen, die Arme eng an den Körper gepreßt. Im Garten dagegen bewegte er sich ungezwungen. „Ich brauche die Pflanzen; sie beruhigen meine Nerven nach Anspannung, Ärger und Verdruß."

Er führte sie ins Haus, stellte das Personal vor und zeigte ihr die Räume. Sie war begeistert.

„Ihre Räume wollen Sie bitte ganz nach Ihrem Geschmack gestalten. Hier beginnt Ihr Trakt." Die Zimmer lagen zur Gartenseite. „Maler und Dekorateure warten auf Ihre Anordnungen, Mademoiselle Kinsky. Darf ich Ihnen noch meine Orchideen und mein Laboratorium zeigen?"

„Blumen liebe ich sehr. Und etwas von Ihrer Arbeit muß ich verstehen lernen. Ich habe davon so gut wie keine Ahnung."

Zahl und Mannigfaltigkeit der Orchideen überraschten sie. „Ich hätte nicht erwartet, diese Pracht bei einem Menschen vorzufinden, der, entschuldigen Sie bitte, die fürchterlichsten Sprengstoffe produziert."

„Sprengstoffe sind nicht schlimmer als Messer. Es kommt nur darauf an, wofür sie verwendet werden. Und nun kommen wir dorthin, wo ich meine Zeit am liebsten verbringe."

Er stellte ihr Georges Fehrenbach vor, dessen Blicke verrieten, daß sie ihn beeindruckte.

„Hier gelang mir die Herstellung der Sprenggelatine. Allein durch die Anwendung beim Bau der St.-Gotthard-Bahn wird die Schweiz einige Millionen Franken sparen."

Unter diesem Gesichtspunkt hatte sie seine Arbeit noch nicht betrachtet. „War es sehr gefährlich, mit diesen Substanzen zu arbeiten?"

„Außer einer Verletzung am Finger nicht." Er erzählte ihr die Entdeckungsgeschichte, witzig und stolz zugleich.

Das Personal war auf ihren Arbeitsantritt vorbereitet und behandelte sie respektvoll. Die Atmosphäre gefiel ihr, der freundliche, sachliche Ton, die Ruhe und Selbstverständlichkeit, mit der das Essen bestellt und aufgetragen wurde. Sie würde sich einleben und wohl fühlen.

Bertha von Kinsky hatte alle Selbständigkeit, die sie sich wünschte. Nobel wollte seine Briefe nicht diktieren, sondern sie sollte die Korrespondenz in seinem Sinne führen. Er zeigte ihr einige seiner Kopierbücher, damit sie sah, wie er seine Briefe und Geschäftsschreiben bisher abgefaßt hatte: das Wichtigste ohne Umschweife.

„Ich ordne die Briefe nach drei Kategorien, die Ihnen sicherlich lustig vorkommen werden: Briefe von Frauen, Briefe von Männern, Bettelbriefe. Letztere haben in den vergangenen Jahren sehr zugenommen, aber ich beantworte jeden. Denen, die mich ausnehmen wollen, schreibe ich, daß der wahre Reichtum in der Zufriedenheit besteht. Wer aber unverschuldet in Not geraten ist, dem helfe ich gern. Ebenso denen, die etwas schaffen wollen, ohne die Mittel dafür zu haben."

„Wenn nun eine Kirche Sie um eine Spende bittet?"

„Karitative Zwecke unterstütze ich, denn unter Christsein verstehe ich in erster Linie, anderen Menschen Gutes zu tun. Aber den Streit um Dogmen halte ich für unfruchtbar."

In wenigen Tagen verlor er seine spröde, rauhe Art ihr gegenüber. Er nahm sich etwas mehr Zeit für sie, und manchmal glaubte sie zu spüren, daß er gern seinen Arm um ihre Schulter gelegt hätte. Aber er unterließ es. Nur ihre Hand hielt er oft länger in der seinen fest.

Gern erzählte er aus seiner Kindheit und von den Anfängen seiner Forscherlaufbahn. „Eigentlich wollte ich mein Glück als Dichter versuchen. Doch ich zweifelte, ob mein Talent ausreichen würde. Außerdem war mir klar, daß ich keinen finanziellen Rückhalt hatte. Wenn es Sie interessiert, vielleicht gefällt Ihnen eines meiner Jugendgedichte. Auf jeden Fall erfahren Sie darin etwas sehr Persönliches über mich."

Sie durfte das Gedicht „The Riddle" mit ins Hotel nehmen. Die Verse, die wie ein Bekenntnis wirkten, berührten sie stark. Ihr offenbarte sich die Seele eines Menschen, der sich aus tiefem Leid heraus an hohen Idealen aufrichtete. Einen Tag später erhielt sie einen Brief von Arthur. Aufgeregt öffnete sie das Kuvert:

> Meine liebe Bertha,
> seit Du Wien verlassen hast, bin ich todunglücklich. Ich kann nicht mehr schlafen, ich mag nichts mehr essen … Unsere Liebe ist zu wertvoll, als daß wir sie auf dem Geldaltar opfern dürfen. Wir müssen einen Weg finden, um wieder glücklich sein zu können … "

Tränen traten ihr in die Augen. Warum gab Arthur sie nicht frei! Er lebte in gesicherten Verhältnissen. Seine Eltern würden ihn standesgemäß verheiraten. Sie verschloß den Brief in ihrer Schatulle. Die Vergangenheit wollte sie einholen, sie aber hatte sich der Gegenwart zu stellen.

Doch sie war nicht glücklich, sie war nur abgelenkt. Wenn sie ein Paar sah, spürte sie ihren Verlust doppelt stark. Von nun an würde sie Arthurs Briefe nicht mehr öffnen. In Nobels Gegenwart kam sie auf andere Gedanken. Er verstand, geistreich zu plaudern, er machte sich Gedanken über Politik, Philosophie, Kunst, Christentum und soziale Probleme. Leider hatte er nicht viel Zeit, und mit ihrer Tätigkeit sollte sie erst nach der Fertigstellung ihres Wohntraktes beginnen.

Sein Tagesablauf war streng eingeteilt. Vormittags empfing er Besucher, Geschäftspartner, Direktoren, Politiker oder Militärs. Zum Mittagessen war sie stets eingeladen, und am Nachmittag sprach er mit ihr über die verschiedenen Aufgabengebiete. Aber nur sehr kurz. Salons besuchte er nicht. „Die meisten Unterhaltungen sind schal bis frivol, die wenigsten Leute zeigen ihr wahres Gesicht. Ich verliere nur Zeit. Gespräche mit Ihnen dagegen sind ein Hochgenuß, wenn ich das sagen darf."

Da er nicht zum Schmeicheln neigte, fühlte sie sich sicher, angenommen worden zu sein. Sie würde mit ihm auskommen, denn er verlangte nicht, daß sie sich allen seinen Ansichten anschloß. Er konnte Widerspruch ertragen, wenn dieser in angemessener Form vorgebracht wurde. Viele seiner Gedanken waren aber für sie neu, besonders diejenigen, die aus seiner naturwissenschaftlichen Tätigkeit resultierten.

Manches an ihm erschien ihr widersprüchlich. Den meisten Menschen gegenüber war er mißtrauisch, hielt sie für selbstsüchtig und unaufrichtig. Doch er hoffte auf zukünftige Generationen. „Die Naturwissenschaften werden eine andere Spezies von Menschen hervorbringen. Jede Entdeckung und Erfindung führt zu neuen Fähigkeiten. Es schimmert ein Lichtstrahl in dem schrecklichen Dunkel Europas. Wir können stolz darauf sein, daß bei uns die Fahne der Zivilisation aufgepflanzt wurde. Es waren unsere Philosophen, Dichter und Künstler, die als erste der Welt höhere Ziele gewiesen haben. Die Kirchen hingegen stützen sich auf einen Aberglauben, der von Unwissenheit und Furcht genährt wird. Dazu zählt die Furcht vor der Hölle im Jenseits und im Diesseits die vor der Inquisition."

„Finden Sie nicht, daß diese Epoche vorüber ist, Monsieur Nobel? Wir sollten nicht die zivilisatorischen und kulturellen Leistungen der Kirchen vergessen."

„Viele Kirchenmänner sind intolerant und gegenüber den Naturwissenschaften gleichgültig. Dennoch will ich Ihnen gern zugestehen, daß mein Urteil sich mehr auf die Vergangenheit bezog.

Sie ist mir aber so lebendig, daß ich seelisch und körperlich unter den Schrecken der damaligen Zeit leide."

Sie sah ihn an. So fremd war ihr sein Denken und Empfinden nicht. Grausamkeiten, gleich, zu welcher Zeit sie begangen worden waren, quälten auch sie.

Von Arthur erhielt sie jeden Tag einen Brief, den sie ungeöffnet zu den anderen in ihre Schatulle steckte. Es kostete sie einige Überwindung, doch sie mußte konsequent bleiben.

Nobel schien zu merken, daß ein verborgener Kummer sie quälte. Er fragte sie nicht direkt, und einige Male konnte sie ihm ausweichen, doch als er in sie drang, erzählte sie ihm die Geschichte ihrer Liebe und Entsagung.

Ihre Worte schienen ihn zu erleichtern. „Eine so schöne, kluge, reife Frau wie Sie konnte unmöglich unbeachtet bleiben. Doch", wehrte er ihren Protest ab, „doch, so muß ich's sagen, weil Sie mir etwas bedeuten, was ich Ihnen noch gar nicht zu eröffnen wage. Sie haben tapfer gehandelt, seien Sie ganz mutig, brechen Sie auch den Briefwechsel ab. Zeit wird vergehen. Neue Eindrücke, neue Bekanntschaften werden kommen, und Sie werden beide vergessen."

Seine Stimme klang beschwörend, aber obgleich er in ihrem Interesse gesprochen hatte, war sie verwirrt. In dieser Nacht konnte sie nicht einschlafen. Der Gedanke, Nobel könne sich in sie verlieben, beunruhigte sie.

Sie fand ihn sehr sympathisch. Sie bewunderte ihn, sie achtete ihn, sie war bereit, seine Anforderungen zu erfüllen, doch sie liebte ihn nicht und wußte nicht, ob sie ihn je würde lieben können.

Seine Erfahrung, sein Wissen, seine Gedanken begeisterten sie. Mit Arthur hätte sie solche Gespräche nicht führen können. Vom Alter her paßte Nobel besser zu ihr als Arthur. Wäre aber unter den Voraussetzungen, unter denen sie sich kennengelernt hatten, eine Ehe möglich? Eine solche Romanze gab es nur in Kitschromanen: Eine arme, unglückliche Sekretärin heiratet einen Millionär. Beide sind glücklich.

Sie preßte das Kissen zwischen den Händen, schlug mit den Fäusten darauf und schluchzte, bis sie vor Erschöpfung einschlief.

Nobel hatte sie erst für den Nachmittag bestellt. Um nicht in ihrem Zimmer herumzusitzen, wollte sie gleich nach dem Frühstück durch die Stadt bummeln. Gerade als sie das Hotel verließ, fuhr Nobels Wagen vor.

„Gut, daß ich Sie noch erreiche, Mademoiselle Kinsky. Darf ich Sie in meinen Wagen bitten?"

„Verfügen Sie über mich. Ich hatte nichts als Müßiggang vor." Sie freute sich, mit Nobel zusammensein zu können.

„Ich breche ungern unsere Verabredung, doch gestern wußte ich noch nicht, daß ich plötzlich verreisen muß. Heute früh erhielt ich eine Depesche aus Stockholm, vom schwedischen König persönlich. Eine Dynamitfabrik soll in Anwesenheit Seiner Majestät eingeweiht werden. Dem kann ich mich schwer entziehen."

„Sicherlich wollen Sie mich mit einigen Dingen beauftragen, die ich in der Zwischenzeit regeln soll."

„Ja, gewiß. Mein Zug fährt bereits um 14.20 Uhr ab. Für solche Fälle steht mein Reisegepäck immer gepackt bereit. Vielleicht darf ich Sie bitten, in der Zwischenzeit schon die Aufsicht im Haus zu führen und ab und an nach dem Rechten zu sehen."

„Die Zeit ohne Sie wird bestimmt sehr lang werden."

„Danke." Er nahm ihre Hand. „Sie glauben nicht, wie sehr mich Ihre Worte beruhigen. So ungern habe ich Paris noch nie verlassen."

Der Wagen rollte durch den Torweg. Nobel half Bertha beim Aussteigen und führte sie in sein Arbeitszimmer. Ihr war merkwürdig zumute. Hatte sie sich bereits so an ihn gewöhnt, daß er ihr unentbehrlich war? Aber das lag sicherlich daran, daß hier alles neu für sie war.

„Verfügen Sie bitte über alles in diesem Haus. Sollte etwas Wichtiges geschehen, schicken Sie mir bitte eine Depesche." Er gab ihr seine Adresse in Stockholm. „Mademoiselle Kinsky, vielleicht darf ich Ihnen andeuten, was ich Ihnen eigentlich später sagen wollte. Seit Sie bei mir sind, spüre ich täglich stärker, was ich bisher entbehrt habe. Durch Sie hat sich mein Denken und Empfinden verändert. Wenn ich zurückkomme, werde ich eine sehr wichtige Frage an Sie richten. Bitte denken Sie daran, ich habe mir alles gründlich überlegt."

Er küßte ihre Hand und sah ihr in die Augen, dann wandte er sich abrupt ab. Bevor die Kutsche die Toreinfahrt verließ, blickte er noch einmal aus dem Fenster, ohne zu winken.

Sie setzte sich in Nobels Lehnstuhl und schloß die Augen. Ihr war klar, daß Nobel ihr einen Antrag angedeutet hatte, den er nach seiner Rückkehr in aller Form vorbringen würde.

Was sollte sie tun? Hier wurde ihr alles geboten: Reichtum, Verehrung, Liebe, eine große gesellschaftliche Rolle. Kinder, die sie bekommen würde, waren für ihr Leben versorgt. Nobel würde ihr die Regentschaft über den Haushalt überlassen. Verglichen mit dem Leben bei den Suttners, wäre sie hier eine Königin.

Am Abend fuhr sie der Kutscher ins Hotel. In ihrem Fach lag erneut ein Brief von Arthur. Wieder legte sie das Kuvert ungeöffnet in die Schatulle. Nobel würde sie nicht bedrängen, wenn sie sich Zeit zur Besinnung ausbäte. Doch immer wieder erschien Arthur in ihren Gedanken. Sie kam nicht los von ihm.

Mechanisch verrichtete sie die ihr von Nobel übertragenen Aufgaben. Sie empfand keine richtige Freude dabei. War sie undankbar? Ihre Unruhe wuchs von Stunde zu Stunde.

Als eine Woche vergangen war, überreichte der Portier ihr zwei Depeschen, eine kam aus Stockholm, die andere aus Wien. Ohne die Depeschen zu öffnen, warf sie sich in ihrem Zimmer auf den Diwan. Ihr war, als habe sie Fieber.

Verzweifelt fragte sie sich, was eigentlich mit ihr los sei. Verstand und Gefühl kämpften einen wilden Kampf in ihr. Sie riß die Depesche aus Stockholm auf. GLÜCKLICH ANGEKOMMEN. BIN IN ACHT TAGEN WIEDER IN PARIS. IHR ALFRED NOBEL. In acht Tagen würde alles gut sein. Sie stützte den Kopf in die Hände.

„Ich fühlte wie alle anderen oder vielleicht noch stärker als sie die drückend schwere Einsamkeit", hatte Nobel zu ihr gesagt. „Und so habe ich manche langen Jahre nach einem Menschen gesucht, dessen Herz den Weg zu meinem Herzen finden könnte."

Der Weg von Herz zu Herz war nicht mit dem Verstand zu finden. Sie konnte die Depesche aus Wien nicht auf den Stapel der ungeöffneten Briefe legen. Plötzlich griff die Angst nach ihr. Sollte Arthur krank geworden sein? Hastig riß sie den Umschlag auf. KANN OHNE DICH NICHT LEBEN, DEIN ARTHUR.

Was wollte ihr Arthur sagen? Sie nahm den letzten Brief aus der Schatulle und öffnete ihn.

> Liebe Bertha,
> warum antwortest Du mir nicht? Ich habe alle Brücken hinter mir abgebrochen. Ohne Dich ist mein Leben sinnlos. Wir wollen heiraten, auch ohne den Segen der Familie. Bitte komm zurück.

18

Wie immer sie sich auch entschied, einem Menschen mußte sie weh tun. Alfred Nobel hatte ihr deutlich zu verstehen gegeben, was sie ihm bedeutete, und sie bewunderte und achtete ihn. Aber sie liebte Arthur. Mehrmals versuchte sie, Nobel ihre Entscheidung zu erklären, doch erst beim drittenmal gelangen ihr die Zeilen.

> Lieber, verehrter Herr Nobel,
> ich wünschte innig, mich Ihrer Freundlichkeit und Güte würdig erweisen zu können, denn ich bin glücklich, Sie kennengelernt zu haben. Verzeihen Sie mir bitte, wenn ich der Stimme meines Herzens folge. Alle Versuche, sie zum Schweigen zu bringen, waren vergeblich.
> Möge Ihr Herz die Größe besitzen, mir trotz allem ein freundschaftliches Andenken zu bewahren, selten in meinem Leben ist mir ein Abschied so schwer gefallen.
> Ihre ergebene Bertha von Kinsky

Obgleich sie sich darauf freute, Arthur in die Arme zu schließen, war sie zornig auf ihn. Wie stellte er sich ihre Rückkehr vor? Noch hatte sie kein Geld verdient, und ihre Barschaft war so zusammengeschmolzen, daß sie keine Fahrkarte mehr kaufen konnte. Hätte er sich nicht in ihre Lage versetzen müssen? Es fiel ihr schwer, sich von dem mit Brillanten besetzten Kreuz zu trennen, das sie einst von ihrem Vormund Fürstenberg geschenkt bekommen hatte. Sie bezahlte die Hotelrechnung und packte schnell ihre Sachen, als fürchtete sie, ihren Entschluß im letzten Augenblick umstoßen zu können, obgleich sie sich durch ihn wie befreit fühlte.

NOBELS Mutter wunderte sich, als Alfred so schnell wieder abreisen wollte. Ihre Frage, ob er eilige Geschäfte zu besorgen habe, verneinte er. Auch fuhr er nicht nach New York, wo mit seiner Sprenggelatine ein Felsenriff im East River gesprengt werden sollte. Er wollte mit Shaffner, Bürstenbinder und Dittmar, die ihn hintergingen, nichts zu tun haben.

Plötzlich ging der Mutter ein Licht auf. Selten hatte sie ihren

Sohn so heiter erlebt. Sollte er endlich ein weibliches Wesen gefunden haben, das auf ihn wartete? Überdachte sie einige seiner Äußerungen, so wurde ihre Vermutung Gewißheit. Alfred war verliebt!

Obgleich es sie schmerzte, freute sie sich darüber, denn so ungern sie Alfred mit einer anderen teilen mochte, so wichtig erschien es ihr doch, daß er eine Familie haben würde. Es gelang ihr bald, Alfred aus der Reserve zu locken. Selbst wenn sie etwas von dem abstrich, was Alfred ihr vorschwärmte – das Fräulein von Kinsky war gewiß die richtige Frau für ihn.

„Warum hast du sie nicht mitgebracht? Ich hätte sie gern kennengelernt. Daß du die junge Frau allein gelassen hast, besonders jetzt, da sie ihre unglückliche Liebe noch nicht verwunden hat ..."

Diese Worte beunruhigten ihn. Er war wirklich leichtsinnig gewesen, Bertha allein in Paris zu lassen. Er mußte sofort aufbrechen.

Zug und Schiff waren ihm viel zu langsam. Für solche Fälle müßte der Mensch fliegen können. Immer wieder trat ihm Berthas Gesicht vor Augen. Sie hatte ihm gestanden, daß ihr Herz noch an Arthur von Suttner hing. Wie konnte er nur so selbstsicher sein und glauben, daß sie auf seine Rückkehr und seinen Heiratsantrag warten würde.

Aber war Baron von Suttner überhaupt ein ernstzunehmender Rivale? In diesen Kreisen heiratete man nach spekulativen Gesichtspunkten. Die Mitgift war wichtiger als die Person. Sie würde ihn liebgewinnen. Wenn er wieder bei ihr war, würde sie Suttner nach und nach vergessen.

Lange blickte er sich auf dem Bahnsteig um. Erst als der letzte Reisende gegangen war, wandte er sich dem Ausgang zu. Bertha würde im Wagen sein. Schließlich war sie noch nicht seine Frau. Hastig betrat er den Vorplatz. Der Kutscher öffnete die Wagentür. Beklommen setzte er sich. Er spürte Stiche in der Herzgegend. Wollte Fräulein von Kinsky ihn nicht in der Öffentlichkeit begrüßen? Die Vorstellung, Bertha könne ihn verlassen haben, wies er weit von sich. Schließlich hatte sie sich bei ihm beworben. Sie hatten sich gut verstanden, unmöglich konnte sie mit etwas unzufrieden gewesen sein.

Sein Personal erwartete ihn. Die inzwischen eingegangene Post lag wohlgeordnet auf seinem Schreibtisch. Er betrachtete sie nicht, er sah nur das weiße Kuvert mit den Schriftzügen von Bertha. Er setzte sich in den Lehnstuhl, öffnete den Umschlag, entfaltete den Bogen und überflog den Text, las ihn noch einmal Wort für Wort.

Aus! Vorbei! Ein Traum, ein Kartenhaus. Wie ein angeschossenes Wild verkroch er sich in sein Arbeitszimmer. Niemand durfte ihn stören.

Er hatte versagt. Er war ein Tölpel, ein Unglücksrabe, ein Menschenfeind erster Ordnung. Nur ein Narr konnte so handeln wie er. Hätte er Bertha mitgenommen, säßen sie jetzt Seite an Seite bei seiner Mutter. Herr von Suttner hätte schreiben mögen, soviel er wollte.

Genau vor zwei Tagen war sie abgereist. Der nächste Zug nach Wien fuhr in einer Stunde. Er mußte ihr nachfahren, er wollte sie zurückholen. Er würde sie umstimmen, er liebte sie.

Sein Personal war es gewohnt, daß er kam und ging. Der Kutscher spannte an, verstaute sein Gepäck im Wagen. Die Räder rollten lärmend über das Pflaster. Nobel preßte die Hand gegen die Stirn. Nur nicht die Nerven verlieren. Er war todmüde. Im Zug konnte er schlafen.

Den größten Teil der Strecke legte er im Dämmerschlaf zurück. Nur ab und zu schreckte er auf, wenn der Zug anhielt. Schon früh färbte das Morgenrot den Horizont. Die Sonne stieg auf. Nobel zog den Vorhang vor das Fenster. So gern er sonst auf die vorübergleitende Landschaft blickte, er wollte nichts sehen. Auch zum Lesen fehlte ihm die Ruhe. Er dachte nur an Bertha von Kinsky, malte sich aus, wie sie reagieren würde, wenn er ihr gegenübertrat, überlegte, welche Worte er sagen wollte. Er durfte sich keine Enttäuschung, nicht seine Verbitterung und Verzweiflung anmerken lassen. Allein die Tatsache, daß er ihr nachgereist war, mußte sie umstimmen.

Im Hotel Astoria reservierte er ein Appartement, große, hohe Zimmer mit Blick auf den Park. Kleine Räume konnte er nicht ertragen, darin bekam er Platzangst.

Den Kopf in die Hände gestützt, überlegte er seine weiteren Schritte. Sollte er sich mit einem seiner Geschäftsfreunde in Verbindung setzen, um erst einmal Erkundigungen einzuziehen? Doch er wollte keinen Fremden in seine Herzensangelegenheit einbeziehen. Am besten war, er suchte einen Bekannten auf, den sie erwähnt hatte, den Herrn Minister. Vielleicht wohnte Bertha bei ihm.

Mit Herzklopfen wartete er im Vestibül. Der Minister kam persönlich, um ihn in sein Arbeitszimmer zu holen. „Welch eine Überraschung", sagte er lächelnd. „Sehr liebenswürdig, mich zu besuchen. Habe schon viel von Ihnen und Ihren erstaunlichen Erfindungen gehört."

„Ist Fräulein von Kinsky wohlauf?"

„Bertha? Hat sie Ihnen denn nicht telegrafiert? Ich dachte schon, Sie wollten ihr nachträglich gratulieren. Heiratet heimlich Arthur von Suttner, setzt sich mit ihrem Mann in den Zug und fährt – das hat sie mir noch mitgeteilt – ab in den Kaukasus. Das sind die jungen Leute von heute. Nicht mal ein Geschenk konnte ich ihr mitgeben."

Nobel war bleich geworden. Als der Minister fragte, ob ihm nicht wohl sei und er ein Glas Wasser wünsche, wehrte er ab. „Die Anstrengungen, die lange Fahrt. Schön, daß ich Sie kennengelernt habe, Herr Minister. Wenn ich mich jetzt empfehlen darf."

Der Boden schien aus Watte zu sein. Nobel kündigte das Appartement und ließ sich nach Baden fahren, einem Kurort südlich von Wien, um allein zu sein.

Gleich nach dem Frühstück ging er in den Wald, wo er die schmalsten Pfade wählte, um niemandem zu begegnen. Er lauschte den Vogelstimmen, starrte lange auf die wirbelnden Fluten der Schwechat. Allmählich kam er zur Ruhe. Bertha hatte ihm nichts versprochen, ihn auch nicht hintergangen.

Seine Bitterkeit wich der Traurigkeit; er hatte einen Menschen verloren, der seinem Leben einen tiefen Sinn hätte geben können. Mit dieser Tatsache mußte er sich abfinden. Bertha von Suttner, so hieß sie nun wohl, war für ihn verloren.

In einigen Tagen würde er nach Paris zurückfahren. Er mußte seine Unternehmungen konzentrieren und unter den verschiedenen Firmen die Marktanteile festlegen. Arbeit überwindet alles, hieß ein Spruch der Lateiner. Sollte es eine Schicksalsgöttin geben, dann hatte sie für ihn wohl nur diese vorbehalten. Die Liebesgöttin mußte bei seiner Geburt geschlafen haben.

19

Aber da irrte er sich. Kurz vor seiner Abreise lernte er die Blumenverkäuferin Sofie Hess kennen. Nobel gefiel ihre ungezwungene Art, und er lud sie zu einem Ausflug ein. Bald wußte er, daß sie allein in dem vornehmen Kurort Baden bei Wien lebte, hin und wieder Verehrer gehabt hatte, ohne bisher den Richtigen gefunden zu haben.

„Meine Eltern sind sehr früh gestorben; ich bin bei Stiefeltern aufgewachsen", berichtete sie ihm. „Auf ihre Art meinten sie es sicherlich gut, doch nach meinem einundzwanzigsten Geburtstag hielt ich es für besser, auf eigenen Füßen zu stehen."

Nobel erzählte ihr von seiner Kindheit und daß seine Eltern auch sehr arm gewesen waren.

„Und wodurch sind Sie reich geworden?"

„Ich hatte Glück mit einigen Erfindungen."

„Wenn Sie einmal arm waren, können Sie sich sicher in meine Lage versetzen, Herr ..."

„Alfred Nobel."

„Nobel sind Sie wirklich", sagte sie anerkennend.

„Mein Name hat damit nichts zu tun, Fräulein Sofie. Wir betonen die zweite Silbe, denn der Name leitet sich von einem Vorfahren ab, der sich Nobelius nannte. Dieser war Soldat und fürs Kurze. Er ließ den Rest des Namens weg."

„Das finde ich lustig, ist aber eigentlich schade. Nobelius klingt so vornehm."

„Nennen wir uns lieber beim Rufnamen. Ich bin froh, daß Sie mir Gesellschaft leisten."

Sie errötete. „Sind Sie denn nicht verheiratet?"

„Ich hatte dazu bisher keine Zeit."

Sie blickte ihn ungläubig an. „Das kann ich mir nicht vorstellen. Haben Sie denn nicht Ihre Leute?"

„Doch, viele sogar, aber ich muß für alle dasein und obendrein immer wieder Neues erfinden."

„Davon verstehe ich nichts. Was machen Sie denn eigentlich?"

„In meinen Fabriken werden Sprengstoffe hergestellt."

„Aber das ist ja furchtbar."

„Nein, Sprengstoffe erleichtern die Arbeit. Ich werde es Ihnen erklären."

Sie hörte aufmerksam zu. „Verzeihen Sie mir, ich habe bei Sprengstoffen immer nur an Krieg gedacht."

Die Zeit verging mit heiteren Gesprächen. Ihm gefiel ihr Liebreiz, ihre Herzlichkeit. Was ihr an Bildung und gutem Benehmen fehlte, konnte sie lernen. Er würde ihr helfen. Ihr Schicksal berührte ihn. Hatte er sich in sie verliebt? Der Gedanke, sie in Kürze nicht mehr sehen zu können, beängstigte ihn. Er wunderte sich über sich selbst, daß er sich in so kurzer Zeit ein zweites Mal für eine Frau interessierte. Wie schnell hatte er Bertha über Sofie vergessen. War sie ein Ersatz oder in Wirklichkeit die Richtige?

Ob Bertha überhaupt zu ihm gepaßt hätte? Ihre Erziehung und Bildung waren vorzüglich, aber viel Herz war bei ihren Gesprächen nicht dabeigewesen. Sie war mehr Dame, weniger Frau. Sofie Hess würde ihm sicherlich dankbar sein, wenn er ihr eine Entwicklung ermöglichte, von der sie nicht einmal träumen konnte. Sie schien gutherzig zu sein, anhänglich, vielleicht sogar liebevoll.

Die Tage vergingen ihnen wie im Flug. Aber er mußte nach Paris zurück, und noch wollte er sie nicht mitnehmen. Sie sollte ihre Verhältnisse ordnen, ihre Stelle aufgeben, sich eine Lehrerin für französische Sprache suchen und fleißig üben. Die Kosten wollte er übernehmen, auch für eine kleine Wohnung in Wien, damit sie unabhängig und standesgemäß leben konnte.

Sie konnte es noch nicht fassen. Am liebsten wäre sie gleich mit nach Paris gefahren, aber sie verstand ihn.

Der Abschied auf dem Wiener Bahnhof fiel ihr schwer. Es war ihr, als habe sie ihren Beschützer für immer verloren. Das Geld, das er ihr gab, kam ihr wie eine Abfindung vor. Wahrscheinlich hatte er sich nur ein paar lustige Tage machen wollen. Traurig stand sie am Zug, versuchte zu lächeln, dennoch liefen ihr Tränen über die Wangen.

Alfred war gerührt, doch zugleich war es ihm peinlich. Solche Szenen vor anderen Leuten mochte er nicht; er strich ihr nur kurz über die Haare, bevor er in sein Abteil ging. Aus dem Fenster warf er ihr einen mahnenden Blick zu; da wandte sie sich ab und rannte vom Bahnsteig.

Die Angst, Nobel nie wiederzusehen, schwand, als sie den ersten Brief erhielt.

Mein liebes süßes Kindchen, es ist Mitternacht, die Direktoren haben mich soeben verlassen. Sobald wie irgend möglich telegrafiere ich Dir, wo und wann wir zusammentreffen können ...

Doch statt der Depesche kam ein Brief, der ihre Hoffnungen zunichte machte.

... Leider ist heute früh die Unglückspost von einer Explosion in der schottischen Fabrik eingetroffen, so daß ich gezwungen bin, dorthin zu reisen. Ich werde nicht wenig jubeln, wenn ich zurückkehren kann ...

Ihre Stiefmutter fand den Brief nicht besorgniserregend. „Hauptsache ist, er mag dich. Mit einem solchen Herrn muß man Geduld haben. Wirst ihn schon wiedersehen. Schreibe ihm nur fleißig. Solltest ein bißchen klagen, daß du so lange mit dem Geld nicht ausreichen konntest."

Unmöglich konnte sie ihn jetzt um Geld bitten. Ihre Stiefmutter sah das ein. „Ich leih es dir, Sofferl. Wirst es mir vergelten, sobald du ihn wiedersiehst, nicht wahr?"

Endlich kam die ersehnte Einladung nach Paris. In dem Brief steckte ein Scheck, mit dem Sofie das geliehene Geld zurückzahlen konnte. Eine Last fiel von ihr ab, als sich der Zug in Bewegung setzte. Sie wollte nicht wieder bei den Stiefeltern wohnen, die sie wie eine kostbare Gefangene überwacht hatten.

Was erwartete sie in Paris? Auf französisch konnte sie sich noch nicht unterhalten. Sie zog das Lehrbuch aus ihrer Tasche. Ein paar Vokabeln wollte sie wenigstens lernen. Es fiel ihr schwer, sich zu konzentrieren.

20

Ihm war sonderbar zumute, als er zum Bahnhof fuhr, um Sofie abzuholen. Bertha hatte ihm Arbeit abnehmen sollen, Sofie würde ihm im Gegenteil Zeit abverlangen. Lange hatte er überlegt, ob er Sofie in dem für Bertha eingerichteten Trakt unterbringen sollte. Einiges sprach dafür, mehr dagegen. Sofie war nicht in der Lage, die Aufsicht in seinem Haus zu übernehmen. Als was sollte er sie dem Personal vorstellen?

Heiraten wollte er sie vorläufig nicht, dafür kannte er sie zu

wenig. Deswegen hatte er ihr in der Rue Newton ein Haus eingerichtet. Mit dem Wagen konnte er diese kleine, in der Nähe der
Place d'Étoile liegende Straße schnell erreichen. Sofie sollte sich
eine Gesellschafterin wählen, damit sie sich einleben und die
Sprache erlernen konnte.

Schon während der Zug in die Halle einfuhr, entdeckte er ihren
blonden Kopf. Sie winkte ihm heftig zu. Am liebsten wäre sie ihm
um den Hals gefallen, doch sie bezwang sich und grüßte ihn mit
einem Knicks. Er küßte ihr wie einer Dame die Hand, bot ihr den
Arm und führte sie zur Kutsche.

„Ich bin aufgeregt." Sie setzte sich und rückte dicht an ihn
heran. „Gehört der Fiaker dir?"

Er nickte. „Bald sind wir für uns, Sofie." Geduldig nannte er
ihr die Namen der Straßen, Plätze und Kirchen der Stadt. Alles
wollte sie kennenlernen. Am liebsten wäre sie ausgestiegen, um
sich die eleganten Geschäfte anzusehen.

„Werden wir hier einkaufen?" fragte sie begeistert.

„Aber gewiß doch. In den nächsten Tagen wirst du deine Garderobe vervollständigen. Morgen werden sich drei Damen bei dir
vorstellen. Such dir eine aus. Sie wird bei dir wohnen und dich
mit allem vertraut machen."

„Wohne ich denn nicht bei dir?"

„Ganz in der Nähe in einem eigenen Haus mit eigenem Personal." Seine Antwort half ihr nicht über ihre Enttäuschung
hinweg. Sie wollte den Grund wissen.

„Das hängt mit meiner Arbeit zusammen, Sofferl. Im Laboratorium kannst du mir nicht helfen, ebensowenig bei den Beratungen und beim Erledigen der Post. Du würdest dich langwei-
len."

„Wirst du mich oft besuchen?" fragte sie.

„So oft ich kann, jeden Tag."

Die nächsten Tage fand sie keine Zeit, sich Gedanken über ihre
Lage zu machen. Mit ihrer Gesellschafterin, Fräulein Bach, streifte
sie durch Paris, besuchte die ersten Modehäuser und kleidete sich
ein. Alfred ließ sich ihre Einkäufe vorführen.

„Verlaß dich nicht allein auf die Gesellschafterin, du mußt
die Sprache lernen, damit du unabhängig bist", ermahnte er sie.
„Schau dir auch von ihrem Benehmen etwas ab. Sie hat durchaus
eine feine Art."

„Bin ich dir nicht fein genug?"

„Manieren gehören zum gesellschaftlichen Umgang."

Sie hätte zufrieden sein können, doch nach und nach empfand sie Langeweile. Morgens lag sie lange im Bett, las ohne rechte Freude in Romanen, die Alfred ihr empfohlen hatte. Lustlos verzehrte sie das Frühstück, das sie sich ans Bett bringen ließ. Lange aalte sie sich im Bad, bevor sie sich schminkte. Gern wäre sie durch die Straßen und Parks gelaufen, doch ihre französische Gesellschafterin meinte, in ihrem Stand müsse man mit dem Wagen fahren. Nicht immer war sie deshalb so gut gelaunt, wie Alfred hoffte. „Du hast zuwenig Zeit für mich", beklagte sie sich.

Nobel war ziemlich unerfahren in der weiblichen Psyche. Er kannte bisher nur Frauen, die für ihn da waren, wenn er sie brauchte. Seine Mutter hatte ihn umsorgt, nie etwas für sich verlangt und war immer verständnisvoll gewesen. Unbewußt suchte er nach diesem Ideal. Er fühlte sich wie zwischen zwei Magneten. Seine Verpflichtungen durfte er nicht vernachlässigen, aber Sofie hielt ihn fest. Einerseits freute er sich über ihre Anhänglichkeit, andererseits kostete ihn der ständige Kampf viel Kraft.

So war er ganz froh, als sie ihn mit dem Vorschlag überraschte, nach Franzensbad zu fahren, um sich einer Kur zu unterziehen. In einem Bäderprospekt hatte sie gelesen, daß die dortigen Heilquellen gut wären gegen Herzkrankheiten, Zirkulationsstörungen, chronische Katarrhe sowie Frauen- und Nervenkrankheiten. Sie hoffte, da er hin und wieder über Herzschmerzen, Migräne und Atembeschwerden klagte, daß er mitreisen würde, doch er war gerade mit dem Neubau eines Laboratoriums in Sévran beschäftigt. Sie einigten sich schließlich, daß sie vorausfahren und einen Wohntrakt unter seinem Namen mieten sollte. Er würde seine Briefe an Frau Sofie Nobel adressieren. Ihr gegenüber hatte er die Vorstellung entwickelt, daß es gleich wäre, ob man verheiratet sei oder nicht.

Sofie dagegen erfuhr nicht selten, daß unverheiratete Frauen als Freiwild angesehen und weitaus weniger geachtet wurden als verheiratete. Eine Ehefrau war im Vorteil. Nicht nur, daß sie eine gesicherte Lebensstellung hatte, sie besaß auch mehr Einfluß auf das Zusammenleben. Obgleich Sofie die höhere Bildung Alfreds und seine Tüchtigkeit anerkannte, wollte sie sich nicht in allem von ihm dirigieren lassen. Er verdiente genug, er konnte sich mehr Zeit für sie leisten. Die Vorbehalte, die er ihr gegenüber äußerte, würde er aufgeben, wenn sie seine Ehefrau war. Dann hörte auch endlich das getrennte Wohnen auf und das Versteckspiel gegenüber allen möglichen Leuten, auf die Alfred Rücksicht nehmen zu müssen glaubte, weil er in einen schlechten Ruf kommen könnte.

Schon auf dem Weg zum Bahnhof merkte sie, daß ihm die Trennung schwerfiel. „Versprich mir bitte, daß du mir jeden Tag schreibst. Ich möchte alles wissen, wie es dir geht, mit wem du in Gesellschaft bist, womit du deine Zeit ausfüllst, wie dir die Kur bekommt."

Sie erhielt jeden Tag einen Brief. Und wenn sie ihn nicht gleich beantwortete, beschwerte er sich.

> Mein liebes Sofferl,
> heute ist der dritte Tag, seit ich ein Briefchen von Dir empfangen habe, und ich bin daher nicht ganz ohne Unruhe … Es macht mir viel Kummer, daß Du fremden Menschen überlassen bist … Es ist auch ein wunder Punkt zwischen uns, welcher stark an meinem Vertrauen zwischen uns rüttelt. Aufrichtig solltest Du stets gegen mich sein … Das französische Telegramm hast Du doch nicht selbst aufgesetzt?

Etwas Eifersucht konnte ihr nur nützen. Doch sein Vertrauen wollte sie nicht verlieren, darum klärte sie ihn auf, daß ihre Gesellschafterin das Telegramm aufgesetzt hatte. Gleichzeitig bat sie ihn um ein Bild, das er ihr in seinem nächsten Brief schickte.

WIE IM Triumph führte sie Alfred ins Hotel. Sie war nicht mehr eine alleinstehende Frau. An ihrer Seite ging der Mann, der zu ihr gehörte. Weggeblasen waren ihre Leiden. Alfred sollte alles kennenlernen, was sie bisher allein angesehen hatte. Fräulein Bach, die sie weggeschickt hatte, zählte für sie ebensowenig wie die Kavaliere, die glaubten, in ihr einen Goldvogel gefunden zu haben. Die Sonne schien, die Vögel zwitscherten, der Himmel lag ihr zu Füßen. Ihr Schlaf war ruhig und tief. Froh gestimmt wachte sie auf, huschte ins Bad, um fertig angezogen zu sein, wenn Alfred aufwachte. Wenn der Etagenkellner das Frühstück brachte, deckte sie den Tisch, ordnete die Blumen, zündete Kerzen an und trällerte dabei vor sich hin. Sie fand sich schön. Die Kette mit dem kleinen Brillanten paßte gut zu ihrem Kleid. Alfred hatte sie ihr als Entschädigung für die lange Wartezeit mitgebracht, ebenso den Ring mit einem taubenblutfarbenen Rubin.

Alfred sollte sich erholen. Abgespannt war er, nervös; er hatte in den letzten Wochen viel zuviel gearbeitet. Doch er war mit dem Ergebnis nicht zufrieden, denn er hatte sich wegen organisatorischer Probleme nicht auf die Forschung konzentrieren können. Abends schlief er oft nicht ein, stand auf, schlich ins Nebenzimmer an seinen Schreibtisch und erledigte seine Korrespondenz. Dann fühlte sie sich überflüssig. Gern hätte sie ihm geholfen, doch dafür war sie zu dumm, wie er sagte. Das verletzte sie, denn sie konnte nichts dafür, daß sie keine höheren Schulen besucht hatte. Er war unzufrieden, daß sie noch immer dilettantisch Französisch sprach, so daß er Bekanntschaften mied, um nicht blamiert zu werden.

Warum sollte sie nicht sprechen können, wie ihr der Schnabel gewachsen war? Der Wert eines Menschen wurde nicht allein von seinem Verstand, sondern vor allem von seinem Herzen bestimmt. Das erkannte Alfred zwar an, nur erwartete er eben mehr, und sie quälte sich damit. Er würde noch begreifen, daß zu den Pflichten einer Frau etwas gehörte, was nur ihr zukam. Seine Mutter, von der er gern erzählte, war ebenfalls eine einfache Frau.

Als Alfred unruhig wurde, bat sie ihn, mit ihr nach Bad Ischl zu fahren, in ihre österreichische Heimat, nach der sie sich sehnte. Widerstrebend, aber doch interessiert, stimmte er zu.

Bad Ischl, im Mittelpunkt des Salzkammerguts gelegen, zählte zu den europäischen Modebädern. Neben den zahlreichen Dampf-, Moor- und Flußbädern besaß es alles, was einen Kuraufenthalt angenehm machte: Theater, Kasino, Kurhaus, Parkanlagen und eine Promenade entlang der Traun. Sofie fühlte sich wie zu Hause. Die Leute sprachen ihren Dialekt, und sie fand schnell Anschluß.

Alfred merkte, wie sie auflebte, und war so glücklich darüber, daß er sie fragte, ob sie sich vorstellen könne, hier mit ihm in einem Haus zu leben.

„Nicht nur mit dir allein", fügte sie schelmisch hinzu.

„Natürlich nicht, etwas Personal werden wir benötigen."

Ihren Anspielungen auf ein Kind wich er aus. Fürchtete er, Zeit opfern zu müssen, oder mochte er keine Kinder? Sie wünschte

417

sich ein Kind, doch erzwingen wollte sie eine Schwangerschaft nicht. Das hatte noch Zeit, erst wollte sie das Leben genießen. Doch einige Tage später ging ihr Traum zu Ende, als Alfred eine Depesche aus Ardeer erhielt. Dort wurde er dringend gebraucht. Sofie wollte nicht weinen, doch je stärker sie sich darum bemühte, desto heftiger begann sie zu schluchzen. Weibliche Verrücktheit nannte er solche Reaktionen.

„Diese Gefühlsausbrüche sind wie ein ekelhaftes Gericht, das man einem täglich auftischt." Sein Zorn steigerte sich mit ihrem Schmerz. Aufgeregt rannten sie im Zimmer aneinander vorbei, jeder mit Vorwürfen, die sie gleich wieder bereuten.

Der Ausbruch ging ebenso plötzlich zu Ende, wie er gekommen war. Sofie bat Alfred um Verzeihung, Alfred war froh, daß sie nicht im Streit Abschied nehmen mußten. Sie brachte ihn zum Bahnhof und fuhr einen Tag später nach Wien. Dort quartierte sie sich im Grandhotel ein und besuchte ihre Verwandten, die sie reichlich beschenkte.

„Will Herr Nobel dich nicht bald heiraten?" fragte die Stiefmutter. „Er könnte dann ein bißchen für uns sorgen."

„An etwas anderes denkst du nicht, wie? Habt ihr nicht genug von mir bekommen?"

„Du willst doch keine undankbare Tochter sein, Sofferl."

„Wofür sollte ich dankbar sein. Habt ihr etwas für meine Bildung getan?"

„Wir haben getan, was wir konnten. Wann wirst du uns mit Herrn Nobel bekannt machen?"

„Nie!" Sofie stieß mit dem Fuß auf den Boden.

„Du wirst dich doch deiner Herkunft nicht schämen, Sofferl!"

Sofie fuhr wütend und traurig zurück ins Hotel. Nur das Gefühl, allein zu sein, hatte sie wieder zu ihren Stiefeltern getrieben. Sie packte ihre Sachen und nahm den Nachtzug nach Paris.

Alfred erhielt ihre Depesche und schrieb:

> Ich freue mich, daß Du nach Paris zurückkehrst. Hier ... liegt viel vor, was meiner Entscheidung bedarf. Die Direktoren konnten zu keinem Beschluß kommen ...

Manchmal klagte er über die nervenzerrüttenden Geschäfte und wünschte nichts sehnlicher, als sich in irgendeiner Ecke zur Ruhe zu setzen. Dann schöpfte sie Hoffnung, daß er bald ganz mit ihr zusammenleben würde, doch wenn sie darauf anspielte, schrieb er ihr:

> Du kannst lebhaft und liebenswürdig, sogar schalkhaft sein, aber vernünftig nie. Um herauszufinden, wodurch man andere verletzen und es vermeiden kann ..., dazu gehört ein angeborenes Zartgefühl, das Du teilweise besitzt, und Bildung, welche Dir gänzlich mangelt.

Sie war schon an seine Vorhaltungen gewöhnt, aber sie regten sie immer wieder auf.

21

Er konnte sich nicht soviel um Sofie kümmern, wie sie es sich wünschte. Noch wollte er die Hände nicht in den Schoß legen. Es befriedigte ihn nicht; nach einiger Zeit des Nichtstuns wurde er unruhig, unglücklich. Dann überfiel ihn die Schwermut genauso wie nach den Wochen intensivster Arbeit. Sein Ehrgefühl ließ es nicht zu, daß er sich den sozialen Pflichten entzog, die ihm als Unternehmer und Geschäftsmann zukamen.

Auch als seine Brüder um Unterstützung baten, verwehrte er sie ihnen nicht. Sie wollten im Kaukasus Ölfelder aufkaufen und eine Rohrleitung über zehn Kilometer bis Baku bauen, wo das Naphtha oder Rohöl raffiniert werden sollte. Von dort aus beabsichtigten sie, das Öl mit Tankschiffen, die sie nach Ludvigs Plänen in Schweden herstellen lassen wollten, über das Kaspische Meer zu verfrachten.

Alfred unterstützte ihre Pläne, Naphtha zu fördern, und zusammen gründeten sie 1879 die Naphtha-Produktionsgesellschaft Gebrüder Nobel. Die Sache lief gut an, aber nach den ersten Erfolgen schlugen die Konkurrenten zurück. Brände brachen aus; Explosionen verwüsteten Anlagen; ein Tankschiff sank. Außerdem hatten andere Produzenten die modernen Methoden Roberts ausspioniert. Jetzt rächten sich die hohen Dividenden. Der Zusammenbruch schien unvermeidlich, als die französischen Banken – wahrscheinlich auf Drängen Rothschilds – die Kündigung ihrer Kredite ankündigten.

Robert erkrankte. Er verließ das sinkende Schiff und ging nach Schweden.

Ludvig stand allein. Seinen Hilferuf konnte Alfred nicht überhören. Die weite Reise nach St. Petersburg war kein Vergnügen. Doch er mußte sich über die Situation genau informieren, bevor er eine Entscheidung treffen konnte.

Ludvig und die Gesellschafter fürchteten den Verlust ihres Kapitals. Sie verteidigten die hohen Dividenden und wurden blaß, als Alfred vorschlug, sie auf zwei Prozent herabzusetzen.

Ludvig sah nicht ein, daß ohne sorgfältige Buchführung und genaue Kenntnis der Kalkulation ein so großes Unternehmen nicht zu führen war. „Ein Mensch, der hart und entschlossen seine Pflicht erfüllt, steht über einem Geschäftsmann und Buchhalter." Ludvig wollte die Anlagen ausbauen, doch das hatte nur Sinn, wenn die kaufmännische Leitung verbessert wurde. Schließlich erklärte er sich mit Alfreds Vorschlägen einverstanden. Auch die Halsstarrigen unter den Gesellschaftern gaben nach. Nun konnte Ludvig das Unternehmen sanieren.

Erleichtert fuhr Alfred nach Paris zurück, im Koffer ein Geschenk von Ludvig für Sofie. Ludvig hatte sie in Paris kennengelernt und reizend gefunden, wie Paul Barbe auch.

Jeden zweiten Tag hatte Alfred Sofie einen Brief geschrieben oder eine Depesche geschickt und regelmäßig Antwort erhalten. Es tat ihm gut, ihr abends von seinen Erlebnissen, Sorgen, Auseinandersetzungen, Anstrengungen und Problemen zu schreiben. Er erteilte ihr auch Ratschläge, ermahnte sie, auf ihre Gesundheit zu achten, ihre Rechnungen zu bezahlen, ihre Diener korrekt zu behandeln und sich seines Namens nicht zu bedienen.

Letzteres war ein Punkt bitteren Streits. Zwar adressierte er seine Briefe an Madame Sofie Nobel – dort, wo man es nicht besser wußte, gab er sie als seine Frau aus –, aber sie waren nicht verheiratet, so daß er ihr das Recht, sich als seine Ehefrau aufzuspielen, nicht zugestand.

Peinlich berührt dachte er an den Tag in Sévran, an dem sie ihn auf diese Weise kompromittiert hatte, obgleich sie genau wußte, daß er die Dienerschaft nicht in ihr Verhältnis einweihen wollte. Auf seine Zurechtweisung reagierte sie mit einem Gesicht, das ihm ewig im Gedächtnis bleiben würde.

Immer wenn er einige Wochen oder Monate von Sofie getrennt gelebt hatte, geriet er in einen unauflöslichen Zwiespalt. Auf der einen Seite sehnte er sich nach ihr, auf der anderen haderte er mit ihr. Gern hätte er sie auf seine Geschäftsreisen mitgenommen, doch der Gefahr, blamiert zu werden, wollte er sich nicht aussetzen.

Er konnte ihr nicht einmal etwas vorwerfen, denn seine Begriffe vom Leben, von der Unentbehrlichkeit geistiger Nahrung, von den Pflichten als Mensch einer gebildeten Klasse würden ihr wohl stets ein Buch mit sieben Siegeln bleiben.

Immer wenn er abgereist war, klagte sie über ihre angegriffene Gesundheit. Doch sobald er sie in einem Brief getröstet und ihr eine Bäderkur empfohlen hatte, ging es ihr wieder besser, und er sparte nicht mit Vorwürfen, daß sie ihre Zeit verplempere, anstatt sie für ihre Bildung zu nutzen.

Es fiel ihr nicht schwer, Verehrer zu finden, und er zweifelte daran, ob sie seine Ermahnungen, mit Maßen und Verstand zu kokettieren, wirklich beachtete. Eifersucht quälte ihn, und er bereute, ihr geschrieben zu haben, sie solle hübsche Ausfahrten unternehmen und nicht mit Geld sparen; denn sie gab es leichtfertig aus und tat sich mit ihrer Gutherzigkeit groß. Schließlich nannte er sie eine Banknotenfresserin.

Schrieb sie ihm aber einen lieben und stilistisch einwandfreien Brief, war er fast wieder versöhnt und freute sich aufs Wiedersehen. Wenn sie ihn mit ihrer Fröhlichkeit auch nicht anstecken konnte, weil er zu ernst und grüblerisch veranlagt war, so lenkte sie ihn doch von seinen vielen Sorgen und Verpflichtungen ab. Denn seine Schöpfungen beherrschten ihn in einem Maß, daß sie alle seine Kräfte beanspruchten.

Sofies Naivität empörte ihn oft. Sie begriff nicht einmal, daß er hart arbeiten mußte, und erwartete, daß er sich auch noch um dergleichen wie Wein, Kaffee, Teppiche oder Möbel kümmerte. Sie verstand nicht, daß es ein Opfer für ihn war, seine Pflichten, sein geistiges Leben, den Verkehr mit der gebildeten Welt und schließlich sogar seine Geschäfte für ein mutwilliges, unverständiges Kind zu vernachlässigen.

Sie reagierte dann gewöhnlich in einer Weise, daß er nicht widerstehen konnte. In ihrer Gegenwart vergingen ihm die trüben Gedanken. So wich seine Bitterkeit der Vorfreude, je näher er Paris kam.

Der Zug fuhr einige Minuten vor der planmäßigen Ankunft in die Bahnhofshalle. Als sich Nobel der Kutsche näherte, bemerkte er, daß der Kutscher Mühe hatte, die Pferde zu bändigen.

„Sie haben die Tiere im Stall gehalten", warf Nobel ihm vor. „Vollblüter müssen täglich ausgeführt werden, das wissen Sie doch!"

Wenn er längere Zeit nicht zu Hause war, mußte er sich auf seine Diener verlassen können. Ärgerlich setzte er sich in den Wagen. Wie sehr ihm doch eine Frau fehlte, die nach dem Rechten sah, wenn er unterwegs war. Entlassen wollte er den Kutscher diesmal noch nicht. Eine weitere Nachlässigkeit jedoch konnte er nicht durchgehen lassen.

Die Haushälterin öffnete ihm und blickte ihn verwundert an. „Haben Monsieur keine Nachricht bekommen? Madame hat Ihnen depeschiert. Sie ist vorgestern nach Wiesbaden zur Kur gereist, wie es ihr der Arzt empfohlen hatte. Madame hofft, daß Sie bald folgen werden."

Er fühlte sich verlassen. Die zwei Tage hätte Sofie auf ihn warten können. Müde setzte er sich an seinen Schreibtisch, öffnete ihren Brief, der oben auf dem Stapel der Post lag: „Sei mir nicht böse ... Ich habe es in Paris nicht mehr ausgehalten ..."

Die Enttäuschung saß ihm noch in den Knochen. Nach Erledigung seiner Korrespondenz hätte er Sofie nachreisen können, doch so einfach, wie sie es sich dachte, ließ er sich nicht dirigieren.

Außerdem lagen ihm verschiedene Forschungen am Herzen: eine automatische Bremse für Lokomotiven und ein Verfahren zur Reinigung von Gußeisen. Vor allem aber dachte er seit längerem darüber nach, wie er Schwarzpulver durch ein geeigneteres Treibmittel ersetzen könne. Er war nicht der einzige, der versuchte, ein neues Schießpulver zu entwickeln. In Österreich arbeitete daran General Lenk, in Deutschland Hauptmann Schulze, der ein bereits verbessertes Pulver für Jagdgewehre erfunden hatte. Ein ähnliches wurde in England hergestellt. In Frankreich forschte der Chemiker P. M. E. Vieille auf diesem Gebiet, wahrscheinlich für die französische Schießpulver-Monopolgesellschaft, die Administration des Poudres et Salpêtres. Auch andere Forscher, wie Duttenhöfer in Deutschland und Skoglund in Schweden, wollten besseres Pulver, das möglichst wenig Rauchgase entwickelte, herstellen.

Er wußte noch nicht, welchen Weg er einschlagen sollte, doch

die Lösung des Problems schien ihm nur durch ein völlig neues
Verfahren möglich. Mit Fehrenbach besprach er die Versuchsanordnungen. „Unter Umständen werden wir mehrere Serien
nacheinander durchführen müssen. Wir müssen eine Art Pulver
gewinnen, das nach der Zündung in konzentrischen Schichten
abbrennt, so daß keine Explosion, wohl aber eine starke Triebkraft entsteht, die Gewehr- oder Artilleriegeschossen eine hohe
Geschwindigkeit verleiht."

„Sie kommen damit auf ein Gebiet, Monsieur Nobel, das vor-
nehmlich diejenigen interessiert, die Sie Völkermörder nennen."

„Das Pulver wird erfunden werden, entweder von uns oder von
anderen."

„Vielleicht sollten wir es den anderen überlassen, sich die
Hände schmutzig zu machen."

„Sie kennen meine Überzeugung, Fehrenbach. Ich verab-
scheue den Krieg, aber solange Menschen noch eine Chance
sehen, andere zu besiegen, werden sie es versuchen. Erst wenn
die Mittel so fürchterlich werden, daß sie den Tod für alle bedeuten, besteht Hoffnung auf Frieden. Erfindungen lassen sich nicht
verhindern. Mit der Wissenschaft und unseren Erfindungen wird
sich die Humanität entwickeln."

Im Grunde beschäftigten ihn die gleichen Bedenken. Doch er
beschwichtigte sein Gewissen damit, daß trotz aller Rivalitäten
zwischen den europäischen Staaten Frieden herrschte. Es gab
zwar genug Leute, die ins Kriegshorn bliesen, doch schien keine
Regierung ernsthaft darauf aus zu sein, das Gleichgewicht zu zerstören.

Als die erste Versuchsserie lief, überließ er Fehrenbach die weitere Ausführung und fuhr nach Wiesbaden.

Immer noch hoffte er, Sofie möge sich zu der Frau entwickeln,
die er heiraten konnte. So schwer war es doch nicht, sich die
nötigen Umgangsformen anzueignen und etwas Bildung zu erwerben. Sie hätte den Schlüssel zu seinem Herzen, wenn sie ihn
mit ihren Launen nicht dauernd vor den Kopf stieße. Je älter er
wurde, desto stärker sehnte er sich nach einem Menschen, der
ihn verstand, den er ganz und gar lieben konnte.

Aber entfernte sich Sofie nicht mehr und mehr von ihm, während sie ihn zugleich immer stärker in Anspruch nahm? Noch nie
war es vorgekommen, daß sie ihn nicht vom Zug abgeholt hatte.

Früher hatte sie ihm täglich einen Brief geschrieben, jetzt nur alle drei Tage. Ihr verändertes Benehmen führte er auf einen ihrer neuen Bekannten zurück.

Aber schon auf dem Bahnhof in Wiesbaden verflogen seine trüben Gedanken. Sofie empfing ihn mit heiterem Gesicht, führte ihn in das Appartement, bei dessen Wahl sie seinen Geschmack getroffen hatte. Er fühlte sich erschöpft und gestand sich die Erholung zu. Es war doch etwas anderes, mit Sofie zu leben, als von Dienern umgeben zu sein.

Mit Nobels Gesundheit war der Arzt zufrieden, doch Nobel fürchtete, entgegen den Beteuerungen des Arztes, einen Herzfehler zu haben. „Manchmal habe ich solche Schmerzen in der Brust, als wenn sich das Herz zusammenkrampft."

„Weil du zuviel arbeitest und dir keine Ruhe gönnst", schalt Sofie ihn.

Die Bäder, die Massagen und die Spaziergänge bekamen ihm. Nach einiger Zeit bemerkte Sofie, daß er wieder unruhig wurde. „Laß uns von hier fortgehen. Meran soll ein schönes Klima haben. Gerade jetzt im Herbst wird es dir guttun."

Ihr Vorschlag gefiel ihm. In Südtirol, wo sich der italienische Einfluß bemerkbar machte, war die Luft trotz der Höhenlage mild. „Wollen wir einen Abstecher nach Venedig machen?" schlug er eines Tages vor.

„Oh, Venedig! Mamma mia, mein Traum. Woher wußtest du das?"

Er fand Geschmack an Reisen, auf denen er sich nicht mit geschäftlichen Problemen befassen mußte. Das Leben bot mehr, als er gedacht hatte.

Sofie hätte am liebsten von jedem Abstecher eine Kiste voller Andenken mitgebracht. „Wollen wir nicht das schreckliche Paris aufgeben und uns in Meran ein Haus kaufen?"

„Wie stellst du dir das vor, Sofferl, wo soll ich arbeiten?"

„Verdienst du nicht auch so genug?"

„Darum allein geht es nicht. Ich habe Verantwortung für alles, was ich in die Welt gesetzt habe."

„Du hast doch selbst gesagt, daß wir an einem abgelegenen Ort zusammenleben könnten. Und hier ist es so wunderbar."

„Daß du mich nicht verstehst!"

Ihre Gespräche gingen nicht selten so aus, jedesmal waren sie verstimmt. Sofie gelang es aber meist, humorvoll auf ein anderes Thema überzuleiten, indem sie über Bücher sprach, die er ihr empfohlen hatte.

Als sie von Venedig zurückkamen, lagen neben anderen Briefen wieder verhaßte Depeschen auf dem Tisch. Sofie hätte sie am liebsten zerrissen. Sie ahnte, daß Alfred aufbrechen und sie wieder monatelang allein sein würde, wenn sie ihm nicht nach Paris folgte.

Er blätterte im Kursbuch. „Ich nehme den Zug morgen früh um sechs Uhr dreißig."

Der Abend verlief, ohne daß sie viel miteinander sprachen. Sofie packte die Koffer, hin- und hergerissen von der Frage, ob sie mitfahren oder noch hierbleiben sollte. Er spürte ihre Unentschlossenheit, doch er bedrängte sie nicht. Erst als er abgefahren war, entschloß sie sich, Bad Ischl aufzusuchen. Unmöglich konnte sie länger ohne Alfred in Meran bleiben.

Wieder würde eine Zeit kommen, in der sie ohne ihn leben mußte. Sie würden sich Briefe schreiben; eine Woche, vielleicht auch einige Monate. Über seine viele Arbeit würde er schreiben, über seine angegriffene Gesundheit, über seine Einsamkeit. Er würde ihr wieder vorwerfen, daß sie nicht so war, wie er sie sich wünschte.

In Paris mochte sie nicht mehr wohnen. Dort war sie meist allein, und das ewige Warten hielt sie nicht aus. Mit ihren Sprachkenntnissen war sie wenig vorangekommen. Dann blieb sie schon lieber in Österreich, in Deutschland oder in der Schweiz, wo sie schnell Kontakt fand. Eines Tages würde Alfred einsehen, daß es gut für ihn war, mit ihr dort, wo auch sie sich wohl fühlen konnte, zusammenzuleben. Er war überall zu Hause.

Lange betrachtete sie sich im Spiegel. Etwas über dreißig Jahre war sie alt. Ihre Haut war noch glatt. Von dem guten Essen hatte sie zugenommen, doch ihre Figur war wohlproportioniert. Sie konnte sich überall sehen lassen.

Gern hätte sie ein Kind gehabt, aber Alfred wollte es nicht. Immer richtete sie sich nach ihm, hatte ihr Leben nach ihm eingerichtet. Sie hatte Alfred ihre besten Jahre geschenkt. Jetzt würde sie kaum noch einen Mann finden. Das wollte sie auch nicht. Sie liebte Alfred und er sie.

Lustlos packte sie die Koffer. Ein paar Tage würde sie sich

elend fühlen. Aber sie war kein Kind von Traurigkeit. In der anderen Umgebung würde ihre gute Laune bald zurückkehren. Während der Fahrt durch die Alpen ging es ihr schon besser. Wenn Alfred schon wenig Zeit für sie hatte, wollte sie wenigstens das Leben, das er ihr ermöglichte, genießen. Vielleicht war es gut für die Liebe, daß sie öfter getrennt lebten. Das Zusammenleben mit Alfred war anstrengend.

Gern hatte Nobel Sofie nicht allein gelassen, doch er kannte ihre Abneigung gegen Paris, und überreden wollte er sie nicht; er würde ihr in Österreich oder Deutschland ein Haus kaufen. Sie konnte dort als Witwe leben; niemand würde seine Besuche anstößig finden.

Aber jetzt mußte er sich um die Organisierung seiner Unternehmungen kümmern. Weit über fünfzig Fabriken waren zu koordinieren. Paul Barbe hatte vorgearbeitet, nun mußte er entscheiden.

Georges Fehrenbach hatte bei den Versuchen kein Ergebnis erzielt und wartete auf seine Vorschläge. Vorerst mußte er sich die zahlreichen Negativresultate ansehen. Ohne ihn kamen die Dinge nicht richtig voran. Fehrenbach war ein tüchtiger Mann, doch ihm fehlte etwas, was sich durch kein Studium erzwingen ließ: Inspiration, Genialität.

Zum Glück brauchte er sich nicht mehr um Ludvigs Naphthaproduktion zu sorgen; er war ein Arbeitstier und beherrschte nicht nur den russischen Markt. Auch seine sozialen Pläne, wie er es nannte, setzte er in die Tat um. Ihre Meinungsverschiedenheiten waren einem guten Einvernehmen gewichen. Alfred freute sich herzlich über Ludvigs Erfolge.

22

Nie hätte Alfred Nobel geglaubt, daß er sich im Alter von fünfundfünfzig Jahren noch so plagen müsse. Anstatt langsam das tägliche Pensum reduzieren zu können, wie es vernünftig gewesen wäre, mußte er ständig neue Aufgaben übernehmen.

Er hatte sämtliche Direktoren der Dynamitgesellschaft nach Paris bestellt. Endlose Verhandlungen über die Koordinierung der Firmen begannen, die alle ihre Sonderinteressen ins Spiel brach-

Alarik Liedbeck war Alfred Nobel ein treuer Freund und Geschäftspartner.

ten. Aber Nobel wollte den Zusammenschluß der Gesellschaften zu zwei großen Konzernen durchsetzen.

Barbe und der Engländer Mosenthal unterstützten ihn. Schließlich gelang es, alle spanischen, portugiesischen, schweizerisch-italienischen Gesellschaften einschließlich ihrer Tochterfirmen in Mittel- und Südamerika mit der französischen Gesellschaft zu dem Trust „Société Centrale de Dynamite" zu vereinigen. Der Trust, der kurz „romanischer Trust" genannt wurde, kontrollierte Rohstoffe und deren Preise in den einzelnen Ländern. Sein Aktienkapital betrug sechzehn Millionen Franc.

Die englischen, deutschen, belgischen, luxemburgischen, australischen, japanischen, mexikanischen und südamerikanischen Gesellschaften bildeten den englisch-deutschen Trust, offiziell „Nobel Dynamite Trust Co. Ltd." genannt, mit einem Aktienkapital von zwei Millionen Pfund Sterling. Infolge der beherrschenden Stellung auf fast allen Märkten und des industriellen Aufschwungs fielen hohe Dividenden ab, weshalb alle Nobel-Aktien äußerst beliebt waren.

In Sévran kam Nobel mit den Experimenten allmählich voran. Er war auf die Idee gekommen, den im Zelluloid enthaltenen Kampfer nach und nach durch Nitroglyzerin, den bisherigen Ausgangspunkt aller seiner Erfolge, zu ersetzen. Dabei erhielt er eine Masse, deren Konsistenz erlaubte, sie zu formen.

Dieser Stoff verhielt sich ähnlich wie Schwarzpulver, aber er hinterließ so gut wie keinen Rauch, und er entfaltete eine weitaus größere Triebkraft.

Bald fand Alarik Liedbeck heraus, daß sich die neue Substanz zwischen heißen Walzen rollen und unter Hitzeeinwirkung in

Streifen, Röhren und andere Formen pressen ließ. „Damit hast du den dritten hellen Stern an deinen Erfinderhimmel geheftet", sagte er. „Gegen dein Dynamit, deine Sprenggelatine und dieses Zeug nehmen sich deine dreihundert anderen Patente wie schwach leuchtende Planeten aus. Das Militär wird dir das Pulver aus den Händen reißen. Wir können es mit der neuen Technologie in jeder gewünschten Menge produzieren."

„Welchem Land werden Sie das Teufelszeug zuerst anbieten?" fragte Fehrenbach.

„Ihrem Vaterland, der Administration des Poudres et Salpêtres."

„Die stellt seit einigen Jahren bereits das rauchlose Vieille-Pulver her."

„Das ist doch viel schwächer als das Nobel-Pulver." Liedbeck war überzeugt, daß sich die Minister bei der wieder aufkommenden Kriegsgefahr für das bessere Pulver entscheiden würden.

Aber in den Augen der französischen Regierung war ein starkes Pulver mit schwachen Beziehungen offensichtlich schlechter als ein schwaches Pulver mit starken Beziehungen. Das war der erste Rückschlag, dem weitere folgten. Als die italienische Regierung Nobels neues Pulver, das er Ballistit nannte, zwei Jahre später übernahm, begannen einflußreiche Kreise in Frankreich gegen Nobel zu intrigieren und bösartige Artikel zu veröffentlichen.

Gerade jetzt hätte Sofie ihm zur Seite stehen müssen. Doch sie reiste von Bad Ischl nach Wien und von dort nach Aix-les-Bains, weiter an den Genfer See nach Montreux und wieder zurück nach Wien. Als er ihr seine Not klagte, wollte sie kommen, doch da war er schon so verärgert, daß er ihr abriet.

Von verschiedenen Seiten wurde ihm erneut zugetragen, daß Sofie als Madame Nobel aufträte und sich mit Liebhabern abgebe, für die sie sein Geld aus dem Fenster werfe. Gegen den Biß der Verleumder gab es kein Mittel. Sofie hätte ihm das Gegenteil beweisen müssen, in ihren Briefen beteuerte sie es, und er konnte nicht vergessen, daß sie ihm zugetan war, doch sie verschwendete in der Tat sehr viel Geld. Zwanzig Familien hätten davon gut leben können. Und wenn es stimmte, daß sie sich als Madame Nobel mit Kavalieren herumtrieb und ihn damit der Lächerlichkeit preisgab, dann mußte er sich von ihr trennen.

Wenn er doch einen Menschen an seiner Seite hätte, der ihn verstand! Er hatte liebevollen Umgang nötig. Seine Gesundheit und sein Gemüt hatten so gelitten, daß er Sofie nicht einmal Weihnachten würde besuchen können. Dabei sehnte er sich nach ihrer fröhlichen Stimmung.

Alles mögliche stürmte auf ihn ein. In der Presse mehrten sich die gemeinsamen Artikel gegen das neue Pulver und ihn, als habe er damit Frankreich den Krieg erklärt. Die Friedensgesellschaften beschuldigten ihn, dem Krieg Vorschub zu leisten. Er war es doch nicht, der von einem Revanchekrieg redete und den Steuerzahlern Mittel für die Rüstung abverlangte!

Bertha von Suttner kreuzte wieder seinen Weg. Sie hatte ihn ebensowenig vergessen wie er sie. Als sie von ihrem neunjährigen Aufenthalt in Tiflis zurückgekehrt war, ließ sie es ihn wissen. Seit zwei Jahren war sie wieder in Österreich. Die Familie Suttner schien sich mit der Heirat abgefunden zu haben, denn Arthur war mit Bertha in Schloß Harmannsdorf eingezogen. Eine Rundreise durch Europa stand auf ihrem Programm. Besonders gut war es ihnen im Kaukasus nicht gegangen, auch mußte der Russisch-Türkische Krieg schreckliche Eindrücke bei ihnen hinterlassen haben. Als Bertha mit ihrem Mann 1887 schließlich in Paris eintraf, schickte sie Nobel ein Billett, daß sie sich über ein Wiedersehen beziehungsweise Kennenlernen freuen würden.

Ein bißchen neugierig folgte Nobel der Einladung ins Hotel. Elf Jahre hatten sie sich nicht gesehen, und trotzdem konnte er Bertha noch nicht unbefangen gegenübertreten. Sie wirkte reifer, kräftiger, zielstrebiger. Ihr Gespräch verlief konventionell und steif. Arthur von Suttner war ihm sympathisch; er erkundigte sich nach Nobels Forschungen.

„Besuchen Sie mich doch. Morgen bin ich in Sévran, da werde ich Sie mit den neuesten Erfindungen bekannt machen."

Im Laboratorium lockerte sich ihr Gespräch. Baron von Suttner interessierten die Tiegel und Apparate so, als wollte er selbst experimentieren. Er überreichte Nobel zwei seiner Bücher, die 1884 und 1886 erschienen waren, und sprach davon, daß seine Skizzen über seine Erlebnisse im Kaukasus demnächst veröffentlicht würden.

Auch Bertha schenkte ihm zwei ihrer Bücher: „Inventarium

einer Seele" und den Roman „Ein schlechter Mensch". „Ich wollte Ihnen noch sagen, daß ich den ersten Band eines Buches abgeschlossen habe, der unter dem Titel ‚Die Waffen nieder' erscheinen soll."

„Damit sprechen Sie mir aus der Seele, Baronin."

„Darf ich dennoch fragen, wieso das möglich ist – bei Ihren Forschungen und Fabriken?"

„Ich hasse den Streit, selbst mit Leuten, die mir Grund dazu geben. Aber nichts gibt es auf der Welt, was man nicht mißbrauchen kann. Kriege sind das größte aller Verbrechen!"

„Sie sprechen mir ebenfalls aus der Seele, Monsieur Nobel, trotzdem ..."

„Meine Fabriken brauchen den Krieg nicht, um ihre Dividenden zu steigern. Jedes Unternehmen, das dem Frieden dient, werde ich unterstützen."

„Danke. Ich werde darauf zurückkommen."

Immer wieder drehte sich ihr Gespräch um diese Frage. Bertha war von der Idee besessen, Kriege durch Friedenskongresse, aufrüttelnde Reden und Schriften verhindern zu können.

In der nächsten Zeit jagten sich die Ereignisse. Ludvig erkrankte schwer und reiste nach Cannes, um sich zu erholen, doch sein Leiden verschlimmerte sich, und er starb im April 1888.

Fünf Jahre zuvor hatte Robert Alfred von seinen Befürchtungen geschrieben:

> Ludvig ist nicht geeignet, das Geringste von seiner Autorität aufzugeben, und wird an diesem System festhalten, das auf seiner Gesundheit lastet und seine Kraft bricht. Keiner von uns ist eigentlich gesund genug, einen so gigantischen Mechanismus wie Baku zu leiten. Wir müssen uns mit der Denkarbeit begnügen und alles Mechanische den anderen überlassen.

Zum Glück hatte Ludvig seinen ältesten Sohn Emanuel rechtzeitig mit dem Betrieb vertraut gemacht. Der wollte und konnte ihn fortführen, ohne daß die Gefahr finanzieller Schwierigkeiten bestand.

Ludvig war sanft eingeschlafen. „Mir wird solch ein Glück nicht zuteil werden", schrieb Alfred an Sofie. „Einen Menschen müßte ich mir suchen, der mir dereinst ein sanftes, wahres Trostwort zuflüstert und die Augen schließt." Diese Gedanken waren ihm gekommen, als ihm eines Tages gegen zwei Uhr in der Frühe plötzlich so schlecht wurde, daß ihm die Kraft fehlte, zu klingeln und die Tür aufzuschließen. „Mehrere Stunden mußte ich ganz allein verbringen, ohne zu wissen, ob es meine letzten wären." Noch immer mißbrauchte Sofie seinen Namen. Nobel fühlte sich entsetzlich kompromittiert. Hinzu kam ihr ewiges Herumkutschieren von einem Badeort zum anderen. Wenn sie nicht nach Paris zurückwollte, dann sollte sie sich ein nettes Heim in Wien suchen. „Vierzigtausend Gulden für eine Villa liegen bereit."

Endlich lenkte sie ein, aber sie wollte ein Schloß. Das sollte sie sich aus dem Kopf schlagen. Er mußte die Sache in die Hand nehmen. Trotz seiner körperlichen Schwäche fuhr er nach Wien. Sofie holte ihn vom Bahnhof ab. Ein harter Zug lag über ihrem Gesicht. Viel Unternehmungslust bei der Wohnungssuche zeigte sie nicht. An jedem Angebot hatte sie etwas auszusetzen. Aber sie mußte ihr Hotelleben aufgeben. Schließlich entschied er sich für eine Villa. Sofie bat ihn, die Möbel für sie in Paris zu kaufen.

Warum kam sie nicht mit? Sollten diejenigen recht haben, die ihm weismachen wollten, daß Sofie einen Geliebten habe? Eifersucht quälte ihn. Noch schlimmer war ihm der Gedanke, der Lächerlichkeit doppelt preisgegeben zu sein, indem er nicht nur sie, sondern auch noch ihren Galan aushielt. Dem Gerücht auf den Grund zu gehen, blieb ihm keine Zeit.

Seine Mutter war schwer erkrankt, die Frau, die sein ein und alles war. Friedlich schlief sie ein. Nie würde er ihr Gesicht, ihre Augen vergessen.

23

Der Generaldirektor des romanischen Trusts, Paul Barbe, war zusammen mit anderen hohen Staatsbeamten angeklagt, bei der Finanzierung des Panamakanals unredlich gehandelt zu haben. Barbes Ehrgeiz, auch in der Politik Karriere zu machen, hatte ihn zu Spekulationen verleitet. Der Tod entzog ihn zwar der Verantwortung, doch seine mit Bestechung und Betrug verbundenen Manipulationen belasteten Nobels Konzern. Hinzu kam, daß verschiedene Direktoren der französischen Dynamit-Gesellschaften in ebenso fragwürdige Spekulationen verwickelt waren.

Finanziell war Nobel mitverantwortlich für die unlauteren Geschäfte, obgleich er nichts von ihnen gewußt hatte. Das gleiche Schicksal, das einst seinen Vater getroffen hatte, stand ihm bevor. Er war wie gelähmt.

Dieses Ereignis war ein gefundenes Fressen für diejenigen, die ihn wegen der Vergabe der Herstellungsrechte für das Ballistit an die italienische Regierung zu einem Vaterlandsverräter oder gefährlichen Ausländer erklärt hatten. Nationale Eiferer verlangten, daß ihm alle Versuche mit Gewehren und anderen Waffen in Frankreich verboten würden. In der Presse mehrten sich die Artikel gegen ihn, in denen sich einige sogar erdreisteten, ihn der Industriespionage und des Diebstahls von Staatsgeheimnissen zu bezichtigen. Als wenn Nobel je die Forschungseinrichtungen der Administration des Poudres et Salpêtres betreten hätte.

Die Polizei durchsuchte sein Laboratorium und versiegelte es. In echter Behördenmanier untersagte man ihm zusätzlich das Experimentieren. Die Genehmigung zum Besitz von Feuerwaffen wurde ihm entzogen, die Herstellung des Ballistits verboten und sämtliche Prüfungseinrichtungen in seiner Fabrik in Honfleur beschlagnahmt. Der Präfekt des Departements Seine-et-Oise drohte ihm mit Gefängnis.

Dies alles weckte Nobels Widerstand. Er wollte sich nicht um sein Lebenswerk betrügen lassen. Die Verluste, die der romanische Trust infolge der Spekulationsgeschäfte erlitt, konnte er durch eine Gesellschaftsanleihe, bei der er selbst ein großes Aktienpaket übernahm, decken. Auf ein paar Millionen kam es ihm nicht an. Immerhin betrug das Kapital noch zwanzig Millionen Franc.

Alle in den Skandal verwickelten Vorstandsmitglieder entließ er und ernannte Paul du Buit, einen soliden Geschäftsmann, der politische und spekulative Unternehmungen ablehnte, zum Generaldirektor.

Er hatte entschlossen und schnell gehandelt, doch er war erschöpft. In einem Brief klagte er:

> Der Handel mit Sprengstoffen hat mich ganz krank gemacht, weil man ununterbrochen über Unglücksfälle, eingehende Vorschriften, Bürokratie, Pedanterie, Schurkenstreiche und anderes Lästige stolpert. Ich sehne mich nach Ruhe und

möchte meine Zeit meinen wissenschaftlichen Forschungen widmen, was mir unmöglich ist, wenn jeder Tag neuen Ärger bringt ... Für mich ist es eine Plage, als Friedensstifter in ein Nest voller Geier zu kommen ... Es besteht nicht die geringste Veranlassung dazu, daß gerade ich, der ich in Handelsgeschäften keineswegs geübt bin und sie sogar aus tiefster Seele hasse, mich mit all diesen kommerziellen Dingen herumplagen soll, von denen ich kaum mehr verstehe als der Mann im Mond. Die Gesellschaften in Amerika, Schweden und Norwegen kommen augenblicklich sehr gut aus, ohne mich dauernd mit ihren geschäftlichen Angelegenheiten zu belästigen, und ich sehe nicht ein, weshalb das die anderen Gesellschaften nicht auch können sollen.

Schließlich rang er sich zu dem Entschluß durch, die Mitgliedschaft in den Vorständen der Sprengstoffgesellschaften niederzulegen. Die ihm noch verbleibende Kraft wollte er lieber zu Forschungen verwenden. Durch den Zeitgewinn würde er auch mehr mit Sofie zusammensein können.

Die Herzbeschwerden wurden häufiger, und er befürchtete, daß seine Lebensuhr bald abgelaufen sein würde. Mehr und mehr beschäftigte ihn die Frage, wie er über sein immenses Vermögen befinden sollte.

Die Mutter hatte infolge seiner Zuwendungen eine Million Kronen hinterlassen. Ihm, Robert und Ludvigs Kindern stand das Erbe zu, doch er beanspruchte für sich persönlich nur Andenken und die Letterstedtsche Goldmedaille. Knapp ein Drittel seines Erbteils von 280 000 Kronen verwendete er für Stiftungen. Obgleich alle Verwandten in sehr guten Verhältnissen lebten, regten sich einige darüber auf.

War es überhaupt gut, wenn Kinder mehr Geld erbten, als zu ihrer Ausbildung erforderlich war? Wenn sie es nicht selbst verdient hatten, fehlten ihnen die Maßstäbe für den Zusammenhang zwischen Arbeit und Gewinn. Nobel wollte lediglich einen Teil seines Vermögens den ihm persönlich verbundenen Menschen überlassen, den anderen aber für Zwecke verwendet wissen, die vielen Menschen zugute kamen. Nur wußte er noch nicht, wie. Er konnte einen Betrag seiner Kirche für ihre karitativen Einrichtungen, einen anderen der Akademie der Wissenschaften und der medizinischen Akademie Schwedens vermachen. Doch darüber wollte er noch nachdenken.

Nach der Sanierung des romanischen Trusts schöpfte er von neuem Mut. Die Schikanen der französischen Behörden und die gehässigen Artikel in der Presse nahmen zwar zu, doch Nobel war nicht auf Frankreich angewiesen. Es gab noch andere Länder, in denen er arbeiten und Geld verdienen konnte.

Vom Klima her fand er Italien am geeignetsten, aber er dachte auch an seine Heimat. Dort hatte er seine Laufbahn begonnen. Schwedische Ingenieure und Arbeiter hatten in vielen seiner Fabriken Hervorragendes geleistet; er kam am besten mit ihnen zurecht. Ludvig war es nicht anders ergangen. Die Schweden waren zwar eigenwillig, aber korrekt und zuverlässig. Auch beim Streit blieben sie um eine sachliche und menschliche Lösung bemüht.

Schließlich wurde ihm eine Villa in San Remo mit großem Park und Strand an der Riviera angeboten. Nach den Fotografien zu urteilen, waren die Lage und das Haus durchaus geeignet, sich dort sein Altersnest zu bauen.

Vorher wollte er Sofie besuchen. Vielleicht gab es eine Hoffnung. Sie war ihm einmal wirklich zugetan gewesen, aber nun in schlechte Hände geraten. Seine Versuche, sie von den Leuten in Wien und Bad Ischl, die sie schamlos ausnutzten, wegzulocken, waren fehlgeschlagen. Sie hing an Wien; weder in Brüssel noch in Dresden oder dem geräuschlosen Venedig, das er sehr liebte, wollte sie leben.

Vierzehn Jahre kannten sie sich. Er hatte ihr von seinen Erlebnissen, Wünschen und Sorgen geschrieben, auch manche Ermahnungen und Belehrungen eingeflochten. Er fühlte sich für sie verantwortlich, wünschte ihr Gutes – und sich manchmal noch ein Leben mit ihr.

Sofie erwartete ihn mit zwiespältigen Gefühlen. Noch nie war sie so unruhig und unsicher gewesen. Was würde er sagen, wenn sie sich ihm anvertraute? Sie hatte ihn betrogen. Was konnte sie dafür, daß sie so lange allein gelassen worden war? Er machte sich keine Gedanken, wie sie darunter litt. Mit fünfunddreißig Jahren hatte sie ein Recht darauf zu wissen, woran sie war. Unverheiratete Frauen galten als Jungfern oder Mätressen.

Sie liebte Rittmeister Kopig nicht und verstand kaum, daß sie sich mit ihm eingelassen hatte. Er war grob, rücksichtslos, und er interessierte sich für sie nur, weil sie Geld besaß. Außerdem war

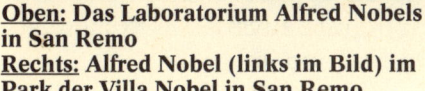

Oben: Das Laboratorium Alfred Nobels
in San Remo
Rechts: Alfred Nobel (links im Bild) im
Park der Villa Nobel in San Remo

er verheiratet, unglücklich zwar, wie er beteuerte, doch scheiden lassen konnte er sich nicht – dafür fehlten ihm vierhundert Gulden.

Wenn sie das Kind bekommen sollte, mit Rittmeister Kopig wollte sie nicht leben. Andererseits war nichts schlimmer, als wenn eine unverheiratete Frau ein Kind bekam. Nicht nur die Mutter, auch das Kind mußte zeitlebens darunter leiden.

Sie hatte das Haus schmuck eingerichtet, und Alfred erkannte ihren Geschmack an.

„Fehlt nur der Hausherr, Bubi", meinte sie.

„Wieso hast du ein Raucherzimmer eingerichtet?"

„Für diejenigen Besucher, die rauchen wollen. Sonst stinkt doch die ganze Wohnung nach Tabak."

„Du bekommst oft Besuch, nicht wahr, Herrenbesuch?"

„Was soll ich tun, Bubi. Ich bin so oft allein."

„Du hättest in Paris leben können."

„Wir wollen lieb miteinander sein, ich bin halt ein Dummerl."

„Das bist du wirklich. Hast alles nur getan, um meine Ehre zu verletzen. Das kann ich dir nicht verzeihen."

„So hart darfst du gegen mich nicht sein. Ich liebe dich und habe dich immer hochgeschätzt, damals wie heute. Ich bin anderen Männern begegnet und bereue, was du mir vorwirfst. Aber außer dir habe ich keinen anderen Mann geliebt."

„Wenn man liebt, Sofie, dann fügt man dem anderen keine solchen Ehrenkränkungen zu wie du."

„In Wien kennt man mich als Sofie Hess, ich weiß nicht, wer dich gegen mich aufhetzt."

„Mir ist das Gerede ekelhaft, es beschmutzt meinen Namen. Unmöglich konntest du soviel Geld nur für dich ausgeben. Alle möglichen Männer hast du ausgehalten, ihnen Wohnungen eingerichtet, alles mit meinem Geld."

„Manches sehe ich ein, Bubi, aber dennoch tust du mir unrecht. Hättest du mich geheiratet, wäre alles anders gekommen."

„In jedem Stand muß man sich anständig betragen. Du warst einmal ein liebes und gutes Menschenkind, doch das Verständnis für Recht und Unrecht scheint dir abhanden gekommen zu sein."

„Bitte, ich würde mit dir jetzt gehen, wohin du willst. Ich habe nur dich. In meiner Jugend hätte ich genug reiche Männer kennenlernen können, aber da hast du mich bei dir gehabt."

„Ich habe dir nie die Ehe versprochen, Sofie."

„Wollen wir nicht zusammen an einem Ort leben?"

„Wie kommst du zu diesem Sinneswandel?" Er musterte sie prüfend.

„Ich möchte mein bisheriges Leben ändern."

„Das muß ich mir erst überlegen, Sofie. Im Augenblick sehne ich mich nach Ruhe."

Er wich ihr aus. Selbst das, was er einmal vorgeschlagen hatte, schien nicht mehr zu gelten. Sie redeten aneinander vorbei. Die Herzlichkeit, zu der sie früher nach Auseinandersetzungen bald zurückgefunden hatten, stellte sich nicht wieder ein. Selten war er so kurz bei ihr geblieben. Gern wäre sie mit ihm nach San Remo gefahren, doch er lehnte ihre Begleitung ab.

„Nicht wegen einer anderen Frau, Sofie. Ich habe einfach Angst vor deinen Launen! Du hast mir so oft Besserung versprochen, daß ich den Glauben daran verloren habe." Sofie war ihm fremd geworden. Dennoch konnte er sie nicht einfach aus seinem Leben streichen.

Bevor er San Remo aufsuchte, unternahm er einen Abstecher nach Zürich, um seine neue Motorjacht in Augenschein zu nehmen. Der Bootsbauer führte ihm das aus Aluminium gebaute Schiff vor. Wehmütig betrachtete er die vorübergleitende Landschaft. Die Freude über die Jacht konnte er mit niemandem teilen. Sofie wollte er davon nichts schreiben, denn das würde sie zu neuen Verschwendungen verleiten.

Am folgenden Tag goß es in Strömen. Als es um zehn Uhr noch immer regnete, ließ sich Nobel zum Bahnhof fahren. Der Zug keuchte die Berge hinauf, fuhr über zahlreiche Galerien und Brücken, bis er in dem langen St.-Gotthard-Tunnel verschwand. Zur Einweihung dieses Bauwerks, das mit seinen Sprengmitteln gebaut worden war, hätten ihn die Behörden einladen müssen.

Die Besichtigung des Hauses und des Grundstücks befriedigte ihn. Er zahlte den Kaufpreis und bestellte einen ihm empfohlenen Architekten, der die Villa nach seinen Bedürfnissen umgestalten, ein Laboratoriumsgebäude errichten und eine Stahlbrücke ins Meer hinaus anlegen sollte. Er wollte so schnell wie möglich umsiedeln.

In Paris erwarteten ihn neue Unannehmlichkeiten. Georges Fehrenbach wollte Paris nicht verlassen. Nobel mußte für San Remo einen neuen Assistenten finden.

Aus England traf die Nachricht ein, die Regierung habe eine Kommission zur Überprüfung neuer Entdeckungen eingesetzt, die sich für die Rüstung eigneten. Die Professoren Frederic Abel und James Dewar zählten zu den Mitgliedern dieser Kommission. Sie hatten Nobel um Auskünfte über das Ballistit gebeten. Er war ihrer Bitte nachgekommen, denn er wollte den alten Streit vergessen. Aber sie mißbrauchten sein Vertrauen, entwickelten ein Schießpulver nach seinem Rezept, fügten kleine Abweichungen zu, gaben ihm den Namen Cordit und meldeten es als ihr Patent an. Der Betrug kam ans Licht, als das Unternehmen „Nobel's Explosives Co." der englischen Regierung das Ballistit anbot.

„Wir haben bereits das Patent der Herren Abel und Dewar erworben und besitzen mit dem Cordit ein gleichwertiges Schießpulver."

Die Gesellschafter seines Unternehmens verklagten Abel und Dewar, obgleich Nobel davon abriet, denn hinter den Gentlemen standen einflußreiche Leute. Der Prozeß wirbelte viel Staub auf, Experten stritten, die Zeitungen füllten ihre Seiten mit Artikeln für und gegen Nobel. Alles vergeblich. Das Gericht wies die Klage zurück: 28 000 Pfund Sterling Prozeßkosten mußten bezahlt werden. An seinen Mitarbeiter Ragnar Sohlman schrieb Nobel:

Meine Mittel gestatten es mir, bezüglich der geldlichen Seite dieses Falles gleichgültig zu bleiben, aber ich kann den ausgesprochenen Ekel nicht verwinden, den ich über die hier zum Ausdruck gekommene Schäbigkeit empfinde ... Die kränkende Ungerechtigkeit, die sich der Staat hier geleistet hat, empört mich im höchsten Maße.

Der Richter Lord Kay erklärte, daß allein formale Rechtsgründe für das Urteil maßgebend gewesen seien. Und er führte weiter aus: „In diesem Prozeß gehörte meine Sympathie dem Inhaber des Originalpatents ... Man bemüht sich, nach Möglichkeit herauszufinden, ob wirklich Herrn Nobel der Wert eines so äußerst bedeutungsvollen Patents weggenommen werden muß."

24

Das milde Klima der Riviera milderte Nobels Zorn ebenso wie die Niederschrift einer Parodie auf die Justiz, die Bürokratie und den Cordit-Prozeß. Aber er hatte zuwenig Zeit für literarische Ergüsse und steckte das Manuskript in die Schublade.

Statt dessen schrieb er sein Testament. Nach Abzug von zwanzig Prozent für seine zweiundzwanzig Verwandten vermachte er sein Vermögen dem Schwedischen Klub in Paris, der Österreichischen Gesellschaft der Friedensfreunde, einem Stockholmer Krankenhaus und dem Königlich Karolinischen Medico-Chirurgischen Institut in Stockholm.

Das Geld für seine Patenteinnahmen stiftete er zur Errichtung von Leichenverbrennungsöfen, denn die Angst, scheintot begraben zu werden, verfolgte auch ihn. Nach der Unterzeichnung des Testaments fühlte er sich erleichtert. Sein Wille und sein Werk sollten nach seinem Tod fortbestehen. Und man würde in Zukunft besser wissen als jetzt, was Alfred Nobel für ein Mensch war.

Zahlreiche Ideen spukten ihm durch den Kopf. Vor allem mußte er seine Versuche mit Gewehren und Kanonen fortsetzen. Warum sollte es ihm nicht gelingen, ein wirkungsvolleres Schießpulver als Ballistit zu entwickeln? Für die Mitarbeit gewann er den Engländer Hugh Backett und den Schweden Ragnar Sohlman.

„Mir schwebt ein Pulver vor, das die Mündungsgeschwindigkeit noch erhöht, ohne den Maximaldruck innerhalb der Waffe zu vergrößern."

Er ließ ein Laboratorium mit den besten Geräten ausstatten, mit einem Experimentiersaal, einem Wägezimmer, einer Bibliothek und einem Maschinenraum mit einem elektrischen Generator. Für die Schießübungen benutzte er die aus einem Stahlgerüst gefertigte Seebrücke. Allerdings beschwerte sich sein Nachbar über die Knallerei. Doch gegen einen hohen Preis überließ dieser Nobel seine Villa, die der Erfinder gut als Gästehaus verwenden konnte.

Die ersehnte Ruhe fand er nicht. Aus Wien kamen keine guten Nachrichten. Sofie erwartete ein Kind von einem Rittmeister Kopig, wollte diesen aber nicht heiraten. Außerdem steckte sie in finanziellen Schwierigkeiten. Sie hatte sich in den letzten Jahren auf Nobels Namen große Summen geliehen, behauptete aber, daß es sich um alte Rechnungen handele.

Nie hatte er versäumt, eine Schuld pünktlich zu bezahlen! Unaufrichtigkeit konnte er nicht ertragen. Er war nahe daran, Sofie ihrem Schicksal zu überlassen. Doch ihre Vorwürfe, sie allein gelassen zu haben, ihre Reue und ihr Bitten stimmten ihn nachsichtig. Auch konnte er nicht vergessen, daß sie viel Schönes miteinander erlebt hatten. Aber von nun an mußte sie sich einschränken; für ihren Rittmeister und für das Kind fühlte er sich nicht verantwortlich.

Sofie hoffte noch immer, an seiner Seite leben zu können, aber auf dieses Abenteuer mochte er sich nicht einlassen. Sie hatte sich zwar zu ihrem Vorteil verändert, doch er konnte den Ärger, den er immer wieder durch sie erfahren hatte, nicht vergessen. Er wollte seine Ruhe haben und die letzten Jahre seines Lebens ungestört arbeiten. In ihrem Kind würde sie einen neuen Lebensinhalt finden. Ihre langen Briefe beantwortete er nur noch selten und kurz. Er hatte seine Schuldigkeit getan und ihr auf ihre Bitten hin für den Fall seines Todes eine Rente ausgesetzt.

Bertha von Suttner kreuzte seine Wege wieder. Sie hatte ihm ihr Buch „Die Waffen nieder" geschickt. Er war kein Freund von Deklarationen und Proklamationen, und er nahm nicht an dem vierten Friedenskongreß 1892 teil, zu dem ihn Bertha eingeladen hatte. Doch er reiste nach Bern und schickte ihr durch den Kellner seine Visitenkarte. Sie hatte ihn erwartet und begrüßte ihn freudig erregt.

„Ich möchte mich informieren, Baronin, ganz inkognito. Meine Skepsis gegenüber schönen Reden ist Ihnen bekannt. Würden Sie meiner Einladung folgen und mich nach dem Kongreß in Zürich besuchen? Selbstverständlich gilt die Einladung auch für Ihren Gatten."

„Nichts ehrt uns mehr als Ihre Einladung, Monsieur Nobel, das heißt Doktor Nobel." Die Universität Uppsala hatte Nobel 1893 den Ehrendoktortitel der Philosophie verliehen.

„Ein Mann von Ehre trägt keinen Doktortitel ehrenhalber, Baronin, lassen wir es beim alten."

Im Hotel Baur au Lac reservierte er ihnen ein Appartement, in dem zuvor eine Kaiserin gewohnt hatte, was Bertha sehr beeindruckte. Auch seine Jacht und die Fahrt über den See fand ihren Gefallen. Er unterhielt sich gern mit ihr, obgleich ihre Ansichten oft auseinandergingen. Arthur sprach wenig, doch er war stets ein aufmerksamer Zuhörer.

Der Reichtum Zürichs, die prachtvollen Villen erregten Berthas Bewunderung.

„Das haben alles die Seidenwürmer gesponnen", erklärte er ihr.

„Dynamitfabriken sind da wohl noch einträglicher als Seidenfabriken – und vielleicht weniger unschuldig", entgegnete sie spitz, denn seine geringe Spende für den Kongreß hatte sie enttäuscht.

„Meine Fabriken werden dem Krieg früher ein Ende machen als Ihre Kongresse, Baronin."

„Sie glauben noch daran, daß die Gefahr eines Krieges um so geringer ist, je schrecklicher die Waffen sind?"

„Eine Erhöhung der tödlichen Präzision des Kriegsmaterials wird uns den Frieden nicht sichern. Es gibt nur ein Mittel der Abhilfe: Der Krieg muß so geführt werden, daß nicht nur der Soldat an der Front, sondern auch die Zivilbevölkerung in der Heimat von der Vernichtung bedroht wird. Lassen Sie das Damoklesschwert über jedermanns Haupt schweben, und jegliche kriegerische Handlung wird innerhalb kürzester Zeit eingestellt werden, wenn die Waffen zum Beispiel bakteriologischer Natur sind."

**Die österreichische Pazifistin und Schrift-
stellerin Bertha von Suttner im Jahr 1894**

„Das klingt ja furchtbar, Monsieur Nobel."

„Man muß noch andere Gesichtspunkte beachten, die mit Kongressen nicht zu lösen sind. Jede neue Entdeckung verändert das menschliche Hirn und befähigt die neue Generation zur Aufnahme neuer Ideen. Licht verbreiten heißt Wohlstand verbreiten, und mit dem Wohlstand verschwindet der größte Teil der Übel, die ein Erbteil finsterer Zeiten sind. Die wissenschaftliche Forschung und ihr sich stets erweiterndes Feld erwecken in mir die Hoffnung, daß die Mikroben des Bösen nach und nach verschwinden werden. Baronin, ich werde Ihre Arbeit weiter unterstützen. Dabei denke ich auch an die Stiftung eines Preises für diejenigen, die Besonderes leisten für die Verständigung der Völker und die Bewahrung des Friedens. Nur die Beteuerungen allein sichern den Frieden nicht. Meines Erachtens fehlt es Ihrer Bewegung weniger an Geld als an einem Programm. Ich frage mich nur, warum es nicht die gleichen Duellvorschriften auch zwischen den Völkern geben kann, die für Einzelmenschen Gültigkeit haben. Man bestellt Schiedsrichter, die zunächst prüfen müssen, ob die Ursachen für ein Duell auch wichtig genug sind. Eine derartige Überprüfung würde natürlich ein Volk nicht davon abhalten, gegen ein anderes Krieg zu führen. Wer würde es aber unter solchen Umständen riskieren, jedermanns Haß oder die Gefahr eines starken Bündnisses aller gegen sich allein als den Friedensstörer gerichtet zu sehen? Die europäischen Regierungen sollten sich für die Dauer eines Jahres verpflichten, alle entstehenden

Meinungsverschiedenheiten einem zu diesem Zweck bestellten Gericht vorzutragen."

„Ihr Vorschlag setzt voraus, daß sich Regierungen finden werden, die Streitigkeiten von einem Schiedsgericht schlichten lassen. Ist das nicht Utopie? Wird sich eine Regierung einem Spruch unterwerfen, den sie für ungerecht hält, solange sie mit Kriegsgewalt die Dinge zu ihren Gunsten ändern zu können glaubt?"

„Sie schlagen mich mit meinen eigenen Waffen, Baronin. Der schwache Punkt liegt beim Schiedsgericht. Also müßte diesem von allen neutralen Ländern eine Garantie gegeben werden, daß seine Bestimmungen durchgesetzt werden – notfalls mit Gewalt. Wir sind uns einig, daß alles andere besser ist als der Krieg. Alle Grenzen würden unantastbar werden, und in einer Proklamation müßte bekanntgemacht werden, daß jeder, der einen Angriff wagt, das gesamte Europa zum Gegner hat. Ein Friede, der durch die Macht der vereinigten Heere gewährleistet wird, würde von jedem Friedensstörer respektiert werden und so zu einer Entspannung führen."

„Schade, Monsieur Nobel, daß Sie Ihre Gedanken nicht auf dem Berner Kongreß vorgetragen haben. Sie hätten unserer Sache einen großen Dienst erwiesen."

„Ich hoffe, daß Bern nicht die letzte Zusammenkunft der Friedensfreunde gewesen ist, Baronin. Wenn Sie und ich auch manche Dinge aus unterschiedlicher Erfahrung anders beurteilen, so hoffe ich doch, daß Ihr und mein Glaube schließlich zum gewünschten Ziel einer von der Kriegsfurie befreiten Menschheit führt."

25

In allem hatte Alfred Nobel seinen Vater und seine Brüder übertroffen, nur in einem konnte er es ihnen nicht gleichtun: Sie hatten in ihren letzten Stunden einen lieben Menschen an ihrer Seite gehabt.

Als er Sofie das letzte Mal besucht hatte, war sie bei besserer Gesundheit als je zuvor und trotz ihrer Wehleidigkeit ausgeglichen. Ihr Kind war niedlich und nett, es mußte nur richtig erzogen werden. Sofies Verhältnis zum Vater des Kindes bot dafür nicht die Voraussetzung. Aber das ging Nobel nichts an. Was er für richtig hielt, hatte er getan. Er mußte seine Kräfte auf seine Forschungen richten. In ein Bad fuhr er nicht mehr, um sich den Prozeduren auszusetzen, sondern um zur Ruhe zu kommen. Die Arbeit war sein ganzer Lebensinhalt. Wenn er sich zu schwach fühlte, um das Laboratorium aufzusuchen, beschäftigte er sich wie in früheren Jahren mit Literatur.

Womit wollte er sich noch beschäftigen? Mit der Wechselwirkung der Atome; der Funktion des Gehirns – Gedanken, Erinnerung; mit dem Äther und dem wägbaren Stoff. Mit der Erforschung der verschiedenen Religionen, mit Studien über Wirtschaft und Steuern; mit einem neuen Abkürzungssystem für die Chemie. Mit Arbeiten über Explosivstoffe und einer Philosophie über die Zellen und den Kosmos.

An Ideen mangelte es ihm nicht. Wenn sich von tausend Einfällen im Jahr nur einer als brauchbar erwies, war er zufrieden. Nicht alles, was vielleicht verrückt oder unvernünftig erschien, war es auch. Oft mußte man eine Sache auf den Kopf stellen, um voranzukommen. Eine Mauer war keine Mauer mehr, wenn man sie umging.

Mit seinen Versuchen war er gut vorangekommen. Das neue Progressivpulver unterschied sich von allen anderen dadurch, daß es nach der ersten Zündung seine Kraft steigerte, so daß der Druck erhalten blieb, solange sich das Projektil im Lauf vorwärts bewegte und die Schußwirkung vergrößerte. Damit übertraf es das Ballistit und das Cordit.

Andere Experimente steckten in den Anfängen: mit dem Telegrafen, dem Telefon, mit Akkumulatoren und Glühlampen, mit künstlichen Edel- und Halbedelsteinen, mit künstlicher Seide aus Nitrozellulose und Zellulose.

Oft träumte er von zukünftigen Möglichkeiten. Das Fliegen mit Ballons konnte nicht der letzte Versuch bleiben, sich in die Luft zu erheben. Einen kleinen Ballon wollte er starten, der mit einem Fallschirm, einer Kamera, einem Uhrwerk oder einem Zeitzünder ausgerüstet war. In der entsprechenden Höhe sollte der Ballon automatisch entleert oder von dem Fallschirm getrennt werden, so daß dieser mit den Aufnahmen in der Kamera zu Boden gehen konnte.

Oft unterstützte er andere Unternehmen. Zusammen mit dem

Ingenieur Rudolf Lilljeqvist gründete er 1895 in Bengtsfors die Fabrik „Elektrokemiska", in der Chemikalien für industrielle und medizinische Zwecke produziert wurden. Gern arbeitete er auch mit Fredrik Ljungström und den Brüdern Birger zusammen, nicht nur wegen ihrer Erfolge beim Bau von Dampfboilern, Lufterhitzern und Turbinenlokomotiven, sondern wegen ihrer Bescheidenheit.

Ob der Luftschiffer S. A. Andrée mit seinem im Bau befindlichen, lenkbaren Luftschiff den Nordpol erreichen würde? Es wäre ein Erfolg, der die Geister bewegen und das Entstehen neuer Ideen und Reformen fördern würde und damit dem Frieden diente. Er hatte Andrée unterstützt und ihm in seinem zuletzt abgefaßten Testament 80 000 Kronen vermacht.

Sein Testament würde vielen die Augen öffnen, andere würden eine Enttäuschung erleben. Er freute sich im voraus über die weiten Augen und die Schimpfworte, mit denen sie ihn bedenken würden. Sofie hatte er es geschrieben, damit sie sich keine unnötigen Hoffnungen machte.

Kopfschmerzen, Atemnot und Herzattacken waren seine treuesten Begleiter geworden. Liedbeck erfreute sich einer besseren Gesundheit, obwohl er fast taub war.

Der Brief an Sohlman war noch nicht abgeschickt. Die Zeilen waren Nobel schwergefallen; da hatte er schon diese Schwäche gefühlt.

Einem Mann der Tat wollte er nichts vermachen. Der würde dadurch in Versuchung kommen, mit dem Arbeiten aufzuhören. Er wollte Träumern helfen, die es schwer hatten, sich im Leben durchzusetzen. Hoffentlich würden Sohlman und Lilljeqvist seinen Letzten Willen respektieren und erfüllen.

Die Donau wurde bei Turnu Severin schiffbar durch seinen Sprengstoff, ebenso der Kanal von Korinth. Die Spur von seinen Erdentagen würde nicht in Äonen untergehen. Der Mangel an Herzenskraft – rührte er daher, daß der Sand in seinen Augen durch das Pulver ersetzt wurde?

Er war dankbar für das Empfangene, dankbar für das Gewährte. Sobrero hatte er eine unabhängige Stellung in einem seiner Werke verschafft, ihn nach dem Tod durch eine Büste geehrt und seiner Witwe eine Pension ausgesetzt. Dankbar wollte er all denen sein, die der Menschheit große Dienste leisten würden.

Kommende Ereignisse warfen ihre Schatten voraus. Nobel ging vom Licht in die Finsternis, vom Leben ins Unbekannte und Unerforschliche.

26

Die Sonne tauchte in das Meer, als Ragnar Sohlman die Villa Nobel erreichte. Nichts regte sich in dem weitläufigen Park. Zögernd betrat Sohlman das Haus. Ein Diener nahm ihm die Tasche ab und huschte wortlos durch die Diele. Gleich darauf traten Emanuel und Hjalmar Nobel in den Raum. Ihre Mienen waren ernst.

„Er ist tot", eröffnete ihm Emanuel. „Seit zwei Uhr nachts. Wir kamen auch zu spät."

Aus, vorbei. Sohlman schmerzte der Verlust. Was würde mit seiner Tätigkeit werden? So viele Erwartungen hatte er mit der freundschaftlich angebahnten Zusammenarbeit verbunden. Er sprach Nobels Neffen sein Beileid aus. Sie standen dem Onkel sehr viel näher als er, ein bescheidener Assistent und Mitarbeiter.

„Wir haben Sie erwartet, Herr Sohlman. Im Hotel ist ein Zimmer bestellt. Wenn es Ihnen recht ist, wollen wir das Abendessen gemeinsam einnehmen." Hjalmar legte seinen Arm auf Sohlmans Schulter. „Es hat uns auch sehr erschüttert, aber das Leben geht weiter."

„Wenn Sie ihn noch einmal sehen wollen?" Emanuel führte Sohlman ins Sterbezimmer. „Er hat lange gekämpft", sagte er. „Nach dem Schlaganfall erlangte er das Bewußtsein nicht vollständig wieder."

„Dreiundsechzig Jahre ist kein Alter, aber Sie haben Ihren Vater ja noch früher verloren." Sohlman drückte Emanuel die Hand.

„Ich komme aus dem Trauern nicht heraus." Hjalmar sprach von seinem Vater, den er erst vor drei Monaten begraben hatte. „Unsere Eltern haben zuviel gearbeitet, aber es war ihr freier Wille. Onkel Alfred war nicht anders."

Sie gingen in Alfred Nobels Arbeitszimmer. Der Sekretär war geöffnet, auf der Schreibplatte lag eine in Leder gebundene Mappe. „In der Mappe befindet sich ein Brief, Herr Sohlman, der Ihnen gehört. Wahrscheinlich sein letzter."

Das Datum lautete auf den 7. Dezember. Die Schrift war wie gewohnt klar und deutlich. Kein Anzeichen von dem bevorstehenden Kollaps. Nobel bestätigte den Erhalt des neuen Nitrozellulosepulvers.

„Wenn man an seine sich häufenden gesundheitlichen Beschwerden in den letzten Jahren denkt, dann ist es fast ein Wunder, daß er es so lange mitgemacht hat." Hjalmar reichte Sohlman eine zweite Mappe. „Nun schauen Sie sich das einmal an: Testament vom 14. März 1893 für ungültig erklärt."

„Wie ist das möglich?"

„Keine Ahnung. Die Leichenverbrennungsöfen finde ich makaber, aber die alten Nobels fürchteten alle, lebendig im Grab aufzuwachen."

Emanuel wandte sich an Hjalmar. „Was sagst du dazu?"

„Die Sache mit den Stiftungen hat sich unser Onkel überlegt. Sein Familiensinn war doch stärker als sein Altruismus. Nach der gesetzlichen Erbfolge fällt uns, da er keine leiblichen Erben hinterläßt, ein beachtliches Vermögen zu. Aber darüber wollen wir uns lieber später unterhalten."

Vom Hotel aus schickte Sohlman ein Telegramm nach Bofors. Er wählte die Worte so, daß Sigrid nur auf Nobels Tod vorbereitet wurde. In einigen Tagen würde die Totenfeier beendet sein, und er konnte zurückkommen.

Hjalmar war nach den ersten Gläsern Wein ziemlich in Stimmung. Er malte sich aus, wieviel Geld auf jeden einzelnen entfallen würde. „Eigentlich spielt es keine Rolle. Nach den Kassenbüchern zu urteilen, hinterläßt uns unser Onkel Werte von rund dreißig Millionen Kronen. Da wird jeder von uns ohnehin mehrfacher Millionär."

„Ich werde meinen Teil nutzen und Baku zum Mittelpunkt der Erdölförderung ausbauen", sagte Emanuel.

„Ich mache mir Sorgen, wie es mit Bofors und den anderen Unternehmen weitergehen wird", gestand Sohlman. „Wir sind doch verpflichtet, Alfred Nobels Werk fortzuführen."

„Niemand kann das, auch Sie nicht, Herr Sohlman. Bei allem Respekt, dafür sind Sie zu jung und zu unerfahren. Wir werden sehen, was sich lohnt." Hjalmar trank das Glas leer. Der Kellner schenkte nach.

„Alfred Nobel wünschte sich, daß seine Arbeiten fortgesetzt

werden. Er war davon überzeugt, daß durch Naturwissenschaft, Technik und Medizin ein schöneres Leben für alle Menschen geschaffen würde."

„Er träumte von sozialen und politischen Verbesserungen, doch er wußte, wie unterschiedlich die Menschen sind. Er war Idealist, aber auch Rationalist. Er hoffte auf einen zukünftigen Menschen, den gegenwärtigen fand er nicht sympathisch", urteilte Hjalmar.

„Er war ein wägender und wagender Erfinder", sagte Emanuel, „zugleich ein vorsichtiger Rechner und Kalkulator in seinen Betrieben. Er war einer der größten Kapitalisten, doch er hatte ein Herz für die Arbeiter, wenn auch nicht im Sinne der Sozialisten. Immerhin gibt es in seinen Fabriken Werkärzte und kostenlos Medikamente. Er war ein Rüstungsindustrieller und Pazifist, gefiel sich hin und wieder als Atheist und glaubte doch an ein göttliches Wesen."

In der Nacht schreckte Sohlman auf. Jemand hatte heftig an die Tür geklopft. Emanuel und Hjalmar traten aufgeregt ins Zimmer.

„Lesen Sie bitte vor, Herr Sohlman." Hjalmar reichte ihm eine Depesche. „Ich muß mich setzen."

„Wir teilen Ihnen hierdurch mit, daß Alfred Nobel im Dezember 1895 bei uns ein handgeschriebenes Testament hinterlegt hat. Es schließt mit dem Willen, daß ,mir nach meinem Tode die Pulsadern geöffnet werden und daß, nachdem dies geschehen und von kompetenten Ärzten deutliche Anzeichen des Todes festgestellt worden sind, meine Leiche in einem sogenannten Krematoriumsofen verbrannt wird'. Als Testamentsvollstrecker werden Ragnar Sohlman und Rudolf Lilljeqvist benannt. Einzelheiten folgen später. Direktorium der Enskalda-Bank Stockholm", schloß Sohlman.

„Unser Onkel liebte solche Überraschungen", brach Hjalmar das Schweigen. „Sie müssen bei ihm einen großen Stein im Brett gehabt haben."

„Ich beneide Herrn Sohlman nicht um diese Aufgabe", meinte Emanuel. „Obgleich ich enttäuscht bin, denn in dem für ungültig erklärten Testament hatte er mich zum Vollstrecker ernannt."

„Es tut mir sehr leid, meine Herren. Ich kann dazu noch gar nichts sagen, außer daß mir für diese Aufgabe alle Voraussetzungen fehlen."

„Als erstes werden Sie mit dem Arzt sprechen müssen", sagte Emanuel.

„Ich bin gespannt, was sich unser Onkel in dem neuen Testament ausgedacht hat. Ganz wohl fühle ich mich nicht dabei." Hjalmar seufzte.

An Schlaf konnte Sohlman nicht mehr denken. Alle Versuche, sich klarzumachen, was ihm bevorstand, scheiterten. Ungeahnte Schwierigkeiten sah er vor sich. Wie würde er mit Lilljeqvist, den er noch nie gesehen hatte, zusammenarbeiten?

Noch vor dem Frühstück suchte er den Arzt auf. Zuerst verstand dieser nicht, was Sohlman wollte, dann rollte er empört die Augen. „Was glauben Sie eigentlich, wer ich bin? Ich bin Arzt und kein Kurpfuscher. Denken Sie, ich wüßte nicht, wann ein Mensch tot ist und wann nicht?" Er stöhnte, als Sohlman sich nicht von der Stelle rührte. „Also gut, ich sehe es ein, es ist nicht Ihr Wille, sondern der des Verstorbenen. Aber Sie können beruhigt sein. Die Prozedur ist bereits abgeschlossen." Er zwinkerte Sohlman zu, geleitete ihn höflich aus seiner Praxis.

Das fing gut an. Verstört begab sich Sohlman zurück ins Hotel. Nobels Neffen saßen beim Frühstück. Auch sie sahen übernächtigt aus.

„Sie haben getan, was Sie konnten", beruhigte ihn Hjalmar, und Emanuel schob Sohlman einen Stuhl hin.

Über die Frage, wer die Trauerrede halten solle, wurden sie sich schnell einig. Sie telegrafierten dem Pastor der schwedischen Gemeinde in Paris, Nathan Söderblom, der unverzüglich zusagte.

Einen Tag nach der Trauerfeier brachte der Postbote den Brief mit dem Testament.

> Ich, der Unterzeichnende, Alfred Bernhard Nobel, erkläre hiermit nach reiflicher Überlegung, daß mein Letzter Wille hinsichtlich des Eigentums, das ich beim Tode hinterlassen kann, folgender ist:
>
> Eine Million fünfhunderttausend Kronen kommen entsprechend meiner Aufstellung den Verwandten, Freunden, Mitarbeitern und Angestellten zu.
>
> Über mein übriges, realisierbares Vermögen wird auf folgende Weise verfügt: Das Kapital, von den Testamentsvollstreckern in sicheren Wertpapieren angelegt, soll einen Fonds bilden, dessen jährliche Zinsen als Preis denen zuerteilt werden, die im verflossenen Jahr der Menschheit den größten Nutzen gebracht

haben. Die Zinsen werden in fünf gleiche Teile geteilt, von denen zufällt: ein Teil dem, der auf dem Gebiet der Physik die wichtigste Entdeckung oder Erfindung gemacht hat; ein Teil dem, der die wichtigste chemische Entdeckung oder Verbesserung gemacht hat; ein Teil dem, der die wichtigste Entdeckung auf dem Gebiet der Physiologie oder der Medizin gemacht hat; ein Teil dem, der in der Literatur das Ausgezeichnetste in idealistischer Richtung hervorgebracht hat; ein Teil dem, der am meisten oder am besten für die Verbrüderung der Völker gewirkt hat, für die Abschaffung oder Verminderung der stehenden Heere sowie für Bildung und Vorbereitung von Friedenskongressen. Die Preise für Physik und Chemie werden von der Schwedischen Akademie der Wissenschaften verteilt; die für physiologische oder medizinische Arbeiten vom Karolinischen Institut in Stockholm; die für Literatur von der Akademie in Stockholm und die für Friedensvorkämpfer von einem Ausschuß von fünf Personen, die vom Norwegischen Storting gewählt werden. Es ist mein ausdrücklicher Wille, daß bei der Preisverteilung keine Rücksicht auf die Zugehörigkeit zu irgendeiner Nation genommen wird, so daß der Würdigste den Preis erhält, ob er nun Skandinavier ist oder nicht. Zu Vollstreckern dieser meiner testamentarischen Verfügung bestimme ich Herrn Ragnar Sohlman, wohnhaft in Bofors, Värmland, und Herrn Rudolf Lilljeqvist, 31 Malmskillnadsgatan, Stockholm, und Bengtsfors in der Nähe von Uddevalla.

Dieses Testament ist nunmehr das einzig gültige und hebt alle meine früheren testamentarischen Bestimmungen auf, wenn sich solche nach meinem Tod vorfinden sollten.

Schließlich ordne ich als meinen ausdrücklichen Wunsch und Willen an, daß mir nach meinem Tod die Pulsadern geöffnet werden und daß, nachdem dies geschehen und von kompetenten Ärzten deutliche Anzeichen des Todes festgestellt worden sind, meine Leiche in einem sogenannten Krematoriumsofen verbrannt wird.

Paris, den 27. November 1895
Alfred Bernhard Nobel

Hjalmar las das Testament ein zweites Mal. „Ich betrachte das Ganze als einen üblen Scherz", sagte er empört. „Onkel Alfred hat häufig extreme Ansichten geäußert, oft nur, um Gegenäußerungen hervorzurufen. Das wird ihm auch mit diesem Testament gelingen. Seine wirklichen Erben werden sich das nicht gefallen lassen."

„Eigentlich war ich überzeugt, daß Onkel Alfred etwas für mich übrig hatte", meinte Emanuel enttäuscht. „Mein Unternehmen wird zusammenbrechen, wenn Onkel Alfreds Anteil herausgezogen werden sollte. Jetzt weiß ich auch, warum Sie, Herr Sohlman, an meine Stelle gesetzt wurden. Ehrlich gesagt, ich möchte nicht in Ihrer Haut stecken. Sie werden sich viele Feinde machen."

„Wir müssen uns natürlich mit unseren Verwandten beraten, Emanuel. Das Testament wird angefochten." Hjalmar hielt es nicht mehr im Haus. Trotz des herben Windes lief er ohne Mantel durch den Park, redete und gestikulierte, als spräche er mit einem Schatten.

Emanuel blickte ihm nach. „Was sagen Sie, Herr Sohlman?" fragte er mit belegter Stimme.

„Ich wollte in Alfred Nobels Fußstapfen treten, ich bin schließlich Ingenieur – kein Rechtsanwalt. Ein Leben für Forschung und Technik, das war mein Traum. Sie könnten mein Vater sein, ich möchte Sie um Unterstützung bitten."

„Ich bin am schwersten betroffen." Emanuel reichte ihm die Hand. „Sie waren Alfred Nobel ein aufrechter Freund."

27

Die Stimmung während der Rückfahrt nach Stockholm entsprach dem Wetter. Schneetreiben, Nässe, eisiger Frostwind.

Nach und nach beruhigte sich Hjalmar. „Es ist ein Glück, daß Onkel Alfred das Testament ohne Notar aufgesetzt hat. Kein Gericht wird es für gültig erklären."

Emanuel war nicht so sicher. „Im Grunde genommen erkenne ich den Willen unseres Onkels an, so schwer es mir fällt. Doch ich muß das Testament im Interesse meines Unternehmens anfechten."

„Ich verstehe Ihre Sorgen, meine Herren, andererseits finde ich den Gedanken Ihres Onkels großartig."

„Bestimmt nicht, Herr Sohlman, wenn Sie sein Neffe wären."

Genau diesen Vorwurf hatte Ragnar Sohlman befürchtet. Er würde ihn noch oft hören, wenn nach der Beerdigung in Stockholm die zahlreichen anderen Verwandten das Testament in die Hände bekämen.

„Haben Sie überhaupt eine Vorstellung, welches Gericht für das Testament zuständig ist?" Hjalmar weidete sich an dem betroffenen Gesicht Sohlmans. „Onkel Alfred hatte bekanntlich einige Wohnsitze. Stockholm, Hamburg, Paris, San Remo, Bofors. Deutschland, Frankreich, Italien und Schweden werden sich um den fetten Brocken Erbschaftssteuer gegenseitig die Haare ausreißen."

„Wenn das Testament trotz allem in Kraft treten sollte, Herr Sohlman, wie sollen Sie, ohne gewaltige Kursstürze der Aktien hervorzurufen, die Anteile Alfred Nobels verkaufen?"

„Zunächst halte ich es für wichtig, daß der Öffentlichkeit von dem Testament nichts bekannt wird, bevor alle Fragen einigermaßen zufriedenstellend beantwortet sind."

„Wir werden uns daran halten", versprach Hjalmar, „aber für die anderen Beteiligten lege ich meine Hand nicht ins Feuer."

„Auf jeden Fall sollten wir unsere Verwandten ermahnen", fand Emanuel.

Ohne Absprache trennten sich ihre Wege. Sohlman eilte nach Bofors. Keinen Tag länger als nötig wollte er seine Frau warten lassen. Das Weihnachtsfest stand vor der Tür, die Kinder genossen ihre Ferien, tummelten sich im Schnee und trugen Tannenbäume nach Hause.

Sigrid stand unter dem Vorbau, als Ragnar aus dem Schlitten sprang. Sohlman zog seine Frau sanft an sich.

Am Abend erleuchteten viele Kerzen die Stube; es duftete nach Holz, Kerzen, Gebäck und Tee. Sigrid goß Weihnachtspunsch in die Gläser und reichte Ragnar Pfefferkuchen. Er war wieder zu Hause und hielt ihre Hand, während er berichtete.

„Natürlich betrübt mich Nobels Tod. Er war ein guter und freundlicher Mann. Andererseits bin ich froh, daß du nicht mehr mit diesem Teufelszeug umgehen mußt", versuchte ihn Sigrid zu trösten.

„Mit dem Testament fürchte ich einen viel gefährlicheren Sprengstoff als Dynamit in die Hand bekommen zu haben."

„Ja, Feinde wirst du dir machen. Zwischen dem, was er seinen Verwandten vermacht, und irgendwelchen zukünftigen Preisträgern besteht ein erhebliches Mißverhältnis."

„Nobel meinte, wenn Angehörige zu viel Geld erben, würden sie träge. Er wollte eben denen nützen, die, wie er selbst, Bedeutendes für die Menschen leisten. Die Idee ist großartig."

„Nobel wußte, daß du seinen Willen bis auf den letzten Buchstaben erfüllen würdest, pflichttreu, wie du bist. Er hat dir eine große Last aufgebürdet."

Gleich nach den Feiertagen suchte Sohlman den Ingenieur Lilljeqvist auf, der sehr gelassen wirkte. Er behandelte ihn wie einen Freund. „Wir müssen das Wesentliche des Testaments im Blick behalten. Leider sind wir juristisch nicht bewandert. Deshalb wollen wir uns mit dem mir gut bekannten Juristen Carl Lindhagen zusammensetzen. Ich habe ihn bereits verständigt, und er ist einverstanden."

Von Lilljeqvist ging Ruhe aus. Seine sachliche Art überzeugte Sohlman, daß ihm ein guter Mitstreiter zur Seite stand. Er stimmte dem Vorschlag zu.

Carl Lindhagen las das Testament sorgfältig durch, schrieb Stichworte auf einen Zettel und lehnte sich dann weit zurück. „Tja, meine Herren. Alfred Nobels Absicht begeistert mich, aber es wird schwer sein, sie zu verwirklichen. Das Testament ist eindeutig, indem es Sie beide als Vollstrecker benennt. Zu den Problemen: Als erstes müssen die gesetzlichen Formalitäten und strittigen Punkte geklärt werden, als zweites die Transaktion beziehungsweise Liquidation des gesamten Nobelschen Vermögens und dessen Anlage in festverzinsliche Wertpapiere; als drittes die Bildung eines Verwaltungsrates zur Geschäftsführung des Stiftungsfonds sowie die Ausarbeitung der Richtlinien für die Abwicklung der jährlichen Preisverleihung."

Die Gesichter von Sohlman und Lilljeqvist wurden länger. Lindhagen quittierte das mit einem Lächeln. „Das ist erst der Anfang, meine Herren. Das Testament ist juristisch anfechtbar, und zwar vor allem aus dem Grund, daß eine noch nicht vorhandene Institution Haupterbin sein soll. Weiter ist zu bedenken, daß wir nicht wissen, ob die für die Auswahl der Preisträger vorgesehenen Institutionen diese schwierige Aufgabe übernehmen werden, noch dazu, wo Nobel dafür kein Entgelt vorgesehen hat. Hinzu kommt, und das könnte im Fall einer gerichtlichen Auseinandersetzung entscheidend werden, welcher Wohnsitz rechtmäßig als der Nobels anerkannt wird. Aus der Situation ergeben sich für mich zwei Folgerungen: Zum einen darf nichts an die Öffentlichkeit dringen, damit sich die Unverständigen, Neidischen nicht einmischen können. Zum anderen müssen unverzüglich Nobels Papiere durchgesehen werden, ob sich darin eventuell Anweisungen finden, wie das Testament im einzelnen anzuwenden ist."

„Das ist eine Lebensaufgabe." Lilljeqvist stöhnte. „Ich bin mitten im Aufbau der Firma, sozusagen unabkömmlich."

„So kompliziert habe ich mir die Angelegenheit nicht vorgestellt. Können die Probleme überhaupt gelöst werden?" warf Sohlman ein.

„Ja", sagte Lindhagen, „wenn einer von Ihnen mit seiner ganzen Person und Kraft dafür einsteht. Eine schwere Aufgabe, die viel Ausdauer, Klugheit und Diplomatie erfordert."

„Würden Sie mir Rechtsbeistand gewähren, Herr Lindhagen?"

„Nach Ihren Fragen zu urteilen, Herr Sohlman, sind Sie der Richtige. Nicht nur ich, sondern auch Ihr Mitstreiter Lilljeqvist werden Ihnen zur Seite stehen. Dann werden wir es schaffen."

ALS NACH der Trauerfeier am 29. 12. 1896 in der Kathedrale Storkyrkan und der Beisetzung der Urne im Familiengrab auf dem neuen Friedhof Nya Kykogården das Testament vor sämtlichen Verwandten verlesen worden war, erhob sich ein Sturm der Empörung.

Sohlman fühlte sich, als hätte er selbst das Testament verfaßt. Jetzt erst verstehe ich Alfred Nobel, hätte er den Eifernden am liebsten ins Gesicht geschrien, doch er beherrschte sich und bekannte sich zu der ihm gestellten Aufgabe.

„Das werden Sie bereuen!" rief Graf Ridderstolpe, Ehemann einer Nichte Nobels. „Wir werden uns das nicht gefallen lassen."

„Natürlich nicht", pflichtete ihm Hjalmar bei. „Das Testament erklären wir für ungültig."

„Warum wollen Sie den Letzten Willen Alfred Nobels nicht achten?" fragte Sohlman.

Einige unter den Verwandten sahen Sohlman an, als wollten sie ihn steinigen. Emanuel stellte sich an seine Seite und redete beschwichtigend auf die erregten Gemüter ein. Schließlich zog er Sohlman aus dem Saal. „Mein Onkel hatte nicht ganz unrecht", gab er zu. „Ich wünsche Ihnen trotz allem viel Glück."

Sohlmans Befürchtungen bewahrheiteten sich. Vier Tage nach der Beisetzung veröffentlichte eine Stockholmer Tageszeitung den wichtigsten Teil des Testaments. Sie feierte es als ein Geschenk an die Menschheit, um ihrem Fortschritt zu dienen, das großartigste Geschenk, das ein Privatmann jemals machen konnte.

Der Artikel rief eine wilde Pressekampagne hervor, die von einigen Verwandten Nobels geschürt wurde. Alle möglichen Leute, die von Nobels Existenz bisher nicht die geringste Notiz genommen hatten, entfachten Leidenschaften, als ginge es um ihren Kopf. Die einen erklärten Nobel für einen schlechten Patrioten, der die Interessen seines Vaterlandes auf dem Altar des Internationalismus opfern wollte. Andere versteiften sich darauf, daß die von Nobel vorgesehenen Institutionen niemals in der Lage sein könnten, Kandidaten für die Preise auszuwählen.

Am wildesten gebärdeten sich diejenigen, die politische Argumente vorbrachten. Sie ereiferten sich, daß Nobel dem norwegischen Parlament die Bildung eines Komitees übertragen wollte, das den Kandidaten für den Friedenspreis auswählen sollte. Damit würden eindeutig schwedische Interessen gefährdet. Das Verhältnis zwischen den beiden Ländern in der 1814 vollzogenen Union war leider nicht das beste.

Der Streit blieb nicht ohne Wirkung. Die Institutionen waren verunsichert, ob sie Nobels Auftrag übernehmen sollten. Sie verschanzten sich hinter dem Argument, daß erst die Rechtlichkeit des Testaments erwiesen werden müßte.

„Wir müssen zunächst versuchen, daß ein Gericht sich für zuständig erklärt und das Testament ratifiziert", sagte Lindhagen. „Da Nobel sich selbst als reichsten europäischen Vagabunden bezeichnet hat, müssen wir für ihn entscheiden, welchen Wohnsitz wir als den rechtmäßigen ansehen wollen. Sein Geburtsort, in dem er neun Jahre gelebt hat, war Stockholm. Deshalb sollten wir den Gerichtshof von Stockholm auffordern, das Testament zu ratifizieren."

„Was aber, wenn die Franzosen Nobel für sich reklamieren? Schließlich hat er die längste Zeit seines Lebens in Paris gewohnt."

„Deshalb müssen Sie schnellstens auf Reisen gehen, Herr Sohlman, und die Lage sondieren."

Lilljeqvist wurde vom Aufbau seiner elektrochemischen Fabrik in Bengtsfors so stark in Anspruch genommen, daß er sich nur um die Verwaltung des Nobelschen Vermögens in Schweden kümmern konnte.

Die Unterredungen mit dem Präsidenten des Storting und anderen Mitgliedern des Parlaments in Oslo brachten den ersten Lichtblick. Sohlman konnte mit dem Versprechen nach Paris fahren, daß man die Verpflichtung für den Friedenspreis übernehmen würde. Erst jetzt merkte er, wie er von den Ereignissen in Schweden deprimiert worden war. Einige Leute hatten ihm sogar vorgeworfen, sich persönlich bereichern zu wollen. Nun aber fühlte er sich bestärkt, da auch Außenstehende die Bedeutung des Testaments anerkannten.

28

Die Situation in Paris erwies sich als äußerst kompliziert. Der Botschafter Frederick Due, der Schweden und Norwegen in Frankreich vertrat, hatte Nobel persönlich gekannt, wollte sich aber nicht unmittelbar verwenden, sondern empfahl Sohlman den schwedischen Generalkonsul Gustav Nordling.

Nordling empfing Sohlman sehr herzlich. „Nobel hat mir von Ihnen erzählt. Er muß Sie sehr geschätzt haben. Lassen Sie sich nicht entmutigen. Ich werde Sie nach besten Kräften unterstützen. Als erstes brauchen Sie einen tüchtigen Advokaten, der Ihnen sagen kann, ob das Testament in Frankreich gelten würde und welche Formalitäten zu beachten sind."

Der Anwalt des Pariser Appellationsgerichts, Maître Paul Coulet, den Nordling vorgeschlagen hatte, schüttelte bedenklich den Kopf. „Auf keinen Fall kann Paris als rechtmäßiger Wohnsitz Nobels geltend gemacht werden. Das bedeutet, daß das Testament hier auf Grund seiner formalen Mängel im Vergleich zu den strengen Vorschriften des Code civil mit Erfolg angefochten werden könnte. Dann würde das Nobelsche Vermögen einschließlich der ausländischen Wertpapiere der hiesigen Erbschaftssteuer unterworfen, und die ist ziemlich hoch. Es wäre also dringend geboten, daß sich ein schwedisches Gericht für zuständig erklärt. Sehen Sie zu, daß Sie eine Vollmacht für die Vollstreckung bekommen, damit Sie endlich handeln können."

Das Risiko eines Prozesses in Frankreich hing wie ein Damoklesschwert über dem Testament. Lindhagen war beim Stockholmer

Gericht nicht weitergekommen. Wahrscheinlich war es besser, das Gericht in Karlskoga anzurufen, denn ihm unterstanden Bofors und Björkborn, wo Nobel vor drei Jahren einen Wohnsitz bezogen hatte.

Ungeduldig wartete Sohlman auf die Nachricht Lindhagens. Inzwischen erhielt er von Generalkonsul Nordling in Paris eine Bestätigung, daß er nach dem schwedischen Gewohnheitsrecht berechtigt war, das Testament zu vollstrecken. Doch bevor er mit der Inventarisierung der Werte beginnen konnte, geriet er in neue Bedrängnis.

In einem Zeitungsartikel hatte jemand behauptet, daß Emanuels Firma in Baku bald zusammenbrechen würde, da der zwangsweise Verkauf von Nobels Aktien unmittelbar bevorstünde. Über Nacht fiel der Kurs sämtlicher Aktien der Bakuer Gesellschaft auf einen Tiefpunkt, der das Unternehmen an den Rand des Abgrunds brachte. Emanuel war verzweifelt. Aktionäre forderten ihn auf, unverzüglich das Testament anzufechten.

„Du mußt einen Journalisten ausfindig machen, der einen Gegenartikel veröffentlicht, in dem du erklärst, daß die Nobel-Aktien nicht zwangsweise versteigert werden."

Tatsächlich blieb der Erfolg nicht aus. Die Aktienkurse erholten sich, und Emanuel war beruhigt. Denn jetzt mußten die Testamentsvollstrecker eine auch für ihn gangbare Lösung finden. Nichts widerstrebte ihm mehr als eine Anfechtung des Testaments, während Hjalmar gemeinsam mit den anderen Verwandten zu einer Klage entschlossen blieb.

Allein fühlte sich Sohlman zu schwach, den Angriff abzuwehren. Lilljeqvist sollte kommen oder seine Befugnisse auf Nordling übertragen. Auch Lindhagen folgte Sohlmans Bitte und kündigte seinen Besuch an.

Am 16. Februar traf er ein, Lilljeqvists Vollmacht für Nordling in der Tasche. „Die Verwandten Nobels könnten seine Wertpapiere gerichtlich versiegeln lassen. Dem müssen wir vorbeugen."

„Aber wie?" Sohlman legte Lindhagen eine Liste vor, aus der hervorging, daß Nobel seine Wertpapiere bei verschiedenen Banken deponiert hatte. In Nobels Privattresor in der Rue Malakoff lagen nur wenige Papiere.

„Auf die können wir verzichten. Die anderen sollten wir alle unter unseren Namen zum Comptoir National d'Escompte schaffen", schlug Lindhagen vor.

„Die Sache muß ohne Aufsehen vor sich gehen", riet Nordling. „Wir müssen die Aktienpakete nach und nach von den Banken abholen. Jede Hektik würde Verdacht erregen."

Jeden Tag fuhren Nordling, Lindhagen und Sohlman zu den Banken, schleppten einen Packen nach dem anderen in ihre Kutschen und verstauten sie in drei Tresoren des Comptoir National. Nach drei Wochen war die Aktion noch nicht beendet, doch einer mußte nach England fahren und sich um das dort befindliche Vermögen Nobels kümmern. Nordling kam dafür nicht in Betracht, Lindhagen wurde in Stockholm gebraucht.

Sohlmans Frau machte ihm den Abschied leicht. „Ich fühle mich hier ganz wohl. Bis London ist es nur ein Katzensprung." Sie begleitete ihn nach Calais und wartete, bis er die Fähre betreten hatte.

Rechtsanwalt Timothy Warren, der Nobel im Cordit-Prozeß vertreten hatte, fand die Idee des Testaments unterstützenswert und übernahm die Liquidation des Nobelschen Vermögens in Großbritannien. Auch mit dem Direktor der Union Bank of Scotland konnte Sohlman sich schnell verständigen. Dieser war sogar bereit, Wertpapiere aus Frankreich zu übernehmen und zu verkaufen. Zufrieden kehrte Sohlman nach Frankreich zurück. Dort hatte Nordling inzwischen die gesamten Wertpapiere sichergestellt. Trotzdem blieb alles ein Provisorium, das jederzeit durch Gerichtsbeschluß aufgehoben werden konnte, denn noch immer lag keine für die Gültigkeit des Testaments verbindliche juristische Entscheidung vor.

„Nobel hat sein Testament vor Zeugen unterschrieben. Wir sollten sie befragen und ihre Aussagen unter Eid protokollieren", schlug Nordling vor.

Sohlman fiel es nicht schwer, die drei Zeugen ausfindig zu machen. Der Ingenieur Strelenert erklärte, ihm habe Nobel gesagt, daß er sein Testament so abgefaßt habe wie alle seine den engeren Mitarbeitern bekannten Anordnungen. Er wollte denjenigen helfen, die es schwer hätten, sich im Leben durchzusetzen, zum Beispiel jungen Forschern, die dicht vor einer Entdeckung stünden, sie aber aus Mangel an Mitteln nicht zu Ende führen könnten.

Die beiden Seiten der Nobelmedaille für Physik und Chemie

„Aus meinen Gesprächen mit Doktor Nobel bekam ich die Auffassung, daß es nicht seine Absicht war, daß das Testament unbedingt streng nach dem buchstäblichen Wortlaut angewandt werden solle", gab der Ingenieur Strass zu Protokoll. „Eher würde die Unterlassung, ausführliche Bestimmungen zu treffen, ein Beweis dafür sein, daß er in der Anwendung des Testaments den damit Betrauten die größtmögliche Freiheit lassen wolle ... Doktor Nobel hat mehrere Male zu mir gesagt, daß er gerade deswegen schwedischen wissenschaftlichen Institutionen den Auftrag erteilt habe, die Preise zu vergeben, weil er den größten Prozentsatz ehrlicher Menschen in Schweden getroffen habe, und folglich voraussetze, daß sein Letzter Wille hier in Schweden mit größerer Redlichkeit beachtet werden würde als anderwärts."

Charles Waern, der mit Nobel in seinem letzten Lebensjahr öfter zusammengetroffen war, sagte: „Die Beträge, die nach dem Testament jedem Preisträger zufallen sollen, sind bewußt hoch angesetzt ... Doktor Nobels Wunsch war es ..., denen, die nach der Beurteilung ihrer Arbeiten etwas für die Zukunft versprechen, eine so vollständige Unabhängigkeit zu verleihen, daß sie sich in Zukunft ganz ihren Aufgaben widmen können."

Die Zeugenaussagen erwiesen sich jedoch als Bumerang. Sie entfachten erneut eine Pressekampagne gegen das Testament. Einige der in Schweden lebenden Nachkommen Robert Nobels meinten, Alfred Nobel habe nur die Art und Weise kritisieren wollen, wie sein Bruder Robert über sein Vermögen verfügt habe. Sohlman bekam den Unmut der Nobels erneut zu spüren, als er nach Stockholm zurückkehrte.

„Wir wollen uns nicht davon beirren lassen", sagte Lindhagen, „sondern versuchen, einen Schritt weiterzukommen. Eine Möglichkeit sehe ich darin, daß Sie und Lilljeqvist die von Nobel genannten Institutionen auffordern, die Verantwortung für die ihnen zugedachten Aufgaben zu übernehmen."

Am 14. März 1897 einigten sie sich über den Brief und schickten ihn an die Akademie der Wissenschaften in Stockholm.

Während sich die schwedischen Institutionen zurückhielten, beschloß die norwegische Nationalversammlung am 26. April 1897, Nobels Antrag anzunehmen.

Kurz darauf überbrachte ein Bote Sohlman ein Telegramm: BITTE SOFORT KOMMEN. HJALMAR, EMANUEL UND GRAF RIDDERSTOLPE IN PARIS EINGETROFFEN. WOLLEN TESTAMENT GERICHTLICH ANFECHTEN. NORDLING, GENERALKONSUL.

Er reichte seiner Frau das Papier, blickte auf die Uhr und rief seinen Kutscher. Wenn er sofort aufbrach, würde er den Fernzug noch erreichen.

„Mein Gott!" Sigrid stöhnte. „Ich hätte nie gedacht, wie schwer es ist, den Letzten Willen eines Menschen zu erfüllen."

In Paris war Frühling, Krokusse und Forsythien blühten in den Gärten. Sohlman hastete zum Generalkonsul in die Rue de la Pépinière, wo ihn Nordling in ein Nebenzimmer führte. „Raten Sie mal, wer nebenan sitzt?"

„Nobels Neffen?"

„Ich habe sie hingehalten, wir müssen sofort etwas unternehmen. Solange sich die Werte in Frankreich befinden und sich kein schwedisches Gericht für zuständig erklärt hat, besteht die Gefahr der Beschlagnahme durch ein französisches Gericht. Nobels Neffen sind gut unterrichtet und glauben, in Kürze ihr Ziel zu erreichen. Zum Glück wissen sie nicht, daß wir alles in einer Bank deponiert haben."

Den ersten Gedanken, die Werte ins Ausland zu bringen, verwarfen sie. Es würde zuviel Zeit in Anspruch nehmen. Es blieb nur der Postweg, aber die Post versicherte ein Paket mit höchstens 20 000 Franc.

„So viele Pakete können wir gar nicht packen", sagte Nordling. „Vielleicht erhalten wir von einem Bankhaus eine zusätzliche Versicherung gegen eine entsprechende Bezahlung. Ich denke dabei an Rothschild."

„Ich werde es versuchen." Nordling entließ Sohlman durch die Hintertür. „Es ist besser, wenn die Neffen nicht erfahren, daß Sie wieder hier sind."

Der Direktor der Rothschild-Bank überlegte, schrieb Zahlen auf ein Blatt. „Wir werden jedes Paket mit 2 500 000 Franc versichern."

Die Versicherungsprämie war gepfeffert, doch es blieb keine andere Wahl. Sie kamen überein, auf getrennten Wegen das Comptoir aufzusuchen, dort einen Koffer mit den Wertpapieren vollzupacken und diesen mit einer Kutsche gemeinsam ins Konsulat zu schaffen.

Mehrmals am Tag gingen Nordling und Sohlman zum Comptoir, fuhren mit einer Kutsche in die Rue de la Pépinière, registrierten und versiegelten die Wertpapiere, packten ein Paket und schickten es vom Nordbahnhof einmal nach England, einmal nach Schweden. Die Policen der Expeditionen mußte Sohlman dem Bankhaus Rothschild zur Festlegung der vereinbarten Versicherungssumme vorlegen. Allmählich leerten sich die Tresore, ohne daß jemand Verdacht schöpfte.

An manchen Tagen saßen Hjalmar, Emanuel und Graf Ridderstolpe im Nebenzimmer bei Nordling, um sich mit ihm über ihre Absichten zu beraten. Nordling empfand schmerzlich das Heikle dieser Situation, doch er ließ sich nichts anmerken. „Wenn die Aktion abgeschlossen ist, werden wir es den Neffen mitteilen", sagte er. „Ich werde ein Essen arrangieren."

Nordling wählte dafür das Hotel Noël Peters. Er hatte das Beste bestellt, was das Haus zu bieten hatte. Außer Emanuel warfen alle Gäste Sohlman feindselige Blicke zu. Nordling gab sich die größte Mühe, die Atmosphäre aufzulockern, und allmählich entspannten sich die Mienen.

Als Mokka und Kognak gereicht wurden, erhob sich Nordling. „Meine Herren, in Wertschätzung der großartigen Idee Ihres Onkels habe ich mich bemüht, dieser als Vertreter Schwedens in Frankreich zu entsprechen. Nach allen bisherigen Ermittlungen bin ich zu der Überzeugung gelangt, daß wir Bofors als den rechtmäßigen Wohnsitz unseres Landsmanns Alfred Nobel annehmen müssen."

„Bofors betrachte ich als Vorwand", unterstellte ihm Hjalmar. „Der wirkliche Wohnsitz unseres Onkels war Paris. Dort hat er mehr als siebzehn Jahre gelebt, während man Bofors als eine Altersmarotte bezeichnen sollte. Nur ein französisches Gericht ist berufen, über die Rechtmäßigkeit des Testaments zu entscheiden."

„Meine Frau ist derselben Meinung", bekräftigte Graf Ridderstolpe.

Sohlman erhob sich. „Meine Herren, würde Paris als Wohnsitz Alfred Nobels angenommen werden, könnte das Ihren Anteil infolge der hohen Erbschaftssteuer erheblich schmälern. Im übrigen ist diese Frage nur theoretisch von Bedeutung, denn Doktor Nobels Wertpapiere befinden sich nicht mehr in Frankreich und unterliegen damit auch nicht mehr der französischen Gerichtsbarkeit."

Hjalmar schnellte von seinem Stuhl hoch. „Wir lassen uns nicht bluffen, Herr Sohlman. Wir wissen, wohin Sie die Werte geschafft haben, nämlich ins Comptoir d'Escompte."

„Die Tresore dieser Bank enthalten keine Wertpapiere Doktor Nobels."

„So ist es", bestätigte Nordling.

„Das ist ja nicht zu fassen!" empörte sich Graf Ridderstolpe.

„Warum sagst du nichts dazu?" wandte sich Hjalmar an Emanuel.

„Ich weiß nicht. Auf der einen Seite bin ich betroffen, auf der anderen Seite verstehe ich Herrn Sohlman."

„Dann sollten wir gemeinsam vor ein Schiedsgericht gehen. Unparteiische Richter sollen entscheiden", fand Hjalmar.

„Warum wollen Sie die Sache komplizieren?" fragte Nordling Hjalmar. „Ihr Onkel hat das Testament auf schwedisch abgefaßt, schwedische Zeugen und schwedische Testamentsvollstrecker gewählt, schwedische und norwegische Institutionen mit der Verleihung der Preise betraut. Ihr Onkel verließ sich auf die Integrität der schwedischen Rechtsprechung. Deshalb haben die Testamentsvollstrecker im Sinn Doktor Nobels gehandelt, als sie die Wertpapiere transferierten."

„Wir werden uns das nicht gefallen lassen." Hjalmar verließ erbost den Raum, gefolgt von Graf Ridderstolpe.

29

Manchmal war Sohlman am Ende seiner Kraft, aber immer wieder traten verständige Mitstreiter an seine Seite. Als Hjalmar Nobel die Beschlagnahme der in Deutschland befindlichen sechs Millionen Kronen Alfred Nobels betrieb, lieferten die Bankdirektoren sie ihm nicht aus.

In Frankreich unterstützte der Minister Waldeck-Rousseau das Testament Nobels. Alfred Nobels rechtmäßiger Wohnsitz wäre Bofors, damit komme kein französisches Gericht für die Anerkennung oder die Ablehnung des Testaments in Betracht.

Als Sohlman im Mai aus Paris zurückkehrte, erklärte sich der Instanzengerichtshof in Karlskoga, dem Bofors unterstand, für die Ratifizierung des Testaments zuständig. Weitere Versuche Hjalmars und seiner Anhänger, ein anderes Gericht zu gewinnen, schlugen fehl.

Ebenfalls noch im Mai beantwortete der Generalstaatsanwalt in Stockholm Sohlmans Eingabe an die Regierung Seiner Majestät um Durchsetzung des Testaments. Er wolle die Bemühungen der Vollstrecker unterstützen, denn die Schenkung Alfred Nobels, eines schwedischen Bürgers, läge im Interesse der Allgemeinheit und unterstünde den schwedischen Behörden.

Da den schwedischen Institutionen nicht nur Aufgaben, sondern auch Rechte übertragen werden müßten, solle sich die Regierung selbst um die Verwirklichung des Testaments kümmern.

Diese Lichtpunkte waren bitter nötig, denn die Klage von elf Verwandten Nobels mußte abgewiesen und die Widerstände einflußreicher Persönlichkeiten der schwedischen Institutionen mußten überwunden werden.

Professor Axel Key, Rektor des Karolinischen Instituts, verweigerte die Annahme der Schenkung. „In der vorliegenden Form schadet sie der wissenschaftlichen Forschung sowie den Mitgliedern der zukünftigen Jury. Ich schlage folgende Änderung vor: Jede Institution soll über den ihr zukommenden Teil der Erbschaft nach eigenem Ermessen verfügen. Das ist zu erreichen, wenn das Gericht in Karlskoga das Testament für ungültig erklärt und die Familie Nobel für meine Absicht gewonnen werden kann."

In Norwegen war Sohlman dem Ziel dadurch näher gekommen, daß er mit den Verantwortlichen persönlich gesprochen hatte. Das mußte in Schweden genausogut gehen. Schließlich kannte er einige von ihnen sogar aus seiner Jugendzeit, so den Sekretär und den Präsidenten der schwedischen Akademie, Professor Rezius vom Karolinischen Institut und Professor Smitt von der Universität Stockholm. Und wirklich erklärten sich alle bereit, die Testamentsvollstrecker zu unterstützen. Auch Professor Key ließ sich umstimmen.

Die Akademie der Wissenschaften setzte eine Kommission ein, die einen Bericht über die Schenkung ausarbeiten sollte. Die Kommission verlangte genauere Bestimmungen für die Durchführung des Testaments. Doch Professor Forsell, der das Testament zum Scheitern bringen wollte, riet davon ab. In diesem Fall würde die Familie Nobel das Testament wegen seiner Unvollständigkeit nun erneut anfechten. Deshalb sollte man die Beglaubigung des Testaments durch das Gericht abwarten.

Ohne die Annahmeerklärung der Institutionen vergrößerte sich jedoch die Gefahr, daß die Familie Nobel das Testament erfolgreich anfechten konnte. Deshalb entschlossen sich Sohlman und Lindhagen, den Advokaten der Nobels, Phillip Leman aus Göteborg, nach den Bedingungen für eine Einigung zu fragen. Sie luden alle juristischen Berater der Erben nach Stockholm ein. Am 2. Juli trafen sie sich im Hotel Rydberg: Warren aus Glasgow, Scharlach und Westphal aus Deutschland, Coulet aus Frankreich und Leman aus Göteborg. Scharlach versicherte, daß aus Deutschland und Österreich keine Anfechtungen des Testaments zu befürchten seien. Westphal riet den Erben Nobels und den Testamentsvollstreckern zu einem Vergleich. Coulet dagegen plädierte leidenschaftlich für das Testament. Eine Einigung kam nicht zustande, außer in dem Punkt, daß die Vermögenswerte in den verschiedenen Ländern erfaßt werden müßten.

Dieser Aufgabe, soweit sie nicht schon erledigt war, widmeten sich die Vollstrecker in den folgenden Wochen, immer in der Erwartung des Gerichtstermins, von dem jetzt alles abhing. Am 30. Oktober 1897 war es soweit. Geladen waren: Richter Hagelin als Vertreter der Witwe Robert Nobels, Hjalmar, Graf Ridderstolpe und seine Frau Ingeborg sowie ihr Rechtsanwalt Leman. Neben Sohlman und Lilljeqvist nahm Lindhagen als Rechtsexperte teil.

Der Richter forderte Sohlman auf, Bericht über die erfaßten Werte des Erblassers zu erstatten, doch kaum hatte er damit begonnen, protestierte Hagelin mit der Begründung, das Gericht sei nicht zuständig. Es müsse vor einem Stockholmer Gerichtshof verhandelt werden.

Der Richter wies den Protest zurück. Sohlman übergab ihm die Liste: „Die Werte belaufen sich auf 32 233 792,20 Kronen. Abzüglich der Verbindlichkeiten, einschließlich der Erbschaftssteuer, verbleiben netto 31 587 202,28 Kronen."

„Nach dem Willen Alfred Nobels sind die in verschiedenen Ländern liegenden Werte zu veräußern und in festverzinslichen Guthaben in Schweden anzulegen", legte der Richter fest. „Die Testamentsvollstrecker haben sich unverzüglich dieser Aufgabe zu entledigen."

„Dagegen werden wir Berufung einlegen", drohte Hagelin.

„Das ändert vorerst nichts an unserem Beschluß." Der Richter schloß die Verhandlung mit einem Hammerschlag, dann forderte er Sohlman und Lilljeqvist zu einer Unterredung auf. „Zu den Klägern der Familie Nobel hat sich eine Frau Sofie Kopig aus Wien gesellt. Sie schreibt, daß sie zu den Erben Nobels gehöre, da sie mit Herrn Alfred Nobel zwanzig Jahre lang ehelich verbunden gewesen sei. Sie wären zwar nicht amtlich getraut worden, doch würde sie über zweihundert Briefe Nobels vorweisen, mit denen sie ihre Beziehung eindeutig belegen könne. Falls ihre Interessen nicht angemessen berücksichtigt würden, sehe sie sich zu gerichtlichem Vorgehen veranlaßt."

Sohlman war konsterniert. Nobel sollte eine …? Unmöglich! Der Gedanke paßte nicht zu dem Bild, das er sich von seinem väterlichen Freund und Chef gemacht hatte. Lilljeqvist zuckte mit den Schultern. So gut wie Sohlman hatte er Nobel nicht gekannt.

„Ihren Mienen entnehme ich, daß Sie Zweifel an der Richtigkeit meiner Mitteilung hegen. Sie ist amtlich." Der Richter geleitete die Testamentsvollstrecker zur Tür. „Wenn Sie die Liquidation des Nobelschen Vermögens in Österreich betreiben, Herr Sohlman, sollten Sie unbedingt mit der Dame Kopig sprechen – und einen Vergleich anstreben."

In Wien erkundigte sich Sohlman bei Geschäftspartnern Nobels über Sofie Kopig. Sie bestätigten, was Sohlman nicht wahrhaben wollte. Sternlicht bot ihm seine Vermittlung an. Nichts war Sohlman lieber, als eine Begegnung vermeiden zu können. Ungeduldig wartete er auf Sternlichts Rückkehr.

„Ich habe mich überzeugt, daß Frau Kopig, ehemals Sofie Hess, rund 220 Briefe, geschrieben von Alfred Nobel, besitzt. Ich durfte mir einige ansehen. Durch eine Veröffentlichung könnte ein falsches Bild von Alfred Nobel entstehen. Frau Kopig bezieht bereits eine mittlere Rente von Alfred Nobel, aber sie verlangt mehr. Sie sagt, daß sie durch ihre lange wilde Ehe ein Recht darauf habe, gleichberechtigt mit den anderen Verwandten zu erben."

Sohlman erläuterte Sternlicht das Testament. „Nur ein Dreißigstel des Gesamtvermögens hat Alfred Nobel für seine Verwandten und Freunde bestimmt. Wie sollte ich Frau Kopigs Forderungen erfüllen?"

„Sie werden einen Kompromiß eingehen müssen, Herr Sohlman."

Die Verhandlungen mit Sofie Kopig, die Sternlicht führte, zogen sich in die Länge. „Sie kämpft wie eine Löwin um ihre Jungen." Sternlicht seufzte. „Zum Glück kennt sie die wahre Höhe des Nobelschen Vermögens nicht, so daß ich ihre Forderungen auf ein erträgliches Maß werde drücken können."

„Auf jeden Fall müssen wir die Briefe als Gegenleistung erhalten und eine notariell beglaubigte Erklärung, daß Frau Kopig in Zukunft keine weiteren Ansprüche stellen wird." Sohlman hielt es nicht länger in Wien. Er mußte nach Italien, Spanien und Deutschland, um die Liquidation des Nobelschen Vermögens fortzuführen.

„Fahren Sie, Herr Sohlman, Frau Kopig will Geld. Sie wird mit den Briefen nichts unternehmen, solange sie Aussicht hat, einen festen Betrag zu bekommen."

Trotz der Versicherung Sternlichts verließ Sohlman die Angst vor einer Veröffentlichung der Briefe während seiner weiten Reise nicht. Die Familie Nobel, die inzwischen Berufung eingelegt hatte, bekäme damit ein wirksames Argument für die Anfechtung des Testaments.

Nach seiner Rückkehr legte ihm Sternlicht einen Vertrag vor. „Wir können zufrieden sein, Herr Sohlman. Zwölftausend Gulden sind – im Verhältnis – wenig Geld. Frau Kopig hat die Briefe bei einem Notar hinterlegt. Wir bekommen sie ausgehändigt, sobald das Geld bezahlt ist. In Zukunft wird sie sich still verhalten."

Sohlman unterschrieb den Vertrag. Auf der Rückreise folgte er der Einladung Emanuel Nobels nach St. Petersburg. Die Familie begrüßte ihn ohne Ressentiments.

„Ohne Alfred Nobel hätten mein Vater und Onkel Robert Baku nicht halten, geschweige denn ausbauen können. Onkel Alfred war ein Finanzgenie. Wir verdanken ihm alle sehr viel. Wir leben in Verhältnissen, die es uns gestatten, seinem Letzten Willen gegenüber großherzig zu sein."

„Doktor Nobel, wie können wir in Hinblick auf Ihre Gesellschaft zu einer guten Lösung kommen?"

„Ich würde Alfred Nobels Aktienpaket übernehmen, doch ich habe nicht genügend Mittel, um den tatsächlichen Wert bezahlen zu können. Wenn Sie und Lilljeqvist etwa ein Drittel vom Nominalwert nachließen, wäre mir und meiner Gesellschaft geholfen."

Für die Gesamtsumme war der Verlust nicht erheblich, und so schlug Sohlman ein. „Mein Wort haben Sie."

Als Sohlman in Stockholm eintraf, übergab ihm Lilljeqvist die Vorladung des Gerichtshofes in Karlskoga. Die Klage richtete sich gegen die Testamentsvollstrecker, die schwedische Regierung, den norwegischen Storting und die drei zu Jurys bestimmten Institutionen. Zwölf der zwanzig Erben standen hinter der Klage, die sich auf die formalen Fehler des Testaments stützte: Eine noch nicht bestehende Stiftung könne nicht Universalerbin sein; Bofors als rechtmäßigen Wohnsitz anzunehmen sei unrechtmäßig. Die Erbschaft gehöre der Familie, ihr seien die Testamentsvollstrecker Rechenschaft schuldig. Falls die Jurys bereit seien, Einkünfte aus dem Vermögen Nobels in Form von Preisen zu vergeben, müsse die Familie das Kapital verwalten. „Für den Fall, daß unserer Klage stattgegeben wird, verpflichten wir Erben uns, die Wünsche des Erblassers zu erfüllen."

Der letzte Satz war besonders verfänglich, denn er unterstützte diejenigen in den Institutionen, die nach eigenem Ermessen über Nobels Erbe verfügen und es sich deshalb mit der Familie Nobel teilen wollten.

Sohlman, Lindhagen und Lilljeqvist waren zu der Überzeugung gelangt, daß sie das Testament ohne Zugeständnisse an die Familie Nobel nicht würden realisieren können. Als Emanuel mit ihnen sprach, gab es über diesen Punkt keinen Streit. Über sein Angebot wurden sie bald einig, denn er war bereit, 3 840 000 Kronen für die Aktien seines Onkels zu bezahlen.

„Was glauben Sie, Herr Doktor Nobel, mit welchem Betrag sich die anderen Verwandten zufriedengeben werden?"

„Zwei bis drei Millionen werden wahrscheinlich ausreichen."

„Die gehen den zukünftigen Preisträgern verloren", begehrte Lilljeqvist auf.

„Ich bin in einer nicht sehr glücklichen Lage", entgegnete Emanuel. „Mir werfen meine Verwandten vor, daß

Ragnar Sohlman kämpfte für die Umsetzung von Alfred Nobels Testament.

ich ihre Interessen mißachte, ihnen Schaden zufüge. Ich setze das Einvernehmen, das in der Familie Nobel bisher geherrscht hat, aufs Spiel, und Sie, Herr Lilljeqvist, erheben Einspruch wegen ein paar Millionen, die jedes Jahr an Zinsen anfallen."

„Ich denke, es kommt auf eine sinngemäße und nicht buchstabengetreue Auslegung des Testaments an", stimmte Sohlman zu. „Wäre es bereits realisiert, dann wären die Zinsen des Jahres 1897 als Preise vergeben worden. Dieser Betrag würde etwa der Vorstellung Alfred Nobels entsprechen. Wir sollten ihn, wenn Doktor Nobel uns die Einigung mit der Familie ermöglicht, für die Entschädigung der Erben verwenden."

„Gut. Sie haben mich überzeugt." Lilljeqvist reichte Emanuel die Hand. „Viel Glück nächsten Donnerstag."

Emanuel Nobel sah der Familienversammlung aufgeregter entgegen als seinerzeit den Prüfern im Doktorexamen. Er hatte seine Enttäuschung über das Testament überwunden. Er verstand seinen Onkel, den er gern gemocht und bewundert hatte. Die

Verwandten folgten seiner Einladung. Emanuel begrüßte alle mit freundlichen Worten. „Ich danke euch allen, daß ihr mir zuhören wollt. Ich verstehe eure Sorgen, eure Wünsche. Ich respektiere den Letzten Willen meines Onkels. Allerdings halte ich es für nötig, die Absichten Alfred Nobels in einigen Punkten zu konkretisieren. Das kann nicht ohne eure und meine Zustimmung geschehen. Die Testamentsvollstrecker haben erklärt, daß sie diese Aufgabe in Zusammenarbeit mit uns Erben lösen wollen. Es besteht damit die Möglichkeit, eure und meine Interessen auch in finanzieller Hinsicht zu berücksichtigen. Dabei sollten wir nicht vergessen, daß wir zugleich für die Ehre des Namens Nobel verantwortlich sind. Deshalb bitte ich euch, dem Vergleich zuzustimmen."

Emanuels Worte bewegten die Anwesenden, aber die Vorschläge zur Schlichtung des Streites mit den Testamentsvollstreckern lösten heftige Debatten aus. Nach der Versammlung suchte Emanuel die Testamentsvollstrecker auf. „Eine Entscheidung konnte ich nicht herbeiführen, aber ich fand bei vielen Zustimmung. Wir müssen der Familie die Möglichkeit geben, die neue Situation zu überdenken."

EINIGE Monate vergingen. Der Winter, der bis Mitte April die Landschaft beherrschte, wich dem warmen Südwind. Das Gericht in Karlskoga befürwortete den Vergleich. Ein Verwandter nach dem anderen trat von der Klage zurück. Im Mai 1898 unterschrieben die ersten das Dokument, in dem sie sich verpflichteten, nach Erhalt der Zinsen für 1897 nie wieder Erbschaftsansprüche zu stellen sowie keine Einwände gegen die Auslegung des Testaments und notwendige Zusätze zu haben. Im Juni erhielten Sohlman und Lilljeqvist die letzten Unterschriften.

Im selben Monat erklärten das norwegische Parlament, das Karolinische Mediko-Chirurgische Institut, die Schwedische Akademie der Schönen Künste und die Schwedische Königliche Akademie der Wissenschaften ihre Bereitschaft, die ihnen im Testament übertragenen Verpflichtungen zu übernehmen. Im Juli bestätigte die norwegische Regierung die Vereinbarungen, im September zog die schwedische nach.

Nun war das Testament angenommen, aber noch wußte niemand zu sagen, nach welchen Gesichtspunkten die Preisträger ausgewählt und die geplante Nobelstiftung eingerichtet werden sollten. Unentwegt verhandelten die Testamentsvollstrecker und Lindhagen mit den Institutionen, den Verwandten und der Regierung über die organisatorischen, finanziellen und personellen Fragen. Noch einmal vergingen Herbst und Winter, bevor im April 1899 die Statuten von den Institutionen verabschiedet und der Regierung zur Bestätigung vorgelegt werden konnten. Am 29. Juli 1900 verkündete König Oskar von Schweden auf einer feierlichen Sitzung die Statuten der Nobelstiftung.

Die fünf Mitglieder des Verwaltungsrates der Nobelstiftung wählten Ragnar Sohlman zu ihrem Direktor. „Sie vor allem haben den langen Kampf um das Testament zu einem glücklichen Ende geführt", sagte Lilljeqvist. „Ihrer Ausdauer und Ihrem Mut verdankt Schweden eine Einrichtung, die unserem Land und unserer Kultur neue Sympathien verschaffen wird. Einmal in jedem Jahr werden die Menschen aller Länder ihre Augen auf Stockholm und Oslo richten, wenn die Nobelpreise vergeben werden. Wir werden uns der großen Verantwortung würdig erweisen müssen."

Abends fuhr Sohlman nach Bofors. Mittsommer war gerade vorüber, die Nacht noch hell. In Bofors erwartete ihn Sigrid. „Die Reiserei und das Leben in den Hotels haben nun ein Ende", sagte er, „aber wir müssen umziehen, nach Stockholm."

„Ich weiß", antwortete Sigrid. „Was man in der Mittsommernacht träumt, geht in Erfüllung."

1833	21. Oktober: Alfred Bernhard Nobels Geburt in Stockholm
1837	Alfreds Vater, Immanuel Nobel, verläßt Schweden nach dem Konkurs seiner dortigen Firma.
1842	Mutter und Kinder folgen dem Vater nach St. Petersburg.
1850–52	Studienreise des siebzehnjährigen Alfred Nobel
1859	Nach dem Konkurs der väterlichen Firma in St. Petersburg kehrt die Familie Nobel bis auf Alfred und seinen Bruder Ludvig nach Stockholm zurück.
1861	Nobel erhält in Paris ein Darlehen „zur Erforschung des Nitroglyzerins".
1863	14. Oktober: schwedisches Patent Nobels für seine „Methode zur Herstellung von Schießpulver" (Nobels Patentsprengöl)
1864	3. September: Bei der Explosion der Nobelschen Nitroglyzerinfabrik auf Heleneborg stirbt Emil Nobel. Inbetriebnahme der Nitroglyzerinfabrik in Vinterviken
1864/65	Erfindung der Initialzündung (Nobels Patentzünder)
1865	Robert Nobel errichtet in Frederiksborg bei Helsingfors eine Nitroglyzerinfabrik. 3. April: Der mit Nitroglyzerin beladene Dampfer *European* explodiert vor Panama.
1866	1. Mai: Während Nobels USA-Reise wird das Nitroglyzerinwerk Krümmel bei einer Explosion zerstört. Kieselgur wird als Absorptionsmittel für Nitroglyzerin benutzt.

1867	Das Werk Krümmel liefert erstmals Dynamit in größerem Umfang.
1872	3. September: Immanuel Nobel stirbt in Stockholm.
1873	Nobel zieht in die Rue Malakoff in Paris.
1875	Erfindung der Sprenggelatine
1876	Nobel trifft die Komtesse Bertha Kinsky, spätere von Suttner, und die Blumenverkäuferin Sofie Hess.
1879	Alfred, Ludvig und Robert Nobel gründen in Rußland die Naphtha-Produktionsgesellschaft Gebrüder Nobel.
1886	Zusammenschluß der Nobelschen Gesellschaften zum romanischen bzw. zum englisch-deutschen Trust
1887	Erfindung des rauchschwachen Schießpulvers Ballistit
1888	12. April: Tod des Bruders Ludvig Nobel
1889	Nobels Mutter stirbt.
1891	Nobel verläßt Paris und bezieht die „Villa Nobel" in San Remo.
1894	Erwerb der Aktiengesellschaft Bofors-Gullspång und des Herrensitzes Björkborn; Trennung von Sofie Hess
1895	27. November: Nobel unterzeichnet sein letztes Testament.
1896	Tod Robert Nobels 10. Dezember: Alfred Nobel stirbt in San Remo.